2020
全国农产品成本收益
资料汇编

QUANGUO NONGCHANPIN CHENGBEN SHOUYI
ZILIAO HUIBIAN 2020

国家发展和改革委员会价格司 · 编

中国市场出版社
China Market Press
· 北 京 ·

图书在版编目（CIP）数据

全国农产品成本收益资料汇编. 2020 / 国家发展和改革委员会价格司编. —北京：中国市场出版社有限公司，2021. 3

ISBN 978 - 7 - 5092 - 2028 - 3

Ⅰ. ①全… Ⅱ. ①国… Ⅲ. ①农产品-产品成本-成本-效益分析-资料-中国-2020 Ⅳ. ①F323. 7

中国版本图书馆 CIP 数据核字（2020）第 249304 号

全国农产品成本收益资料汇编 2020

QUANGUO NONGCHANPIN CHENGBEN SHOUYI ZILIAO HUIBIAN (2020)

编　　者： 国家发展和改革委员会价格司
责任编辑： 宋　涛

出版发行： 中国市场出版社
社　　址： 北京市西城区月坛北小街 2 号院 3 号楼（100837）
电　　话：（010）68034118/68021338
网　　址： http：//www. scpress. cn

印　　刷： 河北鑫兆源印刷有限公司
规　　格： 210mm×297mm　　16 开本
印　　张： 39. 5　　**字　　数：** 1200 千字
版　　次： 2021 年 3 月第 1 版　　**印　　次：** 2021 年 3 月第 1 次印刷
书　　号： ISBN 978 - 7 - 5092 - 2028 - 3
定　　价： 398. 00 元

《全国农产品成本收益资料汇编2020》

编辑委员会和编辑部

| 编写说明 |

一、《全国农产品成本收益资料汇编 2020》收录了我国 2019 年主要农产品生产成本和收益资料及 2014 年以来六年的成本收益简明数据。其中全国性数据均未包括香港、澳门特别行政区和台湾省数据。

二、本汇编共分七个部分，即：第一部分，综合；第二部分，各地区粮食、油料；第三部分，各地区棉、烟、糖料；第四部分，各地区蚕茧、水果；第五部分，各地区肉、禽、蛋、奶；第六部分，各地区蔬菜；第七部分，各地区畜产品。

三、本汇编中，“三种粮食平均”指稻谷、小麦、玉米平均；稻谷指早籼稻、中籼稻、晚籼稻和粳稻平均；“两种油料平均”指花生、油菜籽平均；“规模生猪”“规模肉鸡”“规模蛋鸡”“规模奶牛”均指各品种小规模、中规模和大规模的平均；蔬菜平均指西红柿、黄瓜、茄子、圆白菜、菜椒、大白菜、马铃薯 7 种蔬菜平均。

四、本汇编中各品种家庭用工折价均按全国统一劳动日工价计算，2019 年为 86.38 元/日。

五、本书在编辑过程中得到了各级价格主管部门成本调查机构等相关部门的大力支持，在此谨致谢意。

六、本汇编由国家发展和改革委员会价格司编印。

联系电话：010-68501725、68501954，传真：010-68501742。

E-mail：chengbenchu@ndrc.gov.cn

扫码获电子版

目 录
CONTENTS

一、综 合

二、各地区粮食、油料

三、各地区棉、烟、糖料

四、各地区蚕茧、水果

五、各地区肉、禽、蛋、奶

六、各地区蔬菜

（一）省、自治区、直辖市

七、各地区畜产品

附　录

一、综　合

1-1-1　三种粮食平均成本收益情况

项　　目	单位	2014 年	2015 年	2016 年	2017 年	2018 年	2019 年	2019 年比 2018 年±%
每亩								
主产品产量	公斤	470. 93	467. 41	457. 13	468. 72	449. 30	482. 30	7. 34
产值合计	元	1193. 35	1109. 59	1013. 34	1069. 06	1008. 18	1078. 36	6. 96
主产品产值	元	1171. 46	1086. 99	990. 97	1046. 04	985. 40	1055. 65	7. 13
副产品产值	元	21. 89	22. 60	22. 37	23. 02	22. 78	22. 71	-0. 31
总成本	元	1068. 57	1090. 04	1093. 62	1081. 59	1093. 77	1108. 89	1. 38
生产成本	元	864. 63	872. 28	871. 35	866. 01	868. 90	875. 64	0. 78
物质与服务费用	元	417. 88	425. 07	429. 57	437. 18	449. 55	462. 24	2. 82
人工成本	元	446. 75	447. 21	441. 78	428. 83	419. 35	413. 40	-1. 42
家庭用工折价	元	414. 18	415. 74	408. 63	393. 89	383. 70	374. 89	-2. 30
雇工费用	元	32. 57	31. 47	33. 15	34. 94	35. 65	38. 51	8. 02
土地成本	元	203. 94	217. 76	222. 27	215. 58	224. 87	233. 25	3. 73
流转地租金	元	32. 46	36. 41	38. 51	38. 40	41. 29	36. 72	-11. 07
自营地折租	元	171. 48	181. 35	183. 76	177. 18	183. 58	196. 53	7. 05
净利润	元	124. 78	19. 55	-80. 28	-12. 53	-85. 59	-30. 53	-64. 33
现金成本	元	482. 91	492. 95	501. 23	510. 52	526. 49	537. 47	2. 09
现金收益	元	710. 44	616. 64	512. 11	558. 54	481. 69	540. 89	12. 29
成本利润率	%	11. 68	1. 79	-7. 34	-1. 16	-7. 83	-2. 75	-64. 88
每 50 公斤主产品								
平均出售价格	元	124. 38	116. 28	108. 39	111. 58	109. 66	109. 44	-0. 20
总成本	元	111. 37	114. 23	116. 98	112. 89	118. 97	112. 54	-5. 40
生产成本	元	90. 12	91. 41	93. 20	90. 39	94. 51	88. 87	-5. 97
净利润	元	13. 01	2. 05	-8. 59	-1. 31	-9. 31	-3. 10	-66. 70
现金成本	元	50. 33	51. 66	53. 61	53. 28	57. 27	54. 55	-4. 75
现金收益	元	74. 05	64. 62	54. 78	58. 30	52. 39	54. 89	4. 77
附：								
每亩用工数量	日	5. 87	5. 61	5. 31	5. 04	4. 81	4. 64	-3. 53
每亩主产品已出售数量	公斤	344. 17	346. 51	341. 89	371. 17	344. 05	378. 16	9. 91
每亩主产品已出售产值	元	849. 68	800. 61	742. 56	821. 06	745. 79	821. 02	10. 09
每亩成本外支出	元	0. 70	0. 63	0. 76	0. 59	0. 41	0. 44	7. 32

1-1-2 三种粮食平均费用和用工情况

项　　目	单位	2014 年	2015 年	2016 年	2017 年	2018 年	2019 年	2019 年比 2018 年±%
一、每亩物质与服务费用	**元**	**417.88**	**425.07**	**429.57**	**437.18**	**449.55**	**462.24**	**2.82**
（一）直接费用	元	405.03	411.21	415.03	421.82	433.68	446.75	3.01
1. 种子费	元	57.82	59.43	60.73	62.43	63.28	64.03	1.19
2. 化肥费	元	132.42	132.03	128.93	130.90	139.02	144.08	3.64
3. 农家肥费	元	10.73	10.87	13.67	15.14	15.17	15.80	4.15
4. 农药费	元	27.56	29.15	29.48	30.68	31.37	33.45	6.63
5. 农膜费	元	3.05	3.04	2.99	2.89	2.97	2.81	-5.39
6. 租赁作业费	元	166.21	169.33	171.84	172.03	174.27	178.52	2.44
机械作业费	元	134.08	139.60	142.79	145.72	148.81	151.02	1.49
排灌费	元	25.62	23.91	23.72	22.19	22.20	24.97	12.48
其中：水费	元	7.28	7.24	7.63	7.39	7.34	7.51	2.32
畜力费	元	6.51	5.82	5.33	4.12	3.26	2.53	-22.39
7. 燃料动力费	元	1.53	1.57	1.71	2.09	2.07	2.26	9.18
8. 技术服务费	元		0.01	0.01	0.02	0.01	0.01	
9. 工具材料费	元	4.14	4.19	4.17	4.10	4.01	4.07	1.50
10. 修理维护费	元	1.56	1.57	1.49	1.48	1.49	1.57	5.37
11. 其他直接费用	元	0.01	0.02	0.01	0.06	0.02	0.15	650.00
（二）间接费用	元	12.85	13.86	14.54	15.36	15.87	15.49	-2.39
1. 固定资产折旧	元	4.61	4.95	4.88	4.87	4.85	4.90	1.03
2. 保险费	元	5.97	6.61	7.41	8.26	8.87	9.33	5.19
3. 管理费	元	1.23	1.29	1.24	1.14	1.05	0.10	-90.48
4. 财务费	元	0.03	0.03	0.03	0.01	0.04	0.04	
5. 销售费	元	1.01	0.98	0.98	1.08	1.06	1.12	5.66
二、每亩人工成本	**元**	**446.75**	**447.21**	**441.78**	**428.83**	**419.35**	**413.40**	**-1.42**
1. 家庭用工折价	元	414.18	415.74	408.63	393.89	383.70	374.89	-2.30
家庭用工天数	日	5.57	5.33	5.02	4.74	4.52	4.34	-3.98
劳动日工价	元	74.40	78.00	81.40	83.10	84.89	86.38	1.76
2. 雇工费用	元	32.57	31.47	33.15	34.94	35.65	38.51	8.02
雇工天数	日	0.30	0.28	0.29	0.30	0.29	0.30	3.45
雇工工价	元	107.49	112.39	114.31	116.47	122.93	128.37	4.43
三、附								
1. 每亩种子用量	公斤	6.93	6.94	7.04	7.12	7.19	7.24	0.70
2. 每亩化肥用量	公斤	24.08	24.11	24.93	25.07	24.91	25.15	0.96
3. 每亩农膜用量	公斤	0.22	0.23	0.23	0.22	0.23	0.22	-4.35

1-1-3　三种粮食平均化肥投入情况

项　　目	单位	2014 年	2015 年	2016 年	2017 年	2018 年	2019 年	2019 年比 2018 年±%
一、每亩化肥金额	**元**	**132.42**	**132.03**	**128.93**	**130.90**	**139.02**	**144.08**	**3.64**
（一）氮肥	元	36.36	34.00	30.75	31.07	33.63	33.53	-0.30
1. 尿素	元	32.23	30.30	27.56	28.16	30.79	30.89	0.32
2. 碳铵	元	4.01	3.57	3.02	2.73	2.62	2.26	-13.74
3. 其他氮肥	元	0.12	0.13	0.17	0.18	0.22	0.38	72.73
（二）磷肥	元	2.67	2.28	2.19	1.97	1.98	1.77	-10.61
其中：过磷酸钙	元	2.52	2.17	2.09	1.89	1.87	1.69	-9.63
（三）钾肥	元	3.26	3.17	3.04	2.52	2.46	2.21	-10.16
其中：氯化钾	元	2.98	2.95	2.90	2.38	2.36	2.05	-13.14
（四）复混肥	元	89.27	92.03	92.42	94.82	100.41	106.01	5.58
1. 复合肥	元	83.22	86.00	87.22	90.38	95.90	102.08	6.44
其中：二铵	元	13.34	13.12	12.90	12.71	13.05	12.23	-6.28
三元素复合肥	元	48.21	47.48	50.39	50.21	51.94	57.48	10.67
2. 混配肥	元	6.05	6.03	5.20	4.44	4.51	3.93	-12.86
（五）其他肥料	元	0.86	0.55	0.54	0.53	0.54	0.55	1.85
二、每亩化肥折纯用量	**公斤**	**24.08**	**24.11**	**24.93**	**25.07**	**24.91**	**25.15**	**0.96**
（一）氮肥	公斤	8.87	8.46	8.39	7.98	7.48	7.17	-4.14
1. 尿素	公斤	7.94	7.60	7.64	7.35	6.91	6.66	-3.62
2. 碳铵	公斤	0.91	0.84	0.72	0.60	0.54	0.46	-14.81
3. 其他氮肥	公斤	0.02	0.02	0.03	0.03	0.03	0.05	66.67
（二）磷肥	公斤	0.52	0.41	0.44	0.40	0.37	0.33	-10.81
其中：过磷酸钙	公斤	0.49	0.39	0.42	0.38	0.35	0.32	-8.57
（三）钾肥	公斤	0.83	0.80	0.56	0.47	0.45	0.40	-11.11
其中：氯化钾	公斤	0.78	0.77	0.54	0.45	0.44	0.38	-13.64
（四）复混肥	公斤	13.86	14.44	15.54	16.22	16.61	17.25	3.85
1. 复合肥	公斤	13.03	13.58	14.67	15.46	15.81	16.58	4.87
其中：二铵	公斤	2.63	2.50	2.71	2.77	2.73	2.53	-7.33
三元素复合肥	公斤	7.30	7.43	8.17	8.23	8.24	9.04	9.71
2. 混配肥	公斤	0.83	0.86	0.87	0.76	0.80	0.67	-16.25

1-2-1 稻谷成本收益情况

项　目	单位	2014 年	2015 年	2016 年	2017 年	2018 年	2019 年	2019 年比 2018 年±%
每亩								
主产品产量	公斤	484.98	492.64	484.75	481.10	491.88	489.52	-0.48
产值合计	元	1381.38	1377.52	1343.77	1342.74	1289.53	1262.21	-2.12
主产品产值	元	1364.10	1359.88	1326.16	1326.36	1273.15	1245.61	-2.16
副产品产值	元	17.28	17.64	17.61	16.38	16.38	16.60	1.34
总成本	元	1176.55	1202.12	1201.81	1210.19	1223.64	1241.77	1.48
生产成本	元	970.47	987.28	979.87	980.88	988.52	1000.68	1.23
物质与服务费用	元	469.80	478.69	484.53	497.95	514.67	526.48	2.29
人工成本	元	500.67	508.59	495.34	482.93	473.85	474.20	0.07
家庭用工折价	元	442.31	447.72	433.05	415.50	402.38	393.89	-2.11
雇工费用	元	58.36	60.87	62.29	67.43	71.47	80.31	12.37
土地成本	元	206.08	214.84	221.94	229.31	235.12	241.09	2.54
流转地租金	元	52.23	53.82	57.40	59.47	63.47	44.84	-29.35
自营地折租	元	153.85	161.02	164.54	169.84	171.65	196.25	14.33
净利润	元	204.83	175.40	141.96	132.55	65.89	20.44	-68.98
现金成本	元	580.39	593.38	604.22	624.85	649.61	651.63	0.31
现金收益	元	800.99	784.14	739.55	717.89	639.92	610.58	-4.58
成本利润率	%	17.41	14.59	11.81	10.95	5.38	1.65	-69.33
每 50 公斤主产品								
平均出售价格	元	140.63	138.02	136.79	137.85	129.42	127.23	-1.69
总成本	元	119.78	120.45	122.34	124.24	122.81	125.17	1.92
生产成本	元	98.80	98.92	99.75	100.70	99.21	100.87	1.67
净利润	元	20.85	17.57	14.45	13.61	6.61	2.06	-68.84
现金成本	元	59.09	59.45	61.51	64.15	65.20	65.68	0.74
现金收益	元	81.54	78.57	75.28	73.70	64.22	61.55	-4.16
附：								
每亩用工数量	日	6.43	6.23	5.81	5.51	5.27	5.13	-2.66
每亩主产品已出售数量	公斤	348.38	361.26	363.67	372.07	378.36	374.67	-0.98
每亩主产品已出售产值	元	972.86	989.05	987.27	1015.93	960.31	933.13	-2.83
每亩成本外支出	元	0.69	0.64	0.84	0.58	0.41	0.46	12.20

1-2-2 稻谷费用和用工情况

项 目	单位	2014 年	2015 年	2016 年	2017 年	2018 年	2019 年	2019 年比 2018 年±%
一、每亩物质与服务费用	**元**	**469.80**	**478.69**	**484.53**	**497.95**	**514.67**	**526.48**	**2.29**
（一）直接费用	元	450.19	458.26	462.76	474.74	490.48	503.91	2.74
1. 种子费	元	54.24	55.35	57.47	61.20	63.40	64.48	1.70
2. 化肥费	元	120.84	121.82	119.97	123.25	130.97	135.95	3.80
3. 农家肥费	元	7.78	8.54	8.53	8.93	9.60	9.30	-3.12
4. 农药费	元	50.19	51.16	51.29	53.04	53.60	56.15	4.76
5. 农膜费	元	4.46	4.49	4.65	4.52	4.40	4.18	-5.00
6. 租赁作业费	元	201.30	205.30	208.97	210.74	215.88	219.95	1.89
机械作业费	元	170.54	175.68	180.78	184.69	190.86	194.21	1.76
排灌费	元	20.65	20.68	20.73	20.29	20.69	22.42	8.36
其中：水费	元	10.54	10.48	10.82	11.01	11.11	11.11	
畜力费	元	10.11	8.94	7.46	5.76	4.33	3.32	-23.33
7. 燃料动力费	元	3.28	3.42	3.83	4.96	4.64	5.29	14.01
8. 技术服务费	元		0.01	0.01	0.05	0.01	0.01	
9. 工具材料费	元	5.98	6.05	5.91	5.76	5.77	6.00	3.99
10. 修理维护费	元	2.10	2.07	2.12	2.13	2.15	2.39	11.16
11. 其他直接费用	元	0.02	0.05	0.01	0.16	0.06	0.21	250.00
（二）间接费用	元	19.61	20.43	21.77	23.21	24.19	22.57	-6.70
1. 固定资产折旧	元	7.43	7.64	8.06	8.00	8.05	8.27	2.73
2. 保险费	元	8.30	8.86	9.77	11.12	11.87	12.12	2.11
3. 管理费	元	2.47	2.55	2.57	2.40	2.41	0.16	-93.36
4. 财务费	元	0.01	0.02	0.04	0.01	0.02	0.06	200.00
5. 销售费	元	1.40	1.36	1.33	1.68	1.84	1.96	6.52
二、每亩人工成本	**元**	**500.67**	**508.59**	**495.34**	**482.93**	**473.85**	**474.20**	**0.07**
1. 家庭用工折价	元	442.31	447.72	433.05	415.50	402.38	393.89	-2.11
家庭用工天数	日	5.95	5.74	5.32	5.00	4.74	4.56	-3.80
劳动日工价	元	74.40	78.00	81.40	83.10	84.89	86.38	1.76
2. 雇工费用	元	58.36	60.87	62.29	67.43	71.47	80.31	12.37
雇工天数	日	0.49	0.49	0.49	0.51	0.53	0.57	7.55
雇工工价	元	119.60	125.50	127.12	132.22	134.85	140.89	4.48
三、附								
1. 每亩种子用量	公斤	2.91	2.98	3.01	3.08	3.14	3.10	-1.27
2. 每亩化肥用量	公斤	21.93	22.21	22.63	22.68	22.55	22.97	1.86
3. 每亩农膜用量	公斤	0.31	0.31	0.33	0.31	0.31	0.29	-6.45

1-2-3 稻谷化肥投入情况

项　目	单位	2014 年	2015 年	2016 年	2017 年	2018 年	2019 年	2019 年比 2018 年±%
一、每亩化肥金额	元	**120. 84**	**121. 82**	**119. 97**	**123. 25**	**130. 97**	**135. 95**	**3. 80**
（一）氮肥	元	35. 63	34. 17	30. 97	32. 11	35. 14	34. 13	-2. 87
1. 尿素	元	29. 93	29. 17	26. 61	27. 96	31. 17	30. 85	-1. 03
2. 碳铵	元	5. 58	4. 85	4. 22	3. 99	3. 79	3. 02	-20. 32
3. 其他氮肥	元	0. 12	0. 15	0. 14	0. 16	0. 18	0. 26	44. 44
（二）磷肥	元	3. 40	2. 94	2. 57	2. 59	2. 57	2. 28	-11. 28
其中：过磷酸钙	元	3. 16	2. 73	2. 40	2. 44	2. 45	2. 11	-13. 88
（三）钾肥	元	8. 14	7. 83	7. 76	6. 08	6. 31	5. 71	-9. 51
其中：氯化钾	元	7. 90	7. 50	7. 57	5. 88	6. 17	5. 55	-10. 05
（四）复混肥	元	72. 02	75. 89	77. 61	81. 32	85. 98	92. 99	8. 15
1. 复合肥	元	68. 31	72. 32	74. 26	78. 29	82. 42	89. 63	8. 75
其中：二铵	元	2. 87	2. 49	2. 28	2. 39	2. 39	1. 19	-50. 21
三元素复合肥	元	41. 31	44. 77	46. 91	49. 66	51. 44	56. 68	10. 19
2. 混配肥	元	3. 71	3. 57	3. 35	3. 03	3. 56	3. 36	-5. 62
（五）其他肥料	元	1. 65	0. 99	1. 08	1. 18	0. 98	0. 84	-14. 29
二、每亩化肥折纯用量	公斤	**21. 93**	**22. 21**	**22. 63**	**22. 68**	**22. 55**	**22. 97**	**1. 86**
（一）氮肥	公斤	8. 37	8. 06	7. 94	7. 66	7. 35	6. 95	-5. 44
1. 尿素	公斤	7. 11	6. 95	6. 97	6. 81	6. 58	6. 34	-3. 65
2. 碳铵	公斤	1. 23	1. 08	0. 94	0. 82	0. 74	0. 57	-22. 97
3. 其他氮肥	公斤	0. 03	0. 03	0. 03	0. 03	0. 03	0. 04	33. 33
（二）磷肥	公斤	0. 67	0. 57	0. 50	0. 51	0. 48	0. 43	-10. 42
其中：过磷酸钙	公斤	0. 62	0. 53	0. 47	0. 48	0. 46	0. 40	-13. 04
（三）钾肥	公斤	1. 44	1. 41	1. 44	1. 16	1. 18	1. 06	-10. 17
其中：氯化钾	公斤	1. 41	1. 36	1. 41	1. 13	1. 16	1. 04	-10. 34
（四）复混肥	公斤	11. 45	12. 17	12. 75	13. 35	13. 54	14. 53	7. 31
1. 复合肥	公斤	10. 87	11. 59	12. 22	12. 85	12. 98	13. 97	7. 63
其中：二铵	公斤	0. 61	0. 52	0. 48	0. 52	0. 50	0. 24	-52. 00
三元素复合肥	公斤	6. 52	7. 16	7. 73	8. 13	8. 02	8. 84	10. 22
2. 混配肥	公斤	0. 58	0. 58	0. 53	0. 50	0. 56	0. 56	

1-3-1　早籼稻成本收益情况

项　　目	单位	2014 年	2015 年	2016 年	2017 年	2018 年	2019 年	2019 年比 2018 年±%
每亩								
主产品产量	公斤	418.45	421.76	416.95	423.76	428.85	404.29	-5.73
产值合计	元	1135.98	1147.26	1098.87	1127.27	1064.94	986.90	-7.33
主产品产值	元	1122.14	1133.44	1085.15	1113.77	1051.28	973.48	-7.40
副产品产值	元	13.84	13.82	13.72	13.50	13.66	13.42	-1.76
总成本	元	1078.27	1097.43	1096.93	1108.34	1115.31	1125.83	0.94
生产成本	元	925.57	937.62	934.75	937.97	938.36	943.98	0.60
物质与服务费用	元	459.02	467.33	473.96	483.23	500.71	511.25	2.11
人工成本	元	466.55	470.29	460.79	454.74	437.65	432.73	-1.12
家庭用工折价	元	439.63	441.87	432.07	419.41	400.94	389.31	-2.90
雇工费用	元	26.92	28.42	28.72	35.33	36.71	43.42	18.28
土地成本	元	152.70	159.81	162.18	170.37	176.95	181.85	2.77
流转地租金	元	19.83	19.42	21.67	24.92	26.73	28.04	4.90
自营地折租	元	132.87	140.39	140.51	145.45	150.22	153.81	2.39
净利润	元	57.71	49.83	1.94	18.93	-50.37	-138.93	175.85
现金成本	元	505.77	515.17	524.35	543.48	564.15	582.71	3.29
现金收益	元	630.21	632.09	574.52	583.79	500.79	404.19	-19.29
成本利润率	%	5.35	4.54	0.18	1.71	-4.52	-12.34	173.01
每 50 公斤主产品								
平均出售价格	元	134.08	134.37	130.13	131.42	122.57	120.39	-1.78
总成本	元	127.27	128.53	129.90	129.21	128.37	137.34	6.99
生产成本	元	109.25	109.82	110.69	109.35	108.00	115.15	6.62
净利润	元	6.81	5.84	0.23	2.21	-5.80	-16.95	192.24
现金成本	元	59.70	60.34	62.09	63.36	64.93	71.08	9.47
现金收益	元	74.38	74.03	68.04	68.06	57.64	49.31	-14.45
附：								
每亩用工数量	日	6.15	5.90	5.55	5.34	5.01	4.82	-3.79
每亩主产品已出售数量	公斤	320.73	341.19	327.73	336.27	342.94	326.06	-4.92
每亩主产品已出售产值	元	852.39	909.30	841.04	873.34	823.80	768.52	-6.71
每亩成本外支出	元		0.01	0.01	0.01			

1-3-2 早籼稻费用和用工情况

项　　目	单位	2014 年	2015 年	2016 年	2017 年	2018 年	2019 年	2019 年比 2018 年±%
一、每亩物质与服务费用	元	**459.02**	**467.33**	**473.96**	**483.23**	**500.71**	**511.25**	**2.11**
（一）直接费用	元	443.47	451.58	457.01	463.36	480.24	488.51	1.72
1. 种子费	元	52.89	53.40	56.57	58.47	59.19	60.44	2.11
2. 化肥费	元	123.76	124.74	124.77	128.12	134.46	136.27	1.35
3. 农家肥费	元	8.40	9.10	8.34	7.00	8.55	8.77	2.57
4. 农药费	元	49.66	48.50	50.80	52.59	53.34	55.94	4.87
5. 农膜费	元	4.43	4.70	4.34	4.09	3.77	3.52	-6.63
6. 租赁作业费	元	190.00	196.47	196.52	197.62	205.03	206.75	0.84
机械作业费	元	172.50	178.77	181.17	184.58	193.57	197.53	2.05
排灌费	元	7.01	8.14	7.30	7.11	7.54	6.41	-14.99
其中：水费	元	3.75	3.57	3.51	4.06	3.94	3.58	-9.14
畜力费	元	10.49	9.56	8.05	5.93	3.92	2.81	-28.32
7. 燃料动力费	元	3.90	4.55	5.09	4.74	5.51	6.03	9.44
8. 技术服务费	元		0.01	0.03	0.01	0.01		-100.00
9. 工具材料费	元	7.58	7.37	7.60	7.20	7.22	7.50	3.88
10. 修理维护费	元	2.85	2.74	2.95	2.92	2.94	3.29	11.90
11. 其他直接费用	元				0.60	0.22		-100.00
（二）间接费用	元	15.55	15.75	16.95	19.87	20.47	22.74	11.09
1. 固定资产折旧	元	9.61	9.54	10.16	10.29	10.16	10.43	2.66
2. 保险费	元	4.33	4.66	5.35	7.70	8.16	10.39	27.33
3. 管理费	元		0.03	0.09	0.15	0.12	0.03	-75.00
4. 财务费	元		0.01	0.02	0.01			
5. 销售费	元	1.61	1.51	1.33	1.72	2.03	1.89	-6.90
二、每亩人工成本	元	**466.55**	**470.29**	**460.79**	**454.74**	**437.65**	**432.73**	**-1.12**
1. 家庭用工折价	元	439.63	441.87	432.07	419.41	400.94	389.31	-2.90
家庭用工天数	日	5.91	5.67	5.31	5.05	4.72	4.51	-4.57
劳动日工价	元	74.40	78.00	81.40	83.10	84.89	86.38	1.76
2. 雇工费用	元	26.92	28.42	28.72	35.33	36.71	43.42	18.28
雇工天数	日	0.24	0.23	0.24	0.29	0.29	0.31	6.90
雇工工价	元	110.32	123.03	119.67	121.83	126.59	140.07	10.65
三、附								
1. 每亩种子用量	公斤	3.52	3.62	3.60	3.67	3.76	3.60	-4.26
2. 每亩化肥用量	公斤	21.94	22.29	22.99	22.89	22.68	22.38	-1.32
3. 每亩农膜用量	公斤	0.32	0.34	0.31	0.30	0.27	0.25	-7.41

1-3-3 早籼稻化肥投入情况

项 目	单位	2014 年	2015 年	2016 年	2017 年	2018 年	2019 年	2019 年比 2018 年±%
一、每亩化肥金额	**元**	**123.76**	**124.74**	**124.77**	**128.12**	**134.46**	**136.27**	**1.35**
（一）氮肥	元	33.41	31.91	29.71	30.43	32.37	31.82	-1.70
1. 尿素	元	28.30	27.64	25.47	26.36	28.53	28.29	-0.84
2. 碳铵	元	5.07	4.27	4.24	4.07	3.79	3.50	-7.65
3. 其他氮肥	元	0.04				0.05	0.03	-40.00
（二）磷肥	元	4.73	4.50	4.15	4.24	3.74	3.53	-5.61
其中：过磷酸钙	元	4.35	4.00	3.74	3.86	3.59	3.31	-7.80
（三）钾肥	元	10.17	8.62	9.49	7.95	7.88	7.49	-4.95
其中：氯化钾	元	10.13	8.48	9.41	7.83	7.76	7.43	-4.25
（四）复混肥	元	74.48	79.17	81.07	84.73	89.93	92.40	2.75
1. 复合肥	元	71.36	75.59	76.12	82.15	86.04	89.37	3.87
其中：二铵	元	0.03	0.10	0.22	0.15	0.23	0.17	-26.09
三元素复合肥	元	48.74	51.24	49.32	56.79	60.71	59.01	-2.80
2. 混配肥	元	3.12	3.58	4.95	2.58	3.89	3.03	-22.11
（五）其他肥料	元	0.97	0.54	0.35	0.77	0.54	1.03	90.74
二、每亩化肥折纯用量	**公斤**	**21.94**	**22.29**	**22.99**	**22.89**	**22.68**	**22.38**	**-1.32**
（一）氮肥	公斤	7.71	7.43	7.41	7.05	6.63	6.32	-4.68
1. 尿素	公斤	6.61	6.51	6.51	6.26	5.93	5.67	-4.38
2. 碳铵	公斤	1.09	0.92	0.90	0.79	0.70	0.64	-8.57
3. 其他氮肥	公斤	0.01					0.01	
（二）磷肥	公斤	0.93	0.87	0.80	0.81	0.69	0.63	-8.70
其中：过磷酸钙	公斤	0.86	0.78	0.73	0.73	0.66	0.60	-9.09
（三）钾肥	公斤	1.84	1.56	1.77	1.53	1.49	1.40	-6.04
其中：氯化钾	公斤	1.84	1.54	1.76	1.51	1.47	1.39	-5.44
（四）复混肥	公斤	11.46	12.43	13.01	13.51	13.86	14.03	1.23
1. 复合肥	公斤	11.00	11.88	12.30	13.08	13.25	13.59	2.57
其中：二铵	公斤	0.01	0.02	0.04	0.03	0.04	0.03	-25.00
三元素复合肥	公斤	7.54	8.07	8.01	9.00	9.22	8.96	-2.82
2. 混配肥	公斤	0.46	0.55	0.71	0.43	0.61	0.44	-27.87

1-4-1 中籼稻成本收益情况

项 目	单位	2014 年	2015 年	2016 年	2017 年	2018 年	2019 年	2019 年比 2018 年±%
每亩								
主产品产量	公斤	516.36	547.45	526.81	522.26	540.60	542.80	0.41
产值合计	元	1388.42	1442.60	1390.64	1382.17	1354.73	1368.12	0.99
主产品产值	元	1372.47	1424.28	1371.53	1364.08	1336.22	1349.55	1.00
副产品产值	元	15.95	18.32	19.11	18.09	18.51	18.57	0.32
总成本	元	1191.12	1215.40	1208.96	1230.65	1234.45	1229.43	-0.41
生产成本	元	1029.37	1045.53	1032.54	1049.82	1050.63	1043.30	-0.70
物质与服务费用	元	418.17	425.53	429.94	451.43	463.90	487.70	5.13
人工成本	元	611.20	620.00	602.60	598.39	586.73	555.60	-5.30
家庭用工折价	元	550.78	553.25	539.44	531.18	514.69	483.81	-6.00
雇工费用	元	60.42	66.75	63.16	67.21	72.04	71.79	-0.35
土地成本	元	161.75	169.87	176.42	180.83	183.82	186.13	1.26
流转地租金	元	20.51	23.29	26.42	26.34	30.12	30.38	0.86
自营地折租	元	141.24	146.58	150.00	154.49	153.70	155.75	1.33
净利润	元	197.30	227.20	181.68	151.52	120.28	138.69	15.30
现金成本	元	499.10	515.57	519.52	544.98	566.06	589.87	4.21
现金收益	元	889.32	927.03	871.12	837.19	788.67	778.25	-1.32
成本利润率	%	16.56	18.69	15.03	12.31	9.74	11.28	15.81
每 50 公斤主产品								
平均出售价格	元	132.90	130.08	130.17	130.59	123.59	124.31	0.58
总成本	元	114.01	109.59	113.16	116.27	112.62	111.71	-0.81
生产成本	元	98.53	94.28	96.65	99.19	95.85	94.80	-1.10
净利润	元	18.89	20.49	17.01	14.32	10.97	12.60	14.86
现金成本	元	47.77	46.49	48.63	51.49	51.64	53.60	3.80
现金收益	元	85.13	83.59	81.54	79.10	71.95	70.71	-1.72
附:								
每亩用工数量	日	7.98	7.68	7.17	6.93	6.61	6.15	-6.96
每亩主产品已出售数量	公斤	370.59	395.64	377.15	389.10	413.47	424.26	2.61
每亩主产品已出售产值	元	975.94	1015.58	967.45	1005.86	999.46	1030.95	3.15
每亩成本外支出	元	0.25	0.18	0.65	0.11	0.01	0.01	

1-4-2 中籼稻费用和用工情况

项 目	单位	2014 年	2015 年	2016 年	2017 年	2018 年	2019 年	2019 年比 2018 年±%
一、每亩物质与服务费用	元	**418.17**	**425.53**	**429.94**	**451.43**	**463.90**	**487.70**	**5.13**
（一）直接费用	元	401.64	406.51	410.38	429.59	440.93	463.69	5.16
1. 种子费	元	62.59	64.67	66.10	71.91	75.44	77.90	3.26
2. 化肥费	元	110.24	110.40	109.80	112.46	121.77	126.48	3.87
3. 农家肥费	元	9.27	11.00	11.04	11.82	11.02	10.78	-2.18
4. 农药费	元	37.13	38.67	38.44	38.90	38.73	44.26	14.28
5. 农膜费	元	5.54	5.56	5.48	5.27	4.98	4.55	-8.63
6. 租赁作业费	元	166.94	165.47	169.02	176.39	175.97	186.90	6.21
机械作业费	元	130.42	132.34	138.78	149.31	150.47	162.78	8.18
排灌费	元	16.77	15.72	16.56	15.68	16.33	16.87	3.31
其中：水费	元	7.90	7.83	8.74	8.75	9.34	8.12	-13.06
畜力费	元	19.75	17.41	13.68	11.40	9.17	7.25	-20.94
7. 燃料动力费	元	3.66	4.07	4.34	6.35	6.68	6.43	-3.74
8. 技术服务费	元						0.03	
9. 工具材料费	元	4.33	4.66	4.34	4.66	4.32	4.21	-2.55
10. 修理维护费	元	1.88	1.82	1.78	1.80	2.02	2.07	2.48
11. 其他直接费用	元	0.06	0.19	0.04	0.03		0.08	
（二）间接费用	元	16.53	19.02	19.56	21.84	22.97	24.01	4.53
1. 固定资产折旧	元	7.40	8.49	8.97	8.87	9.02	8.62	-4.43
2. 保险费	元	8.02	9.03	9.26	11.33	12.19	13.63	11.81
3. 管理费	元	0.02	0.02	0.02		0.02	0.04	100.00
4. 财务费	元			0.01				
5. 销售费	元	1.09	1.48	1.30	1.64	1.74	1.72	-1.15
二、每亩人工成本	元	**611.20**	**620.00**	**602.60**	**598.39**	**586.73**	**555.60**	**-5.30**
1. 家庭用工折价	元	550.78	553.25	539.44	531.18	514.69	483.81	-6.00
家庭用工天数	日	7.40	7.09	6.63	6.39	6.06	5.60	-7.62
劳动日工价	元	74.40	78.00	81.40	83.10	84.89	86.38	1.76
2. 雇工费用	元	60.42	66.75	63.16	67.21	72.04	71.79	-0.35
雇工天数	日	0.58	0.59	0.54	0.54	0.55	0.55	
雇工工价	元	105.09	113.72	116.96	124.46	130.98	130.53	-0.35
三、附								
1. 每亩种子用量	公斤	1.02	1.07	1.05	1.05	1.07	1.11	3.74
2. 每亩化肥用量	公斤	19.77	20.06	20.50	20.30	20.53	21.37	4.09
3. 每亩农膜用量	公斤	0.37	0.38	0.38	0.36	0.34	0.31	-8.82

1-4-3 中籼稻化肥投入情况

项　目	单位	2014 年	2015 年	2016 年	2017 年	2018 年	2019 年	2019 年比 2018 年±%
一、每亩化肥金额	元	**110. 24**	**110. 40**	**109. 80**	**112. 46**	**121. 77**	**126. 48**	**3. 87**
（一）氮肥	元	34. 54	33. 47	30. 54	30. 45	32. 91	32. 71	-0. 61
1. 尿素	元	25. 57	25. 05	23. 62	24. 29	27. 24	27. 48	0. 88
2. 碳铵	元	8. 81	8. 33	6. 90	6. 12	5. 59	4. 75	-15. 03
3. 其他氮肥	元	0. 16	0. 09	0. 02	0. 04	0. 08	0. 48	500. 00
（二）磷肥	元	3. 59	3. 17	2. 74	2. 46	2. 20	1. 84	-16. 36
其中：过磷酸钙	元	3. 34	3. 04	2. 62	2. 41	2. 17	1. 80	-17. 05
（三）钾肥	元	2. 45	2. 61	2. 39	1. 11	1. 31	1. 73	32. 06
其中：氯化钾	元	2. 38	2. 48	2. 27	1. 03	1. 25	1. 50	20. 00
（四）复混肥	元	69. 36	70. 95	73. 97	77. 92	85. 14	89. 81	5. 49
1. 复合肥	元	63. 08	67. 25	71. 03	74. 18	82. 23	86. 13	4. 74
其中：二铵	元	0. 35	0. 27	0. 41	0. 78	0. 33	0. 17	-48. 48
三元素复合肥	元	31. 60	36. 21	38. 53	42. 34	44. 71	54. 64	22. 21
2. 混配肥	元	6. 28	3. 70	2. 94	3. 74	2. 91	3. 68	26. 46
（五）其他肥料	元	0. 30	0. 20	0. 16	0. 52	0. 21	0. 39	85. 71
二、每亩化肥折纯用量	公斤	**19. 77**	**20. 06**	**20. 50**	**20. 30**	**20. 53**	**21. 37**	**4. 09**
（一）氮肥	公斤	7. 98	7. 88	7. 69	7. 23	6. 93	6. 66	-3. 90
1. 尿素	公斤	5. 93	5. 92	6. 06	5. 85	5. 75	5. 62	-2. 26
2. 碳铵	公斤	2. 02	1. 94	1. 63	1. 37	1. 16	0. 97	-16. 38
3. 其他氮肥	公斤	0. 03	0. 02		0. 01	0. 02	0. 07	250. 00
（二）磷肥	公斤	0. 65	0. 58	0. 53	0. 48	0. 41	0. 35	-14. 63
其中：过磷酸钙	公斤	0. 60	0. 55	0. 50	0. 47	0. 40	0. 34	-15. 00
（三）钾肥	公斤	0. 43	0. 47	0. 46	0. 21	0. 25	0. 32	28. 00
其中：氯化钾	公斤	0. 42	0. 45	0. 44	0. 20	0. 24	0. 29	20. 83
（四）复混肥	公斤	10. 71	11. 13	11. 84	12. 40	12. 94	14. 05	8. 58
1. 复合肥	公斤	9. 68	10. 50	11. 35	11. 79	12. 49	13. 41	7. 37
其中：二铵	公斤	0. 07	0. 05	0. 08	0. 14	0. 06	0. 03	-50. 00
三元素复合肥	公斤	4. 90	5. 78	6. 33	6. 87	6. 95	8. 77	26. 19
2. 混配肥	公斤	1. 03	0. 63	0. 49	0. 61	0. 45	0. 64	42. 22

1-5-1　晚籼稻成本收益情况

项　　目	单位	2014 年	2015 年	2016 年	2017 年	2018 年	2019 年	2019 年比 2018 年±%
每亩								
主产品产量	公斤	451.69	446.79	439.71	431.71	444.72	460.41	3.53
产值合计	元	1295.34	1258.90	1230.53	1235.00	1212.06	1241.47	2.43
主产品产值	元	1282.01	1245.19	1217.27	1222.50	1199.12	1228.85	2.48
副产品产值	元	13.33	13.71	13.26	12.50	12.94	12.62	-2.47
总成本	元	1102.53	1125.58	1133.06	1131.90	1153.46	1198.11	3.87
生产成本	元	944.16	961.96	965.89	955.40	970.20	1010.93	4.20
物质与服务费用	元	479.20	489.76	503.47	508.77	532.48	556.19	4.45
人工成本	元	464.96	472.20	462.42	446.63	437.72	454.74	3.89
家庭用工折价	元	429.21	438.28	428.73	400.79	388.80	371.87	-4.35
雇工费用	元	35.75	33.92	33.69	45.84	48.92	82.87	69.40
土地成本	元	158.37	163.62	167.17	176.50	183.26	187.18	2.14
流转地租金	元	23.38	22.72	25.30	29.47	31.59	33.76	6.87
自营地折租	元	134.99	140.90	141.87	147.03	151.67	153.42	1.15
净利润	元	192.81	133.32	97.47	103.10	58.60	43.36	-26.00
现金成本	元	538.33	546.40	562.46	584.08	612.99	672.82	9.76
现金收益	元	757.01	712.50	668.07	650.92	599.07	568.65	-5.08
成本利润率	%	17.49	11.84	8.60	9.11	5.08	3.62	-28.74
每 50 公斤主产品								
平均出售价格	元	141.91	139.35	138.42	141.59	134.82	133.45	-1.02
总成本	元	120.79	124.59	127.46	129.77	128.30	128.79	0.38
生产成本	元	103.44	106.48	108.65	109.53	107.92	108.67	0.69
净利润	元	21.12	14.76	10.96	11.82	6.52	4.66	-28.53
现金成本	元	58.98	60.48	63.27	66.96	68.18	72.32	6.07
现金收益	元	82.93	78.87	75.15	74.63	66.64	61.13	-8.27
附：								
每亩用工数量	日	6.07	5.90	5.53	5.16	4.95	4.86	-1.82
每亩主产品已出售数量	公斤	291.28	280.74	289.42	294.22	306.40	339.76	10.89
每亩主产品已出售产值	元	815.10	766.44	789.13	814.63	805.67	877.19	8.88
每亩成本外支出	元		0.01	0.36			0.01	

1-5-2 晚籼稻费用和用工情况

项　目	单位	2014 年	2015 年	2016 年	2017 年	2018 年	2019 年	2019 年比 2018 年±%
一、每亩物质与服务费用	元	**479.20**	**489.76**	**503.47**	**508.77**	**532.48**	**556.19**	**4.45**
（一）直接费用	元	463.52	473.39	483.66	488.65	510.06	530.66	4.04
1. 种子费	元	57.38	59.16	63.44	67.09	70.65	71.99	1.90
2. 化肥费	元	124.09	126.11	126.34	127.87	135.66	141.08	4.00
3. 农家肥费	元	7.14	7.67	7.87	7.34	9.58	8.19	-14.51
4. 农药费	元	60.86	63.08	63.81	65.85	67.13	70.19	4.56
5. 农膜费	元	0.31	0.14	0.48	0.42	0.45	0.47	4.44
6. 租赁作业费	元	200.22	203.45	207.19	205.65	212.18	220.33	3.84
机械作业费	元	182.46	187.78	191.38	192.48	200.70	207.09	3.18
排灌费	元	9.92	8.49	9.06	8.78	8.80	11.10	26.14
其中：水费	元	3.85	3.76	3.60	3.84	4.52	4.79	5.97
畜力费	元	7.84	7.18	6.75	4.39	2.68	2.14	-20.15
7. 燃料动力费	元	3.58	3.60	4.39	4.74	4.70	6.92	47.23
8. 技术服务费	元		0.01	0.02	0.01	0.01	0.01	
9. 工具材料费	元	7.24	7.32	7.22	6.76	6.95	7.36	5.90
10. 修理维护费	元	2.70	2.85	2.90	2.92	2.75	3.36	22.18
11. 其他直接费用	元						0.76	
（二）间接费用	元	15.68	16.37	19.81	20.12	22.42	25.53	13.87
1. 固定资产折旧	元	9.16	9.53	10.29	9.87	10.05	10.64	5.87
2. 保险费	元	5.14	5.71	8.26	8.56	9.86	12.80	29.82
3. 管理费	元	0.01	0.02	0.10	0.11	0.15	0.04	-73.33
4. 财务费	元	0.01	0.03	0.04	0.01			
5. 销售费	元	1.36	1.08	1.12	1.57	2.36	2.05	-13.14
二、每亩人工成本	元	**464.96**	**472.20**	**462.42**	**446.63**	**437.72**	**454.74**	**3.89**
1. 家庭用工折价	元	429.21	438.28	428.73	400.79	388.80	371.87	-4.35
家庭用工天数	日	5.77	5.62	5.27	4.82	4.58	4.31	-6.00
劳动日工价	元	74.40	78.00	81.40	83.10	84.89	86.38	1.76
2. 雇工费用	元	35.75	33.92	33.69	45.84	48.92	82.87	69.40
雇工天数	日	0.30	0.28	0.26	0.34	0.37	0.55	48.65
雇工工价	元	119.55	121.58	129.58	134.82	132.22	150.67	13.96
三、附								
1. 每亩种子用量	公斤	1.97	1.99	1.93	2.07	2.09	1.98	-5.26
2. 每亩化肥用量	公斤	21.81	22.39	23.14	22.76	22.70	23.12	1.85
3. 每亩农膜用量	公斤	0.02	0.01	0.04	0.03	0.03	0.04	33.33

1-5-3 晚籼稻化肥投入情况

项　　目	单位	2014 年	2015 年	2016 年	2017 年	2018 年	2019 年	2019 年比 2018 年±%
一、每亩化肥金额	**元**	**124.09**	**126.11**	**126.34**	**127.87**	**135.66**	**141.08**	**4.00**
（一）氮肥	元	33.46	31.29	28.67	29.25	32.53	30.34	-6.73
1. 尿素	元	28.62	27.49	24.83	25.96	29.03	27.55	-5.10
2. 碳铵	元	4.83	3.80	3.84	3.29	3.50	2.78	-20.57
3. 其他氮肥	元	0.01					0.01	
（二）磷肥	元	3.36	2.64	2.61	2.66	3.28	2.74	-16.46
其中：过磷酸钙	元	3.10	2.47	2.49	2.53	3.10	2.54	-18.06
（三）钾肥	元	10.49	11.32	11.27	9.12	9.40	9.49	0.96
其中：氯化钾	元	10.33	10.59	11.18	9.03	9.37	9.46	0.96
（四）复混肥	元	74.90	80.45	83.06	86.28	89.86	97.82	8.86
1. 复合肥	元	71.40	75.90	79.80	83.09	86.00	95.70	11.28
其中：二铵	元	0.09	0.16	0.12	0.21	0.09	0.12	33.33
三元素复合肥	元	44.32	49.52	52.74	56.49	53.21	61.12	14.87
2. 混配肥	元	3.50	4.55	3.26	3.19	3.86	2.12	-45.08
（五）其他肥料	元	1.88	0.41	0.73	0.56	0.59	0.69	16.95
二、每亩化肥折纯用量	**公斤**	**21.81**	**22.39**	**23.14**	**22.76**	**22.70**	**23.12**	**1.85**
（一）氮肥	公斤	7.74	7.23	7.19	6.80	6.61	6.03	-8.77
1. 尿素	公斤	6.71	6.42	6.37	6.18	5.97	5.54	-7.20
2. 碳铵	公斤	1.03	0.81	0.82	0.62	0.64	0.49	-23.44
3. 其他氮肥	公斤							
（二）磷肥	公斤	0.69	0.51	0.50	0.50	0.59	0.50	-15.25
其中：过磷酸钙	公斤	0.64	0.48	0.48	0.48	0.56	0.47	-16.07
（三）钾肥	公斤	1.89	2.07	2.12	1.73	1.77	1.78	0.56
其中：氯化钾	公斤	1.86	1.96	2.10	1.72	1.77	1.77	
（四）复混肥	公斤	11.49	12.58	13.32	13.73	13.72	14.81	7.94
1. 复合肥	公斤	11.00	11.85	12.81	13.25	13.16	14.48	10.03
其中：二铵	公斤	0.02	0.03	0.03	0.04	0.02	0.02	
三元素复合肥	公斤	6.79	7.68	8.43	9.01	8.00	9.09	13.63
2. 混配肥	公斤	0.49	0.73	0.51	0.48	0.56	0.33	-41.07

1-6-1 粳稻成本收益情况

项　　目	单位	2014 年	2015 年	2016 年	2017 年	2018 年	2019 年	2019 年比 2018 年±%
每亩								
主产品产量	公斤	553.43	554.56	555.54	546.67	553.33	550.58	-0.50
产值合计	元	1705.77	1661.29	1655.01	1626.50	1526.36	1452.32	-4.85
主产品产值	元	1679.78	1636.60	1630.68	1605.08	1505.97	1430.55	-5.01
副产品产值	元	25.99	24.69	24.33	21.42	20.39	21.77	6.77
总成本	元	1334.29	1370.71	1368.45	1370.11	1389.58	1415.20	1.84
生产成本	元	982.81	1004.69	986.46	980.58	993.13	1006.04	1.30
物质与服务费用	元	522.69	531.98	530.69	548.30	561.51	550.66	-1.93
人工成本	元	460.12	472.71	455.77	432.28	431.62	455.38	5.51
家庭用工折价	元	349.75	358.33	332.19	310.96	303.40	332.22	9.50
雇工费用	元	110.37	114.38	123.58	121.32	128.22	123.16	-3.95
土地成本	元	351.48	366.02	381.99	389.53	396.45	409.16	3.21
流转地租金	元	145.20	149.83	156.20	157.15	165.44	87.16	-47.32
自营地折租	元	206.28	216.19	225.79	232.38	231.01	322.00	39.39
净利润	元	371.48	290.58	286.56	256.39	136.78	37.12	-72.86
现金成本	元	778.26	796.19	810.47	826.77	855.17	760.98	-11.01
现金收益	元	927.51	865.10	844.54	799.73	671.19	691.34	3.00
成本利润率	%	27.84	21.20	20.94	18.71	9.84	2.62	-73.37
每 50 公斤主产品								
平均出售价格	元	151.76	147.56	146.77	146.81	136.08	129.91	-4.53
总成本	元	118.71	121.75	121.36	123.67	123.89	126.59	2.18
生产成本	元	87.44	89.24	87.48	88.51	88.54	89.99	1.64
净利润	元	33.05	25.81	25.41	23.14	12.19	3.32	-72.76
现金成本	元	69.24	70.72	71.87	74.63	76.24	68.07	-10.72
现金收益	元	82.52	76.84	74.90	72.18	59.84	61.84	3.34
附：								
每亩用工数量	日	5.54	5.44	4.99	4.62	4.46	4.73	6.05
每亩主产品已出售数量	公斤	410.90	427.48	460.36	468.69	450.61	408.60	-9.32
每亩主产品已出售产值	元	1247.99	1264.89	1351.47	1369.90	1212.32	1055.85	-12.91
每亩成本外支出	元	2.52	2.37	2.32	2.18	1.63	1.84	12.88

1-6-2　粳稻费用和用工情况

项　　目	单位	2014 年	2015 年	2016 年	2017 年	2018 年	2019 年	2019 年比 2018 年±%
一、每亩物质与服务费用	**元**	**522.69**	**531.98**	**530.69**	**548.30**	**561.51**	**550.66**	**-1.93**
（一）直接费用	元	492.03	501.44	499.91	517.28	530.64	532.69	0.39
1. 种子费	元	44.09	44.16	43.77	47.31	48.31	47.58	-1.51
2. 化肥费	元	125.22	125.95	118.95	124.56	131.99	139.98	6.05
3. 农家肥费	元	6.31	6.40	6.87	9.54	9.23	9.45	2.38
4. 农药费	元	53.09	54.38	52.12	54.81	55.21	54.19	-1.85
5. 农膜费	元	7.56	7.56	8.29	8.30	8.40	8.16	-2.86
6. 租赁作业费	元	248.02	255.80	263.10	263.29	270.35	265.79	-1.69
机械作业费	元	196.76	203.84	211.77	212.38	218.70	209.42	-4.24
排灌费	元	48.89	50.36	49.99	49.59	50.10	55.31	10.40
其中：水费	元	26.67	26.74	27.43	27.38	26.64	27.95	4.92
畜力费	元	2.37	1.60	1.34	1.32	1.55	1.06	-31.61
7. 燃料动力费	元	1.98	1.46	1.49	4.02	1.66	1.77	6.63
8. 技术服务费	元	0.01	0.02		0.17	0.03	0.01	-66.67
9. 工具材料费	元	4.78	4.83	4.46	4.42	4.58	4.93	7.64
10. 修理维护费	元	0.97	0.88	0.86	0.86	0.88	0.83	-5.68
11. 其他直接费用	元							
（二）间接费用	元	30.66	30.54	30.78	31.02	30.87	17.97	-41.79
1. 固定资产折旧	元	3.55	2.98	2.83	2.98	2.98	3.37	13.09
2. 保险费	元	15.71	16.03	16.20	16.89	17.26	11.65	-32.50
3. 管理费	元	9.85	10.13	10.08	9.35	9.33	0.54	-94.21
4. 财务费	元	0.02	0.03	0.10	0.03	0.07	0.22	214.29
5. 销售费	元	1.53	1.37	1.57	1.77	1.23	2.19	78.05
二、每亩人工成本	**元**	**460.12**	**472.71**	**455.77**	**432.28**	**431.62**	**455.38**	**5.51**
1. 家庭用工折价	元	349.75	358.33	332.19	310.96	303.40	332.22	9.50
家庭用工天数	日	4.70	4.59	4.08	3.74	3.57	3.85	7.61
劳动日工价	元	74.40	78.00	81.40	83.10	84.89	86.38	1.76
2. 雇工费用	元	110.37	114.38	123.58	121.32	128.22	123.16	-3.95
雇工天数	日	0.84	0.84	0.91	0.88	0.89	0.88	-1.12
雇工工价	元	131.24	135.52	135.80	137.86	144.07	139.96	-2.85
三、附								
1. 每亩种子用量	公斤	5.14	5.23	5.45	5.51	5.62	5.70	1.42
2. 每亩化肥用量	公斤	24.12	24.06	23.87	24.61	24.30	24.96	2.72
3. 每亩农膜用量	公斤	0.52	0.52	0.59	0.56	0.58	0.56	-3.45

1-6-3 粳稻化肥投入情况

项　目	单位	2014 年	2015 年	2016 年	2017 年	2018 年	2019 年	2019 年比 2018 年±%
一、每亩化肥金额	**元**	**125.22**	**125.95**	**118.95**	**124.56**	**131.99**	**139.98**	**6.05**
（一）氮肥	元	41.10	40.00	34.92	38.31	42.72	41.66	-2.48
1. 尿素	元	37.23	36.50	32.50	35.24	39.88	40.09	0.53
2. 碳铵	元	3.60	2.99	1.89	2.47	2.26	1.04	-53.98
3. 其他氮肥	元	0.27	0.51	0.53	0.60	0.58	0.53	-8.62
（二）磷肥	元	1.92	1.43	0.76	0.96	1.05	1.02	-2.86
其中：过磷酸钙	元	1.84	1.41	0.73	0.94	0.94	0.80	-14.89
（三）钾肥	元	9.42	8.75	7.88	6.10	6.64	4.14	-37.65
其中：氯化钾	元	8.75	8.44	7.42	5.61	6.29	3.82	-39.27
（四）复混肥	元	69.33	72.97	72.33	76.33	79.00	91.91	16.34
1. 复合肥	元	67.38	70.51	70.08	73.71	75.43	87.30	15.74
其中：二铵	元	11.00	9.42	8.36	8.42	8.91	4.28	-51.96
三元素复合肥	元	40.58	42.11	47.04	43.00	47.14	51.95	10.20
2. 混配肥	元	1.95	2.46	2.25	2.62	3.57	4.61	29.13
（五）其他肥料	元	3.45	2.80	3.06	2.86	2.58	1.25	-51.55
二、每亩化肥折纯用量	**公斤**	**24.12**	**24.06**	**23.87**	**24.61**	**24.30**	**24.96**	**2.72**
（一）氮肥	公斤	10.01	9.71	9.45	9.56	9.24	8.79	-4.87
1. 尿素	公斤	9.17	8.95	8.93	8.93	8.68	8.51	-1.96
2. 碳铵	公斤	0.78	0.65	0.41	0.51	0.45	0.19	-57.78
3. 其他氮肥	公斤	0.06	0.11	0.11	0.12	0.11	0.09	-18.18
（二）磷肥	公斤	0.40	0.30	0.19	0.22	0.23	0.21	-8.70
其中：过磷酸钙	公斤	0.38	0.30	0.18	0.22	0.21	0.18	-14.29
（三）钾肥	公斤	1.59	1.51	1.39	1.14	1.20	0.74	-38.33
其中：氯化钾	公斤	1.50	1.47	1.33	1.07	1.14	0.70	-38.60
（四）复混肥	公斤	12.12	12.54	12.84	13.71	13.63	15.22	11.67
1. 复合肥	公斤	11.78	12.12	12.42	13.24	13.01	14.38	10.53
其中：二铵	公斤	2.35	1.98	1.78	1.85	1.88	0.88	-53.19
三元素复合肥	公斤	6.83	7.11	8.14	7.64	7.91	8.52	7.71
2. 混配肥	公斤	0.34	0.42	0.42	0.47	0.62	0.84	35.48

1-7-1　小麦成本收益情况

项　　目	单位	2014 年	2015 年	2016 年	2017 年	2018 年	2019 年	2019 年比 2018 年±%
每亩								
主产品产量	公斤	428.01	420.79	406.34	423.54	368.99	453.48	22.90
产值合计	元	1052.96	1001.71	930.36	1013.74	853.53	1043.99	22.31
主产品产值	元	1032.26	979.83	907.21	987.62	827.85	1018.02	22.97
副产品产值	元	20.70	21.88	23.15	26.12	25.68	25.97	1.13
总成本	元	965.13	984.30	1012.51	1007.64	1012.94	1028.91	1.58
生产成本	元	783.80	784.62	805.59	800.52	801.01	810.94	1.24
物质与服务费用	元	419.03	420.23	434.60	438.65	450.25	470.08	4.40
人工成本	元	364.77	364.39	370.99	361.87	350.76	340.86	-2.82
家庭用工折价	元	353.70	352.40	358.81	348.02	337.01	327.81	-2.73
雇工费用	元	11.07	11.99	12.18	13.85	13.75	13.05	-5.09
土地成本	元	181.33	199.68	206.92	207.12	211.93	217.97	2.85
流转地租金	元	21.10	26.60	27.97	29.22	30.74	35.57	15.71
自营地折租	元	160.23	173.08	178.95	177.90	181.19	182.40	0.67
净利润	元	87.83	17.41	-82.15	6.10	-159.41	15.08	
现金成本	元	451.20	458.82	474.75	481.72	494.74	518.70	4.84
现金收益	元	601.76	542.89	455.61	532.02	358.79	525.29	46.41
成本利润率	%	9.10	1.77	-8.11	0.61	-15.74	1.47	
每 50 公斤主产品								
平均出售价格	元	120.59	116.43	111.63	116.59	112.18	112.25	0.06
总成本	元	110.53	114.41	121.49	115.89	133.13	110.63	-16.90
生产成本	元	89.76	91.20	96.66	92.07	105.28	87.19	-17.18
净利润	元	10.06	2.02	-9.86	0.70	-20.95	1.62	
现金成本	元	51.67	53.33	56.96	55.40	65.02	55.77	-14.23
现金收益	元	68.92	63.10	54.67	61.19	47.16	56.48	19.76
附：								
每亩用工数量	日	4.87	4.65	4.54	4.34	4.11	3.92	-4.62
每亩主产品已出售数量	公斤	334.30	337.63	333.46	357.79	309.40	400.74	29.52
每亩主产品已出售产值	元	798.29	780.81	733.64	826.14	682.92	890.04	30.33
每亩成本外支出	元	1.06	0.92	0.97	0.76	0.52	0.57	9.62

1-7-2 小麦费用和用工情况

项　　目	单位	2014 年	2015 年	2016 年	2017 年	2018 年	2019 年	2019 年比 2018 年±%
一、每亩物质与服务费用	**元**	**419.03**	**420.23**	**434.60**	**438.65**	**450.25**	**470.08**	**4.40**
（一）直接费用	元	409.67	410.36	424.00	427.80	438.94	457.61	4.25
1. 种子费	元	63.97	66.11	68.16	70.66	70.72	72.62	2.69
2. 化肥费	元	145.93	143.10	140.78	140.43	148.56	156.28	5.20
3. 农家肥费	元	13.19	12.85	20.00	22.53	22.86	23.04	0.79
4. 农药费	元	17.48	19.67	20.94	22.31	23.39	25.64	9.62
5. 农膜费	元							
6. 租赁作业费	元	163.61	163.06	168.47	166.31	167.83	174.58	4.02
机械作业费	元	126.60	131.13	133.16	135.75	138.29	140.64	1.70
排灌费	元	34.53	29.51	32.84	28.82	28.51	33.75	18.38
其中：水费	元	6.05	5.55	5.94	5.83	5.73	5.73	
畜力费	元	2.48	2.42	2.47	1.74	1.03	0.19	-81.55
7. 燃料动力费	元	0.68	0.90	0.85	0.82	1.00	0.91	-9.00
8. 技术服务费	元		0.01	0.01	0.01	0.01	0.02	100.00
9. 工具材料费	元	3.35	3.24	3.43	3.42	3.32	3.25	-2.11
10. 修理维护费	元	1.46	1.42	1.35	1.30	1.25	1.27	1.60
11. 其他直接费用	元			0.01	0.01			
（二）间接费用	元	9.36	9.87	10.60	10.85	11.31	12.47	10.26
1. 固定资产折旧	元	3.59	3.48	3.54	3.47	3.33	3.32	-0.30
2. 保险费	元	4.41	4.97	5.75	6.10	7.02	8.01	14.10
3. 管理费	元	0.33	0.28	0.20	0.17	0.02	0.15	650.00
4. 财务费	元	0.04	0.04	0.02	0.02	0.08	0.04	-50.00
5. 销售费	元	0.99	1.10	1.09	1.09	0.86	0.95	10.47
二、每亩人工成本	**元**	**364.77**	**364.39**	**370.99**	**361.87**	**350.76**	**340.86**	**-2.82**
1. 家庭用工折价	元	353.70	352.40	358.81	348.02	337.01	327.81	-2.73
家庭用工天数	日	4.75	4.52	4.41	4.19	3.97	3.80	-4.41
劳动日工价	元	74.40	78.00	81.40	83.10	84.89	86.38	1.76
2. 雇工费用	元	11.07	11.99	12.18	13.85	13.75	13.05	-5.09
雇工天数	日	0.12	0.13	0.13	0.15	0.14	0.12	-14.29
雇工工价	元	94.60	92.93	93.69	92.33	98.21	108.75	10.73
三、附								
1. 每亩种子用量	公斤	15.75	15.85	16.15	16.30	16.48	16.66	1.09
2. 每亩化肥用量	公斤	27.01	27.05	27.35	27.67	27.41	28.13	2.63
3. 每亩农膜用量	公斤							

1-7-3 小麦化肥投入情况

项 目	单位	2014 年	2015 年	2016 年	2017 年	2018 年	2019 年	2019 年比 2018 年±%
一、每亩化肥金额	**元**	**145.93**	**143.10**	**140.78**	**140.43**	**148.56**	**156.28**	**5.20**
（一）氮肥	元	36.93	34.42	30.64	31.28	33.49	35.76	6.78
1. 尿素	元	33.14	31.22	28.10	29.04	31.56	33.76	6.97
2. 碳铵	元	3.64	3.19	2.49	2.08	1.80	1.78	-1.11
3. 其他氮肥	元	0.15	0.01	0.05	0.16	0.13	0.22	69.23
（二）磷肥	元	2.71	2.29	2.26	1.77	1.83	1.58	-13.66
其中：过磷酸钙	元	2.60	2.29	2.25	1.77	1.68	1.56	-7.14
（三）钾肥	元	0.23	0.26	0.22	0.25	0.04	0.09	125.00
其中：氯化钾	元	0.21	0.12	0.13	0.24	0.02	0.04	100.00
（四）复混肥	元	105.50	105.84	107.40	106.87	112.78	118.30	4.89
1. 复合肥	元	103.91	104.81	106.63	105.83	111.99	118.01	5.38
其中：二铵	元	19.45	18.91	18.92	18.80	19.82	20.86	5.25
三元素复合肥	元	65.75	60.05	69.58	64.68	63.73	71.84	12.73
2. 混配肥	元	1.59	1.03	0.77	1.04	0.79	0.29	-63.29
（五）其他肥料	元	0.56	0.29	0.26	0.26	0.42	0.55	30.95
二、每亩化肥折纯用量	**公斤**	**27.01**	**27.05**	**27.35**	**27.67**	**27.41**	**28.13**	**2.63**
（一）氮肥	公斤	9.29	9.08	8.80	8.64	8.01	7.97	-0.50
1. 尿素	公斤	8.42	8.27	8.15	8.12	7.59	7.56	-0.40
2. 碳铵	公斤	0.85	0.81	0.64	0.49	0.40	0.38	-5.00
3. 其他氮肥	公斤	0.02		0.01	0.03	0.02	0.03	50.00
（二）磷肥	公斤	0.65	0.44	0.45	0.36	0.36	0.30	-16.67
其中：过磷酸钙	公斤	0.63	0.44	0.45	0.36	0.32	0.30	-6.25
（三）钾肥	公斤	0.04	0.03	0.03	0.04		0.01	
其中：氯化钾	公斤	0.04	0.02	0.02	0.04		0.01	
（四）复混肥	公斤	17.03	17.50	18.07	18.63	19.05	19.84	4.15
1. 复合肥	公斤	16.80	17.35	17.95	18.48	18.91	19.80	4.71
其中：二铵	公斤	3.90	3.85	3.93	4.13	4.18	4.31	3.11
三元素复合肥	公斤	10.12	9.68	11.23	10.83	10.45	11.57	10.72
2. 混配肥	公斤	0.23	0.15	0.12	0.15	0.14	0.04	-71.43

1-8-1 玉米成本收益情况

项　　目	单位	2014 年	2015 年	2016 年	2017 年	2018 年	2019 年	2019 年比 2018 年±%
每亩								
主产品产量	公斤	499.79	488.81	480.29	501.53	487.02	503.90	3.47
产值合计	元	1145.71	949.54	765.89	850.69	881.48	928.90	5.38
主产品产值	元	1118.01	921.25	739.53	824.14	855.20	903.33	5.63
副产品产值	元	27.70	28.29	26.36	26.55	26.28	25.57	-2.70
总成本	元	1063.89	1083.72	1065.59	1026.48	1044.82	1055.67	1.04
生产成本	元	839.48	844.94	827.65	816.18	817.28	814.99	-0.28
物质与服务费用	元	364.80	376.22	369.55	374.98	383.76	390.20	1.68
人工成本	元	474.68	468.72	458.10	441.20	433.52	424.79	-2.01
家庭用工折价	元	446.40	447.17	433.13	417.66	411.80	402.62	-2.23
雇工费用	元	28.28	21.55	24.97	23.54	21.72	22.17	2.07
土地成本	元	224.41	238.78	237.94	210.30	227.54	240.68	5.77
流转地租金	元	24.04	28.82	30.16	26.51	29.65	29.74	0.30
自营地折租	元	200.37	209.96	207.78	183.79	197.89	210.94	6.59
净利润	元	81.82	-134.18	-299.70	-175.79	-163.34	-126.77	-22.39
现金成本	元	417.12	426.59	424.68	425.03	435.13	442.11	1.60
现金收益	元	728.59	522.95	341.21	425.66	446.35	486.79	9.06
成本利润率	%	7.69	-12.38	-28.13	-17.13	-15.63	-12.01	-23.16
每 50 公斤主产品								
平均出售价格	元	111.85	94.23	76.99	82.16	87.80	89.63	2.08
总成本	元	103.86	107.55	107.12	99.14	104.07	101.86	-2.12
生产成本	元	81.95	83.85	83.20	78.83	81.41	78.64	-3.40
净利润	元	7.99	-13.32	-30.13	-16.98	-16.27	-12.23	-24.83
现金成本	元	40.72	42.33	42.69	41.05	43.34	42.66	-1.57
现金收益	元	71.13	51.90	34.30	41.11	44.46	46.97	5.65
附：								
每亩用工数量	日	6.30	5.95	5.57	5.26	5.05	4.87	-3.56
每亩主产品已出售数量	公斤	349.82	340.65	328.53	383.64	344.40	359.06	4.26
每亩主产品已出售产值	元	777.89	631.97	506.78	621.10	594.15	639.89	7.70
每亩成本外支出	元	0.36	0.33	0.48	0.42	0.29	0.28	-3.45

1-8-2 玉米费用和用工情况

项 目	单位	2014 年	2015 年	2016 年	2017 年	2018 年	2019 年	2019 年比 2018 年±%
一、每亩物质与服务费用	元	**364.80**	**376.22**	**369.55**	**374.98**	**383.76**	**390.20**	**1.68**
（一）直接费用	元	355.24	364.96	358.32	362.94	371.62	378.74	1.92
1. 种子费	元	55.24	56.82	56.56	55.44	55.72	54.99	-1.31
2. 化肥费	元	130.49	131.17	126.05	129.01	137.53	140.01	1.80
3. 农家肥费	元	11.21	11.21	12.47	13.97	13.06	15.07	15.39
4. 农药费	元	15.02	16.61	16.22	16.69	17.12	18.56	8.41
5. 农膜费	元	4.69	4.64	4.33	4.15	4.51	4.25	-5.76
6. 租赁作业费	元	133.74	139.62	138.07	139.05	139.10	141.04	1.39
机械作业费	元	105.11	111.98	114.43	116.73	117.27	118.21	0.80
排灌费	元	21.69	21.53	17.59	17.47	17.41	18.75	7.70
其中：水费	元	5.25	5.68	6.14	5.32	5.18	5.68	9.65
畜力费	元	6.94	6.11	6.05	4.85	4.42	4.08	-7.69
7. 燃料动力费	元	0.64	0.38	0.46	0.49	0.56	0.58	3.57
8. 技术服务费	元	0.01						
9. 工具材料费	元	3.08	3.28	3.17	3.12	2.94	2.97	1.02
10. 修理维护费	元	1.12	1.22	0.99	1.02	1.08	1.04	-3.70
11. 其他直接费用	元		0.01				0.23	
（二）间接费用	元	9.56	11.26	11.23	12.04	12.14	11.46	-5.60
1. 固定资产折旧	元	2.80	3.72	3.04	3.15	3.18	3.12	-1.89
2. 保险费	元	5.20	6.00	6.71	7.56	7.73	7.87	1.81
3. 管理费	元	0.88	1.03	0.95	0.85	0.73		-100.00
4. 财务费	元	0.03	0.02	0.02	0.01	0.01	0.01	
5. 销售费	元	0.65	0.49	0.51	0.47	0.49	0.46	-6.12
二、每亩人工成本	元	**474.68**	**468.72**	**458.10**	**441.20**	**433.52**	**424.79**	**-2.01**
1. 家庭用工折价	元	446.40	447.17	433.13	417.66	411.80	402.62	-2.23
家庭用工天数	日	6.00	5.73	5.32	5.03	4.85	4.66	-3.92
劳动日工价	元	74.40	78.00	81.40	83.10	84.89	86.38	1.76
2. 雇工费用	元	28.28	21.55	24.97	23.54	21.72	22.17	2.07
雇工天数	日	0.30	0.22	0.25	0.23	0.20	0.21	5.00
雇工工价	元	95.53	100.22	99.88	102.35	108.60	105.57	-2.79
三、附								
1. 每亩种子用量	公斤	2.13	2.00	1.96	1.99	1.94	1.97	1.55
2. 每亩化肥用量	公斤	24.31	24.30	24.82	24.88	24.78	24.36	-1.69
3. 每亩农膜用量	公斤	0.36	0.37	0.36	0.35	0.38	0.37	-2.63

1-8-3　玉米化肥投入情况

项　　目	单位	2014年	2015年	2016年	2017年	2018年	2019年	2019年比2018年±%
一、每亩化肥金额	**元**	**130.49**	**131.17**	**126.05**	**129.01**	**137.53**	**140.01**	**1.80**
（一）氮肥	元	36.52	33.42	30.64	29.81	32.28	30.70	-4.89
1. 尿素	元	33.61	30.50	27.97	27.48	29.65	28.07	-5.33
2. 碳铵	元	2.81	2.68	2.36	2.11	2.28	1.98	-13.16
3. 其他氮肥	元	0.10	0.24	0.31	0.22	0.35	0.65	85.71
（二）磷肥	元	1.90	1.61	1.74	1.55	1.55	1.47	-5.16
其中：过磷酸钙	元	1.81	1.50	1.63	1.47	1.48	1.41	-4.73
（三）钾肥	元	1.40	1.42	1.15	1.24	1.04	0.82	-21.15
其中：氯化钾	元	0.82	1.22	1.00	1.03	0.89	0.56	-37.08
（四）复混肥	元	90.29	94.36	92.24	96.26	102.43	106.75	4.22
1. 复合肥	元	77.44	80.86	80.77	87.02	93.26	98.60	5.73
其中：二铵	元	17.69	17.95	17.49	16.94	16.93	14.63	-13.59
三元素复合肥	元	37.57	37.63	34.68	36.29	40.64	43.92	8.07
2. 混配肥	元	12.85	13.50	11.47	9.24	9.17	8.15	-11.12
（五）其他肥料	元	0.38	0.36	0.28	0.15	0.23	0.27	17.39
二、每亩化肥折纯用量	**公斤**	**24.31**	**24.30**	**24.82**	**24.88**	**24.78**	**24.36**	**-1.69**
（一）氮肥	公斤	8.95	8.24	8.45	7.66	7.08	6.59	-6.92
1. 尿素	公斤	8.29	7.57	7.81	7.13	6.55	6.07	-7.33
2. 碳铵	公斤	0.65	0.64	0.58	0.50	0.49	0.43	-12.24
3. 其他氮肥	公斤	0.01	0.03	0.06	0.03	0.04	0.09	125.00
（二）磷肥	公斤	0.34	0.29	0.36	0.31	0.28	0.27	-3.57
其中：过磷酸钙	公斤	0.32	0.27	0.34	0.29	0.27	0.26	-3.70
（三）钾肥	公斤	0.21	0.25	0.21	0.21	0.18	0.13	-27.78
其中：氯化钾	公斤	0.15	0.22	0.19	0.19	0.16	0.10	-37.50
（四）复混肥	公斤	14.81	15.52	15.79	16.71	17.23	17.37	0.81
1. 复合肥	公斤	12.66	13.22	13.84	15.08	15.54	15.97	2.77
其中：二铵	公斤	3.66	3.63	3.73	3.67	3.51	3.05	-13.11
三元素复合肥	公斤	5.71	5.76	5.55	5.74	6.26	6.70	7.03
2. 混配肥	公斤	2.15	2.30	1.95	1.63	1.69	1.40	-17.16

1-9-1　大豆成本收益情况

项　　目	单位	2014 年	2015 年	2016 年	2017 年	2018 年	2019 年	2019 年比 2018 年±%
每亩								
主产品产量	公斤	143.60	138.35	120.20	140.03	126.46	128.41	1.54
产值合计	元	641.61	559.62	468.63	537.91	474.29	492.23	3.78
主产品产值	元	630.14	548.21	457.24	527.23	463.08	481.74	4.03
副产品产值	元	11.47	11.41	11.39	10.68	11.21	10.49	-6.42
总成本	元	667.34	674.71	678.44	668.80	666.33	686.33	3.00
生产成本	元	419.64	416.97	419.44	417.51	408.28	411.64	0.82
物质与服务费用	元	202.91	201.81	201.33	201.66	204.01	189.32	-7.20
人工成本	元	216.73	215.16	218.11	215.85	204.27	222.32	8.84
家庭用工折价	元	197.01	195.86	194.46	193.29	173.43	191.42	10.37
雇工费用	元	19.72	19.30	23.65	22.56	30.84	30.90	0.19
土地成本	元	247.70	257.74	259.00	251.29	258.05	274.69	6.45
流转地租金	元	64.99	73.44	79.88	76.42	81.98	63.14	-22.98
自营地折租	元	182.71	184.30	179.12	174.87	176.07	211.55	20.15
净利润	元	-25.73	-115.09	-209.81	-130.89	-192.04	-194.10	1.07
现金成本	元	287.62	294.55	304.86	300.64	316.83	283.36	-10.56
现金收益	元	353.99	265.07	163.77	237.27	157.46	208.87	32.65
成本利润率	%	-3.86	-17.06	-30.93	-19.57	-28.82	-28.28	-1.87
每 50 公斤主产品								
平均出售价格	元	219.41	198.12	190.20	188.26	183.09	187.58	2.45
总成本	元	228.21	238.86	275.36	234.07	257.22	261.55	1.68
生产成本	元	143.50	147.62	170.24	146.12	157.61	156.87	-0.47
净利润	元	-8.80	-40.74	-85.16	-45.81	-74.13	-73.97	-0.22
现金成本	元	98.36	104.28	123.73	105.22	122.31	107.98	-11.72
现金收益	元	121.05	93.84	66.47	83.04	60.78	79.60	30.96
附：								
每亩用工数量	日	2.85	2.68	2.60	2.52	2.30	2.48	7.83
每亩主产品已出售数量	公斤	92.88	108.38	94.77	112.95	113.11	102.04	-9.79
每亩主产品已出售产值	元	413.62	423.58	355.52	416.75	409.95	385.70	-5.92
每亩成本外支出	元	0.56	0.65	1.05	0.10	0.08	0.10	25.00

1-9-2 大豆费用和用工情况

项　　目	单位	2014 年	2015 年	2016 年	2017 年	2018 年	2019 年	2019 年比 2018 年±%
一、每亩物质与服务费用	元	**202.91**	**201.81**	**201.33**	**201.66**	**204.01**	**189.32**	**-7.20**
（一）直接费用	元	189.93	189.24	190.17	191.02	193.26	182.97	-5.32
1. 种子费	元	38.58	37.29	36.76	36.87	35.54	35.33	-0.59
2. 化肥费	元	46.66	45.69	44.32	45.29	47.36	45.83	-3.23
3. 农家肥费	元	1.42	3.10	3.72	3.75	3.36	2.20	-34.52
4. 农药费	元	15.90	16.15	16.22	16.96	16.92	16.24	-4.02
5. 农膜费	元							
6. 租赁作业费	元	84.54	84.07	86.35	85.28	87.57	80.63	-7.93
机械作业费	元	76.61	79.87	82.07	82.07	85.33	77.97	-8.63
排灌费	元	6.29	2.80	2.97	2.05	1.76	2.24	27.27
其中：水费	元	0.05	0.07	0.03	0.05	0.03	0.13	333.33
畜力费	元	1.64	1.40	1.31	1.16	0.48	0.42	-12.50
7. 燃料动力费	元	0.18	0.14	0.16	0.22	0.12	0.27	125.00
8. 技术服务费	元							
9. 工具材料费	元	2.16	2.29	2.22	2.19	2.06	2.04	-0.97
10. 修理维护费	元	0.49	0.51	0.42	0.46	0.33	0.43	30.30
11. 其他直接费用	元							
（二）间接费用	元	12.98	12.57	11.16	10.64	10.75	6.35	-40.93
1. 固定资产折旧	元	1.07	1.13	1.23	1.28	1.06	1.18	11.32
2. 保险费	元	7.46	6.97	6.99	6.57	7.44	4.80	-35.48
3. 管理费	元	3.89	3.71	2.53	2.25	1.73		-100.00
4. 财务费	元	0.01					0.05	
5. 销售费	元	0.55	0.76	0.41	0.54	0.52	0.32	-38.46
二、每亩人工成本	元	**216.73**	**215.16**	**218.11**	**215.85**	**204.27**	**222.32**	**8.84**
1. 家庭用工折价	元	197.01	195.86	194.46	193.29	173.43	191.42	10.37
家庭用工天数	日	2.65	2.51	2.39	2.33	2.04	2.22	8.47
劳动日工价	元	74.40	78.00	81.40	83.10	84.89	86.38	1.76
2. 雇工费用	元	19.72	19.30	23.65	22.56	30.84	30.90	0.19
雇工天数	日	0.20	0.17	0.21	0.19	0.26	0.26	
雇工工价	元	97.62	115.58	112.62	118.74	118.62	118.85	0.19
三、附								
1. 每亩种子用量	公斤	5.39	5.38	5.39	5.25	5.22	5.32	1.92
2. 每亩化肥用量	公斤	8.57	8.34	8.54	8.51	8.47	7.91	-6.61
3. 每亩农膜用量	公斤							

1-9-3　大豆化肥投入情况

项　　目	单位	2014 年	2015 年	2016 年	2017 年	2018 年	2019 年	2019 年比 2018 年±%
一、每亩化肥金额	**元**	**46.66**	**45.69**	**44.32**	**45.29**	**47.36**	**45.83**	**-3.23**
（一）氮肥	元	5.39	5.19	4.00	4.29	4.98	4.09	-17.87
1. 尿素	元	5.06	4.82	3.58	3.64	4.73	3.88	-17.97
2. 碳铵	元	0.33	0.37	0.42	0.65	0.25	0.21	-16.00
3. 其他氮肥	元							
（二）磷肥	元	1.61	1.31	1.03	1.13	0.82	0.60	-26.83
其中：过磷酸钙	元	1.61	1.31	1.03	1.10	0.81	0.60	-25.93
（三）钾肥	元	1.76	2.75	3.02	2.52	2.42	1.22	-49.59
其中：氯化钾	元	1.75	2.67	3.00	2.32	2.42	1.21	-50.00
（四）复混肥	元	37.59	36.23	36.22	37.16	39.10	39.81	1.82
1. 复合肥	元	36.68	34.10	34.95	35.26	37.29	38.64	3.62
其中：二铵	元	11.53	10.64	10.63	10.02	10.63	8.68	-18.34
三元素复合肥	元	16.32	16.20	15.85	15.94	15.12	19.06	26.06
2. 混配肥	元	0.91	2.13	1.27	1.90	1.81	1.17	-35.36
（五）其他肥料	元	0.31	0.21	0.05	0.19	0.04	0.11	175.00
二、每亩化肥折纯用量	**公斤**	**8.57**	**8.34**	**8.54**	**8.51**	**8.47**	**7.91**	**-6.61**
（一）氮肥	公斤	1.32	1.27	1.08	1.04	1.08	0.85	-21.30
1. 尿素	公斤	1.25	1.18	0.98	0.90	1.03	0.81	-21.36
2. 碳铵	公斤	0.07	0.09	0.10	0.14	0.05	0.04	-20.00
3. 其他氮肥	公斤							
（二）磷肥	公斤	0.29	0.23	0.19	0.21	0.15	0.11	-26.67
其中：过磷酸钙	公斤	0.29	0.23	0.19	0.20	0.15	0.11	-26.67
（三）钾肥	公斤	0.30	0.50	0.59	0.46	0.44	0.21	-52.27
其中：氯化钾	公斤	0.30	0.49	0.59	0.43	0.44	0.21	-52.27
（四）复混肥	公斤	6.66	6.34	6.68	6.81	6.80	6.74	-0.88
1. 复合肥	公斤	6.50	5.98	6.46	6.52	6.49	6.54	0.77
其中：二铵	公斤	2.44	2.17	2.32	2.23	2.22	1.78	-19.82
三元素复合肥	公斤	2.57	2.64	2.65	2.64	2.37	2.97	25.32
2. 混配肥	公斤	0.16	0.36	0.22	0.29	0.31	0.20	-35.48

1-10-1 两种油料平均成本收益情况

项　　目	单位	2014 年	2015 年	2016 年	2017 年	2018 年	2019 年	2019 年比 2018 年±%
每亩								
主产品产量	公斤	183.58	188.61	193.58	195.71	197.32	193.51	-1.93
产值合计	元	1098.59	1070.72	1137.35	1092.32	1084.67	1262.20	16.37
主产品产值	元	1083.43	1055.01	1123.07	1078.47	1070.91	1248.40	16.57
副产品产值	元	15.16	15.71	14.28	13.85	13.76	13.80	0.29
总成本	元	1107.57	1152.39	1167.57	1167.42	1164.66	1169.65	0.43
生产成本	元	934.89	965.51	979.97	978.42	976.80	985.57	0.90
物质与服务费用	元	322.21	334.57	342.47	351.56	357.23	379.65	6.28
人工成本	元	612.68	630.94	637.50	626.86	619.57	605.92	-2.20
家庭用工折价	元	602.27	619.32	625.15	613.28	608.66	589.11	-3.21
雇工费用	元	10.41	11.62	12.35	13.58	10.91	16.81	54.08
土地成本	元	172.68	186.88	187.60	189.00	187.86	184.08	-2.01
流转地租金	元	14.41	18.24	18.95	20.67	20.41	20.54	0.64
自营地折租	元	158.27	168.64	168.65	168.33	167.45	163.54	-2.34
净利润	元	-8.98	-81.67	-30.22	-75.10	-79.99	92.55	-215.70
现金成本	元	347.03	364.43	373.77	385.81	388.55	417.00	7.32
现金收益	元	751.56	706.29	763.58	706.51	696.12	845.20	21.42
成本利润率	%	-0.81	-7.09	-2.59	-6.43	-6.87	7.91	-215.14
每 50 公斤主产品								
平均出售价格	元	295.08	279.68	290.08	275.53	271.36	322.57	18.87
总成本	元	297.49	301.01	297.79	294.47	291.37	298.92	2.59
生产成本	元	251.11	252.20	249.94	246.80	244.37	251.87	3.07
净利润	元	-2.41	-21.33	-7.71	-18.94	-20.01	23.65	-218.19
现金成本	元	93.21	95.19	95.33	97.32	97.21	106.57	9.63
现金收益	元	201.87	184.49	194.75	178.21	174.15	216.00	24.03
附：								
每亩用工数量	日	8.21	8.07	7.82	7.53	7.28	6.97	-4.26
每亩主产品已出售数量	公斤	133.11	139.01	148.24	149.15	150.99	153.38	1.58
每亩主产品已出售产值	元	783.57	762.96	843.97	810.42	816.17	971.85	19.07
每亩成本外支出	元	0.26	0.27	0.24	0.21	0.20	0.17	-15.00

1-10-2　两种油料平均费用和用工情况

项　　目	单位	2014 年	2015 年	2016 年	2017 年	2018 年	2019 年	2019 年比 2018 年±%
一、每亩物质与服务费用	元	**322.21**	**334.57**	**342.47**	**351.56**	**357.23**	**379.65**	**6.28**
（一）直接费用	元	315.37	327.35	335.22	344.77	350.14	372.33	6.34
1. 种子费	元	86.69	93.00	97.56	96.38	90.05	97.70	8.50
2. 化肥费	元	104.40	105.24	103.90	106.42	113.45	118.07	4.07
3. 农家肥费	元	9.70	9.82	10.51	11.56	10.82	10.53	-2.68
4. 农药费	元	23.14	24.08	25.17	27.73	28.90	30.77	6.47
5. 农膜费	元	4.64	4.26	4.48	4.57	4.35	3.87	-11.03
6. 租赁作业费	元	80.70	84.32	87.03	91.07	95.50	104.62	9.55
机械作业费	元	61.54	66.54	70.29	75.70	82.15	92.41	12.49
排灌费	元	6.98	7.02	6.85	6.67	6.99	6.68	-4.43
其中：水费	元	1.38	1.44	1.43	1.40	1.65	1.77	7.27
畜力费	元	12.18	10.76	9.89	8.70	6.36	5.53	-13.05
7. 燃料动力费	元	0.96	1.23	1.07	1.37	1.58	1.43	-9.49
8. 技术服务费	元							
9. 工具材料费	元	3.79	4.02	4.14	4.21	4.10	3.99	-2.68
10. 修理维护费	元	1.35	1.38	1.36	1.46	1.39	1.35	-2.88
11. 其他直接费用	元							
（二）间接费用	元	6.84	7.22	7.25	6.79	7.09	7.32	3.24
1. 固定资产折旧	元	4.50	4.73	4.75	4.55	4.53	4.64	2.43
2. 保险费	元	1.55	1.68	1.85	1.66	2.10	2.27	8.10
3. 管理费	元							
4. 财务费	元							
5. 销售费	元	0.79	0.81	0.65	0.58	0.46	0.41	-10.87
二、每亩人工成本	元	**612.68**	**630.94**	**637.50**	**626.86**	**619.57**	**605.92**	**-2.20**
1. 家庭用工折价	元	602.27	619.32	625.15	613.28	608.66	589.11	-3.21
家庭用工天数	日	8.10	7.94	7.68	7.38	7.17	6.82	-4.88
劳动日工价	元	74.40	78.00	81.40	83.10	84.89	86.38	1.76
2. 雇工费用	元	10.41	11.62	12.35	13.58	10.91	16.81	54.08
雇工天数	日	0.11	0.13	0.14	0.15	0.11	0.15	36.36
雇工工价	元	94.59	89.39	88.21	90.53	99.18	112.07	13.00
三、附								
1. 每亩种子用量	公斤	7.51	7.74	7.78	7.92	7.79	7.81	0.26
2. 每亩化肥用量	公斤	18.15	18.72	18.13	18.38	18.56	18.68	0.65
3. 每亩农膜用量	公斤	0.37	0.36	0.40	0.40	0.37	0.34	-8.11

1-10-3 两种油料平均化肥投入情况

项目	单位	2014 年	2015 年	2016 年	2017 年	2018 年	2019 年	2019 年比 2018 年±%
一、每亩化肥金额	**元**	**104.40**	**105.24**	**103.90**	**106.42**	**113.45**	**118.07**	**4.07**
（一）氮肥	元	20.75	19.56	18.09	18.48	18.36	18.79	2.34
1. 尿素	元	16.65	15.76	15.42	15.34	16.13	16.83	4.34
2. 碳铵	元	4.10	3.80	2.67	3.14	2.20	1.92	-12.73
3. 其他氮肥	元					0.03	0.04	33.33
（二）磷肥	元	5.22	4.95	5.30	5.24	5.41	5.10	-5.73
其中：过磷酸钙	元	4.57	4.60	4.82	4.63	4.83	4.18	-13.46
（三）钾肥	元	0.97	0.80	2.25	1.32	1.16	1.73	49.14
其中：氯化钾	元	0.84	0.77	2.02	1.15	1.03	1.40	35.92
（四）复混肥	元	76.19	78.95	77.52	80.62	86.80	90.02	3.71
1. 复合肥	元	74.53	76.91	76.28	79.02	85.60	88.30	3.15
其中：二铵	元	4.09	4.71	4.41	4.68	4.44	2.99	-32.66
三元素复合肥	元	48.46	50.60	48.28	50.25	56.59	59.47	5.09
2. 混配肥	元	1.66	2.04	1.24	1.60	1.20	1.72	43.33
（五）其他肥料	元	1.27	0.98	0.77	0.77	1.75	2.46	40.57
二、每亩化肥折纯用量	**公斤**	**18.15**	**18.72**	**18.13**	**18.38**	**18.56**	**18.68**	**0.65**
（一）氮肥	公斤	4.82	4.74	4.67	4.57	4.02	3.91	-2.74
1. 尿素	公斤	3.87	3.86	4.03	3.84	3.54	3.51	-0.85
2. 碳铵	公斤	0.95	0.88	0.64	0.73	0.47	0.39	-17.02
3. 其他氮肥	公斤					0.01	0.01	
（二）磷肥	公斤	0.77	0.69	1.11	1.07	1.05	0.96	-8.57
其中：过磷酸钙	公斤	0.70	0.65	1.01	0.95	0.94	0.78	-17.02
（三）钾肥	公斤	0.96	0.97	0.39	0.25	0.21	0.30	42.86
其中：氯化钾	公斤	0.92	0.93	0.36	0.22	0.20	0.25	25.00
（四）复混肥	公斤	11.60	12.32	11.96	12.49	13.28	13.51	1.73
1. 复合肥	公斤	11.26	11.89	11.77	12.25	13.09	13.25	1.22
其中：二铵	公斤	1.01	0.97	0.92	1.01	0.92	0.61	-33.70
三元素复合肥	公斤	7.02	7.51	7.52	7.77	8.63	8.97	3.94
2. 混配肥	公斤	0.34	0.43	0.19	0.24	0.19	0.26	36.84

1-11-1 花生成本收益情况

项目	单位	2014 年	2015 年	2016 年	2017 年	2018 年	2019 年	2019 年比 2018 年±%
每亩								
主产品产量	公斤	233.15	238.26	259.01	253.27	256.67	246.52	-3.95
产值合计	元	1487.17	1493.54	1684.48	1470.97	1445.16	1795.72	24.26
主产品产值	元	1466.73	1472.11	1665.40	1452.94	1426.53	1776.49	24.53
副产品产值	元	20.44	21.43	19.08	18.03	18.63	19.23	3.22
总成本	元	1343.39	1396.83	1414.04	1412.89	1412.92	1424.66	0.83
生产成本	元	1106.93	1139.97	1158.70	1157.52	1161.82	1177.09	1.31
物质与服务费用	元	428.86	446.33	463.62	463.65	470.24	509.97	8.45
人工成本	元	678.07	693.64	695.08	693.87	691.58	667.12	-3.54
家庭用工折价	元	668.48	681.64	678.06	681.50	685.06	652.17	-4.80
雇工费用	元	9.59	12.00	17.02	12.37	6.52	14.95	129.29
土地成本	元	236.46	256.86	255.34	255.37	251.10	247.57	-1.41
流转地租金	元	19.05	22.75	25.26	28.43	27.91	28.80	3.19
自营地折租	元	217.41	234.11	230.08	226.94	223.19	218.77	-1.98
净利润	元	143.78	96.71	270.44	58.08	32.24	371.06	1051.02
现金成本	元	457.50	481.08	505.90	504.45	504.67	553.72	9.72
现金收益	元	1029.67	1012.46	1178.58	966.52	940.49	1242.00	32.06
成本利润率	%	10.70	6.92	19.13	4.11	2.28	26.05	1042.54
每 50 公斤主产品								
平均出售价格	元	314.55	308.93	321.49	286.84	277.89	360.31	29.66
总成本	元	284.14	288.93	269.88	275.51	271.69	285.86	5.22
生产成本	元	234.13	235.80	221.14	225.72	223.41	236.18	5.72
净利润	元	30.41	20.00	51.61	11.33	6.20	74.45	1100.81
现金成本	元	96.77	99.51	96.55	98.37	97.04	111.10	14.49
现金收益	元	217.78	209.42	224.94	188.47	180.85	249.21	37.80
附：								
每亩用工数量	日	9.09	8.89	8.53	8.35	8.15	7.69	-5.64
每亩主产品已出售数量	公斤	159.64	166.77	195.06	184.90	186.57	186.48	-0.05
每亩主产品已出售产值	元	1016.10	1021.24	1236.52	1052.89	1036.52	1328.01	28.12
每亩成本外支出	元							

1-11-2　花生费用和用工情况

项　　目	单位	2014年	2015年	2016年	2017年	2018年	2019年	2019年比2018年±%
一、每亩物质与服务费用	**元**	**428.86**	**446.33**	**463.62**	**463.65**	**470.24**	**509.97**	**8.45**
（一）直接费用	元	423.70	441.02	458.86	459.47	466.16	505.41	8.42
1. 种子费	元	154.35	166.98	176.22	172.27	158.47	174.32	10.00
2. 化肥费	元	122.11	125.53	123.89	126.90	136.50	142.49	4.39
3. 农家肥费	元	9.25	8.45	9.36	8.27	10.35	10.27	-0.77
4. 农药费	元	32.57	33.60	35.78	39.06	41.30	44.41	7.53
5. 农膜费	元	9.27	8.52	8.95	8.96	8.69	7.73	-11.05
6. 租赁作业费	元	90.21	91.30	97.96	96.78	103.69	119.37	15.12
机械作业费	元	66.61	70.73	78.88	78.78	86.76	104.05	19.93
排灌费	元	10.61	10.35	10.15	9.86	10.60	10.23	-3.49
其中：水费	元	0.17	0.16	0.12	0.15	0.58	0.88	51.72
畜力费	元	12.99	10.22	8.93	8.14	6.33	5.09	-19.59
7. 燃料动力费	元	1.03	1.19	1.07	1.47	1.78	1.63	-8.43
8. 技术服务费	元							
9. 工具材料费	元	3.73	4.12	4.40	4.35	4.22	3.98	-5.69
10. 修理维护费	元	1.18	1.33	1.23	1.41	1.16	1.21	4.31
11. 其他直接费用	元							
（二）间接费用	元	5.16	5.31	4.76	4.18	4.08	4.56	11.76
1. 固定资产折旧	元	3.97	4.08	3.59	3.30	3.15	3.35	6.35
2. 保险费	元			0.28		0.30	0.61	103.33
3. 管理费	元							
4. 财务费	元							
5. 销售费	元	1.19	1.23	0.89	0.88	0.63	0.60	-4.76
二、每亩人工成本	**元**	**678.07**	**693.64**	**695.08**	**693.87**	**691.58**	**667.12**	**-3.54**
1. 家庭用工折价	元	668.48	681.64	678.06	681.50	685.06	652.17	-4.80
家庭用工天数	日	8.99	8.74	8.33	8.20	8.07	7.55	-6.44
劳动日工价	元	74.40	78.00	81.40	83.10	84.89	86.38	1.76
2. 雇工费用	元	9.59	12.00	17.02	12.37	6.52	14.95	129.29
雇工天数	日	0.11	0.15	0.20	0.15	0.08	0.14	75.00
雇工工价	元	91.34	82.17	85.10	82.47	81.50	106.79	31.03
三、附								
1. 每亩种子用量	公斤	14.67	15.12	15.18	15.46	15.22	15.29	0.46
2. 每亩化肥用量	公斤	19.14	20.04	20.30	20.57	21.29	21.55	1.22
3. 每亩农膜用量	公斤	0.73	0.71	0.79	0.78	0.74	0.67	-9.46

1-11-3　花生化肥投入情况

项　　目	单位	2014 年	2015 年	2016 年	2017 年	2018 年	2019 年	2019 年比 2018 年±%
一、每亩化肥金额	元	**122.11**	**125.53**	**123.89**	**126.90**	**136.50**	**142.49**	**4.39**
（一）氮肥	元	13.19	13.31	11.69	10.62	11.68	12.27	5.05
1. 尿素	元	11.30	11.31	10.91	9.94	11.21	11.84	5.62
2. 碳铵	元	1.89	2.00	0.78	0.68	0.47	0.43	-8.51
3. 其他氮肥	元							
（二）磷肥	元	4.65	4.15	5.78	5.69	5.91	5.67	-4.06
其中：过磷酸钙	元	3.68	3.64	5.16	4.90	5.06	3.94	-22.13
（三）钾肥	元	1.22	0.78	3.51	1.49	1.22	1.89	54.92
其中：氯化钾	元	1.12	0.73	3.06	1.15	1.03	1.45	40.78
（四）复混肥	元	101.48	105.99	102.39	107.95	114.66	118.60	3.44
1. 复合肥	元	100.75	104.08	101.61	106.59	114.29	116.70	2.11
其中：二铵	元	4.53	5.49	4.90	5.67	5.48	2.56	-53.28
三元素复合肥	元	70.58	75.60	69.36	75.76	80.82	86.35	6.84
2. 混配肥	元	0.73	1.91	0.78	1.36	0.37	1.90	413.51
（五）其他肥料	元	1.57	1.30	0.52	1.15	3.03	4.06	33.99
二、每亩化肥折纯用量	公斤	**19.14**	**20.04**	**20.30**	**20.57**	**21.29**	**21.55**	**1.22**
（一）氮肥	公斤	3.22	3.23	3.16	2.75	2.59	2.62	1.16
1. 尿素	公斤	2.79	2.80	3.00	2.61	2.50	2.55	2.00
2. 碳铵	公斤	0.43	0.43	0.16	0.14	0.09	0.07	-22.22
3. 其他氮肥	公斤							
（二）磷肥	公斤	0.82	0.79	1.17	1.16	1.13	1.09	-3.54
其中：过磷酸钙	公斤	0.67	0.69	1.04	1.01	0.99	0.76	-23.23
（三）钾肥	公斤	0.20	0.13	0.57	0.27	0.20	0.32	60.00
其中：氯化钾	公斤	0.19	0.12	0.52	0.22	0.19	0.25	31.58
（四）复混肥	公斤	14.90	15.89	15.41	16.39	17.38	17.53	0.86
1. 复合肥	公斤	14.80	15.66	15.31	16.23	17.34	17.27	-0.40
其中：二铵	公斤	0.92	1.11	1.02	1.23	1.17	0.53	-54.70
三元素复合肥	公斤	10.44	11.17	10.67	11.54	12.23	13.00	6.30
2. 混配肥	公斤	0.10	0.23	0.10	0.16	0.04	0.26	550.00

1-12-1 油菜籽成本收益情况

项　　目	单位	2014 年	2015 年	2016 年	2017 年	2018 年	2019 年	2019 年比 2018 年±%
每亩								
主产品产量	公斤	134.00	138.96	128.14	138.15	137.97	140.50	1.83
产值合计	元	710.01	647.89	590.22	713.66	724.16	728.67	0.62
主产品产值	元	700.13	637.91	580.74	704.00	715.28	720.31	0.70
副产品产值	元	9.88	9.98	9.48	9.66	8.88	8.36	-5.86
总成本	元	871.75	907.54	921.20	922.54	916.97	914.67	-0.25
生产成本	元	762.86	790.65	801.35	799.91	792.36	794.09	0.22
物质与服务费用	元	215.44	222.71	221.27	239.40	244.12	249.28	2.11
人工成本	元	547.42	567.94	580.08	560.51	548.24	544.81	-0.63
家庭用工折价	元	536.20	556.69	572.40	545.72	532.94	526.14	-1.28
雇工费用	元	11.22	11.25	7.68	14.79	15.30	18.67	22.03
土地成本	元	108.89	116.89	119.85	122.63	124.61	120.58	-3.23
流转地租金	元	9.77	13.73	12.64	12.91	12.90	12.27	-4.88
自营地折租	元	99.12	103.16	107.21	109.72	111.71	108.31	-3.04
净利润	元	-161.74	-259.65	-330.98	-208.88	-192.81	-186.00	-3.53
现金成本	元	236.43	247.69	241.59	267.10	272.32	280.22	2.90
现金收益	元	473.58	400.20	348.63	446.56	451.84	448.45	-0.75
成本利润率	%	-18.55	-28.61	-35.93	-22.64	-21.03	-20.34	-3.28
每 50 公斤主产品								
平均出售价格	元	261.24	229.53	226.60	254.80	259.22	256.34	-1.11
总成本	元	320.75	321.52	353.67	329.38	328.24	321.77	-1.97
生产成本	元	280.69	280.11	307.66	285.59	283.63	279.35	-1.51
净利润	元	-59.51	-91.99	-127.07	-74.58	-69.02	-65.43	-5.20
现金成本	元	86.99	87.75	92.75	95.36	97.48	98.58	1.13
现金收益	元	174.25	141.78	133.85	159.44	161.74	157.76	-2.46
附：								
每亩用工数量	日	7.32	7.25	7.10	6.71	6.42	6.25	-2.65
每亩主产品已出售数量	公斤	106.58	111.24	101.42	113.40	115.40	120.28	4.23
每亩主产品已出售产值	元	551.04	504.67	451.41	567.94	595.81	615.68	3.33
每亩成本外支出	元	0.51	0.53	0.47	0.41	0.39	0.34	-12.82

1-12-2　油菜籽费用和用工情况

项　　目	单位	2014 年	2015 年	2016 年	2017 年	2018 年	2019 年	2019 年比 2018 年±%
一、每亩物质与服务费用	元	**215.44**	**222.71**	**221.27**	**239.40**	**244.12**	**249.28**	**2.11**
（一）直接费用	元	206.94	213.59	211.54	230.02	234.03	239.21	2.21
1. 种子费	元	19.02	19.01	18.90	20.48	21.62	21.08	-2.50
2. 化肥费	元	86.63	84.91	83.91	85.93	90.39	93.65	3.61
3. 农家肥费	元	10.15	11.19	11.66	14.85	11.28	10.79	-4.34
4. 农药费	元	13.70	14.55	14.56	16.40	16.50	17.13	3.82
5. 农膜费	元				0.18			
6. 租赁作业费	元	71.18	77.32	76.09	85.34	87.28	89.85	2.94
机械作业费	元	56.47	62.35	61.69	72.62	77.53	80.77	4.18
排灌费	元	3.35	3.68	3.55	3.47	3.37	3.12	-7.42
其中：水费	元	2.59	2.72	2.73	2.65	2.71	2.65	-2.21
畜力费	元	11.36	11.29	10.85	9.25	6.38	5.96	-6.58
7. 燃料动力费	元	0.89	1.26	1.06	1.26	1.37	1.23	-10.22
8. 技术服务费	元							
9. 工具材料费	元	3.85	3.92	3.88	4.07	3.98	4.00	0.50
10. 修理维护费	元	1.52	1.43	1.48	1.51	1.61	1.48	-8.07
11. 其他直接费用	元							
（二）间接费用	元	8.50	9.12	9.73	9.38	10.09	10.07	-0.20
1. 固定资产折旧	元	5.03	5.37	5.90	5.79	5.90	5.93	0.51
2. 保险费	元	3.09	3.36	3.42	3.31	3.90	3.93	0.77
3. 管理费	元							
4. 财务费	元							
5. 销售费	元	0.38	0.39	0.41	0.28	0.29	0.21	-27.59
二、每亩人工成本	元	**547.42**	**567.94**	**580.08**	**560.51**	**548.24**	**544.81**	**-0.63**
1. 家庭用工折价	元	536.20	556.69	572.40	545.72	532.94	526.14	-1.28
家庭用工天数	日	7.21	7.14	7.03	6.57	6.28	6.09	-2.98
劳动日工价	元	74.40	78.00	81.40	83.10	84.89	86.38	1.76
2. 雇工费用	元	11.22	11.25	7.68	14.79	15.30	18.67	22.03
雇工天数	日	0.12	0.11	0.07	0.14	0.14	0.16	14.29
雇工工价	元	97.54	101.31	109.71	105.64	109.29	116.69	6.77
三、附								
1. 每亩种子用量	公斤	0.34	0.36	0.37	0.37	0.35	0.32	-8.57
2. 每亩化肥用量	公斤	15.59	15.87	15.92	16.15	15.75	15.77	0.13
3. 每亩农膜用量	公斤				0.02			

1-12-3 油菜籽化肥投入情况

项　　目	单位	2014 年	2015 年	2016 年	2017 年	2018 年	2019 年	2019 年比 2018 年±%
一、每亩化肥金额	元	**86.63**	**84.91**	**83.91**	**85.93**	**90.39**	**93.65**	**3.61**
（一）氮肥	元	28.30	25.80	24.48	26.33	25.01	25.30	1.16
1. 尿素	元	21.99	20.20	19.92	20.74	21.04	21.82	3.71
2. 碳铵	元	6.31	5.60	4.56	5.59	3.92	3.41	-13.01
3. 其他氮肥	元					0.05	0.07	40.00
（二）磷肥	元	5.78	5.75	4.81	4.78	4.90	4.52	-7.76
其中：过磷酸钙	元	5.46	5.56	4.48	4.35	4.60	4.41	-4.13
（三）钾肥	元	0.71	0.81	0.98	1.15	1.09	1.56	43.12
其中：氯化钾	元	0.56	0.80	0.97	1.15	1.02	1.34	31.37
（四）复混肥	元	50.87	51.89	52.63	53.28	58.92	61.41	4.23
1. 复合肥	元	48.29	49.73	50.93	51.44	56.89	59.88	5.26
其中：二铵	元	3.65	3.93	3.92	3.69	3.40	3.42	0.59
三元素复合肥	元	26.33	25.60	27.19	24.73	32.35	32.58	0.71
2. 混配肥	元	2.58	2.16	1.70	1.84	2.03	1.53	-24.63
（五）其他肥料	元	0.97	0.66	1.01	0.39	0.47	0.86	82.98
二、每亩化肥折纯用量	公斤	**15.59**	**15.87**	**15.92**	**16.15**	**15.75**	**15.77**	**0.13**
（一）氮肥	公斤	6.41	6.25	6.18	6.38	5.44	5.19	-4.60
1. 尿素	公斤	4.95	4.92	5.06	5.06	4.58	4.47	-2.40
2. 碳铵	公斤	1.46	1.33	1.12	1.32	0.85	0.71	-16.47
3. 其他氮肥	公斤					0.01	0.01	
（二）磷肥	公斤	1.19	1.18	1.04	0.96	0.96	0.82	-14.58
其中：过磷酸钙	公斤	1.12	1.14	0.97	0.88	0.89	0.79	-11.24
（三）钾肥	公斤	0.13	0.15	0.19	0.22	0.21	0.28	33.33
其中：氯化钾	公斤	0.11	0.15	0.19	0.22	0.20	0.25	25.00
（四）复混肥	公斤	7.86	8.29	8.50	8.58	9.16	9.47	3.38
1. 复合肥	公斤	7.45	7.94	8.22	8.26	8.82	9.22	4.54
其中：二铵	公斤	0.75	0.77	0.81	0.78	0.67	0.69	2.99
三元素复合肥	公斤	4.03	4.09	4.37	4.00	5.02	4.94	-1.59
2. 混配肥	公斤	0.41	0.35	0.28	0.32	0.34	0.25	-26.47

1-13-1　棉花成本收益情况

项　　目	单位	2014 年	2015 年	2016 年	2017 年	2018 年	2019 年	2019 年比 2018 年±%
每亩								
主产品产量	公斤	98.08	92.82	98.55	105.94	105.83	108.65	2.66
产值合计	元	1592.12	1366.89	1818.31	1860.52	1814.31	1600.82	-11.77
主产品产值	元	1307.19	1104.83	1454.84	1560.99	1541.29	1315.62	-14.64
副产品产值	元	284.93	262.06	363.47	299.53	273.02	285.20	4.46
总成本	元	2278.56	2288.44	2306.61	2330.80	2275.21	2260.36	-0.65
生产成本	元	2003.67	2008.15	2004.43	2023.83	1950.47	1906.87	-2.24
物质与服务费用	元	595.28	620.40	610.71	670.11	755.56	835.13	10.53
人工成本	元	1408.39	1387.75	1393.72	1353.72	1194.91	1071.74	-10.31
家庭用工折价	元	1203.79	1182.09	1164.26	1102.07	962.91	795.21	-17.42
雇工费用	元	204.60	205.66	229.46	251.65	232.00	276.53	19.19
土地成本	元	274.89	280.29	302.18	306.97	324.74	353.49	8.85
流转地租金	元	45.00	46.89	40.88	43.02	49.46	38.43	-22.30
自营地折租	元	229.89	233.40	261.30	263.95	275.28	315.06	14.45
净利润	元	-686.44	-921.55	-488.30	-470.28	-460.90	-659.54	43.10
现金成本	元	844.88	872.95	881.05	964.78	1037.02	1150.09	10.90
现金收益	元	747.24	493.94	937.26	895.74	777.29	450.73	-42.01
成本利润率	%	-30.13	-40.27	-21.17	-20.18	-20.26	-29.18	44.03
每 50 公斤主产品								
平均出售价格	元	666.39	595.15	738.12	736.73	728.19	605.44	-16.86
总成本	元	953.70	996.40	936.34	922.95	913.18	854.88	-6.38
生产成本	元	838.65	874.36	813.67	801.40	782.84	721.19	-7.88
净利润	元	-287.31	-401.25	-198.22	-186.22	-184.99	-249.44	34.84
现金成本	元	353.63	380.09	357.65	382.03	416.22	434.97	4.50
现金收益	元	312.76	215.06	380.47	354.70	311.97	170.47	-45.36
附：								
每亩用工数量	日	18.23	17.05	16.50	15.62	13.45	11.63	-13.53
每亩主产品已出售数量	公斤	88.09	84.97	91.55	100.85	103.52	107.57	3.91
每亩主产品已出售产值	元	1166.22	1005.43	1347.29	1484.40	1506.96	1300.63	-13.69
每亩成本外支出	元	3.49	0.42	0.66	0.25	0.11	0.02	-81.82

1-13-2 棉花费用和用工情况

项　　目	单位	2014 年	2015 年	2016 年	2017 年	2018 年	2019 年	2019 年比2018 年±%
一、每亩物质与服务费用	**元**	**595.28**	**620.40**	**610.71**	**670.11**	**755.56**	**835.13**	**10.53**
（一）直接费用	元	550.00	570.18	549.79	606.43	670.95	733.72	9.36
1. 种子费	元	57.59	55.10	54.50	56.53	56.91	56.04	-1.53
2. 化肥费	元	195.80	202.67	192.25	194.76	219.71	233.22	6.15
3. 农家肥费	元	11.57	11.17	14.37	17.04	15.51	15.84	2.13
4. 农药费	元	70.55	70.82	67.96	70.90	72.30	75.34	4.20
5. 农膜费	元	30.62	30.92	29.99	36.14	41.22	42.77	3.76
6. 租赁作业费	元	159.07	174.30	165.56	192.04	217.91	256.44	17.68
机械作业费	元	97.88	98.93	92.57	112.85	124.97	146.95	17.59
排灌费	元	58.45	72.52	71.36	77.91	92.65	109.22	17.88
其中：水费	元	20.38	24.59	21.49	24.71	29.28	33.63	14.86
畜力费	元	2.74	2.85	1.63	1.28	0.29	0.27	-6.90
7. 燃料动力费	元	3.69	4.32	3.95	4.76	6.19	6.84	10.50
8. 技术服务费	元	0.79	0.77	0.37	0.56	0.62	0.94	51.61
9. 工具材料费	元	16.76	16.55	16.58	29.23	35.65	39.62	11.14
10. 修理维护费	元	3.21	3.08	4.00	4.33	4.81	6.18	28.48
11. 其他直接费用	元	0.35	0.48	0.26	0.14	0.12	0.49	308.33
（二）间接费用	元	45.28	50.22	60.92	63.68	84.61	101.41	19.86
1. 固定资产折旧	元	17.21	19.69	20.32	20.67	24.46	28.35	15.90
2. 保险费	元	15.51	19.09	30.32	32.83	47.17	57.02	20.88
3. 管理费	元	2.77						
4. 财务费	元	5.24	5.55	2.27	3.18	3.48	4.75	36.49
5. 销售费	元	4.55	5.89	8.01	7.00	9.50	11.29	18.84
二、每亩人工成本	**元**	**1408.39**	**1387.75**	**1393.72**	**1353.72**	**1194.91**	**1071.74**	**-10.31**
1. 家庭用工折价	元	1203.79	1182.09	1164.26	1102.07	962.91	795.21	-17.42
家庭用工天数	日	16.18	15.16	14.30	13.26	11.34	9.21	-18.84
劳动日工价	元	74.40	78.00	81.40	83.10	84.89	86.38	1.76
2. 雇工费用	元	204.60	205.66	229.46	251.65	232.00	276.53	19.19
雇工天数	日	2.05	1.90	2.20	2.36	2.11	2.42	14.69
雇工工价	元	99.95	108.35	104.30	106.63	109.95	114.27	3.93
三、附								
1. 每亩种子用量	公斤				1.07	1.34	1.52	13.43
2. 每亩化肥用量	公斤	36.44	38.01	35.36	35.45	36.15	37.78	4.51
3. 每亩农膜用量	公斤	2.40	2.56	2.67	3.21	3.65	3.85	5.48

1-13-3　棉花化肥投入情况

项　　目	单位	2014 年	2015 年	2016 年	2017 年	2018 年	2019 年	2019 年比 2018 年±%
一、每亩化肥金额	元	**195.80**	**202.67**	**192.25**	**194.76**	**219.71**	**233.22**	**6.15**
（一）氮肥	元	49.79	46.64	38.71	41.82	52.95	59.46	12.29
1. 尿素	元	47.56	44.94	37.50	40.63	51.84	58.28	12.42
2. 碳铵	元	2.23	1.55	1.21	1.19	1.09	1.14	4.59
3. 其他氮肥	元		0.15			0.02	0.04	100.00
（二）磷肥	元	5.00	4.40	1.84	1.94	0.99	1.27	28.28
其中：过磷酸钙	元	3.76	2.63	1.55	1.31	0.98	1.21	23.47
（三）钾肥	元	8.86	12.88	5.96	4.85	4.30	4.37	1.63
其中：氯化钾	元	6.92	7.36	5.58	4.50	4.29	4.14	-3.50
（四）复混肥	元	129.35	131.83	117.61	118.03	122.88	124.43	1.26
1. 复合肥	元	126.74	130.35	117.41	117.65	122.81	123.52	0.58
其中：二铵	元	48.01	57.59	57.02	61.38	74.35	84.29	13.37
三元素复合肥	元	51.68	47.10	36.98	35.41	32.43	26.58	-18.04
2. 混配肥	元	2.61	1.48	0.20	0.38	0.07	0.91	1200.00
（五）其他肥料	元	2.80	6.92	28.13	28.12	38.59	43.69	13.22
二、每亩化肥折纯用量	公斤	**36.44**	**38.01**	**35.36**	**35.45**	**36.15**	**37.78**	**4.51**
（一）氮肥	公斤	12.82	12.60	12.51	12.35	12.99	14.28	9.93
1. 尿素	公斤	12.30	12.20	12.20	12.07	12.69	14.02	10.48
2. 碳铵	公斤	0.52	0.38	0.31	0.28	0.30	0.25	-16.67
3. 其他氮肥	公斤		0.02				0.01	
（二）磷肥	公斤	0.74	0.65	0.37	0.39	0.24	0.22	-8.33
其中：过磷酸钙	公斤	0.61	0.46	0.35	0.27	0.24	0.21	-12.50
（三）钾肥	公斤	1.47	2.04	1.13	0.92	0.77	0.80	3.90
其中：氯化钾	公斤	1.24	1.34	1.10	0.85	0.77	0.77	
（四）复混肥	公斤	21.41	22.72	21.36	21.82	22.13	22.47	1.54
1. 复合肥	公斤	21.14	22.46	21.33	21.76	22.12	22.40	1.27
其中：二铵	公斤	9.24	10.88	11.46	12.60	14.47	16.34	12.92
三元素复合肥	公斤	8.13	7.71	6.13	5.98	5.28	4.23	-19.89
2. 混配肥	公斤	0.27	0.26	0.03	0.06	0.01	0.07	600.00

1-14-1 烤烟成本收益情况

项　　目	单位	2014 年	2015 年	2016 年	2017 年	2018 年	2019 年	2019 年比 2018 年±%
每亩								
主产品产量	公斤	133. 65	144. 03	135. 62	133. 42	137. 12	137. 04	-0. 06
产值合计	元	3401. 03	3857. 14	3561. 23	3528. 65	3800. 90	3901. 02	2. 63
主产品产值	元	3395. 00	3851. 37	3556. 10	3523. 39	3795. 59	3894. 25	2. 60
副产品产值	元	6. 03	5. 77	5. 13	5. 26	5. 31	6. 77	27. 50
总成本	元	3547. 11	3578. 57	3673. 36	3630. 83	3717. 29	3784. 43	1. 81
生产成本	元	3244. 16	3262. 63	3357. 87	3299. 52	3391. 63	3446. 31	1. 61
物质与服务费用	元	1041. 34	1034. 26	1039. 18	1075. 21	1145. 57	1192. 17	4. 07
人工成本	元	2202. 82	2228. 37	2318. 69	2224. 31	2246. 06	2254. 14	0. 36
家庭用工折价	元	1867. 74	1876. 29	1926. 66	1789. 39	1728. 62	1706. 96	-1. 25
雇工费用	元	335. 08	352. 08	392. 03	434. 92	517. 44	547. 18	5. 75
土地成本	元	302. 95	315. 94	315. 49	331. 31	325. 66	338. 12	3. 83
流转地租金	元	41. 31	40. 34	43. 65	49. 59	51. 45	53. 63	4. 24
自营地折租	元	261. 64	275. 60	271. 84	281. 72	274. 21	284. 49	3. 75
净利润	元	-146. 08	278. 57	-112. 13	-102. 18	83. 61	116. 59	39. 44
现金成本	元	1417. 73	1426. 68	1474. 86	1559. 72	1714. 46	1792. 98	4. 58
现金收益	元	1983. 30	2430. 46	2086. 37	1968. 93	2086. 44	2108. 04	1. 04
成本利润率	%	-4. 12	7. 78	-3. 05	-2. 81	2. 25	3. 08	36. 89
每 50 公斤主产品								
平均出售价格	元	1270. 11	1337. 00	1311. 05	1320. 41	1384. 04	1420. 84	2. 66
总成本	元	1324. 66	1240. 44	1352. 33	1358. 65	1353. 59	1378. 37	1. 83
生产成本	元	1211. 53	1130. 93	1236. 18	1234. 67	1235. 01	1255. 22	1. 64
净利润	元	-54. 55	96. 56	-41. 28	-38. 24	30. 45	42. 47	39. 47
现金成本	元	529. 45	494. 53	542. 96	583. 64	624. 29	653. 04	4. 61
现金收益	元	740. 66	842. 47	768. 09	736. 77	759. 75	767. 80	1. 06
附：								
每亩用工数量	日	29. 36	28. 22	28. 14	26. 28	25. 99	25. 37	-2. 39
每亩主产品已出售数量	公斤	133. 59	144. 01	135. 60	133. 37	137. 10	137. 03	-0. 05
每亩主产品已出售产值	元	3394. 41	3851. 31	3556. 03	3523. 14	3795. 52	3893. 96	2. 59
每亩成本外支出	元							

1-14-2　烤烟费用和用工情况

项　　目	单位	2014 年	2015 年	2016 年	2017 年	2018 年	2019 年	2019 年比 2018 年±%
一、每亩物质与服务费用	元	**1041.34**	**1034.26**	**1039.18**	**1075.21**	**1145.57**	**1192.17**	**4.07**
（一）直接费用	元	969.13	960.16	956.72	985.99	1048.65	1080.25	3.01
1. 种子费	元	70.84	78.02	80.93	83.53	83.55	86.98	4.11
2. 化肥费	元	276.47	272.47	266.00	259.45	292.95	309.03	5.49
3. 农家肥费	元	42.57	39.05	36.20	42.92	41.36	42.12	1.84
4. 农药费	元	49.41	52.76	55.70	56.40	59.76	63.91	6.94
5. 农膜费	元	43.70	47.05	49.97	55.63	59.01	64.36	9.07
6. 租赁作业费	元	118.52	119.12	121.28	125.15	126.45	130.23	2.99
机械作业费	元	87.74	92.80	98.93	102.99	106.32	108.77	2.30
排灌费	元	14.05	11.40	9.61	11.06	10.23	13.14	28.45
其中：水费	元	5.31	4.22	3.97	4.17	4.40	5.28	20.00
畜力费	元	16.73	14.92	12.74	11.10	9.90	8.32	-15.96
7. 燃料动力费	元	321.50	304.27	295.25	307.07	307.45	319.35	3.87
8. 技术服务费	元	3.46	3.05	3.53	1.80	2.39	2.45	2.51
9. 工具材料费	元	13.39	13.96	13.85	14.56	14.72	15.19	3.19
10. 修理维护费	元	5.19	4.77	5.84	5.42	7.12	4.82	-32.30
11. 其他直接费用	元	24.08	25.64	28.17	34.06	53.89	41.81	-22.42
（二）间接费用	元	72.21	74.10	82.46	89.22	96.92	111.92	15.48
1. 固定资产折旧	元	46.11	45.18	43.66	46.61	47.37	48.07	1.48
2. 保险费	元	11.70	16.74	25.73	28.50	34.94	47.73	36.61
3. 管理费	元	0.04	0.01	0.02	0.01	0.03		-100.00
4. 财务费	元	0.24	0.16	0.08	0.05	0.16	0.05	-68.75
5. 销售费	元	14.12	12.01	12.97	14.05	14.42	16.07	11.44
二、每亩人工成本	元	**2202.82**	**2228.37**	**2318.69**	**2224.31**	**2246.06**	**2254.14**	**0.36**
1. 家庭用工折价	元	1867.74	1876.29	1926.66	1789.39	1728.62	1706.96	-1.25
家庭用工天数	日	25.10	24.06	23.67	21.53	20.36	19.76	-2.96
劳动日工价	元	74.40	78.00	81.40	83.10	84.89	86.38	1.76
2. 雇工费用	元	335.08	352.08	392.03	434.92	517.44	547.18	5.75
雇工天数	日	4.26	4.16	4.47	4.75	5.63	5.61	-0.36
雇工工价	元	78.73	84.59	87.70	91.56	91.91	97.54	6.12
三、附								
1. 每亩种子用量	公斤					0.01		-100.00
2. 每亩化肥用量	公斤	34.54	34.25	34.43	33.94	34.50	34.37	-0.38
3. 每亩农膜用量	公斤	3.21	3.53	3.83	4.33	4.56	5.00	9.65

1-14-3 烤烟化肥投入情况

项　　目	单位	2014 年	2015 年	2016 年	2017 年	2018 年	2019 年	2019 年比 2018 年±%
一、每亩化肥金额	**元**	**276.47**	**272.47**	**266.00**	**259.45**	**292.95**	**309.03**	**5.49**
（一）氮肥	元	3.04	3.13	2.70	2.04	2.90	2.16	-25.52
1. 尿素	元	1.99	1.93	1.87	1.37	2.07	1.94	-6.28
2. 碳铵	元	0.37	0.34	0.16	0.19	0.07	0.06	-14.29
3. 其他氮肥	元	0.68	0.86	0.67	0.48	0.76	0.16	-78.95
（二）磷肥	元	9.89	7.46	8.04	6.96	6.20	5.40	-12.90
其中：过磷酸钙	元	7.40	5.17	5.73	4.87	3.63	2.89	-20.39
（三）钾肥	元	44.59	43.22	42.90	40.16	45.87	50.12	9.27
其中：氯化钾	元	2.73	1.11	1.75	1.27	2.56	1.72	-32.81
（四）复混肥	元	197.04	197.60	191.56	185.66	199.55	211.12	5.80
1. 复合肥	元	167.30	161.06	154.43	147.26	156.65	166.14	6.06
其中：二铵	元	2.32	1.67	1.10	0.99	0.75	0.63	-16.00
三元素复合肥	元	68.70	66.33	67.86	56.93	59.61	56.26	-5.62
2. 混配肥	元	29.74	36.54	37.13	38.40	42.90	44.98	4.85
（五）其他肥料	元	21.91	21.06	20.80	24.63	38.43	40.23	4.68
二、每亩化肥折纯用量	**公斤**	**34.54**	**34.25**	**34.43**	**33.94**	**34.50**	**34.37**	**-0.38**
（一）氮肥	公斤	0.60	0.63	0.57	0.42	0.55	0.45	-18.18
1. 尿素	公斤	0.46	0.44	0.45	0.32	0.44	0.41	-6.82
2. 碳铵	公斤	0.07	0.07	0.03	0.03	0.01	0.01	
3. 其他氮肥	公斤	0.07	0.12	0.09	0.07	0.10	0.03	-70.00
（二）磷肥	公斤	2.08	1.63	1.81	1.44	1.18	1.18	
其中：过磷酸钙	公斤	1.48	1.17	1.30	1.03	0.75	0.70	-6.67
（三）钾肥	公斤	6.29	5.79	6.43	6.30	6.50	6.46	-0.62
其中：氯化钾	公斤	0.42	0.19	0.31	0.21	0.42	0.28	-33.33
（四）复混肥	公斤	25.57	26.20	25.62	25.78	26.26	26.26	
1. 复合肥	公斤	22.02	21.96	21.19	21.28	21.05	20.99	-0.29
其中：二铵	公斤	0.45	0.32	0.22	0.20	0.14	0.12	-14.29
三元素复合肥	公斤	9.50	9.39	9.77	8.69	8.48	7.83	-7.67
2. 混配肥	公斤	3.55	4.24	4.43	4.50	5.21	5.27	1.15

1-15-1 甘蔗成本收益情况

项 目	单位	2014年	2015年	2016年	2017年	2018年	2019年	2019年比2018年±%
每亩								
主产品产量	公斤	4798.11	5176.71	5352.20	5553.45	5752.58	5256.68	-8.62
产值合计	元	1965.71	2321.37	2658.47	2756.31	2774.85	2559.60	-7.76
主产品产值	元	1942.82	2296.29	2632.72	2732.26	2750.55	2538.46	-7.71
副产品产值	元	22.89	25.08	25.75	24.05	24.30	21.14	-13.00
总成本	元	2115.75	2203.57	2248.02	2349.91	2443.54	2379.12	-2.64
生产成本	元	1881.39	1947.28	1967.93	2050.31	2127.55	2055.31	-3.40
物质与服务费用	元	747.69	778.07	795.36	841.66	873.36	846.34	-3.09
人工成本	元	1133.70	1169.21	1172.57	1208.65	1254.19	1208.97	-3.61
家庭用工折价	元	618.04	660.27	618.97	625.99	658.90	645.95	-1.96
雇工费用	元	515.66	508.94	553.60	582.66	595.29	563.02	-5.42
土地成本	元	234.36	256.29	280.09	299.60	315.99	323.81	2.47
流转地租金	元	19.03	18.36	27.04	31.31	35.10	42.80	21.94
自营地折租	元	215.33	237.93	253.05	268.29	280.89	281.01	0.04
净利润	元	-150.04	117.80	410.45	406.40	331.31	180.48	-45.53
现金成本	元	1282.38	1305.37	1376.00	1455.63	1503.75	1452.16	-3.43
现金收益	元	683.33	1016.00	1282.47	1300.68	1271.10	1107.44	-12.88
成本利润率	%	-7.09	5.35	18.26	17.29	13.56	7.59	-44.03
每50公斤主产品								
平均出售价格	元	20.25	22.18	24.59	24.60	23.91	24.15	1.00
总成本	元	21.80	21.05	20.79	20.97	21.06	22.45	6.60
生产成本	元	19.38	18.61	18.20	18.30	18.33	19.39	5.78
净利润	元	-1.55	1.13	3.80	3.63	2.85	1.70	-40.35
现金成本	元	13.21	12.47	12.73	12.99	12.96	13.70	5.71
现金收益	元	7.04	9.71	11.86	11.61	10.95	10.45	-4.57
附：								
每亩用工数量	日	14.16	14.10	13.62	13.40	13.25	12.62	-4.75
每亩主产品已出售数量	公斤	4790.83	5176.71	5352.20	5488.34	5612.76	5216.24	-7.06
每亩主产品已出售产值	元	1940.21	2295.90	2632.72	2704.88	2693.09	2520.36	-6.41
每亩成本外支出	元	0.25	0.32		0.37	0.35	0.36	2.86

1-15-2 甘蔗费用和用工情况

项　目	单位	2014 年	2015 年	2016 年	2017 年	2018 年	2019 年	2019 年比 2018 年±%
一、每亩物质与服务费用	元	**747.69**	**778.07**	**795.36**	**841.66**	**873.36**	**846.34**	**-3.09**
（一）直接费用	元	526.10	518.41	529.97	560.28	586.00	566.08	-3.40
1. 种子费	元							
2. 化肥费	元	348.48	342.78	351.89	377.98	401.82	396.96	-1.21
3. 农家肥费	元	7.26	6.20	4.45	4.55	2.93	4.43	51.19
4. 农药费	元	58.90	59.40	60.25	61.46	61.84	57.68	-6.73
5. 农膜费	元	5.91	3.95	7.11	7.09	7.51	6.69	-10.92
6. 租赁作业费	元	88.71	89.38	88.36	90.91	94.72	82.80	-12.58
机械作业费	元	54.38	56.93	59.17	65.87	68.29	63.16	-7.51
排灌费	元	2.44	1.93	1.94	1.40	1.67	1.72	2.99
其中：水费	元	2.22	1.58	1.26	1.07	1.43	1.44	0.70
畜力费	元	31.89	30.52	27.25	23.64	24.76	17.92	-27.63
7. 燃料动力费	元	2.92	2.51	2.96	3.17	3.31	4.11	24.17
8. 技术服务费	元							
9. 工具材料费	元	10.73	11.17	11.89	11.93	10.51	9.83	-6.47
10. 修理维护费	元	3.19	3.02	3.06	3.19	3.36	3.58	6.55
11. 其他直接费用	元							
（二）间接费用	元	221.59	259.66	265.39	281.38	287.36	280.26	-2.47
1. 固定资产折旧	元	118.93	139.73	146.15	148.52	153.32	151.98	-0.87
2. 保险费	元	1.00	7.34	6.77	7.16	2.37	2.62	10.55
3. 管理费	元							
4. 财务费	元							
5. 销售费	元	101.66	112.59	112.47	125.70	131.67	125.66	-4.56
二、每亩人工成本	元	**1133.70**	**1169.21**	**1172.57**	**1208.65**	**1254.19**	**1208.97**	**-3.61**
1. 家庭用工折价	元	618.04	660.27	618.97	625.99	658.90	645.95	-1.96
家庭用工天数	日	8.31	8.47	7.60	7.53	7.45	7.48	0.43
劳动日工价	元	74.40	78.00	81.40	83.10	88.49	86.38	-2.38
2. 雇工费用	元	515.66	508.94	553.60	582.66	595.29	563.02	-5.42
雇工天数	日	5.85	5.64	6.02	5.87	5.80	5.14	-11.38
雇工工价	元	88.15	90.25	91.96	99.26	102.64	109.54	6.72
三、附								
1. 每亩种子用量	公斤							
2. 每亩化肥用量	公斤	62.04	61.65	63.94	60.46	56.45	53.94	-4.45
3. 每亩农膜用量	公斤	0.46	0.33	0.62	0.61	0.65	0.52	-20.00

1-15-3　甘蔗化肥投入情况

项　　目	单位	2014 年	2015 年	2016 年	2017 年	2018 年	2019 年	2019 年比 2018 年±%
一、每亩化肥金额	**元**	**348.48**	**342.78**	**351.89**	**377.98**	**401.82**	**396.96**	**-1.21**
（一）氮肥	元	102.99	103.25	98.76	91.12	96.67	95.71	-0.99
1. 尿素	元	102.76	102.64	98.20	90.40	96.39	95.43	-1.00
2. 碳铵	元	0.23	0.23	0.03	0.30			
3. 其他氮肥	元		0.38	0.53	0.42	0.28	0.28	
（二）磷肥	元	24.89	19.85	20.14	20.13	18.39	16.02	-12.89
其中：过磷酸钙	元	20.41	17.05	17.84	17.66	14.39	12.46	-13.41
（三）钾肥	元	35.89	34.33	37.09	37.05	35.09	30.93	-11.86
其中：氯化钾	元	35.77	34.25	36.96	35.62	35.09	29.86	-14.90
（四）复混肥	元	184.23	184.71	191.58	194.90	198.26	191.89	-3.21
1. 复合肥	元	152.71	152.51	162.02	163.60	178.42	172.39	-3.38
其中：二铵	元	3.64	0.15	1.50	0.22	0.20	0.55	175.00
三元素复合肥	元	59.88	54.05	65.23	77.30	93.74	90.47	-3.49
2. 混配肥	元	31.52	32.20	29.56	31.30	19.84	19.50	-1.71
（五）其他肥料	元	0.48	0.64	4.32	34.78	53.41	62.41	16.85
二、每亩化肥折纯用量	**公斤**	**62.04**	**61.65**	**63.94**	**60.46**	**56.45**	**53.94**	**-4.45**
（一）氮肥	公斤	23.39	23.63	24.27	20.92	20.13	19.30	-4.12
1. 尿素	公斤	23.34	23.52	24.16	20.78	20.08	19.25	-4.13
2. 碳铵	公斤	0.05	0.05	0.01	0.06			
3. 其他氮肥	公斤		0.06	0.10	0.08	0.05	0.05	
（二）磷肥	公斤	5.37	4.49	4.19	4.07	3.50	3.02	-13.71
其中：过磷酸钙	公斤	4.58	3.91	3.74	3.63	2.94	2.53	-13.95
（三）钾肥	公斤	6.42	6.32	7.14	7.04	6.65	5.80	-12.78
其中：氯化钾	公斤	6.41	6.31	7.12	6.83	6.65	5.63	-15.34
（四）复混肥	公斤	26.86	27.21	28.35	28.43	26.18	25.83	-1.34
1. 复合肥	公斤	21.48	21.70	23.10	22.79	23.33	22.82	-2.19
其中：二铵	公斤	0.68	0.03	0.30	0.05	0.04	0.11	175.00
三元素复合肥	公斤	8.28	7.57	9.20	10.89	12.40	12.37	-0.24
2. 混配肥	公斤	5.38	5.51	5.25	5.64	2.85	3.01	5.61

1-16-1 甜菜成本收益情况

项　　目	单位	2014 年	2015 年	2016 年	2017 年	2018 年	2019 年	2019 年比 2018 年±%
每亩								
主产品产量	公斤	3567.25	3739.57	3799.43	4098.50	4132.84	3894.39	-5.77
产值合计	元	1813.80	1848.50	1781.06	1910.42	1982.64	1850.98	-6.64
主产品产值	元	1798.88	1833.13	1763.31	1894.60	1968.01	1838.14	-6.60
副产品产值	元	14.92	15.37	17.75	15.82	14.63	12.84	-12.24
总成本	元	1508.94	1619.83	1697.94	1747.67	1786.62	1673.93	-6.31
生产成本	元	1223.01	1318.89	1430.20	1498.36	1541.46	1374.68	-10.82
物质与服务费用	元	573.61	609.25	671.90	740.18	732.25	742.68	1.42
人工成本	元	649.40	709.64	758.30	758.18	809.21	632.00	-21.90
家庭用工折价	元	468.79	533.60	606.43	582.95	632.01	533.48	-15.59
雇工费用	元	180.61	176.04	151.87	175.23	177.20	98.52	-44.40
土地成本	元	285.93	300.94	267.74	249.31	245.16	299.25	22.06
流转地租金	元	46.06	46.02	30.62	25.07	29.85	47.14	57.92
自营地折租	元	239.87	254.92	237.12	224.24	215.31	252.11	17.09
净利润	元	304.86	228.67	83.12	162.75	196.02	177.05	-9.68
现金成本	元	800.28	831.31	854.39	940.48	939.30	888.34	-5.43
现金收益	元	1013.52	1017.19	926.67	969.94	1043.34	962.64	-7.73
成本利润率	%	20.20	14.12	4.90	9.31	10.97	10.58	-3.56
每 50 公斤主产品								
平均出售价格	元	25.21	24.51	23.20	23.11	23.81	23.60	-0.88
总成本	元	20.97	21.48	22.12	21.14	21.46	21.34	-0.56
生产成本	元	17.00	17.49	18.63	18.13	18.51	17.53	-5.29
净利润	元	4.24	3.03	1.08	1.97	2.35	2.26	-3.83
现金成本	元	11.12	11.02	11.13	11.38	11.28	11.33	0.44
现金收益	元	14.09	13.49	12.07	11.73	12.53	12.27	-2.08
附：								
每亩用工数量	日	7.86	8.36	8.78	8.58	8.95	6.98	-22.01
每亩主产品已出售数量	公斤	3567.25	3739.57	3799.43	4098.50	4132.84	3894.39	-5.77
每亩主产品已出售产值	元	1798.88	1833.13	1763.31	1894.60	1968.01	1838.14	-6.60
每亩成本外支出	元	0.29	0.22	0.24	0.04	0.28		-100.00

1-16-2　甜菜费用和用工情况

项　　目	单位	2014年	2015年	2016年	2017年	2018年	2019年	2019年比2018年±%
一、每亩物质与服务费用	元	**573.61**	**609.25**	**671.90**	**740.18**	**732.25**	**742.68**	**1.42**
（一）直接费用	元	476.64	503.99	559.94	605.76	612.23	618.65	1.05
1. 种子费	元	88.43	89.67	106.05	113.19	121.09	104.03	-14.09
2. 化肥费	元	150.34	153.78	164.49	175.85	182.03	173.97	-4.43
3. 农家肥费	元	6.71	9.46	18.11	23.19	11.25	17.01	51.20
4. 农药费	元	15.54	14.20	11.09	15.68	15.29	34.63	126.49
5. 农膜费	元	14.91	16.33	17.10	19.15	21.66	18.05	-16.67
6. 租赁作业费	元	170.22	189.69	206.91	230.20	230.36	249.70	8.40
机械作业费	元	116.62	121.61	127.82	130.95	130.54	165.09	26.47
排灌费	元	53.60	68.08	78.74	99.25	99.78	84.61	-15.20
其中：水费	元	24.28	29.52	30.81	32.64	28.21	11.96	-57.60
畜力费	元			0.35		0.04		-100.00
7. 燃料动力费	元	1.39	1.37	1.24	1.57	1.29	0.91	-29.46
8. 技术服务费	元	0.01	0.01		0.01	0.01		-100.00
9. 工具材料费	元	19.55	28.65	34.35	26.12	28.69	19.61	-31.65
10. 修理维护费	元	0.72	0.79	0.52	0.69	0.56	0.74	32.14
11. 其他直接费用	元	8.82	0.04	0.08	0.11			
（二）间接费用	元	96.97	105.26	111.96	134.42	120.02	124.03	3.34
1. 固定资产折旧	元	2.96	3.05	2.80	2.61	2.22	1.77	-20.27
2. 保险费	元	2.35	1.98	3.07	6.73	6.21	5.21	-16.10
3. 管理费	元	0.17	2.86	0.88	1.19	0.94	8.82	838.30
4. 财务费	元	0.05	0.14	0.57	0.84	0.61	0.19	-68.85
5. 销售费	元	91.44	97.23	104.64	123.05	110.04	108.04	-1.82
二、每亩人工成本	元	**649.40**	**709.64**	**758.30**	**758.18**	**809.21**	**632.00**	**-21.90**
1. 家庭用工折价	元	468.79	533.60	606.43	582.95	632.01	533.48	-15.59
家庭用工天数	日	6.30	6.84	7.45	7.02	7.45	6.18	-17.04
劳动日工价	元	74.40	78.00	81.40	83.10	84.89	86.38	1.76
2. 雇工费用	元	180.61	176.04	151.87	175.23	177.20	98.52	-44.40
雇工天数	日	1.56	1.52	1.33	1.56	1.50	0.80	-46.67
雇工工价	元	116.00	115.89	114.19	112.33	118.13	123.15	4.25
三、附								
1. 每亩种子用量	公斤				0.01		0.19	
2. 每亩化肥用量	公斤	30.86	31.47	36.25	38.11	37.75	32.91	-12.82
3. 每亩农膜用量	公斤	1.17	1.30	1.48	1.73	1.95	1.69	-13.33

1-16-3 甜菜化肥投入情况

项　目	单位	2014 年	2015 年	2016 年	2017 年	2018 年	2019 年	2019 年比 2018 年±%
一、每亩化肥金额	**元**	**150.34**	**153.78**	**164.49**	**175.85**	**182.03**	**173.97**	**-4.43**
（一）氮肥	元	38.00	37.71	41.35	47.00	59.77	40.95	-31.49
1. 尿素	元	33.07	33.03	33.51	38.45	49.54	37.03	-25.25
2. 碳铵	元	4.93	4.68	7.84	8.55	10.23	3.92	-61.68
3. 其他氮肥	元							
（二）磷肥	元							
其中：过磷酸钙	元							
（三）钾肥	元	2.44	2.72	4.14	2.50	0.50	3.67	634.00
其中：氯化钾	元	1.93	1.12	2.39	1.20	0.50	1.29	158.00
（四）复混肥	元	109.90	112.36	119.00	123.16	120.78	124.34	2.95
1. 复合肥	元	109.90	112.19	119.00	123.16	120.78	124.25	2.87
其中：二铵	元	81.11	81.80	83.08	77.78	69.94	60.20	-13.93
三元素复合肥	元	15.05	21.78	14.40	23.54	36.24	40.79	12.56
2. 混配肥	元		0.17				0.09	
（五）其他肥料	元		0.99		3.19	0.98	5.01	411.22
二、每亩化肥折纯用量	**公斤**	**30.86**	**31.47**	**36.25**	**38.11**	**37.75**	**32.91**	**-12.82**
（一）氮肥	公斤	9.57	10.28	13.00	14.70	15.73	10.23	-34.97
1. 尿素	公斤	8.41	9.10	11.00	12.56	13.19	9.42	-28.58
2. 碳铵	公斤	1.16	1.18	2.00	2.14	2.54	0.81	-68.11
3. 其他氮肥	公斤							
（二）磷肥	公斤							
其中：过磷酸钙	公斤							
（三）钾肥	公斤	0.37	0.30	0.63	0.38	0.08	0.64	700.00
其中：氯化钾	公斤	0.34	0.17	0.46	0.23	0.08	0.29	262.50
（四）复混肥	公斤	20.92	20.89	22.59	23.05	21.94	22.05	0.50
1. 复合肥	公斤	20.92	20.87	22.59	23.05	21.94	22.04	0.46
其中：二铵	公斤	16.30	16.11	17.01	15.99	14.11	12.23	-13.32
三元素复合肥	公斤	2.43	3.46	2.20	3.74	5.82	6.72	15.46
2. 混配肥	公斤		0.02				0.01	

1-17-1 桑蚕茧成本收益情况

项　目	单位	2014 年	2015 年	2016 年	2017 年	2018 年	2019 年	2019 年比 2018 年±%
每亩								
主产品产量	公斤	105.77	103.30	102.24	107.03	105.29	102.86	-2.31
产值合计	元	3808.24	3477.57	3885.66	4878.82	4748.93	4256.33	-10.37
主产品产值	元	3760.59	3431.27	3840.06	4796.35	4660.91	4150.86	-10.94
副产品产值	元	47.65	46.30	45.60	82.47	88.02	105.47	19.83
总成本	元	4423.13	4488.48	4417.40	4575.62	4494.04	4501.45	0.16
生产成本	元	4202.65	4264.30	4197.14	4340.11	4245.27	4233.60	-0.27
物质与服务费用	元	727.77	703.37	671.52	736.59	770.85	732.30	-5.00
人工成本	元	3474.88	3560.93	3525.62	3603.52	3474.42	3501.30	0.77
家庭用工折价	元	3385.20	3467.49	3424.82	3503.25	3293.73	2358.26	-28.40
雇工费用	元	89.68	93.44	100.80	100.27	180.69	1143.04	532.60
土地成本	元	220.48	224.18	220.26	235.51	248.77	267.85	7.67
流转地租金	元	32.60	35.64	37.87	46.39	60.68	44.49	-26.68
自营地折租	元	187.88	188.54	182.39	189.12	188.09	223.36	18.75
净利润	元	-614.89	-1010.91	-531.74	303.20	254.89	-245.12	-196.17
现金成本	元	850.05	832.45	810.19	883.25	1012.22	1919.83	89.67
现金收益	元	2958.19	2645.12	3075.47	3995.57	3736.71	2336.50	-37.47
成本利润率	%	-13.90	-22.52	-12.04	6.63	5.67	-5.45	-196.12
每 50 公斤主产品								
平均出售价格	元	1777.72	1660.83	1877.96	2240.66	2213.37	2017.72	-8.84
总成本	元	2064.76	2143.62	2134.95	2101.41	2094.57	2133.92	1.88
生产成本	元	1961.83	2036.56	2028.50	1993.25	1978.63	2006.94	1.43
净利润	元	-287.04	-482.79	-256.99	139.25	118.80	-116.20	-197.81
现金成本	元	396.81	397.56	391.57	405.64	471.77	910.10	92.91
现金收益	元	1380.91	1263.27	1486.39	1835.02	1741.60	1107.62	-36.40
附：								
每亩用工数量	日	46.56	45.43	43.19	43.24	40.75	37.17	-8.79
每亩主产品已出售数量	公斤	105.76	103.27	102.24	107.03	105.28	102.86	-2.30
每亩主产品已出售产值	元	3760.20	3430.38	3840.03	4796.35	4660.49	4150.82	-10.94
每亩成本外支出	元	1.69	1.65	1.40	1.72	1.88	1.63	-13.30

1-17-2 桑蚕茧费用和用工情况

项 目	单位	2014 年	2015 年	2016 年	2017 年	2018 年	2019 年	2019 年比 2018 年±%
一、每亩物质与服务费用	**元**	**727.77**	**703.37**	**671.52**	**736.59**	**770.85**	**732.30**	**-5.00**
（一）直接费用	元	642.70	630.24	603.16	664.23	690.71	628.29	-9.04
1. 种子费	元	169.04	177.07	182.71	213.92	230.11	211.17	-8.23
2. 化肥费	元	230.72	228.75	216.42	240.01	247.46	221.05	-10.67
3. 农家肥费	元	23.47	28.02	22.87	22.90	19.81	15.23	-23.12
4. 农药费	元	73.25	78.28	76.65	79.53	82.53	74.50	-9.73
5. 农膜费	元	4.10	3.43	3.73	4.09	4.27	1.43	-66.51
6. 租赁作业费	元	23.77	24.92	22.09	24.03	23.53	20.54	-12.71
机械作业费	元	5.60	8.56	8.79	11.80	12.98	12.76	-1.69
排灌费	元	10.77	8.95	5.56	6.00	5.47	5.71	4.39
其中：水费	元	2.00	1.47	1.61	2.52	2.35	1.82	-22.55
畜力费	元	7.40	7.41	7.74	6.23	5.08	2.07	-59.25
7. 燃料动力费	元	31.07	28.90	27.43	31.14	33.58	36.03	7.30
8. 技术服务费	元	0.21	0.34	0.25	0.25	0.47	8.88	1789.36
9. 工具材料费	元	26.36	29.78	30.54	29.74	32.28	29.75	-7.84
10. 修理维护费	元	6.17	6.26	6.44	5.81	5.84	5.77	-1.20
11. 其他直接费用	元	54.54	24.49	14.03	12.81	10.83	3.94	-63.62
（二）间接费用	元	85.07	73.13	68.36	72.36	80.14	104.01	29.79
1. 固定资产折旧	元	75.77	63.74	56.23	60.54	64.96	63.07	-2.91
2. 保险费	元	1.81	1.98	4.68	5.42	8.14	5.49	-32.56
3. 管理费	元						28.93	
4. 财务费	元						2.18	
5. 销售费	元	7.49	7.41	7.45	6.40	7.04	4.34	-38.35
二、每亩人工成本	**元**	**3474.88**	**3560.93**	**3525.62**	**3603.52**	**3474.42**	**3501.30**	**0.77**
1. 家庭用工折价	元	3385.20	3467.49	3424.82	3503.25	3293.73	2358.26	-28.40
家庭用工天数	日	45.50	44.46	42.07	42.16	38.80	27.30	-29.64
劳动日工价	元	74.40	78.00	81.40	83.10	84.89	86.38	1.76
2. 雇工费用	元	89.68	93.44	100.80	100.27	180.69	1143.04	532.60
雇工天数	日	1.06	0.98	1.12	1.08	1.95	9.87	406.15
雇工工价	元	84.84	95.45	90.00	92.84	92.66	115.81	24.98
三、附								
1. 每亩种子用量	公斤						0.02	
2. 每亩化肥用量	公斤	42.37	41.88	42.08	44.42	41.82	33.22	-20.56
3. 每亩农膜用量	公斤	0.35	0.28	0.30	0.35	0.37	0.11	-70.27

1-17-3　桑蚕茧化肥投入情况

项　　目	单位	2014 年	2015 年	2016 年	2017 年	2018 年	2019 年	2019 年比 2018 年±%
一、每亩化肥金额	**元**	**230.72**	**228.75**	**216.42**	**240.01**	**247.46**	**221.05**	**-10.67**
（一）氮肥	元	110.57	108.39	98.67	101.22	104.42	72.11	-30.94
1. 尿素	元	100.92	97.47	86.95	88.59	90.90	64.94	-28.56
2. 碳铵	元	9.65	9.54	10.64	9.72	7.60	4.64	-38.95
3. 其他氮肥	元		1.38	1.08	2.91	5.92	2.53	-57.26
（二）磷肥	元	5.14	4.88	4.38	4.91	4.02	2.52	-37.31
其中：过磷酸钙	元	4.86	4.88	4.38	4.88	3.99	2.52	-36.84
（三）钾肥	元	2.82	2.08	3.51	3.78	3.33	1.13	-66.07
其中：氯化钾	元	2.82	2.08	3.51	3.74	3.33	0.31	-90.69
（四）复混肥	元	106.97	109.37	107.01	127.77	131.93	129.75	-1.65
1. 复合肥	元	100.10	108.42	100.90	121.55	126.63	127.54	0.72
其中：二铵	元	1.19	1.24	0.50	2.20	2.57	2.24	-12.84
三元素复合肥	元	72.20	67.35	66.63	88.48	58.64	54.93	-6.33
2. 混配肥	元	6.87	0.95	6.11	6.22	5.30	2.21	-58.30
（五）其他肥料	元	5.22	4.03	2.85	2.33	3.76	15.54	313.30
二、每亩化肥折纯用量	**公斤**	**42.37**	**41.88**	**42.08**	**44.42**	**41.82**	**33.22**	**-20.56**
（一）氮肥	公斤	25.35	25.01	24.38	23.23	21.30	14.32	-32.77
1. 尿素	公斤	23.13	22.64	21.59	20.67	18.89	13.08	-30.76
2. 碳铵	公斤	2.22	2.20	2.66	2.17	1.65	0.93	-43.64
3. 其他氮肥	公斤		0.17	0.13	0.39	0.76	0.31	-59.21
（二）磷肥	公斤	0.98	1.03	0.99	1.03	0.78	0.48	-38.46
其中：过磷酸钙	公斤	0.94	1.03	0.99	1.02	0.77	0.48	-37.66
（三）钾肥	公斤	0.47	0.37	0.63	0.68	0.60	0.14	-76.67
其中：氯化钾	公斤	0.47	0.37	0.63	0.67	0.60	0.05	-91.67
（四）复混肥	公斤	15.57	15.47	16.09	19.49	19.15	18.27	-4.60
1. 复合肥	公斤	14.46	15.30	15.02	18.24	18.28	17.89	-2.13
其中：二铵	公斤	0.23	0.23	0.10	0.43	0.40	0.38	-5.00
三元素复合肥	公斤	10.42	10.14	10.01	12.85	8.52	8.05	-5.52
2. 混配肥	公斤	1.11	0.17	1.07	1.25	0.87	0.38	-56.32

1-18-1　苹果成本收益情况

项　　目	单位	2014 年	2015 年	2016 年	2017 年	2018 年	2019 年	2019 年比 2018 年±%
每亩								
主产品产量	公斤	1876.44	2078.95	2018.83	2108.66	1645.91	2065.62	25.50
产值合计	元	8912.32	7490.40	6285.53	6797.22	7518.84	7207.58	-4.14
主产品产值	元	8908.53	7486.64	6282.64	6793.92	7515.48	7204.08	-4.14
副产品产值	元	3.79	3.76	2.89	3.30	3.36	3.50	4.17
总成本	元	5431.47	5362.06	5388.73	4887.61	4904.82	5794.51	18.14
生产成本	元	5072.64	5021.56	5051.00	4567.00	4578.60	5479.83	19.68
物质与服务费用	元	1885.81	1767.76	1681.85	1456.04	1513.38	1901.99	25.68
人工成本	元	3186.83	3253.80	3369.15	3110.96	3065.22	3577.84	16.72
家庭用工折价	元	2080.52	1939.47	2049.90	2116.06	2038.46	2046.08	0.37
雇工费用	元	1106.31	1314.33	1319.25	994.90	1026.76	1531.76	49.18
土地成本	元	358.83	340.50	337.73	320.61	326.22	314.68	-3.54
流转地租金	元	75.44	69.13	62.08	60.73	75.65	75.95	0.40
自营地折租	元	283.39	271.37	275.65	259.88	250.57	238.73	-4.73
净利润	元	3480.85	2128.34	896.80	1909.61	2614.02	1413.07	-45.94
现金成本	元	3067.56	3151.22	3063.18	2511.67	2615.79	3509.70	34.17
现金收益	元	5844.76	4339.18	3222.35	4285.55	4903.05	3697.88	-24.58
成本利润率	%	64.09	39.69	16.64	39.07	53.29	24.39	-54.23
每 50 公斤主产品								
平均出售价格	元	237.38	180.06	155.60	161.10	228.31	174.38	-23.62
总成本	元	144.67	128.90	133.40	115.84	148.94	140.19	-5.87
生产成本	元	135.11	120.71	125.04	108.24	139.03	132.58	-4.64
净利润	元	92.71	51.16	22.20	45.26	79.37	34.19	-56.92
现金成本	元	81.70	75.75	75.83	59.53	79.43	84.91	6.90
现金收益	元	155.68	104.31	79.77	101.57	148.88	89.47	-39.90
附：								
每亩用工数量	日	40.10	37.39	37.55	35.48	33.85	37.35	10.34
每亩主产品已出售数量	公斤	1775.21	1716.05	1690.58	1694.54	1489.41	1684.22	13.08
每亩主产品已出售产值	元	8442.11	5814.60	5026.89	5117.98	6786.41	5252.59	-22.60
每亩成本外支出	元	4.64	2.91	3.34	3.25	3.74	2.52	-32.62

1-18-2　苹果费用和用工情况

项　目	单位	2014 年	2015 年	2016 年	2017 年	2018 年	2019 年	2019 年比 2018 年±%
一、每亩物质与服务费用	元	**1885.81**	**1767.76**	**1681.85**	**1456.04**	**1513.38**	**1901.99**	**25.68**
（一）直接费用	元	1557.28	1474.39	1369.15	1291.58	1331.97	1475.89	10.81
1. 种子费	元							
2. 化肥费	元	508.56	493.42	453.44	441.01	454.12	464.18	2.22
3. 农家肥费	元	261.16	250.16	205.82	196.71	206.06	207.22	0.56
4. 农药费	元	268.12	261.30	228.52	230.48	231.82	237.73	2.55
5. 农膜费	元	27.39	24.34	24.97	23.41	21.58	23.26	7.78
6. 租赁作业费	元	186.37	143.93	144.95	154.95	158.46	173.19	9.30
机械作业费	元	85.96	58.88	62.86	62.11	70.42	77.60	10.20
排灌费	元	100.41	84.55	82.09	92.84	88.04	95.59	8.58
其中：水费	元	15.46	12.38	11.72	11.39	19.24	16.21	-15.75
畜力费	元		0.50					
7. 燃料动力费	元	32.47	29.15	30.55	14.47	20.08	43.83	118.28
8. 技术服务费	元	1.15	2.08	2.18	0.38	0.39	0.38	-2.56
9. 工具材料费	元	224.13	230.57	243.16	218.62	225.80	281.46	24.65
10. 修理维护费	元	47.93	39.29	35.56	11.55	13.00	44.32	240.92
11. 其他直接费用	元		0.15			0.66	0.32	-51.52
（二）间接费用	元	328.53	293.37	312.70	164.46	181.41	426.10	134.88
1. 固定资产折旧	元	58.34	89.99	87.57	80.96	98.06	118.78	21.13
2. 保险费	元	13.20	14.32	13.91	14.69	19.37	28.65	47.91
3. 管理费	元	116.91	76.39	79.36	21.03	13.98	71.42	410.87
4. 财务费	元				0.42			
5. 销售费	元	140.08	112.67	131.86	47.36	50.00	207.25	314.50
二、每亩人工成本	元	**3186.83**	**3253.80**	**3369.15**	**3110.96**	**3065.22**	**3577.84**	**16.72**
1. 家庭用工折价	元	2080.52	1939.47	2049.90	2116.06	2038.46	2046.08	0.37
家庭用工天数	日	27.96	24.87	25.18	25.46	24.01	23.69	-1.36
劳动日工价	元	74.40	78.00	81.40	83.10	84.89	86.38	1.76
2. 雇工费用	元	1106.31	1314.33	1319.25	994.90	1026.76	1531.76	49.18
雇工天数	日	12.13	12.52	12.37	10.02	9.84	13.66	38.82
雇工工价	元	91.17	104.95	106.65	99.29	104.35	112.14	7.46
三、附								
1. 每亩种子用量	公斤							
2. 每亩化肥用量	公斤	67.35	64.66	57.60	56.90	55.31	51.20	-7.43
3. 每亩农膜用量	公斤	1.90	1.74	1.71	1.53	1.51	1.62	7.28

1-18-3 苹果化肥投入情况

项目	单位	2014 年	2015 年	2016 年	2017 年	2018 年	2019 年	2019 年比 2018 年±%
一、每亩化肥金额	**元**	**508.56**	**493.42**	**453.44**	**441.01**	**454.12**	**464.18**	**2.22**
（一）氮肥	元	67.53	60.40	44.06	41.67	40.56	36.65	-9.64
1. 尿素	元	61.58	58.24	42.16	39.63	39.42	34.52	-12.43
2. 碳铵	元	2.06	2.16	1.85	1.23	0.67	1.72	156.72
3. 其他氮肥	元	3.89		0.05	0.81	0.47	0.41	-12.77
（二）磷肥	元	1.34	1.24	1.69	1.58	1.71	4.14	142.11
其中：过磷酸钙	元	1.34	1.24	1.69	1.30	1.71	3.16	84.80
（三）钾肥	元	3.37	5.67	5.65	7.41	7.32	8.30	13.39
其中：氯化钾	元	1.26	1.88	5.15	2.41	1.83	5.11	179.23
（四）复混肥	元	337.18	331.60	295.50	294.65	297.65	274.47	-7.79
1. 复合肥	元	337.18	327.37	294.57	289.30	291.16	265.92	-8.67
其中：二铵	元	39.00	38.02	34.60	34.29	31.60	30.62	-3.10
三元素复合肥	元	225.21	186.24	171.52	147.84	159.52	148.30	-7.03
2. 混配肥	元		4.23	0.93	5.35	6.49	8.55	31.74
（五）其他肥料	元	99.14	94.51	106.54	95.70	106.88	140.62	31.57
二、每亩化肥折纯用量	**公斤**	**67.35**	**64.66**	**57.60**	**56.90**	**55.31**	**51.20**	**-7.43**
（一）氮肥	公斤	17.14	15.46	12.37	11.06	9.48	8.39	-11.50
1. 尿素	公斤	15.50	14.89	11.82	10.61	9.26	7.90	-14.69
2. 碳铵	公斤	0.51	0.57	0.54	0.28	0.16	0.42	162.50
3. 其他氮肥	公斤	1.13		0.01	0.17	0.06	0.07	16.67
（二）磷肥	公斤	0.25	0.25	0.35	0.29	0.38	0.80	110.53
其中：过磷酸钙	公斤	0.25	0.25	0.35	0.25	0.38	0.68	78.95
（三）钾肥	公斤	0.54	0.95	1.04	1.07	1.10	1.61	46.36
其中：氯化钾	公斤	0.23	0.38	0.99	0.44	0.30	1.28	326.67
（四）复混肥	公斤	49.42	48.00	43.85	44.49	44.35	40.41	-8.88
1. 复合肥	公斤	49.42	47.39	43.71	43.82	43.22	39.40	-8.84
其中：二铵	公斤	7.78	7.55	6.94	7.29	6.38	6.18	-3.13
三元素复合肥	公斤	32.31	27.18	25.75	22.59	23.57	22.33	-5.26
2. 混配肥	公斤		0.61	0.14	0.67	1.13	1.01	-10.62

1-19-1 散养生猪成本收益情况

项　目	单位	2014 年	2015 年	2016 年	2017 年	2018 年	2019 年	2019 年比 2018 年±%
每头								
主产品产量	公斤	116.09	116.13	118.31	120.72	122.53	120.90	-1.33
产值合计	元	1601.96	1827.19	2214.54	1826.77	1637.45	2617.81	59.87
主产品产值	元	1584.85	1810.64	2197.96	1810.81	1621.56	2601.53	60.43
副产品产值	元	17.11	16.55	16.58	15.96	15.89	16.28	2.45
总成本	元	1844.00	1835.35	2050.61	2006.98	1872.97	1980.06	5.72
生产成本	元	1843.63	1835.14	2050.49	2006.80	1872.83	1979.86	5.71
物质与服务费用	元	1345.37	1324.32	1544.26	1509.95	1374.27	1477.99	7.55
人工成本	元	498.26	510.82	506.23	496.85	498.56	501.87	0.66
家庭用工折价	元	498.26	510.82	506.23	496.85	498.56	501.87	0.66
雇工费用	元							
土地成本	元	0.37	0.21	0.12	0.18	0.14	0.20	42.86
净利润	元	-242.04	-8.16	163.93	-180.21	-235.52	637.75	
成本利润率	%	-13.13	-0.44	7.99	-8.98	-12.57	32.21	
每 50 公斤主产品								
平均出售价格	元	682.60	779.57	928.90	750.00	661.70	1075.90	62.60
总成本	元	785.73	783.05	860.14	823.99	756.87	813.79	7.52
生产成本	元	785.58	782.96	860.09	823.92	756.82	813.71	7.52
净利润	元	-103.13	-3.48	68.76	-73.99	-95.17	262.11	
附：								
每头用工数量	日	6.70	6.55	6.22	5.98	5.87	5.81	-1.02
平均饲养天数	日	163.79	159.27	161.59	163.85	166.21	160.77	-3.27

1-19-2 散养生猪费用和用工情况

项　　目	单位	2014 年	2015 年	2016 年	2017 年	2018 年	2019 年	2019 年比 2018 年±%
一、每头物质与服务费用	元	**1345.37**	**1324.32**	**1544.26**	**1509.95**	**1374.27**	**1477.99**	**7.55**
（一）直接费用	元	1335.13	1313.66	1533.63	1498.52	1362.56	1465.50	7.55
1. 仔畜费	元	361.24	397.00	639.50	588.90	425.86	554.55	30.22
2. 精饲料费	元	887.55	842.57	819.09	831.81	857.70	822.54	-4.10
3. 青粗饲料费	元	37.29	27.51	25.94	28.53	30.29	29.83	-1.52
4. 饲料加工费	元	6.62	6.55	6.43	6.04	6.04	6.53	8.11
5. 水费	元	2.14	1.95	2.12	2.38	2.46	2.72	10.57
6. 燃料动力费	元	6.49	5.96	6.23	5.95	6.54	6.93	5.96
电费	元	2.69	2.52	2.60	2.94	3.27	2.93	-10.40
煤费	元	1.61	1.31	1.50	0.87	1.14	1.21	6.14
其他燃料动力费	元	2.19	2.13	2.13	2.14	2.13	2.79	30.99
7. 医疗防疫费	元	15.82	14.89	15.38	16.43	15.75	19.64	24.70
8. 死亡损失费	元	11.53	11.24	12.24	11.74	11.45	16.43	43.49
9. 技术服务费	元	0.02				0.01		-100.00
10. 工具材料费	元	3.20	3.01	3.21	3.25	3.08	2.99	-2.92
11. 修理维护费	元	2.00	1.90	2.02	2.09	1.93	1.99	3.11
12. 其他直接费用	元	1.23	1.08	1.47	1.40	1.45	1.35	-6.90
（二）间接费用	元	10.24	10.66	10.63	11.43	11.71	12.49	6.66
1. 固定资产折旧	元	8.28	8.48	8.24	8.13	8.40	8.89	5.83
2. 保险费	元	0.22	0.33	0.56	1.06	1.20	1.29	7.50
3. 管理费	元	0.05	0.05	0.04	0.01	0.01	0.02	100.00
4. 财务费	元	0.01						
5. 销售费	元	1.68	1.80	1.79	2.23	2.10	2.29	9.05
二、每头人工成本	元	**498.26**	**510.82**	**506.23**	**496.85**	**498.56**	**501.87**	**0.66**
1. 家庭用工折价	元	498.26	510.82	506.23	496.85	498.56	501.87	0.66
家庭用工天数	日	6.70	6.55	6.22	5.98	5.87	5.81	-1.07
劳动日工价	元	74.40	78.00	81.40	83.10	84.89	86.38	1.76
2. 雇工费用	元							
雇工天数	日							
雇工工价	元	79.55	82.33	87.37	91.92	97.68	99.66	2.03
三、附								
1. 仔畜重量	公斤	17.14	17.28	17.51	16.91	17.64	18.08	2.49
2. 精饲料数量	公斤	311.23	309.86	318.12	321.77	326.72	311.12	-4.77
3. 耗粮数量	公斤	219.99	219.38	225.43	231.07	234.37	219.77	-6.23

1-20-1 规模生猪成本收益情况

项　　目	单位	2014 年	2015 年	2016 年	2017 年	2018 年	2019 年	2019 年比 2018 年±%
每头								
主产品产量	公斤	116.44	117.70	119.26	120.80	122.62	124.45	1.49
产值合计	元	1577.96	1822.19	2223.68	1842.18	1595.15	2625.52	64.59
主产品产值	元	1564.88	1809.22	2210.58	1829.83	1583.32	2613.30	65.05
副产品产值	元	13.08	12.97	13.10	12.35	11.83	12.22	3.30
总成本	元	1592.14	1605.15	1809.99	1726.94	1584.93	1797.08	13.39
生产成本	元	1589.47	1602.35	1807.39	1724.36	1582.04	1794.37	13.42
物质与服务费用	元	1421.01	1427.84	1627.98	1546.82	1403.01	1609.23	14.70
人工成本	元	168.46	174.51	179.41	177.54	179.03	185.14	3.42
家庭用工折价	元	120.53	124.80	126.98	124.65	126.49	127.84	1.07
雇工费用	元	47.93	49.71	52.43	52.89	52.54	57.30	9.06
土地成本	元	2.67	2.80	2.60	2.58	2.89	2.71	-6.23
净利润	元	-14.18	217.04	413.69	115.24	10.22	828.44	8002.95
成本利润率	%	-0.89	13.52	22.86	6.67	0.65	46.10	7046.35
每 50 公斤主产品								
平均出售价格	元	671.97	768.57	926.79	757.38	645.62	1049.94	62.63
总成本	元	678.01	677.03	754.37	710.00	641.48	718.65	12.03
生产成本	元	676.87	675.85	753.29	708.94	640.31	717.57	12.06
净利润	元	-6.04	91.54	172.42	47.38	4.14	331.29	7906.02
附：								
每头用工数量	日	2.20	2.16	2.13	2.06	2.03	2.06	1.48
平均饲养天数	日	145.77	145.30	147.27	149.06	150.55	152.00	0.96

1-20-2 规模生猪费用和用工情况

项　　目	单位	2014 年	2015 年	2016 年	2017 年	2018 年	2019 年	2019 年比 2018 年±%
一、每头物质与服务费用	元	**1421.01**	**1427.84**	**1627.98**	**1546.82**	**1403.01**	**1609.23**	**14.70**
（一）直接费用	元	1400.58	1407.73	1606.81	1524.03	1378.96	1582.19	14.74
1. 仔畜费	元	406.35	452.48	687.97	620.75	446.54	617.88	38.37
2. 精饲料费	元	938.19	901.30	863.09	850.00	878.41	898.00	2.23
3. 青粗饲料费	元	4.51	3.97	3.65	2.87	2.94	2.83	-3.74
4. 饲料加工费	元	2.71	2.61	2.52	2.33	2.25	2.50	11.11
5. 水费	元	2.55	2.60	2.55	2.57	2.74	2.79	1.82
6. 燃料动力费	元	6.10	5.99	5.89	6.05	6.63	6.31	-4.83
电费	元	4.56	4.63	4.61	4.87	5.27	5.33	1.14
煤费	元	1.39	1.31	1.23	1.12	1.25	0.95	-24.00
其他燃料动力费	元	0.15	0.05	0.05	0.06	0.11	0.03	-72.73
7. 医疗防疫费	元	19.88	19.26	20.21	19.83	20.21	25.65	26.92
8. 死亡损失费	元	13.25	12.78	14.03	13.10	12.92	19.25	48.99
9. 技术服务费	元	0.53	0.49	0.48	0.42	0.39	0.79	102.56
10. 工具材料费	元	2.69	2.64	2.66	2.59	2.66	2.65	-0.38
11. 修理维护费	元	2.76	2.63	2.67	2.51	2.54	2.61	2.76
12. 其他直接费用	元	1.06	0.98	1.09	1.01	0.73	0.93	27.40
（二）间接费用	元	20.43	20.11	21.17	22.79	24.05	27.04	12.43
1. 固定资产折旧	元	13.09	12.50	12.61	13.63	13.82	13.99	1.23
2. 保险费	元	1.86	2.38	3.44	4.06	5.13	7.48	45.81
3. 管理费	元	2.46	2.50	2.54	2.73	2.69	1.98	-26.39
4. 财务费	元	1.05	0.90	0.81	0.67	0.59	1.12	89.83
5. 销售费	元	1.97	1.83	1.77	1.70	1.82	2.47	35.71
二、每头人工成本	元	**168.46**	**174.51**	**179.41**	**177.54**	**179.03**	**185.14**	**3.42**
1. 家庭用工折价	元	120.53	124.80	126.98	124.65	126.49	127.84	1.07
家庭用工天数	日	1.62	1.60	1.56	1.50	1.49	1.48	-0.67
劳动日工价	元	74.40	78.00	81.40	83.10	84.89	86.38	1.76
2. 雇工费用	元	47.93	49.71	52.43	52.89	52.54	57.30	9.06
雇工天数	日	0.58	0.56	0.57	0.56	0.54	0.58	7.41
雇工工价	元	82.21	88.30	91.98	94.45	97.30	98.79	1.53
三、附								
1. 仔畜重量	公斤	17.90	18.00	17.93	17.84	17.90	17.65	-1.40
2. 精饲料数量	公斤	302.93	304.60	309.96	313.09	317.34	322.75	1.70
3. 耗粮数量	公斤	220.87	224.47	229.75	234.45	237.75	243.31	2.34

1-21-1　大中城市蔬菜平均成本收益情况

项　　目	单位	2014 年	2015 年	2016 年	2017 年	2018 年	2019 年	2019 年比 2018 年±%
每亩								
主产品产量	公斤	3834.52	3803.86	3811.45	3626.58	3736.48	4114.40	10.11
产值合计	元	6903.21	6203.66	6533.19	7107.07	7560.58	9563.77	26.50
主产品产值	元	6903.21	6203.66	6533.19	7107.07	7560.58	9563.77	26.50
副产品产值	元							
总成本	元	4050.94	4133.88	4345.30	5084.54	5433.78	5814.26	7.00
生产成本	元	3698.25	3788.70	3999.29	4707.96	5057.83	5404.93	6.86
物质与服务费用	元	1421.51	1403.65	1402.55	1889.01	1896.20	1971.57	3.97
人工成本	元	2276.74	2385.05	2596.74	2818.95	3161.63	3433.36	8.59
家庭用工折价	元	1857.01	1923.69	1879.49	2156.29	2009.36	2638.38	31.30
雇工费用	元	419.73	461.36	717.25	662.66	1152.27	794.98	-31.01
土地成本	元	352.69	345.18	346.01	376.58	375.95	409.33	8.88
流转地租金	元	127.78	133.43	147.00	106.19	138.86	129.54	-6.71
自营地折租	元	224.91	211.75	199.01	270.39	237.09	279.79	18.01
净利润	元	2852.27	2069.78	2187.89	2022.53	2126.80	3749.51	76.30
现金成本	元	1969.02	1998.44	2266.80	2657.86	3187.33	2896.09	-9.14
现金收益	元	4934.19	4205.22	4266.39	4449.21	4373.25	6667.69	52.47
成本利润率	%	70.41	50.07	50.35	39.78	39.14	59.50	52.03
每 50 公斤主产品								
平均出售价格	元	90.01	81.54	85.70	97.99	101.17	113.95	12.63
总成本	元	52.82	54.34	57.00	70.10	72.71	70.17	-3.49
生产成本	元	48.22	49.80	52.46	64.91	67.68	64.94	-4.04
净利润	元	37.19	27.20	28.70	27.89	28.46	43.77	53.80
现金成本	元	25.67	26.27	29.74	36.65	42.65	34.85	-18.29
现金收益	元	64.34	55.27	55.96	61.34	58.52	79.10	35.17
附：								
每亩用工数量	日	32.80	31.31	32.41	32.88	35.00	37.27	6.49
每亩主产品已出售数量	公斤	3812.15	3784.87	3801.08	3589.83	3667.73	4074.17	11.08
每亩主产品已出售产值	元	6865.97	6182.64	6520.04	7040.95	7463.15	9524.68	27.62
每亩成本外支出	元	0.49	0.85	0.56	0.45	0.33	0.67	103.86

1-21-2 大中城市蔬菜平均费用和用工情况

项 目	单位	2014 年	2015 年	2016 年	2017 年	2018 年	2019 年	2019 年比 2018 年±%
一、每亩物质与服务费用	元	**1403.65**	**1402.55**	**1889.01**	**1896.20**	**1994.97**	**1971.57**	**-1.17**
（一）直接费用	元	1096.25	1124.18	1567.19	1575.18	1681.79	1651.16	-1.82
1. 种子费	元	146.59	156.92	197.59	202.34	236.63	245.69	3.83
2. 化肥费	元	264.51	284.08	419.70	420.97	481.76	413.70	-14.13
3. 农家肥费	元	172.29	177.75	264.17	258.55	266.67	257.30	-3.52
4. 农药费	元	106.78	117.23	163.98	169.40	181.24	183.44	1.21
5. 农膜费	元	154.17	148.74	176.65	180.09	172.30	221.80	28.73
6. 租赁作业费	元	142.73	144.97	193.46	198.99	195.16	181.52	-6.99
机械作业费	元	80.81	87.60	88.50	83.72	80.61	88.78	10.13
排灌费	元	53.84	51.39	70.28	80.28	78.55	77.40	-1.46
其中：水费	元	19.48	15.08	26.43	23.33	27.05	20.34	-24.82
畜力费	元	8.08	5.98	34.68	34.99	36.00	15.34	-57.38
7. 燃料动力费	元	22.74	11.84	42.90	39.39	43.07	32.11	-25.45
8. 技术服务费	元	3.15	1.48	0.49	0.72	0.95	0.57	-39.71
9. 工具材料费	元	70.13	68.61	85.79	81.29	78.87	95.45	21.03
10. 修理维护费	元	12.30	11.82	21.77	22.81	24.22	19.33	-20.18
11. 其他直接费用	元	0.86	0.74	0.69	0.63	0.92	0.24	-73.52
（二）间接费用	元	307.40	278.37	321.82	321.02	313.18	320.41	2.31
1. 固定资产折旧	元	199.20	171.48	188.92	165.30	192.65	214.17	11.17
2. 保险费	元	2.93	3.88	7.04	4.43	6.82	13.62	99.72
3. 管理费	元	2.53	6.41	2.26	4.90	2.66	3.52	32.50
4. 财务费	元	0.59	0.78	0.53	2.44	1.06	0.83	-21.70
5. 销售费	元	102.15	95.82	123.07	143.95	109.99	88.27	-19.75
二、每亩人工成本	元	**2385.05**	**2596.74**	**2818.95**	**3161.63**	**3156.00**	**3433.36**	**8.79**
1. 家庭用工折价	元	1923.69	1879.49	2156.29	2009.36	2061.13	2638.38	28.01
家庭用工天数	日	25.86	24.10	26.49	24.18	24.28	30.54	25.80
劳动日工价	元	74.40	78.00	81.40	83.10	84.89	86.38	1.76
2. 雇工费用	元	461.36	717.25	662.66	1152.27	1094.87	794.98	-27.39
雇工天数	日	5.45	8.31	6.39	10.82	9.67	6.73	-30.41
雇工工价	元	84.67	86.28	103.70	106.49	113.22	120.97	6.85
三、附								
1. 每亩种子用量	公斤							
2. 每亩化肥用量	公斤	40.24	40.65	58.97	57.39	61.08	52.31	-14.35
3. 每亩农膜用量	公斤	10.30	9.87	12.06	11.93	11.87	14.96	26.05

1-21-3 大中城市蔬菜平均化肥投入情况

项目	单位	2014年	2015年	2016年	2017年	2018年	2019年	2019年比2018年±%
一、每亩化肥金额	**元**	**264.51**	**284.08**	**419.70**	**420.97**	**481.76**	**413.70**	**-14.13**
（一）氮肥	元	56.14	53.21	43.24	52.71	50.88	53.60	5.35
1. 尿素	元	52.54	50.90	40.06	50.96	48.92	52.86	8.04
2. 碳铵	元	3.58	2.24	3.14	1.75	1.95	0.75	-61.72
3. 其他氮肥	元	0.02	0.07	0.04		0.01		-100.00
（二）磷肥	元	8.99	11.57	36.81	36.54	34.56	19.42	-43.81
其中：过磷酸钙	元	8.62	10.46	31.50	32.42	34.48	18.96	-45.02
（三）钾肥	元	13.79	11.54	93.22	86.55	92.09	48.82	-46.99
其中：氯化钾	元	9.59	6.73	90.21	84.55	89.32	43.63	-51.15
（四）复混肥	元	160.21	168.41	209.12	206.23	252.38	247.69	-1.86
1. 复合肥	元	153.28	166.29	203.85	205.65	247.88	247.57	-0.13
其中：二铵	元	33.53	31.85	23.39	18.73	18.73	31.35	67.36
三元素复合肥	元	90.61	94.19	86.51	70.74	70.07	111.70	59.41
2. 混配肥	元	6.93	2.12	5.27	0.58	4.50	0.12	-97.39
（五）其他肥料	元	25.38	39.35	37.32	38.95	51.85	44.17	-14.82
二、每亩化肥折纯用量	**公斤**	**40.24**	**40.65**	**58.97**	**57.39**	**61.08**	**52.31**	**-14.35**
（一）氮肥	公斤	12.95	12.49	10.50	12.00	10.81	11.54	6.71
1. 尿素	公斤	12.17	11.96	9.86	11.62	10.42	11.38	9.20
2. 碳铵	公斤	0.78	0.51	0.63	0.38	0.39	0.16	-59.91
3. 其他氮肥	公斤		0.02	0.01				
（二）磷肥	公斤	1.94	2.27	7.06	6.55	5.94	3.80	-36.06
其中：过磷酸钙	公斤	1.87	2.08	6.08	5.73	5.92	3.71	-37.39
（三）钾肥	公斤	1.90	1.41	12.29	11.21	11.71	6.47	-44.72
其中：氯化钾	公斤	1.47	0.97	12.00	11.01	11.41	5.99	-47.51
（四）复混肥	公斤	23.45	24.48	29.12	27.63	32.62	30.50	-6.50
1. 复合肥	公斤	22.65	24.17	28.15	27.54	32.03	30.48	-4.84
其中：二铵	公斤	6.48	6.12	4.80	3.94	3.70	6.04	63.17
三元素复合肥	公斤	12.54	13.32	11.45	8.20	10.34	14.09	36.27
2. 混配肥	公斤	0.80	0.31	0.97	0.09	0.59	0.02	-96.15

1-22-1 2019 年全国种植业产品成本收益情况

项目	单位	三种粮食平均	稻谷	早籼稻	中籼稻	晚籼稻	粳稻	小麦
每亩								
主产品产量	公斤	482.30	489.52	404.29	542.80	460.41	550.58	453.48
产值合计	元	1078.36	1262.21	986.90	1368.12	1241.47	1452.32	1043.99
主产品产值	元	1055.65	1245.61	973.48	1349.55	1228.85	1430.55	1018.02
副产品产值	元	22.71	16.60	13.42	18.57	12.62	21.77	25.97
总成本	元	1108.89	1241.77	1125.83	1229.43	1198.11	1415.20	1028.91
生产成本	元	875.64	1000.68	943.98	1043.30	1010.93	1006.04	810.94
物质与服务费用	元	462.24	526.48	511.25	487.70	556.19	550.66	470.08
人工成本	元	413.40	474.20	432.73	555.60	454.74	455.38	340.86
家庭用工折价	元	374.89	393.89	389.31	483.81	371.87	332.22	327.81
雇工费用	元	38.51	80.31	43.42	71.79	82.87	123.16	13.05
土地成本	元	233.25	241.09	181.85	186.13	187.18	409.16	217.97
流转地租金	元	36.72	44.84	28.04	30.38	33.76	87.16	35.57
自营地折租	元	196.53	196.25	153.81	155.75	153.42	322.00	182.40
净利润	元	-30.53	20.44	-138.93	138.69	43.36	37.12	15.08
现金成本	元	537.47	651.63	582.71	589.87	672.82	760.98	518.70
现金收益	元	540.89	610.58	404.19	778.25	568.65	691.34	525.29
成本利润率	%	-2.75	1.65	-12.34	11.28	3.62	2.62	1.47
每 50 公斤主产品								
平均出售价格	元	109.44	127.23	120.39	124.31	133.45	129.91	112.25
总成本	元	112.54	125.17	137.34	111.71	128.79	126.59	110.63
生产成本	元	88.87	100.87	115.15	94.80	108.67	89.99	87.19
净利润	元	-3.10	2.06	-16.95	12.60	4.66	3.32	1.62
现金成本	元	54.55	65.68	71.08	53.60	72.32	68.07	55.77
现金收益	元	54.89	61.55	49.31	70.71	61.13	61.84	56.48
附：								
每亩用工数量	日	4.64	5.13	4.82	6.15	4.86	4.73	3.92
每亩主产品已出售数量	公斤	378.16	374.67	326.06	424.26	339.76	408.60	400.74
每亩主产品已出售产值	元	821.02	933.13	768.52	1030.95	877.19	1055.85	890.04
每亩成本外支出	元	0.44	0.46			0.01	1.84	0.57

1-22-1　续表 1

项　　目	单位	玉　米	大　豆	两种油料平　均	花　生	油菜籽	棉　花	长绒棉
每亩								
主产品产量	公斤	503.90	128.41	193.51	246.52	140.50	108.65	92.13
产值合计	元	928.90	492.23	1262.20	1795.72	728.67	1600.82	2140.75
主产品产值	元	903.33	481.74	1248.40	1776.49	720.31	1315.62	1873.33
副产品产值	元	25.57	10.49	13.80	19.23	8.36	285.20	267.42
总成本	元	1055.67	686.33	1169.65	1424.66	914.67	2260.36	2350.36
生产成本	元	814.99	411.64	985.57	1177.09	794.09	1906.87	1945.00
物质与服务费用	元	390.20	189.32	379.65	509.97	249.28	835.13	1098.73
人工成本	元	424.79	222.32	605.92	667.12	544.81	1071.74	846.27
家庭用工折价	元	402.62	191.42	589.11	652.17	526.14	795.21	99.16
雇工费用	元	22.17	30.90	16.81	14.95	18.67	276.53	747.11
土地成本	元	240.68	274.69	184.08	247.57	120.58	353.49	405.36
流转地租金	元	29.74	63.14	20.54	28.80	12.27	38.43	73.19
自营地折租	元	210.94	211.55	163.54	218.77	108.31	315.06	332.17
净利润	元	-126.77	-194.10	92.55	371.06	-186.00	-659.54	-209.61
现金成本	元	442.11	283.36	417.00	553.72	280.22	1150.09	1919.03
现金收益	元	486.79	208.87	845.20	1242.00	448.45	450.73	221.72
成本利润率	%	-12.01	-28.28	7.91	26.05	-20.34	-29.18	-8.92
每 50 公斤主产品								
平均出售价格	元	89.63	187.58	322.57	360.31	256.34	605.44	1016.68
总成本	元	101.86	261.55	298.92	285.86	321.77	854.88	1116.23
生产成本	元	78.64	156.87	251.87	236.18	279.35	721.19	923.72
净利润	元	-12.23	-73.97	23.65	74.45	-65.43	-249.44	-99.55
现金成本	元	42.66	107.98	106.57	111.10	98.58	434.97	911.38
现金收益	元	46.97	79.60	216.00	249.21	157.76	170.47	105.30
附:								
每亩用工数量	日	4.87	2.48	6.97	7.69	6.25	11.63	7.34
每亩主产品已出售数量	公斤	359.06	102.04	153.38	186.48	120.28	107.57	92.13
每亩主产品已出售产值	元	639.89	385.70	971.85	1328.01	615.68	1300.63	1873.33
每亩成本外支出	元	0.28	0.10	0.17		0.34	0.02	

1-22-1　续表 2

项　目	单位	烤　烟	晾晒烟	甘　蔗	甜　菜	桑蚕茧	苹　果	柑
每亩								
主产品产量	公斤	137.04	171.30	5256.68	3894.39	102.86	2065.62	1679.89
产值合计	元	3901.02	4947.85	2559.60	1850.98	4256.33	7207.58	5699.09
主产品产值	元	3894.25	4947.85	2538.46	1838.14	4150.86	7204.08	5695.85
副产品产值	元	6.77		21.14	12.84	105.47	3.50	3.24
总成本	元	3784.43	3767.40	2379.12	1673.93	4501.45	5794.51	3795.27
生产成本	元	3446.31	3581.44	2055.31	1374.68	4233.60	5479.83	3597.79
物质与服务费用	元	1192.17	978.92	846.34	742.68	732.30	1901.99	1708.31
人工成本	元	2254.14	2602.52	1208.97	632.00	3501.30	3577.84	1889.48
家庭用工折价	元	1706.96	2422.53	645.95	533.48	2358.26	2046.08	1379.92
雇工费用	元	547.18	179.99	563.02	98.52	1143.04	1531.76	509.56
土地成本	元	338.12	185.96	323.81	299.25	267.85	314.68	197.48
流转地租金	元	53.63	7.58	42.80	47.14	44.49	75.95	43.74
自营地折租	元	284.49	178.38	281.01	252.11	223.36	238.73	153.74
净利润	元	116.59	1180.45	180.48	177.05	-245.12	1413.07	1903.82
现金成本	元	1792.98	1166.49	1452.16	888.34	1919.83	3509.70	2261.61
现金收益	元	2108.04	3781.36	1107.44	962.64	2336.50	3697.88	3437.48
成本利润率	%	3.08	31.33	7.59	10.58	-5.45	24.39	50.16
每 50 公斤主产品								
平均出售价格	元	1420.84	1444.21	24.15	23.60	2017.72	174.38	169.53
总成本	元	1378.37	1099.65	22.45	21.34	2133.92	140.19	112.90
生产成本	元	1255.22	1045.37	19.39	17.53	2006.94	132.58	107.02
净利润	元	42.47	344.56	1.70	2.26	-116.20	34.19	56.63
现金成本	元	653.04	340.48	13.70	11.33	910.10	84.91	67.28
现金收益	元	767.80	1103.73	10.45	12.27	1107.62	89.47	102.25
附：								
每亩用工数量	日	25.37	29.87	12.62	6.98	37.17	37.35	19.98
每亩主产品已出售数量	公斤	137.03	169.14	5216.24	3894.39	102.86	1684.22	1503.77
每亩主产品已出售产值	元	3893.96	4870.13	2520.36	1838.14	4150.82	5252.59	5079.93
每亩成本外支出	元			0.36		1.63	2.52	

1-22-1 续表3

项 目	单位	桔	蔬菜平均	西红柿	露地西红柿	设施西红柿	黄 瓜	露地黄瓜
每亩								
主产品产量	公斤	1455.70	4016.40	5088.27	4991.06	5185.48	4783.39	3969.42
产值合计	元	4264.69	7655.21	12719.86	9825.75	15613.96	11460.77	8296.49
主产品产值	元	4264.07	7655.11	12719.62	9825.28	15613.96	11460.77	8296.49
副产品产值	元	0.62	0.10	0.24	0.47			
总成本	元	2602.95	4904.70	7213.52	5509.64	8916.41	7232.14	5258.47
生产成本	元	2364.18	4505.99	6790.23	5176.13	8403.34	6775.80	4852.31
物质与服务费用	元	1207.71	1623.52	2449.27	1685.43	3213.00	2437.33	1528.14
人工成本	元	1156.47	2882.47	4340.96	3490.70	5190.34	4338.47	3324.17
家庭用工折价	元	590.84	2011.79	3393.01	2861.42	3923.73	3235.79	2590.54
雇工费用	元	565.63	870.68	947.95	629.28	1266.61	1102.68	733.63
土地成本	元	238.77	398.71	423.29	333.51	513.07	456.34	406.16
流转地租金	元	71.24	129.93	119.27	46.69	191.85	132.77	46.22
自营地折租	元	167.53	268.78	304.02	286.82	321.22	323.57	359.94
净利润	元	1661.74	2750.51	5506.34	4316.11	6697.55	4228.63	3038.02
现金成本	元	1844.58	2624.13	3516.49	2361.40	4671.46	3672.78	2307.99
现金收益	元	2420.11	5031.08	9203.37	7464.35	10942.50	7787.99	5988.50
成本利润率	%	63.84	56.08	76.33	78.34	75.11	58.47	57.77
每50公斤主产品								
平均出售价格	元	146.46	95.30	124.99	98.43	150.55	119.80	104.51
总成本	元	89.39	61.06	70.88	55.19	85.97	75.60	66.24
生产成本	元	81.19	56.10	66.72	51.85	81.03	70.83	61.12
净利润	元	57.07	34.24	54.11	43.24	64.58	44.20	38.27
现金成本	元	63.35	32.67	34.55	23.66	45.04	38.39	29.07
现金收益	元	83.11	62.63	90.44	74.77	105.51	81.41	75.44
附：								
每亩用工数量	日	11.86	31.14	47.30	38.01	56.57	47.00	35.97
每亩主产品已出售数量	公斤	1376.60	3970.41	5077.91	4979.34	5176.48	4772.08	3957.36
每亩主产品已出售产值	元	4176.79	7611.23	12696.38	9796.94	15595.82	11436.63	8270.38
每亩成本外支出	元		0.57	1.05	1.73	0.37	0.50	0.66

1-22-1 续表 4

项　　目	单位	设施黄瓜	茄　子	露地茄子	设施茄子	菜　椒	露地菜椒	设施菜椒
每亩								
主产品产量	公斤	5597.35	4014.44	3434.11	4594.76	3242.99	2454.31	4031.66
产值合计	元	14625.05	10877.75	7223.62	14531.88	8397.59	6229.85	10565.33
主产品产值	元	14625.05	10877.75	7223.62	14531.88	8397.59	6229.85	10565.33
副产品产值	元							
总成本	元	9206.52	6674.10	4667.57	8681.05	5760.15	4111.85	7408.17
生产成本	元	8700.02	6165.11	4204.17	8126.48	5394.61	3812.72	6976.24
物质与服务费用	元	3346.46	2217.80	1367.40	3068.12	1749.55	1275.93	2223.09
人工成本	元	5353.56	3947.31	2836.77	5058.36	3645.06	2536.79	4753.15
家庭用工折价	元	3881.83	2694.19	2091.43	3297.47	2223.42	1912.37	2534.30
雇工费用	元	1471.73	1253.12	745.34	1760.89	1421.64	624.42	2218.85
土地成本	元	506.50	508.99	463.40	554.57	365.54	299.13	431.93
流转地租金	元	219.31	135.30	38.66	231.94	120.07	40.49	199.64
自营地折租	元	287.19	373.69	424.74	322.63	245.47	258.64	232.29
净利润	元	5418.53	4203.65	2556.05	5850.83	2637.44	2118.00	3157.16
现金成本	元	5037.50	3606.22	2151.40	5060.95	3291.26	1940.84	4641.58
现金收益	元	9587.55	7271.53	5072.22	9470.93	5106.33	4289.01	5923.75
成本利润率	%	58.86	62.98	54.76	67.40	45.79	51.51	42.62
每 50 公斤主产品								
平均出售价格	元	130.64	135.48	105.17	158.14	129.47	126.92	131.03
总成本	元	82.24	83.12	67.96	94.47	88.81	83.77	91.88
生产成本	元	77.71	76.79	61.21	88.43	83.17	77.68	86.52
净利润	元	48.40	52.36	37.21	63.67	40.66	43.15	39.15
现金成本	元	45.00	44.91	31.32	55.07	50.74	39.54	57.56
现金收益	元	85.64	90.57	73.85	103.07	78.73	87.38	73.47
附：								
每亩用工数量	日	58.04	42.85	30.32	55.37	39.41	27.35	51.46
每亩主产品已出售数量	公斤	5586.80	4003.29	3425.55	4581.03	3233.27	2444.88	4021.66
每亩主产品已出售产值	元	14602.87	10853.67	7203.51	14503.83	8367.69	6204.39	10530.99
每亩成本外支出	元	0.33	1.06	1.41	0.71	0.63	0.87	0.38

1-22-1　续表 5

项　　目	单位	露地圆白菜	露地大白菜	露地马铃薯	露地菜花	露地萝卜	露地豆角
每亩							
主产品产量	公斤	3827.35	4571.62	2586.77	2121.31	4453.30	1902.08
产值合计	元	4044.49	3592.21	2493.78	4175.80	4351.35	7128.02
主产品产值	元	4044.40	3592.21	2493.42	4175.80	4351.35	7128.02
副产品产值	元	0.09		0.36			
总成本	元	2952.95	2688.01	1812.07	2997.67	3008.53	4127.24
生产成本	元	2573.54	2370.97	1471.71	2717.71	2660.88	3730.44
物质与服务费用	元	895.10	740.06	875.50	828.89	1021.40	1227.35
人工成本	元	1678.44	1630.91	596.21	1888.82	1639.48	2503.09
家庭用工折价	元	1083.29	1048.83	404.09	1424.32	919.52	1716.28
雇工费用	元	595.15	582.08	192.12	464.50	719.96	786.81
土地成本	元	379.41	317.04	340.36	279.96	347.65	396.80
流转地租金	元	170.95	104.60	126.52	40.42	101.29	74.56
自营地折租	元	208.46	212.44	213.84	239.54	246.36	322.24
净利润	元	1091.54	904.20	681.71	1178.13	1342.82	3000.78
现金成本	元	1661.20	1426.74	1194.14	1333.81	1842.65	2088.72
现金收益	元	2383.29	2165.47	1299.64	2841.99	2508.70	5039.30
成本利润率	%	36.96	33.64	37.62	39.30	44.63	72.71
每 50 公斤主产品							
平均出售价格	元	52.84	39.29	48.20	98.43	48.86	187.37
总成本	元	38.58	29.40	35.02	70.66	33.78	108.49
生产成本	元	33.62	25.93	28.45	64.06	29.88	98.06
净利润	元	14.26	9.89	13.18	27.77	15.08	78.88
现金成本	元	21.70	15.61	23.08	31.44	20.69	54.90
现金收益	元	31.14	23.68	25.12	66.99	28.17	132.47
附：							
每亩用工数量	日	18.00	17.30	6.09	19.93	18.75	27.54
每亩主产品已出售数量	公斤	3730.94	4459.09	2516.32	2114.27	4323.46	1892.97
每亩主产品已出售产值	元	3986.76	3535.67	2401.83	4166.02	4192.74	7097.93
每亩成本外支出	元	0.25	0.37	0.15			

1-22-2　2019 年全国种植业产品费用和用工情况

项　　目	单位	三种粮食平　均	稻　谷	早籼稻	中籼稻	晚籼稻	粳　稻	小　麦	玉　米
一、每亩物质与服务费用	元	**462.24**	**526.48**	**511.25**	**487.70**	**556.19**	**550.66**	**470.08**	**390.20**
（一）直接费用	元	446.75	503.91	488.51	463.69	530.66	532.69	457.61	378.74
1. 种子费	元	64.03	64.48	60.44	77.90	71.99	47.58	72.62	54.99
2. 化肥费	元	144.08	135.95	136.27	126.48	141.08	139.98	156.28	140.01
3. 农家肥费	元	15.80	9.30	8.77	10.78	8.19	9.45	23.04	15.07
4. 农药费	元	33.45	56.15	55.94	44.26	70.19	54.19	25.64	18.56
5. 农膜费	元	2.81	4.18	3.52	4.55	0.47	8.16		4.25
6. 租赁作业费	元	178.52	219.95	206.75	186.90	220.33	265.79	174.58	141.04
机械作业费	元	151.02	194.21	197.53	162.78	207.09	209.42	140.64	118.21
排灌费	元	24.97	22.42	6.41	16.87	11.10	55.31	33.75	18.75
其中：水费	元	7.51	11.11	3.58	8.12	4.79	27.95	5.73	5.68
畜力费	元	2.53	3.32	2.81	7.25	2.14	1.06	0.19	4.08
7. 燃料动力费	元	2.26	5.29	6.03	6.43	6.92	1.77	0.91	0.58
8. 技术服务费	元	0.01	0.01		0.03	0.01	0.01	0.02	
9. 工具材料费	元	4.07	6.00	7.50	4.21	7.36	4.93	3.25	2.97
10. 修理维护费	元	1.57	2.39	3.29	2.07	3.36	0.83	1.27	1.04
11. 其他直接费用	元	0.15	0.21		0.08	0.76			0.23
（二）间接费用	元	15.49	22.57	22.74	24.01	25.53	17.97	12.47	11.46
1. 固定资产折旧	元	4.90	8.27	10.43	8.62	10.64	3.37	3.32	3.12
2. 保险费	元	9.33	12.12	10.39	13.63	12.80	11.65	8.01	7.87
3. 管理费	元	0.10	0.16	0.03	0.04	0.04	0.54	0.15	
4. 财务费	元	0.04	0.06				0.22	0.04	0.01
5. 销售费	元	1.12	1.96	1.89	1.72	2.05	2.19	0.95	0.46
二、每亩人工成本	元	**413.40**	**474.20**	**432.73**	**555.60**	**454.74**	**455.38**	**340.86**	**424.79**
1. 家庭用工折价	元	374.89	393.89	389.31	483.81	371.87	332.22	327.81	402.62
家庭用工天数	日	4.34	4.56	4.51	5.60	4.31	3.85	3.80	4.66
劳动日工价	元	86.38	86.38	86.38	86.38	86.38	86.38	86.38	86.38
2. 雇工费用	元	38.51	80.31	43.42	71.79	82.87	123.16	13.05	22.17
雇工天数	日	0.30	0.57	0.31	0.55	0.55	0.88	0.12	0.21
雇工工价	元	128.37	140.89	140.07	130.53	150.67	139.96	108.75	105.57
三、附									
1. 每亩种子用量	公斤	7.24	3.10	3.60	1.11	1.98	5.70	16.66	1.97
2. 每亩化肥用量	公斤	25.15	22.97	22.38	21.37	23.12	24.96	28.13	24.36
3. 每亩农膜用量	公斤	0.22	0.29	0.25	0.31	0.04	0.56		0.37

1-22-2 续表 1

项 目	单位	大 豆	两种油料平 均	花 生	油菜籽	棉 花	长绒棉	烤 烟
一、每亩物质与服务费用	元	**189.32**	**379.65**	**509.97**	**249.28**	**835.13**	**1098.73**	**1192.17**
（一）直接费用	元	182.97	372.33	505.41	239.21	733.72	940.31	1080.25
1. 种子费	元	35.33	97.70	174.32	21.08	56.04	58.35	86.98
2. 化肥费	元	45.83	118.07	142.49	93.65	233.22	254.70	309.03
3. 农家肥费	元	2.20	10.53	10.27	10.79	15.84		42.12
4. 农药费	元	16.24	30.77	44.41	17.13	75.34	66.65	63.91
5. 农膜费	元		3.87	7.73		42.77	62.41	64.36
6. 租赁作业费	元	80.63	104.62	119.37	89.85	256.44	367.12	130.23
机械作业费	元	77.97	92.41	104.05	80.77	146.95	169.90	108.77
排灌费	元	2.24	6.68	10.23	3.12	109.22	197.22	13.14
其中：水费	元	0.13	1.77	0.88	2.65	33.63	59.16	5.28
畜力费	元	0.42	5.53	5.09	5.96	0.27		8.32
7. 燃料动力费	元	0.27	1.43	1.63	1.23	6.84	34.15	319.35
8. 技术服务费	元					0.94		2.45
9. 工具材料费	元	2.04	3.99	3.98	4.00	39.62	67.88	15.19
10. 修理维护费	元	0.43	1.35	1.21	1.48	6.18	5.96	4.82
11. 其他直接费用	元					0.49	23.09	41.81
（二）间接费用	元	6.35	7.32	4.56	10.07	101.41	158.42	111.92
1. 固定资产折旧	元	1.18	4.64	3.35	5.93	28.35	45.00	48.07
2. 保险费	元	4.80	2.27	0.61	3.93	57.02	110.71	47.73
3. 管理费	元							
4. 财务费	元	0.05				4.75		0.05
5. 销售费	元	0.32	0.41	0.60	0.21	11.29	2.71	16.07
二、每亩人工成本	元	**222.32**	**605.92**	**667.12**	**544.81**	**1071.74**	**846.27**	**2254.14**
1. 家庭用工折价	元	191.42	589.11	652.17	526.14	795.21	99.16	1706.96
家庭用工天数	日	2.22	6.82	7.55	6.09	9.21	1.15	19.76
劳动日工价	元	86.38	86.38	86.38	86.38	86.38	86.38	86.38
2. 雇工费用	元	30.90	16.81	14.95	18.67	276.53	747.11	547.18
雇工天数	日	0.26	0.15	0.14	0.16	2.42	6.19	5.61
雇工工价	元	118.85	112.07	106.79	116.69	114.27	120.70	97.54
三、附								
1. 每亩种子用量	公斤	5.32	7.81	15.29	0.32	1.52	2.00	
2. 每亩化肥用量	公斤	7.91	18.68	21.55	15.77	37.78	24.61	34.37
3. 每亩农膜用量	公斤		0.34	0.67		3.85	5.67	5.00

1-22-2 续表 2

项目	单位	晾晒烟	甘蔗	甜菜	桑蚕茧	苹果	柑	桔
一、每亩物质与服务费用	**元**	**978.92**	**846.34**	**742.68**	**732.30**	**1901.99**	**1708.31**	**1207.71**
（一）直接费用	元	905.89	566.08	618.65	628.29	1475.89	1492.25	913.49
1. 种子费	元	40.84		104.03	211.17			
2. 化肥费	元	574.43	396.96	173.97	221.05	464.18	633.01	359.29
3. 农家肥费	元	47.98	4.43	17.01	15.23	207.22	180.83	153.75
4. 农药费	元	34.92	57.68	34.63	74.50	237.73	610.37	335.31
5. 农膜费	元	52.22	6.69	18.05	1.43	23.26		
6. 租赁作业费	元	121.28	82.80	249.70	20.54	173.19	2.28	6.53
机械作业费	元	89.24	63.16	165.09	12.76	77.60	0.86	1.85
排灌费	元	5.56	1.72	84.61	5.71	95.59	1.42	4.68
其中：水费	元	5.56	1.44	11.96	1.82	16.21	1.09	0.31
畜力费	元	26.48	17.92		2.07			
7. 燃料动力费	元	5.19	4.11	0.91	36.03	43.83	27.95	27.73
8. 技术服务费	元	2.47			8.88	0.38		
9. 工具材料费	元	21.70	9.83	19.61	29.75	281.46	21.26	18.97
10. 修理维护费	元	4.86	3.58	0.74	5.77	44.32	16.55	11.91
11. 其他直接费用	元				3.94	0.32		
（二）间接费用	元	73.03	280.26	124.03	104.01	426.10	216.06	294.22
1. 固定资产折旧	元	46.21	151.98	1.77	63.07	118.78	173.24	282.76
2. 保险费	元	14.40	2.62	5.21	5.49	28.65		
3. 管理费	元			8.82	28.93	71.42		
4. 财务费	元			0.19	2.18			
5. 销售费	元	12.42	125.66	108.04	4.34	207.25	42.82	11.46
二、每亩人工成本	**元**	**2602.52**	**1208.97**	**632.00**	**3501.30**	**3577.84**	**1889.48**	**1156.47**
1. 家庭用工折价	元	2422.53	645.95	533.48	2358.26	2046.08	1379.92	590.84
家庭用工天数	日	28.05	7.48	6.18	27.30	23.69	15.98	6.84
劳动日工价	元	86.38	86.38	86.38	86.38	86.38	86.38	86.38
2. 雇工费用	元	179.99	563.02	98.52	1143.04	1531.76	509.56	565.63
雇工天数	日	1.82	5.14	0.80	9.87	13.66	4.00	5.02
雇工工价	元	98.90	109.54	123.15	115.81	112.14	127.39	112.68
三、附								
1. 每亩种子用量	公斤			0.19	0.02			
2. 每亩化肥用量	公斤	46.33	53.94	32.91	33.22	51.20	61.97	45.95
3. 每亩农膜用量	公斤	3.82	0.52	1.69	0.11	1.62		

1-22-2　续表 3

项　　目	单位	蔬菜平均	西红柿	露地西红柿	设施西红柿	黄　瓜	露地黄瓜
一、每亩物质与服务费用	元	**1623.52**	**2449.27**	**1685.43**	**3213.00**	**2437.33**	**1528.14**
（一）直接费用	元	1366.96	1991.96	1543.60	2440.24	2009.17	1393.93
1. 种子费	元	227.32	358.62	295.68	421.55	305.17	148.70
2. 化肥费	元	370.12	423.81	366.14	481.47	488.96	407.30
3. 农家肥费	元	188.11	277.92	207.53	348.31	283.49	196.12
4. 农药费	元	144.18	214.41	203.39	225.42	250.00	237.11
5. 农膜费	元	162.19	287.59	73.79	501.39	284.30	54.95
6. 租赁作业费	元	166.18	186.03	159.31	212.74	188.03	149.07
机械作业费	元	98.43	92.70	88.18	97.22	94.68	102.00
排灌费	元	64.80	91.04	67.58	114.49	90.86	42.64
其中：水费	元	16.06	23.30	18.38	28.22	18.81	10.26
畜力费	元	2.95	2.29	3.55	1.03	2.49	4.43
7. 燃料动力费	元	21.11	59.41	41.73	77.08	33.54	19.46
8. 技术服务费	元	3.02	5.63	10.78	0.47	3.36	4.47
9. 工具材料费	元	72.04	152.13	177.40	126.85	154.38	169.59
10. 修理维护费	元	12.59	26.24	7.85	44.63	17.94	7.16
11. 其他直接费用	元	0.10	0.17		0.33		
（二）间接费用	元	256.56	457.31	141.83	772.76	428.16	134.21
1. 固定资产折旧	元	166.25	338.12	21.83	654.41	330.36	22.16
2. 保险费	元	5.17	10.32		20.63	1.32	
3. 管理费	元	4.14	3.33	0.39	6.26	2.98	0.29
4. 财务费	元	1.44	0.71		1.41	1.11	
5. 销售费	元	79.56	104.83	119.61	90.05	92.39	111.76
二、每亩人工成本	元	**2882.47**	**4340.96**	**3490.70**	**5190.34**	**4338.47**	**3324.17**
1. 家庭用工折价	元	2011.79	3393.01	2861.42	3923.73	3235.79	2590.54
家庭用工天数	日	23.29	39.28	33.13	45.42	37.46	29.99
劳动日工价	元	86.38	86.38	86.38	86.38	86.38	86.38
2. 雇工费用	元	870.68	947.95	629.28	1266.61	1102.68	733.63
雇工天数	日	7.85	8.02	4.88	11.15	9.54	5.98
雇工工价	元	110.91	118.20	128.95	113.60	115.58	122.68
三、附							
1. 每亩种子用量	公斤	17.91				0.01	0.01
2. 每亩化肥用量	公斤	46.46	47.89	45.55	50.16	54.65	49.18
3. 每亩农膜用量	公斤	11.03	19.28	5.34	33.22	19.25	4.32

1-22-2 续表4

项　　目	单位	设施黄瓜	茄　子	露地茄子	设施茄子	菜　椒	露地菜椒	设施菜椒
一、每亩物质与服务费用	**元**	**3346.46**	**2217.80**	**1367.40**	**3068.12**	**1749.55**	**1275.93**	**2223.09**
（一）直接费用	元	2624.37	1824.31	1243.47	2405.09	1430.11	1144.21	1715.95
1. 种子费	元	461.64	233.39	152.79	313.99	190.41	195.43	185.39
2. 化肥费	元	570.61	544.50	403.42	685.57	396.92	354.62	439.22
3. 农家肥费	元	370.85	292.34	192.02	392.65	163.19	169.26	157.11
4. 农药费	元	262.89	183.46	177.30	189.62	162.76	159.39	166.12
5. 农膜费	元	513.64	271.93	62.00	481.86	250.01	71.86	428.16
6. 租赁作业费	元	226.99	179.04	159.23	198.83	141.47	117.95	164.97
机械作业费	元	87.36	107.74	121.43	94.04	96.03	82.87	109.19
排灌费	元	139.08	68.17	31.54	104.79	44.53	33.27	55.78
其中：水费	元	27.36	11.99	7.17	16.81	17.91	10.48	25.33
畜力费	元	0.55	3.13	6.26		0.91	1.81	
7. 燃料动力费	元	47.62	16.46	23.79	9.12	12.83	21.91	3.75
8. 技术服务费	元	2.25	3.62	5.38	1.86	6.62	12.46	0.77
9. 工具材料费	元	139.17	81.94	61.53	102.34	87.70	36.28	139.12
10. 修理维护费	元	28.71	17.63	6.01	29.25	18.20	5.05	31.34
11. 其他直接费用	元							
（二）间接费用	元	722.09	393.49	123.93	663.03	319.44	131.72	507.14
1. 固定资产折旧	元	638.55	285.43	18.45	552.40	185.85	21.33	350.37
2. 保险费	元	2.63	11.51		23.02	8.32		16.64
3. 管理费	元	5.67	4.95	0.19	9.71	2.14	0.19	4.08
4. 财务费	元	2.22	1.25		2.49	0.60		1.19
5. 销售费	元	73.02	90.35	105.29	75.41	122.53	110.20	134.86
二、每亩人工成本	**元**	**5353.56**	**3947.31**	**2836.77**	**5058.36**	**3645.06**	**2536.79**	**4753.15**
1. 家庭用工折价	元	3881.83	2694.19	2091.43	3297.47	2223.42	1912.37	2534.30
家庭用工天数	日	44.94	31.19	24.21	38.17	25.74	22.14	29.34
劳动日工价	元	86.38	86.38	86.38	86.38	86.38	86.38	86.38
2. 雇工费用	元	1471.73	1253.12	745.34	1760.89	1421.64	624.42	2218.85
雇工天数	日	13.10	11.66	6.11	17.20	13.67	5.21	22.12
雇工工价	元	112.35	107.47	121.99	102.38	104.00	119.85	100.31
三、附								
1. 每亩种子用量	公斤							
2. 每亩化肥用量	公斤	60.07	59.65	48.90	70.35	49.96	45.63	54.24
3. 每亩农膜用量	公斤	34.18	19.45	5.00	33.90	15.87	5.47	26.26

1-22-2　续表5

项　　目	单位	露地圆白菜	露地大白菜	露地马铃薯	露地菜花	露地萝卜	露地豆角
一、每亩物质与服务费用	**元**	**895.10**	**740.06**	**875.50**	**828.89**	**1021.40**	**1227.35**
（一）直接费用	元	791.15	665.34	856.70	780.97	898.75	1126.58
1. 种子费	元	98.77	64.87	340.04	143.08	120.10	129.54
2. 化肥费	元	268.86	247.76	220.03	286.54	288.22	338.23
3. 农家肥费	元	143.67	122.62	33.52	94.67	173.42	158.82
4. 农药费	元	92.76	78.41	27.44	87.25	132.26	184.66
5. 农膜费	元	23.80	12.48	5.19	31.11	31.07	41.02
6. 租赁作业费	元	126.69	116.58	225.46	101.82	123.16	139.12
机械作业费	元	82.22	79.70	135.97	62.61	89.67	106.59
排灌费	元	43.35	34.82	80.85	36.99	29.06	29.96
其中：水费	元	12.50	8.21	19.67	10.12	8.46	10.25
畜力费	元	1.12	2.06	8.64	2.22	4.43	2.57
7. 燃料动力费	元	18.69	6.31	0.56	13.10	6.18	11.70
8. 技术服务费	元	0.35	1.46	0.10	0.50	3.71	0.19
9. 工具材料费	元	13.89	10.94	3.27	16.66	16.30	117.22
10. 修理维护费	元	3.66	3.91	0.57	6.24	4.33	6.08
11. 其他直接费用	元	0.01		0.52			
（二）间接费用	元	103.95	74.72	18.80	47.92	122.65	100.77
1. 固定资产折旧	元	13.14	9.22	1.63	13.98	12.24	25.00
2. 保险费	元	0.19		4.53			0.96
3. 管理费	元	14.47	1.07	0.02		0.54	1.62
4. 财务费	元	5.73	0.66		0.40		0.07
5. 销售费	元	70.42	63.77	12.62	33.54	109.87	73.12
二、每亩人工成本	**元**	**1678.44**	**1630.91**	**596.21**	**1888.82**	**1639.48**	**2503.09**
1. 家庭用工折价	元	1083.29	1048.83	404.09	1424.32	919.52	1716.28
家庭用工天数	日	12.54	12.14	4.68	16.49	10.65	19.87
劳动日工价	元	86.38	86.38	86.38	86.38	86.38	86.38
2. 雇工费用	元	595.15	582.08	192.12	464.50	719.96	786.81
雇工天数	日	5.46	5.16	1.41	3.44	8.10	7.67
雇工工价	元	109.00	112.81	136.26	135.03	88.88	102.58
三、附							
1. 每亩种子用量	公斤			125.34		0.01	0.03
2. 每亩化肥用量	公斤	40.49	36.67	35.88	44.53	32.77	39.14
3. 每亩农膜用量	公斤	1.95	0.98	0.43	2.31	1.94	3.30

1-22-3 2019 年全国种植业产品化肥投入情况

项　　目	单位	三种粮食平　均	稻　谷	早籼稻	中籼稻	晚籼稻	粳　稻	小　麦
一、每亩化肥金额	元	**144.08**	**135.95**	**136.27**	**126.48**	**141.08**	**139.98**	**156.28**
（一）氮肥	元	33.53	34.13	31.82	32.71	30.34	41.66	35.76
1. 尿素	元	30.89	30.85	28.29	27.48	27.55	40.09	33.76
2. 碳铵	元	2.26	3.02	3.50	4.75	2.78	1.04	1.78
3. 其他氮肥	元	0.38	0.26	0.03	0.48	0.01	0.53	0.22
（二）磷肥	元	1.77	2.28	3.53	1.84	2.74	1.02	1.58
其中：过磷酸钙	元	1.69	2.11	3.31	1.80	2.54	0.80	1.56
（三）钾肥	元	2.21	5.71	7.49	1.73	9.49	4.14	0.09
其中：氯化钾	元	2.05	5.55	7.43	1.50	9.46	3.82	0.04
（四）复混肥	元	106.01	92.99	92.40	89.81	97.82	91.91	118.30
1. 复合肥	元	102.08	89.63	89.37	86.13	95.70	87.30	118.01
其中：二铵	元	12.23	1.19	0.17	0.17	0.12	4.28	20.86
三元素复合肥	元	57.48	56.68	59.01	54.64	61.12	51.95	71.84
2. 混配肥	元	3.93	3.36	3.03	3.68	2.12	4.61	0.29
（五）其他肥料	元	0.55	0.84	1.03	0.39	0.69	1.25	0.55
二、每亩化肥折纯用量	公斤	**25.15**	**22.97**	**22.38**	**21.37**	**23.12**	**24.96**	**28.13**
（一）氮肥	公斤	7.17	6.95	6.32	6.66	6.03	8.79	7.97
1. 尿素	公斤	6.66	6.34	5.67	5.62	5.54	8.51	7.56
2. 碳铵	公斤	0.46	0.57	0.64	0.97	0.49	0.19	0.38
3. 其他氮肥	公斤	0.05	0.04	0.01	0.07		0.09	0.03
（二）磷肥	公斤	0.33	0.43	0.63	0.35	0.50	0.21	0.30
其中：过磷酸钙	公斤	0.32	0.40	0.60	0.34	0.47	0.18	0.30
（三）钾肥	公斤	0.40	1.06	1.40	0.32	1.78	0.74	0.01
其中：氯化钾	公斤	0.38	1.04	1.39	0.29	1.77	0.70	0.01
（四）复混肥	公斤	17.25	14.53	14.03	14.05	14.81	15.22	19.84
1. 复合肥	公斤	16.58	13.97	13.59	13.41	14.48	14.38	19.80
其中：二铵	公斤	2.53	0.24	0.03	0.03	0.02	0.88	4.31
三元素复合肥	公斤	9.04	8.84	8.96	8.77	9.09	8.52	11.57
2. 混配肥	公斤	0.67	0.56	0.44	0.64	0.33	0.84	0.04

1-22-3　续表 1

项　　目	单位	玉　米	大　豆	两种油料平　　均	花　生	油菜籽	棉　花	长绒棉
一、每亩化肥金额	**元**	**140.01**	**45.83**	**118.07**	**142.49**	**93.65**	**233.22**	**254.70**
（一）氮肥	元	30.70	4.09	18.79	12.27	25.30	59.46	42.58
1. 尿素	元	28.07	3.88	16.83	11.84	21.82	58.28	42.58
2. 碳铵	元	1.98	0.21	1.92	0.43	3.41	1.14	
3. 其他氮肥	元	0.65		0.04		0.07	0.04	
（二）磷肥	元	1.47	0.60	5.10	5.67	4.52	1.27	
其中：过磷酸钙	元	1.41	0.60	4.18	3.94	4.41	1.21	
（三）钾肥	元	0.82	1.22	1.73	1.89	1.56	4.37	
其中：氯化钾	元	0.56	1.21	1.40	1.45	1.34	4.14	
（四）复混肥	元	106.75	39.81	90.02	118.60	61.41	124.43	68.25
1. 复合肥	元	98.60	38.64	88.30	116.70	59.88	123.52	68.25
其中：二铵	元	14.63	8.68	2.99	2.56	3.42	84.29	68.25
三元素复合肥	元	43.92	19.06	59.47	86.35	32.58	26.58	
2. 混配肥	元	8.15	1.17	1.72	1.90	1.53	0.91	
（五）其他肥料	元	0.27	0.11	2.46	4.06	0.86	43.69	143.87
二、每亩化肥折纯用量	**公斤**	**24.36**	**7.91**	**18.68**	**21.55**	**15.77**	**37.78**	**24.61**
（一）氮肥	公斤	6.59	0.85	3.91	2.62	5.19	14.28	10.88
1. 尿素	公斤	6.07	0.81	3.51	2.55	4.47	14.02	10.88
2. 碳铵	公斤	0.43	0.04	0.39	0.07	0.71	0.25	
3. 其他氮肥	公斤	0.09		0.01		0.01	0.01	
（二）磷肥	公斤	0.27	0.11	0.96	1.09	0.82	0.22	
其中：过磷酸钙	公斤	0.26	0.11	0.78	0.76	0.79	0.21	
（三）钾肥	公斤	0.13	0.21	0.30	0.32	0.28	0.80	
其中：氯化钾	公斤	0.10	0.21	0.25	0.25	0.25	0.77	
（四）复混肥	公斤	17.37	6.74	13.51	17.53	9.47	22.47	13.73
1. 复合肥	公斤	15.97	6.54	13.25	17.27	9.22	22.40	13.73
其中：二铵	公斤	3.05	1.78	0.61	0.53	0.69	16.34	13.73
三元素复合肥	公斤	6.70	2.97	8.97	13.00	4.94	4.23	
2. 混配肥	公斤	1.40	0.20	0.26	0.26	0.25	0.07	

1-22-3　续表2

项　　目	单位	烤　烟	晾晒烟	甘　蔗	甜　菜	桑蚕茧	苹　果	柑
一、每亩化肥金额	元	**309.03**	**574.43**	**396.96**	**173.97**	**221.05**	**464.18**	**633.01**
（一）氮肥	元	2.16	61.62	95.71	40.95	72.11	36.65	11.47
1. 尿素	元	1.94	56.08	95.43	37.03	64.94	34.52	11.47
2. 碳铵	元	0.06	5.54		3.92	4.64	1.72	
3. 其他氮肥	元	0.16		0.28		2.53	0.41	
（二）磷肥	元	5.40	11.21	16.02		2.52	4.14	4.42
其中：过磷酸钙	元	2.89	9.95	12.46		2.52	3.16	3.87
（三）钾肥	元	50.12	42.60	30.93	3.67	1.13	8.30	5.56
其中：氯化钾	元	1.72	1.39	29.86	1.29	0.31	5.11	
（四）复混肥	元	211.12	228.35	191.89	124.34	129.75	274.47	476.37
1. 复合肥	元	166.14	228.35	172.39	124.25	127.54	265.92	476.37
其中：二铵	元	0.63		0.55	60.20	2.24	30.62	
三元素复合肥	元	56.26	37.69	90.47	40.79	54.93	148.30	256.31
2. 混配肥	元	44.98		19.50	0.09	2.21	8.55	
（五）其他肥料	元	40.23	230.65	62.41	5.01	15.54	140.62	135.19
二、每亩化肥折纯用量	**公斤**	**34.37**	**46.33**	**53.94**	**32.91**	**33.22**	**51.20**	**61.97**
（一）氮肥	公斤	0.45	12.28	19.30	10.23	14.32	8.39	2.31
1. 尿素	公斤	0.41	11.22	19.25	9.42	13.08	7.90	2.31
2. 碳铵	公斤	0.01	1.06		0.81	0.93	0.42	
3. 其他氮肥	公斤	0.03		0.05		0.31	0.07	
（二）磷肥	公斤	1.18	2.47	3.02		0.48	0.80	0.71
其中：过磷酸钙	公斤	0.70	2.08	2.53		0.48	0.68	0.64
（三）钾肥	公斤	6.46	4.11	5.80	0.64	0.14	1.61	0.83
其中：氯化钾	公斤	0.28	0.15	5.63	0.29	0.05	1.28	
（四）复混肥	公斤	26.26	27.48	25.83	22.05	18.27	40.41	58.12
1. 复合肥	公斤	20.99	27.48	22.82	22.04	17.89	39.40	58.12
其中：二铵	公斤	0.12		0.11	12.23	0.38	6.18	
三元素复合肥	公斤	7.83	4.44	12.37	6.72	8.05	22.33	32.89
2. 混配肥	公斤	5.27		3.01	0.01	0.38	1.01	

1-22-3　续表 3

项　　目	单位	桔	蔬菜平均	西红柿	露地西红柿	设施西红柿	黄　瓜	露地黄瓜
一、每亩化肥金额	**元**	**359.29**	**370.12**	**423.81**	**366.14**	**481.47**	**488.96**	**407.30**
（一）氮肥	元	9.96	48.31	42.52	37.64	47.40	39.71	33.63
1. 尿素	元	8.49	47.45	42.24	37.64	46.84	38.16	31.40
2. 碳铵	元	1.47	0.69	0.28		0.56	0.72	0.58
3. 其他氮肥	元		0.17				0.83	1.65
（二）磷肥	元	7.99	5.53	7.02	8.75	5.28	6.50	8.03
其中：过磷酸钙	元	5.53	5.18	5.88	6.83	4.92	6.24	7.60
（三）钾肥	元	0.60	14.17	15.68	16.24	15.11	14.44	14.72
其中：氯化钾	元	0.60	4.38	6.29	8.90	3.67	7.75	11.09
（四）复混肥	元	321.61	256.27	266.31	248.42	284.19	336.87	311.60
1. 复合肥	元	321.61	253.79	265.98	248.42	283.54	336.77	311.40
其中：二铵	元		31.82	44.70	40.90	48.50	28.15	19.30
三元素复合肥	元	233.70	130.66	129.30	122.28	136.32	188.98	195.81
2. 混配肥	元		2.48	0.33		0.65	0.10	0.20
（五）其他肥料	元	19.13	45.84	92.29	55.09	129.49	91.47	39.32
二、每亩化肥折纯用量	**公斤**	**45.95**	**46.46**	**47.89**	**45.55**	**50.16**	**54.65**	**49.18**
（一）氮肥	公斤	2.04	10.35	9.56	8.58	10.53	8.53	6.90
1. 尿素	公斤	1.79	10.19	9.50	8.58	10.41	8.27	6.56
2. 碳铵	公斤	0.25	0.14	0.06		0.12	0.15	0.12
3. 其他氮肥	公斤		0.02				0.11	0.22
（二）磷肥	公斤	1.57	1.06	1.35	1.73	0.95	1.18	1.41
其中：过磷酸钙	公斤	1.05	1.00	1.16	1.42	0.89	1.15	1.35
（三）钾肥	公斤	0.10	1.50	1.79	2.01	1.56	1.81	2.09
其中：氯化钾	公斤	0.10	0.70	1.01	1.37	0.65	1.23	1.74
（四）复混肥	公斤	42.24	33.55	35.19	33.23	37.13	43.13	38.79
1. 复合肥	公斤	42.24	33.17	35.16	33.23	37.08	43.12	38.78
其中：二铵	公斤		6.35	8.94	8.29	9.59	5.55	3.91
三元素复合肥	公斤	30.09	16.51	16.58	15.04	18.12	23.64	22.69
2. 混配肥	公斤		0.38	0.03		0.05	0.01	0.01

1-22-3 续表 4

项　　目	单位	设施黄瓜	茄　子	露地茄子	设施茄子	菜　椒	露地菜椒	设施菜椒
一、每亩化肥金额	**元**	**570.61**	**544.50**	**403.42**	**685.57**	**396.92**	**354.62**	**439.22**
（一）氮肥	元	45.77	63.41	42.99	83.83	51.79	40.50	63.07
1. 尿素	元	44.91	62.90	42.49	83.31	51.63	40.27	62.98
2. 碳铵	元	0.86	0.51	0.50	0.52	0.16	0.23	0.09
3. 其他氮肥	元							
（二）磷肥	元	4.96	6.57	10.58	2.56	6.31	11.04	1.56
其中：过磷酸钙	元	4.88	6.14	9.84	2.44	6.17	10.77	1.56
（三）钾肥	元	14.15	16.93	13.27	20.58	8.20	14.72	1.66
其中：氯化钾	元	4.40	6.49	10.74	2.23	6.19	11.51	0.86
（四）复混肥	元	362.11	355.35	304.26	406.43	305.03	269.00	341.04
1. 复合肥	元	362.11	354.16	304.26	404.05	300.24	259.43	341.04
其中：二铵	元	36.99	16.21	19.25	13.16	11.11	15.52	6.69
三元素复合肥	元	182.14	198.52	200.03	197.01	115.83	142.10	89.56
2. 混配肥	元		1.19		2.38	4.79	9.57	
（五）其他肥料	元	143.62	102.25	32.32	172.17	25.63	19.36	31.89
二、每亩化肥折纯用量	**公斤**	**60.07**	**59.65**	**48.90**	**70.35**	**49.96**	**45.63**	**54.24**
（一）氮肥	公斤	10.16	13.45	8.82	18.06	11.00	8.45	13.53
1. 尿素	公斤	9.98	13.35	8.72	17.97	10.96	8.40	13.51
2. 碳铵	公斤	0.18	0.10	0.10	0.09	0.04	0.05	0.02
3. 其他氮肥	公斤							
（二）磷肥	公斤	0.94	1.03	1.62	0.43	1.20	2.04	0.35
其中：过磷酸钙	公斤	0.94	0.96	1.50	0.42	1.18	2.00	0.35
（三）钾肥	公斤	1.52	1.95	1.87	2.02	1.12	2.04	0.20
其中：氯化钾	公斤	0.71	1.03	1.66	0.39	1.00	1.85	0.15
（四）复混肥	公斤	47.45	43.22	36.59	49.84	36.64	33.10	40.16
1. 复合肥	公斤	47.45	43.16	36.59	49.72	35.98	31.79	40.16
其中：二铵	公斤	7.19	3.29	3.99	2.59	2.23	3.11	1.34
三元素复合肥	公斤	24.58	25.26	22.50	28.02	14.63	16.89	12.37
2. 混配肥	公斤		0.06		0.12	0.66	1.31	

1-22-3　续表 5

项　　目	单位	露地圆白菜	露地大白菜	露地马铃薯	露地菜花	露地萝卜	露地豆角
一、每亩化肥金额	**元**	**268.86**	**247.76**	**220.03**	**286.54**	**288.22**	**338.23**
（一）氮肥	元	55.66	52.04	33.02	56.13	17.47	18.57
1. 尿素	元	54.81	51.27	31.14	53.15	16.41	18.54
2. 碳铵	元	0.85	0.77	1.53	2.98	0.78	
3. 其他氮肥	元			0.35		0.28	0.03
（二）磷肥	元	5.26	4.57	2.52	2.82	7.63	6.79
其中：过磷酸钙	元	5.15	4.24	2.46	2.57	5.89	6.28
（三）钾肥	元	1.83	1.59	40.58	5.04	0.92	7.28
其中：氯化钾	元	0.76	1.12	2.09	4.75	0.92	5.43
（四）复混肥	元	203.16	186.29	140.91	216.53	229.88	287.94
1. 复合肥	元	196.76	186.29	136.34	216.53	229.88	287.11
其中：二铵	元	21.99	18.47	82.12	38.30	4.26	15.69
三元素复合肥	元	140.29	117.42	24.31	64.52	173.66	216.43
2. 混配肥	元	6.40		4.57			0.83
（五）其他肥料	元	2.95	3.27	3.00	6.02	32.32	17.65
二、每亩化肥折纯用量	**公斤**	**40.49**	**36.67**	**35.88**	**44.53**	**32.77**	**39.14**
（一）氮肥	公斤	11.91	10.94	7.07	11.68	3.62	3.53
1. 尿素	公斤	11.73	10.80	6.70	11.14	3.45	3.53
2. 碳铵	公斤	0.18	0.14	0.32	0.54	0.16	
3. 其他氮肥	公斤			0.05		0.01	
（二）磷肥	公斤	1.14	0.96	0.53	0.48	1.46	1.16
其中：过磷酸钙	公斤	1.12	0.91	0.51	0.44	1.23	1.10
（三）钾肥	公斤	0.16	0.20	3.47	0.63	0.16	1.07
其中：氯化钾	公斤	0.10	0.16	0.38	0.60	0.16	0.91
（四）复混肥	公斤	27.30	24.56	24.80	31.75	27.52	33.38
1. 复合肥	公斤	26.24	24.56	23.96	31.75	27.52	33.30
其中：二铵	公斤	4.35	3.71	16.39	7.90	0.88	3.38
三元素复合肥	公斤	17.20	14.59	3.65	9.16	20.44	22.88
2. 混配肥	公斤	1.06		0.84			0.08

1-23-1 2019 年全国饲养业产品成本收益情况

项　　目	单位	生　猪	散养生猪	规模生猪	小规模生猪	中规模生猪	大规模生猪
每单位							
主产品产量	公斤	122.68	120.90	124.45	125.10	124.36	123.89
产值合计	元	2621.67	2617.81	2625.52	2593.93	2648.67	2633.98
主产品产值	元	2607.42	2601.53	2613.30	2580.09	2635.55	2624.27
副产品产值	元	14.25	16.28	12.22	13.84	13.12	9.71
总成本	元	1889.04	1980.06	1797.08	1808.69	1802.52	1780.97
生产成本	元	1887.58	1979.86	1794.37	1806.69	1799.78	1777.58
物质与服务费用	元	1543.64	1477.99	1609.23	1542.64	1622.60	1662.42
人工成本	元	343.94	501.87	185.14	264.05	177.18	115.16
家庭用工折价	元	315.29	501.87	127.84	258.54	116.18	9.76
雇工费用	元	28.65		57.30	5.51	61.00	105.40
土地成本	元	1.46	0.20	2.71	2.00	2.74	3.39
净利润	元	732.63	637.75	828.44	785.24	846.15	853.01
成本利润率	%	38.78	32.21	46.10	43.42	46.94	47.90
每 50 公斤主产品							
平均出售价格	元	1062.69	1075.90	1049.94	1031.21	1059.65	1059.11
总成本	元	765.72	813.79	718.65	719.04	721.13	716.12
生产成本	元	765.13	813.71	717.57	718.24	720.04	714.76
净利润	元	296.97	262.11	331.29	312.17	338.52	342.99
附：							
每核算单位用工数量	日	3.94	5.81	2.06	3.05	1.94	1.19
平均饲养天数	日	156.39	160.77	152.00	158.18	152.81	145.02

1-23-1　续表 1

项　　目	单位	散养肉牛	散养肉羊	规模肉鸡	小规模肉鸡	中规模肉鸡	大规模肉鸡
每单位							
主产品产量	公斤	479.02	44.89	251.89	279.94	237.60	238.14
产值合计	元	15050.20	1391.61	3747.75	4226.58	3780.52	3236.15
主产品产值	元	14988.99	1362.32	3719.97	4196.44	3756.52	3206.96
副产品产值	元	61.21	29.29	27.78	30.14	24.00	29.19
总成本	元	11100.56	1239.99	3045.61	3356.60	3052.16	2728.10
生产成本	元	11098.17	1239.99	3040.06	3354.97	3045.85	2719.38
物质与服务费用	元	9955.98	758.51	2701.23	2911.21	2684.06	2508.45
人工成本	元	1142.19	481.48	338.83	443.76	361.79	210.93
家庭用工折价	元	1080.18	465.07	269.51	430.43	312.00	66.08
雇工费用	元	62.01	16.41	69.32	13.33	49.79	144.85
土地成本	元	2.39		5.55	1.63	6.31	8.72
净利润	元	3949.64	151.62	702.14	869.98	728.36	508.05
成本利润率	%	35.58	12.23	23.05	25.92	23.86	18.62
每 50 公斤主产品							
平均出售价格	元	1564.55	1517.40	738.41	749.52	790.51	673.34
总成本	元	1153.96	1352.07	600.07	595.24	638.21	567.63
生产成本	元	1153.72	1352.07	598.97	594.95	636.89	565.82
净利润	元	410.59	165.33	138.34	154.28	152.30	105.71
附：							
每核算单位用工数量	日	13.02	5.52	3.72	5.11	4.07	1.99
平均饲养天数	日	237.64	195.71	75.64	76.60	82.65	67.67

1-23-1 续表 2

项　　目	单位	规模蛋鸡	小规模蛋鸡	中规模蛋鸡	大规模蛋鸡	奶　牛
每单位						
主产品产量	公斤	1793.69	1809.98	1795.98	1775.10	5993.36
产值合计	元	18153.74	17984.94	18164.93	18311.36	26684.68
主产品产值	元	15812.22	15662.02	15776.12	15998.53	23998.49
副产品产值	元	2341.52	2322.92	2388.81	2312.83	2686.19
总成本	元	15173.21	14677.12	15355.94	15486.56	19518.53
生产成本	元	15155.82	14671.97	15334.08	15461.41	19458.35
物质与服务费用	元	13868.39	13001.86	14173.69	14429.56	15644.96
人工成本	元	1287.43	1670.11	1160.39	1031.85	3813.39
家庭用工折价	元	917.36	1628.44	931.95	191.76	2595.72
雇工费用	元	370.07	41.67	228.44	840.09	1217.67
土地成本	元	17.39	5.15	21.86	25.15	60.18
净利润	元	2980.53	3307.82	2808.99	2824.80	7166.15
成本利润率	%	19.64	22.54	18.29	18.24	36.71
每 50 公斤主产品						
平均出售价格	元	440.77	432.66	439.21	450.64	200.21
总成本	元	368.40	353.08	371.29	381.12	146.44
生产成本	元	367.98	352.96	370.76	380.50	145.99
净利润	元	72.37	79.58	67.92	69.52	53.77
附：						
每核算单位用工数量	日	13.83	19.21	12.88	9.40	40.43
平均饲养天数	日	358.36	360.68	355.41	358.99	365.00

1-23-1　续表 3

项　　目	单位	散养奶牛	规模奶牛	小规模奶牛	中规模奶牛	大规模奶牛
每单位						
主产品产量	公斤	5424.12	6562.60	5534.85	6418.83	7734.11
产值合计	元	23956.54	29412.82	23818.31	29892.33	34527.81
主产品产值	元	21469.62	26527.36	21123.30	26989.08	31469.70
副产品产值	元	2486.92	2885.46	2695.01	2903.25	3058.11
总成本	元	17061.85	21974.97	17038.57	21821.76	27065.28
生产成本	元	17015.91	21900.55	16977.67	21735.20	26989.48
物质与服务费用	元	12794.81	18495.05	13508.52	18373.70	23602.93
人工成本	元	4221.10	3405.50	3469.15	3361.50	3386.55
家庭用工折价	元	4131.38	1059.88	2771.68	326.17	82.49
雇工费用	元	89.72	2345.62	697.47	3035.33	3304.06
土地成本	元	45.94	74.42	60.90	86.56	75.80
净利润	元	6894.69	7437.85	6779.74	8070.57	7462.53
成本利润率	%	40.41	33.85	39.79	36.98	27.57
每 50 公斤主产品						
平均出售价格	元	197.91	202.11	190.82	210.23	203.45
总成本	元	140.95	151.00	136.50	153.47	159.48
生产成本	元	140.57	150.49	136.02	152.86	159.03
净利润	元	56.96	51.11	54.32	56.76	43.97
附：						
每核算单位用工数量	日	48.58	32.27	38.12	31.21	27.50
平均饲养天数	日	365.00	365.00	365.00	365.00	365.00

1-23-2 2019 年全国饲养业产品费用和用工情况

项　　目	单位	生　猪	散养生猪	规模生猪	小规模生猪	中规模生猪	大规模生猪
一、每单位物质与服务费	**元**	**1543.64**	**1477.99**	**1609.23**	**1542.64**	**1622.60**	**1662.42**
（一）直接费用	元	1523.87	1465.50	1582.19	1525.60	1598.05	1622.91
1. 仔畜费	元	586.22	554.55	617.88	550.31	635.44	667.89
2. 精饲料费	元	860.27	822.54	898.00	910.42	900.26	883.32
3. 青粗饲料费	元	16.33	29.83	2.83	6.38	2.02	0.09
4. 饲料加工费	元	4.52	6.53	2.50	4.38	1.91	1.21
5. 水费	元	2.76	2.72	2.79	2.61	2.87	2.88
6. 燃料动力费	元	6.62	6.93	6.31	4.35	6.37	8.19
电费	元	4.13	2.93	5.33	3.69	5.44	6.85
煤费	元	1.08	1.21	0.95	0.63	0.91	1.30
其他燃料动力费	元	1.41	2.79	0.03	0.03	0.02	0.04
7. 医疗防疫费	元	22.65	19.64	25.65	22.68	23.71	30.57
8. 死亡损失费	元	17.84	16.43	19.25	18.73	19.21	19.82
9. 技术服务费	元	0.40		0.79	0.12	0.47	1.77
10. 工具材料费	元	2.82	2.99	2.65	2.62	2.47	2.86
11. 修理维护费	元	2.30	1.99	2.61	2.10	2.57	3.16
12. 其他直接费用	元	1.14	1.35	0.93	0.90	0.75	1.15
（二）间接费用	元	19.77	12.49	27.04	17.04	24.55	39.51
1. 固定资产折旧	元	11.44	8.89	13.99	11.08	13.98	16.92
2. 保险费	元	4.39	1.29	7.48	2.77	6.99	12.67
3. 管理费	元	1.00	0.02	1.98	0.39	0.80	4.74
4. 财务费	元	0.56		1.12	0.04	0.57	2.74
5. 销售费	元	2.38	2.29	2.47	2.76	2.21	2.44
二、每单位人工成本	**元**	**343.94**	**501.87**	**185.14**	**264.05**	**177.18**	**115.16**
1. 家庭用工折价	元	315.29	501.87	127.84	258.54	116.18	9.76
家庭用工天数	日	3.65	5.81	1.48	2.99	1.35	0.11
劳动日工价	元	86.38	86.38	86.38	86.38	86.38	86.38
2. 雇工费用	元	28.65		57.30	5.51	61.00	105.40
雇工天数	日	0.29		0.58	0.06	0.59	1.08
雇工工价	元	98.79	99.66	98.79	91.83	103.39	97.59
三、附							
1. 仔畜重量	公斤	17.87	18.08	17.65	16.79	17.75	18.42
2. 精饲料数量	公斤	316.94	311.12	322.75	328.35	323.61	316.30
3. 耗粮数量	公斤	231.54	219.77	243.31	247.25	244.52	238.16

1-23-2　续表 1

项　　目	单位	散养肉牛	散养肉羊	规模肉鸡	小规模肉鸡	中规模肉鸡	大规模肉鸡
一、每单位物质与服务费	元	**9955.98**	**758.51**	**2701.23**	**2911.21**	**2684.06**	**2508.45**
（一）直接费用	元	9905.04	747.81	2652.79	2874.99	2643.04	2440.36
1. 仔畜费	元	7577.06	501.79	495.03	495.78	487.55	501.77
2. 精饲料费	元	1797.50	155.05	1947.42	2188.00	1937.91	1716.34
3. 青粗饲料费	元	440.54	62.41	17.80		14.67	38.72
4. 饲料加工费	元	15.06	4.40	9.52	15.82	10.54	2.21
5. 水费	元	4.80	2.00	4.60	5.67	4.29	3.83
6. 燃料动力费	元	10.29	2.79	40.65	50.78	34.52	36.66
电费	元	9.20	2.25	15.17	15.84	13.27	16.41
煤费	元	1.09	0.54	24.76	34.94	21.02	18.31
其他燃料动力费	元			0.72		0.23	1.94
7. 医疗防疫费	元	22.55	6.01	78.13	59.49	87.51	87.39
8. 死亡损失费	元	24.72	8.49	40.27	41.15	48.75	30.91
9. 技术服务费	元			3.45	1.06	1.19	8.09
10. 工具材料费	元	6.96	2.55	8.44	8.71	9.84	6.78
11. 修理维护费	元	5.56	2.32	6.93	8.53	5.92	6.35
12. 其他直接费用	元			0.55		0.35	1.31
（二）间接费用	元	50.94	10.70	48.44	36.22	41.02	68.09
1. 固定资产折旧	元	31.16	5.74	35.16	33.30	28.68	43.51
2. 保险费	元	9.52	1.19	3.31		2.03	7.91
3. 管理费	元	0.11	0.04	3.43	0.64	0.86	8.79
4. 财务费	元			0.60		0.08	1.72
5. 销售费	元	10.15	3.73	5.94	2.28	9.37	6.16
二、每单位人工成本	元	**1142.19**	**481.48**	**338.83**	**443.76**	**361.79**	**210.93**
1. 家庭用工折价	元	1080.18	465.07	269.51	430.43	312.00	66.08
家庭用工天数	日	12.51	5.38	3.12	4.98	3.61	0.77
劳动日工价	元	86.38	86.38	86.38	86.38	86.38	86.38
2. 雇工费用	元	62.01	16.41	69.32	13.33	49.79	144.85
雇工天数	日	0.51	0.14	0.60	0.13	0.46	1.22
雇工工价	元	121.59	117.21	115.53	102.54	108.24	118.73
三、附							
1. 仔畜重量	公斤	215.86	15.43				
2. 精饲料数量	公斤	741.35	68.87	660.71	772.00	652.85	557.29
3. 耗粮数量	公斤	544.50	49.48	479.75	570.33	479.79	389.14

1-23-2 续表2

项　目	单位	规模蛋鸡	小规模蛋鸡	中规模蛋鸡	大规模蛋鸡	奶　牛
一、每单位物质与服务费	**元**	**13868.39**	**13001.86**	**14173.69**	**14429.56**	**15644.96**
（一）直接费用	元	13618.97	12909.36	13933.43	14014.11	12930.39
1. 仔畜费	元	3040.91	2897.23	3185.97	3039.53	
2. 精饲料费	元	9996.95	9765.39	10156.14	10069.31	8502.87
3. 青粗饲料费	元	167.17		172.50	329.00	3538.26
4. 饲料加工费	元	7.42	4.58	8.88	8.81	37.39
5. 水费	元	13.01	8.33	14.48	16.23	56.38
6. 燃料动力费	元	85.18	55.13	70.50	129.91	190.87
电费	元	73.13	43.85	60.99	114.56	134.79
煤费	元	10.74	11.28	9.22	11.72	39.17
其他燃料动力费	元	1.31		0.29	3.63	16.91
7. 医疗防疫费	元	173.27	101.67	176.78	241.35	221.41
8. 死亡损失费	元	104.62	62.99	124.33	126.53	90.17
9. 技术服务费	元	2.14	0.46	0.60	5.37	18.12
10. 工具材料费	元	13.39	8.01	11.43	20.74	77.56
11. 修理维护费	元	14.91	5.57	11.82	27.33	56.42
12. 其他直接费用	元					140.94
（二）间接费用	元	249.42	92.50	240.26	415.45	2714.57
1. 固定资产折旧	元	150.16	81.85	150.34	218.28	2414.40
2. 保险费	元	5.85		4.41	13.13	82.22
3. 管理费	元	25.99	1.16	3.21	73.59	109.70
4. 财务费	元	5.84	0.05		17.46	28.81
5. 销售费	元	61.58	9.44	82.30	92.99	79.44
二、每单位人工成本	**元**	**1287.43**	**1670.11**	**1160.39**	**1031.85**	**3813.39**
1. 家庭用工折价	元	917.36	1628.44	931.95	191.76	2595.72
家庭用工天数	日	10.62	18.85	10.79	2.22	30.05
劳动日工价	元	86.38	86.38	86.38	86.38	86.38
2. 雇工费用	元	370.07	41.67	228.44	840.09	1217.67
雇工天数	日	3.21	0.36	2.09	7.18	10.38
雇工工价	元	115.29	115.75	109.30	117.00	117.31
三、附						
1. 仔畜重量	公斤					
2. 精饲料数量	公斤	4087.44	4183.01	4105.58	3973.73	3040.41
3. 耗粮数量	公斤	2980.79	3013.51	2994.22	2934.65	2179.01

1-23-2　续表3

项　　目	单位	散养奶牛	规模奶牛	小规模奶牛	中规模奶牛	大规模奶牛
一、每单位物质与服务费	**元**	**12794.81**	**18495.05**	**13508.52**	**18373.70**	**23602.93**
（一）直接费用	元	10602.26	15258.48	11077.35	14933.71	19764.38
1. 仔畜费	元					
2. 精饲料费	元	7684.93	9320.81	7902.63	9120.73	10939.07
3. 青粗饲料费	元	2332.18	4744.33	2557.07	4727.09	6948.83
4. 饲料加工费	元	46.26	28.52	26.69	38.46	20.40
5. 水费	元	37.50	75.26	41.08	80.59	104.11
6. 燃料动力费	元	93.85	287.87	124.38	287.22	452.02
电费	元	55.82	213.76	87.27	197.51	356.50
煤费	元	37.88	40.45	29.81	37.39	54.16
其他燃料动力费	元	0.15	33.66	7.30	52.32	41.36
7. 医疗防疫费	元	140.66	302.16	163.04	257.61	485.84
8. 死亡损失费	元	79.65	100.69	59.36	78.10	164.62
9. 技术服务费	元	13.58	22.65	9.33	42.71	15.91
10. 工具材料费	元	37.86	117.26	37.89	73.92	239.96
11. 修理维护费	元	28.41	84.43	32.31	80.59	140.38
12. 其他直接费用	元	107.38	174.50	123.57	146.69	253.24
（二）间接费用	元	2192.55	3236.57	2431.17	3439.99	3838.55
1. 固定资产折旧	元	2056.90	2771.89	2242.96	2876.77	3195.93
2. 保险费	元	57.14	107.29	52.93	182.00	86.93
3. 管理费	元	8.87	210.53	13.58	211.06	406.96
4. 财务费	元		57.62	0.23	97.73	74.91
5. 销售费	元	69.64	89.24	121.47	72.43	73.82
二、每单位人工成本	**元**	**4221.10**	**3405.50**	**3469.15**	**3361.50**	**3386.55**
1. 家庭用工折价	元	4131.38	1059.88	2771.68	326.17	82.49
家庭用工天数	日	47.83	12.27	32.09	3.78	0.96
劳动日工价	元	86.38	86.38	86.38	86.38	86.38
2. 雇工费用	元	89.72	2345.62	697.47	3035.33	3304.06
雇工天数	日	0.75	20.00	6.03	27.43	26.54
雇工工价	元	119.63	117.28	115.67	110.66	124.49
三、附						
1. 仔畜重量	公斤					
2. 精饲料数量	公斤	2752.46	3328.36	3030.56	3215.91	3738.61
3. 耗粮数量	公斤	2000.67	2357.35	2107.04	2268.60	2696.42

1-24-1　2019 年大中城市主要蔬菜品种成本收益情况

项　　目	单位	蔬菜平均	西红柿	露地西红柿	设施西红柿	黄　瓜	露地黄瓜	设施黄瓜
每亩								
主产品产量	公斤	4114.40	5354.64	5054.43	5654.84	5249.85	4086.91	6412.79
产值合计	元	9563.77	13967.90	12076.04	15859.75	12036.42	8302.72	15770.12
主产品产值	元	9563.77	13967.90	12076.04	15859.75	12036.42	8302.72	15770.12
副产品产值	元							
总成本	元	5814.26	7627.28	6266.01	8988.54	7311.49	5134.55	9488.43
生产成本	元	5404.93	7188.73	5871.25	8506.21	6869.73	4756.97	8982.49
物质与服务费用	元	1971.57	2660.36	2030.25	3290.47	2517.72	1607.22	3428.22
人工成本	元	3433.36	4528.37	3841.00	5215.74	4352.01	3149.75	5554.27
家庭用工折价	元	2638.38	3448.85	3032.89	3864.81	3514.76	2834.04	4195.48
雇工费用	元	794.98	1079.52	808.11	1350.93	837.25	315.71	1358.79
土地成本	元	409.33	438.55	394.76	482.33	441.76	377.58	505.94
流转地租金	元	129.54	130.84	83.83	177.85	135.49	72.49	198.49
自营地折租	元	279.79	307.71	310.93	304.48	306.27	305.09	307.45
净利润	元	3749.51	6340.62	5810.03	6871.21	4724.93	3168.17	6281.69
现金成本	元	2896.09	3870.72	2922.19	4819.25	3490.46	1995.42	4985.50
现金收益	元	6667.69	10097.18	9153.85	11040.50	8545.96	6307.30	10784.62
成本利润率	%	59.50	84.58	92.72	76.44	63.95	61.70	66.20
每 50 公斤主产品								
平均出售价格	元	113.95	129.85	119.46	140.23	112.27	101.58	122.96
总成本	元	70.17	70.74	61.99	79.48	68.40	62.82	73.98
生产成本	元	64.94	66.65	58.08	75.21	64.12	58.20	70.04
净利润	元	43.77	59.11	57.47	60.75	43.87	38.76	48.98
现金成本	元	34.85	35.76	28.91	42.61	31.64	24.41	38.87
现金收益	元	79.10	94.09	90.55	97.62	80.63	77.17	84.09
附：								
每亩用工数量	日	37.27	49.43	41.58	57.28	48.07	35.54	60.60
每亩主产品已出售数量	公斤	4074.17	5348.18	5049.47	5646.89	5241.00	4078.85	6403.14
每亩主产品已出售产值	元	9524.68	13955.79	12065.64	15845.93	12018.07	8286.24	15749.90
每亩成本外支出	元	0.67	1.14	1.84	0.44	0.55	0.65	0.44

1-24-1 续表1

项 目	单位	茄 子	露地茄子	设施茄子	菜 椒	露地菜椒	设施菜椒
每亩							
主产品产量	公斤	3972.69	3442.52	4502.86	2983.49	2545.02	3421.95
产值合计	元	12069.34	8993.06	15145.61	9554.85	6806.29	12303.40
主产品产值	元	12069.34	8993.06	15145.61	9554.85	6806.29	12303.40
副产品产值	元						
总成本	元	7178.89	5492.79	8864.98	6142.29	4453.50	7831.08
生产成本	元	6738.49	5119.71	8357.27	5705.18	4121.71	7288.65
物质与服务费用	元	2380.59	1776.63	2984.55	2029.42	1489.27	2569.57
人工成本	元	4357.90	3343.08	5372.72	3675.76	2632.44	4719.08
家庭用工折价	元	3390.03	2909.19	3870.86	2893.25	2091.95	3694.56
雇工费用	元	967.88	433.89	1501.86	782.51	540.49	1024.52
土地成本	元	440.40	373.08	507.71	437.11	331.79	542.43
流转地租金	元	152.86	61.64	244.07	117.90	66.45	169.35
自营地折租	元	287.54	311.44	263.64	319.21	265.34	373.08
净利润	元	4890.45	3500.27	6280.63	3412.56	2352.79	4472.32
现金成本	元	3501.32	2272.16	4730.48	2929.83	2096.21	3763.44
现金收益	元	8568.02	6720.90	10415.13	6625.02	4710.08	8539.96
成本利润率	%	67.29	63.72	70.85	54.97	52.83	57.11
每50公斤主产品							
平均出售价格	元	149.40	130.62	168.18	156.75	133.72	179.77
总成本	元	89.11	79.78	98.44	100.96	87.50	114.42
生产成本	元	83.58	74.36	92.80	93.74	80.98	106.50
净利润	元	60.29	50.84	69.74	55.79	46.22	65.35
现金成本	元	42.77	33.00	52.53	48.09	41.18	54.99
现金收益	元	106.64	97.62	115.65	108.66	92.54	124.78
附：							
每亩用工数量	日	47.26	37.23	57.29	39.84	28.66	51.01
每亩主产品已出售数量	公斤	3964.97	3439.98	4489.96	2978.00	2544.22	3411.77
每亩主产品已出售产值	元	12053.88	8987.68	15120.08	9536.33	6804.27	12268.39
每亩成本外支出	元	0.55	1.10		1.07	1.63	0.51

1-24-1　续表 2

项　　目	单位	露地圆白菜	露地大白菜	露地马铃薯	露地菜花	露地萝卜	露地豆角
每亩							
主产品产量	公斤	3498.91	4584.76	2053.46	2168.65	4914.82	1967.54
产值合计	元	3917.75	3409.92	2616.86	5589.82	3653.42	8742.36
主产品产值	元	3917.75	3409.92	2616.86	5589.82	3653.42	8742.36
副产品产值	元						
总成本	元	3105.54	2702.54	1628.92	3678.06	2842.87	4071.09
生产成本	元	2710.24	2349.11	1390.61	3374.05	2410.61	3704.90
物质与服务费用	元	1067.74	682.67	760.67	1310.97	1112.55	1015.20
人工成本	元	1642.50	1666.44	629.94	2063.08	1298.06	2689.70
家庭用工折价	元	972.73	1141.17	414.54	1180.90	848.77	2585.87
雇工费用	元	669.77	525.27	215.40	882.18	449.29	103.83
土地成本	元	395.30	353.43	238.31	304.01	432.26	366.19
流转地租金	元	190.08	117.54	43.15	67.16	53.75	53.36
自营地折租	元	205.22	235.89	195.16	236.85	378.51	312.83
净利润	元	812.21	707.38	987.94	1911.76	810.55	4671.27
现金成本	元	1927.59	1325.48	1019.22	2260.31	1615.59	1172.39
现金收益	元	1990.16	2084.44	1597.64	3329.51	2037.83	7569.97
成本利润率	%	26.15	26.17	60.65	51.98	28.51	114.74
每 50 公斤主产品							
平均出售价格	元	55.99	37.19	63.72	128.88	37.17	222.16
总成本	元	44.38	29.47	39.66	84.80	28.92	103.45
生产成本	元	38.73	25.62	33.86	77.79	24.53	94.15
净利润	元	11.61	7.72	24.06	44.08	8.25	118.71
现金成本	元	27.55	14.46	24.82	52.11	16.44	29.79
现金收益	元	28.44	22.73	38.90	76.77	20.73	192.37
附：							
每亩用工数量	日	17.04	17.44	6.33	20.07	16.51	30.84
每亩主产品已出售数量	公斤	3317.34	4525.15	1909.10	2168.65	4352.29	1967.54
每亩主产品已出售产值	元	3837.68	3371.32	2434.34	5589.82	3170.19	8742.36
每亩成本外支出	元	0.27	0.52				

1-24-2　2019年大中城市主要蔬菜品种费用和用工情况

项　　目	单位	蔬菜平均	西红柿	露地西红柿	设施西红柿	黄　瓜	露地黄瓜	设施黄瓜
一、每亩物质与服务费用	**元**	**1971.57**	**2660.36**	**2030.25**	**3290.47**	**2517.72**	**1607.22**	**3428.22**
（一）直接费用	元	1651.16	2168.63	1872.76	2464.49	2107.16	1468.64	2745.67
1. 种子费	元	245.69	352.68	283.17	422.19	326.71	141.79	511.63
2. 化肥费	元	413.70	477.87	402.95	552.78	533.38	417.70	649.06
3. 农家肥费	元	257.30	324.06	288.78	359.34	300.51	229.38	371.63
4. 农药费	元	183.44	224.14	238.05	210.22	253.75	204.27	303.23
5. 农膜费	元	221.80	298.65	136.82	460.48	257.44	60.66	454.21
6. 租赁作业费	元	181.52	235.49	216.10	254.88	204.50	158.34	250.66
机械作业费	元	88.78	107.16	95.55	118.77	77.28	62.03	92.52
排灌费	元	77.40	116.17	96.23	136.11	107.94	57.73	158.14
其中：水费	元	20.34	28.81	39.55	18.06	23.37	26.93	19.80
畜力费	元	15.34	12.16	24.32		19.29	38.58	
7. 燃料动力费	元	32.11	49.75	73.44	26.05	44.93	53.93	35.92
8. 技术服务费	元	0.57	0.20		0.40	2.01	1.77	2.25
9. 工具材料费	元	95.45	175.35	215.53	135.16	161.42	184.62	138.21
10. 修理维护费	元	19.33	30.46	17.92	42.99	22.53	16.18	28.87
11. 其他直接费用	元	0.24						
（二）间接费用	元	320.41	491.74	157.49	825.98	410.57	138.58	682.55
1. 固定资产折旧	元	214.17	365.21	39.30	691.11	312.54	30.85	594.22
2. 保险费	元	13.62	16.00		31.99	3.93		7.85
3. 管理费	元	3.52	5.22	2.27	8.16	2.91	0.31	5.50
4 财务费	元	0.83	0.69		1.37	0.89		1.77
5. 销售费	元	88.27	104.64	115.92	93.35	90.32	107.42	73.21
二、每亩人工成本	**元**	**3433.36**	**4528.37**	**3841.00**	**5215.74**	**4352.01**	**3149.75**	**5554.27**
1. 家庭用工折价	元	2638.38	3448.85	3032.89	3864.81	3514.76	2834.04	4195.48
家庭用工天数	日	30.54	39.93	35.11	44.74	40.69	32.81	48.57
劳动日工价	元	86.38	86.38	86.38	86.38	86.38	86.38	86.38
2. 雇工费用	元	794.98	1079.52	808.11	1350.93	837.25	315.71	1358.79
雇工天数	日	6.73	9.51	6.47	12.54	7.38	2.73	12.03
雇工工价	元	120.97	116.32	124.90	107.73	114.30	115.65	112.95
三、附								
1. 每亩种子用量	公斤							
2. 每亩化肥用量	公斤	52.31	53.10	48.83	57.37	57.72	48.84	66.59
3. 每亩农膜用量	公斤	14.96	20.40	10.14	30.65	17.45	4.43	30.46

1-24-2 续表1

项目	单位	茄子	露地茄子	设施茄子	菜椒	露地菜椒	设施菜椒
一、每亩物质与服务费用	**元**	**2380.59**	**1776.63**	**2984.55**	**2029.42**	**1489.27**	**2569.57**
（一）直接费用	元	1948.39	1606.03	2290.75	1705.20	1312.94	2097.46
1. 种子费	元	255.44	209.91	300.96	199.26	149.33	249.18
2. 化肥费	元	533.55	440.93	626.17	421.47	397.24	445.70
3. 农家肥费	元	304.72	251.22	358.21	251.67	236.47	266.87
4. 农药费	元	234.01	265.37	202.64	196.87	164.13	229.60
5. 农膜费	元	297.26	117.48	477.04	333.02	92.14	573.90
6. 租赁作业费	元	183.83	151.66	216.00	170.54	168.00	173.08
机械作业费	元	87.57	67.85	107.29	108.44	83.81	133.06
排灌费	元	80.01	51.30	108.71	45.81	51.59	40.02
其中：水费	元	22.09	22.27	21.90	17.14	24.47	9.80
畜力费	元	16.26	32.51		16.30	32.60	
7. 燃料动力费	元	31.24	57.04	5.44	25.72	49.34	2.09
8. 技术服务费	元	0.34		0.67	0.40		0.79
9. 工具材料费	元	83.76	90.23	77.28	85.78	41.94	129.62
10. 修理维护费	元	24.27	22.19	26.34	20.49	14.35	26.63
11. 其他直接费用	元						
（二）间接费用	元	432.20	170.60	693.80	324.22	176.33	472.11
1. 固定资产折旧	元	272.73	63.19	482.26	212.98	28.23	397.73
2. 保险费	元	41.08		82.16	12.40		24.80
3. 管理费	元	6.01	0.19	11.82	2.72	0.58	4.85
4. 财务费	元	1.26		2.51	0.61		1.22
5. 销售费	元	111.14	107.22	115.05	95.52	147.52	43.51
二、每亩人工成本	**元**	**4357.90**	**3343.08**	**5372.72**	**3675.76**	**2632.44**	**4719.08**
1. 家庭用工折价	元	3390.03	2909.19	3870.86	2893.25	2091.95	3694.56
家庭用工天数	日	39.25	33.68	44.81	33.49	24.22	42.77
劳动日工价	元	86.38	86.38	86.38	86.38	86.38	86.38
2. 雇工费用	元	967.88	433.89	1501.86	782.51	540.49	1024.52
雇工天数	日	8.02	3.55	12.48	6.34	4.44	8.24
雇工工价	元	121.28	122.22	120.34	123.03	121.73	124.34
三、附							
1. 每亩种子用量	公斤						
2. 每亩化肥用量	公斤	63.35	53.26	73.43	63.52	47.43	79.61
3. 每亩农膜用量	公斤	20.21	8.67	31.74	21.80	6.81	36.79

1-24-2　续表 2

项　目	单位	露地圆白菜	露地大白菜	露地马铃薯	露地菜花	露地萝卜	露地豆角
一、每亩物质与服务费用	**元**	**1067.74**	**682.67**	**760.67**	**1310.97**	**1112.55**	**1015.20**
（一）直接费用	元	937.22	620.25	746.54	1152.82	900.39	878.02
1. 种子费	元	96.15	62.17	276.11	140.00	83.83	131.66
2. 化肥费	元	270.63	191.11	156.39	411.83	213.43	218.23
3. 农家肥费	元	186.52	148.72	133.12	160.84	189.60	131.47
4. 农药费	元	101.25	82.19	16.89	113.95	198.67	82.13
5. 农膜费	元	42.19	13.55	11.36	35.23	25.92	77.51
6. 租赁作业费	元	162.62	102.25	143.16	179.92	151.80	71.53
机械作业费	元	70.63	64.62	80.44	44.06	95.26	55.24
排灌费	元	59.70	36.88	54.99	65.03	56.54	16.29
其中：水费	元	19.21	9.08	12.64	25.61		10.24
畜力费	元	32.29	0.75	7.73	70.83		
7. 燃料动力费	元	43.39	5.84	0.70	72.94	4.60	16.58
8. 技术服务费	元	0.42			0.72		
9. 工具材料费	元	22.06	9.79	5.56	22.44	30.74	142.98
10. 修理维护费	元	11.99	4.63	0.57	14.95	1.80	5.93
11. 其他直接费用	元			2.68			
（二）间接费用	元	130.52	62.42	14.13	158.15	212.16	137.18
1. 固定资产折旧	元	18.79	8.41	1.77	21.80	8.17	32.59
2. 保险费	元	0.42		2.61			
3. 管理费	元	3.22	1.06	0.81			
4. 财务费	元	1.49	0.77		0.58		
5. 销售费	元	106.60	52.18	8.94	135.77	203.99	104.59
二、每亩人工成本	**元**	**1642.50**	**1666.44**	**629.94**	**2063.08**	**1298.06**	**2689.70**
1. 家庭用工折价	元	972.73	1141.17	414.54	1180.90	848.77	2585.87
家庭用工天数	日	11.26	13.21	4.80	13.67	9.83	29.94
劳动日工价	元	86.38	86.38	86.38	86.38	86.38	86.38
2. 雇工费用	元	669.77	525.27	215.40	882.18	449.29	103.83
雇工天数	日	5.78	4.23	1.53	6.40	6.68	0.90
雇工工价	元	115.88	124.18	140.78	137.84	67.26	115.37
三、附							
1. 每亩种子用量	公斤			14.40			
2. 每亩化肥用量	公斤	39.97	30.60	29.51	54.05	28.02	30.52
3. 每亩农膜用量	公斤	2.90	1.09	0.90	2.56	1.93	5.80

1-24-3 2019年大中城市主要蔬菜品种化肥投入情况

项　　目	单位	蔬菜平均	西红柿	露地西红柿	设施西红柿	黄　瓜	露地黄瓜	设施黄瓜
一、每亩化肥金额	元	**431.36**	**477.87**	**402.95**	**552.78**	**533.38**	**417.70**	**649.06**
（一）氮肥	元	54.46	53.15	41.13	65.16	46.65	35.20	58.10
1. 尿素	元	53.74	52.26	41.13	63.39	45.12	34.32	55.92
2. 碳铵	元	0.72	0.89		1.77	1.53	0.88	2.18
3. 其他氮肥	元							
（二）磷肥	元	21.26	14.78	23.25	6.31	13.67	21.04	6.30
其中：过磷酸钙	元	20.74	14.78	23.25	6.31	12.95	19.60	6.30
（三）钾肥	元	51.51	56.40	96.05	16.74	49.63	68.12	31.13
其中：氯化钾	元	46.05	48.23	88.31	8.14	39.34	65.10	13.57
（四）复混肥	元	258.65	265.27	192.86	337.67	338.93	261.37	416.49
1. 复合肥	元	258.54	265.27	192.86	337.67	338.64	260.78	416.49
其中：二铵	元	29.63	41.69	37.12	46.26	36.97	27.43	46.51
三元素复合肥	元	115.97	114.50	123.85	105.15	119.56	117.03	122.08
2. 混配肥	元	0.11				0.30	0.59	
（五）其他肥料	元	45.48	88.28	49.66	126.90	84.51	31.97	137.04
二、每亩化肥折纯用量	公斤	**54.29**	**53.10**	**48.83**	**57.37**	**57.72**	**48.84**	**66.59**
（一）氮肥	公斤	11.65	11.81	9.26	14.36	10.13	7.43	12.82
1. 尿素	公斤	11.50	11.62	9.26	13.98	9.80	7.23	12.36
2. 碳铵	公斤	0.15	0.19		0.38	0.33	0.20	0.46
3. 其他氮肥	公斤							
（二）磷肥	公斤	4.18	2.68	4.11	1.25	2.18	3.17	1.18
其中：过磷酸钙	公斤	4.08	2.68	4.11	1.25	2.03	2.88	1.18
（三）钾肥	公斤	6.88	7.01	11.34	2.67	6.26	8.63	3.88
其中：氯化钾	公斤	6.38	6.12	10.73	1.50	5.37	8.30	2.43
（四）复混肥	公斤	31.57	31.60	24.12	39.08	39.16	29.61	48.71
1. 复合肥	公斤	31.55	31.60	24.12	39.08	39.14	29.57	48.71
其中：二铵	公斤	5.70	8.15	7.22	9.08	6.91	4.67	9.14
三元素复合肥	公斤	14.65	14.27	13.94	14.59	14.60	13.05	16.14
2. 混配肥	公斤	0.02				0.02	0.04	

1-24-3 续表1

项 目	单位	茄 子	露地茄子	设施茄子	菜 椒	露地菜椒	设施菜椒
一、每亩化肥金额	元	**533.55**	**440.93**	**626.17**	**421.47**	**397.24**	**445.70**
（一）氮肥	元	59.25	38.89	79.61	66.89	36.01	97.77
1. 尿素	元	58.91	38.21	79.61	66.89	36.01	97.77
2. 碳铵	元	0.34	0.68				
3. 其他氮肥	元						
（二）磷肥	元	17.77	23.79	11.75	52.65	23.32	81.97
其中：过磷酸钙	元	16.34	20.92	11.75	52.52	23.07	81.97
（三）钾肥	元	61.73	98.14	25.32	72.70	78.73	66.66
其中：氯化钾	元	53.24	96.31	10.16	72.23	78.61	65.84
（四）复混肥	元	346.25	253.10	439.40	211.39	230.40	192.38
1. 复合肥	元	346.25	253.10	439.40	211.39	230.40	192.38
其中：二铵	元	17.70	16.70	18.70	15.37	18.06	12.68
三元素复合肥	元	159.07	154.13	164.00	116.26	71.49	161.03
2. 混配肥	元						
（五）其他肥料	元	48.55	27.01	70.09	17.85	28.78	6.92
二、每亩化肥折纯用量	公斤	**63.35**	**53.26**	**73.43**	**63.52**	**47.43**	**79.61**
（一）氮肥	公斤	12.30	7.96	16.63	13.80	7.52	20.07
1. 尿素	公斤	12.23	7.82	16.63	13.80	7.52	20.07
2. 碳铵	公斤	0.07	0.14				
3. 其他氮肥	公斤						
（二）磷肥	公斤	2.82	3.63	2.01	11.78	3.71	19.84
其中：过磷酸钙	公斤	2.54	3.07	2.01	11.76	3.68	19.84
（三）钾肥	公斤	8.02	12.92	3.12	10.88	9.73	12.03
其中：氯化钾	公斤	7.25	12.64	1.86	10.86	9.73	11.98
（四）复混肥	公斤	40.20	28.75	51.65	27.07	26.47	27.66
1. 复合肥	公斤	40.20	28.75	51.65	27.07	26.47	27.66
其中：二铵	公斤	3.44	3.37	3.50	3.07	3.53	2.61
三元素复合肥	公斤	20.19	16.45	23.93	15.26	8.15	22.37
2. 混配肥	公斤						

1-24-3　续表 2

项　　目	单位	露地圆白菜	露地大白菜	露地马铃薯	露地菜花	露地萝卜	露地豆角
一、每亩化肥金额	元	**270. 63**	**191. 11**	**156. 39**	**411. 83**	**213. 43**	**218. 23**
（一）氮肥	元	53. 92	49. 62	34. 21	37. 92	21. 01	48. 22
1. 尿素	元	53. 44	48. 32	33. 29	37. 39	21. 01	48. 22
2. 碳铵	元	0. 48	1. 30	0. 92	0. 53		
3. 其他氮肥	元						
（二）磷肥	元	10. 11	3. 56	2. 21	24. 51	6. 40	0. 58
其中：过磷酸钙	元	9. 73	3. 41	2. 21	24. 51	6. 40	0. 58
（三）钾肥	元	54. 57	0. 57	1. 00	144. 55		7. 01
其中：氯化钾	元	53. 33	0. 16	0. 43	144. 55		
（四）复混肥	元	150. 81	134. 99	115. 09	193. 97	173. 05	161. 56
1. 复合肥	元	150. 81	134. 99	114. 39	193. 97	173. 05	161. 56
其中：二铵	元	25. 44	25. 96	69. 95	27. 96	9. 89	2. 30
三元素复合肥	元	109. 86	74. 12	25. 96	74. 23	134. 08	102. 53
2. 混配肥	元			0. 70			
（五）其他肥料	元	1. 22	2. 37	3. 88	10. 88	12. 97	0. 86
二、每亩化肥折纯用量	公斤	**39. 97**	**30. 60**	**29. 51**	**54. 05**	**28. 02**	**30. 52**
（一）氮肥	公斤	11. 43	11. 00	8. 41	7. 53	4. 45	8. 42
1. 尿素	公斤	11. 32	10. 75	8. 23	7. 42	4. 45	8. 42
2. 碳铵	公斤	0. 11	0. 25	0. 18	0. 11		
3. 其他氮肥	公斤						
（二）磷肥	公斤	1. 55	0. 87	0. 46	3. 72	1. 49	0. 10
其中：过磷酸钙	公斤	1. 48	0. 81	0. 46	3. 72	1. 49	0. 10
（三）钾肥	公斤	6. 68	0. 04	0. 17	17. 87		1. 08
其中：氯化钾	公斤	6. 63	0. 02	0. 06	17. 87		
（四）复混肥	公斤	20. 30	18. 68	20. 48	24. 94	22. 08	20. 92
1. 复合肥	公斤	20. 30	18. 68	20. 27	24. 94	22. 08	20. 92
其中：二铵	公斤	5. 01	5. 11	13. 17	5. 62	2. 00	0. 44
三元素复合肥	公斤	13. 16	9. 37	3. 84	7. 91	17. 03	13. 07
2. 混配肥	公斤			0. 21			

二、各地区粮食、油料

2-1-1　2019年各地区早籼稻成本收益情况

项　　目	单位	平　均	浙　江	安　徽	福　建	江　西
每亩						
主产品产量	公斤	404.29	412.80	439.62	456.97	406.21
产值合计	元	986.90	1029.33	1006.18	1245.50	904.19
主产品产值	元	973.48	1024.63	992.72	1220.52	887.63
副产品产值	元	13.42	4.70	13.46	24.98	16.56
总成本	元	1125.83	1169.41	924.37	1462.34	1024.67
生产成本	元	943.98	871.29	729.17	1238.67	874.49
物质与服务费用	元	511.25	576.76	449.91	531.08	487.36
人工成本	元	432.73	294.53	279.26	707.59	387.13
家庭用工折价	元	389.31	209.82	233.83	617.36	357.61
雇工费用	元	43.42	84.71	45.43	90.23	29.52
土地成本	元	181.85	298.12	195.20	223.67	150.18
流转地租金	元	28.04	181.47	63.41	69.19	14.15
自营地折租	元	153.81	116.65	131.79	154.48	136.03
净利润	元	-138.93	-140.08	81.81	-216.84	-120.48
现金成本	元	582.71	842.94	558.75	690.50	531.03
现金收益	元	404.19	186.39	447.43	555.00	373.16
成本利润率	%	-12.34	-11.98	8.85	-14.83	-11.76
每50公斤主产品						
平均出售价格	元	120.39	124.11	112.91	133.54	109.26
总成本	元	137.34	141.00	103.73	156.79	123.82
生产成本	元	115.15	105.05	81.83	132.81	105.67
净利润	元	-16.95	-16.89	9.18	-23.25	-14.56
现金成本	元	71.08	101.64	62.70	74.03	64.17
现金收益	元	49.31	22.47	50.21	59.51	45.09
附：						
每亩用工数量	日	4.82	2.93	3.03	7.84	4.39
每亩主产品已出售数量	公斤	326.06	403.75	396.06	225.68	372.37
每亩主产品已出售产值	元	768.52	999.82	894.77	567.83	809.93
每亩成本外支出	元					

2-1-1 续表

项 目	单位	湖 北	湖 南	广 东	广 西	海 南
每亩						
主产品产量	公斤	429.45	382.76	395.18	422.75	375.66
产值合计	元	1002.83	841.74	1142.23	1142.41	905.01
主产品产值	元	989.23	834.93	1130.92	1122.76	886.52
副产品产值	元	13.60	6.81	11.31	19.65	18.49
总成本	元	1058.08	980.54	1316.15	1325.57	1125.12
生产成本	元	914.42	800.48	1107.04	1121.11	1005.61
物质与服务费用	元	449.69	457.82	575.18	590.30	521.16
人工成本	元	464.73	342.66	531.86	530.81	484.45
家庭用工折价	元	424.47	283.33	498.41	489.60	467.66
雇工费用	元	40.26	59.33	33.45	41.21	16.79
土地成本	元	143.66	180.06	209.11	204.46	119.51
流转地租金	元	19.95	28.49	27.58	21.70	
自营地折租	元	123.71	151.57	181.53	182.76	119.51
净利润	元	-55.25	-138.80	-173.92	-183.16	-220.11
现金成本	元	509.90	545.64	636.21	653.21	537.95
现金收益	元	492.93	296.10	506.02	489.20	367.06
成本利润率	%	-5.22	-14.16	-13.21	-13.82	-19.56
每 50 公斤主产品						
平均出售价格	元	115.17	109.07	143.09	132.79	117.99
总成本	元	121.51	127.05	164.88	154.08	146.69
生产成本	元	105.02	103.72	138.68	130.31	131.11
净利润	元	-6.34	-17.98	-21.79	-21.29	-28.70
现金成本	元	58.56	70.70	79.70	75.93	70.13
现金收益	元	56.61	38.37	63.39	56.86	47.86
附：						
每亩用工数量	日	5.19	3.64	5.99	6.06	5.53
每亩主产品已出售数量	公斤	379.40	372.64	242.03	267.05	134.07
每亩主产品已出售产值	元	873.41	810.62	691.47	723.19	310.54
每亩成本外支出	元					

2-1-2 2019年各地区早籼稻费用和用工情况

项　目	单位	平　均	浙　江	安　徽	福　建	江　西
一、每亩物质与服务费用	元	**511.25**	**576.76**	**449.91**	**531.08**	**487.36**
（一）直接费用	元	488.51	538.92	415.70	513.02	473.96
1. 种子费	元	60.44	35.29	46.38	72.40	61.81
2. 化肥费	元	136.27	133.57	126.95	119.69	138.23
3. 农家肥费	元	8.77	3.56	11.79	12.33	16.98
4. 农药费	元	55.94	84.66	42.55	52.70	52.30
5. 农膜费	元	3.52	0.76	0.33	7.66	2.79
6. 租赁作业费	元	206.75	269.17	171.73	227.38	188.94
机械作业费	元	197.53	255.02	170.60	205.64	180.65
排灌费	元	6.41	10.55	1.13	7.60	6.63
其中：水费	元	3.58	4.68	0.12	5.91	4.28
畜力费	元	2.81	3.60		14.14	1.66
7. 燃料动力费	元	6.03	2.80	10.99	4.42	2.92
8. 技术服务费	元		0.06			
9. 工具材料费	元	7.50	5.06	2.41	11.09	6.62
10. 修理维护费	元	3.29	3.99	2.57	5.35	3.37
11. 其他直接费用	元					
（二）间接费用	元	22.74	37.84	34.21	18.06	13.40
1. 固定资产折旧	元	10.43	3.26	7.82	8.32	11.25
2. 保险费	元	10.39	24.82	22.97	8.10	0.33
3. 管理费	元	0.03	0.34			
4 财务费	元		0.13			
5. 销售费	元	1.89	9.29	3.42	1.64	1.82
二、每亩人工成本	元	**432.73**	**294.53**	**279.26**	**707.59**	**387.13**
1. 家庭用工折价	元	389.31	209.82	233.83	617.36	357.61
家庭用工天数	日	4.51	2.43	2.71	7.15	4.14
劳动日工价	元	86.38	86.38	86.38	86.38	86.38
2. 雇工费用	元	43.42	84.71	45.43	90.23	29.52
雇工天数	日	0.31	0.50	0.32	0.69	0.25
雇工工价	元	140.07	169.42	141.97	130.77	118.06
三、附						
1. 每亩种子用量	公斤	3.60	6.20	7.84	1.06	2.50
2. 每亩化肥用量	公斤	22.38	22.09	24.03	17.50	24.74
3. 每亩农膜用量	公斤	0.25	0.06	0.02	0.48	0.20

2-1-2 续表

项　　目	单位	湖　北	湖　南	广　东	广　西	海　南
一、每亩物质与服务费用	元	**449.69**	**457.82**	**575.18**	**590.30**	**521.16**
（一）直接费用	元	421.73	426.45	553.97	568.56	513.49
1. 种子费	元	66.51	46.72	60.48	77.82	88.63
2. 化肥费	元	110.25	103.17	168.85	165.79	148.49
3. 农家肥费	元	8.50	2.20	3.22	12.29	5.37
4. 农药费	元	30.24	55.58	59.90	70.67	33.08
5. 农膜费	元	5.00	2.23	4.67	5.89	
6. 租赁作业费	元	192.86	197.62	238.82	214.08	223.62
机械作业费	元	172.53	190.85	228.39	206.22	213.11
排灌费	元	12.51	4.88	8.02	5.12	5.11
其中：水费	元	6.45	2.63	2.95	3.48	5.11
畜力费	元	7.82	1.89	2.41	2.74	5.40
7. 燃料动力费	元	2.35	9.89	4.36	7.33	6.95
8. 技术服务费	元					
9. 工具材料费	元	3.03	5.21	12.17	10.48	5.77
10. 修理维护费	元	2.99	3.83	1.50	4.21	1.58
11. 其他直接费用	元					
（二）间接费用	元	27.96	31.37	21.21	21.74	7.67
1. 固定资产折旧	元	3.96	13.26	4.91	14.95	7.67
2. 保险费	元	24.00	18.00	14.46	2.05	
3. 管理费	元			0.05	0.06	
4. 财务费	元					
5. 销售费	元		0.11	1.79	4.68	
二、每亩人工成本	元	**464.73**	**342.66**	**531.86**	**530.81**	**484.45**
1. 家庭用工折价	元	424.47	283.33	498.41	489.60	467.66
家庭用工天数	日	4.91	3.28	5.77	5.67	5.41
劳动日工价	元	86.38	86.38	86.38	86.38	86.38
2. 雇工费用	元	40.26	59.33	33.45	41.21	16.79
雇工天数	日	0.28	0.36	0.22	0.39	0.12
雇工工价	元	143.77	164.81	152.06	105.66	139.88
三、附						
1. 每亩种子用量	公斤	5.24	6.05	1.88	2.03	1.81
2. 每亩化肥用量	公斤	19.45	17.81	24.43	25.49	22.62
3. 每亩农膜用量	公斤	0.36	0.15	0.32	0.44	

2-1-3　2019年各地区早籼稻化肥投入情况

项　　目	单位	平　均	浙　江	安　徽	福　建	江　西
一、每亩化肥金额	元	**136.27**	**133.57**	**126.95**	**119.69**	**138.23**
（一）氮肥	元	31.82	42.93	36.89	38.40	27.75
1. 尿素	元	28.29	36.69	36.89	14.77	27.20
2. 碳铵	元	3.50	6.24		23.63	0.49
3. 其他氮肥	元	0.03				0.06
（二）磷肥	元	3.53	1.20	0.65	11.99	1.48
其中：过磷酸钙	元	3.31	1.20	0.65	11.81	1.20
（三）钾肥	元	7.49	4.68	1.69	10.31	7.63
其中：氯化钾	元	7.43	4.68	1.69	10.31	7.63
（四）复混肥	元	92.40	84.76	87.72	48.69	101.24
1. 复合肥	元	89.37	82.34	87.72	42.34	99.00
其中：二铵	元	0.17				
三元素复合肥	元	59.01	69.10	58.61	28.62	81.05
2. 混配肥	元	3.03	2.42		6.35	2.24
（五）其他肥料	元	1.03			10.30	0.13
二、每亩化肥折纯用量	公斤	**22.38**	**22.09**	**24.03**	**17.50**	**24.74**
（一）氮肥	公斤	6.32	8.62	7.98	6.75	5.76
1. 尿素	公斤	5.67	7.50	7.98	2.78	5.65
2. 碳铵	公斤	0.64	1.12		3.97	0.10
3. 其他氮肥	公斤	0.01				0.01
（二）磷肥	公斤	0.63	0.24	0.11	2.07	0.24
其中：过磷酸钙	公斤	0.60	0.24	0.11	2.04	0.20
（三）钾肥	公斤	1.40	0.86	0.35	1.74	1.50
其中：氯化钾	公斤	1.39	0.86	0.35	1.74	1.50
（四）复混肥	公斤	14.03	12.39	15.60	6.93	17.24
1. 复合肥	公斤	13.59	12.02	15.60	5.93	16.84
其中：二铵	公斤	0.03				
三元素复合肥	公斤	8.96	10.07	10.94	4.01	13.94
2. 混配肥	公斤	0.44	0.37		1.00	0.40

2-1-3 续表

项　　目	单位	湖　北	湖　南	广　东	广　西	海　南
一、每亩化肥金额	元	**110.25**	**103.17**	**168.85**	**165.79**	**148.49**
（一）氮肥	元	26.13	22.19	38.97	43.25	40.99
1. 尿素	元	11.10	20.38	32.69	41.95	40.99
2. 碳铵	元	15.03	1.76	6.28	1.30	
3. 其他氮肥	元		0.05			
（二）磷肥	元	4.24	0.61	9.49	1.64	22.21
其中：过磷酸钙	元	4.24	0.61	9.49	1.02	20.40
（三）钾肥	元	3.16	3.02	9.37	14.45	12.43
其中：氯化钾	元	3.16	3.02	9.37	14.07	12.43
（四）复混肥	元	76.72	77.31	110.11	102.94	72.86
1. 复合肥	元	74.27	76.48	106.37	99.03	47.14
其中：二铵	元				1.07	
三元素复合肥	元	46.17	19.58	93.96	67.41	16.46
2. 混配肥	元	2.45	0.83	3.74	3.91	25.72
（五）其他肥料	元		0.04	0.91	3.51	
二、每亩化肥折纯用量	**公斤**	**19.45**	**17.81**	**24.43**	**25.49**	**22.62**
（一）氮肥	公斤	5.30	4.64	7.34	8.32	7.54
1. 尿素	公斤	2.20	4.27	6.29	8.10	7.54
2. 碳铵	公斤	3.10	0.36	1.05	0.22	
3. 其他氮肥	公斤		0.01			
（二）磷肥	公斤	0.79	0.12	1.85	0.27	3.36
其中：过磷酸钙	公斤	0.79	0.12	1.85	0.18	3.12
（三）钾肥	公斤	0.61	0.55	1.66	2.66	2.43
其中：氯化钾	公斤	0.61	0.55	1.66	2.62	2.43
（四）复混肥	公斤	12.73	12.51	13.57	14.24	9.29
1. 复合肥	公斤	12.31	12.38	13.11	13.74	5.57
其中：二铵	公斤				0.20	
三元素复合肥	公斤	7.49	3.24	11.52	9.61	2.19
2. 混配肥	公斤	0.42	0.13	0.46	0.50	3.72

2-2-1 2019年各地区中籼稻成本收益情况

项目	单位	平均	江苏	安徽	福建	江西	河南	湖北
每亩								
主产品产量	公斤	542.80	635.08	552.89	487.45	528.95	543.86	597.76
产值合计	元	1368.12	1553.56	1339.32	1317.93	1333.55	1218.42	1420.58
主产品产值	元	1349.55	1534.76	1319.14	1309.62	1312.09	1197.44	1406.55
副产品产值	元	18.57	18.80	20.18	8.31	21.46	20.98	14.03
总成本	元	1229.43	1179.73	1047.24	1248.51	1175.83	931.05	1187.55
生产成本	元	1043.30	842.75	825.51	1010.57	1004.89	764.21	1038.61
物质与服务费用	元	487.70	517.37	498.32	485.40	585.80	413.56	582.39
人工成本	元	555.60	325.38	327.19	525.17	419.09	350.65	456.22
家庭用工折价	元	483.81	188.57	231.15	452.98	376.62	259.05	351.31
雇工费用	元	71.79	136.81	96.04	72.20	42.48	91.60	104.91
土地成本	元	186.13	336.98	221.73	237.94	170.94	166.84	148.94
流转地租金	元	30.38	156.70	71.12	62.31	16.12	28.77	16.24
自营地折租	元	155.75	180.28	150.61	175.63	154.82	138.07	132.70
净利润	元	138.69	373.83	292.08	69.42	157.72	287.37	233.03
现金成本	元	589.87	810.88	665.48	619.91	644.40	533.93	703.54
现金收益	元	778.25	742.68	673.84	698.02	689.15	684.49	717.04
成本利润率	%	11.28	31.69	27.89	5.56	13.41	30.87	19.62
每50公斤主产品								
平均出售价格	元	124.31	120.83	119.29	134.33	124.03	110.09	117.65
总成本	元	111.71	91.75	93.28	127.25	109.36	84.12	98.35
生产成本	元	94.80	65.55	73.53	103.00	93.46	69.05	86.02
净利润	元	12.60	29.08	26.01	7.08	14.67	25.97	19.30
现金成本	元	53.60	63.07	59.27	63.18	59.93	48.24	58.27
现金收益	元	70.71	57.76	60.02	71.15	64.10	61.85	59.38
附：								
每亩用工数量	日	6.15	3.21	3.31	5.71	4.67	3.89	4.80
每亩主产品已出售数量	公斤	424.26	620.43	484.52	300.05	431.78	541.23	538.89
每亩主产品已出售产值	元	1030.95	1500.23	1152.13	777.12	1062.98	1191.80	1266.70
每亩成本外支出	元							

2-2-1　续表

项　　目	单位	湖　南	广　西	重　庆	四　川	贵　州	云　南	陕　西
每亩								
主产品产量	公斤	527.21	480.95	500.56	528.55	523.48	508.47	567.79
产值合计	元	1255.82	1394.39	1325.20	1337.64	1536.37	1662.47	1356.77
主产品产值	元	1251.78	1374.53	1284.54	1327.93	1515.28	1604.29	1334.18
副产品产值	元	4.04	19.86	40.66	9.71	21.09	58.18	22.59
总成本	元	1170.70	1404.04	1231.43	1279.83	1703.68	1709.24	1572.98
生产成本	元	942.98	1193.33	1070.96	1161.51	1500.15	1420.45	1485.49
物质与服务费用	元	547.58	580.55	415.52	396.44	409.65	478.50	398.67
人工成本	元	395.40	612.78	655.44	765.07	1090.50	941.95	1086.82
家庭用工折价	元	326.78	531.84	643.62	736.56	1045.98	788.82	1052.54
雇工费用	元	68.63	80.94	11.83	28.50	44.52	153.12	34.28
土地成本	元	227.72	210.71	160.47	118.32	203.53	288.79	87.49
流转地租金	元	36.58	12.63	1.36	4.40	11.70	4.08	
自营地折租	元	191.14	198.08	159.11	113.92	191.83	284.71	87.49
净利润	元	85.12	-9.65	93.77	57.81	-167.31	-46.77	-216.21
现金成本	元	652.79	674.12	428.71	429.34	465.87	635.70	432.95
现金收益	元	603.03	720.27	896.49	908.30	1070.50	1026.77	923.82
成本利润率	%	7.27	-0.69	7.61	4.52	-9.82	-2.74	-13.75
每 50 公斤主产品								
平均出售价格	元	118.72	142.90	128.31	125.62	144.73	157.76	117.49
总成本	元	110.67	143.89	119.23	120.19	160.49	162.20	136.21
生产成本	元	89.15	122.29	103.69	109.08	141.32	134.79	128.64
净利润	元	8.05	-0.99	9.08	5.43	-15.76	-4.44	-18.72
现金成本	元	61.71	69.09	41.51	40.32	43.89	60.32	37.49
现金收益	元	57.01	73.81	86.80	85.30	100.84	97.44	80.00
附：								
每亩用工数量	日	4.23	6.89	7.55	8.78	12.52	10.76	12.50
每亩主产品已出售数量	公斤	483.90	176.16	145.50	473.74	129.86	172.96	345.85
每亩主产品已出售产值	元	1142.65	501.82	370.78	1190.82	390.90	539.00	812.93
每亩成本外支出	元							

2-2-2　2019年各地区中籼稻费用和用工情况

项　　目	单位	平　均	江　苏	安　徽	福　建	江　西	河　南	湖　北
一、每亩物质与服务费用	元	**487.70**	**517.37**	**498.32**	**485.40**	**585.80**	**413.56**	**582.39**
（一）直接费用	元	463.69	486.68	463.23	465.86	577.32	413.56	545.58
1. 种子费	元	77.90	56.73	76.93	63.08	68.43	85.53	107.44
2. 化肥费	元	126.48	146.70	121.93	128.10	174.26	131.43	137.20
3. 农家肥费	元	10.78	22.40	14.35		9.72		14.33
4. 农药费	元	44.26	73.63	44.44	55.00	78.57	11.88	62.34
5. 农膜费	元	4.55	1.18	1.06	0.60	5.42	7.14	1.07
6. 租赁作业费	元	186.90	180.83	189.01	194.44	234.64	173.14	205.67
机械作业费	元	162.78	138.98	165.82	193.81	233.01	145.36	161.93
排灌费	元	16.87	41.85	21.10		1.63	27.78	41.13
其中：水费	元	8.12	10.37	10.81				19.16
畜力费	元	7.25		2.09	0.63			2.61
7. 燃料动力费	元	6.43	0.78	9.90	11.51			12.01
8. 技术服务费	元	0.03		0.16				
9. 工具材料费	元	4.21	3.17	3.13	8.05	3.77	4.44	3.01
10. 修理维护费	元	2.07	1.26	2.32	2.92	2.51		2.51
11. 其他直接费用	元	0.08			2.16			
（二）间接费用	元	24.01	30.69	35.09	19.54	8.48		36.81
1. 固定资产折旧	元	8.62	6.37	7.64	13.71	7.41		7.78
2. 保险费	元	13.63	24.32	23.84	1.03			27.04
3. 管理费	元	0.04						0.27
4 财务费	元			0.01				
5. 销售费	元	1.72		3.60	4.80	1.07		1.72
二、每亩人工成本	元	**555.60**	**325.38**	**327.19**	**525.17**	**419.09**	**350.65**	**456.22**
1. 家庭用工折价	元	483.81	188.57	231.15	452.98	376.62	259.05	351.31
家庭用工天数	日	5.60	2.18	2.68	5.24	4.36	3.00	4.07
劳动日工价	元	86.38	86.38	86.38	86.38	86.38	86.38	86.38
2. 雇工费用	元	71.79	136.81	96.04	72.20	42.48	91.60	104.91
雇工天数	日	0.55	1.03	0.63	0.47	0.31	0.89	0.73
雇工工价	元	130.53	132.82	152.45	153.61	137.02	102.92	143.72
三、附								
1. 每亩种子用量	公斤	1.11	0.65	1.17	0.73	1.12	0.81	1.59
2. 每亩化肥用量	公斤	21.37	28.27	22.15	21.82	32.90	22.41	22.82
3. 每亩农膜用量	公斤	0.31	0.08	0.07	0.05	0.34	0.53	0.08

2-2-2 续表

项　　目	单位	湖　南	广　西	重　庆	四　川	贵　州	云　南	陕　西
一、每亩物质与服务费用	元	**547.58**	**580.55**	**415.52**	**396.44**	**409.65**	**478.50**	**398.67**
（一）直接费用	元	510.46	568.20	393.85	383.04	388.49	467.45	387.64
1. 种子费	元	63.38	104.03	59.47	75.82	63.37	95.15	64.54
2. 化肥费	元	118.41	199.24	85.74	118.87	128.65	102.44	115.92
3. 农家肥费	元	1.24	14.40	5.76	13.48	11.61	15.46	4.49
4. 农药费	元	71.48	47.92	21.87	21.48	21.56	41.78	15.54
5. 农膜费	元	0.37	1.38	7.35	12.41	6.70	3.77	2.75
6. 租赁作业费	元	246.48	183.39	193.60	133.89	135.02	197.07	179.34
机械作业费	元	229.84	168.72	184.10	118.17	114.63	123.73	140.29
排灌费	元	8.87	5.33	0.75	9.12	3.84	13.01	39.05
其中：水费	元	5.15		0.45	7.36	1.34	10.14	39.05
畜力费	元	7.77	9.34	8.75	6.60	16.55	60.33	
7. 燃料动力费	元	4.12	4.49	10.43	1.57	13.03	2.41	
8. 技术服务费	元							
9. 工具材料费	元	3.22	8.58	7.91	3.34	5.50	9.25	2.59
10. 修理维护费	元	1.76	4.77	1.72	2.18	2.72	0.12	2.47
11. 其他直接费用	元					0.33		
（二）间接费用	元	37.12	12.35	21.67	13.40	21.16	11.05	11.03
1. 固定资产折旧	元	10.26	9.90	18.11	6.19	21.16	0.75	5.08
2. 保险费	元	26.55		3.16	6.87		2.71	
3. 管理费	元							
4. 财务费	元							
5. 销售费	元	0.31	2.45	0.40	0.34		7.59	5.95
二、每亩人工成本	元	**395.40**	**612.78**	**655.44**	**765.07**	**1090.50**	**941.95**	**1086.82**
1. 家庭用工折价	元	326.78	531.84	643.62	736.56	1045.98	788.82	1052.54
家庭用工天数	日	3.78	6.16	7.45	8.53	12.11	9.13	12.19
劳动日工价	元	86.38	86.38	86.38	86.38	86.38	86.38	86.38
2. 雇工费用	元	68.63	80.94	11.83	28.50	44.52	153.12	34.28
雇工天数	日	0.45	0.73	0.10	0.25	0.41	1.63	0.31
雇工工价	元	152.50	110.87	118.26	114.02	108.59	93.94	110.59
三、附								
1. 每亩种子用量	公斤	1.17	1.33	0.64	0.98	0.81	1.64	0.86
2. 每亩化肥用量	公斤	20.21	29.83	13.68	18.11	19.41	16.97	20.39
3. 每亩农膜用量	公斤	0.03	0.09	0.52	0.84	0.43	0.25	0.21

2-2-3 2019年各地区中籼稻化肥投入情况

项 目	单位	平 均	江 苏	安 徽	福 建	江 西	河 南	湖 北
一、每亩化肥金额	**元**	**126.48**	**146.70**	**121.93**	**128.10**	**174.26**	**131.43**	**137.20**
（一）氮肥	元	32.71	53.38	33.34	22.34	27.08	32.80	23.42
1. 尿素	元	27.48	51.50	32.28	11.32	27.08	22.01	17.82
2. 碳铵	元	4.75	0.10		11.02		10.79	5.46
3. 其他氮肥	元	0.48	1.78	1.06				0.14
（二）磷肥	元	1.84	0.18		8.24			0.23
其中：过磷酸钙	元	1.80	0.18		8.24			0.23
（三）钾肥	元	1.73		0.67	9.94	4.62		1.55
其中：氯化钾	元	1.50		0.65	9.94	4.62		1.55
（四）复混肥	元	89.81	93.14	87.72	85.14	142.56	98.63	112.00
1. 复合肥	元	86.13	93.14	83.86	62.50	131.11	98.63	110.75
其中：二铵	元	0.17						
三元素复合肥	元	54.64	86.95	61.89	34.37	102.75	95.04	50.47
2. 混配肥	元	3.68		3.86	22.64	11.45		1.25
（五）其他肥料	元	0.39		0.20	2.44			
二、每亩化肥折纯用量	**公斤**	**21.37**	**28.27**	**22.15**	**21.82**	**32.90**	**22.41**	**22.82**
（一）氮肥	公斤	6.66	11.39	7.14	4.27	5.55	7.41	4.99
1. 尿素	公斤	5.62	11.14	6.96	2.28	5.55	4.78	3.74
2. 碳铵	公斤	0.97	0.02		1.99		2.63	1.22
3. 其他氮肥	公斤	0.07	0.23	0.18				0.03
（二）磷肥	公斤	0.35	0.03		1.89			0.04
其中：过磷酸钙	公斤	0.34	0.03		1.89			0.04
（三）钾肥	公斤	0.32		0.13	1.84	0.94		0.27
其中：氯化钾	公斤	0.29		0.13	1.84	0.94		0.27
（四）复混肥	公斤	14.05	16.84	14.87	13.81	26.42	14.99	17.52
1. 复合肥	公斤	13.41	16.84	14.27	9.35	24.10	14.99	17.33
其中：二铵	公斤	0.03						
三元素复合肥	公斤	8.77	15.58	10.89	5.14	19.45	14.54	7.88
2. 混配肥	公斤	0.64		0.60	4.46	2.32		0.19

2-2-3 续表

项　　目	单位	湖　南	广　西	重　庆	四　川	贵　州	云　南	陕　西
一、每亩化肥金额	**元**	**118.41**	**199.24**	**85.74**	**118.87**	**128.65**	**102.44**	**115.92**
（一）氮肥	元	30.35	38.37	29.04	33.68	41.05	54.49	44.86
1. 尿素	元	28.13	38.07	19.83	22.83	39.70	50.68	24.10
2. 碳铵	元	2.22	0.30	9.21	9.67	1.35	3.81	20.76
3. 其他氮肥	元				1.18			
（二）磷肥	元	0.79	0.88	6.53	2.11	5.15	5.39	8.83
其中：过磷酸钙	元	0.79	0.88	6.53	2.11	4.90	4.93	8.83
（三）钾肥	元	4.45	6.00	0.09		2.85	0.85	
其中：氯化钾	元	4.45	5.03	0.09			0.24	
（四）复混肥	元	82.71	151.93	50.08	83.08	76.56	40.58	62.23
1. 复合肥	元	81.44	150.78	49.42	79.28	72.28	36.87	62.23
其中：二铵	元					2.44	0.26	0.22
三元素复合肥	元	43.53	120.67	23.65	44.96	45.48	9.89	62.01
2. 混配肥	元	1.27	1.15	0.66	3.80	4.28	3.71	
（五）其他肥料	元	0.11	2.06			3.04	1.13	
二、每亩化肥折纯用量	**公斤**	**20.21**	**29.83**	**13.68**	**18.11**	**19.41**	**16.97**	**20.39**
（一）氮肥	公斤	6.40	7.33	5.42	6.46	7.85	10.18	9.44
1. 尿素	公斤	5.94	7.28	3.73	4.45	7.58	9.53	4.94
2. 碳铵	公斤	0.46	0.05	1.69	1.86	0.27	0.65	4.50
3. 其他氮肥	公斤				0.15			
（二）磷肥	公斤	0.15	0.15	0.99	0.43	0.86	1.29	1.75
其中：过磷酸钙	公斤	0.15	0.15	0.99	0.43	0.81	1.15	1.75
（三）钾肥	公斤	0.86	1.02	0.01		0.40	0.12	
其中：氯化钾	公斤	0.86	0.94	0.01			0.04	
（四）复混肥	公斤	12.79	21.32	7.25	11.23	10.29	5.38	9.20
1. 复合肥	公斤	12.52	21.11	7.20	10.60	9.73	4.78	9.20
其中：二铵	公斤					0.40	0.05	0.05
三元素复合肥	公斤	7.01	17.61	3.33	6.11	6.10	1.27	9.15
2. 混配肥	公斤	0.27	0.21	0.05	0.63	0.56	0.60	

2-3-1　2019年各地区晚籼稻成本收益情况

项　　目	单位	平　均	浙　江	安　徽	福　建	江　西
每亩						
主产品产量	公斤	460.41	512.03	560.23	455.70	490.97
产值合计	元	1241.47	1381.12	1313.51	1338.83	1194.24
主产品产值	元	1228.85	1378.46	1296.25	1317.88	1176.57
副产品产值	元	12.62	2.66	17.26	20.95	17.67
总成本	元	1198.11	1367.39	1151.20	1403.76	1136.84
生产成本	元	1010.93	1054.65	937.53	1203.80	985.84
物质与服务费用	元	556.19	698.58	584.98	566.11	555.75
人工成本	元	454.74	356.07	352.55	637.69	430.09
家庭用工折价	元	371.87	227.09	265.10	537.46	375.41
雇工费用	元	82.87	128.98	87.45	100.24	54.68
土地成本	元	187.18	312.74	213.67	199.96	151.00
流转地租金	元	33.76	172.88	71.15	63.45	14.55
自营地折租	元	153.42	139.86	142.52	136.51	136.45
净利润	元	43.36	13.73	162.31	-64.93	57.40
现金成本	元	672.82	1000.44	743.58	729.80	624.98
现金收益	元	568.65	380.68	569.93	609.03	569.26
成本利润率	%	3.62	1.00	14.10	-4.63	5.05
每50公斤主产品						
平均出售价格	元	133.45	134.61	115.69	144.60	119.82
总成本	元	128.79	133.27	101.39	151.61	114.06
生产成本	元	108.67	102.79	82.57	130.02	98.91
净利润	元	4.66	1.34	14.30	-7.01	5.76
现金成本	元	72.32	97.51	65.49	78.82	62.71
现金收益	元	61.13	37.10	50.20	65.78	57.11
附：						
每亩用工数量	日	4.86	3.58	3.63	7.01	4.78
每亩主产品已出售数量	公斤	339.76	348.11	541.49	235.10	413.93
每亩主产品已出售产值	元	877.19	927.82	1254.21	658.87	989.43
每亩成本外支出	元	0.01	0.18			

2-3-1 续表

项　　目	单位	湖　北	湖　南	广　东	广　西	海　南
每亩						
主产品产量	公斤	537.63	455.63	423.01	414.81	314.12
产值合计	元	1354.23	1110.54	1387.89	1317.96	828.09
主产品产值	元	1341.14	1103.85	1378.58	1298.90	821.16
副产品产值	元	13.09	6.69	9.31	19.06	6.93
总成本	元	1128.26	1088.77	1339.04	1265.14	1096.25
生产成本	元	971.16	910.61	1131.63	1056.99	981.48
物质与服务费用	元	561.74	499.85	586.71	568.58	509.26
人工成本	元	409.42	410.76	544.92	488.41	472.22
家庭用工折价	元	361.07	241.52	514.74	453.67	464.12
雇工费用	元	48.35	169.25	30.18	34.75	8.10
土地成本	元	157.10	178.16	207.41	208.15	114.77
流转地租金	元	21.85	27.83	31.06	20.82	
自营地折租	元	135.25	150.33	176.35	187.33	114.77
净利润	元	225.97	21.77	48.85	52.82	-268.16
现金成本	元	631.94	696.93	647.95	624.15	517.36
现金收益	元	722.29	413.61	739.94	693.81	310.73
成本利润率	%	20.03	2.00	3.65	4.17	-24.46
每 50 公斤主产品						
平均出售价格	元	124.73	121.13	162.95	156.57	130.71
总成本	元	103.92	118.76	157.21	150.30	173.04
生产成本	元	89.45	99.32	132.86	125.57	154.92
净利润	元	20.81	2.37	5.74	6.27	-42.33
现金成本	元	58.20	76.02	76.07	74.15	81.66
现金收益	元	66.53	45.11	86.88	82.42	49.05
附：						
每亩用工数量	日	4.47	3.78	6.17	5.56	5.43
每亩主产品已出售数量	公斤	501.73	402.45	232.85	192.91	62.49
每亩主产品已出售产值	元	1251.01	969.83	753.22	605.74	166.70
每亩成本外支出	元					

2-3-2 2019年各地区晚籼稻费用和用工情况

项　　目	单位	平　均	浙　江	安　徽	福　建	江　西
一、每亩物质与服务费用	元	**556.19**	**698.58**	**584.98**	**566.11**	**555.75**
（一）直接费用	元	530.66	662.57	548.93	547.54	542.59
1. 种子费	元	71.99	96.22	69.60	70.83	81.42
2. 化肥费	元	141.08	155.79	150.36	144.91	143.56
3. 农家肥费	元	8.19	0.55	18.64	3.32	16.58
4. 农药费	元	70.19	107.35	61.55	67.20	68.45
5. 农膜费	元	0.47				
6. 租赁作业费	元	220.33	291.45	236.44	224.22	221.87
机械作业费	元	207.09	276.86	205.62	207.15	205.42
排灌费	元	11.10	9.05	30.82	3.86	14.13
其中：水费	元	4.79	3.90	3.65	3.44	9.11
畜力费	元	2.14	5.54		13.21	2.32
7. 燃料动力费	元	6.92	3.68	7.73	6.72	2.42
8. 技术服务费	元	0.01	0.24			
9. 工具材料费	元	7.36	3.81	3.16	9.06	6.04
10. 修理维护费	元	3.36	3.48	1.45	5.04	2.25
11. 其他直接费用	元	0.76			16.24	
（二）间接费用	元	25.53	36.01	36.05	18.57	13.16
1. 固定资产折旧	元	10.64	3.40	5.64	7.80	10.65
2. 保险费	元	12.80	25.34	26.56	7.85	0.32
3. 管理费	元	0.04	0.44			
4. 财务费	元		0.06			
5. 销售费	元	2.05	6.77	3.85	2.92	2.19
二、每亩人工成本	元	**454.74**	**356.07**	**352.55**	**637.69**	**430.09**
1. 家庭用工折价	元	371.87	227.09	265.10	537.46	375.41
家庭用工天数	日	4.31	2.63	3.07	6.22	4.35
劳动日工价	元	86.38	86.38	86.38	86.38	86.38
2. 雇工费用	元	82.87	128.98	87.45	100.24	54.68
雇工天数	日	0.55	0.95	0.56	0.79	0.43
雇工工价	元	150.67	135.77	156.16	126.88	127.16
三、附						
1. 每亩种子用量	公斤	1.98	1.15	3.18	0.78	1.70
2. 每亩化肥用量	公斤	23.12	25.47	27.01	22.70	25.42
3. 每亩农膜用量	公斤	0.04				

2-3-2 续表

项　目	单位	湖　北	湖　南	广　东	广　西	海　南
一、每亩物质与服务费用	元	**561.74**	**499.85**	**586.71**	**568.58**	**509.26**
（一）直接费用	元	531.95	459.09	565.27	547.75	502.90
1. 种子费	元	81.51	53.21	67.83	81.73	80.83
2. 化肥费	元	136.55	103.80	171.04	162.26	150.21
3. 农家肥费	元	12.38	1.19	3.62	12.89	4.13
4. 农药费	元	76.53	74.50	64.65	65.19	29.17
5. 农膜费	元			2.54	0.49	
6. 租赁作业费	元	215.61	201.71	238.29	201.60	227.95
机械作业费	元	190.42	190.86	228.33	194.40	224.27
排灌费	元	24.03	10.85	7.07	5.98	3.68
其中：水费	元	5.24	3.75	2.82	2.73	3.68
畜力费	元	1.16		2.89	1.22	
7. 燃料动力费	元	3.16	13.13	5.01	8.59	2.02
8. 技术服务费	元					
9. 工具材料费	元	3.05	6.85	10.69	10.15	6.67
10. 修理维护费	元	3.16	4.70	1.60	4.85	1.92
11. 其他直接费用	元					
（二）间接费用	元	29.79	40.76	21.44	20.83	6.36
1. 固定资产折旧	元	5.24	15.04	5.70	15.57	5.95
2. 保险费	元	24.00	25.10	14.19	1.72	0.41
3. 管理费	元			0.04	0.08	
4. 财务费	元					
5. 销售费	元	0.55	0.62	1.51	3.46	
二、每亩人工成本	元	**409.42**	**410.76**	**544.92**	**488.41**	**472.22**
1. 家庭用工折价	元	361.07	241.52	514.74	453.67	464.12
家庭用工天数	日	4.18	2.80	5.96	5.25	5.37
劳动日工价	元	86.38	86.38	86.38	86.38	86.38
2. 雇工费用	元	48.35	169.25	30.18	34.75	8.10
雇工天数	日	0.29	0.98	0.21	0.31	0.06
雇工工价	元	166.72	172.70	143.72	112.08	134.93
三、附						
1. 每亩种子用量	公斤	2.10	2.66	1.68	1.95	1.71
2. 每亩化肥用量	公斤	23.72	17.86	24.62	25.32	22.83
3. 每亩农膜用量	公斤			0.19	0.04	

2-3-3　2019年各地区晚籼稻化肥投入情况

项　　目	单位	平　均	浙　江	安　徽	福　建	江　西
一、每亩化肥金额	**元**	**141.08**	**155.79**	**150.36**	**144.91**	**143.56**
（一）氮肥	元	30.34	40.93	33.93	35.35	27.81
1. 尿素	元	27.55	38.26	33.93	16.85	27.52
2. 碳铵	元	2.78	2.67		18.50	0.25
3. 其他氮肥	元	0.01				0.04
（二）磷肥	元	2.74	0.59		10.52	0.19
其中：过磷酸钙	元	2.54	0.54		10.45	0.19
（三）钾肥	元	9.49	11.06	16.32	11.37	10.95
其中：氯化钾	元	9.46	11.06	16.32	11.37	10.95
（四）复混肥	元	97.82	101.11	99.32	87.27	104.61
1. 复合肥	元	95.70	99.98	99.32	81.69	102.20
其中：二铵	元	0.12		0.24		
三元素复合肥	元	61.12	96.56	43.61	60.35	82.44
2. 混配肥	元	2.12	1.13		5.58	2.41
（五）其他肥料	元	0.69	2.10	0.79	0.40	
二、每亩化肥折纯用量	**公斤**	**23.12**	**25.47**	**27.01**	**22.70**	**25.42**
（一）氮肥	公斤	6.03	8.37	7.42	6.37	5.75
1. 尿素	公斤	5.54	7.92	7.42	3.25	5.70
2. 碳铵	公斤	0.49	0.45		3.12	0.04
3. 其他氮肥	公斤					0.01
（二）磷肥	公斤	0.50	0.14		1.86	0.03
其中：过磷酸钙	公斤	0.47	0.13		1.85	0.03
（三）钾肥	公斤	1.78	1.94	3.19	1.97	2.05
其中：氯化钾	公斤	1.77	1.94	3.19	1.97	2.05
（四）复混肥	公斤	14.81	15.02	16.40	12.51	17.59
1. 复合肥	公斤	14.48	14.80	16.40	11.22	17.16
其中：二铵	公斤	0.02		0.05		
三元素复合肥	公斤	9.09	14.35	7.51	8.43	13.93
2. 混配肥	公斤	0.33	0.22		1.29	0.43

2-3-3 续表

项　目	单位	湖　北	湖　南	广　东	广　西	海　南
一、每亩化肥金额	元	**136.55**	**103.80**	**171.04**	**162.26**	**150.21**
（一）氮肥	元	28.39	16.33	39.67	41.91	41.49
1. 尿素	元	20.29	15.26	34.73	40.28	41.49
2. 碳铵	元	8.10	1.07	4.94	1.63	
3. 其他氮肥	元					
（二）磷肥	元	0.55	0.36	8.43	1.79	20.51
其中：过磷酸钙	元	0.55	0.36	8.43	0.46	20.51
（三）钾肥	元	4.14	3.86	9.99	14.02	21.08
其中：氯化钾	元	4.14	3.74	9.99	14.02	21.08
（四）复混肥	元	103.25	83.13	112.50	101.59	67.13
1. 复合肥	元	98.84	83.13	111.19	97.44	58.54
其中：二铵	元				0.81	
三元素复合肥	元	31.79	20.14	97.59	69.58	11.66
2. 混配肥	元	4.41		1.31	4.15	8.59
（五）其他肥料	元	0.22	0.12	0.45	2.95	
二、每亩化肥折纯用量	公斤	**23.72**	**17.86**	**24.62**	**25.32**	**22.83**
（一）氮肥	公斤	5.80	3.43	7.51	8.14	7.53
1. 尿素	公斤	4.19	3.21	6.67	7.87	7.53
2. 碳铵	公斤	1.61	0.22	0.84	0.27	
3. 其他氮肥	公斤					
（二）磷肥	公斤	0.10	0.07	1.64	0.29	3.22
其中：过磷酸钙	公斤	0.10	0.07	1.64	0.09	3.22
（三）钾肥	公斤	0.85	0.73	1.79	2.70	3.97
其中：氯化钾	公斤	0.85	0.71	1.79	2.70	3.97
（四）复混肥	公斤	16.96	13.64	13.68	14.19	8.11
1. 复合肥	公斤	16.38	13.64	13.53	13.66	6.85
其中：二铵	公斤				0.16	
三元素复合肥	公斤	5.34	3.29	11.84	9.85	1.10
2. 混配肥	公斤	0.58		0.15	0.53	1.26

2-4-1　2019 年各地区粳稻成本收益情况

项　　目	单位	平　均	河　北	内蒙古	辽　宁	吉　林	黑龙江	江　苏
每亩								
主产品产量	公斤	550.58	684.74	534.66	595.63	544.18	488.35	646.38
产值合计	元	1452.32	1834.01	1645.90	1652.98	1482.30	1296.48	1563.78
主产品产值	元	1430.55	1829.13	1611.53	1630.11	1462.54	1287.77	1536.00
副产品产值	元	21.77	4.88	34.37	22.87	19.76	8.71	27.78
总成本	元	1415.20	1925.93	1489.93	1623.71	1454.09	1405.69	1335.74
生产成本	元	1006.04	1247.03	1103.27	1117.47	1030.35	891.74	1053.57
物质与服务费用	元	550.66	672.97	778.11	644.84	533.10	481.62	656.43
人工成本	元	455.38	574.06	325.16	472.63	497.25	410.12	397.14
家庭用工折价	元	332.22	417.13	260.09	400.28	371.95	229.34	361.41
雇工费用	元	123.16	156.94	65.07	72.34	125.30	180.78	35.73
土地成本	元	409.16	678.90	386.66	506.24	423.74	513.95	282.17
流转地租金	元	87.16	225.14	75.70	78.80	62.70	85.21	105.26
自营地折租	元	322.00	453.76	310.96	427.44	361.04	428.74	176.91
净利润	元	37.12	-91.92	155.97	29.27	28.21	-109.21	228.04
现金成本	元	760.98	1055.05	918.88	795.98	721.10	747.61	797.42
现金收益	元	691.34	778.96	727.02	857.00	761.20	548.87	766.36
成本利润率	%	2.62	-4.77	10.47	1.80	1.94	-7.77	17.07
每 50 公斤主产品								
平均出售价格	元	129.91	133.56	150.71	136.84	134.38	131.85	118.82
总成本	元	126.59	140.25	136.43	134.42	131.82	142.96	101.49
生产成本	元	89.99	90.81	101.02	92.51	93.41	90.69	80.05
净利润	元	3.32	-6.69	14.28	2.42	2.56	-11.11	17.33
现金成本	元	68.07	76.83	84.14	65.89	65.37	76.03	60.59
现金收益	元	61.84	56.73	66.57	70.95	69.01	55.82	58.23
附：								
每亩用工数量	日	4.73	5.75	3.48	5.28	5.37	3.77	4.59
每亩主产品已出售数量	公斤	408.60	614.63	517.23	446.24	395.17	345.65	495.29
每亩主产品已出售产值	元	1055.85	1644.50	1558.12	1215.62	1060.72	914.44	1173.16
每亩成本外支出	元	1.84						6.60

2-4-1 续表

项　　目	单位	浙　江	安　徽	山　东	河　南	云　南	宁　夏
每亩							
主产品产量	公斤	548.44	520.13	655.47	557.65	615.07	610.65
产值合计	元	1389.86	1304.42	1651.91	1531.62	2028.44	1716.08
主产品产值	元	1372.27	1283.77	1594.26	1493.27	1928.98	1679.00
副产品产值	元	17.59	20.65	57.65	38.35	99.46	37.08
总成本	元	1295.70	1030.96	1514.94	1467.11	1929.66	1555.15
生产成本	元	925.60	818.10	1194.28	1246.62	1701.62	1243.62
物质与服务费用	元	603.02	508.58	594.85	525.57	525.11	620.64
人工成本	元	322.58	309.52	599.43	721.05	1176.51	622.98
家庭用工折价	元	254.99	239.01	394.15	606.04	1015.40	537.89
雇工费用	元	67.59	70.51	205.28	115.00	161.11	85.10
土地成本	元	370.10	212.86	320.66	220.49	228.04	311.53
流转地租金	元	226.13	67.77	42.94	32.44	7.62	56.34
自营地折租	元	143.97	145.09	277.72	188.05	220.42	255.19
净利润	元	94.16	273.46	136.97	64.51	98.78	160.93
现金成本	元	896.74	646.86	843.07	673.01	693.84	762.08
现金收益	元	493.12	657.56	808.84	858.61	1334.60	954.00
成本利润率	%	7.27	26.52	9.04	4.40	5.12	10.35
每 50 公斤主产品							
平均出售价格	元	125.11	123.41	121.61	133.89	156.81	137.48
总成本	元	116.63	97.54	111.53	128.25	149.17	124.59
生产成本	元	83.32	77.40	87.92	108.98	131.54	99.63
净利润	元	8.48	25.87	10.08	5.64	7.64	12.89
现金成本	元	80.72	61.20	62.06	58.83	53.64	61.05
现金收益	元	44.39	62.21	59.55	75.06	103.17	76.43
附：							
每亩用工数量	日	3.39	3.26	6.16	8.04	13.40	7.04
每亩主产品已出售数量	公斤	365.31	515.31	597.35	552.84	296.42	530.83
每亩主产品已出售产值	元	903.04	1271.50	1456.58	1479.88	932.73	1453.19
每亩成本外支出	元						45.24

2-4-2 2019年各地区粳稻费用和用工情况

项目	单位	平均	河北	内蒙古	辽宁	吉林	黑龙江	江苏
一、每亩物质与服务费用	**元**	**550.66**	**672.97**	**778.11**	**644.84**	**533.10**	**481.62**	**656.43**
（一）直接费用	元	532.69	667.89	748.50	629.33	516.63	475.95	618.84
1. 种子费	元	47.58	41.00	96.74	27.39	36.94	40.73	61.02
2. 化肥费	元	139.98	189.25	129.79	167.62	123.84	110.32	190.71
3. 农家肥费	元	9.45		57.66	0.68	4.59		19.99
4. 农药费	元	54.19	61.52	42.98	45.76	29.97	29.13	100.87
5. 农膜费	元	8.16	6.78	7.82	7.32	13.39	13.31	0.43
6. 租赁作业费	元	265.79	361.45	388.83	372.35	293.11	278.49	239.17
机械作业费	元	209.42	196.47	267.90	271.08	246.94	219.21	182.81
排灌费	元	55.31	164.98	120.93	101.05	46.17	59.28	56.36
其中：水费	元	27.95	102.64	14.75	81.37	11.55	40.19	8.35
畜力费	元	1.06			0.22			
7. 燃料动力费	元	1.77			2.02	7.68		0.36
8. 技术服务费	元	0.01						0.05
9. 工具材料费	元	4.93	4.37	24.68	5.72	6.45	3.94	4.34
10. 修理维护费	元	0.83	3.52		0.47	0.66	0.03	1.90
11. 其他直接费用	元							
（二）间接费用	元	17.97	5.08	29.61	15.51	16.47	5.67	37.59
1. 固定资产折旧	元	3.37	5.08		2.94	7.57	0.05	6.90
2. 保险费	元	11.65		9.75	4.62	6.49	4.75	25.59
3. 管理费	元	0.54			7.01			0.73
4. 财务费	元	0.22		1.29		1.68	0.08	0.05
5. 销售费	元	2.19		18.57	0.94	0.73	0.79	4.32
二、每亩人工成本	**元**	**455.38**	**574.06**	**325.16**	**472.63**	**497.25**	**410.12**	**397.14**
1. 家庭用工折价	元	332.22	417.13	260.09	400.28	371.95	229.34	361.41
家庭用工天数	日	3.85	4.83	3.01	4.63	4.31	2.66	4.18
劳动日工价	元	86.38	86.38	86.38	86.38	86.38	86.38	86.38
2. 雇工费用	元	123.16	156.94	65.07	72.34	125.30	180.78	35.73
雇工天数	日	0.88	0.92	0.47	0.65	1.06	1.11	0.41
雇工工价	元	139.96	170.58	138.45	111.29	118.21	162.87	87.14
三、附								
1. 每亩种子用量	公斤	5.70	4.75	5.18	3.35	3.33	5.01	8.70
2. 每亩化肥用量	公斤	24.96	34.21	24.12	29.06	21.11	18.78	36.13
3. 每亩农膜用量	公斤	0.56	0.55	0.66	0.53	0.91	0.90	0.03

2-4-2 续表

项 目	单位	浙 江	安 徽	山 东	河 南	云 南	宁 夏
一、每亩物质与服务费用	元	**603.02**	**508.58**	**594.85**	**525.57**	**525.11**	**620.64**
（一）直接费用	元	561.58	470.45	590.01	525.57	518.39	594.21
1. 种子费	元	57.39	51.03	46.86	44.12	51.73	132.04
2. 化肥费	元	145.88	129.77	208.26	199.65	145.80	158.68
3. 农家肥费	元	6.53	15.47	23.30	15.67	38.82	25.76
4. 农药费	元	126.73	63.50	59.71	68.85	54.08	57.15
5. 农膜费	元					9.94	
6. 租赁作业费	元	213.65	194.28	247.59	192.39	206.48	217.71
机械作业费	元	194.63	183.43	188.28	142.08	161.10	152.13
排灌费	元	19.02	10.85	59.31	50.31	24.66	65.58
其中：水费	元	5.66	2.63	19.77		17.94	65.58
畜力费	元					20.72	
7. 燃料动力费	元	2.32	11.81			1.18	
8. 技术服务费	元	0.05					
9. 工具材料费	元	5.66	2.45	2.78	4.89	10.36	1.62
10. 修理维护费	元	3.37	2.14	1.51			1.25
11. 其他直接费用	元						
（二）间接费用	元	41.44	38.13	4.84		6.72	26.43
1. 固定资产折旧	元	5.85	9.28	4.11		1.03	5.95
2. 保险费	元	31.69	26.26	0.58		2.04	16.00
3. 管理费	元	0.01					
4. 财务费	元						
5. 销售费	元	3.89	2.59	0.15		3.65	4.48
二、每亩人工成本	元	322.58	309.52	599.43	721.05	1176.51	622.98
1. 家庭用工折价	元	254.99	239.01	394.15	606.04	1015.40	537.89
家庭用工天数	日	2.95	2.77	4.56	7.02	11.76	6.23
劳动日工价	元	86.38	86.38	86.38	86.38	86.38	86.38
2. 雇工费用	元	67.59	70.51	205.28	115.00	161.11	85.10
雇工天数	日	0.44	0.49	1.60	1.02	1.64	0.81
雇工工价	元	153.62	143.89	128.30	112.75	98.24	105.06
三、附							
1. 每亩种子用量	公斤	3.89	6.68	5.96	4.60	2.79	24.91
2. 每亩化肥用量	公斤	24.83	24.79	38.05	34.96	25.28	29.95
3. 每亩农膜用量	公斤					0.73	

2-4-3　2019年各地区粳稻化肥投入情况

项　目	单位	平　均	河　北	内蒙古	辽　宁	吉　林	黑龙江	江　苏
一、每亩化肥金额	**元**	**139.98**	**189.25**	**129.79**	**167.62**	**123.84**	**110.32**	**190.71**
（一）氮肥	元	41.66	40.32	54.09	22.93	21.75	21.99	82.37
1. 尿素	元	40.09	36.81	53.45	19.80	17.19	21.99	80.72
2. 碳铵	元	1.04	3.51		1.52	1.36		1.01
3. 其他氮肥	元	0.53		0.64	1.61	3.20		0.64
（二）磷肥	元	1.02		0.02				0.76
其中：过磷酸钙	元	0.80		0.02				0.07
（三）钾肥	元	4.14		1.00	3.45	5.67	6.66	0.03
其中：氯化钾	元	3.82		0.54	3.45	3.75	6.62	0.03
（四）复混肥	元	91.91	148.93	74.56	139.68	95.86	80.48	106.79
1. 复合肥	元	87.30	148.93	74.56	118.27	81.72	76.78	104.72
其中：二铵	元	4.28	27.13	15.96	6.89	0.77	5.86	1.10
三元素复合肥	元	51.95	121.80	52.53	40.12	38.83	38.31	83.70
2. 混配肥	元	4.61			21.41	14.14	3.70	2.07
（五）其他肥料	元	1.25		0.12	1.56	0.56	1.19	0.76
二、每亩化肥折纯用量	**公斤**	**24.96**	**34.21**	**24.12**	**29.06**	**21.11**	**18.78**	**36.13**
（一）氮肥	公斤	8.79	9.96	12.17	4.92	4.48	4.80	17.22
1. 尿素	公斤	8.51	9.13	12.04	4.34	3.73	4.80	16.92
2. 碳铵	公斤	0.19	0.83		0.26	0.21		0.19
3. 其他氮肥	公斤	0.09		0.13	0.32	0.54		0.11
（二）磷肥	公斤	0.21						0.06
其中：过磷酸钙	公斤	0.18						0.01
（三）钾肥	公斤	0.74		0.16	0.65	0.93	1.16	0.01
其中：氯化钾	公斤	0.70		0.09	0.65	0.65	1.15	0.01
（四）复混肥	公斤	15.22	24.24	11.78	23.48	15.70	12.82	18.85
1. 复合肥	公斤	14.38	24.24	11.78	19.92	13.06	12.11	18.50
其中：二铵	公斤	0.88	5.54	3.40	1.37	0.15	1.21	0.23
三元素复合肥	公斤	8.52	18.70	7.31	6.07	5.95	5.87	15.00
2. 混配肥	公斤	0.84			3.56	2.64	0.71	0.35

2-4-3 续表

项目	单位	浙江	安徽	山东	河南	云南	宁夏
一、每亩化肥金额	**元**	**145.88**	**129.77**	**208.26**	**199.65**	**145.80**	**158.68**
（一）氮肥	元	65.57	42.78	66.87	52.65	60.83	41.93
1. 尿素	元	63.49	42.78	66.87	40.09	53.30	41.52
2. 碳铵	元	2.08			12.56	7.53	0.41
3. 其他氮肥	元						
（二）磷肥	元	0.50				16.44	
其中：过磷酸钙	元	0.50				15.13	
（三）钾肥	元	5.12	1.53	0.94		4.59	
其中：氯化钾	元	4.07	1.53	0.94		3.08	
（四）复混肥	元	74.49	85.46	139.90	147.00	55.59	116.75
1. 复合肥	元	73.45	85.46	139.90	147.00	54.61	116.75
其中：二铵	元			3.36	1.36		60.66
三元素复合肥	元	53.77	62.48	120.53	123.93	10.70	56.09
2. 混配肥	元	1.04				0.98	
（五）其他肥料	元	0.20		0.55		8.35	
二、每亩化肥折纯用量	**公斤**	**24.83**	**24.79**	**38.05**	**34.96**	**25.28**	**29.95**
（一）氮肥	公斤	13.33	9.17	15.56	12.19	11.44	9.86
1. 尿素	公斤	12.98	9.17	15.56	8.97	10.09	9.76
2. 碳铵	公斤	0.35			3.22	1.35	0.10
3. 其他氮肥	公斤						
（二）磷肥	公斤	0.09				3.78	
其中：过磷酸钙	公斤	0.09				3.50	
（三）钾肥	公斤	0.78	0.31	0.20		1.32	
其中：氯化钾	公斤	0.70	0.31	0.20		1.13	
（四）复混肥	公斤	10.64	15.31	22.29	22.77	8.75	20.09
1. 复合肥	公斤	10.47	15.31	22.29	22.77	8.57	20.09
其中：二铵	公斤			0.71	0.26		12.19
三元素复合肥	公斤	7.54	11.51	18.93	19.44	1.65	7.90
2. 混配肥	公斤	0.17				0.18	

2-5-1　2019年各地区小麦成本收益情况

项　　目	单位	平　均	河　北	山　西	内蒙古	黑龙江	江　苏
每亩							
主产品产量	公斤	453.48	472.50	365.66	392.36	307.82	440.80
产值合计	元	1043.99	1107.00	885.46	1217.47	592.79	965.21
主产品产值	元	1018.02	1081.01	846.70	1204.06	592.79	944.22
副产品产值	元	25.97	25.99	38.76	13.41		20.99
总成本	元	1028.91	1118.45	1049.32	1168.09	628.33	977.49
生产成本	元	810.94	933.47	897.84	851.04	298.46	711.40
物质与服务费用	元	470.08	518.93	551.02	526.47	277.96	494.37
人工成本	元	340.86	414.54	346.82	324.57	20.50	217.03
家庭用工折价	元	327.81	414.54	346.82	277.71	0.26	198.67
雇工费用	元	13.05			46.86	20.24	18.35
土地成本	元	217.97	184.98	151.48	317.05	329.87	266.09
流转地租金	元	35.57	4.54	10.25	22.63	329.87	87.33
自营地折租	元	182.40	180.44	141.23	294.42		178.76
净利润	元	15.08	-11.45	-163.86	49.38	-35.54	-12.28
现金成本	元	518.70	523.47	561.27	595.96	628.07	600.05
现金收益	元	525.29	583.53	324.19	621.51	-35.28	365.16
成本利润率	%	1.47	-1.02	-15.62	4.23	-5.66	-1.26
每50公斤主产品							
平均出售价格	元	112.25	114.39	115.78	153.44	96.29	107.10
总成本	元	110.63	115.57	137.21	147.22	102.06	108.46
生产成本	元	87.19	96.46	117.40	107.26	48.48	78.94
净利润	元	1.62	-1.18	-21.43	6.22	-5.77	-1.36
现金成本	元	55.77	54.09	73.39	75.11	102.02	66.58
现金收益	元	56.48	60.30	42.39	78.33	-5.73	40.52
附：							
每亩用工数量	日	3.92	4.80	4.02	3.55	0.21	2.50
每亩主产品已出售数量	公斤	400.74	371.34	311.79	111.20	307.82	430.48
每亩主产品已出售产值	元	890.04	847.75	719.29	329.34	592.79	922.55
每亩成本外支出	元	0.57					4.43

2-5-1 续表1

项　　目	单位	安　徽	山　东	河　南	湖　北	四　川
每亩						
主产品产量	公斤	483.44	492.47	508.29	354.14	290.95
产值合计	元	1081.44	1141.04	1136.78	757.56	663.63
主产品产值	元	1058.68	1125.75	1110.29	744.11	654.16
副产品产值	元	22.76	15.29	26.49	13.45	9.47
总成本	元	887.90	1021.88	1089.31	710.70	1058.38
生产成本	元	666.03	846.81	797.87	599.04	926.78
物质与服务费用	元	459.74	480.46	456.37	358.04	289.74
人工成本	元	206.29	366.35	341.50	241.00	637.04
家庭用工折价	元	204.38	364.26	325.31	219.06	619.69
雇工费用	元	1.92	2.09	16.19	21.94	17.35
土地成本	元	221.87	175.07	291.44	111.66	131.60
流转地租金	元	43.77	15.85	56.90	12.80	24.61
自营地折租	元	178.10	159.22	234.54	98.86	106.99
净利润	元	193.54	119.16	47.47	46.86	-394.75
现金成本	元	505.43	498.40	529.46	392.78	331.70
现金收益	元	576.01	642.64	607.32	364.78	331.93
成本利润率	%	21.80	11.66	4.36	6.59	-37.30
每50公斤主产品						
平均出售价格	元	109.49	114.30	109.22	105.06	112.42
总成本	元	89.90	102.36	104.66	98.56	179.29
生产成本	元	67.43	84.83	76.66	83.08	157.00
净利润	元	19.59	11.94	4.56	6.50	-66.87
现金成本	元	51.17	49.93	50.87	54.47	56.19
现金收益	元	58.32	64.37	58.35	50.59	56.23
附：						
每亩用工数量	日	2.38	4.24	3.94	2.74	7.36
每亩主产品已出售数量	公斤	471.61	401.66	506.09	327.42	272.79
每亩主产品已出售产值	元	1033.13	911.86	1105.50	686.02	611.46
每亩成本外支出	元					

2-5-1 续表 2

项　　目	单位	陕　西	甘　肃	宁　夏	新　疆
每亩					
主产品产量	公斤	400. 60	298. 97	375. 96	413. 22
产值合计	元	907. 53	684. 86	997. 00	1078. 59
主产品产值	元	884. 18	654. 81	979. 20	974. 31
副产品产值	元	23. 35	30. 05	17. 80	104. 28
总成本	元	1064. 92	1137. 18	1232. 92	1102. 36
生产成本	元	967. 19	979. 46	962. 14	861. 30
物质与服务费用	元	426. 11	432. 74	522. 53	590. 38
人工成本	元	541. 08	546. 72	439. 61	270. 92
家庭用工折价	元	541. 08	530. 29	407. 20	210. 34
雇工费用	元		16. 44	32. 41	60. 59
土地成本	元	97. 73	157. 72	270. 78	241. 06
流转地租金	元	2. 40		34. 06	23. 18
自营地折租	元	95. 33	157. 72	236. 72	217. 88
净利润	元	-157. 39	-452. 32	-235. 92	-23. 77
现金成本	元	428. 51	449. 18	589. 00	674. 15
现金收益	元	479. 02	235. 68	408. 00	404. 44
成本利润率	%	-14. 78	-39. 78	-19. 13	-2. 16
每 50 公斤主产品					
平均出售价格	元	110. 36	109. 51	130. 23	117. 89
总成本	元	129. 50	181. 84	161. 05	120. 49
生产成本	元	117. 62	156. 62	125. 68	94. 14
净利润	元	-19. 14	-72. 33	-30. 82	-2. 60
现金成本	元	52. 11	71. 82	76. 94	73. 68
现金收益	元	58. 25	37. 69	53. 29	44. 21
附：					
每亩用工数量	日	6. 26	6. 29	5. 05	2. 98
每亩主产品已出售数量	公斤	296. 02	134. 64	324. 44	382. 76
每亩主产品已出售产值	元	653. 46	284. 22	844. 60	903. 33
每亩成本外支出	元			23. 49	0. 06

2-5-2　2019 年各地区小麦费用和用工情况

项　　目	单位	平　均	河　北	山　西	内蒙古	黑龙江	江　苏
一、每亩物质与服务费用	元	**470.08**	**518.93**	**551.02**	**526.47**	**277.96**	**494.37**
（一）直接费用	元	457.61	508.43	536.15	499.70	192.78	462.31
1. 种子费	元	72.62	78.28	74.36	98.12	68.36	87.22
2. 化肥费	元	156.28	162.29	158.32	174.66	48.68	152.85
3. 农家肥费	元	23.04	30.97	44.16	1.04		23.02
4. 农药费	元	25.64	18.36	18.45	16.11	3.68	49.37
5. 农膜费	元						
6. 租赁作业费	元	174.58	214.71	232.77	206.78	69.58	144.51
机械作业费	元	140.64	141.73	138.09	118.88	69.58	137.31
排灌费	元	33.75	72.98	94.68	87.90		7.20
其中：水费	元	5.73			75.10		3.41
畜力费	元	0.19					
7. 燃料动力费	元	0.91		3.94			0.39
8. 技术服务费	元	0.02					0.06
9. 工具材料费	元	3.25	2.05	2.36	2.99	2.48	3.20
10. 修理维护费	元	1.27	1.77	1.79			1.69
11. 其他直接费用	元						
（二）间接费用	元	12.47	10.50	14.87	26.77	85.18	32.06
1. 固定资产折旧	元	3.32	5.00	4.96			6.77
2. 保险费	元	8.01	5.50	9.91	26.07	54.90	23.32
3. 管理费	元	0.15				30.24	0.15
4. 财务费	元	0.04			0.37		0.06
5. 销售费	元	0.95			0.33	0.04	1.76
二、每亩人工成本	元	340.86	414.54	346.82	324.57	20.50	217.03
1. 家庭用工折价	元	327.81	414.54	346.82	277.71	0.26	198.67
家庭用工天数	日	3.80	4.80	4.02	3.22	0.00	2.30
劳动日工价	元	86.38	86.38	86.38	86.38	86.38	86.38
2. 雇工费用	元	13.05			46.86	20.24	18.35
雇工天数	日	0.12			0.33	0.21	0.20
雇工工价	元	108.75	83.31	83.10	142.00	96.40	91.77
三、附							
1. 每亩种子用量	公斤	16.66	17.56	17.08	24.99	20.41	21.50
2. 每亩化肥用量	公斤	28.13	31.14	27.96	38.62	9.95	28.82
3. 每亩农膜用量	公斤						

2-5-2 续表1

项　目	单位	安　徽	山　东	河　南	湖　北	四　川
一、每亩物质与服务费用	**元**	**459.74**	**480.46**	**456.37**	**358.04**	**289.74**
（一）直接费用	元	442.12	470.04	456.37	348.89	280.33
1. 种子费	元	84.43	50.52	69.76	70.23	44.94
2. 化肥费	元	160.01	171.93	160.63	115.34	95.68
3. 农家肥费	元	16.41	21.61	28.24	12.54	13.06
4. 农药费	元	30.00	20.67	29.50	24.21	19.04
5. 农膜费	元					
6. 租赁作业费	元	146.04	198.93	164.09	114.36	103.29
机械作业费	元	136.67	156.76	143.17	107.90	93.39
排灌费	元	9.37	42.17	20.92	6.32	6.04
其中：水费	元		4.74		0.51	6.04
畜力费	元				0.14	3.86
7. 燃料动力费	元	1.60	1.03		7.74	0.02
8. 技术服务费	元					
9. 工具材料费	元	2.74	3.12	4.15	2.48	2.58
10. 修理维护费	元	0.89	2.23		1.99	1.72
11. 其他直接费用	元					
（二）间接费用	元	17.62	10.42		9.15	9.41
1. 固定资产折旧	元	2.65	4.05		7.97	4.75
2. 保险费	元	14.25	6.27			2.86
3. 管理费	元					0.33
4. 财务费	元					
5. 销售费	元	0.72	0.10		1.18	1.47
二、每亩人工成本	**元**	**206.29**	**366.35**	**341.50**	**241.00**	**637.04**
1. 家庭用工折价	元	204.38	364.26	325.31	219.06	619.69
家庭用工天数	日	2.37	4.22	3.77	2.54	7.17
劳动日工价	元	86.38	86.38	86.38	86.38	86.38
2. 雇工费用	元	1.92	2.09	16.19	21.94	17.35
雇工天数	日	0.01	0.02	0.17	0.20	0.19
雇工工价	元	191.90	104.45	95.23	109.71	91.32
三、附						
1. 每亩种子用量	公斤	18.73	12.90	14.52	15.09	11.48
2. 每亩化肥用量	公斤	28.73	29.39	26.79	19.70	14.06
3. 每亩农膜用量	公斤					

2-5-2 续表 2

项　　目	单位	陕　西	甘　肃	宁　夏	新　疆
一、每亩物质与服务费用	元	**426.11**	**432.74**	**522.53**	**590.38**
（一）直接费用	元	423.14	420.12	503.41	558.97
1. 种子费	元	66.80	84.54	105.38	94.72
2. 化肥费	元	136.06	127.09	144.81	177.17
3. 农家肥费	元	2.97	7.39	26.40	50.68
4. 农药费	元	21.53	10.07	17.45	14.19
5. 农膜费	元				
6. 租赁作业费	元	191.19	183.25	206.05	215.80
机械作业费	元	153.67	165.28	153.00	133.59
排灌费	元	37.52	17.97	53.05	80.77
其中：水费	元		17.97	52.93	24.92
畜力费	元				1.44
7. 燃料动力费	元				0.75
8. 技术服务费	元				0.27
9. 工具材料费	元	2.37	4.98	1.72	4.62
10. 修理维护费	元	2.22	2.80	1.60	0.76
11. 其他直接费用	元				0.01
（二）间接费用	元	2.97	12.62	19.12	31.41
1. 固定资产折旧	元	2.97	7.85	3.67	1.56
2. 保险费	元		3.93	13.79	18.47
3. 管理费	元				0.02
4. 财务费	元				0.55
5. 销售费	元		0.84	1.66	10.81
二、每亩人工成本	元	**541.08**	**546.72**	**439.61**	**270.92**
1. 家庭用工折价	元	541.08	530.29	407.20	210.34
家庭用工天数	日	6.26	6.14	4.71	2.44
劳动日工价	元	86.38	86.38	86.38	86.38
2. 雇工费用	元		16.44	32.41	60.59
雇工天数	日		0.15	0.34	0.54
雇工工价	元	95.47	109.57	95.32	112.20
三、附					
1. 每亩种子用量	公斤	12.74	19.93	24.39	23.97
2. 每亩化肥用量	公斤	27.88	23.77	28.31	36.13
3. 每亩农膜用量	公斤				

2-5-3　2019年各地区小麦化肥投入情况

项　目	单位	平　均	河　北	山　西	内蒙古	黑龙江	江　苏
一、每亩化肥金额	**元**	**156.28**	**162.29**	**158.32**	**174.66**	**48.68**	**152.85**
（一）氮肥	元	35.76	49.78	33.96	86.88	10.53	55.25
1. 尿素	元	33.76	49.78	33.29	86.88	10.53	53.82
2. 碳铵	元	1.78		0.67			0.64
3. 其他氮肥	元	0.22					0.79
（二）磷肥	元	1.58		5.34			0.24
其中：过磷酸钙	元	1.56		5.34			0.24
（三）钾肥	元	0.09		0.26		7.58	0.08
其中：氯化钾	元	0.04				7.53	0.08
（四）复混肥	元	118.30	112.51	118.76	84.94	29.84	97.20
1. 复合肥	元	118.01	112.51	118.76	84.94	29.84	96.01
其中：二铵	元	20.86	34.12	22.43	80.03	29.84	1.64
三元素复合肥	元	71.84	62.66	43.05	2.27		74.00
2. 混配肥	元	0.29					1.19
（五）其他肥料	元	0.55			2.84	0.73	0.08
二、每亩化肥折纯用量	**公斤**	**28.13**	**31.14**	**27.96**	**38.62**	**9.95**	**28.82**
（一）氮肥	公斤	7.97	11.07	7.77	20.22	2.20	11.80
1. 尿素	公斤	7.56	11.07	7.62	20.22	2.20	11.55
2. 碳铵	公斤	0.38		0.15			0.13
3. 其他氮肥	公斤	0.03					0.12
（二）磷肥	公斤	0.30		0.89			0.04
其中：过磷酸钙	公斤	0.30		0.89			0.04
（三）钾肥	公斤	0.01		0.06		1.37	0.01
其中：氯化钾	公斤	0.01				1.37	0.01
（四）复混肥	公斤	19.84	20.07	19.24	18.41	6.38	16.97
1. 复合肥	公斤	19.80	20.07	19.24	18.41	6.38	16.80
其中：二铵	公斤	4.31	7.34	4.94	17.62	6.38	0.32
三元素复合肥	公斤	11.57	10.23	6.62	0.36		12.93
2. 混配肥	公斤	0.04					0.17

2-5-3 续表 1

项　　目	单位	安　徽	山　东	河　南	湖　北	四　川
一、每亩化肥金额	元	**160.01**	**171.93**	**160.63**	**115.34**	**95.68**
（一）氮肥	元	30.25	25.03	21.25	19.77	21.22
1. 尿素	元	29.70	22.93	20.77	12.21	17.30
2. 碳铵	元		1.91	0.48	7.56	3.32
3. 其他氮肥	元	0.55	0.19			0.60
（二）磷肥	元		1.22		0.65	0.98
其中：过磷酸钙	元		1.22		0.65	0.98
（三）钾肥	元					
其中：氯化钾	元					
（四）复混肥	元	129.46	144.10	139.38	94.92	73.48
1. 复合肥	元	129.46	143.32	139.27	94.92	73.25
其中：二铵	元	0.64	19.99	5.93		
三元素复合肥	元	105.09	89.78	91.77	80.77	47.53
2. 混配肥	元		0.78	0.11		0.23
（五）其他肥料	元	0.30	1.58			
二、每亩化肥折纯用量	公斤	**28.73**	**29.39**	**26.79**	**19.70**	**14.06**
（一）氮肥	公斤	6.61	5.65	4.91	4.31	4.08
1. 尿素	公斤	6.54	5.15	4.80	2.60	3.35
2. 碳铵	公斤		0.47	0.11	1.71	0.67
3. 其他氮肥	公斤	0.07	0.03			0.06
（二）磷肥	公斤		0.18		0.13	0.16
其中：过磷酸钙	公斤		0.18		0.13	0.16
（三）钾肥	公斤					
其中：氯化钾	公斤					
（四）复混肥	公斤	22.11	23.55	21.87	15.26	9.81
1. 复合肥	公斤	22.11	23.45	21.86	15.26	9.77
其中：二铵	公斤	0.12	4.26	1.17		
三元素复合肥	公斤	18.11	13.95	14.43	13.04	6.37
2. 混配肥	公斤		0.10	0.01		0.04

2-5-3 续表 2

项　目	单位	陕　西	甘　肃	宁　夏	新　疆
一、每亩化肥金额	**元**	**136.06**	**127.09**	**144.81**	**177.17**
（一）氮肥	元	51.46	51.64	47.60	60.35
1. 尿素	元	40.47	45.08	35.54	59.66
2. 碳铵	元	10.99	6.56	12.06	
3. 其他氮肥	元				0.69
（二）磷肥	元	15.98	11.75		0.38
其中：过磷酸钙	元	15.98	11.75		
（三）钾肥	元				0.97
其中：氯化钾	元				
（四）复混肥	元	68.62	59.54	97.21	115.47
1. 复合肥	元	68.62	59.54	97.21	115.47
其中：二铵	元	38.80	40.87	56.46	115.20
三元素复合肥	元	29.82	12.80	40.75	
2. 混配肥	元				
（五）其他肥料	元		4.16		
二、每亩化肥折纯用量	**公斤**	**27.88**	**23.77**	**28.31**	**36.13**
（一）氮肥	公斤	11.30	11.01	11.08	14.02
1. 尿素	公斤	9.08	9.83	8.27	13.99
2. 碳铵	公斤	2.22	1.18	2.81	
3. 其他氮肥	公斤				0.03
（二）磷肥	公斤	3.53	1.96		0.01
其中：过磷酸钙	公斤	3.53	1.96		
（三）钾肥	公斤				0.05
其中：氯化钾	公斤				
（四）复混肥	公斤	13.05	10.79	17.23	22.05
1. 复合肥	公斤	13.05	10.79	17.23	22.05
其中：二铵	公斤	8.61	8.13	11.51	22.02
三元素复合肥	公斤	4.44	1.81	5.72	
2. 混配肥	公斤		0.28		

2-6-1 2019 年各地区玉米成本收益情况

项　　目	单位	平　均	河　北	山　西	内蒙古	辽　宁	吉　林	黑龙江
每亩								
主产品产量	公斤	503.90	501.59	496.68	559.04	469.64	556.17	465.43
产值合计	元	928.90	967.01	942.45	1017.60	869.66	961.01	768.15
主产品产值	元	903.33	934.98	912.59	982.90	845.01	944.43	752.78
副产品产值	元	25.57	32.03	29.86	34.70	24.65	16.58	15.37
总成本	元	1055.67	972.99	1162.43	873.65	967.38	1088.37	911.38
生产成本	元	814.99	780.90	985.90	612.05	692.07	757.25	566.01
物质与服务费用	元	390.20	372.56	453.93	425.84	365.10	404.72	329.40
人工成本	元	424.79	408.34	531.97	186.21	326.97	352.53	236.61
家庭用工折价	元	402.62	400.72	530.63	170.25	263.55	308.72	203.34
雇工费用	元	22.17	7.63	1.33	15.95	63.43	43.81	33.27
土地成本	元	240.68	192.09	176.53	261.60	275.31	331.12	345.37
流转地租金	元	29.74	3.52	10.43	36.25	24.01	43.88	61.92
自营地折租	元	210.94	188.57	166.10	225.35	251.30	287.24	283.45
净利润	元	-126.77	-5.98	-219.98	143.95	-97.72	-127.36	-143.23
现金成本	元	442.11	383.71	465.69	478.04	452.54	492.41	424.59
现金收益	元	486.79	583.30	476.76	539.56	417.12	468.60	343.56
成本利润率	%	-12.01	-0.61	-18.92	16.48	-10.10	-11.70	-15.72
每 50 公斤主产品								
平均出售价格	元	89.63	93.20	91.87	87.91	89.96	84.90	80.87
总成本	元	101.86	93.78	113.31	75.47	100.07	96.15	95.95
生产成本	元	78.64	75.26	96.11	52.87	71.59	66.90	59.59
净利润	元	-12.23	-0.58	-21.44	12.44	-10.11	-11.25	-15.08
现金成本	元	42.66	36.98	45.40	41.30	46.81	43.50	44.70
现金收益	元	46.97	56.22	46.47	46.61	43.15	41.40	36.17
附：								
每亩用工数量	日	4.87	4.70	6.16	2.09	3.74	3.95	2.63
每亩主产品已出售数量	公斤	359.06	394.88	313.54	255.46	260.68	324.06	349.60
每亩主产品已出售产值	元	639.89	735.10	578.48	443.50	464.99	547.41	567.35
每亩成本外支出	元	0.28						

2-6-1 续表 1

项　　目	单位	江　苏	安　徽	山　东	河　南	湖　北	广　西	重　庆
每亩								
主产品产量	公斤	514.00	508.99	487.96	511.47	355.30	318.37	416.24
产值合计	元	926.42	884.41	902.87	902.45	693.41	722.28	890.49
主产品产值	元	900.29	861.34	881.90	866.18	680.88	705.42	847.56
副产品产值	元	26.13	23.07	20.97	36.27	12.53	16.86	42.93
总成本	元	1000.78	827.22	955.17	1013.17	977.32	1221.61	1204.04
生产成本	元	765.57	591.53	788.67	722.74	844.85	1048.09	1095.40
物质与服务费用	元	354.83	357.64	416.64	397.63	357.31	381.08	280.09
人工成本	元	410.74	233.89	372.03	325.11	487.54	667.01	815.31
家庭用工折价	元	399.42	232.88	367.81	323.49	476.82	656.75	803.85
雇工费用	元	11.32	1.01	4.22	1.62	10.72	10.26	11.46
土地成本	元	235.21	235.69	166.50	290.43	132.47	173.52	108.64
流转地租金	元	48.81	38.08	20.90	58.25	13.39		0.69
自营地折租	元	186.40	197.61	145.60	232.18	119.08	173.52	107.95
净利润	元	-74.36	57.19	-52.30	-110.72	-283.91	-499.33	-313.55
现金成本	元	414.96	396.73	441.76	457.50	381.42	391.34	292.24
现金收益	元	511.46	487.68	461.11	444.95	311.99	330.94	598.25
成本利润率	%	-7.43	6.91	-5.47	-10.93	-29.05	-40.87	-26.04
每 50 公斤主产品								
平均出售价格	元	87.58	84.61	90.37	84.68	95.82	110.79	101.81
总成本	元	94.61	79.14	95.60	95.07	135.05	187.38	137.66
生产成本	元	72.37	56.59	78.94	67.82	116.75	160.77	125.24
净利润	元	-7.03	5.47	-5.23	-10.39	-39.23	-76.59	-35.85
现金成本	元	39.23	37.95	44.22	42.93	52.71	60.03	33.41
现金收益	元	48.35	46.66	46.15	41.75	43.11	50.76	68.40
附：								
每亩用工数量	日	4.75	2.71	4.31	3.76	5.62	7.68	9.41
每亩主产品已出售数量	公斤	489.05	455.83	402.95	510.14	291.42	221.67	131.85
每亩主产品已出售产值	元	856.00	767.06	726.41	863.95	553.24	488.24	258.06
每亩成本外支出	元	3.00						

2-6-1 续表 2

项　　目	单位	四　川	贵　州	云　南	陕　西	甘　肃	宁　夏	新　疆
每亩								
主产品产量	公斤	431.59	417.16	450.87	472.25	744.82	707.66	754.99
产值合计	元	879.89	942.03	1072.82	911.65	1417.48	1398.12	1291.90
主产品产值	元	871.21	934.10	1036.33	886.97	1368.54	1377.48	1229.33
副产品产值	元	8.68	7.93	36.49	24.68	48.94	20.64	62.57
总成本	元	1224.26	1366.08	1531.03	1205.59	1880.37	1362.64	1091.58
生产成本	元	1113.73	1265.56	1365.19	1105.88	1667.50	1074.44	834.89
物质与服务费用	元	309.36	318.25	414.65	378.41	567.55	524.68	548.24
人工成本	元	804.37	947.31	950.54	727.47	1099.95	549.76	286.65
家庭用工折价	元	793.49	912.17	912.60	725.07	1087.96	498.84	224.33
雇工费用	元	10.89	35.14	37.93	2.40	11.99	50.91	62.32
土地成本	元	110.53	100.52	165.84	99.71	212.87	288.20	256.69
流转地租金	元	1.61	0.86	1.47	1.58		36.79	17.74
自营地折租	元	108.92	99.66	164.37	98.13	212.87	251.41	238.95
净利润	元	-344.37	-424.05	-458.21	-293.94	-462.89	35.48	200.32
现金成本	元	321.86	354.25	454.05	382.39	579.54	612.38	628.30
现金收益	元	558.03	587.78	618.77	529.26	837.94	785.74	663.60
成本利润率	%	-28.13	-31.04	-29.93	-24.38	-24.62	2.60	18.35
每 50 公斤主产品								
平均出售价格	元	100.93	111.96	114.93	93.91	91.87	97.33	81.41
总成本	元	140.43	162.36	164.02	124.19	121.87	94.86	68.79
生产成本	元	127.75	150.41	146.25	113.92	108.07	74.80	52.61
净利润	元	-39.50	-50.40	-49.09	-30.28	-30.00	2.47	12.62
现金成本	元	36.92	42.10	48.64	39.39	37.56	42.63	39.59
现金收益	元	64.01	69.86	66.29	54.52	54.31	54.70	41.82
附：								
每亩用工数量	日	9.29	10.91	11.01	8.41	12.71	6.27	3.17
每亩主产品已出售数量	公斤	410.44	152.50	309.72	372.94	237.66	687.92	710.87
每亩主产品已出售产值	元	828.47	331.78	711.53	700.79	434.82	1340.09	1148.80
每亩成本外支出	元						31.73	0.11

2-6-2 2019年各地区玉米费用和用工情况

项　　目	单位	平　均	河　北	山　西	内蒙古	辽　宁	吉　林	黑龙江
一、每亩物质与服务费用	**元**	**390.20**	**372.56**	**453.93**	**425.84**	**365.10**	**404.72**	**329.40**
（一）直接费用	元	378.74	365.62	442.80	401.14	337.35	393.97	323.38
1. 种子费	元	54.99	47.69	51.17	51.87	54.68	50.85	56.32
2. 化肥费	元	140.01	118.11	163.53	133.00	143.01	171.41	119.97
3. 农家肥费	元	15.07	24.57	25.36	10.12	4.22	0.02	
4. 农药费	元	18.56	18.00	12.74	14.03	15.05	23.15	15.14
5. 农膜费	元	4.25	0.54	4.08	11.00			
6. 租赁作业费	元	141.04	152.31	181.33	178.17	116.48	145.56	130.15
机械作业费	元	118.21	118.88	130.64	138.91	107.95	145.56	129.02
排灌费	元	18.75	33.43	50.54	38.79	1.01		1.13
其中：水费	元	5.68			26.44			1.13
畜力费	元	4.08		0.15	0.47	7.52		
7. 燃料动力费	元	0.58		0.89	0.15		0.17	
8. 技术服务费	元							
9. 工具材料费	元	2.97	2.47	2.62	2.56	2.54	2.00	1.79
10. 修理维护费	元	1.04	1.93	1.08	0.24	1.37	0.81	0.01
11. 其他直接费用	元	0.23						
（二）间接费用	元	11.46	6.94	11.13	24.70	27.75	10.75	6.02
1. 固定资产折旧	元	3.12	5.16	1.83	0.08	3.67	6.92	0.02
2. 保险费	元	7.87	1.78	9.30	24.56	24.08	3.81	5.56
3. 管理费	元							
4. 财务费	元	0.01						0.02
5. 销售费	元	0.46			0.06		0.02	0.42
二、每亩人工成本	**元**	**424.79**	**408.34**	**531.97**	**186.21**	**326.97**	**352.53**	**236.61**
1. 家庭用工折价	元	402.62	400.72	530.63	170.25	263.55	308.72	203.34
家庭用工天数	日	4.66	4.64	6.14	1.97	3.05	3.57	2.35
劳动日工价	元	86.38	86.38	86.38	86.38	86.38	86.38	86.38
2. 雇工费用	元	22.17	7.63	1.33	15.95	63.43	43.81	33.27
雇工天数	日	0.21	0.06	0.02	0.12	0.69	0.38	0.28
雇工工价	元	105.57	127.08	66.70	132.93	91.92	115.28	118.81
三、附								
1. 每亩种子用量	公斤	1.97	2.30	1.57	2.08	1.87	1.88	1.79
2. 每亩化肥用量	公斤	24.36	20.88	26.36	26.05	24.04	28.72	22.08
3. 每亩农膜用量	公斤	0.37	0.04	0.37	1.06			

2-6-2 续表 1

项 目	单位	江 苏	安 徽	山 东	河 南	湖 北	广 西	重 庆
一、每亩物质与服务费用	元	**354.83**	**357.64**	**416.64**	**397.63**	**357.31**	**381.08**	**280.09**
（一）直接费用	元	331.22	341.37	406.21	397.63	349.39	373.41	262.69
1. 种子费	元	53.88	50.55	49.44	50.03	58.40	77.68	45.65
2. 化肥费	元	141.87	132.60	153.13	135.21	137.78	125.39	146.68
3. 农家肥费	元	12.25	14.00	16.49	40.58	13.72	44.52	16.60
4. 农药费	元	24.04	22.50	24.01	23.44	19.75	23.36	11.87
5. 农膜费	元	0.16				1.43		3.48
6. 租赁作业费	元	93.70	118.38	157.24	144.97	109.53	88.30	26.09
机械作业费	元	84.91	112.44	128.66	125.18	81.56	40.79	18.60
排灌费	元	8.79	5.94	28.58	19.79	9.59		
其中：水费	元	3.54	0.13	2.19				
畜力费	元					18.38	47.51	7.49
7. 燃料动力费	元	0.70	0.16	1.02		4.48	3.16	4.82
8. 技术服务费	元							
9. 工具材料费	元	3.06	2.39	2.88	3.40	2.55	6.84	6.02
10. 修理维护费	元	1.56	0.79	2.00		1.75	4.16	1.48
11. 其他直接费用	元							
（二）间接费用	元	23.61	16.27	10.43		7.92	7.67	17.40
1. 固定资产折旧	元	8.81	1.53	3.81		6.97	7.51	12.79
2. 保险费	元	14.07	14.25	6.48				4.61
3. 管理费	元							
4. 财务费	元	0.04	0.08					
5. 销售费	元	0.69	0.41	0.14		0.95	0.16	
二、每亩人工成本	元	**410.74**	**233.89**	**372.03**	**325.11**	**487.54**	**667.01**	**815.31**
1. 家庭用工折价	元	399.42	232.88	367.81	323.49	476.82	656.75	803.85
家庭用工天数	日	4.62	2.70	4.26	3.75	5.52	7.60	9.31
劳动日工价	元	86.38	86.38	86.38	86.38	86.38	86.38	86.38
2. 雇工费用	元	11.32	1.01	4.22	1.62	10.72	10.26	11.46
雇工天数	日	0.13	0.01	0.05	0.01	0.10	0.08	0.10
雇工工价	元	87.05	100.80	84.38	161.90	107.18	128.28	114.59
三、附								
1. 每亩种子用量	公斤	1.92	1.93	1.92	2.12	1.88	1.53	1.17
2. 每亩化肥用量	公斤	26.36	22.67	24.34	21.32	22.77	19.69	23.82
3. 每亩农膜用量	公斤	0.01				0.10		0.24

2-6-2 续表 2

项目	单位	四川	贵州	云南	陕西	甘肃	宁夏	新疆
一、每亩物质与服务费用	元	**309.36**	**318.25**	**414.65**	**378.41**	**567.55**	**524.68**	**548.24**
（一）直接费用	元	295.68	313.37	413.24	376.67	544.34	503.56	527.00
1. 种子费	元	66.14	47.45	70.15	62.32	69.73	72.71	71.41
2. 化肥费	元	118.08	132.08	146.96	135.12	181.25	161.51	152.44
3. 农家肥费	元	13.06	13.31	42.27	6.92	19.77	17.25	22.53
4. 农药费	元	14.60	11.46	30.66	13.13	11.71	20.29	16.83
5. 农膜费	元	5.43	5.53	18.04		54.42	5.42	18.97
6. 租赁作业费	元	72.67	93.13	97.10	154.50	198.33	222.39	226.20
机械作业费	元	58.73	54.82	62.30	117.33	149.51	154.62	145.21
排灌费	元	6.07		3.58	35.04	48.82	67.77	80.78
其中：水费	元	5.98		2.23		48.82	66.74	29.52
畜力费	元	7.87	38.31	31.22	2.13			0.21
7. 燃料动力费	元	0.76	4.05	0.25		2.06		1.88
8. 技术服务费	元							0.01
9. 工具材料费	元	3.11	5.61	7.61	2.38	4.41	2.31	4.92
10. 修理维护费	元	1.83	0.75	0.20	2.30	2.66	1.68	1.89
11. 其他直接费用	元							9.92
（二）间接费用	元	13.68	4.88	1.41	1.74	23.21	21.12	21.24
1. 固定资产折旧	元	6.44	4.88	0.39	1.74	7.93	4.49	2.95
2. 保险费	元	7.24		0.22		14.43	14.37	6.52
3. 管理费	元							0.20
4. 财务费	元							0.04
5. 销售费	元			0.80		0.85	2.26	11.53
二、每亩人工成本	元	**804.37**	**947.31**	**950.54**	**727.47**	**1099.95**	**549.76**	**286.65**
1. 家庭用工折价	元	793.49	912.17	912.60	725.07	1087.96	498.84	224.33
家庭用工天数	日	9.19	10.56	10.57	8.39	12.60	5.78	2.60
劳动日工价	元	86.38	86.38	86.38	86.38	86.38	86.38	86.38
2. 雇工费用	元	10.89	35.14	37.93	2.40	11.99	50.91	62.32
雇工天数	日	0.10	0.35	0.44	0.02	0.11	0.49	0.57
雇工工价	元	108.87	100.40	86.21	119.90	109.00	103.91	109.34
三、附								
1. 每亩种子用量	公斤	1.96	1.35	2.15	2.38	2.03	2.29	2.80
2. 每亩化肥用量	公斤	18.89	21.09	25.89	27.69	34.70	31.41	32.58
3. 每亩农膜用量	公斤	0.37	0.38	1.42		4.80	0.36	1.66

2-6-3 2019 年各地区玉米化肥投入情况

项 目	单位	平 均	河 北	山 西	内蒙古	辽 宁	吉 林	黑龙江
一、每亩化肥金额	**元**	**140.01**	**118.11**	**163.53**	**133.00**	**143.01**	**171.41**	**119.97**
（一）氮肥	元	30.70	19.80	21.73	43.14	11.62	7.76	29.39
1. 尿素	元	28.07	19.80	21.53	39.65	11.62	6.26	29.39
2. 碳铵	元	1.98			2.21			
3. 其他氮肥	元	0.65		0.20	1.28		1.50	
（二）磷肥	元	1.47		0.59				
其中：过磷酸钙	元	1.41		0.59				
（三）钾肥	元	0.82			0.26		2.39	1.83
其中：氯化钾	元	0.56					1.77	1.83
（四）复混肥	元	106.75	98.31	141.21	89.60	131.26	161.18	88.75
1. 复合肥	元	98.60	98.31	133.86	83.64	102.86	118.36	88.53
其中：二铵	元	14.63	19.25	14.10	40.17	7.91	6.69	11.10
三元素复合肥	元	43.92	55.28	13.80	16.52	53.26	33.69	42.73
2. 混配肥	元	8.15		7.35	5.96	28.40	42.82	0.22
（五）其他肥料	元	0.27				0.13	0.08	
二、每亩化肥折纯用量	**公斤**	**24.36**	**20.88**	**26.36**	**26.05**	**24.04**	**28.72**	**22.08**
（一）氮肥	公斤	6.59	4.58	4.81	9.58	2.51	1.59	6.35
1. 尿素	公斤	6.07	4.58	4.78	8.90	2.51	1.36	6.35
2. 碳铵	公斤	0.43			0.53			
3. 其他氮肥	公斤	0.09		0.03	0.15		0.23	
（二）磷肥	公斤	0.27		0.11				
其中：过磷酸钙	公斤	0.26		0.11				
（三）钾肥	公斤	0.13			0.08		0.40	0.33
其中：氯化钾	公斤	0.10					0.32	0.33
（四）复混肥	公斤	17.37	16.30	21.44	16.39	21.52	26.74	15.38
1. 复合肥	公斤	15.97	16.30	20.33	15.45	16.58	19.19	15.34
其中：二铵	公斤	3.05	4.19	2.74	8.59	1.72	1.35	2.31
三元素复合肥	公斤	6.70	8.45	2.00	2.31	8.39	4.99	6.77
2. 混配肥	公斤	1.40		1.11	0.94	4.94	7.55	0.04

2-6-3 续表 1

项目	单位	江苏	安徽	山东	河南	湖北	广西	重庆
一、每亩化肥金额	元	**141.87**	**132.60**	**153.13**	**135.21**	**137.78**	**125.39**	**146.68**
（一）氮肥	元	52.07	22.20	14.43	11.16	37.81	57.41	52.82
1. 尿素	元	49.77	21.45	12.70	10.98	33.06	43.91	36.70
2. 碳铵	元	1.21			0.18	4.75	7.50	16.12
3. 其他氮肥	元	1.09	0.75	1.73			6.00	
（二）磷肥	元	0.64				2.01	2.70	12.09
其中：过磷酸钙	元	0.64				2.01	0.16	12.09
（三）钾肥	元	2.55					6.16	
其中：氯化钾	元						5.09	
（四）复混肥	元	86.61	109.18	138.17	124.05	95.53	59.12	81.77
1. 复合肥	元	83.74	101.25	136.58	124.05	95.53	59.12	81.17
其中：二铵	元	4.68		9.61	0.68			
三元素复合肥	元	53.62	74.01	85.13	64.65	76.21	24.94	38.49
2. 混配肥	元	2.87	7.93	1.59				0.60
（五）其他肥料	元		1.22	0.53		2.43		
二、每亩化肥折纯用量	公斤	**26.36**	**22.67**	**24.34**	**21.32**	**22.77**	**19.69**	**23.82**
（一）氮肥	公斤	11.24	4.95	3.06	2.59	7.83	10.18	9.92
1. 尿素	公斤	10.81	4.85	2.86	2.55	6.84	8.09	6.91
2. 碳铵	公斤	0.26			0.04	0.99	1.34	3.01
3. 其他氮肥	公斤	0.17	0.10	0.20			0.75	
（二）磷肥	公斤	0.10				0.34	0.42	1.90
其中：过磷酸钙	公斤	0.10				0.34	0.05	1.90
（三）钾肥	公斤	0.36					1.03	
其中：氯化钾	公斤						0.92	
（四）复混肥	公斤	14.68	17.73	21.29	18.73	14.60	8.06	12.00
1. 复合肥	公斤	14.24	16.36	21.09	18.73	14.60	8.06	11.95
其中：二铵	公斤	0.93		2.08	0.13			
三元素复合肥	公斤	9.36	12.34	12.90	10.02	12.11	3.54	5.51
2. 混配肥	公斤	0.44	1.37	0.20				0.05

2-6-3 续表2

项目	单位	四川	贵州	云南	陕西	甘肃	宁夏	新疆
一、每亩化肥金额	元	**118.08**	**132.08**	**146.96**	**135.12**	**181.25**	**161.51**	**152.44**
（一）氮肥	元	44.14	61.28	85.92	63.10	80.93	49.11	63.06
1. 尿素	元	29.41	61.28	85.65	39.84	79.82	43.28	63.06
2. 碳铵	元	13.67		0.27	23.26	0.13	5.83	
3. 其他氮肥	元	1.06				0.98		
（二）磷肥	元	3.47	15.16	5.97	11.62	8.84		
其中：过磷酸钙	元	3.47	15.10	5.53	11.62	8.84		
（三）钾肥	元		0.06	0.56		1.42		3.99
其中：氯化钾	元			0.56				
（四）复混肥	元	70.47	55.12	54.51	60.40	86.80	111.13	84.24
1. 复合肥	元	67.32	51.22	47.98	60.40	86.80	111.13	84.24
其中：二铵	元			7.40	27.12	49.17	68.05	83.28
三元素复合肥	元	37.78	23.48	25.57	33.28	11.50	43.08	0.96
2. 混配肥	元	3.15	3.90	6.53				
（五）其他肥料	元		0.46			3.26	1.27	1.15
二、每亩化肥折纯用量	公斤	**18.89**	**21.09**	**25.89**	**27.69**	**34.70**	**31.41**	**32.58**
（一）氮肥	公斤	8.65	11.94	16.43	14.14	18.49	11.42	15.76
1. 尿素	公斤	5.83	11.94	16.38	8.59	18.27	10.19	15.76
2. 碳铵	公斤	2.69		0.05	5.55	0.02	1.23	
3. 其他氮肥	公斤	0.13				0.20		
（二）磷肥	公斤	0.64	2.11	1.33	2.68	1.39		
其中：过磷酸钙	公斤	0.64	2.09	1.24	2.68	1.39		
（三）钾肥	公斤		0.01	0.11		0.11		0.27
其中：氯化钾	公斤			0.11				
（四）复混肥	公斤	9.61	7.04	8.01	10.88	14.71	19.98	16.55
1. 复合肥	公斤	9.08	6.43	6.89	10.88	14.71	19.98	16.55
其中：二铵	公斤			1.48	6.04	9.77	13.82	16.33
三元素复合肥	公斤	5.09	3.22	3.50	4.84	1.71	6.16	0.22
2. 混配肥	公斤	0.53	0.61	1.12				

2-7-1 2019年各地区大豆成本收益情况

项 目	单位	平 均	河 北	山 西	内蒙古	辽 宁	吉 林	黑龙江
每亩								
主产品产量	公斤	128.41	169.21	116.31	95.83	166.79	157.99	129.60
产值合计	元	492.23	699.79	531.52	345.54	627.55	551.75	462.28
主产品产值	元	481.74	699.79	531.52	328.84	611.62	538.69	452.80
副产品产值	元	10.49			16.70	15.93	13.06	9.48
总成本	元	686.33	833.45	887.46	474.75	671.65	753.75	725.83
生产成本	元	411.64	634.59	724.49	270.05	464.64	485.49	374.01
物质与服务费用	元	189.32	219.27	258.38	208.24	257.72	226.43	198.67
人工成本	元	222.32	415.32	466.11	61.81	206.92	259.06	175.34
家庭用工折价	元	191.42	415.32	466.11	44.31	196.43	181.57	123.44
雇工费用	元	30.90			17.50	10.50	77.49	51.90
土地成本	元	274.69	198.86	162.97	204.70	207.01	268.26	351.82
流转地租金	元	63.14		9.28	29.36	21.04	45.03	99.88
自营地折租	元	211.55	198.86	153.69	175.34	185.97	223.23	251.94
净利润	元	-194.10	-133.66	-355.94	-129.21	-44.10	-202.00	-263.55
现金成本	元	283.36	219.27	267.66	255.10	289.26	348.95	350.45
现金收益	元	208.87	480.52	263.86	90.44	338.29	202.80	111.83
成本利润率	%	-28.28	-16.04	-40.11	-27.22	-6.57	-26.80	-36.31
每50公斤主产品								
平均出售价格	元	187.58	206.78	228.49	171.57	183.35	170.48	174.69
总成本	元	261.55	246.27	381.50	235.73	196.24	232.90	274.28
生产成本	元	156.87	187.51	311.44	134.09	135.75	150.01	141.33
净利润	元	-73.97	-39.49	-153.01	-64.16	-12.89	-62.42	-99.59
现金成本	元	107.98	64.79	115.06	126.66	84.51	107.82	132.43
现金收益	元	79.60	141.99	113.43	44.91	98.84	62.66	42.26
附:								
每亩用工数量	日	2.48	4.81	5.40	0.64	2.38	2.77	1.85
每亩主产品已出售数量	公斤	102.04	128.42	90.62	84.02	151.34	146.86	85.43
每亩主产品已出售产值	元	385.70	521.32	411.40	287.19	553.51	500.17	298.36
每亩成本外支出	元	0.10						

2-7-1 续表

项　目	单位	江　苏	安　徽	山　东	河　南	湖　北	四　川	陕　西
每亩								
主产品产量	公斤	170.15	123.44	152.54	156.70	151.70	111.31	122.42
产值合计	元	766.40	514.65	746.31	597.11	645.84	495.06	555.00
主产品产值	元	752.27	500.00	727.51	592.40	633.51	493.36	535.72
副产品产值	元	14.13	14.65	18.80	4.71	12.33	1.70	19.28
总成本	元	892.55	672.96	772.04	747.83	546.08	603.96	760.09
生产成本	元	623.09	436.81	600.85	410.09	445.84	495.55	679.29
物质与服务费用	元	160.17	180.01	222.47	154.09	234.55	57.37	191.76
人工成本	元	462.92	256.80	378.38	256.00	211.29	438.18	487.53
家庭用工折价	元	453.93	256.46	352.60	246.01	211.29	431.90	487.53
雇工费用	元	8.99	0.34	25.78	9.99		6.28	
土地成本	元	269.46	236.15	171.19	337.74	100.24	108.41	80.80
流转地租金	元	41.40	39.70	12.55	89.96	8.35	1.08	
自营地折租	元	228.06	196.45	158.64	247.78	91.89	107.33	80.80
净利润	元	-126.15	-158.31	-25.73	-150.72	99.76	-108.90	-205.09
现金成本	元	210.56	220.05	260.80	254.04	242.90	64.73	191.76
现金收益	元	555.84	294.60	485.51	343.07	402.94	430.33	363.24
成本利润率	%	-14.13	-23.52	-3.33	-20.15	18.27	-18.03	-26.98
每 50 公斤主产品								
平均出售价格	元	221.06	202.53	238.47	189.02	208.80	221.62	218.80
总成本	元	257.45	264.83	246.69	236.73	176.55	270.37	299.65
生产成本	元	179.72	171.90	191.99	129.82	144.14	221.84	267.80
净利润	元	-36.39	-62.30	-8.22	-47.71	32.25	-48.75	-80.85
现金成本	元	60.73	86.60	83.33	80.42	78.53	28.98	75.60
现金收益	元	160.33	115.93	155.14	108.60	130.27	192.64	143.20
附：								
每亩用工数量	日	5.39	2.97	4.36	2.95	2.45	5.09	5.64
每亩主产品已出售数量	公斤	150.77	120.85	111.71	155.40	151.70	110.52	86.67
每亩主产品已出售产值	元	667.99	488.86	521.36	587.41	633.51	489.66	379.63
每亩成本外支出	元	3.72						

2-7-2　2019 年各地区大豆费用和用工情况

项　　目	单位	平　均	河　北	山　西	内蒙古	辽　宁	吉　林	黑龙江
一、每亩物质与服务费用	元	**189.32**	**219.27**	**258.38**	**208.24**	**257.72**	**226.43**	**198.67**
（一）直接费用	元	182.97	214.98	257.70	192.47	246.07	222.18	195.13
1. 种子费	元	35.33	44.80	54.71	35.90	40.83	29.01	28.33
2. 化肥费	元	45.83	57.90	75.94	44.32	65.13	82.66	59.38
3. 农家肥费	元	2.20	3.63	7.01	0.07	14.88		
4. 农药费	元	16.24	15.34	5.53	19.29	18.53	19.54	14.29
5. 农膜费	元							
6. 租赁作业费	元	80.63	88.51	111.28	90.68	103.70	88.50	91.73
机械作业费	元	77.97	56.44	90.72	90.60	100.67	85.24	91.73
排灌费	元	2.24	32.07	11.65	0.08	0.65		
其中：水费	元	0.13						
畜力费	元	0.42		8.91		2.38	3.26	
7. 燃料动力费	元	0.27				0.26		
8. 技术服务费	元							
9. 工具材料费	元	2.04	2.63	2.46	2.21	1.97	2.25	1.32
10. 修理维护费	元	0.43	2.17	0.77		0.77	0.22	0.08
11. 其他直接费用	元							
（二）间接费用	元	6.35	4.29	0.68	15.77	11.65	4.25	3.54
1. 固定资产折旧	元	1.18	4.29	0.68		1.45	0.40	0.36
2. 保险费	元	4.80			15.76	10.20	3.85	3.01
3. 管理费	元							
4. 财务费	元	0.05						
5. 销售费	元	0.32			0.01			0.17
二、每亩人工成本	元	**222.32**	**415.32**	**466.11**	**61.81**	**206.92**	**259.06**	**175.34**
1. 家庭用工折价	元	191.42	415.32	466.11	44.31	196.43	181.57	123.44
家庭用工天数	日	2.22	4.81	5.40	0.51	2.27	2.10	1.43
劳动日工价	元	86.38	86.38	86.38	86.38	86.38	86.38	86.38
2. 雇工费用	元	30.90			17.50	10.50	77.49	51.90
雇工天数	日	0.26			0.13	0.11	0.67	0.42
雇工工价	元	118.85	97.53	81.67	134.62	95.42	115.66	123.58
三、附								
1. 每亩种子用量	公斤	5.32	5.05	5.44	5.93	3.78	3.52	4.98
2. 每亩化肥用量	公斤	7.91	11.52	12.53	7.52	10.67	12.93	10.35
3. 每亩农膜用量	公斤							

2-7-2 续表

项　　目	单位	江　苏	安　徽	山　东	河　南	湖　北	四　川	陕　西
一、每亩物质与服务费用	元	**160.17**	**180.01**	**222.47**	**154.09**	**234.55**	**57.37**	**191.76**
（一）直接费用	元	147.58	167.58	215.14	154.09	230.46	52.89	189.14
1. 种子费	元	52.08	48.56	44.08	44.20	61.82	28.65	34.68
2. 化肥费	元	26.28	12.28	43.17	15.09	48.73	4.57	52.01
3. 农家肥费	元	6.15	13.04	3.43		7.28		0.89
4. 农药费	元	31.75	24.31	27.94	24.25	6.09	4.53	5.37
5. 农膜费	元							
6. 租赁作业费	元	27.18	64.77	91.84	66.59	98.07	10.64	91.53
机械作业费	元	23.76	62.81	54.64	61.24	98.07	10.64	79.30
排灌费	元	3.42	1.96	37.20	5.35			4.90
其中：水费	元	3.42		2.36				
畜力费	元							7.33
7. 燃料动力费	元		1.31			4.54		
8. 技术服务费	元							
9. 工具材料费	元	3.00	2.58	2.50	3.96	2.64	3.09	2.25
10. 修理维护费	元	1.14	0.73	2.18		1.29	1.41	2.41
11. 其他直接费用	元							
（二）间接费用	元	12.59	12.43	7.33		4.09	4.48	2.62
1. 固定资产折旧	元	4.08	3.33	3.27		4.09	2.95	2.62
2. 保险费	元	8.04	7.51	3.95				
3. 管理费	元							
4. 财务费	元		0.50					
5. 销售费	元	0.47	1.09	0.11			1.53	
二、每亩人工成本	元	**462.92**	**256.80**	**378.38**	**256.00**	**211.29**	**438.18**	**487.53**
1. 家庭用工折价	元	453.93	256.46	352.60	246.01	211.29	431.90	487.53
家庭用工天数	日	5.26	2.97	4.08	2.85	2.45	5.00	5.64
劳动日工价	元	86.38	86.38	86.38	86.38	86.38	86.38	86.38
2. 雇工费用	元	8.99	0.34	25.78	9.99		6.28	
雇工天数	日	0.13		0.28	0.10		0.09	
雇工工价	元	69.16		92.08	99.89	120.00	69.78	100.79
三、附								
1. 每亩种子用量	公斤	5.81	6.14	5.17	5.39	5.97	5.73	5.50
2. 每亩化肥用量	公斤	4.50	2.14	7.71	2.20	8.08	0.80	10.75
3. 每亩农膜用量	公斤							

2-7-3　2019 年各地区大豆化肥投入情况

项　　目	单位	平　均	河　北	山　西	内蒙古	辽　宁	吉　林	黑龙江
一、每亩化肥金额	元	**45.83**	**57.90**	**75.94**	**44.32**	**65.13**	**82.66**	**59.38**
（一）氮肥	元	4.09	6.51	9.08	0.03	3.48		6.00
1. 尿素	元	3.88	6.51	3.66	0.03	3.31		6.00
2. 碳铵	元	0.21		5.42		0.17		
3. 其他氮肥	元							
（二）磷肥	元	0.60		18.98				
其中：过磷酸钙	元	0.60		18.98				
（三）钾肥	元	1.22			0.02		0.25	2.57
其中：氯化钾	元	1.21			0.02			2.57
（四）复混肥	元	39.81	51.39	47.88	44.27	60.80	81.82	50.78
1. 复合肥	元	38.64	51.39	47.88	43.93	56.56	81.82	48.52
其中：二铵	元	8.68	31.45	10.07	3.50	4.41	0.22	14.53
三元素复合肥	元	19.06	19.94	7.26	14.94	30.96	11.96	27.10
2. 混配肥	元	1.17			0.34	4.24		2.26
（五）其他肥料	元	0.11				0.85	0.59	0.03
二、每亩化肥折纯用量	公斤	**7.91**	**11.52**	**12.53**	**7.52**	**10.67**	**12.93**	**10.35**
（一）氮肥	公斤	0.85	1.50	2.07	0.01	0.77		1.22
1. 尿素	公斤	0.81	1.50	0.87	0.01	0.74		1.22
2. 碳铵	公斤	0.04		1.20		0.03		
3. 其他氮肥	公斤							
（二）磷肥	公斤	0.11		3.22				
其中：过磷酸钙	公斤	0.11		3.22				
（三）钾肥	公斤	0.21					0.04	0.45
其中：氯化钾	公斤	0.21						0.45
（四）复混肥	公斤	6.74	10.01	7.24	7.50	9.89	12.89	8.68
1. 复合肥	公斤	6.54	10.01	7.24	7.44	9.13	12.89	8.30
其中：二铵	公斤	1.78	6.79	2.01	0.73	0.86	0.05	2.96
三元素复合肥	公斤	2.97	3.22	0.98	2.27	4.94	1.97	4.19
2. 混配肥	公斤	0.20			0.06	0.76		0.38

2-7-3 续表

项　目	单位	江　苏	安　徽	山　东	河　南	湖　北	四　川	陕　西
一、每亩化肥金额	元	**26.28**	**12.28**	**43.17**	**15.09**	**48.73**	**4.57**	**52.01**
（一）氮肥	元	5.46	3.31	4.48		0.16		21.84
1. 尿素	元	5.46	3.31	4.48		0.13		15.92
2. 碳铵	元					0.03		5.92
3. 其他氮肥	元							
（二）磷肥	元	3.53	0.11			0.06	0.35	4.58
其中：过磷酸钙	元	3.53	0.11			0.06	0.35	4.58
（三）钾肥	元							
其中：氯化钾	元							
（四）复混肥	元	17.29	8.18	38.69	15.09	48.51	4.22	25.59
1. 复合肥	元	17.29	8.00	38.69	15.09	48.51	4.22	25.59
其中：二铵	元	2.32		6.28				20.41
三元素复合肥	元	8.21	4.90	28.87	7.82	48.51		3.71
2. 混配肥	元		0.18					
（五）其他肥料	元		0.68					
二、每亩化肥折纯用量	公斤	**4.50**	**2.14**	**7.71**	**2.20**	**8.08**	**0.80**	**10.75**
（一）氮肥	公斤	1.13	0.73	1.06		0.04		4.59
1. 尿素	公斤	1.13	0.73	1.06		0.03		3.39
2. 碳铵	公斤					0.01		1.20
3. 其他氮肥	公斤							
（二）磷肥	公斤	0.59	0.02			0.01	0.06	1.01
其中：过磷酸钙	公斤	0.59	0.02			0.01	0.06	1.01
（三）钾肥	公斤							
其中：氯化钾	公斤							
（四）复混肥	公斤	2.78	1.39	6.65	2.20	8.04	0.74	5.15
1. 复合肥	公斤	2.78	1.35	6.65	2.20	8.04	0.74	5.15
其中：二铵	公斤	0.35		1.40				4.34
三元素复合肥	公斤	1.33	0.83	4.70	1.18	8.04		0.59
2. 混配肥	公斤		0.04					

2-8-1　2019年各地区花生成本收益情况

项　　目	单位	平　均	河　北	辽　宁	吉　林	安　徽	福　建	江　西
每亩								
主产品产量	公斤	246.52	287.69	208.90	185.48	292.37	192.70	239.54
产值合计	元	1795.72	1775.57	1333.17	1219.90	1837.90	2383.87	1674.06
主产品产值	元	1776.49	1760.47	1291.19	1197.44	1825.03	2373.91	1663.33
副产品产值	元	19.23	15.10	41.98	22.46	12.87	9.96	10.73
总成本	元	1424.66	1522.09	1096.86	769.33	1213.04	1829.26	1562.38
生产成本	元	1177.09	1296.24	821.15	569.33	909.04	1611.03	1431.67
物质与服务费用	元	509.97	506.39	457.10	381.89	468.12	482.85	603.64
人工成本	元	667.12	789.85	364.05	187.44	440.92	1128.18	828.03
家庭用工折价	元	652.17	753.75	363.23	187.44	436.39	1107.05	638.52
雇工费用	元	14.95	36.10	0.83		4.53	21.13	189.51
土地成本	元	247.57	225.85	275.71	200.00	304.00	218.23	130.71
流转地租金	元	28.80	12.33	32.50	13.61	86.28	62.07	6.76
自营地折租	元	218.77	213.52	243.21	186.39	217.72	156.16	123.95
净利润	元	371.06	253.48	236.31	450.57	624.86	554.61	111.68
现金成本	元	553.72	554.82	490.43	395.50	558.93	566.05	799.91
现金收益	元	1242.00	1220.75	842.74	824.40	1278.97	1817.82	874.15
成本利润率	%	26.05	16.65	21.54	58.57	51.51	30.32	7.15
每50公斤主产品								
平均出售价格	元	360.31	305.97	309.04	322.79	312.11	615.96	347.19
总成本	元	285.86	262.29	254.26	203.57	206.00	472.66	324.03
生产成本	元	236.18	223.37	190.35	150.65	154.37	416.27	296.92
净利润	元	74.45	43.68	54.78	119.22	106.11	143.30	23.16
现金成本	元	111.10	95.61	113.69	104.65	94.92	146.26	165.90
现金收益	元	249.21	210.36	195.35	218.14	217.19	469.70	181.29
附：								
每亩用工数量	日	7.69	9.18	4.22	2.17	5.10	12.97	8.97
每亩主产品已出售数量	公斤	186.48	253.23	135.11	17.43	276.36	101.33	219.49
每亩主产品已出售产值	元	1328.01	1550.11	847.55	105.13	1721.21	1267.32	1540.97
每亩成本外支出	元							

2-8-1 续表

项　　目	单位	山　东	河　南	湖　南	广　东	广　西	海　南	四　川
每亩								
主产品产量	公斤	291.70	262.29	298.39	185.44	185.54	144.23	179.70
产值合计	元	1878.30	1564.76	5281.05	1811.20	1860.31	1148.09	1669.61
主产品产值	元	1856.92	1539.57	5271.05	1806.40	1843.69	1148.09	1663.90
副产品产值	元	21.38	25.19	10.00	4.80	16.62		5.71
总成本	元	1517.43	1389.77	1667.17	1451.82	1561.95	1427.92	1421.99
生产成本	元	1308.90	1034.71	1505.87	1262.49	1373.04	1287.60	1331.36
物质与服务费用	元	560.74	513.58	594.23	503.64	515.94	541.54	397.33
人工成本	元	748.16	521.13	911.64	758.85	857.10	746.06	934.03
家庭用工折价	元	738.72	521.13	844.36	758.85	855.68	746.06	934.03
雇工费用	元	9.43		67.28		1.42		
土地成本	元	208.53	355.06	161.30	189.33	188.91	140.32	90.63
流转地租金	元	5.67	51.65	39.04	19.97	1.48		2.37
自营地折租	元	202.86	303.41	122.26	169.36	187.43	140.32	88.26
净利润	元	360.87	174.99	3613.88	359.38	298.36	-279.83	247.62
现金成本	元	575.84	565.23	700.55	523.61	518.84	541.54	399.70
现金收益	元	1302.46	999.53	4580.50	1287.59	1341.47	606.55	1269.91
成本利润率	%	23.78	12.59	216.77	24.75	19.10	-19.60	17.41
每50公斤主产品								
平均出售价格	元	318.29	293.49	883.25	487.06	496.84	398.01	462.97
总成本	元	257.14	260.67	278.83	390.42	417.15	495.02	394.31
生产成本	元	221.80	194.07	251.86	339.50	366.70	446.38	369.18
净利润	元	61.15	32.82	604.42	96.64	79.69	-97.01	68.66
现金成本	元	97.58	106.02	117.17	140.81	138.57	187.74	110.83
现金收益	元	220.71	187.47	766.08	346.25	358.27	210.27	352.14
附：								
每亩用工数量	日	8.65	6.03	10.19	8.79	9.92	8.64	10.81
每亩主产品已出售数量	公斤	158.56	223.80	221.19	158.59	101.14	100.13	178.26
每亩主产品已出售产值	元	1000.63	1302.60	3872.72	1466.24	1039.32	724.76	1649.20
每亩成本外支出	元							

2-8-2 2019年各地区花生费用和用工情况

项目	单位	平均	河北	辽宁	吉林	安徽	福建	江西
一、每亩物质与服务费用	元	**509.97**	**506.39**	**457.10**	**381.89**	**468.12**	**482.85**	**603.64**
（一）直接费用	元	505.41	501.20	453.86	369.59	467.51	480.81	597.50
1. 种子费	元	174.32	206.37	145.66	86.25	178.57	250.53	211.25
2. 化肥费	元	142.49	112.64	125.26	105.50	135.45	83.01	165.38
3. 农家肥费	元	10.27	6.31			5.50	8.60	25.61
4. 农药费	元	44.41	20.86	47.01	32.57	40.90	30.67	67.75
5. 农膜费	元	7.73	22.36	0.72		16.84		
6. 租赁作业费	元	119.37	127.85	130.72	142.98	86.12	94.22	121.14
机械作业费	元	104.05	101.13	114.06	142.98	85.73	38.36	107.77
排灌费	元	10.23	26.72	12.11		0.39	1.06	13.37
其中：水费	元	0.88		5.74		0.39		8.85
畜力费	元	5.09		4.55			54.80	
7. 燃料动力费	元	1.63				0.94	1.26	
8. 技术服务费	元							
9. 工具材料费	元	3.98	2.38	2.51	2.29	3.05	9.92	3.70
10. 修理维护费	元	1.21	2.43	1.98		0.14	2.60	2.67
11. 其他直接费用	元							
（二）间接费用	元	4.56	5.19	3.24	12.30	0.61	2.04	6.14
1. 固定资产折旧	元	3.35	5.19	3.24	12.30	0.61	2.04	6.14
2. 保险费	元	0.61						
3. 管理费	元							
4. 财务费	元							
5. 销售费	元	0.60						
二、每亩人工成本	元	**667.12**	**789.85**	**364.05**	**187.44**	**440.92**	**1128.18**	**828.03**
1. 家庭用工折价	元	652.17	753.75	363.23	187.44	436.39	1107.05	638.52
家庭用工天数	日	7.55	8.73	4.21	2.17	5.05	12.82	7.39
劳动日工价	元	86.38	86.38	86.38	86.38	86.38	86.38	86.38
2. 雇工费用	元	14.95	36.10	0.83		4.53	21.13	189.51
雇工天数	日	0.14	0.45	0.01		0.05	0.15	1.58
雇工工价	元	106.79	80.22	82.70	145.91	90.56	140.88	119.95
三、附								
1. 每亩种子用量	公斤	15.29	17.72	12.68	9.41	16.79	10.89	15.85
2. 每亩化肥用量	公斤	21.55	18.35	19.90	16.27	23.45	12.41	31.15
3. 每亩农膜用量	公斤	0.67	1.75	0.06		1.43		

2-8-2 续表

项　　目	单位	山　东	河　南	湖　南	广　东	广　西	海　南	四　川
一、每亩物质与服务费用	元	**560.74**	**513.58**	**594.23**	**503.64**	**515.94**	**541.54**	**397.33**
（一）直接费用	元	548.96	512.31	590.28	502.34	510.19	537.76	392.79
1. 种子费	元	152.86	169.52	267.07	171.76	134.94	180.20	217.20
2. 化肥费	元	179.20	150.20	104.41	131.89	175.99	133.24	86.22
3. 农家肥费	元	9.63	10.24	32.50	8.89	12.09	26.92	13.49
4. 农药费	元	37.77	65.20	18.83	44.28	31.03	27.35	10.83
5. 农膜费	元	26.82			5.84			
6. 租赁作业费	元	129.98	113.70	161.04	128.54	146.89	164.61	60.52
机械作业费	元	120.99	96.66	161.04	127.32	110.79	152.07	41.20
排灌费	元	8.99	17.04		0.14		3.58	
其中：水费	元	0.29			0.14		3.58	
畜力费	元				1.08	36.10	8.96	19.32
7. 燃料动力费	元	7.70			0.79	1.85		
8. 技术服务费	元							
9. 工具材料费	元	3.23	3.45	4.28	9.42	4.51	5.44	3.05
10. 修理维护费	元	1.77		2.15	0.93	2.89		1.48
11. 其他直接费用	元							
（二）间接费用	元	11.78	1.27	3.95	1.30	5.75	3.78	4.54
1. 固定资产折旧	元	7.28		3.95	1.30	5.59	3.78	4.54
2. 保险费	元	3.38						
3. 管理费	元							
4. 财务费	元							
5. 销售费	元	1.12	1.27			0.16		
二、每亩人工成本	元	**748.16**	**521.13**	**911.64**	**758.85**	**857.10**	**746.06**	**934.03**
1. 家庭用工折价	元	738.72	521.13	844.36	758.85	855.68	746.06	934.03
家庭用工天数	日	8.55	6.03	9.78	8.79	9.91	8.64	10.81
劳动日工价	元	86.38	86.38	86.38	86.38	86.38	86.38	86.38
2. 雇工费用	元	9.43		67.28		1.42		
雇工天数	日	0.10		0.41		0.01		
雇工工价	元	94.34	85.39	164.09	114.03	141.50	111.94	89.52
三、附								
1. 每亩种子用量	公斤	14.81	18.29	11.76	10.96	8.37	13.81	18.01
2. 每亩化肥用量	公斤	25.64	23.45	14.74	17.00	22.45	15.38	13.67
3. 每亩农膜用量	公斤	2.54			0.25			

2-8-3　2019年各地区花生化肥投入情况

项　目	单位	平　均	河　北	辽　宁	吉　林	安　徽	福　建	江　西
一、每亩化肥金额	**元**	**142.49**	**112.64**	**125.26**	**105.50**	**135.45**	**83.01**	**165.38**
（一）氮肥	元	12.27	7.04	2.19	2.21	15.99	20.02	44.13
1. 尿素	元	11.84	7.04	2.19	2.21	15.99	14.31	44.13
2. 碳铵	元	0.43					5.71	
3. 其他氮肥	元							
（二）磷肥	元	5.67				1.46	13.67	3.32
其中：过磷酸钙	元	3.94				1.46	8.21	3.32
（三）钾肥	元	1.89			7.74		0.84	
其中：氯化钾	元	1.45			7.74			
（四）复混肥	元	118.60	103.11	123.07	93.15	117.78	47.17	117.93
1. 复合肥	元	116.70	103.11	123.07	93.15	117.78	47.17	117.93
其中：二铵	元	2.56	14.21	1.79		5.80		
三元素复合肥	元	86.35	82.49	84.81		104.27	34.66	117.93
2. 混配肥	元	1.90						
（五）其他肥料	元	4.06	2.49		2.40	0.22	1.31	
二、每亩化肥折纯用量	**公斤**	**21.55**	**18.35**	**19.90**	**16.27**	**23.45**	**12.41**	**31.15**
（一）氮肥	公斤	2.62	1.74	0.49	0.47	3.64	3.54	8.95
1. 尿素	公斤	2.55	1.74	0.49	0.47	3.64	2.68	8.95
2. 碳铵	公斤	0.07					0.86	
3. 其他氮肥	公斤							
（二）磷肥	公斤	1.09				0.23	2.58	0.45
其中：过磷酸钙	公斤	0.76				0.23	1.92	0.45
（三）钾肥	公斤	0.32			1.36		0.14	
其中：氯化钾	公斤	0.25			1.36			
（四）复混肥	公斤	17.53	16.61	19.41	14.44	19.58	6.16	21.74
1. 复合肥	公斤	17.27	16.61	19.41	14.44	19.58	6.16	21.74
其中：二铵	公斤	0.53	2.99	0.39		1.25		
三元素复合肥	公斤	13.00	12.64	13.52		17.04	4.67	21.74
2. 混配肥	公斤	0.26						

2-8-3 续表

项　目	单位	山　东	河　南	湖　南	广　东	广　西	海　南	四　川
一、每亩化肥金额	元	**179.20**	**150.20**	**104.41**	**131.89**	**175.99**	**133.24**	**86.22**
（一）氮肥	元	0.97	16.90	9.49	14.34	4.09	9.20	21.29
1. 尿素	元	0.60	16.90	9.49	11.82	4.09	9.20	21.29
2. 碳铵	元	0.37			2.52			
3. 其他氮肥	元							
（二）磷肥	元		1.45		17.85	29.98	27.93	19.40
其中：过磷酸钙	元				17.85	8.75	27.93	19.40
（三）钾肥	元	1.55		0.70	7.18	13.96	4.84	
其中：氯化钾	元			0.70	7.18	11.46	3.65	
（四）复混肥	元	165.79	131.85	94.22	91.32	96.34	89.34	45.53
1. 复合肥	元	156.54	131.85	94.22	91.32	94.85	69.72	45.53
其中：二铵	元	2.40	2.35					
三元素复合肥	元	126.69	87.37	36.58	89.66	70.95	52.57	26.11
2. 混配肥	元	9.25				1.49	19.62	
（五）其他肥料	元	10.89			1.20	31.62	1.93	
二、每亩化肥折纯用量	公斤	**25.64**	**23.45**	**14.74**	**17.00**	**22.45**	**15.38**	**13.67**
（一）氮肥	公斤	0.22	3.85	2.03	2.64	0.81	1.57	4.27
1. 尿素	公斤	0.13	3.85	2.03	2.21	0.81	1.57	4.27
2. 碳铵	公斤	0.09			0.43			
3. 其他氮肥	公斤							
（二）磷肥	公斤		0.33		3.21	5.86	3.82	4.09
其中：过磷酸钙	公斤				3.21	1.83	3.82	4.09
（三）钾肥	公斤	0.20		0.12	1.26	2.40	1.20	
其中：氯化钾	公斤			0.12	1.26	1.94	1.00	
（四）复混肥	公斤	25.22	19.28	12.59	9.90	13.37	8.79	5.31
1. 复合肥	公斤	23.94	19.28	12.59	9.90	13.11	6.65	5.31
其中：二铵	公斤	0.48	0.46					
三元素复合肥	公斤	19.33	13.61	5.14	9.71	9.63	4.20	3.28
2. 混配肥	公斤	1.28				0.26	2.14	

2-9-1 2019 年各地区油菜籽成本收益情况

项　　目	单位	平　均	内蒙古	江　苏	浙　江	安　徽	江　西
每亩							
主产品产量	公斤	140.50	83.31	200.49	130.75	168.13	119.33
产值合计	元	728.67	380.42	895.78	798.72	837.53	631.14
主产品产值	元	720.31	374.26	877.88	794.15	828.35	620.47
副产品产值	元	8.36	6.16	17.90	4.57	9.18	10.67
总成本	元	914.67	340.05	1155.70	872.26	875.38	802.21
生产成本	元	794.09	216.80	916.64	657.33	698.21	706.42
物质与服务费用	元	249.28	136.71	225.46	268.04	283.98	241.61
人工成本	元	544.81	80.09	691.18	389.29	414.23	464.81
家庭用工折价	元	526.14	73.68	669.53	344.57	395.45	464.81
雇工费用	元	18.67	6.41	21.65	44.72	18.78	
土地成本	元	120.58	123.25	239.06	214.93	177.17	95.79
流转地租金	元	12.27	7.88	25.18	121.35	37.47	9.67
自营地折租	元	108.31	115.37	213.88	93.58	139.70	86.12
净利润	元	-186.00	40.37	-259.92	-73.54	-37.85	-171.07
现金成本	元	280.22	151.00	272.29	434.11	340.23	251.28
现金收益	元	448.45	229.42	623.49	364.61	497.30	379.86
成本利润率	%	-20.34	11.87	-22.49	-8.43	-4.32	-21.32
每 50 公斤主产品							
平均出售价格	元	256.34	224.62	218.93	303.69	246.34	259.98
总成本	元	321.77	200.78	282.46	331.65	257.47	330.45
生产成本	元	279.35	128.01	224.03	249.93	205.36	290.99
净利润	元	-65.43	23.84	-63.53	-27.96	-11.13	-70.47
现金成本	元	98.58	89.16	66.55	165.06	100.07	103.51
现金收益	元	157.76	135.46	152.38	138.63	146.27	156.47
附：							
每亩用工数量	日	6.25	0.90	7.98	4.33	4.76	5.38
每亩主产品已出售数量	公斤	120.28	17.51	173.92	80.17	162.11	103.74
每亩主产品已出售产值	元	615.68	84.10	762.45	480.54	799.60	535.86
每亩成本外支出	元	0.34		7.83			

2-9-1 续表 1

项 目	单位	河 南	湖 北	湖 南	重 庆	四 川
每亩						
主产品产量	公斤	112.77	161.03	112.04	121.87	159.83
产值合计	元	581.64	770.15	615.55	698.56	869.58
主产品产值	元	580.67	761.82	614.30	681.28	860.21
副产品产值	元	0.97	8.33	1.25	17.28	9.37
总成本	元	675.98	763.98	786.47	1062.50	1117.44
生产成本	元	507.72	657.99	692.17	949.42	1013.44
物质与服务费用	元	210.41	267.30	265.89	120.60	261.84
人工成本	元	297.31	390.69	426.28	828.82	751.60
家庭用工折价	元	288.25	369.10	394.41	828.82	749.52
雇工费用	元	9.06	21.59	31.87		2.09
土地成本	元	168.26	105.99	94.30	113.08	104.00
流转地租金	元	30.31	11.50	11.83		2.56
自营地折租	元	137.95	94.49	82.47	113.08	101.44
净利润	元	-94.34	6.17	-170.92	-363.94	-247.86
现金成本	元	249.78	300.39	309.59	120.60	266.49
现金收益	元	331.86	469.76	305.96	577.96	603.09
成本利润率	%	-13.96	0.81	-21.73	-34.25	-22.18
每 50 公斤主产品						
平均出售价格	元	257.46	236.55	274.14	279.51	269.10
总成本	元	299.22	234.66	350.26	425.13	345.80
生产成本	元	224.74	202.10	308.27	379.88	313.62
净利润	元	-41.76	1.89	-76.12	-145.62	-76.70
现金成本	元	110.56	92.26	137.88	48.25	82.47
现金收益	元	146.90	144.29	136.26	231.26	186.63
附：						
每亩用工数量	日	3.43	4.44	4.81	9.60	8.70
每亩主产品已出售数量	公斤	112.58	147.78	110.13	41.75	154.90
每亩主产品已出售产值	元	579.75	700.00	602.94	232.41	833.23
每亩成本外支出	元					

2-9-1 续表 2

项　　目	单位	贵　州	云　南	陕　西	甘　肃	青　海
每亩						
主产品产量	公斤	111.92	165.40	153.99	144.78	174.03
产值合计	元	638.16	881.58	785.53	741.14	807.02
主产品产值	元	636.23	868.76	763.45	723.10	788.43
副产品产值	元	1.93	12.82	22.08	18.04	18.59
总成本	元	1019.77	1235.09	1348.93	1079.43	1068.37
生产成本	元	926.67	1043.60	1262.68	953.69	963.03
物质与服务费用	元	234.19	270.10	294.18	310.50	232.51
人工成本	元	692.48	773.50	968.50	643.19	730.52
家庭用工折价	元	668.58	695.01	950.35	624.96	730.52
雇工费用	元	23.90	78.49	18.15	18.23	
土地成本	元	93.10	191.49	86.25	125.74	105.34
流转地租金	元	3.26	4.39		0.23	2.86
自营地折租	元	89.84	187.10	86.25	125.51	102.48
净利润	元	-381.61	-353.51	-563.40	-338.29	-261.35
现金成本	元	261.35	352.98	312.33	328.96	235.37
现金收益	元	376.81	528.60	473.20	412.18	571.65
成本利润率	%	-37.42	-28.62	-41.77	-31.34	-24.46
每 50 公斤主产品						
平均出售价格	元	284.23	262.62	247.89	249.72	226.52
总成本	元	454.19	367.93	425.68	363.70	299.88
生产成本	元	412.73	310.89	398.46	321.34	270.31
净利润	元	-169.96	-105.31	-177.79	-113.98	-73.36
现金成本	元	116.40	105.15	98.56	110.84	66.07
现金收益	元	167.83	157.47	149.33	138.88	160.45
附：						
每亩用工数量	日	7.97	8.88	11.15	7.43	8.46
每亩主产品已出售数量	公斤	69.39	146.62	115.84	64.78	136.16
每亩主产品已出售产值	元	386.63	762.75	575.04	319.53	616.87
每亩成本外支出	元					

2-9-2 2019年各地区油菜籽费用和用工情况

项　目	单位	平　均	内蒙古	江　苏	浙　江	安　徽	江　西
一、每亩物质与服务费用	元	**249.28**	**136.71**	**225.46**	**268.04**	**283.98**	**241.61**
（一）直接费用	元	239.21	122.20	200.19	265.09	266.40	233.56
1. 种子费	元	21.08	6.35	23.03	15.59	28.67	26.99
2. 化肥费	元	93.65	26.32	123.99	113.32	116.03	85.03
3. 农家肥费	元	10.79	14.64	4.28	1.46	12.30	14.65
4. 农药费	元	17.13	7.37	21.38	20.32	23.99	27.53
5. 农膜费	元						
6. 租赁作业费	元	89.85	63.86	23.39	108.94	78.48	74.37
机械作业费	元	80.77	59.17	19.69	107.98	76.52	73.37
排灌费	元	3.12		3.70	0.96	1.96	0.20
其中：水费	元	2.65		3.19	0.55	0.45	0.20
畜力费	元	5.96	4.69				0.80
7. 燃料动力费	元	1.23				1.12	0.23
8. 技术服务费	元				0.03		
9. 工具材料费	元	4.00	3.66	2.51	3.20	4.86	3.79
10. 修理维护费	元	1.48		1.61	2.23	0.95	0.97
11. 其他直接费用	元						
（二）间接费用	元	10.07	14.51	25.27	2.95	17.58	8.05
1. 固定资产折旧	元	5.93		4.37	1.49	2.79	8.05
2. 保险费	元	3.93	14.00	20.51	0.86	14.49	
3. 管理费	元				0.24		
4. 财务费	元						
5. 销售费	元	0.21	0.51	0.39	0.36	0.30	
二、每亩人工成本	元	**544.81**	**80.09**	**691.18**	**389.29**	**414.23**	**464.81**
1. 家庭用工折价	元	526.14	73.68	669.53	344.57	395.45	464.81
家庭用工天数	日	6.09	0.85	7.75	3.99	4.58	5.38
劳动日工价	元	86.38	86.38	86.38	86.38	86.38	86.38
2. 雇工费用	元	18.67	6.41	21.65	44.72	18.78	
雇工天数	日	0.16	0.05	0.23	0.34	0.18	
雇工工价	元	116.69	128.14	94.14	131.54	104.33	111.89
三、附							
1. 每亩种子用量	公斤	0.32	0.84	0.17	0.30	0.28	0.30
2. 每亩化肥用量	公斤	15.77	5.12	22.23	18.13	20.91	14.74
3. 每亩农膜用量	公斤						

2-9-2 续表 1

项　　目	单位	河　南	湖　北	湖　南	重　庆	四　川
一、每亩物质与服务费用	**元**	**210.41**	**267.30**	**265.89**	**120.60**	**261.84**
（一）直接费用	元	210.41	262.06	254.96	111.85	251.41
1. 种子费	元	25.65	24.19	18.16	14.28	22.04
2. 化肥费	元	101.53	100.56	82.25	53.59	104.64
3. 农家肥费	元	1.47	7.68	13.45	13.08	12.75
4. 农药费	元	10.25	18.42	23.98	4.16	11.92
5. 农膜费	元					
6. 租赁作业费	元	67.41	105.91	111.29	19.12	94.27
机械作业费	元	66.52	96.11	108.44	14.29	80.92
排灌费	元	0.89	3.19			7.14
其中：水费	元		1.32			7.14
畜力费	元		6.61	2.85	4.83	6.21
7. 燃料动力费	元		0.47	0.97	0.89	0.40
8. 技术服务费	元					
9. 工具材料费	元	4.09	2.76	3.55	5.36	3.13
10. 修理维护费	元	0.01	2.07	1.31	1.37	2.26
11. 其他直接费用	元					
（二）间接费用	元		5.24	10.93	8.75	10.43
1. 固定资产折旧	元		3.93	7.32	8.75	6.93
2. 保险费	元		1.31	3.61		3.50
3. 管理费	元					
4. 财务费	元					
5. 销售费	元					
二、每亩人工成本	**元**	**297.31**	**390.69**	**426.28**	**828.82**	**751.60**
1. 家庭用工折价	元	288.25	369.10	394.41	828.82	749.52
家庭用工天数	日	3.34	4.27	4.57	9.60	8.68
劳动日工价	元	86.38	86.38	86.38	86.38	86.38
2. 雇工费用	元	9.06	21.59	31.87		2.09
雇工天数	日	0.09	0.17	0.24		0.02
雇工工价	元	100.66	127.01	132.80	110.47	104.25
三、附						
1. 每亩种子用量	公斤	0.58	0.38	0.21	0.15	0.13
2. 每亩化肥用量	公斤	16.03	17.18	13.65	8.80	15.92
3. 每亩农膜用量	公斤					

2-9-2 续表 2

项　　目	单位	贵 州	云 南	陕 西	甘 肃	青 海
一、每亩物质与服务费用	元	**234. 19**	**270. 10**	**294. 18**	**310. 50**	**232. 51**
（一）直接费用	元	216. 58	269. 93	290. 92	302. 08	223. 38
1. 种子费	元	15. 00	13. 28	44. 15	16. 70	15. 94
2. 化肥费	元	91. 95	114. 10	101. 92	104. 02	71. 32
3. 农家肥费	元	11. 38	15. 91	8. 34	0. 87	5. 10
4. 农药费	元	5. 79	27. 33	14. 04	11. 65	10. 19
5. 农膜费	元					
6. 租赁作业费	元	72. 63	91. 49	117. 80	159. 43	116. 31
机械作业费	元	62. 17	70. 09	48. 94	146. 36	114. 17
排灌费	元		8. 62	11. 71	13. 07	2. 14
其中：水费	元		8. 04	11. 71	13. 07	2. 14
畜力费	元	10. 46	12. 78	57. 15		
7. 燃料动力费	元	10. 89				
8. 技术服务费	元					
9. 工具材料费	元	7. 42	7. 82	2. 40	5. 91	4. 52
10. 修理维护费	元	1. 52		2. 27	3. 50	
11. 其他直接费用	元					
（二）间接费用	元	17. 61	0. 17	3. 26	8. 42	9. 13
1. 固定资产折旧	元	16. 34		3. 26	8. 20	3. 61
2. 保险费	元				0. 22	3. 24
3. 管理费	元					
4. 财务费	元					
5. 销售费	元	1. 27	0. 17			2. 28
二、每亩人工成本	元	**692. 48**	**773. 50**	**968. 50**	**643. 19**	**730. 52**
1. 家庭用工折价	元	668. 58	695. 01	950. 35	624. 96	730. 52
家庭用工天数	日	7. 74	8. 05	11. 00	7. 24	8. 46
劳动日工价	元	86. 38	86. 38	86. 38	86. 38	86. 38
2. 雇工费用	元	23. 90	78. 49	18. 15	18. 23	
雇工天数	日	0. 23	0. 83	0. 15	0. 19	
雇工工价	元	103. 89	94. 56	120. 98	95. 96	76. 89
三、附						
1. 每亩种子用量	公斤	0. 26	0. 71	0. 39	0. 52	0. 62
2. 每亩化肥用量	公斤	14. 17	20. 24	19. 88	20. 39	14. 04
3. 每亩农膜用量	公斤					

2-9-3　2019年各地区油菜籽化肥投入情况

项　　目	单位	平　均	内蒙古	江　苏	浙　江	安　徽	江　西
一、每亩化肥金额	**元**	**93.65**	**26.32**	**123.99**	**113.32**	**116.03**	**85.03**
（一）氮肥	元	25.30	2.57	47.38	27.60	32.33	12.35
1. 尿素	元	21.82	0.58	47.00	26.83	32.33	11.80
2. 碳铵	元	3.41	1.99	0.38	0.77		0.55
3. 其他氮肥	元	0.07					
（二）磷肥	元	4.52		1.77	3.09	1.42	5.22
其中：过磷酸钙	元	4.41		1.77	2.87	1.05	5.22
（三）钾肥	元	1.56			0.15	1.01	7.31
其中：氯化钾	元	1.34			0.15	1.01	7.31
（四）复混肥	元	61.41	23.75	74.84	82.43	79.95	59.39
1. 复合肥	元	59.88	23.75	74.84	82.12	79.95	58.45
其中：二铵	元	3.42	13.08			4.36	
三元素复合肥	元	32.58	10.67	42.98	73.30	44.92	39.86
2. 混配肥	元	1.53			0.31		0.94
（五）其他肥料	元	0.86			0.05	1.32	0.76
二、每亩化肥折纯用量	**公斤**	**15.77**	**5.12**	**22.23**	**18.13**	**20.91**	**14.74**
（一）氮肥	公斤	5.19	0.55	9.58	5.89	6.85	2.74
1. 尿素	公斤	4.47	0.13	9.51	5.76	6.85	2.65
2. 碳铵	公斤	0.71	0.42	0.07	0.13		0.09
3. 其他氮肥	公斤	0.01					
（二）磷肥	公斤	0.82		0.28	0.69	0.34	0.82
其中：过磷酸钙	公斤	0.79		0.28	0.65	0.21	0.82
（三）钾肥	公斤	0.28			0.03	0.18	1.45
其中：氯化钾	公斤	0.25			0.03	0.18	1.45
（四）复混肥	公斤	9.47	4.56	12.37	11.52	13.53	9.72
1. 复合肥	公斤	9.22	4.56	12.37	11.48	13.53	9.55
其中：二铵	公斤	0.69	2.84			0.90	
三元素复合肥	公斤	4.94	1.72	7.53	10.31	7.87	6.59
2. 混配肥	公斤	0.25			0.04		0.17

2-9-3 续表 1

项　　目	单位	河　南	湖　北	湖　南	重　庆	四　川
一、每亩化肥金额	元	**101.53**	**100.56**	**82.25**	**53.59**	**104.64**
（一）氮肥	元	13.13	19.80	20.73	25.32	24.46
1. 尿素	元	7.35	14.01	19.98	19.72	18.16
2. 碳铵	元	5.78	5.79	0.75	5.60	6.00
3. 其他氮肥	元					0.30
（二）磷肥	元	1.82	0.80	7.50	4.59	2.62
其中：过磷酸钙	元		0.80	7.50	4.59	2.62
（三）钾肥	元	5.70	2.86	0.34		
其中：氯化钾	元	5.70	2.83	0.34		
（四）复混肥	元	73.65	76.50	52.67	23.68	77.56
1. 复合肥	元	73.65	76.02	52.67	23.41	70.96
其中：二铵	元					
三元素复合肥	元	55.53	26.99	32.91	16.04	39.60
2. 混配肥	元		0.48		0.27	6.60
（五）其他肥料	元	7.23	0.60	1.01		
二、每亩化肥折纯用量	公斤	**16.03**	**17.18**	**13.65**	**8.80**	**15.92**
（一）氮肥	公斤	3.01	4.25	4.37	4.82	4.81
1. 尿素	公斤	1.60	2.96	4.22	3.74	3.60
2. 碳铵	公斤	1.41	1.29	0.15	1.08	1.18
3. 其他氮肥	公斤					0.03
（二）磷肥	公斤	0.46	0.15	1.33	0.69	0.47
其中：过磷酸钙	公斤		0.15	1.33	0.69	0.47
（三）钾肥	公斤	1.04	0.50	0.07		
其中：氯化钾	公斤	1.04	0.50	0.07		
（四）复混肥	公斤	11.53	12.27	7.88	3.30	10.64
1. 复合肥	公斤	11.53	12.19	7.88	3.28	9.57
其中：二铵	公斤					
三元素复合肥	公斤	8.99	4.32	4.89	2.19	5.34
2. 混配肥	公斤		0.08		0.02	1.07

2-9-3 续表 2

项　目	单位	贵　州	云　南	陕　西	甘　肃	青　海
一、每亩化肥金额	**元**	**91.95**	**114.10**	**101.92**	**104.02**	**71.32**
（一）氮肥	元	31.54	55.52	46.82	43.06	24.44
1. 尿素	元	31.24	54.35	20.67	43.06	24.44
2. 碳铵	元		1.17	26.15		
3. 其他氮肥	元	0.30				
（二）磷肥	元	11.30	8.35	8.65	14.75	0.29
其中：过磷酸钙	元	11.30	8.18	8.65	14.40	0.29
（三）钾肥	元		6.00			
其中：氯化钾	元		0.88			
（四）复混肥	元	46.62	44.16	46.45	46.21	46.59
1. 复合肥	元	46.62	38.07	46.45	46.21	46.59
其中：二铵	元		0.51	18.35	41.62	46.59
三元素复合肥	元	27.96	26.88	28.10	4.59	
2. 混配肥	元		6.09			
（五）其他肥料	元	2.49	0.07			
二、每亩化肥折纯用量	**公斤**	**14.17**	**20.24**	**19.88**	**20.39**	**14.04**
（一）氮肥	公斤	6.12	10.46	10.00	9.21	5.11
1. 尿素	公斤	6.07	10.27	4.52	9.21	5.11
2. 碳铵	公斤		0.19	5.48		
3. 其他氮肥	公斤	0.05				
（二）磷肥	公斤	1.89	2.00	1.82	2.49	0.06
其中：过磷酸钙	公斤	1.89	1.96	1.82	2.42	0.06
（三）钾肥	公斤		0.95			
其中：氯化钾	公斤		0.13			
（四）复混肥	公斤	6.16	6.83	8.06	8.67	8.87
1. 复合肥	公斤	6.16	5.89	8.06	8.67	8.87
其中：二铵	公斤		0.10	3.95	8.04	8.87
三元素复合肥	公斤	3.67	3.80	4.11	0.63	
2. 混配肥	公斤		0.94			

三、各地区棉、烟、糖料

3-1-1　2019年各地区棉花、长绒棉成本收益情况

项　　目	单位	平　均	河　北	江　苏	安　徽	江　西
每亩						
主产品产量	公斤	108.65	97.38	79.66	86.10	78.70
产值合计	元	1600.82	1573.29	1199.04	1386.64	1364.45
主产品产值	元	1315.62	1252.40	909.66	1127.85	1147.15
副产品产值	元	285.20	320.89	289.38	258.79	217.30
总成本	元	2260.36	2580.42	2451.70	1929.97	2789.41
生产成本	元	1906.87	2294.88	2220.86	1732.89	2666.59
物质与服务费用	元	835.13	434.60	339.79	461.34	461.58
人工成本	元	1071.74	1860.28	1881.07	1271.55	2205.01
家庭用工折价	元	795.21	1860.28	1862.96	1260.46	2156.13
雇工费用	元	276.53		18.12	11.09	48.88
土地成本	元	353.49	285.54	230.84	197.08	122.82
流转地租金	元	38.43	17.70	30.68	18.42	10.85
自营地折租	元	315.06	267.84	200.16	178.66	111.97
净利润	元	-659.54	-1007.13	-1252.66	-543.33	-1424.96
现金成本	元	1150.09	452.30	388.59	490.85	521.31
现金收益	元	450.73	1120.99	810.45	895.79	843.14
成本利润率	%	-29.18	-39.03	-51.09	-28.15	-51.08
每50公斤主产品						
平均出售价格	元	605.44	643.05	570.96	654.97	728.81
总成本	元	854.88	1054.69	1167.45	911.61	1489.94
生产成本	元	721.19	937.98	1057.53	818.52	1424.34
净利润	元	-249.44	-411.64	-596.49	-256.64	-761.13
现金成本	元	434.97	184.87	185.04	231.85	278.45
现金收益	元	170.47	458.18	385.92	423.12	450.36
附：						
每亩用工数量	日	11.63	21.54	21.83	14.68	25.32
每亩主产品已出售数量	公斤	107.57	95.28	79.62	86.10	77.90
每亩主产品已出售产值	元	1300.63	1224.67	909.29	1127.85	1134.70
每亩成本外支出	元	0.02		1.54		

3-1-1 续表 1

项　　目	单位	山　东	河　南	湖　北	湖　南
每亩					
主产品产量	公斤	80.35	83.03	68.99	82.63
产值合计	元	1376.08	1337.65	1078.29	1240.76
主产品产值	元	1117.06	1089.27	843.34	977.28
副产品产值	元	259.02	248.38	234.95	263.48
总成本	元	2566.33	2295.79	2365.29	2602.88
生产成本	元	2320.48	2052.44	2067.13	2417.04
物质与服务费用	元	473.66	373.09	398.01	437.30
人工成本	元	1846.82	1679.35	1669.12	1979.74
家庭用工折价	元	1835.14	1660.74	1632.24	1979.74
雇工费用	元	11.68	18.61	36.88	
土地成本	元	245.85	243.35	298.16	185.84
流转地租金	元	21.24	34.85	30.60	20.27
自营地折租	元	224.61	208.50	267.56	165.57
净利润	元	-1190.25	-958.14	-1287.00	-1362.12
现金成本	元	506.58	426.55	465.49	457.57
现金收益	元	869.50	911.10	612.80	783.19
成本利润率	%	-46.38	-41.73	-54.41	-52.33
每 50 公斤主产品					
平均出售价格	元	695.12	655.95	611.20	591.36
总成本	元	1296.37	1125.80	1340.70	1240.56
生产成本	元	1172.18	1006.47	1171.70	1151.99
净利润	元	-601.25	-469.85	-729.50	-649.20
现金成本	元	255.90	209.17	263.85	218.08
现金收益	元	439.22	446.78	347.35	373.28
附：					
每亩用工数量	日	21.39	19.51	19.17	22.92
每亩主产品已出售数量	公斤	67.08	79.70	68.80	82.63
每亩主产品已出售产值	元	930.96	1042.84	840.92	977.28
每亩成本外支出	元				

3-1-1 续表 2

项 目	单位	陕 西	甘 肃	新 疆	长绒棉平均	新 疆
每亩						
主产品产量	公斤	60.57	110.64	120.36	92.13	92.13
产值合计	元	1099.45	1746.43	1717.90	2140.75	2140.75
主产品产值	元	851.60	1405.16	1424.73	1873.33	1873.33
副产品产值	元	247.85	341.27	293.17	267.42	267.42
总成本	元	2955.81	2118.08	2178.12	2350.36	2350.36
生产成本	元	2867.70	1910.15	1773.50	1945.00	1945.00
物质与服务费用	元	398.61	749.00	1016.81	1098.73	1098.73
人工成本	元	2469.09	1161.15	756.69	846.27	846.27
家庭用工折价	元	2469.09	921.24	362.28	99.16	99.16
雇工费用	元		239.91	394.41	747.11	747.11
土地成本	元	88.11	207.93	404.62	405.36	405.36
流转地租金	元			46.08	73.19	73.19
自营地折租	元	88.11	207.93	358.54	332.17	332.17
净利润	元	-1856.36	-371.65	-460.22	-209.61	-209.61
现金成本	元	398.61	988.91	1457.30	1919.03	1919.03
现金收益	元	700.84	757.52	260.60	221.72	221.72
成本利润率	%	-62.80	-17.55	-21.13	-8.92	-8.92
每 50 公斤主产品						
平均出售价格	元	702.99	635.01	591.86	1016.68	1016.68
总成本	元	1889.95	770.14	750.42	1116.23	1116.23
生产成本	元	1833.61	694.54	611.02	923.72	923.72
净利润	元	-1186.96	-135.13	-158.56	-99.55	-99.55
现金成本	元	254.87	359.57	502.08	911.38	911.38
现金收益	元	448.12	275.44	89.78	105.30	105.30
附：						
每亩用工数量	日	28.58	13.02	7.64	7.34	7.34
每亩主产品已出售数量	公斤	60.57	110.64	120.36	92.13	92.13
每亩主产品已出售产值	元	851.60	1405.16	1424.73	1873.33	1873.33
每亩成本外支出	元					

3-1-2 2019年各地区棉花、长绒棉费用和用工情况

项　　目	单位	平　均	河　北	江　苏	安　徽	江　西
一、每亩物质与服务费用	元	**835.13**	**434.60**	**339.79**	**461.34**	**461.58**
（一）直接费用	元	733.72	428.57	321.13	435.34	452.34
1. 种子费	元	56.04	50.69	52.92	51.61	67.57
2. 化肥费	元	233.22	142.02	168.03	252.44	228.26
3. 农家肥费	元	15.84		4.01	18.99	11.08
4. 农药费	元	75.34	78.87	66.77	76.35	96.29
5. 农膜费	元	42.77	25.26	7.61	6.35	8.72
6. 租赁作业费	元	256.44	125.40	15.24	22.82	29.84
机械作业费	元	146.95	69.09	8.68	8.71	12.41
排灌费	元	109.22	56.31	6.56	14.11	17.43
其中：水费	元	33.63		4.30	0.16	10.60
畜力费	元	0.27				
7. 燃料动力费	元	6.84			2.47	0.25
8. 技术服务费	元	0.94				
9. 工具材料费	元	39.62	3.31	3.80	3.19	6.59
10. 修理维护费	元	6.18	3.02	2.75	1.12	3.74
11. 其他直接费用	元	0.49				
（二）间接费用	元	101.41	6.03	18.66	26.00	9.24
1. 固定资产折旧	元	28.35	6.03	5.09	3.74	8.48
2. 保险费	元	57.02		13.57	21.88	
3. 管理费	元					
4. 财务费	元	4.75				
5. 销售费	元	11.29			0.38	0.76
二、每亩人工成本	元	**1071.74**	**1860.28**	**1881.07**	**1271.55**	**2205.01**
1. 家庭用工折价	元	795.21	1860.28	1862.96	1260.46	2156.13
家庭用工天数	日	9.21	21.54	21.57	14.59	24.96
劳动日工价	元	86.38	86.38	86.38	86.38	86.38
2. 雇工费用	元	276.53		18.12	11.09	48.88
雇工天数	日	2.42		0.26	0.09	0.36
雇工工价	元	114.27	75.27	69.68	123.26	135.77
三、附						
1. 每亩种子用量	公斤	1.52		0.31		
2. 每亩化肥用量	公斤	37.78	24.75	26.60	43.81	36.84
3. 每亩农膜用量	公斤	3.85	2.20	0.54	0.46	0.63

3-1-2 续表 1

项　　目	单位	山　东	河　南	湖　北	湖　南
一、每亩物质与服务费用	元	**473.66**	**373.09**	**398.01**	**437.30**
（一）直接费用	元	463.01	373.09	391.72	406.05
1. 种子费	元	57.97	51.79	57.25	55.97
2. 化肥费	元	170.59	174.82	177.57	197.19
3. 农家肥费	元	16.67		6.81	3.05
4. 农药费	元	82.05	55.15	66.41	78.12
5. 农膜费	元	28.02	14.55	5.99	6.92
6. 租赁作业费	元	102.81	70.94	66.96	51.47
机械作业费	元	69.41	46.86	53.61	50.37
排灌费	元	33.40	24.08	8.75	1.10
其中：水费	元	9.45		3.78	1.10
畜力费	元			4.60	
7. 燃料动力费	元			5.19	8.79
8. 技术服务费	元				
9. 工具材料费	元	2.71	5.53	3.03	3.32
10. 修理维护费	元	2.19	0.31	2.51	1.22
11. 其他直接费用	元				
（二）间接费用	元	10.65		6.29	31.25
1. 固定资产折旧	元	3.65		6.29	7.25
2. 保险费	元	7.00			24.00
3. 管理费	元				
4. 财务费	元				
5. 销售费	元				
二、每亩人工成本	元	**1846.82**	**1679.35**	**1669.12**	**1979.74**
1. 家庭用工折价	元	1835.14	1660.74	1632.24	1979.74
家庭用工天数	日	21.25	19.23	18.90	22.92
劳动日工价	元	86.38	86.38	86.38	86.38
2. 雇工费用	元	11.68	18.61	36.88	
雇工天数	日	0.14	0.28	0.27	
雇工工价	元	83.42	66.46	136.60	144.70
三、附					
1. 每亩种子用量	公斤			0.01	
2. 每亩化肥用量	公斤	29.75	26.47	30.63	35.85
3. 每亩农膜用量	公斤	2.43	1.05	0.45	0.45

3-1-2　续表 2

项　目	单位	陕　西	甘　肃	新　疆	长绒棉平均	新　疆
一、每亩物质与服务费用	**元**	**398.61**	**749.00**	**1016.81**	**1098.73**	**1098.73**
（一）直接费用	元	395.26	728.01	874.61	940.31	940.31
1. 种子费	元	59.96	104.74	56.06	58.35	58.35
2. 化肥费	元	119.95	235.34	256.70	254.70	254.70
3. 农家肥费	元		5.73	19.35		
4. 农药费	元	39.35	40.02	75.89	66.65	66.65
5. 农膜费	元	36.03	55.96	54.61	62.41	62.41
6. 租赁作业费	元	134.76	282.98	336.67	367.12	367.12
机械作业费	元	84.17	149.86	190.37	169.90	169.90
排灌费	元	50.59	133.12	146.28	197.22	197.22
其中：水费	元	19.79	133.12	46.23	59.16	59.16
畜力费	元			0.02		
7. 燃料动力费	元			9.05	34.15	34.15
8. 技术服务费	元			1.37		
9. 工具材料费	元	2.68	1.97	56.18	67.88	67.88
10. 修理维护费	元	2.53	1.27	8.02	5.96	5.96
11. 其他直接费用	元			0.71	23.09	23.09
（二）间接费用	元	3.35	20.99	142.20	158.42	158.42
1. 固定资产折旧	元	3.35	10.61	38.99	45.00	45.00
2. 保险费	元			79.96	110.71	110.71
3. 管理费	元					
4. 财务费	元			6.92		
5. 销售费	元		10.38	16.33	2.71	2.71
二、每亩人工成本	**元**	**2469.09**	**1161.15**	**756.69**	**846.27**	**846.27**
1. 家庭用工折价	元	2469.09	921.24	362.28	99.16	99.16
家庭用工天数	日	28.58	10.67	4.19	1.15	1.15
劳动日工价	元	86.38	86.38	86.38	86.38	86.38
2. 雇工费用	元		239.91	394.41	747.11	747.11
雇工天数	日		2.35	3.45	6.19	6.19
雇工工价	元	98.51	102.09	114.32	120.70	120.70
三、附						
1. 每亩种子用量	公斤		6.47	2.16	2.00	2.00
2. 每亩化肥用量	公斤	25.75	49.16	40.66	24.61	24.61
3. 每亩农膜用量	公斤	2.68	4.81	4.98	5.67	5.67

3-1-3 2019年各地区棉花、长绒棉化肥投入情况

项　　目	单位	平　均	河　北	江　苏	安　徽	江　西
一、每亩化肥金额	元	**233.22**	**142.02**	**168.03**	**252.44**	**228.26**
（一）氮肥	元	59.46	10.48	43.82	57.52	57.63
1. 尿素	元	58.28	10.48	38.69	57.22	57.15
2. 碳铵	元	1.14		1.84	0.30	0.48
3. 其他氮肥	元	0.04		3.29		
（二）磷肥	元	1.27		1.46	3.15	5.99
其中：过磷酸钙	元	1.21		1.46	3.15	5.83
（三）钾肥	元	4.37			36.73	13.55
其中：氯化钾	元	4.14			36.73	13.55
（四）复混肥	元	124.43	131.54	122.47	154.89	151.09
1. 复合肥	元	123.52	131.54	121.95	154.89	151.09
其中：二铵	元	84.29	3.81	1.78	21.00	4.62
三元素复合肥	元	26.58	126.47	24.21	69.97	42.99
2. 混配肥	元	0.91		0.52		
（五）其他肥料	元	43.69		0.28	0.15	
二、每亩化肥折纯用量	公斤	**37.78**	**24.75**	**26.60**	**43.81**	**36.84**
（一）氮肥	公斤	14.28	2.35	8.58	11.83	11.96
1. 尿素	公斤	14.02	2.35	7.79	11.77	11.88
2. 碳铵	公斤	0.25		0.37	0.06	0.08
3. 其他氮肥	公斤	0.01		0.42		
（二）磷肥	公斤	0.22		0.23	0.62	0.85
其中：过磷酸钙	公斤	0.21		0.23	0.62	0.83
（三）钾肥	公斤	0.80			7.05	2.42
其中：氯化钾	公斤	0.77			7.05	2.42
（四）复混肥	公斤	22.47	22.39	17.79	24.31	21.60
1. 复合肥	公斤	22.40	22.39	17.76	24.31	21.60
其中：二铵	公斤	16.34	0.85	0.28	3.91	0.82
三元素复合肥	公斤	4.23	21.30	4.16	11.13	6.72
2. 混配肥	公斤	0.07		0.03		

3-1-3 续表 1

项　目	单位	山　东	河　南	湖　北	湖　南
一、每亩化肥金额	**元**	**170.59**	**174.82**	**177.57**	**197.19**
（一）氮肥	元	20.00	4.04	42.23	71.91
1. 尿素	元	20.00	4.04	30.88	54.55
2. 碳铵	元			11.35	17.36
3. 其他氮肥	元				
（二）磷肥	元			2.61	25.34
其中：过磷酸钙	元			2.61	25.34
（三）钾肥	元			14.16	43.30
其中：氯化钾	元			14.16	43.30
（四）复混肥	元	150.59	170.78	118.25	56.64
1. 复合肥	元	150.59	170.78	118.25	56.64
其中：二铵	元	25.08	0.10		
三元素复合肥	元	77.67	147.83	79.17	37.40
2. 混配肥	元				
（五）其他肥料	元			0.32	
二、每亩化肥折纯用量	**公斤**	**29.75**	**26.47**	**30.63**	**35.85**
（一）氮肥	公斤	4.55	0.89	8.98	15.50
1. 尿素	公斤	4.55	0.89	6.53	11.61
2. 碳铵	公斤			2.45	3.89
3. 其他氮肥	公斤				
（二）磷肥	公斤			0.48	4.68
其中：过磷酸钙	公斤			0.48	4.68
（三）钾肥	公斤			2.77	7.84
其中：氯化钾	公斤			2.77	7.84
（四）复混肥	公斤	25.19	25.58	18.40	7.82
1. 复合肥	公斤	25.19	25.58	18.40	7.82
其中：二铵	公斤	5.09	0.02		
三元素复合肥	公斤	12.36	22.46	12.47	5.02
2. 混配肥	公斤		0.07		

3-1-3 续表 2

项 目	单位	陕 西	甘 肃	新 疆	长绒棉平均	新 疆
一、每亩化肥金额	元	**119.95**	**235.34**	**256.70**	**254.70**	**254.70**
（一）氮肥	元	46.75	83.18	70.84	42.58	42.58
1. 尿素	元	46.75	83.18	70.84	42.58	42.58
2. 碳铵	元					
3. 其他氮肥	元					
（二）磷肥	元		1.43	0.31		
其中：过磷酸钙	元		1.43	0.23		
（三）钾肥	元		1.17	1.01		
其中：氯化钾	元			0.69		
（四）复混肥	元	73.20	149.54	120.91	68.25	68.25
1. 复合肥	元	73.20	149.54	119.60	68.25	68.25
其中：二铵	元	60.11	149.37	117.00	68.25	68.25
三元素复合肥	元	13.09	0.13	1.17		
2. 混配肥	元			1.31		
（五）其他肥料	元		0.02	63.63	143.87	143.87
二、每亩化肥折纯用量	公斤	**25.75**	**49.16**	**40.66**	**24.61**	**24.61**
（一）氮肥	公斤	10.40	19.13	17.42	10.88	10.88
1. 尿素	公斤	10.40	19.13	17.42	10.88	10.88
2. 碳铵	公斤					
3. 其他氮肥	公斤					
（二）磷肥	公斤		0.21	0.04		
其中：过磷酸钙	公斤		0.21	0.03		
（三）钾肥	公斤		0.09	0.16		
其中：氯化钾	公斤			0.12		
（四）复混肥	公斤	15.35	29.74	23.03	13.73	13.73
1. 复合肥	公斤	15.35	29.74	22.93	13.73	13.73
其中：二铵	公斤	13.32	29.71	22.64	13.73	13.73
三元素复合肥	公斤	2.03	0.02	0.15		
2. 混配肥	公斤			0.10		

3-2-1　2019年各地区烤烟成本收益情况

项　目	单位	平　均	河　北	内蒙古	吉　林	黑龙江	安　徽	福　建
每亩								
主产品产量	公斤	137.04	157.22	235.67	162.27	166.55	137.86	114.19
产值合计	元	3901.02	3293.89	5470.73	3693.93	3411.35	3702.06	3595.66
主产品产值	元	3894.25	3293.89	5466.03	3681.59	3396.97	3702.06	3595.66
副产品产值	元	6.77		4.70	12.34	14.38		
总成本	元	3784.43	3503.98	3701.78	3381.53	2738.20	3215.40	3369.16
生产成本	元	3446.31	3203.98	2980.99	2947.83	2280.33	2976.30	3067.28
物质与服务费用	元	1192.17	1374.83	985.08	940.33	859.87	1220.18	1234.61
人工成本	元	2254.14	1829.15	1995.91	2007.50	1420.46	1756.12	1832.67
家庭用工折价	元	1706.96	645.26	985.94	955.88	951.56	382.23	944.05
雇工费用	元	547.18	1183.89	1009.97	1051.62	468.90	1373.89	888.62
土地成本	元	338.12	300.00	720.79	433.70	457.87	239.10	301.88
流转地租金	元	53.63	150.00	284.76	71.37	85.69	218.49	105.73
自营地折租	元	284.49	150.00	436.03	362.33	372.18	20.61	196.15
净利润	元	116.59	-210.09	1768.95	312.40	673.15	486.66	226.50
现金成本	元	1792.98	2708.72	2279.81	2063.32	1414.46	2812.56	2228.96
现金收益	元	2108.04	585.17	3190.92	1630.61	1996.89	889.50	1366.70
成本利润率	%	3.08	-6.00	47.79	9.24	24.58	15.14	6.72
每50公斤主产品								
平均出售价格	元	1420.84	1047.54	1159.68	1134.40	1019.80	1342.69	1574.42
总成本	元	1378.37	1114.35	784.70	1038.46	818.57	1166.19	1475.24
生产成本	元	1255.22	1018.95	631.91	905.28	681.69	1079.47	1343.06
净利润	元	42.47	-66.81	374.98	95.94	201.23	176.50	99.18
现金成本	元	653.04	861.44	483.27	633.64	422.84	1020.08	975.99
现金收益	元	767.80	186.10	676.41	500.76	596.96	322.61	598.43
附：								
每亩用工数量	日	25.37	23.70	20.46	20.90	15.51	16.32	18.26
每亩主产品已出售数量	公斤	137.03	157.22	235.67	158.05	166.55	137.86	114.19
每亩主产品已出售产值	元	3893.96	3293.89	5466.03	3612.48	3396.97	3702.06	3595.66
每亩成本外支出	元							

3-2-1 续表 1

项 目	单位	江 西	山 东	河 南	湖 北	湖 南	广 东	广 西
每亩								
主产品产量	公斤	132.68	150.09	164.45	112.33	129.62	134.63	110.14
产值合计	元	3637.12	4140.64	4426.74	3461.13	3974.37	3621.96	2991.24
主产品产值	元	3637.12	4140.64	4426.74	3461.13	3974.37	3621.96	2991.24
副产品产值	元							
总成本	元	3577.26	3443.27	3809.08	3805.90	3758.90	3668.86	3644.98
生产成本	元	3408.14	3032.00	3235.54	3437.27	3505.57	3338.68	3193.50
物质与服务费用	元	1288.34	1212.22	1126.34	1224.14	1305.60	1252.46	992.10
人工成本	元	2119.80	1819.78	2109.20	2213.13	2199.97	2086.22	2201.40
家庭用工折价	元	1570.47	1189.45	1138.06	1223.49	1461.55	1714.56	1678.45
雇工费用	元	549.33	630.33	971.14	989.64	738.42	371.67	522.95
土地成本	元	169.12	411.27	573.54	368.63	253.33	330.18	451.48
流转地租金	元	22.35	199.10	153.03	49.17	62.04	206.28	113.08
自营地折租	元	146.77	212.17	420.51	319.46	191.29	123.90	338.40
净利润	元	59.86	697.37	617.66	-344.77	215.47	-46.90	-653.74
现金成本	元	1860.02	2041.65	2250.51	2262.95	2106.06	1830.41	1628.13
现金收益	元	1777.10	2098.99	2176.23	1198.18	1868.31	1791.55	1363.11
成本利润率	%	1.67	20.25	16.22	-9.06	5.73	-1.28	-17.94
每 50 公斤主产品								
平均出售价格	元	1370.64	1379.39	1345.92	1540.61	1533.09	1345.15	1357.93
总成本	元	1348.08	1147.07	1158.12	1694.07	1449.97	1362.57	1654.71
生产成本	元	1284.35	1010.06	983.74	1529.99	1352.25	1239.94	1449.75
净利润	元	22.56	232.32	187.80	-153.46	83.12	-17.42	-296.78
现金成本	元	700.94	680.14	684.25	1007.28	812.40	679.79	739.12
现金收益	元	669.70	699.25	661.67	533.33	720.69	665.36	618.81
附：								
每亩用工数量	日	24.75	21.18	25.44	25.08	23.55	23.21	24.42
每亩主产品已出售数量	公斤	132.68	150.09	164.45	112.33	129.62	134.63	110.14
每亩主产品已出售产值	元	3637.12	4140.64	4426.74	3461.13	3974.37	3621.96	2991.24
每亩成本外支出	元							

3-2-1 续表 2

项目	单位	重庆	四川	贵州	云南	陕西	甘肃
每亩							
主产品产量	公斤	121.51	126.46	118.93	145.55	132.49	170.32
产值合计	元	3566.50	3262.74	3395.98	4251.82	3367.04	3728.51
主产品产值	元	3542.76	3262.74	3395.98	4236.53	3367.04	3703.91
副产品产值	元	23.74			15.29		24.60
总成本	元	2975.97	3645.47	3811.68	4038.75	3575.51	3640.56
生产成本	元	2780.83	3285.25	3445.91	3727.19	3430.26	3365.85
物质与服务费用	元	1067.34	1205.50	1182.29	1217.38	866.77	853.34
人工成本	元	1713.49	2079.75	2263.62	2509.81	2563.49	2512.51
家庭用工折价	元	1119.14	1744.01	1649.34	2212.54	2018.53	2483.68
雇工费用	元	594.35	335.74	614.28	297.27	544.96	28.82
土地成本	元	195.14	360.22	365.77	311.56	145.25	274.71
流转地租金	元	45.76	46.36	19.93	14.77	9.52	
自营地折租	元	149.38	313.86	345.84	296.79	135.73	274.71
净利润	元	590.53	-382.73	-415.70	213.07	-208.47	87.95
现金成本	元	1707.45	1587.60	1816.50	1529.42	1421.25	882.16
现金收益	元	1859.05	1675.14	1579.48	2722.40	1945.79	2846.35
成本利润率	%	19.84	-10.50	-10.91	5.28	-5.83	2.42
每 50 公斤主产品							
平均出售价格	元	1457.81	1290.03	1427.72	1455.35	1270.68	1087.34
总成本	元	1216.43	1441.35	1602.49	1382.42	1349.35	1061.69
生产成本	元	1136.67	1298.93	1448.71	1275.77	1294.54	981.58
净利润	元	241.38	-151.32	-174.77	72.93	-78.67	25.65
现金成本	元	697.92	627.71	763.68	523.50	536.36	257.26
现金收益	元	759.89	662.32	664.04	931.85	734.32	830.08
附:							
每亩用工数量	日	18.08	23.96	24.68	28.72	29.16	29.07
每亩主产品已出售数量	公斤	121.51	126.46	118.93	145.55	132.49	170.32
每亩主产品已出售产值	元	3542.76	3262.74	3395.98	4236.53	3367.04	3703.91
每亩成本外支出	元						

3-2-2　2019年各地区烤烟费用和用工情况

项　　目	单位	平　均	河　北	内蒙古	吉　林	黑龙江	安　徽	福　建
一、每亩物质与服务费用	元	**1192.17**	**1374.83**	**985.08**	**940.33**	**859.87**	**1220.18**	**1234.61**
（一）直接费用	元	1080.25	968.33	943.95	868.54	814.51	1108.98	1104.01
1. 种子费	元	86.98	10.00	48.75	25.31	38.44	83.55	56.75
2. 化肥费	元	309.03	161.11	271.63	254.34	204.06	305.61	349.49
3. 农家肥费	元	42.12	62.78		8.35	2.83	63.53	70.13
4. 农药费	元	63.91	19.89	22.76	51.44	52.34	65.73	31.39
5. 农膜费	元	64.36	47.33	49.05	35.95	39.30	66.35	53.11
6. 租赁作业费	元	130.23	238.23	187.18	145.94	111.00	176.16	125.29
机械作业费	元	108.77	166.56	98.79	122.92	105.74	176.05	123.95
排灌费	元	13.14	71.67	88.39	23.02	5.26		0.89
其中：水费	元	5.28			4.95	5.26		0.44
畜力费	元	8.32					0.11	0.45
7. 燃料动力费	元	319.35	220.56	346.80	337.51	333.29	299.73	323.26
8. 技术服务费	元	2.45						
9. 工具材料费	元	15.19	182.89	14.76	5.34	17.21	9.33	20.79
10. 修理维护费	元	4.82	25.54	3.02	4.36	16.04	5.23	10.03
11. 其他直接费用	元	41.81					33.76	63.77
（二）间接费用	元	111.92	406.50	41.13	71.79	45.36	111.20	130.60
1. 固定资产折旧	元	48.07	406.50	27.05	36.98	26.08	37.76	75.38
2. 保险费	元	47.73			34.81	0.80	55.67	16.17
3. 管理费	元							
4. 财务费	元	0.05					0.44	
5. 销售费	元	16.07		14.08		18.48	17.33	39.05
二、每亩人工成本	元	**2254.14**	**1829.15**	**1995.91**	**2007.50**	**1420.46**	**1756.12**	**1832.67**
1. 家庭用工折价	元	1706.96	645.26	985.94	955.88	951.56	382.23	944.05
家庭用工天数	日	19.76	7.47	11.41	11.07	11.02	4.43	10.93
劳动日工价	元	86.38	86.38	86.38	86.38	86.38	86.38	86.38
2. 雇工费用	元	547.18	1183.89	1009.97	1051.62	468.90	1373.89	888.62
雇工天数	日	5.61	16.23	9.05	9.83	4.49	11.89	7.33
雇工工价	元	97.54	72.95	111.60	106.98	104.43	115.55	121.23
三、附								
1. 每亩种子用量	公斤							
2. 每亩化肥用量	公斤	34.37	17.73	29.40	31.53	19.99	45.22	42.36
3. 每亩农膜用量	公斤	5.00	3.67	4.52	2.25	2.89	6.05	4.21

3-2-2 续表 1

项目	单位	江西	山东	河南	湖北	湖南	广东	广西
一、每亩物质与服务费用	元	**1288.34**	**1212.22**	**1126.34**	**1224.14**	**1305.60**	**1252.46**	**992.10**
（一）直接费用	元	1176.87	1101.30	1014.75	1122.24	1156.35	1111.11	953.50
1. 种子费	元	66.32	74.86	64.92	72.12	69.09	82.49	31.16
2. 化肥费	元	441.99	329.16	220.00	455.73	442.04	377.07	397.76
3. 农家肥费	元	20.15	24.46	63.71	23.63	29.04	42.61	11.50
4. 农药费	元	60.09	89.57	58.21	57.65	66.43	69.01	29.46
5. 农膜费	元	55.97	38.32	44.81	57.31	42.91	71.70	40.21
6. 租赁作业费	元	152.50	168.59	161.10	127.43	129.39	102.74	136.89
机械作业费	元	149.11	144.84	124.08	105.87	129.39	102.74	130.27
排灌费	元	3.39	23.75	37.02				5.29
其中：水费	元	2.99	1.09					
畜力费	元				21.56			1.33
7. 燃料动力费	元	331.99	356.91	234.36	303.40	350.26	254.07	283.44
8. 技术服务费	元				4.57			
9. 工具材料费	元	5.67	9.95	14.04	12.00	10.33	7.75	11.83
10. 修理维护费	元	3.80	9.48	4.97	4.99	10.89	0.05	11.25
11. 其他直接费用	元	38.39		148.63	3.41	5.97	103.62	
（二）间接费用	元	111.47	110.92	111.59	101.90	149.25	141.35	38.60
1. 固定资产折旧	元	81.74	64.56	47.99	33.70	58.97	99.40	26.75
2. 保险费	元	15.10	29.62	43.85	54.89	70.49	39.20	
3. 管理费	元							
4. 财务费	元				1.35			
5. 销售费	元	14.63	16.74	19.75	11.96	19.79	2.75	11.85
二、每亩人工成本	元	**2119.80**	**1819.78**	**2109.20**	**2213.13**	**2199.97**	**2086.22**	**2201.40**
1. 家庭用工折价	元	1570.47	1189.45	1138.06	1223.49	1461.55	1714.56	1678.45
家庭用工天数	日	18.18	13.77	13.18	14.16	16.92	19.85	19.43
劳动日工价	元	86.38	86.38	86.38	86.38	86.38	86.38	86.38
2. 雇工费用	元	549.33	630.33	971.14	989.64	738.42	371.67	522.95
雇工天数	日	6.57	7.41	12.26	10.92	6.63	3.36	4.99
雇工工价	元	83.61	85.07	79.21	90.63	111.38	110.62	104.80
三、附								
1. 每亩种子用量	公斤							
2. 每亩化肥用量	公斤	51.70	32.54	27.70	41.52	52.78	33.28	39.81
3. 每亩农膜用量	公斤	4.46	3.49	3.32	4.04	3.41	4.81	2.89

3-2-2 续表 2

项 目	单位	重 庆	四 川	贵 州	云 南	陕 西	甘 肃
一、每亩物质与服务费用	**元**	**1067.34**	**1205.50**	**1182.29**	**1217.38**	**866.77**	**853.34**
（一）直接费用	元	966.56	1109.18	1078.44	1101.85	819.45	762.42
1. 种子费	元	84.06	83.86	86.82	111.91	60.75	9.61
2. 化肥费	元	277.88	365.02	348.66	256.62	220.06	215.63
3. 农家肥费	元	57.27	34.27	12.88	52.80	27.93	29.45
4. 农药费	元	56.06	69.08	38.10	81.26	28.21	12.46
5. 农膜费	元	72.95	64.05	69.91	78.62	48.75	45.00
6. 租赁作业费	元	53.57	100.57	109.33	139.18	128.01	81.86
机械作业费	元	30.12	93.83	108.96	104.10	60.27	72.63
排灌费	元		6.74		21.21	5.79	9.23
其中：水费	元		1.78		13.09		9.23
畜力费	元	23.45		0.37	13.87	61.95	
7. 燃料动力费	元	342.59	377.32	307.40	328.57	285.38	329.22
8. 技术服务费	元				6.06		
9. 工具材料费	元	8.44	10.93	21.53	16.50	10.47	22.80
10. 修理维护费	元	1.91	4.08	1.35	3.11	9.89	16.39
11. 其他直接费用	元	11.83		82.46	27.22		
（二）间接费用	元	100.78	96.32	103.85	115.53	47.32	90.92
1. 固定资产折旧	元	54.14	27.99	28.80	49.57	29.72	24.69
2. 保险费	元	27.98	57.80	64.45	51.03	3.14	49.41
3. 管理费	元						
4. 财务费	元						
5. 销售费	元	18.66	10.53	10.60	14.93	14.46	16.82
二、每亩人工成本	**元**	**1713.49**	**2079.75**	**2263.62**	**2509.81**	**2563.49**	**2512.51**
1. 家庭用工折价	元	1119.14	1744.01	1649.34	2212.54	2018.53	2483.68
家庭用工天数	日	12.96	20.19	19.09	25.61	23.37	28.75
劳动日工价	元	86.38	86.38	86.38	86.38	86.38	86.38
2. 雇工费用	元	594.35	335.74	614.28	297.27	544.96	28.82
雇工天数	日	5.12	3.77	5.59	3.11	5.79	0.32
雇工工价	元	116.09	89.06	109.89	95.59	94.12	90.07
三、附							
1. 每亩种子用量	公斤						
2. 每亩化肥用量	公斤	30.91	29.79	32.97	31.28	28.83	27.88
3. 每亩农膜用量	公斤	5.87	4.74	5.55	6.14	3.76	3.29

3-2-3 2019年各地区烤烟化肥投入情况

项目	单位	平均	河北	内蒙古	吉林	黑龙江	安徽	福建
一、每亩化肥金额	**元**	**309.03**	**161.11**	**271.63**	**254.34**	**204.06**	**305.61**	**349.49**
（一）氮肥	元	2.16				0.25		0.48
1. 尿素	元	1.94				0.25		0.21
2. 碳铵	元	0.06						0.27
3. 其他氮肥	元	0.16						
（二）磷肥	元	5.40			3.28		14.34	12.15
其中：过磷酸钙	元	2.89						0.75
（三）钾肥	元	50.12	60.00	113.25	108.56	41.20	56.56	62.36
其中：氯化钾	元	1.72			3.70	1.51		
（四）复混肥	元	211.12	101.11	92.19	129.87	125.19	224.41	238.59
1. 复合肥	元	166.14	101.11	92.19	129.87	125.19	224.41	58.65
其中：二铵	元	0.63		8.34		15.49		
三元素复合肥	元	56.26		11.55		0.90	180.09	3.57
2. 混配肥	元	44.98						179.94
（五）其他肥料	元	40.23		66.19	12.63	37.42	10.30	35.91
二、每亩化肥折纯用量	**公斤**	**34.37**	**17.73**	**29.40**	**31.53**	**19.99**	**45.22**	**42.36**
（一）氮肥	公斤	0.45				1.07		0.08
1. 尿素	公斤	0.41				0.05		0.04
2. 碳铵	公斤	0.01						0.04
3. 其他氮肥	公斤	0.03				1.02		
（二）磷肥	公斤	1.18			0.38		3.84	1.99
其中：过磷酸钙	公斤	0.70						0.09
（三）钾肥	公斤	6.46	3.00	16.26	13.64	2.72	8.13	9.77
其中：氯化钾	公斤	0.28			0.54	0.28		
（四）复混肥	公斤	26.26	14.73	13.14	17.51	16.20	33.26	30.52
1. 复合肥	公斤	20.99	14.73	13.14	17.51	16.20	33.26	7.42
其中：二铵	公斤	0.12		1.72		3.00		
三元素复合肥	公斤	7.83		1.87		0.13	27.09	0.42
2. 混配肥	公斤	5.27						23.10

3-2-3 续表 1

项　　目	单位	江　西	山　东	河　南	湖　北	湖　南	广　东	广　西
一、每亩化肥金额	**元**	**441.99**	**329.16**	**220.00**	**455.73**	**442.04**	**377.07**	**397.76**
（一）氮肥	元					3.55		
1. 尿素	元					3.55		
2. 碳铵	元							
3. 其他氮肥	元							
（二）磷肥	元	25.91			13.92	5.41		3.96
其中：过磷酸钙	元				13.92	3.79		3.96
（三）钾肥	元	51.45	54.74	81.74	78.17	54.91	109.02	93.30
其中：氯化钾	元					6.44		
（四）复混肥	元	294.89	204.82	124.66	243.86	370.05	167.96	228.95
1. 复合肥	元	141.96	170.00	110.11	243.86	97.76	167.96	219.70
其中：二铵	元	1.83	9.20		1.34			
三元素复合肥	元	6.02	85.62	17.62		32.22		75.33
2. 混配肥	元	152.93	34.82	14.55		272.29		9.25
（五）其他肥料	元	69.74	69.60	13.60	119.78	8.12	100.09	71.55
二、每亩化肥折纯用量	**公斤**	**51.70**	**32.54**	**27.70**	**41.52**	**52.78**	**33.28**	**39.81**
（一）氮肥	公斤					0.70		
1. 尿素	公斤					0.70		
2. 碳铵	公斤							
3. 其他氮肥	公斤							
（二）磷肥	公斤	3.67			2.32	1.00		0.49
其中：过磷酸钙	公斤				2.32	0.65		0.49
（三）钾肥	公斤	9.69	8.07	10.37	10.03	7.84	12.84	10.74
其中：氯化钾	公斤					1.11		
（四）复混肥	公斤	38.33	24.47	17.34	29.16	43.24	20.44	28.57
1. 复合肥	公斤	20.64	21.02	14.74	29.16	11.65	20.44	27.74
其中：二铵	公斤	0.24	1.62		0.25			
三元素复合肥	公斤	0.94	11.08	2.75		4.48		10.10
2. 混配肥	公斤	17.69	3.45	2.60		31.59		0.83

3-2-3 续表 2

项　　目	单位	重　庆	四　川	贵　州	云　南	陕　西	甘　肃
一、每亩化肥金额	**元**	**277.88**	**365.02**	**348.66**	**256.62**	**220.06**	**215.63**
（一）氮肥	元			0.01	4.80		8.44
1. 尿素	元			0.01	4.27		8.44
2. 碳铵	元				0.11		
3. 其他氮肥	元				0.42		
（二）磷肥	元		0.61	1.43	6.94	4.21	26.97
其中：过磷酸钙	元		0.61	1.39	4.34	3.01	26.97
（三）钾肥	元	18.66	57.04	8.48	49.54	8.25	70.87
其中：氯化钾	元				2.97	0.29	
（四）复混肥	元	259.22	208.55	248.00	175.59	207.60	106.79
1. 复合肥	元	196.40	183.42	246.63	169.95	207.60	75.38
其中：二铵	元				0.33	0.05	
三元素复合肥	元	104.32		68.46	94.30		
2. 混配肥	元	62.82	25.13	1.37	5.64		31.41
（五）其他肥料	元		98.82	90.74	19.75		2.56
二、每亩化肥折纯用量	**公斤**	**30.91**	**29.79**	**32.97**	**31.28**	**28.83**	**27.88**
（一）氮肥	公斤				0.98		1.90
1. 尿素	公斤				0.91		1.90
2. 碳铵	公斤				0.02		
3. 其他氮肥	公斤				0.05		
（二）磷肥	公斤		0.15	0.30	1.85	0.90	4.38
其中：过磷酸钙	公斤		0.15	0.29	1.27	0.69	4.38
（三）钾肥	公斤	2.99	5.74	1.35	6.12	0.90	9.26
其中：氯化钾	公斤				0.48	0.05	
（四）复混肥	公斤	27.92	23.91	31.31	22.31	27.03	12.34
1. 复合肥	公斤	26.55	21.28	31.14	21.50	27.03	9.69
其中：二铵	公斤				0.07	0.01	
三元素复合肥	公斤	14.27		9.02	13.25		
2. 混配肥	公斤	1.37	2.63	0.17	0.81		2.65

3-3-1 2019年各地区晾晒烟成本收益情况

项　目	单位	平　均	浙　江	湖　北	四　川	贵　州	云　南
每亩							
主产品产量	公斤	171.30	180.21	159.10	224.66	113.11	172.71
产值合计	元	4947.85	4905.07	3209.98	7029.20	5068.97	4190.65
主产品产值	元	4947.85	4905.07	3209.98	7029.20	5068.97	4190.65
副产品产值	元						
总成本	元	3767.40	7321.77	3459.42	3526.48	2870.81	5664.67
生产成本	元	3581.44	7171.77	3256.19	3378.32	2666.21	5444.83
物质与服务费用	元	978.92	2183.32	1031.79	1030.04	613.30	844.01
人工成本	元	2602.52	4988.45	2224.40	2348.28	2052.91	4600.82
家庭用工折价	元	2422.53	4988.45	2172.20	1841.62	2052.91	4501.26
雇工费用	元	179.99		52.20	506.66		99.56
土地成本	元	185.96	150.00	203.23	148.16	204.60	219.84
流转地租金	元	7.58		13.40	6.02		13.19
自营地折租	元	178.38	150.00	189.83	142.14	204.60	206.65
净利润	元	1180.45	-2416.70	-249.44	3502.72	2198.16	-1474.02
现金成本	元	1166.49	2183.32	1097.39	1542.72	613.30	956.76
现金收益	元	3781.36	2721.75	2112.59	5486.48	4455.67	3233.89
成本利润率	%	31.33	-33.01	-7.21	99.33	76.57	-26.02
每50公斤主产品							
平均出售价格	元	1444.21	1360.93	1008.79	1564.41	2240.73	1213.20
总成本	元	1099.65	2031.45	1087.18	784.85	1269.04	1639.93
生产成本	元	1045.37	1989.83	1023.31	751.88	1178.59	1576.29
净利润	元	344.56	-670.52	-78.39	779.56	971.69	-426.73
现金成本	元	340.48	605.77	344.87	343.35	271.11	276.98
现金收益	元	1103.73	755.16	663.92	1221.06	1969.62	936.22
附：							
每亩用工数量	日	29.87	57.75	25.60	26.45	23.77	53.35
每亩主产品已出售数量	公斤	169.14	180.21	159.10	224.66	103.16	172.71
每亩主产品已出售产值	元	4870.13	4905.07	3209.98	7029.20	4710.81	4190.65
每亩成本外支出	元						

3-3-2　2019 年各地区晾晒烟费用和用工情况

项　目	单位	平　均	浙　江	湖　北	四　川	贵　州	云　南
一、每亩物质与服务费用	元	**978.92**	**2183.32**	**1031.79**	**1030.04**	**613.30**	**844.01**
（一）直接费用	元	905.89	1787.76	933.53	1006.93	578.76	781.26
1. 种子费	元	40.84	50.00	79.74	26.03	9.58	20.25
2. 化肥费	元	574.43	1001.12	509.91	792.77	381.63	338.00
3. 农家肥费	元	47.98	318.89	52.06	24.30	34.69	
4. 农药费	元	34.92	165.22	28.08	27.17	24.90	37.64
5. 农膜费	元	52.22	68.33	66.40	26.90	22.06	138.12
6. 租赁作业费	元	121.28	140.00	142.43	99.41	81.03	194.44
机械作业费	元	89.24		83.49	80.97	81.03	194.44
排灌费	元	5.56			18.44		
其中：水费	元	5.56			18.44		
畜力费	元	26.48	140.00	58.94			
7. 燃料动力费	元	5.19		7.17		13.00	
8. 技术服务费	元	2.47		7.46			
9. 工具材料费	元	21.70	38.56	31.08	5.90	10.99	52.81
10. 修理维护费	元	4.86	5.64	9.20	4.45	0.88	
11. 其他直接费用	元						
（二）间接费用	元	73.03	395.56	98.26	23.11	34.54	62.75
1. 固定资产折旧	元	46.21	346.67	40.82	23.11	9.71	62.75
2. 保险费	元	14.40		43.55			
3. 管理费	元						
4. 财务费	元						
5. 销售费	元	12.42	48.89	13.89		24.83	
二、每亩人工成本	元	**2602.52**	**4988.45**	**2224.40**	**2348.28**	**2052.91**	**4600.82**
1. 家庭用工折价	元	2422.53	4988.45	2172.20	1841.62	2052.91	4501.26
家庭用工天数	日	28.05	57.75	25.15	21.32	23.77	52.11
劳动日工价	元	86.38	86.38	86.38	86.38	86.38	86.38
2. 雇工费用	元	179.99		52.20	506.66		99.56
雇工天数	日	1.82		0.45	5.13		1.24
雇工工价	元	98.90	132.22	116.00	98.77	115.40	80.29
三、附							
1. 每亩种子用量	公斤						
2. 每亩化肥用量	公斤	46.33	113.95	56.16	20.24	61.59	25.83
3. 每亩农膜用量	公斤	3.82	5.74	4.51	1.71	1.75	11.39

3-3-3　2019年各地区晾晒烟化肥投入情况

项　　目	单位	平　均	浙　江	湖　北	四　川	贵　州	云　南
一、每亩化肥金额	元	**574.43**	**1001.12**	**509.91**	**792.77**	**381.63**	**338.00**
（一）氮肥	元	61.62	127.78	10.93	83.43	122.09	
1. 尿素	元	56.08	127.78		77.04	122.09	
2. 碳铵	元	5.54		10.93	6.39		
3. 其他氮肥	元						
（二）磷肥	元	11.21	63.33	10.18		21.61	
其中：过磷酸钙	元	9.95	38.00	10.18		21.61	
（三）钾肥	元	42.60	27.78	72.07			172.00
其中：氯化钾	元	1.39	27.78				
（四）复混肥	元	228.35	566.67	375.27	25.07	237.93	166.00
1. 复合肥	元	228.35	566.67	375.27	25.07	237.93	166.00
其中：二铵	元						
三元素复合肥	元	37.69	566.67		25.07		18.44
2. 混配肥	元						
（五）其他肥料	元	230.65	215.56	41.46	684.27		
二、每亩化肥折纯用量	公斤	**46.33**	**113.95**	**56.16**	**20.24**	**61.59**	**25.83**
（一）氮肥	公斤	12.28	29.49	1.92	16.91	23.40	
1. 尿素	公斤	11.22	29.49		15.49	23.40	
2. 碳铵	公斤	1.06		1.92	1.42		
3. 其他氮肥	公斤						
（二）磷肥	公斤	2.47	17.66	1.97		4.32	
其中：过磷酸钙	公斤	2.08	9.88	1.97		4.32	
（三）钾肥	公斤	4.11	3.06	8.93			10.00
其中：氯化钾	公斤	0.15	3.06				
（四）复混肥	公斤	27.48	63.75	43.36	3.34	33.88	15.83
1. 复合肥	公斤	27.48	63.75	43.36	3.34	33.88	15.83
其中：二铵	公斤						
三元素复合肥	公斤	4.44	63.75		3.34		2.50
2. 混配肥	公斤						

3-4-1 2019 年各地区甘蔗成本收益情况

项　目	单位	平　均	广　东	广　西	海　南	云　南
每亩						
主产品产量	公斤	5256.68	5752.11	5276.89	4092.40	4988.16
产值合计	元	2559.60	2281.37	2717.76	2046.20	2237.30
主产品产值	元	2538.46	2281.24	2694.63	2046.20	2207.82
副产品产值	元	21.14	0.13	23.13		29.48
总成本	元	2379.12	2206.80	2517.42	2100.98	2036.11
生产成本	元	2055.31	1877.09	2179.86	1947.32	1747.11
物质与服务费用	元	846.34	861.84	942.70	543.05	532.94
人工成本	元	1208.97	1015.25	1237.16	1404.27	1214.17
家庭用工折价	元	645.95	350.27	648.89	844.80	802.04
雇工费用	元	563.02	664.98	588.27	559.47	412.13
土地成本	元	323.81	329.71	337.56	153.66	289.00
流转地租金	元	42.80	113.82	40.96	1.02	8.60
自营地折租	元	281.01	215.89	296.60	152.64	280.40
净利润	元	180.48	74.57	200.34	-54.78	201.19
现金成本	元	1452.16	1640.64	1571.93	1103.54	953.67
现金收益	元	1107.44	640.73	1145.83	942.66	1283.63
成本利润率	%	7.59	3.38	7.96	-2.61	9.88
每 50 公斤主产品						
平均出售价格	元	24.15	19.83	25.53	25.00	22.13
总成本	元	22.45	19.18	23.65	25.67	20.14
生产成本	元	19.39	16.32	20.48	23.79	17.28
净利润	元	1.70	0.65	1.88	-0.67	1.99
现金成本	元	13.70	14.26	14.77	13.48	9.43
现金收益	元	10.45	5.57	10.76	11.52	12.70
附：						
每亩用工数量	日	12.62	8.78	12.89	14.33	13.94
每亩主产品已出售数量	公斤	5216.24	5610.07	5276.89	4092.40	4867.84
每亩主产品已出售产值	元	2520.36	2212.46	2694.63	2046.20	2157.28
每亩成本外支出	元	0.36				1.84

3-4-2　2019年各地区甘蔗费用和用工情况

项　　目	单位	平　均	广　东	广　西	海　南	云　南
一、每亩物质与服务费用	**元**	**846.34**	**861.84**	**942.70**	**543.05**	**532.94**
（一）直接费用	元	566.08	671.87	612.55	416.99	353.52
1. 种子费	元					
2. 化肥费	元	396.96	474.81	440.34	270.03	210.45
3. 农家肥费	元	4.43	6.82	4.40		3.46
4. 农药费	元	57.68	77.92	56.43	57.27	49.35
5. 农膜费	元	6.69		4.75		18.24
6. 租赁作业费	元	82.80	99.02	89.90	71.18	49.21
机械作业费	元	63.16	91.19	64.52	71.18	40.08
排灌费	元	1.72		0.07		8.67
其中：水费	元	1.44				7.45
畜力费	元	17.92	7.83	25.31		0.46
7. 燃料动力费	元	4.11	5.62	5.14		
8. 技术服务费	元					
9. 工具材料费	元	9.83	5.05	6.90	11.45	22.81
10. 修理维护费	元	3.58	2.63	4.69	7.06	
11. 其他直接费用	元					
（二）间接费用	元	280.26	189.97	330.15	126.06	179.42
1. 固定资产折旧	元	151.98	123.34	159.26	126.06	147.28
2. 保险费	元	2.62	1.73	0.60		10.43
3. 管理费	元					
4. 财务费	元					
5. 销售费	元	125.66	64.90	170.29		21.71
二、每亩人工成本	**元**	**1208.97**	**1015.25**	**1237.16**	**1404.27**	**1214.17**
1. 家庭用工折价	元	645.95	350.27	648.89	844.80	802.04
家庭用工天数	日	7.48	4.06	7.51	9.78	9.29
劳动日工价	元	86.38	86.38	86.38	86.38	86.38
2. 雇工费用	元	563.02	664.98	588.27	559.47	412.13
雇工天数	日	5.14	4.72	5.38	4.55	4.65
雇工工价	元	109.54	140.89	109.35	122.96	88.63
三、附						
1. 每亩种子用量	公斤					
2. 每亩化肥用量	公斤	53.94	78.76	56.39	37.20	31.51
3. 每亩农膜用量	公斤	0.52		0.45		1.15

3-4-3　2019年各地区甘蔗化肥投入情况

项　　目	单位	平　均	广　东	广　西	海　南	云　南
一、每亩化肥金额	元	**396.96**	**474.81**	**440.34**	**270.03**	**210.45**
（一）氮肥	元	95.71	132.97	95.42	89.60	73.92
1. 尿素	元	95.43	132.97	95.42	89.60	72.45
2. 碳铵	元					
3. 其他氮肥	元	0.28				1.47
（二）磷肥	元	16.02	53.44	13.53		2.70
其中：过磷酸钙	元	12.46	53.44	8.19		2.70
（三）钾肥	元	30.93	111.51	25.91	6.95	
其中：氯化钾	元	29.86	111.51	24.31	6.95	
（四）复混肥	元	191.89	166.28	216.32	173.48	125.32
1. 复合肥	元	172.39	166.28	205.08	173.48	63.15
其中：二铵	元	0.55		0.82		
三元素复合肥	元	90.47	57.64	121.86	101.87	1.53
2. 混配肥	元	19.50		11.24		62.17
（五）其他肥料	元	62.41	10.61	89.16		8.51
二、每亩化肥折纯用量	公斤	**53.94**	**78.76**	**56.39**	**37.20**	**31.51**
（一）氮肥	公斤	19.30	27.82	19.44	15.94	13.80
1. 尿素	公斤	19.25	27.82	19.44	15.94	13.55
2. 碳铵	公斤					
3. 其他氮肥	公斤	0.05				0.25
（二）磷肥	公斤	3.02	10.35	2.47		0.59
其中：过磷酸钙	公斤	2.53	10.35	1.74		0.59
（三）钾肥	公斤	5.80	21.92	4.67	1.10	
其中：氯化钾	公斤	5.63	21.92	4.42	1.10	
（四）复混肥	公斤	25.83	18.68	29.82	20.18	17.11
1. 复合肥	公斤	22.82	18.68	27.95	20.18	7.96
其中：二铵	公斤	0.11		0.17		
三元素复合肥	公斤	12.37	6.71	16.96	10.94	0.21
2. 混配肥	公斤	3.01		1.87		9.15

3-5-1　2019年各地区甜菜成本收益情况

项　　目	单位	平　均	内蒙古	黑龙江	新　疆
每亩					
主产品产量	公斤	3894.39	3128.93	3066.83	4994.72
产值合计	元	1850.98	1662.76	1592.66	2127.91
主产品产值	元	1838.14	1651.68	1592.66	2111.27
副产品产值	元	12.84	11.08		16.64
总成本	元	1673.93	1641.69	1147.85	1777.31
生产成本	元	1374.68	1346.79	648.39	1495.56
物质与服务费用	元	742.68	727.02	534.85	787.36
人工成本	元	632.00	619.77	113.54	708.20
家庭用工折价	元	533.48	553.44	0.26	569.16
雇工费用	元	98.52	66.33	113.28	139.04
土地成本	元	299.25	294.90	499.46	281.75
流转地租金	元	47.14	30.87	499.46	16.04
自营地折租	元	252.11	264.03		265.71
净利润	元	177.05	21.07	444.81	350.60
现金成本	元	888.34	824.22	1147.59	942.44
现金收益	元	962.64	838.54	445.07	1185.47
成本利润率	%	10.58	1.28	38.75	19.73
每50公斤主产品					
平均出售价格	元	23.60	26.39	25.97	21.14
总成本	元	21.34	26.06	18.72	17.66
生产成本	元	17.53	21.38	10.57	14.86
净利润	元	2.26	0.33	7.25	3.48
现金成本	元	11.33	13.08	18.71	9.36
现金收益	元	12.27	13.31	7.26	11.78
附：					
每亩用工数量	日	6.98	6.93	0.95	7.73
每亩主产品已出售数量	公斤	3894.39	3128.93	3066.83	4994.72
每亩主产品已出售产值	元	1838.14	1651.68	1592.66	2111.27
每亩成本外支出	元				

3-5-2 2019 年各地区甜菜费用和用工情况

项 目	单位	平 均	内蒙古	黑龙江	新 疆
一、每亩物质与服务费用	元	**742.68**	**727.02**	**534.85**	**787.36**
（一）直接费用	元	618.65	638.24	534.85	602.67
1. 种子费	元	104.03	105.13	90.00	104.21
2. 化肥费	元	173.97	165.57	150.54	187.71
3. 农家肥费	元	17.01	23.20		10.85
4. 农药费	元	34.63	44.95	100.90	13.40
5. 农膜费	元	18.05	7.87		33.51
6. 租赁作业费	元	249.70	266.86	184.80	234.73
机械作业费	元	165.09	183.97	184.80	138.04
排灌费	元	84.61	82.89		96.69
其中：水费	元	11.96			29.04
畜力费	元				
7. 燃料动力费	元	0.91			2.21
8. 技术服务费	元				0.01
9. 工具材料费	元	19.61	24.66	8.61	14.25
10. 修理维护费	元	0.74			1.79
11. 其他直接费用	元				
（二）间接费用	元	124.03	88.78		184.69
1. 固定资产折旧	元	1.77			4.30
2. 保险费	元	5.21	8.58		1.40
3. 管理费	元	8.82	15.81		0.68
4. 财务费	元	0.19			0.46
5. 销售费	元	108.04	64.39		177.85
二、每亩人工成本	元	**632.00**	**619.77**	**113.54**	**708.20**
1. 家庭用工折价	元	533.48	553.44	0.26	569.16
家庭用工天数	日	6.18	6.41	0.00	6.59
劳动日工价	元	86.38	86.38	86.38	86.38
2. 雇工费用	元	98.52	66.33	113.28	139.04
雇工天数	日	0.80	0.52	0.95	1.14
雇工工价	元	123.15	127.56	119.25	121.97
三、附					
1. 每亩种子用量	公斤	0.19			0.47
2. 每亩化肥用量	公斤	32.91	27.64	21.03	41.21
3. 每亩农膜用量	公斤	1.69	0.74		3.14

3-5-3 2019年各地区甜菜化肥投入情况

项目	单位	平均	内蒙古	黑龙江	新疆
一、每亩化肥金额	**元**	**173.97**	**165.57**	**150.54**	**187.71**
（一）氮肥	元	40.95	22.10	8.61	69.44
1. 尿素	元	37.03	14.84	8.61	69.44
2. 碳铵	元	3.92	7.26		
3. 其他氮肥	元				
（二）磷肥	元				
其中：过磷酸钙	元				
（三）钾肥	元	3.67	6.50		0.38
其中：氯化钾	元	1.29	2.38		
（四）复混肥	元	124.34	129.59	141.93	115.42
1. 复合肥	元	124.25	129.59	141.93	115.19
其中：二铵	元	60.20	23.79		114.95
三元素复合肥	元	40.79	75.48		
2. 混配肥	元	0.09			0.23
（五）其他肥料	元	5.01	7.38		2.47
二、每亩化肥折纯用量	**公斤**	**32.91**	**27.64**	**21.03**	**41.21**
（一）氮肥	公斤	10.23	5.18	1.57	17.85
1. 尿素	公斤	9.42	3.68	1.57	17.85
2. 碳铵	公斤	0.81	1.50		
3. 其他氮肥	公斤				
（二）磷肥	公斤				
其中：过磷酸钙	公斤				
（三）钾肥	公斤	0.64	1.17		0.02
其中：氯化钾	公斤	0.29	0.53		
（四）复混肥	公斤	22.05	21.29	19.46	23.34
1. 复合肥	公斤	22.04	21.29	19.46	23.32
其中：二铵	公斤	12.23	4.88		23.30
三元素复合肥	公斤	6.72	12.43		
2. 混配肥	公斤	0.01			0.02

四、各地区蚕茧、水果

4-1-1 2019年各地区桑蚕茧成本收益情况

项 目	单位	平 均	山 西	江 苏	浙 江	安 徽	江 西
每亩							
主产品产量	公斤	102.86	56.53	128.91	98.14	75.66	120.54
产值合计	元	4256.33	2518.05	6009.30	4353.87	2998.58	4816.34
主产品产值	元	4150.86	2456.63	5944.03	4275.34	2983.72	4704.90
副产品产值	元	105.47	61.42	65.27	78.53	14.86	111.44
总成本	元	4501.45	3568.56	6007.36	3298.67	2462.49	5262.27
生产成本	元	4233.60	3414.29	5405.62	2904.26	2296.86	5150.27
物质与服务费用	元	732.30	364.90	1042.73	574.88	416.44	754.39
人工成本	元	3501.30	3049.39	4362.89	2329.38	1880.42	4395.88
家庭用工折价	元	2358.26	3049.39	3887.88	1932.67	1614.44	4395.88
雇工费用	元	1143.04		475.01	396.71	265.98	
土地成本	元	267.85	154.27	601.74	394.41	165.63	112.00
流转地租金	元	44.49	5.48	148.83	230.96	24.15	6.72
自营地折租	元	223.36	148.79	452.91	163.45	141.48	105.28
净利润	元	-245.12	-1050.51	1.94	1055.20	536.09	-445.93
现金成本	元	1919.83	370.38	1666.57	1202.55	706.57	761.11
现金收益	元	2336.50	2147.67	4342.73	3151.32	2292.01	4055.23
成本利润率	%	-5.45	-29.44	0.03	31.99	21.77	-8.47
每50公斤主产品							
平均出售价格	元	2017.72	2172.86	2305.50	2178.18	1971.79	1951.59
总成本	元	2133.92	3079.36	2304.76	1650.28	1619.27	2132.28
生产成本	元	2006.94	2946.24	2073.89	1452.96	1510.36	2086.90
净利润	元	-116.20	-906.50	0.74	527.90	352.52	-180.69
现金成本	元	910.10	319.61	639.39	601.62	464.62	308.40
现金收益	元	1107.62	1853.25	1666.11	1576.56	1507.17	1643.19
附:							
每亩用工数量	日	37.17	35.30	50.54	25.53	21.14	50.89
每亩主产品已出售数量	公斤	102.86	56.53	128.91	98.12	75.66	120.54
每亩主产品已出售产值	元	4150.82	2456.63	5944.03	4274.71	2983.72	4704.90
每亩成本外支出	元	1.63		25.08			

4-1-1 续表1

项 目	单位	山 东	河 南	湖 北	广 东	广 西
每亩						
主产品产量	公斤	93.81	37.53	67.43	146.11	117.42
产值合计	元	4223.43	1452.92	2842.08	4902.75	4717.26
主产品产值	元	4191.63	1452.92	2826.31	4845.52	4681.43
副产品产值	元	31.80		15.77	57.23	35.83
总成本	元	4095.09	1748.53	4153.82	5662.44	7402.50
生产成本	元	3822.76	1598.53	3980.60	5482.18	7147.90
物质与服务费用	元	636.73	226.35	446.07	1507.75	1386.90
人工成本	元	3186.03	1372.18	3534.53	3974.43	5761.00
家庭用工折价	元	3039.37	1210.18	3423.41	3931.59	5711.45
雇工费用	元	146.67	162.00	111.12	42.84	49.55
土地成本	元	272.33	150.00	173.22	180.26	254.60
流转地租金	元	91.92	30.00	16.51	22.26	20.64
自营地折租	元	180.41	120.00	156.71	158.00	233.96
净利润	元	128.34	-295.61	-1311.74	-759.69	-2685.24
现金成本	元	875.32	418.35	573.70	1572.85	1457.09
现金收益	元	3348.11	1034.57	2268.38	3329.90	3260.17
成本利润率	%	3.13	-16.91	-31.58	-13.42	-36.27
每50公斤主产品						
平均出售价格	元	2234.11	1935.68	2095.74	1658.18	1993.46
总成本	元	2166.22	2329.52	3063.01	1915.12	3128.21
生产成本	元	2022.16	2129.68	2935.28	1854.15	3020.62
净利润	元	67.89	-393.84	-967.27	-256.94	-1134.75
现金成本	元	463.03	557.35	423.04	531.96	615.75
现金收益	元	1771.08	1378.33	1672.70	1126.22	1377.71
附：						
每亩用工数量	日	36.59	15.69	40.75	45.98	66.58
每亩主产品已出售数量	公斤	93.81	37.53	67.43	146.11	117.42
每亩主产品已出售产值	元	4191.63	1452.92	2826.31	4845.52	4681.43
每亩成本外支出	元					

4-1-1 续表 2

项　　目	单位	重　庆	四　川	云　南	陕　西	甘　肃
每亩						
主产品产量	公斤	114.90	110.86	93.90	78.04	171.33
产值合计	元	4283.79	5611.58	4309.86	3126.51	6891.85
主产品产值	元	4242.96	4510.72	4261.20	3109.03	6853.33
副产品产值	元	40.83	1100.86	48.66	17.48	38.52
总成本	元	5040.84	3553.46	3804.08	3842.71	4909.06
生产成本	元	4725.05	3422.86	3597.05	3728.26	4709.06
物质与服务费用	元	717.99	472.13	895.22	294.90	447.93
人工成本	元	4007.06	2950.73	2701.83	3433.36	4261.13
家庭用工折价	元	386.64	2941.84	2442.39	3316.65	4261.13
雇工费用	元	3620.43	8.89	259.43	116.71	
土地成本	元	315.79	130.60	207.03	114.45	200.00
流转地租金	元	9.02	0.68	15.69	5.86	
自营地折租	元	306.77	129.92	191.34	108.59	200.00
净利润	元	-757.05	2058.12	505.78	-716.20	1982.79
现金成本	元	4347.44	481.70	1170.34	417.47	447.93
现金收益	元	-63.65	5129.88	3139.52	2709.04	6443.92
成本利润率	%	-15.02	57.92	13.30	-18.64	40.39
每50公斤主产品						
平均出售价格	元	1846.37	2034.42	2269.01	1991.95	2000.04
总成本	元	2172.67	1288.27	2002.73	2448.25	1424.63
生产成本	元	2036.56	1240.92	1893.73	2375.33	1366.59
净利润	元	-326.30	746.15	266.28	-456.30	575.41
现金成本	元	1873.80	174.64	616.15	265.98	129.99
现金收益	元	-27.43	1859.78	1652.86	1725.97	1870.05
附：						
每亩用工数量	日	35.10	34.15	31.09	39.46	49.33
每亩主产品已出售数量	公斤	114.90	110.86	93.90	78.04	171.33
每亩主产品已出售产值	元	4242.96	4510.72	4261.20	3109.03	6853.33
每亩成本外支出	元					

4-1-2 2019年各地区桑蚕茧费用和用工情况

项　　目	单位	平　均	山　西	江　苏	浙　江	安　徽	江　西
一、每亩物质与服务费用	**元**	**732.30**	**364.90**	**1042.73**	**574.88**	**416.44**	**754.39**
（一）直接费用	元	628.29	291.10	867.81	468.68	376.31	677.73
1. 种子费	元	211.17	81.00	210.11	118.44	103.33	220.00
2. 化肥费	元	221.05	92.52	344.97	251.66	158.47	202.81
3. 农家肥费	元	15.23		24.46	5.89	26.67	29.78
4. 农药费	元	74.50	38.82	184.47	33.30	49.70	70.56
5. 农膜费	元	1.43	3.92	3.33	3.05	3.90	
6. 租赁作业费	元	20.54	37.13	7.41	1.75		122.11
机械作业费	元	12.76	37.13				
排灌费	元	5.71		7.41	1.75		8.22
其中：水费	元	1.82		7.41	0.06		8.22
畜力费	元	2.07					113.89
7. 燃料动力费	元	36.03	32.67	31.38	28.39	8.38	
8. 技术服务费	元	8.88		6.38			
9. 工具材料费	元	29.75	2.82	48.75	13.34	25.80	8.96
10. 修理维护费	元	5.77	2.22	6.43	6.10	0.06	9.37
11. 其他直接费用	元	3.94		0.12	6.76		14.14
（二）间接费用	元	104.01	73.80	174.92	106.20	40.13	76.66
1. 固定资产折旧	元	63.07	33.64	102.67	106.20	33.39	55.61
2. 保险费	元	5.49	25.53	64.20			
3. 管理费	元	28.93		0.04			
4. 财务费	元	2.18					
5. 销售费	元	4.34	14.63	8.01		6.74	21.05
二、每亩人工成本	**元**	**3501.30**	**3049.39**	**4362.89**	**2329.38**	**1880.42**	**4395.88**
1. 家庭用工折价	元	2358.26	3049.39	3887.88	1932.67	1614.44	4395.88
家庭用工天数	日	27.30	35.30	45.01	22.37	18.69	50.89
劳动日工价	元	86.38	86.38	86.38	86.38	86.38	86.38
2. 雇工费用	元	1143.04		475.01	396.71	265.98	
雇工天数	日	9.87		5.53	3.16	2.45	
雇工工价	元	115.81	75.08	85.90	125.54	108.56	110.00
三、附							
1. 每亩种子用量	公斤	0.02			0.15		
2. 每亩化肥用量	公斤	33.22	15.01	64.69	42.71	30.74	38.10
3. 每亩农膜用量	公斤	0.11	0.30	0.22	0.19	0.27	

4-1-2 续表1

项 目	单位	山 东	河 南	湖 北	广 东	广 西
一、每亩物质与服务费用	元	**636.73**	**226.35**	**446.07**	**1507.75**	**1386.90**
(一)直接费用	元	581.27	218.83	376.73	1381.02	1311.28
1. 种子费	元	148.80	47.15	91.39	689.22	594.99
2. 化肥费	元	201.46	83.67	115.77	477.49	490.49
3. 农家肥费	元	12.37		6.08	21.97	23.94
4. 农药费	元	94.75	45.63	78.50	128.39	77.41
5. 农膜费	元	5.18				
6. 租赁作业费	元	58.91			0.65	40.04
机械作业费	元	27.81				16.22
排灌费	元	31.10			0.65	2.57
其中:水费	元	0.58			0.65	1.59
畜力费	元					21.25
7. 燃料动力费	元	35.87	25.30	35.03	29.62	39.19
8. 技术服务费	元	0.07				
9. 工具材料费	元	17.16	17.08	42.71	15.07	35.74
10. 修理维护费	元	6.37		7.25	5.02	9.48
11. 其他直接费用	元	0.33			13.59	
(二)间接费用	元	55.46	7.52	69.34	126.73	75.62
1. 固定资产折旧	元	47.29	7.52	64.81	126.73	64.91
2. 保险费	元	4.93				
3. 管理费	元					
4. 财务费	元					
5. 销售费	元	3.24		4.53		10.71
二、每亩人工成本	元	**3186.03**	**1372.18**	**3534.53**	**3974.43**	**5761.00**
1. 家庭用工折价	元	3039.37	1210.18	3423.41	3931.59	5711.45
家庭用工天数	日	35.19	14.01	39.63	45.52	66.12
劳动日工价	元	86.38	86.38	86.38	86.38	86.38
2. 雇工费用	元	146.67	162.00	111.12	42.84	49.55
雇工天数	日	1.40	1.68	1.12	0.46	0.46
雇工工价	元	104.76	96.43	99.21	93.13	107.72
三、附						
1. 每亩种子用量	公斤					
2. 每亩化肥用量	公斤	31.75	15.78	20.60	76.19	75.45
3. 每亩农膜用量	公斤	0.48				

4-1-2 续表 2

项目	单位	重庆	四川	云南	陕西	甘肃
一、每亩物质与服务费用	**元**	**717.99**	**472.13**	**895.22**	**294.90**	**447.93**
（一）直接费用	元	535.63	443.37	823.04	271.38	392.73
1. 种子费	元	155.22	142.80	292.65	122.41	220.00
2. 化肥费	元	187.43	164.10	203.62	47.81	105.73
3. 农家肥费	元	1.23	26.85	52.00		
4. 农药费	元	67.81	49.16	66.94	38.41	23.20
5. 农膜费	元	0.06				
6. 租赁作业费	元		3.43	88.01	6.41	
机械作业费	元			75.76	6.41	
排灌费	元		3.43	12.25		
其中：水费	元		3.43	9.40		
畜力费	元					
7. 燃料动力费	元	40.50	23.30	85.81	5.72	33.40
8. 技术服务费	元	30.37				
9. 工具材料费	元	44.96	10.75	25.27	25.98	7.73
10. 修理维护费	元	5.80	5.47	8.07	5.52	2.67
11. 其他直接费用	元	2.25	17.51	0.67	19.12	
（二）间接费用	元	182.36	28.76	72.18	23.52	55.20
1. 固定资产折旧	元	69.84	25.75	62.55	19.85	55.20
2. 保险费	元					
3. 管理费	元	103.89				
4. 财务费	元	7.84				
5. 销售费	元	0.79	3.01	9.63	3.67	
二、每亩人工成本	**元**	**4007.06**	**2950.73**	**2701.83**	**3433.36**	**4261.13**
1. 家庭用工折价	元	386.64	2941.84	2442.39	3316.65	4261.13
家庭用工天数	日	4.48	34.06	28.28	38.40	49.33
劳动日工价	元	86.38	86.38	86.38	86.38	86.38
2. 雇工费用	元	3620.43	8.89	259.43	116.71	
雇工天数	日	30.62	0.09	2.81	1.06	
雇工工价	元	118.24	98.74	92.32	110.10	80.00
三、附						
1. 每亩种子用量	公斤					2.00
2. 每亩化肥用量	公斤	17.79	22.32	35.48	10.28	23.92
3. 每亩农膜用量	公斤					

4-1-3 2019年各地区桑蚕茧化肥投入情况

项目	单位	平均	山西	江苏	浙江	安徽	江西
一、每亩化肥金额	**元**	**221.05**	**92.52**	**344.97**	**251.66**	**158.47**	**202.81**
（一）氮肥	元	72.11	19.44	160.82	94.34	109.72	85.09
1. 尿素	元	64.94		155.28	94.34	109.72	85.09
2. 碳铵	元	4.64	14.69	5.54			
3. 其他氮肥	元	2.53	4.75				
（二）磷肥	元	2.52	13.58	11.66	1.06		
其中：过磷酸钙	元	2.52	13.58	11.66	1.06		
（三）钾肥	元	1.13				6.91	
其中：氯化钾	元	0.31					
（四）复混肥	元	129.75	59.50	172.49	156.26	41.60	117.72
1. 复合肥	元	127.54	59.50	148.77	156.26	40.45	117.72
其中：二铵	元	2.24					
三元素复合肥	元	54.93		78.08	7.70	32.64	117.72
2. 混配肥	元	2.21		23.72		1.15	
（五）其他肥料	元	15.54				0.24	
二、每亩化肥折纯用量	**公斤**	**33.22**	**15.01**	**64.69**	**42.71**	**30.74**	**38.10**
（一）氮肥	公斤	14.32	3.91	32.51	20.15	23.29	18.20
1. 尿素	公斤	13.08		31.39	20.15	23.29	18.20
2. 碳铵	公斤	0.93	3.26	1.12			
3. 其他氮肥	公斤	0.31	0.65				
（二）磷肥	公斤	0.48	1.86	2.24	0.20		
其中：过磷酸钙	公斤	0.48	1.86	2.24	0.20		
（三）钾肥	公斤	0.14				0.85	
其中：氯化钾	公斤	0.05					
（四）复混肥	公斤	18.27	9.25	29.94	22.36	6.60	19.90
1. 复合肥	公斤	17.89	9.25	25.70	22.36	6.46	19.90
其中：二铵	公斤	0.38					
三元素复合肥	公斤	8.05		13.51	0.98	5.30	19.90
2. 混配肥	公斤	0.38		4.24		0.14	

4-1-3 续表1

项目	单位	山东	河南	湖北	广东	广西
一、每亩化肥金额	**元**	**201.46**	**83.67**	**115.77**	**477.49**	**490.49**
（一）氮肥	元	45.09	61.67	61.90	220.65	125.47
1. 尿素	元	22.70	61.67	42.37	219.69	125.47
2. 碳铵	元	1.29		19.53	0.96	
3. 其他氮肥	元	21.10				
（二）磷肥	元				10.82	
其中：过磷酸钙	元				10.82	
（三）钾肥	元				1.65	3.38
其中：氯化钾	元				1.65	3.38
（四）复混肥	元	156.37	22.00	53.87	244.37	349.91
1. 复合肥	元	156.37	22.00	53.87	238.64	349.91
其中：二铵	元	0.85				
三元素复合肥	元	139.00		20.04	226.57	271.06
2. 混配肥	元				5.73	
（五）其他肥料	元					11.73
二、每亩化肥折纯用量	**公斤**	**31.75**	**15.78**	**20.60**	**76.19**	**75.45**
（一）氮肥	公斤	7.99	13.03	13.07	42.00	25.48
1. 尿素	公斤	5.08	13.03	8.87	41.84	25.48
2. 碳铵	公斤	0.31		4.20	0.16	
3. 其他氮肥	公斤	2.60				
（二）磷肥	公斤				2.25	
其中：过磷酸钙	公斤				2.25	
（三）钾肥	公斤				0.25	0.55
其中：氯化钾	公斤				0.25	0.55
（四）复混肥	公斤	23.76	2.75	7.54	31.67	49.42
1. 复合肥	公斤	23.76	2.75	7.54	31.01	49.42
其中：二铵	公斤	0.18				
三元素复合肥	公斤	21.50		3.05	29.57	37.66
2. 混配肥	公斤				0.66	

4-1-3 续表 2

项 目	单位	重 庆	四 川	云 南	陕 西	甘 肃
一、每亩化肥金额	元	**187.43**	**164.10**	**203.62**	**47.81**	**105.73**
(一) 氮肥	元	6.80	53.83	127.57	46.15	105.73
1. 尿素	元	5.73	42.00	119.74	22.65	105.73
2. 碳铵	元	1.07	11.83	7.83	23.50	
3. 其他氮肥	元					
(二) 磷肥	元	0.32	2.08	6.47		
其中：过磷酸钙	元	0.32	2.08	6.47		
(三) 钾肥	元			3.02		
其中：氯化钾	元					
(四) 复混肥	元	127.47	108.19	66.56	1.66	
1. 复合肥	元	127.47	108.19	63.12	1.66	
其中：二铵	元			22.01	1.66	
三元素复合肥	元		18.22			
2. 混配肥	元			3.44		
(五) 其他肥料	元	52.84				
二、每亩化肥折纯用量	公斤	**17.79**	**22.32**	**35.48**	**10.28**	**23.92**
(一) 氮肥	公斤	1.28	11.15	23.33	9.92	23.92
1. 尿素	公斤	1.07	8.85	22.13	4.81	23.92
2. 碳铵	公斤	0.21	2.30	1.20	5.11	
3. 其他氮肥	公斤					
(二) 磷肥	公斤	0.05	0.31	1.40		
其中：过磷酸钙	公斤	0.05	0.31	1.40		
(三) 钾肥	公斤			0.24		
其中：氯化钾	公斤					
(四) 复混肥	公斤	16.46	10.86	10.51	0.36	
1. 复合肥	公斤	16.46	10.86	9.81	0.36	
其中：二铵	公斤			3.70	0.36	
三元素复合肥	公斤		2.55			
2. 混配肥	公斤			0.70		

4-2-1 2019 年各地区苹果成本收益情况

项　　目	单位	平　均	北　京	河　北	山　西	辽　宁
每亩						
主产品产量	公斤	2065.62	2027.59	1928.22	2306.17	1558.33
产值合计	元	7207.58	14717.44	5913.95	4718.61	3779.84
主产品产值	元	7204.08	14717.44	5901.15	4718.61	3779.84
副产品产值	元	3.50		12.80		
总成本	元	5794.51	12112.43	3948.25	3890.65	4026.97
生产成本	元	5479.83	11686.78	3660.79	3602.95	3650.29
物质与服务费用	元	1901.99	4525.63	1070.81	1042.63	1279.45
人工成本	元	3577.84	7161.15	2589.98	2560.32	2370.84
家庭用工折价	元	2046.08	685.77	2000.91	2398.77	1385.02
雇工费用	元	1531.76	6475.38	589.08	161.54	985.82
土地成本	元	314.68	425.65	287.46	287.70	376.68
流转地租金	元	75.95	321.53	1.46	18.17	56.01
自营地折租	元	238.73	104.12	286.00	269.53	320.67
净利润	元	1413.07	2605.01	1965.70	827.96	-247.13
现金成本	元	3509.70	11322.54	1661.35	1222.34	2321.28
现金收益	元	3697.88	3394.90	4252.60	3496.27	1458.56
成本利润率	%	24.39	21.51	49.79	21.28	-6.14
每 50 公斤主产品						
平均出售价格	元	174.38	362.93	153.02	102.30	121.28
总成本	元	140.19	298.69	102.16	84.35	129.21
生产成本	元	132.58	288.19	94.72	78.11	117.12
净利润	元	34.19	64.24	50.86	17.95	-7.93
现金成本	元	84.91	279.21	42.99	26.50	74.48
现金收益	元	89.47	83.72	110.03	75.80	46.80
附:						
每亩用工数量	日	37.35	61.76	30.25	29.72	26.50
每亩主产品已出售数量	公斤	1684.22	1026.23	1889.48	2269.45	1411.33
每亩主产品已出售产值	元	5252.59	6871.31	5784.99	4652.77	3392.36
每亩成本外支出	元	2.52				

4-2-1 续表

项　　目	单位	山　东	河　南	陕　西	甘　肃	宁　夏
每亩						
主产品产量	公斤	2868.03	2329.58	1917.09	2210.42	2591.87
产值合计	元	12016.33	6761.51	7631.50	6891.31	4836.05
主产品产值	元	12001.65	6715.66	7631.50	6891.31	4836.05
副产品产值	元	14.68	45.85			
总成本	元	7912.58	4987.51	4359.52	7215.06	2569.77
生产成本	元	7653.63	4776.80	4235.32	7056.30	2261.00
物质与服务费用	元	2817.27	1377.71	1194.59	2061.10	678.21
人工成本	元	4836.36	3399.09	3040.73	4995.20	1582.79
家庭用工折价	元	3663.12	3306.89	2356.71	4795.47	1290.69
雇工费用	元	1173.25	92.21	684.03	199.73	292.10
土地成本	元	258.95	210.71	124.20	158.76	308.77
流转地租金	元	35.97	48.63			43.75
自营地折租	元	222.98	162.08	124.20	158.76	265.02
净利润	元	4103.75	1774.00	3271.98	-323.75	2266.28
现金成本	元	4026.49	1518.55	1878.62	2260.83	1014.06
现金收益	元	7989.84	5242.96	5752.88	4630.48	3821.99
成本利润率	%	51.86	35.57	75.05	-4.49	88.19
每50公斤主产品						
平均出售价格	元	209.23	144.14	199.04	155.88	93.29
总成本	元	137.78	106.32	113.70	163.20	49.57
生产成本	元	133.27	101.83	110.46	159.61	43.62
净利润	元	71.45	37.82	85.34	-7.32	43.72
现金成本	元	70.11	32.37	49.00	51.14	19.56
现金收益	元	139.12	111.77	150.04	104.74	73.73
附：						
每亩用工数量	日	51.88	39.63	33.21	57.15	17.51
每亩主产品已出售数量	公斤	1608.16	2279.48	1840.65	1965.71	2591.87
每亩主产品已出售产值	元	7282.33	6484.12	7324.50	6026.60	4836.05
每亩成本外支出	元					36.83

4-2-2　2019年各地区苹果费用和用工情况

项　目	单位	平　均	北　京	河　北	山　西	辽　宁
一、每亩物质与服务费用	元	**1901.99**	**4525.63**	**1070.81**	**1042.63**	**1279.45**
（一）直接费用	元	1475.89	2383.07	1050.73	1025.39	1009.90
1. 种子费	元					
2. 化肥费	元	464.18	79.23	408.10	420.81	303.31
3. 农家肥费	元	207.22	756.57	138.39	72.16	155.65
4. 农药费	元	237.73	264.76	246.55	202.46	167.04
5. 农膜费	元	23.26	135.92		13.38	2.50
6. 租赁作业费	元	173.19	392.51	152.35	191.48	72.07
机械作业费	元	77.60	254.14	66.68	31.23	19.13
排灌费	元	95.59	138.37	85.67	160.25	52.94
其中：水费	元	16.21	63.78			
畜力费	元					
7. 燃料动力费	元	43.83	145.42		28.97	52.07
8. 技术服务费	元	0.38				
9. 工具材料费	元	281.46	360.21	87.61	87.39	244.55
10. 修理维护费	元	44.32	248.45	17.73	8.74	11.72
11. 其他直接费用	元	0.32				0.99
（二）间接费用	元	426.10	2142.56	20.08	17.24	269.55
1. 固定资产折旧	元	118.78	261.71	18.82	17.24	201.08
2. 保险费	元	28.65	139.55			
3. 管理费	元	71.42	497.05			
4. 财务费	元					
5. 销售费	元	207.25	1244.25	1.26		68.47
二、每亩人工成本	元	**3577.84**	**7161.15**	**2589.98**	**2560.32**	**2370.84**
1. 家庭用工折价	元	2046.08	685.77	2000.91	2398.77	1385.02
家庭用工天数	日	23.69	7.94	23.16	27.77	16.03
劳动日工价	元	86.38	86.38	86.38	86.38	86.38
2. 雇工费用	元	1531.76	6475.38	589.08	161.54	985.82
雇工天数	日	13.66	53.82	7.09	1.95	10.47
雇工工价	元	112.14	120.32	83.09	82.84	94.16
三、附						
1. 每亩种子用量	公斤					
2. 每亩化肥用量	公斤	51.20	11.07	62.73	56.73	36.57
3. 每亩农膜用量	公斤	1.62	9.27		0.94	0.18

4-2-2 续表

项 目	单位	山 东	河 南	陕 西	甘 肃	宁 夏
一、每亩物质与服务费用	**元**	**2817.27**	**1377.71**	**1194.59**	**2061.10**	**678.21**
（一）直接费用	元	2764.55	1351.06	1146.04	1857.95	618.32
1. 种子费	元					
2. 化肥费	元	1366.41	560.33	360.73	868.46	196.87
3. 农家肥费	元	39.39	172.29	99.02	71.96	168.31
4. 农药费	元	476.30	327.14	188.50	306.54	97.02
5. 农膜费	元				17.49	
6. 租赁作业费	元	233.37	70.70	153.30	135.52	145.14
机械作业费	元	68.90	57.58	100.68	107.03	66.47
排灌费	元	164.47	13.12	52.62	28.49	78.67
其中：水费	元				28.49	78.67
畜力费	元					
7. 燃料动力费	元				30.13	
8. 技术服务费	元		16.70			
9. 工具材料费	元	638.85	199.43	338.94	416.94	5.92
10. 修理维护费	元	10.23	4.47	5.55	10.91	5.06
11. 其他直接费用	元					
（二）间接费用	元	52.72	26.65	48.55	203.15	59.89
1. 固定资产折旧	元	33.42	12.52	23.28	55.01	38.17
2. 保险费	元				148.14	
3. 管理费	元					
4. 财务费	元					
5. 销售费	元	19.30	14.13	25.27		21.72
二、每亩人工成本	**元**	**4836.36**	**3399.09**	**3040.73**	**4995.20**	**1582.79**
1. 家庭用工折价	元	3663.12	3306.89	2356.71	4795.47	1290.69
家庭用工天数	日	42.41	38.28	27.28	55.52	14.94
劳动日工价	元	86.38	86.38	86.38	86.38	86.38
2. 雇工费用	元	1173.25	92.21	684.03	199.73	292.10
雇工天数	日	9.47	1.35	5.93	1.63	2.57
雇工工价	元	123.89	68.30	115.35	122.53	113.66
三、附						
1. 每亩种子用量	公斤					
2. 每亩化肥用量	公斤	111.17	75.42	67.24	66.02	38.31
3. 每亩农膜用量	公斤				1.59	

4-2-3 2019 年各地区苹果化肥投入情况

项　目	单位	平　均	北　京	河　北	山　西	辽　宁
一、每亩化肥金额	**元**	**464.18**	**79.23**	**408.10**	**420.81**	**303.31**
（一）氮肥	元	36.65	15.56	55.96	52.71	22.02
1. 尿素	元	34.52	15.56	46.71	52.71	22.02
2. 碳铵	元	1.72				
3. 其他氮肥	元	0.41		9.25		
（二）磷肥	元	4.14			5.52	
其中：过磷酸钙	元	3.16			5.52	
（三）钾肥	元	8.30	5.88			20.48
其中：氯化钾	元	5.11	3.51			14.04
（四）复混肥	元	274.47	50.29	309.23	296.47	195.53
1. 复合肥	元	265.92	50.29	300.15	296.47	192.05
其中：二铵	元	30.62		68.09	25.24	13.83
三元素复合肥	元	148.30	21.98	232.06	165.68	70.57
2. 混配肥	元	8.55		9.08		3.48
（五）其他肥料	元	140.62	7.50	42.91	66.11	65.28
二、每亩化肥折纯用量	**公斤**	**51.20**	**11.07**	**62.73**	**56.73**	**36.57**
（一）氮肥	公斤	8.39	3.46	11.83	12.03	4.94
1. 尿素	公斤	7.90	3.46	10.26	12.03	4.94
2. 碳铵	公斤	0.42				
3. 其他氮肥	公斤	0.07		1.57		
（二）磷肥	公斤	0.80			1.08	
其中：过磷酸钙	公斤	0.68			1.08	
（三）钾肥	公斤	1.61	1.65			4.05
其中：氯化钾	公斤	1.28	1.54			3.24
（四）复混肥	公斤	40.41	5.95	50.90	43.63	27.58
1. 复合肥	公斤	39.40	5.95	49.82	43.63	27.03
其中：二铵	公斤	6.18		15.01	4.68	3.11
三元素复合肥	公斤	22.33	3.20	34.81	24.63	10.43
2. 混配肥	公斤	1.01		1.08		0.55

4-2-3 续表

项　　目	单位	山　东	河　南	陕　西	甘　肃	宁　夏
一、每亩化肥金额	**元**	**1366.41**	**560.33**	**360.73**	**868.46**	**196.87**
（一）氮肥	元	13.35		71.02	118.46	59.58
1. 尿素	元			71.02	118.46	59.58
2. 碳铵	元	13.35				
3. 其他氮肥	元					
（二）磷肥	元	7.58		23.52	14.92	
其中：过磷酸钙	元			23.52	14.92	
（三）钾肥	元		32.47			
其中：氯化钾	元					
（四）复混肥	元	756.65	527.86	266.19	199.03	137.29
1. 复合肥	元	738.45	323.01	266.19	199.03	137.29
其中：二铵	元	17.59		62.62	127.59	84.57
三元素复合肥	元	470.39	323.01	196.30	71.44	52.72
2. 混配肥	元	18.20	204.85			
（五）其他肥料	元	588.83			536.05	
二、每亩化肥折纯用量	**公斤**	**111.17**	**75.42**	**67.24**	**66.02**	**38.31**
（一）氮肥	公斤	3.24		16.51	27.51	14.10
1. 尿素	公斤			16.51	27.51	14.10
2. 碳铵	公斤	3.24				
3. 其他氮肥	公斤					
（二）磷肥	公斤	0.90		5.39	3.11	
其中：过磷酸钙	公斤			5.39	3.11	
（三）钾肥	公斤		2.16			
其中：氯化钾	公斤					
（四）复混肥	公斤	107.03	73.25	45.35	35.40	24.21
1. 复合肥	公斤	104.60	52.77	45.35	35.40	24.21
其中：二铵	公斤	2.86		13.47	24.73	16.98
三元素复合肥	公斤	70.87	52.77	30.79	10.67	7.23
2. 混配肥	公斤	2.43	20.48			

4-3-1 2019 年各地区柑成本收益情况

项　　目	单位	平　均	福　建	江　西	湖　北
每亩					
主产品产量	公斤	1679.89	1562.77	1256.56	1821.89
产值合计	元	5699.09	6514.89	2781.42	2733.11
主产品产值	元	5695.85	6514.89	2764.42	2733.11
副产品产值	元	3.24		17.00	
总成本	元	3795.27	4340.46	1681.54	2914.63
生产成本	元	3597.79	4225.10	1501.54	2669.63
物质与服务费用	元	1708.31	2782.56	589.35	1266.49
人工成本	元	1889.48	1442.54	912.19	1403.14
家庭用工折价	元	1379.92	688.71	709.18	1318.16
雇工费用	元	509.56	753.84	203.01	84.98
土地成本	元	197.48	115.36	180.00	245.00
流转地租金	元	43.74	15.17	18.00	19.60
自营地折租	元	153.74	100.19	162.00	225.40
净利润	元	1903.82	2174.43	1099.88	-181.52
现金成本	元	2261.61	3551.57	810.36	1371.07
现金收益	元	3437.48	2963.32	1971.06	1362.04
成本利润率	%	50.16	50.10	65.41	-6.23
每 50 公斤主产品					
平均出售价格	元	169.53	208.44	110.00	75.01
总成本	元	112.90	138.87	66.50	79.99
生产成本	元	107.02	135.18	59.38	73.27
净利润	元	56.63	69.57	43.50	-4.98
现金成本	元	67.28	113.63	32.05	37.63
现金收益	元	102.25	94.81	77.95	37.38
附：					
每亩用工数量	日	19.98	12.18	10.29	15.89
每亩主产品已出售数量	公斤	1503.77	1562.77	701.22	1821.89
每亩主产品已出售产值	元	5079.93	6514.89	1542.69	2733.11
每亩成本外支出	元				

4-3-1　续表

项　　目	单位	湖　南	广　东	广　西	重　庆
每亩					
主产品产量	公斤	1034.58	2635.20	2076.51	2209.67
产值合计	元	1210.44	10703.75	8126.91	7202.94
主产品产值	元	1210.44	10703.75	8126.91	7158.72
副产品产值	元				44.22
总成本	元	2103.84	7111.28	4686.36	3389.62
生产成本	元	1903.84	6917.68	4431.14	3241.70
物质与服务费用	元	324.70	4374.97	1926.03	1609.03
人工成本	元	1579.14	2542.71	2505.11	1632.67
家庭用工折价	元	981.28	395.45	2324.14	972.47
雇工费用	元	597.86	2147.26	180.97	660.21
土地成本	元	200.00	193.60	255.22	147.92
流转地租金	元	10.00	16.71	98.89	
自营地折租	元	190.00	176.89	156.33	147.92
净利润	元	-893.40	3592.47	3440.55	3813.32
现金成本	元	932.56	6538.94	2205.89	2269.24
现金收益	元	277.88	4164.81	5921.02	4933.70
成本利润率	%	-42.47	50.52	73.42	112.50
每50公斤主产品					
平均出售价格	元	58.50	203.09	195.69	161.99
总成本	元	101.68	134.93	112.84	76.23
生产成本	元	92.01	131.25	106.70	72.90
净利润	元	-43.18	68.16	82.85	85.76
现金成本	元	45.07	124.07	53.12	51.03
现金收益	元	13.43	79.02	142.57	110.96
附：					
每亩用工数量	日	16.54	27.18	28.75	14.98
每亩主产品已出售数量	公斤	1034.58	732.50	2076.51	607.14
每亩主产品已出售产值	元	1210.44	2866.84	8126.91	1716.92
每亩成本外支出	元				

4-3-2 2019年各地区柑费用和用工情况

项目	单位	平均	福建	江西	湖北
一、每亩物质与服务费用	元	**1708.31**	**2782.56**	**589.35**	**1266.49**
（一）直接费用	元	1492.25	2195.05	428.56	413.82
1. 种子费	元				
2. 化肥费	元	633.01	617.58	253.03	208.73
3. 农家肥费	元	180.83	487.66		14.89
4. 农药费	元	610.37	1001.60	131.12	149.12
5. 农膜费	元				
6. 租赁作业费	元	2.28		13.50	15.71
机械作业费	元	0.86			
排灌费	元	1.42		13.50	15.71
其中：水费	元	1.09		13.50	7.50
畜力费	元				
7. 燃料动力费	元	27.95	43.80		
8. 技术服务费	元				
9. 工具材料费	元	21.26	10.63	18.78	14.74
10. 修理维护费	元	16.55	33.78	12.13	10.63
11. 其他直接费用	元				
（二）间接费用	元	216.06	587.51	160.79	852.67
1. 固定资产折旧	元	173.24	503.33	37.46	647.11
2. 保险费	元				
3. 管理费	元				
4. 财务费	元				
5. 销售费	元	42.82	84.18	123.33	205.56
二、每亩人工成本	元	**1889.48**	**1442.54**	**912.19**	**1403.14**
1. 家庭用工折价	元	1379.92	688.71	709.18	1318.16
家庭用工天数	日	15.98	7.97	8.21	15.26
劳动日工价	元	86.38	86.38	86.38	86.38
2. 雇工费用	元	509.56	753.84	203.01	84.98
雇工天数	日	4.00	4.21	2.08	0.63
雇工工价	元	127.39	179.06	97.60	134.89
三、附					
1. 每亩种子用量	公斤				
2. 每亩化肥用量	公斤	61.97	58.58	43.29	39.34
3. 每亩农膜用量	公斤				

4-3-2 续表

项　目	单位	湖　南	广　东	广　西	重　庆
一、每亩物质与服务费用	**元**	**324.70**	**4374.97**	**1926.03**	**1609.03**
（一）直接费用	元	235.86	4295.58	1859.01	1470.72
1. 种子费	元				
2. 化肥费	元	132.92	987.41	969.42	989.39
3. 农家肥费	元	5.00	885.26	104.03	9.43
4. 农药费	元	61.74	2236.19	712.74	414.16
5. 农膜费	元				
6. 租赁作业费	元		18.08	2.36	
机械作业费	元			2.36	
排灌费	元		18.08		
其中：水费	元		12.66		
畜力费	元				
7. 燃料动力费	元	16.01		36.55	7.54
8. 技术服务费	元				
9. 工具材料费	元	11.25	108.18	25.85	34.48
10. 修理维护费	元	8.94	60.46	8.06	15.72
11. 其他直接费用	元				
（二）间接费用	元	88.84	79.39	67.02	138.31
1. 固定资产折旧	元	66.72	79.39	43.95	130.06
2. 保险费	元				
3. 管理费	元				
4. 财务费	元				
5. 销售费	元	22.12		23.07	8.25
二、每亩人工成本	**元**	**1579.14**	**2542.71**	**2505.11**	**1632.67**
1. 家庭用工折价	元	981.28	395.45	2324.14	972.47
家庭用工天数	日	11.36	4.58	26.91	11.26
劳动日工价	元	86.38	86.38	86.38	86.38
2. 雇工费用	元	597.86	2147.26	180.97	660.21
雇工天数	日	5.18	22.60	1.84	3.72
雇工工价	元	115.42	95.01	98.36	177.48
三、附					
1. 每亩种子用量	公斤				
2. 每亩化肥用量	公斤	19.31	106.01	83.24	125.63
3. 每亩农膜用量	公斤				

4-3-3 2019 年各地区柑化肥投入情况

项目	单位	平均	福建	江西	湖北
一、每亩化肥金额	**元**	**633.01**	**617.58**	**253.03**	**208.73**
（一）氮肥	元	11.47	4.94		91.87
1. 尿素	元	11.47	4.94		91.87
2. 碳铵	元				
3. 其他氮肥	元				
（二）磷肥	元	4.42		37.78	
其中：过磷酸钙	元	3.87		37.78	
（三）钾肥	元	5.56			
其中：氯化钾	元				
（四）复混肥	元	476.37	502.61	215.25	116.86
1. 复合肥	元	476.37	502.61	215.25	116.86
其中：二铵	元				
三元素复合肥	元	256.31	256.88	215.25	65.01
2. 混配肥	元				
（五）其他肥料	元	135.19	110.03		
二、每亩化肥折纯用量	**公斤**	**61.97**	**58.58**	**43.29**	**39.34**
（一）氮肥	公斤	2.31	0.99		19.42
1. 尿素	公斤	2.31	0.99		19.42
2. 碳铵	公斤				
3. 其他氮肥	公斤				
（二）磷肥	公斤	0.71		5.67	
其中：过磷酸钙	公斤	0.64		5.67	
（三）钾肥	公斤	0.83			
其中：氯化钾	公斤				
（四）复混肥	公斤	58.12	57.58	37.63	19.92
1. 复合肥	公斤	58.12	57.58	37.63	19.92
其中：二铵	公斤				
三元素复合肥	公斤	32.89	32.51	37.63	12.15
2. 混配肥	公斤				

4-3-3　续表

项　　目	单位	湖　南	广　东	广　西	重　庆
一、每亩化肥金额	**元**	**132.92**	**987.41**	**969.42**	**989.39**
（一）氮肥	元		145.47	10.63	
1. 尿素	元		145.47	10.63	
2. 碳铵	元				
3. 其他氮肥	元				
（二）磷肥	元			8.03	
其中：过磷酸钙	元			6.51	
（三）钾肥	元			15.24	
其中：氯化钾	元				
（四）复混肥	元	132.92	841.94	634.29	989.39
1. 复合肥	元	132.92	841.94	634.29	989.39
其中：二铵	元				
三元素复合肥	元	132.92	841.94	188.80	989.39
2. 混配肥	元				
（五）其他肥料	元			301.23	
二、每亩化肥折纯用量	**公斤**	**19.31**	**106.01**	**83.24**	**125.63**
（一）氮肥	公斤		30.19	2.01	
1. 尿素	公斤		30.19	2.01	
2. 碳铵	公斤				
3. 其他氮肥	公斤				
（二）磷肥	公斤			1.33	
其中：过磷酸钙	公斤			1.15	
（三）钾肥	公斤			2.28	
其中：氯化钾	公斤				
（四）复混肥	公斤	19.31	75.82	77.62	125.63
1. 复合肥	公斤	19.31	75.82	77.62	125.63
其中：二铵	公斤				
三元素复合肥	公斤	19.31	75.82	24.69	125.63
2. 混配肥	公斤				

4-4-1 2019 年各地区桔成本收益情况

项　　目	单位	平　均	浙　江	福　建	江　西
每亩					
主产品产量	公斤	1455.70	2002.65	1299.20	1356.99
产值合计	元	4264.69	4202.06	4334.60	1481.23
主产品产值	元	4264.07	4202.06	4334.60	1481.23
副产品产值	元	0.62			
总成本	元	2602.95	2117.25	2834.20	3089.16
生产成本	元	2364.18	1785.94	2638.70	2589.16
物质与服务费用	元	1207.71	467.16	1327.10	1710.11
人工成本	元	1156.47	1318.78	1311.60	879.05
家庭用工折价	元	590.84	868.90	297.75	862.94
雇工费用	元	565.63	449.89	1013.85	16.11
土地成本	元	238.77	331.31	195.50	500.00
流转地租金	元	71.24	190.84	65.20	25.00
自营地折租	元	167.53	140.47	130.30	475.00
净利润	元	1661.74	2084.81	1500.40	-1607.93
现金成本	元	1844.58	1107.89	2406.15	1751.22
现金收益	元	2420.11	3094.17	1928.45	-269.99
成本利润率	%	63.84	98.47	52.94	-52.05
每 50 公斤主产品					
平均出售价格	元	146.46	104.91	166.82	54.58
总成本	元	89.39	52.86	109.08	113.83
生产成本	元	81.19	44.59	101.55	95.40
净利润	元	57.07	52.05	57.74	-59.25
现金成本	元	63.35	27.66	92.60	64.53
现金收益	元	83.11	77.25	74.22	-9.95
附：					
每亩用工数量	日	11.86	13.60	11.58	10.10
每亩主产品已出售数量	公斤	1376.60	2002.65	1299.20	437.46
每亩主产品已出售产值	元	4176.79	4202.06	4334.60	515.23
每亩成本外支出	元				

4-4-1 续表

项 目	单位	湖 北	湖 南	广 东	重 庆
每亩					
主产品产量	公斤	707.22	2263.35	1522.68	1507.07
产值合计	元	2444.47	5484.50	6940.88	4456.24
主产品产值	元	2444.47	5484.50	6940.88	4403.96
副产品产值	元				52.28
总成本	元	2117.80	2388.15	3042.11	2132.36
生产成本	元	1801.69	2278.77	2954.69	1997.36
物质与服务费用	元	1145.35	809.53	1884.92	488.00
人工成本	元	656.34	1469.24	1069.77	1509.36
家庭用工折价	元	539.01	1469.24	235.64	1376.03
雇工费用	元	117.33		834.12	133.33
土地成本	元	316.11	109.38	87.42	135.00
流转地租金	元	56.90	22.04	22.94	
自营地折租	元	259.21	87.34	64.48	135.00
净利润	元	326.67	3096.35	3898.77	2323.88
现金成本	元	1319.58	831.57	2741.98	621.33
现金收益	元	1124.89	4652.93	4198.90	3834.91
成本利润率	%	15.42	129.66	128.16	108.98
每50公斤主产品					
平均出售价格	元	172.82	121.16	227.92	146.11
总成本	元	149.73	52.76	99.89	69.92
生产成本	元	127.38	50.34	97.02	65.49
净利润	元	23.09	68.40	128.03	76.19
现金成本	元	93.29	18.37	90.04	20.37
现金收益	元	79.53	102.79	137.88	125.74
附：					
每亩用工数量	日	7.00	17.01	13.00	17.23
每亩主产品已出售数量	公斤	707.22	2263.35	1522.68	1348.32
每亩主产品已出售产值	元	2444.47	5484.50	6940.88	3883.81
每亩成本外支出	元				

4-4-2 2019 年各地区桔费用和用工情况

项　　目	单位	平　均	浙　江	福　建	江　西
一、每亩物质与服务费用	元	**1207.71**	**467.16**	**1327.10**	**1710.11**
（一）直接费用	元	913.49	363.33	1127.76	1104.49
1. 种子费	元				
2. 化肥费	元	359.29	215.88	502.37	298.89
3. 农家肥费	元	153.75		229.54	165.62
4. 农药费	元	335.31	114.75	308.93	571.80
5. 农膜费	元				
6. 租赁作业费	元	6.53		5.43	3.67
机械作业费	元	1.85		5.43	
排灌费	元	4.68			3.67
其中：水费	元	0.31			3.67
畜力费	元				
7. 燃料动力费	元	27.73	9.89	45.22	53.22
8. 技术服务费	元				
9. 工具材料费	元	18.97	16.60	21.89	2.37
10. 修理维护费	元	11.91	6.21	14.38	8.92
11. 其他直接费用	元				
（二）间接费用	元	294.22	103.83	199.34	605.62
1. 固定资产折旧	元	282.76	74.91	193.98	605.62
2. 保险费	元				
3. 管理费	元				
4. 财务费	元				
5. 销售费	元	11.46	28.92	5.36	
二、每亩人工成本	元	**1156.47**	**1318.78**	**1311.60**	**879.05**
1. 家庭用工折价	元	590.84	868.90	297.75	862.94
家庭用工天数	日	6.84	10.06	3.45	9.99
劳动日工价	元	86.38	86.38	86.38	86.38
2. 雇工费用	元	565.63	449.89	1013.85	16.11
雇工天数	日	5.02	3.54	8.13	0.11
雇工工价	元	112.68	127.09	124.71	146.46
三、附					
1. 每亩种子用量	公斤				
2. 每亩化肥用量	公斤	45.95	30.88	65.41	41.36
3. 每亩农膜用量	公斤				

4-4-2 续表

项　目	单位	湖　北	湖　南	广　东	重　庆
一、每亩物质与服务费用	元	**1145.35**	**809.53**	**1884.92**	**488.00**
（一）直接费用	元	298.71	723.27	1769.47	341.89
1. 种子费	元				
2. 化肥费	元	70.18	437.00	499.53	204.04
3. 农家肥费	元	130.52	60.66	242.25	44.67
4. 农药费	元	49.38	182.51	944.86	39.16
5. 农膜费	元				
6. 租赁作业费	元	28.22			
机械作业费	元				
排灌费	元	28.22			
其中：水费	元				
畜力费	元				
7. 燃料动力费	元	7.29	9.81	28.07	2.22
8. 技术服务费	元				
9. 工具材料费	元	6.88	19.00	36.34	31.40
10. 修理维护费	元	6.24	14.29	18.42	20.40
11. 其他直接费用	元				
（二）间接费用	元	846.64	86.26	115.45	146.11
1. 固定资产折旧	元	846.64	38.32	115.45	119.68
2. 保险费	元				
3. 管理费	元				
4. 财务费	元				
5. 销售费	元		47.94		26.43
二、每亩人工成本	元	**656.34**	**1469.24**	**1069.77**	**1509.36**
1. 家庭用工折价	元	539.01	1469.24	235.64	1376.03
家庭用工天数	日	6.24	17.01	2.73	15.93
劳动日工价	元	86.38	86.38	86.38	86.38
2. 雇工费用	元	117.33		834.12	133.33
雇工天数	日	0.76		10.27	1.30
雇工工价	元	154.38	157.55	81.22	102.56
三、附					
1. 每亩种子用量	公斤				
2. 每亩化肥用量	公斤	12.01	61.69	48.65	25.66
3. 每亩农膜用量	公斤				

4-4-3　2019 年各地区桔化肥投入情况

项　　目	单位	平　均	浙　江	福　建	江　西
一、每亩化肥金额	元	**359.29**	**215.88**	**502.37**	**298.89**
（一）氮肥	元	9.96		22.84	
1. 尿素	元	8.49		21.55	
2. 碳铵	元	1.47		1.29	
3. 其他氮肥	元				
（二）磷肥	元	7.99		7.21	
其中：过磷酸钙	元	5.53			
（三）钾肥	元	0.60			
其中：氯化钾	元	0.60			
（四）复混肥	元	321.61	215.88	428.98	247.16
1. 复合肥	元	321.61	215.88	428.98	247.16
其中：二铵	元				
三元素复合肥	元	233.70	174.08	311.50	247.16
2. 混配肥	元				
（五）其他肥料	元	19.13		43.34	51.73
二、每亩化肥折纯用量	公斤	**45.95**	**30.88**	**65.41**	**41.36**
（一）氮肥	公斤	2.04		4.77	
1. 尿素	公斤	1.79		4.55	
2. 碳铵	公斤	0.25		0.22	
3. 其他氮肥	公斤				
（二）磷肥	公斤	1.57		1.53	
其中：过磷酸钙	公斤	1.05			
（三）钾肥	公斤	0.10			
其中：氯化钾	公斤	0.10			
（四）复混肥	公斤	42.24	30.88	59.11	41.36
1. 复合肥	公斤	42.24	30.88	59.11	41.36
其中：二铵	公斤				
三元素复合肥	公斤	30.09	24.88	43.05	41.36
2. 混配肥	公斤				

4-4-3 续表

项　目	单位	湖　北	湖　南	广　东	重　庆
一、每亩化肥金额	**元**	**70.18**	**437.00**	**499.53**	**204.04**
（一）氮肥	元		12.46	7.08	
1. 尿素	元		12.46		
2. 碳铵	元			7.08	
3. 其他氮肥	元				
（二）磷肥	元	27.91	13.22		
其中：过磷酸钙	元	27.91	13.22		
（三）钾肥	元		6.61		
其中：氯化钾	元		6.61		
（四）复混肥	元	42.27	404.71	492.45	204.04
1. 复合肥	元	42.27	404.71	492.45	204.04
其中：二铵	元				
三元素复合肥	元	17.56		492.45	204.04
2. 混配肥	元				
（五）其他肥料	元				
二、每亩化肥折纯用量	**公斤**	**12.01**	**61.69**	**48.65**	**25.66**
（一）氮肥	公斤		2.61	1.19	
1. 尿素	公斤		2.61		
2. 碳铵	公斤			1.19	
3. 其他氮肥	公斤				
（二）磷肥	公斤	5.44	2.27		
其中：过磷酸钙	公斤	5.44	2.27		
（三）钾肥	公斤		1.13		
其中：氯化钾	公斤		1.13		
（四）复混肥	公斤	6.57	55.68	47.47	25.66
1. 复合肥	公斤	6.57	55.68	47.47	25.66
其中：二铵	公斤				
三元素复合肥	公斤	2.88		47.47	25.66
2. 混配肥	公斤				

五、各地区肉、禽、蛋、奶

5-1-1　2019 年各地区散养生猪成本收益情况

项　　目	单位	平　均	河　北	山　西	辽　宁	吉　林	黑龙江
每头							
主产品产量	公斤	120.90	115.85	118.10	132.22	129.50	119.26
产值合计	元	2617.81	2367.27	2534.05	3095.06	2877.13	2496.34
主产品产值	元	2601.53	2358.59	2510.32	3075.06	2863.37	2485.73
副产品产值	元	16.28	8.68	23.73	20.00	13.76	10.61
总成本	元	1980.06	1737.60	1976.75	2198.75	1881.57	1635.79
生产成本	元	1979.86	1737.36	1976.75	2198.75	1881.57	1635.79
物质与服务费用	元	1477.99	1430.02	1299.70	1782.66	1478.35	1324.82
人工成本	元	501.87	307.34	677.05	416.09	403.22	310.97
家庭用工折价	元	501.87	307.34	677.05	416.09	403.22	310.97
雇工费用	元						
土地成本	元	0.20	0.24				
净利润	元	637.75	629.67	557.30	896.31	995.56	860.55
成本利润率	%	32.21	36.24	28.19	40.76	52.91	52.61
每 50 公斤主产品							
平均出售价格	元	1075.90	1017.95	1062.79	1162.86	1105.55	1042.15
总成本	元	813.79	747.19	829.05	826.10	723.00	682.89
生产成本	元	813.71	747.08	829.05	826.10	723.00	682.89
净利润	元	262.11	270.76	233.74	336.76	382.55	359.26
附：							
每头用工数量	日	5.81	3.56	7.84	4.82	4.67	3.60
平均饲养天数	日	160.77	137.84	172.01	160.64	155.83	154.17

5-1-1 续表 1

项　目	单位	浙 江	山 东	河 南	湖 北	广 东	广 西
每头							
主产品产量	公斤	128.54	116.42	119.75	127.07	115.25	113.15
产值合计	元	3330.61	2623.54	2309.55	2461.61	1656.96	1619.23
主产品产值	元	3327.10	2605.56	2298.34	2450.90	1644.32	1599.33
副产品产值	元	3.51	17.98	11.21	10.71	12.64	19.90
总成本	元	1842.22	1843.79	1850.16	2029.20	2271.51	1914.69
生产成本	元	1839.72	1843.79	1850.16	2028.22	2271.51	1914.68
物质与服务费用	元	1684.24	1521.77	1575.56	1675.01	1676.44	1303.20
人工成本	元	155.48	322.02	274.60	353.21	595.07	611.48
家庭用工折价	元	155.48	322.02	274.60	353.21	595.07	611.48
雇工费用	元						
土地成本	元	2.50			0.98		0.01
净利润	元	1488.39	779.75	459.39	432.41	-614.55	-295.46
成本利润率	%	80.79	42.29	24.83	21.31	-27.05	-15.43
每 50 公斤主产品							
平均出售价格	元	1294.19	1119.03	959.64	964.39	713.37	706.73
总成本	元	715.84	786.44	768.76	794.98	977.95	835.69
生产成本	元	714.87	786.44	768.76	794.60	977.95	835.68
净利润	元	578.35	332.59	190.88	169.41	-264.58	-128.96
附：							
每头用工数量	日	1.80	3.73	3.18	4.09	6.89	7.08
平均饲养天数	日	148.00	126.45	149.08	165.83	137.67	141.45

5-1-1 续表 2

项　　目	单位	海　南	重　庆	四　川	贵　州
每头					
主产品产量	公斤	107.58	118.89	115.12	139.15
产值合计	元	2375.27	3114.39	2552.18	3143.68
主产品产值	元	2361.44	3087.49	2542.32	3134.18
副产品产值	元	13.83	26.90	9.86	9.50
总成本	元	1420.52	2327.16	2014.58	2226.24
生产成本	元	1420.52	2327.16	2014.58	2226.24
物质与服务费用	元	764.03	1476.06	1354.03	1564.31
人工成本	元	656.49	851.10	660.55	661.93
家庭用工折价	元	656.49	851.10	660.55	661.93
雇工费用	元				
土地成本	元				
净利润	元	954.75	787.23	537.60	917.44
成本利润率	%	67.21	33.83	26.69	41.21
每 50 公斤主产品					
平均出售价格	元	1097.53	1298.46	1104.20	1126.19
总成本	元	656.37	970.25	871.61	797.53
生产成本	元	656.37	970.25	871.61	797.53
净利润	元	441.16	328.21	232.59	328.66
附：					
每头用工数量	日	7.60	9.85	7.65	7.66
平均饲养天数	日	191.33	173.86	146.37	162.64

5-1-1 续表 3

项　　目	单位	云　南	陕　西	青　海	宁　夏
每头					
主产品产量	公斤	129.39	121.94	119.02	110.89
产值合计	元	2907.34	2687.61	3139.49	2447.13
主产品产值	元	2890.78	2664.08	3113.84	2416.38
副产品产值	元	16.56	23.53	25.65	30.75
总成本	元	1873.40	2271.70	2306.24	1999.53
生产成本	元	1873.40	2271.70	2306.24	1999.53
物质与服务费用	元	1477.09	1427.16	1636.88	1630.08
人工成本	元	396.31	844.54	669.36	369.45
家庭用工折价	元	396.31	844.54	669.36	369.45
雇工费用	元				
土地成本	元				
净利润	元	1033.94	415.91	833.25	447.60
成本利润率	%	55.19	18.31	36.13	22.39
每50公斤主产品					
平均出售价格	元	1117.08	1092.37	1308.12	1089.54
总成本	元	719.81	923.32	960.93	890.25
生产成本	元	719.81	923.32	960.93	890.25
净利润	元	397.27	169.05	347.19	199.29
附：					
每头用工数量	日	4.59	9.78	7.75	4.28
平均饲养天数	日	164.93	175.48	234.75	156.36

5-1-2 2019年各地区散养生猪费用和用工情况

项 目	单位	平 均	河 北	山 西	辽 宁	吉 林	黑龙江
一、每头物质与服务费用	元	**1477.99**	**1430.02**	**1299.70**	**1782.66**	**1478.35**	**1324.82**
（一）直接费用	元	1465.50	1422.20	1294.25	1767.30	1473.18	1315.92
1. 仔畜费	元	554.55	585.50	387.03	683.41	415.97	443.92
2. 精饲料费	元	822.54	805.22	844.20	1016.38	1004.43	834.54
3. 青粗饲料费	元	29.83		0.89	2.11		
4. 饲料加工费	元	6.53		14.21	11.92	6.63	8.29
5. 水费	元	2.72	0.72	2.88	1.66	1.60	1.96
6. 燃料动力费	元	6.93	2.58	4.58	0.41	1.81	2.21
电费	元	2.93	2.58	2.47	0.41	1.81	2.17
煤费	元	1.21		2.11			0.04
其他燃料动力费	元	2.79					
7. 医疗防疫费	元	19.64	14.36	16.35	18.92	17.60	12.74
8. 死亡损失费	元	16.43	8.31	14.98	20.58	19.23	8.94
9. 技术服务费	元						
10. 工具材料费	元	2.99	2.50	2.40	3.85	1.69	1.70
11. 修理维护费	元	1.99	1.79	2.33	3.66	1.42	1.62
12. 其他直接费用	元	1.35	1.22	4.40	4.40	2.80	
（二）间接费用	元	12.49	7.82	5.45	15.36	5.17	8.90
1. 固定资产折旧	元	8.89	7.82	5.45	9.83	5.17	7.55
2. 保险费	元	1.29			3.75		
3. 管理费	元	0.02					0.30
4. 财务费	元						
5. 销售费	元	2.29			1.78		1.05
二、每头人工成本	元	**501.87**	**307.34**	**677.05**	**416.09**	**403.22**	**310.97**
1. 家庭用工折价	元	501.87	307.34	677.05	416.09	403.22	310.97
家庭用工天数	日	5.81	3.56	7.84	4.82	4.67	3.60
劳动日工价	元	86.38	86.38	86.38	86.38	86.38	86.38
2. 雇工费用	元						
雇工天数	日						
雇工工价	元	99.66	92.50	84.40	97.50	110.11	105.05
三、附							
1. 仔畜重量	公斤	18.08	18.68	10.73	13.09	12.94	13.32
2. 精饲料数量	公斤	311.12	287.53	328.38	368.19	350.64	339.90
3. 耗粮数量	公斤	219.77	204.64	237.48	259.99	252.77	280.00

5-1-2 续表 1

项　　目	单位	浙　江	山　东	河　南	湖　北	广　东	广　西
一、每头物质与服务费用	**元**	**1684.24**	**1521.77**	**1575.56**	**1675.01**	**1676.44**	**1303.20**
（一）直接费用	元	1671.66	1505.39	1559.68	1658.36	1669.86	1296.05
1. 仔畜费	元	781.84	648.55	663.57	553.09	486.39	427.42
2. 精饲料费	元	844.62	802.36	813.59	953.90	1004.58	806.87
3. 青粗饲料费	元	2.63			10.94	127.72	17.61
4. 饲料加工费	元	1.70	3.04	4.67	6.27		0.73
5. 水费	元	6.55	3.20	4.73	2.91	1.75	2.75
6. 燃料动力费	元	6.55	3.70	7.64	3.36	1.78	4.31
电费	元	6.55	3.70	7.64	3.36	1.78	4.31
煤费	元						
其他燃料动力费	元						
7. 医疗防疫费	元	18.00	20.84	41.35	33.96	31.81	21.08
8. 死亡损失费	元	5.50	17.00	15.40	86.17	8.00	9.75
9. 技术服务费	元						
10. 工具材料费	元	2.92	3.50	2.37	3.80	4.06	3.29
11. 修理维护费	元	1.05	3.00	1.97	3.96	3.77	2.24
12. 其他直接费用	元	0.30	0.20	4.39			
（二）间接费用	元	12.58	16.38	15.88	16.65	6.58	7.15
1. 固定资产折旧	元	10.63	6.29	11.55	13.40	6.58	5.32
2. 保险费	元		3.20				
3. 管理费	元						
4. 财务费	元						
5. 销售费	元	1.95	6.89	4.33	3.25		1.83
二、每头人工成本	**元**	**155.48**	**322.02**	**274.60**	**353.21**	**595.07**	**611.48**
1. 家庭用工折价	元	155.48	322.02	274.60	353.21	595.07	611.48
家庭用工天数	日	1.80	3.73	3.18	4.09	6.89	7.08
劳动日工价	元	86.38	86.38	86.38	86.38	86.38	86.38
2. 雇工费用	元						
雇工天数	日						
雇工工价	元	130.00	78.20	92.80	92.85	105.00	96.90
三、附							
1. 仔畜重量	公斤	23.63	28.14	15.73	16.79	15.00	17.46
2. 精饲料数量	公斤	314.88	281.33	313.17	347.29	297.14	273.56
3. 耗粮数量	公斤	214.07	222.67	203.01	266.52	208.00	184.92

5-1-2 续表 2

项　目	单位	海　南	重　庆	四　川	贵　州
一、每头物质与服务费用	元	**764.03**	**1476.06**	**1354.03**	**1564.31**
（一）直接费用	元	754.86	1457.19	1331.85	1539.09
1. 仔畜费	元	417.67	526.13	555.51	565.60
2. 精饲料费	元	250.29	793.33	681.80	813.36
3. 青粗饲料费	元	23.38	52.08	54.83	109.16
4. 饲料加工费	元	2.60	18.82	7.13	4.39
5. 水费	元	2.92	1.84	2.83	3.05
6. 燃料动力费	元	29.34	28.09	8.28	10.37
电费	元	1.48	3.91	3.02	3.11
煤费	元		0.01	5.26	7.26
其他燃料动力费	元	27.86	24.17		
7. 医疗防疫费	元	19.87	16.41	15.28	13.85
8. 死亡损失费	元	4.90	14.90	2.35	16.00
9. 技术服务费	元				
10. 工具材料费	元	3.12	3.61	2.47	2.58
11. 修理维护费	元	0.77	1.42	1.37	0.73
12. 其他直接费用	元		0.56		
（二）间接费用	元	9.17	18.87	22.18	25.22
1. 固定资产折旧	元	6.17	13.41	4.68	25.22
2. 保险费	元			17.50	
3. 管理费	元				
4. 财务费	元				
5. 销售费	元	3.00	5.46		
二、每头人工成本	元	**656.49**	**851.10**	**660.55**	**661.93**
1. 家庭用工折价	元	656.49	851.10	660.55	661.93
家庭用工天数	日	7.60	9.85	7.65	7.66
劳动日工价	元	86.38	86.38	86.38	86.38
2. 雇工费用	元				
雇工天数	日				
雇工工价	元	120.00	113.09	86.25	120.00
三、附					
1. 仔畜重量	公斤	20.83	26.08	25.47	23.50
2. 精饲料数量	公斤	113.77	458.25	243.37	309.95
3. 耗粮数量	公斤	68.85	256.27	166.90	202.44

5-1-2 续表3

项　目	单位	云 南	陕 西	青 海	宁 夏
一、每头物质与服务费用	元	**1477.09**	**1427.16**	**1636.88**	**1630.08**
（一）直接费用	元	1466.07	1413.68	1626.38	1621.16
1. 仔畜费	元	514.12	409.06	704.59	767.05
2. 精饲料费	元	855.94	923.53	797.41	781.82
3. 青粗饲料费	元	41.74	33.42	75.28	14.96
4. 饲料加工费	元	17.47	4.42	6.54	5.19
5. 水费	元	3.23	2.77	2.33	1.93
6. 燃料动力费	元	2.86	4.87	5.44	3.38
电费	元	1.86	2.56	1.42	1.47
煤费	元	0.11	2.31	4.02	1.91
其他燃料动力费	元	0.89			
7. 医疗防疫费	元	12.07	18.74	12.21	17.67
8. 死亡损失费	元	9.84	12.05	13.60	24.67
9. 技术服务费	元				
10. 工具材料费	元	5.41	2.51	2.44	2.56
11. 修理维护费	元	1.17	2.31	1.37	1.93
12. 其他直接费用	元	2.22		5.17	
（二）间接费用	元	11.02	13.48	10.50	8.92
1. 固定资产折旧	元	10.28	4.41	8.83	6.34
2. 保险费	元				
3. 管理费	元				
4. 财务费	元				
5. 销售费	元	0.74	9.07	1.67	2.58
二、每头人工成本	元	**396.31**	**844.54**	**669.36**	**369.45**
1. 家庭用工折价	元	396.31	844.54	669.36	369.45
家庭用工天数	日	4.59	9.78	7.75	4.28
劳动日工价	元	86.38	86.38	86.38	86.38
2. 雇工费用	元				
雇工天数	日				
雇工工价	元	88.90	110.00	80.00	90.00
三、附					
1. 仔畜重量	公斤	21.01	13.63	12.94	14.60
2. 精饲料数量	公斤	326.08	340.33	311.55	305.98
3. 耗粮数量	公斤	265.01	250.13	217.79	214.18

5-2-1 2019 年各地区小规模生猪成本收益情况

项　　目	单位	平　均	河　北	山　西	内蒙古	辽　宁	吉　林
每头							
主产品产量	公斤	125.10	113.65	118.21	146.80	129.19	129.40
产值合计	元	2593.93	2416.84	2210.76	3199.56	2749.87	2834.16
主产品产值	元	2580.09	2405.65	2192.90	3182.09	2733.23	2820.97
副产品产值	元	13.84	11.19	17.86	17.47	16.64	13.19
总成本	元	1808.69	1626.62	1595.57	2128.74	1976.32	1884.04
生产成本	元	1806.69	1623.37	1593.65	2128.74	1976.25	1882.00
物质与服务费用	元	1542.64	1377.37	1282.77	1806.89	1677.81	1530.28
人工成本	元	264.05	246.00	310.88	321.85	298.44	351.72
家庭用工折价	元	258.54	218.89	310.88	321.85	298.44	341.72
雇工费用	元	5.51	27.11				10.00
土地成本	元	2.00	3.25	1.92		0.07	2.04
净利润	元	785.24	790.22	615.19	1070.82	773.55	950.12
成本利润率	%	43.42	48.58	38.56	50.30	39.14	50.43
每 50 公斤主产品							
平均出售价格	元	1031.21	1058.36	927.54	1083.82	1057.83	1090.02
总成本	元	719.04	712.31	669.43	721.09	760.26	724.60
生产成本	元	718.24	710.89	668.63	721.09	760.23	723.82
净利润	元	312.17	346.05	258.11	362.73	297.57	365.42
附：							
每头用工数量	日	3.05	2.81	3.60	3.73	3.46	4.06
平均饲养天数	日	158.18	135.40	159.30	198.56	160.01	156.79

5-2-1 续表 1

项 目	单位	黑龙江	江 苏	浙 江	安 徽	江 西	山 东
每头							
主产品产量	公斤	118.39	111.49	131.96	136.44	129.20	118.17
产值合计	元	2398.26	1904.38	3131.16	3011.31	2119.73	2631.27
主产品产值	元	2387.77	1897.38	3126.24	2999.31	2116.46	2616.39
副产品产值	元	10.49	7.00	4.92	12.00	3.27	14.88
总成本	元	1603.02	1296.35	1815.06	2052.37	1783.63	1814.19
生产成本	元	1603.02	1295.01	1813.36	2050.21	1781.91	1811.25
物质与服务费用	元	1328.94	1127.17	1694.85	1813.44	1669.18	1601.92
人工成本	元	274.08	167.84	118.51	236.77	112.73	209.33
家庭用工折价	元	274.08	167.84	118.51	236.77	112.73	199.97
雇工费用	元						9.36
土地成本	元		1.34	1.70	2.16	1.72	2.94
净利润	元	795.24	608.03	1316.10	958.94	336.10	817.08
成本利润率	%	49.61	46.90	72.51	46.72	18.84	45.04
每50公斤主产品							
平均出售价格	元	1008.43	850.92	1184.54	1099.13	819.06	1107.04
总成本	元	674.05	579.24	686.65	749.12	689.19	763.27
生产成本	元	674.05	578.64	686.01	748.33	688.53	762.04
净利润	元	334.38	271.68	497.89	350.01	129.87	343.77
附:							
每头用工数量	日	3.17	1.94	1.37	2.74	1.31	2.43
平均饲养天数	日	151.03	142.33	152.20	166.72	154.82	129.80

5-2-1 续表 2

项　　目	单位	河　南	湖　北	湖　南	广　东	广　西
每头						
主产品产量	公斤	121.79	132.15	140.80	123.94	118.85
产值合计	元	2381.52	2715.92	2877.62	2235.00	1958.89
主产品产值	元	2369.79	2704.32	2868.90	2223.71	1941.18
副产品产值	元	11.73	11.60	8.72	11.29	17.71
总成本	元	1830.64	1917.10	2010.92	1771.08	1777.56
生产成本	元	1826.15	1913.25	2010.92	1767.51	1777.13
物质与服务费用	元	1568.26	1676.07	1728.54	1590.95	1484.70
人工成本	元	257.89	237.18	282.38	176.56	292.43
家庭用工折价	元	254.04	215.69	282.38	176.56	270.28
雇工费用	元	3.85	21.49			22.15
土地成本	元	4.49	3.85		3.57	0.43
净利润	元	550.88	798.82	866.70	463.92	181.33
成本利润率	%	30.09	41.67	43.10	26.19	10.20
每 50 公斤主产品						
平均出售价格	元	972.90	1023.20	1018.79	897.09	816.65
总成本	元	747.86	722.25	711.94	710.88	741.06
生产成本	元	746.02	720.80	711.94	709.45	740.88
净利润	元	225.04	300.95	306.85	186.21	75.59
附：						
每头用工数量	日	2.98	2.72	3.27	2.04	3.40
平均饲养天数	日	152.38	167.90	191.15	138.61	144.27

5-2-1 续表 3

项目	单位	重庆	四川	贵州	云南
每头					
主产品产量	公斤	120.31	120.43	127.26	132.50
产值合计	元	2487.97	2403.12	2805.09	2734.67
主产品产值	元	2473.85	2390.66	2789.07	2723.15
副产品产值	元	14.12	12.46	16.02	11.52
总成本	元	1408.65	1740.66	1717.24	1812.84
生产成本	元	1408.19	1738.50	1713.28	1809.18
物质与服务费用	元	1209.52	1424.25	1381.76	1574.53
人工成本	元	198.67	314.25	331.52	234.65
家庭用工折价	元	198.67	314.25	306.39	227.96
雇工费用	元			25.13	6.69
土地成本	元	0.46	2.16	3.96	3.66
净利润	元	1079.32	662.46	1087.85	921.83
成本利润率	%	76.62	38.06	63.35	50.85
每50公斤主产品					
平均出售价格	元	1028.11	992.55	1095.82	1027.60
总成本	元	582.10	718.94	670.85	681.21
生产成本	元	581.91	718.05	669.30	679.83
净利润	元	446.01	273.61	424.97	346.39
附：					
每头用工数量	日	2.30	3.64	3.80	2.72
平均饲养天数	日	186.08	151.22	136.40	152.04

5-2-1 续表 4

项　　目	单位	陕　西	甘　肃	青　海	宁　夏
每头					
主产品产量	公斤	124.90	115.69	120.62	120.27
产值合计	元	2868.97	2513.96	3011.57	2652.64
主产品产值	元	2845.58	2498.78	2986.93	2627.85
副产品产值	元	23.39	15.18	24.64	24.79
总成本	元	1989.80	1618.64	2086.69	2150.00
生产成本	元	1988.59	1613.46	2086.69	2148.01
物质与服务费用	元	1483.61	1409.08	1737.80	1843.03
人工成本	元	504.98	204.38	348.89	304.98
家庭用工折价	元	504.98	204.38	348.89	298.53
雇工费用	元				6.45
土地成本	元	1.21	5.18		1.99
净利润	元	879.17	895.32	924.88	502.64
成本利润率	%	44.18	55.31	44.32	23.38
每50公斤主产品					
平均出售价格	元	1139.14	1079.95	1238.16	1092.48
总成本	元	790.06	695.34	857.91	885.47
生产成本	元	789.58	693.11	857.91	884.65
净利润	元	349.08	384.61	380.25	207.01
附：					
每头用工数量	日	5.85	2.37	4.04	3.53
平均饲养天数	日	171.81	158.95	184.67	153.83

5-2-2　2019 年各地区小规模生猪费用和用工情况

项　　目	单位	平　均	河　北	山　西	内蒙古	辽　宁	吉　林
一、每头物质与服务费用	元	**1542.64**	**1377.37**	**1282.77**	**1806.89**	**1677.81**	**1530.28**
（一）直接费用	元	1525.60	1363.88	1272.97	1786.10	1658.42	1519.48
1. 仔畜费	元	550.31	547.51	330.09	635.29	603.91	477.43
2. 精饲料费	元	910.42	778.27	892.90	1075.79	987.37	986.02
3. 青粗饲料费	元	6.38					
4. 饲料加工费	元	4.38		1.94	10.53	1.74	5.11
5. 水费	元	2.61	1.36	2.99	4.11	1.30	2.29
6. 燃料动力费	元	4.35	3.20	6.38	7.96	5.38	3.40
电费	元	3.69	3.20	4.36	4.13	4.68	3.26
煤费	元	0.63		2.02	3.83	0.24	0.14
其他燃料动力费	元	0.03				0.46	
7. 医疗防疫费	元	22.68	16.12	16.95	26.33	27.38	20.66
8. 死亡损失费	元	18.73	11.57	12.59	17.66	26.20	17.41
9. 技术服务费	元	0.12		0.93			
10. 工具材料费	元	2.62	2.71	3.15	4.54	2.68	1.96
11. 修理维护费	元	2.10	2.13	2.50	3.89	2.11	2.16
12. 其他直接费用	元	0.90	1.01	2.55		0.35	3.04
（二）间接费用	元	17.04	13.49	9.80	20.79	19.39	10.80
1. 固定资产折旧	元	11.08	10.81	8.90	18.72	14.64	9.39
2. 保险费	元	2.77	0.54			3.84	
3. 管理费	元	0.39	2.14	0.90		0.01	1.41
4. 财务费	元	0.04					
5. 销售费	元	2.76			2.07	0.90	
二、每头人工成本	元	**264.05**	**246.00**	**310.88**	**321.85**	**298.44**	**351.72**
1. 家庭用工折价	元	258.54	218.89	310.88	321.85	298.44	341.72
家庭用工天数	日	2.99	2.53	3.60	3.73	3.46	3.96
劳动日工价	元	86.38	86.38	86.38	86.38	86.38	86.38
2. 雇工费用	元	5.51	27.11				10.00
雇工天数	日	0.06	0.28				0.10
雇工工价	元	91.83	96.82	100.54	118.33	95.14	100.00
三、附							
1. 仔畜重量	公斤	16.79	18.07	11.13	11.29	12.51	13.84
2. 精饲料数量	公斤	328.35	280.11	320.51	398.37	363.69	351.14
3. 耗粮数量	公斤	247.25	206.37	244.11	321.46	259.09	253.87

5-2-2 续表 1

项　　目	单位	黑龙江	江　苏	浙　江	安　徽	江　西	山　东
一、每头物质与服务费用	元	**1328.94**	**1127.17**	**1694.85**	**1813.44**	**1669.18**	**1601.92**
（一）直接费用	元	1319.66	1113.82	1678.36	1794.46	1645.24	1577.89
1. 仔畜费	元	445.84	320.70	745.51	654.73	557.17	714.63
2. 精饲料费	元	832.61	736.46	890.51	1060.22	1041.58	817.42
3. 青粗饲料费	元		5.92	0.65	24.84		
4. 饲料加工费	元	8.42	6.43	2.22			3.02
5. 水费	元	2.54	2.08	7.18	0.66	2.47	2.11
6. 燃料动力费	元	3.96	2.48	6.25	2.57	2.91	2.78
电费	元	2.80	2.39	6.25	2.57	2.91	2.62
煤费	元	1.16	0.09				0.16
其他燃料动力费	元						
7. 医疗防疫费	元	13.71	15.51	16.90	28.49	31.12	24.61
8. 死亡损失费	元	9.42	19.87	4.05	16.86	6.41	7.85
9. 技术服务费	元						
10. 工具材料费	元	1.57	3.30	2.81	3.71	1.36	2.81
11. 修理维护费	元	1.59	1.07	1.05	2.38	1.75	2.29
12. 其他直接费用	元			1.23		0.47	0.37
（二）间接费用	元	9.28	13.35	16.49	18.98	23.94	24.03
1. 固定资产折旧	元	7.93	5.67	14.35	16.03	12.58	8.66
2. 保险费	元					10.00	6.00
3. 管理费	元	0.53					
4. 财务费	元						
5. 销售费	元	0.82	7.68	2.14	2.95	1.36	9.37
二、每头人工成本	元	**274.08**	**167.84**	**118.51**	**236.77**	**112.73**	**209.33**
1. 家庭用工折价	元	274.08	167.84	118.51	236.77	112.73	199.97
家庭用工天数	日	3.17	1.94	1.37	2.74	1.31	2.32
劳动日工价	元	86.38	86.38	86.38	86.38	86.38	86.38
2. 雇工费用	元						9.36
雇工天数	日						0.11
雇工工价	元	110.63	83.00	130.00	105.00	126.50	85.09
三、附							
1. 仔畜重量	公斤	13.70	16.44	24.09	20.83	15.00	26.26
2. 精饲料数量	公斤	334.06	293.27	328.24	364.03	350.98	289.19
3. 耗粮数量	公斤	274.22	231.84	224.12	283.02	282.21	223.47

5-2-2 续表 2

项目	单位	河南	湖北	湖南	广东	广西
一、每头物质与服务费用	**元**	**1568.26**	**1676.07**	**1728.54**	**1590.95**	**1484.70**
（一）直接费用	元	1546.64	1658.58	1702.34	1581.10	1475.13
1. 仔畜费	元	624.76	564.91	403.20	543.87	519.81
2. 精饲料费	元	840.75	1003.93	1246.89	881.69	894.02
3. 青粗饲料费	元		2.07		8.71	14.50
4. 饲料加工费	元	4.35	6.19			1.56
5. 水费	元	4.40	2.52	0.80	3.14	3.05
6. 燃料动力费	元	7.53	3.11	3.93	4.23	4.62
电费	元	7.53	3.11	3.93	4.23	4.14
煤费	元					0.48
其他燃料动力费	元					
7. 医疗防疫费	元	41.29	29.00	34.78	43.07	23.31
8. 死亡损失费	元	13.71	42.20	6.91	89.58	9.74
9. 技术服务费	元	0.43				
10. 工具材料费	元	2.57	2.48	2.04	4.03	2.80
11. 修理维护费	元	2.39	2.17	1.72	2.78	1.72
12. 其他直接费用	元	4.46		2.07		
（二）间接费用	元	21.62	17.49	26.20	9.85	9.57
1. 固定资产折旧	元	14.26	11.20	11.20	7.45	4.17
2. 保险费	元			15.00		3.00
3. 管理费	元	2.40	0.32			
4. 财务费	元		0.39			0.47
5. 销售费	元	4.96	5.58		2.40	1.93
二、每头人工成本	**元**	**257.89**	**237.18**	**282.38**	**176.56**	**292.43**
1. 家庭用工折价	元	254.04	215.69	282.38	176.56	270.28
家庭用工天数	日	2.94	2.50	3.27	2.04	3.13
劳动日工价	元	86.38	86.38	86.38	86.38	86.38
2. 雇工费用	元	3.85	21.49			22.15
雇工天数	日	0.04	0.22			0.27
雇工工价	元	96.25	97.68	152.50	105.61	82.04
三、附						
1. 仔畜重量	公斤	16.61	15.96	8.48	20.48	18.65
2. 精饲料数量	公斤	319.18	357.19	400.87	312.53	290.97
3. 耗粮数量	公斤	206.86	276.09	281.60	238.29	198.69

5-2-2 续表 3

项 目	单位	重 庆	四 川	贵 州	云 南
一、每头物质与服务费用	元	**1209.52**	**1424.25**	**1381.76**	**1574.53**
（一）直接费用	元	1193.56	1395.22	1356.26	1562.48
1. 仔畜费	元	221.00	577.83	529.96	551.39
2. 精饲料费	元	872.08	774.26	772.36	960.59
3. 青粗饲料费	元	13.16	9.70	23.51	8.77
4. 饲料加工费	元	15.21	6.72	2.20	2.27
5. 水费	元		2.74	4.05	2.88
6. 燃料动力费	元	3.23	5.43	4.32	3.07
电费	元	3.23	4.30	4.32	2.77
煤费	元		1.13		
其他燃料动力费	元				0.30
7. 医疗防疫费	元	19.92	11.51	10.83	16.58
8. 死亡损失费	元	48.12	2.06	3.57	9.88
9. 技术服务费	元		1.60		
10. 工具材料费	元	0.44	2.08	2.52	3.80
11. 修理维护费	元	0.40	1.29	2.94	2.39
12. 其他直接费用	元				0.86
（二）间接费用	元	15.96	29.03	25.50	12.05
1. 固定资产折旧	元	7.69	4.70	20.92	11.07
2. 保险费	元		24.33	3.83	
3. 管理费	元				
4. 财务费	元				
5. 销售费	元	8.27		0.75	0.98
二、每头人工成本	元	**198.67**	**314.25**	**331.52**	**234.65**
1. 家庭用工折价	元	198.67	314.25	306.39	227.96
家庭用工天数	日	2.30	3.64	3.55	2.64
劳动日工价	元	86.38	86.38	86.38	86.38
2. 雇工费用	元			25.13	6.69
雇工天数	日			0.25	0.08
雇工工价	元	92.00	97.00	100.52	83.63
三、附					
1. 仔畜重量	公斤	10.26	25.90	23.39	21.59
2. 精饲料数量	公斤	336.34	269.09	292.33	335.99
3. 耗粮数量	公斤	286.70	187.26	242.46	266.11

5-2-2 续表 4

项 目	单位	陕 西	甘 肃	青 海	宁 夏
一、每头物质与服务费用	元	**1483.61**	**1409.08**	**1737.80**	**1843.03**
（一）直接费用	元	1469.09	1397.08	1714.49	1831.65
1. 仔畜费	元	460.17	534.84	684.58	958.19
2. 精饲料费	元	960.45	801.85	921.57	820.49
3. 青粗饲料费	元			41.27	
4. 饲料加工费	元	4.23	8.86	8.82	5.19
5. 水费	元	2.67	1.83	3.37	1.98
6. 燃料动力费	元	4.92	2.74	5.97	4.12
电费	元	2.51	1.63	5.02	2.74
煤费	元	2.41	1.11	0.95	1.38
其他燃料动力费	元				
7. 医疗防疫费	元	18.86	19.48	18.12	19.67
8. 死亡损失费	元	13.08	22.63	20.51	17.60
9. 技术服务费	元				
10. 工具材料费	元	2.49	2.85	1.94	2.27
11. 修理维护费	元	2.22	2.00	3.22	2.14
12. 其他直接费用	元			5.12	
（二）间接费用	元	14.52	12.00	23.31	11.38
1. 固定资产折旧	元	6.80	12.00	18.36	8.46
2. 保险费	元				
3. 管理费	元			1.62	
4. 财务费	元				
5. 销售费	元	7.72		3.33	2.92
二、每头人工成本	元	**504.98**	**204.38**	**348.89**	**304.98**
1. 家庭用工折价	元	504.98	204.38	348.89	298.53
家庭用工天数	日	5.85	2.37	4.04	3.46
劳动日工价	元	86.38	86.38	86.38	86.38
2. 雇工费用	元				6.45
雇工天数	日				0.07
雇工工价	元	110.00	100.00	82.52	92.14
三、附					
1. 仔畜重量	公斤	12.57	14.62	12.62	18.65
2. 精饲料数量	公斤	354.22	309.70	319.06	309.41
3. 耗粮数量	公斤	266.25	239.94	223.47	216.59

5-3-1 2019年各地区中规模生猪成本收益情况

项　　目	单位	平　均	天　津	河　北	山　西	内蒙古
每头						
主产品产量	公斤	124.36	120.19	112.66	123.76	148.10
产值合计	元	2648.67	2495.67	2484.16	2400.69	3290.33
主产品产值	元	2635.55	2488.49	2467.50	2384.18	3274.51
副产品产值	元	13.12	7.18	16.66	16.51	15.82
总成本	元	1802.52	1709.51	1587.57	1565.61	2021.92
生产成本	元	1799.78	1704.69	1585.01	1563.11	2021.92
物质与服务费用	元	1622.60	1585.17	1442.12	1419.19	1805.40
人工成本	元	177.18	119.52	142.89	143.92	216.52
家庭用工折价	元	116.18	98.04	122.92	105.04	175.44
雇工费用	元	61.00	21.48	19.97	38.88	41.08
土地成本	元	2.74	4.82	2.56	2.50	
净利润	元	846.15	786.16	896.59	835.08	1268.41
成本利润率	%	46.94	45.99	56.48	53.34	62.73
每50公斤主产品						
平均出售价格	元	1059.65	1035.23	1095.11	963.23	1105.51
总成本	元	721.13	709.12	699.86	628.17	679.34
生产成本	元	720.04	707.12	698.73	627.17	679.34
净利润	元	338.52	326.11	395.25	335.06	426.17
附：						
每头用工数量	日	1.94	1.29	1.63	1.59	2.33
平均饲养天数	日	152.81	131.36	135.31	164.71	197.10

5-3-1 续表 1

项　　目	单位	辽　宁	吉　林	黑龙江	江　苏	浙　江	安　徽
每头							
主产品产量	公斤	132.66	129.42	113.62	118.60	131.20	128.30
产值合计	元	2829.69	2852.45	2289.90	2227.96	3077.51	2776.78
主产品产值	元	2814.92	2839.31	2279.77	2217.88	3075.65	2766.64
副产品产值	元	14.77	13.14	10.13	10.08	1.86	10.14
总成本	元	1999.61	1914.72	1562.03	1611.51	2005.91	1838.18
生产成本	元	1999.51	1912.38	1559.81	1607.99	2002.93	1834.68
物质与服务费用	元	1748.19	1564.15	1306.58	1510.05	1882.45	1744.50
人工成本	元	251.32	348.23	253.23	97.94	120.48	90.18
家庭用工折价	元	208.61	176.47	78.35	57.27	51.57	61.68
雇工费用	元	42.71	171.76	174.88	40.67	68.91	28.50
土地成本	元	0.10	2.34	2.22	3.52	2.98	3.50
净利润	元	830.08	937.73	727.87	616.45	1071.60	938.60
成本利润率	%	41.51	48.97	46.60	38.25	53.42	51.06
每 50 公斤主产品							
平均出售价格	元	1060.95	1096.94	1003.24	935.03	1172.12	1078.19
总成本	元	749.72	736.33	684.35	676.32	763.98	713.74
生产成本	元	749.69	735.43	683.38	674.84	762.85	712.38
净利润	元	311.23	360.61	318.89	258.71	408.14	364.45
附：							
每头用工数量	日	2.87	3.66	2.56	1.05	1.07	0.97
平均饲养天数	日	162.79	155.41	144.88	139.15	154.20	146.42

5-3-1 续表 2

项　　目	单位	福　建	江　西	山　东	河　南	湖　北	湖　南
每头							
主产品产量	公斤	118.77	130.69	124.16	120.34	127.39	124.51
产值合计	元	3002.20	2444.60	2813.35	2480.64	2522.50	2769.73
主产品产值	元	3002.20	2440.17	2798.65	2469.07	2512.22	2755.20
副产品产值	元		4.43	14.70	11.57	10.28	14.53
总成本	元	2005.96	1740.10	1735.15	1768.76	1803.95	1826.42
生产成本	元	2001.57	1737.53	1732.10	1762.66	1801.12	1826.42
物质与服务费用	元	1930.75	1628.04	1592.75	1555.03	1685.65	1667.11
人工成本	元	70.82	109.49	139.35	207.63	115.47	159.31
家庭用工折价	元		73.85	100.55	144.51	62.88	83.53
雇工费用	元	70.82	35.64	38.80	63.12	52.59	75.78
土地成本	元	4.39	2.57	3.05	6.10	2.83	
净利润	元	996.24	704.50	1078.20	711.88	718.55	943.31
成本利润率	%	49.66	40.49	62.14	40.25	39.83	51.65
每 50 公斤主产品							
平均出售价格	元	1263.87	933.57	1127.03	1025.87	986.04	1106.42
总成本	元	844.47	664.53	695.10	731.47	705.16	729.60
生产成本	元	842.62	663.55	693.88	728.95	704.06	729.60
净利润	元	419.40	269.04	431.93	294.40	280.88	376.82
附：							
每头用工数量	日	0.59	1.20	1.58	2.36	1.30	1.53
平均饲养天数	日	178.00	160.47	130.82	151.49	157.12	152.53

5-3-1 续表 3

项　　目	单位	广　东	广　西	重　庆	四　川	贵　州
每头						
主产品产量	公斤	120.97	121.81	120.09	123.68	137.37
产值合计	元	2215.68	1631.17	3458.58	2723.35	2970.90
主产品产值	元	2207.95	1614.03	3436.42	2715.67	2957.75
副产品产值	元	7.73	17.14	22.16	7.68	13.15
总成本	元	1652.97	1598.42	1997.48	1739.96	1950.85
生产成本	元	1647.61	1596.20	1994.42	1737.15	1948.68
物质与服务费用	元	1521.91	1418.06	1845.01	1533.00	1615.47
人工成本	元	125.70	178.14	149.41	204.15	333.21
家庭用工折价	元	82.84	91.99	51.83	130.95	160.23
雇工费用	元	42.86	86.15	97.58	73.20	172.98
土地成本	元	5.36	2.22	3.06	2.81	2.17
净利润	元	562.71	32.75	1461.10	983.39	1020.05
成本利润率	%	34.04	2.05	73.15	56.52	52.29
每50公斤主产品						
平均出售价格	元	912.60	662.52	1430.77	1097.86	1076.56
总成本	元	680.83	649.22	826.33	701.43	706.93
生产成本	元	678.62	648.32	825.07	700.30	706.14
净利润	元	231.77	13.30	604.44	396.43	369.63
附：						
每头用工数量	日	1.29	1.95	1.68	2.23	3.74
平均饲养天数	日	150.27	148.38	147.73	145.19	147.33

5-3-1 续表 4

项目	单位	云南	陕西	甘肃	青海	宁夏	新疆
每头							
主产品产量	公斤	134.56	119.79	117.85	116.53	118.01	122.62
产值合计	元	2683.41	2779.07	2438.39	2923.01	2627.83	2304.52
主产品产值	元	2670.16	2753.41	2429.44	2897.66	2599.27	2291.64
副产品产值	元	13.25	25.66	8.95	25.35	28.56	12.88
总成本	元	1814.32	1839.63	1722.01	1819.02	2079.74	1756.68
生产成本	元	1811.07	1837.38	1719.24	1815.84	2077.57	1755.55
物质与服务费用	元	1651.47	1479.25	1591.49	1713.87	1797.01	1576.15
人工成本	元	159.60	358.13	127.75	101.97	280.56	179.40
家庭用工折价	元	100.89	358.13	82.23	79.47	280.56	117.56
雇工费用	元	58.71		45.52	22.50		61.84
土地成本	元	3.25	2.25	2.77	3.18	2.17	1.13
净利润	元	869.09	939.44	716.38	1103.99	548.09	547.84
成本利润率	%	47.90	51.07	41.60	60.69	26.35	31.19
每50公斤主产品							
平均出售价格	元	992.18	1149.27	1030.73	1243.31	1101.29	934.45
总成本	元	670.84	760.77	727.91	773.72	871.59	712.31
生产成本	元	669.64	759.84	726.74	772.37	870.68	711.85
净利润	元	321.34	388.50	302.82	469.59	229.70	222.14
附：							
每头用工数量	日	1.83	4.15	1.50	1.23	3.25	1.88
平均饲养天数	日	146.82	169.07	152.59	173.25	154.00	129.45

5-3-2 2019年各地区中规模生猪费用和用工情况

项　　目	单位	平　均	天　津	河　北	山　西	内蒙古	辽　宁
一、每头物质与服务费用	元	**1622.60**	**1585.17**	**1442.12**	**1419.19**	**1805.40**	**1748.19**
（一）直接费用	元	1598.05	1571.25	1426.86	1403.70	1777.44	1718.48
1. 仔畜费	元	635.44	673.98	605.14	411.78	671.14	622.83
2. 精饲料费	元	900.26	840.19	760.79	935.76	1026.40	1024.48
3. 青粗饲料费	元	2.02					
4. 饲料加工费	元	1.91			1.86	9.42	0.77
5. 水费	元	2.87	5.27	0.78	3.67	4.51	1.73
6. 燃料动力费	元	6.37	8.33	3.32	7.51	12.89	6.21
电费	元	5.44	7.26	3.32	5.14	6.66	5.78
煤费	元	0.91	1.07		2.37	6.23	0.15
其他燃料动力费	元	0.02					0.28
7. 医疗防疫费	元	23.71	29.82	30.35	21.34	29.73	27.86
8. 死亡损失费	元	19.21	7.55	20.48	14.11	13.58	26.66
9. 技术服务费	元	0.47			0.67	0.63	0.30
10. 工具材料费	元	2.47	3.30	2.95	3.35	3.47	3.11
11. 修理维护费	元	2.57	2.81	2.64	2.66	5.67	2.43
12. 其他直接费用	元	0.75		0.41	0.99		2.10
（二）间接费用	元	24.55	13.92	15.26	15.49	27.96	29.71
1. 固定资产折旧	元	13.98	13.92	13.27	11.30	26.06	15.50
2. 保险费	元	6.99			0.83		11.02
3. 管理费	元	0.80		1.99	1.83		0.22
4. 财务费	元	0.57			0.32	0.65	1.15
5. 销售费	元	2.21			1.21	1.25	1.82
二、每头人工成本	元	**177.18**	**119.52**	**142.89**	**143.92**	**216.52**	**251.32**
1. 家庭用工折价	元	116.18	98.04	122.92	105.04	175.44	208.61
家庭用工天数	日	1.35	1.14	1.42	1.22	2.03	2.42
劳动日工价	元	86.38	86.38	86.38	86.38	86.38	86.38
2. 雇工费用	元	61.00	21.48	19.97	38.88	41.08	42.71
雇工天数	日	0.59	0.15	0.21	0.37	0.30	0.45
雇工工价	元	103.39	143.20	95.10	105.08	136.93	94.91
三、附							
1. 仔畜重量	公斤	17.75	17.50	18.36	12.45	12.43	12.98
2. 精饲料数量	公斤	323.61	323.81	271.09	338.28	395.51	376.70
3. 耗粮数量	公斤	244.52	225.80	199.79	260.39	326.99	262.53

5-3-2 续表 1

项 目	单位	吉 林	黑龙江	江 苏	浙 江	安 徽
一、每头物质与服务费用	元	**1564.15**	**1306.58**	**1510.05**	**1882.45**	**1744.50**
（一）直接费用	元	1553.01	1294.39	1486.45	1827.70	1713.32
1. 仔畜费	元	497.63	463.39	664.94	765.82	763.44
2. 精饲料费	元	999.00	790.22	759.51	987.66	883.35
3. 青粗饲料费	元			5.24	0.50	1.50
4. 饲料加工费	元	4.86		2.35	4.35	2.16
5. 水费	元	2.30	2.03	2.71	6.01	1.48
6. 燃料动力费	元	2.95	9.05	6.61	11.43	5.63
电费	元	2.95	7.10	6.44	11.43	5.63
煤费	元		1.95	0.17		
其他燃料动力费	元					
7. 医疗防疫费	元	21.53	14.73	25.50	28.89	27.29
8. 死亡损失费	元	16.91	9.68	14.62	14.49	23.22
9. 技术服务费	元	0.11	1.75	0.96	1.88	
10. 工具材料费	元	2.24	1.63	1.81	2.80	2.13
11. 修理维护费	元	2.41	1.91	2.03	2.50	3.12
12. 其他直接费用	元	3.07		0.17	1.37	
（二）间接费用	元	11.14	12.19	23.60	54.75	31.18
1. 固定资产折旧	元	9.42	9.50	8.09	13.36	26.93
2. 保险费	元			10.87	32.85	
3. 管理费	元	1.67	0.98	0.63	3.29	
4. 财务费	元		0.65	0.27	3.36	2.51
5. 销售费	元	0.05	1.06	3.74	1.89	1.74
二、每头人工成本	元	**348.23**	**253.23**	**97.94**	**120.48**	**90.18**
1. 家庭用工折价	元	176.47	78.35	57.27	51.57	61.68
家庭用工天数	日	2.04	0.91	0.66	0.60	0.71
劳动日工价	元	86.38	86.38	86.38	86.38	86.38
2. 雇工费用	元	171.76	174.88	40.67	68.91	28.50
雇工天数	日	1.62	1.65	0.39	0.47	0.26
雇工工价	元	106.03	105.99	104.28	146.62	109.62
三、附						
1. 仔畜重量	公斤	14.97	13.11	22.67	23.13	22.26
2. 精饲料数量	公斤	354.66	321.17	303.92	326.74	336.47
3. 耗粮数量	公斤	254.52	271.18	234.29	230.46	269.72

5-3-2 续表2

项　　目	单位	福　建	江　西	山　东	河　南	湖　北	湖　南
一、每头物质与服务费用	元	**1930.75**	**1628.04**	**1592.75**	**1555.03**	**1685.65**	**1667.11**
（一）直接费用	元	1914.28	1610.23	1567.86	1524.12	1665.91	1627.94
1. 仔畜费	元	714.49	534.01	696.17	598.13	545.61	540.70
2. 精饲料费	元	1148.59	1007.89	828.53	836.68	970.32	1038.25
3. 青粗饲料费	元		0.08				
4. 饲料加工费	元		0.20	0.66	4.39	0.70	
5. 水费	元	7.22	2.05	3.25	4.67	2.01	1.17
6. 燃料动力费	元	6.72	5.19	4.06	7.69	3.98	2.23
电费	元	6.72	5.19	3.80	7.69	3.98	2.23
煤费	元			0.26			
其他燃料动力费	元						
7. 医疗防疫费	元	11.90	30.49	19.44	44.23	34.40	33.31
8. 死亡损失费	元	23.06	25.70	9.91	14.42	105.19	7.41
9. 技术服务费	元			0.26	3.80		
10. 工具材料费	元	2.30	1.50	2.73	2.76	1.82	1.29
11. 修理维护费	元		2.36	2.69	2.77	1.88	1.26
12. 其他直接费用	元		0.76	0.16	4.58		2.32
（二）间接费用	元	16.47	17.81	24.89	30.91	19.74	39.17
1. 固定资产折旧	元	16.47	13.08	15.75	22.45	14.03	9.17
2. 保险费	元		1.33	3.00			30.00
3. 管理费	元		0.03	0.03	3.34	0.52	
4. 财务费	元		0.81			0.91	
5. 销售费	元		2.56	6.11	5.12	4.28	
二、每头人工成本	元	**70.82**	**109.49**	**139.35**	**207.63**	**115.47**	**159.31**
1. 家庭用工折价	元		73.85	100.55	144.51	62.88	83.53
家庭用工天数	日		0.86	1.16	1.67	0.73	0.97
劳动日工价	元	86.38	86.38	86.38	86.38	86.38	86.38
2. 雇工费用	元	70.82	35.64	38.80	63.12	52.59	75.78
雇工天数	日	0.59	0.34	0.42	0.69	0.57	0.56
雇工工价	元	120.03	104.82	92.38	91.48	92.26	135.32
三、附							
1. 仔畜重量	公斤	17.11	16.88	27.78	16.54	15.76	10.42
2. 精饲料数量	公斤	362.85	340.80	299.47	312.01	340.60	312.46
3. 耗粮数量	公斤	330.19	270.57	234.33	201.96	266.36	213.52

5-3-2 续表 3

项 目	单位	广 东	广 西	重 庆	四 川	贵 州
一、每头物质与服务费用	**元**	**1521.91**	**1418.06**	**1845.01**	**1533.00**	**1615.47**
（一）直接费用	元	1504.16	1407.43	1764.51	1498.34	1576.29
1. 仔畜费	元	524.10	456.02	898.52	619.77	593.15
2. 精饲料费	元	879.59	898.47	811.97	834.20	937.72
3. 青粗饲料费	元		6.78		9.33	7.92
4. 饲料加工费	元	0.22	0.72		4.18	0.67
5. 水费	元	1.26	2.04		2.60	5.22
6. 燃料动力费	元	4.23	3.57	15.01	4.60	6.03
电费	元	4.23	3.57	15.01	4.16	6.03
煤费	元				0.44	
其他燃料动力费	元					
7. 医疗防疫费	元	38.89	25.59	18.75	16.68	10.05
8. 死亡损失费	元	49.75	9.58	14.87	3.29	9.04
9. 技术服务费	元	0.56		0.74	0.71	
10. 工具材料费	元	3.35	2.81	2.67	1.66	2.36
11. 修理维护费	元	2.21	1.85	1.98	1.32	4.13
12. 其他直接费用	元					
（二）间接费用	元	17.75	10.63	80.50	34.66	39.18
1. 固定资产折旧	元	13.93	5.10	10.03	7.95	32.67
2. 保险费	元	2.22	0.56	60.00	25.31	2.42
3. 管理费	元		1.73		0.21	
4. 财务费	元		0.65		0.09	
5. 销售费	元	1.60	2.59	10.47	1.10	4.09
二、每头人工成本	**元**	**125.70**	**178.14**	**149.41**	**204.15**	**333.21**
1. 家庭用工折价	元	82.84	91.99	51.83	130.95	160.23
家庭用工天数	日	0.96	1.07	0.60	1.52	1.86
劳动日工价	元	86.38	86.38	86.38	86.38	86.38
2. 雇工费用	元	42.86	86.15	97.58	73.20	172.98
雇工天数	日	0.33	0.88	1.08	0.71	1.88
雇工工价	元	129.88	97.90	90.35	103.10	92.01
三、附						
1. 仔畜重量	公斤	16.25	17.34	15.24	27.05	23.94
2. 精饲料数量	公斤	309.17	293.29	346.02	279.78	325.71
3. 耗粮数量	公斤	233.12	202.31	261.31	195.71	266.65

5-3-2 续表4

项　目	单位	云　南	陕　西	甘　肃	青　海	宁　夏	新　疆
一、每头物质与服务费用	元	**1651.47**	**1479.25**	**1591.49**	**1713.87**	**1797.01**	**1576.15**
（一）直接费用	元	1636.78	1468.16	1567.70	1694.99	1785.83	1560.02
1. 仔畜费	元	597.14	535.05	687.69	791.25	906.09	778.86
2. 精饲料费	元	996.10	894.51	823.79	842.78	825.08	725.10
3. 青粗饲料费	元	2.33			20.75		
4. 饲料加工费	元	1.10	4.17		2.48	4.61	1.83
5. 水费	元	2.89	3.09	2.31	2.75	1.88	2.63
6. 燃料动力费	元	3.16	4.84	6.84	7.16	4.03	8.73
电费	元	2.85	2.69	5.62	4.19	2.80	4.45
煤费	元		2.15	1.22	2.97	1.23	4.28
其他燃料动力费	元	0.31					
7. 医疗防疫费	元	17.94	12.41	20.93	10.33	18.89	18.86
8. 死亡损失费	元	9.31	9.22	21.20	10.44	21.03	14.07
9. 技术服务费	元	0.20					
10. 工具材料费	元	3.48	2.37	2.38	1.61	2.41	2.50
11. 修理维护费	元	2.65	2.50	2.56	4.39	1.81	4.75
12. 其他直接费用	元	0.48			1.05		2.69
（二）间接费用	元	14.69	11.09	23.79	18.88	11.18	16.13
1. 固定资产折旧	元	11.61	4.61	18.01	14.97	8.37	11.85
2. 保险费	元	0.25		1.19	3.00		3.75
3. 管理费	元	0.82	2.54	1.16	0.32		0.27
4. 财务费	元	0.80		3.21			
5. 销售费	元	1.21	3.94	0.22	0.59	2.81	0.26
二、每头人工成本	元	**159.60**	**358.13**	**127.75**	**101.97**	**280.56**	**179.40**
1. 家庭用工折价	元	100.89	358.13	82.23	79.47	280.56	117.56
家庭用工天数	日	1.17	4.15	0.95	0.92	3.25	1.36
劳动日工价	元	86.38	86.38	86.38	86.38	86.38	86.38
2. 雇工费用	元	58.71		45.52	22.50		61.84
雇工天数	日	0.66		0.55	0.31		0.52
雇工工价	元	88.96	105.00	82.76	72.58	95.00	118.92
三、附							
1. 仔畜重量	公斤	21.86	13.27	17.12	15.80	17.51	19.48
2. 精饲料数量	公斤	340.34	328.07	307.20	293.40	304.19	293.81
3. 耗粮数量	公斤	269.43	257.04	239.83	205.38	212.93	205.67

5-4-1　2019年各地区大规模生猪成本收益情况

项　　目	单位	平　均	天　津	河　北	山　西	内蒙古
每头						
主产品产量	公斤	123.89	117.26	107.89	116.30	172.72
产值合计	元	2633.98	2457.81	2476.71	2339.63	4030.81
主产品产值	元	2624.27	2450.33	2465.22	2324.67	4021.10
副产品产值	元	9.71	7.48	11.49	14.96	9.71
总成本	元	1780.97	1795.03	1405.32	1366.20	2140.03
生产成本	元	1777.58	1789.49	1402.83	1363.97	2135.34
物质与服务费用	元	1662.42	1628.12	1324.11	1267.28	1997.86
人工成本	元	115.16	161.37	78.72	96.69	137.48
家庭用工折价	元	9.76	17.54	12.27	0.35	48.03
雇工费用	元	105.40	143.83	66.45	96.34	89.45
土地成本	元	3.39	5.54	2.49	2.23	4.69
净利润	元	853.01	662.78	1071.39	973.43	1890.78
成本利润率	%	47.90	36.92	76.24	71.25	88.35
每50公斤主产品						
平均出售价格	元	1059.11	1044.83	1142.47	999.43	1164.05
总成本	元	716.12	763.08	648.25	583.60	618.01
生产成本	元	714.76	760.72	647.10	582.65	616.66
净利润	元	342.99	281.75	494.22	415.83	546.04
附：						
每头用工数量	日	1.19	1.23	0.98	0.97	1.34
平均饲养天数	日	145.02	127.22	128.10	154.47	233.70

5-4-1 续表1

项　　目	单位	辽　宁	吉　林	黑龙江	上　海	江　苏	浙　江
每头							
主产品产量	公斤	136.08	123.14	108.70	138.00	118.68	128.09
产值合计	元	2984.84	2749.46	2203.12	3212.00	2489.87	2850.95
主产品产值	元	2973.18	2736.66	2193.09	3212.00	2479.65	2850.06
副产品产值	元	11.66	12.80	10.03		10.22	0.89
总成本	元	2003.83	1811.69	1422.13	2213.15	1722.91	1937.68
生产成本	元	2002.59	1809.67	1417.63	2200.55	1719.69	1932.20
物质与服务费用	元	1835.52	1526.03	1214.84	2134.95	1656.07	1829.65
人工成本	元	167.07	283.64	202.79	65.60	63.62	102.55
家庭用工折价	元	50.36	12.35	2.85		9.50	12.18
雇工费用	元	116.71	271.29	199.94	65.60	54.12	90.37
土地成本	元	1.24	2.02	4.50	12.60	3.22	5.48
净利润	元	981.01	937.77	780.99	998.85	766.96	913.27
成本利润率	%	48.96	51.76	54.92	45.13	44.52	47.13
每50公斤主产品							
平均出售价格	元	1092.44	1111.20	1008.78	1163.77	1044.68	1112.52
总成本	元	733.39	732.20	651.18	801.87	722.89	756.14
生产成本	元	732.94	731.38	649.11	797.30	721.53	754.00
净利润	元	359.05	379.00	357.60	361.90	321.79	356.38
附：							
每头用工数量	日	1.73	2.74	1.98	0.54	0.60	0.77
平均饲养天数	日	167.71	145.50	140.25	135.00	146.95	147.53

5-4-1 续表 2

项 目	单位	安 徽	福 建	江 西	山 东	河 南	湖 北
每头							
主产品产量	公斤	129.33	122.68	127.31	127.21	118.94	125.62
产值合计	元	3151.43	2858.00	2301.09	2830.14	2790.24	2472.17
主产品产值	元	3142.69	2854.95	2297.81	2815.89	2778.70	2462.65
副产品产值	元	8.74	3.05	3.28	14.25	11.54	9.52
总成本	元	2219.83	2021.98	1724.50	1776.12	1682.40	1743.55
生产成本	元	2213.81	2013.62	1722.87	1772.65	1676.75	1741.14
物质与服务费用	元	2138.08	1938.03	1603.72	1643.56	1515.13	1673.22
人工成本	元	75.73	75.59	119.15	129.09	161.62	67.92
家庭用工折价	元	16.07	0.78	11.23	21.60		14.43
雇工费用	元	59.66	74.81	107.92	107.49	161.62	53.49
土地成本	元	6.02	8.36	1.63	3.47	5.65	2.41
净利润	元	931.60	836.02	576.59	1054.03	1107.84	728.62
成本利润率	%	41.97	41.35	33.44	59.34	65.85	41.79
每 50 公斤主产品							
平均出售价格	元	1214.99	1163.58	902.45	1106.79	1168.11	980.20
总成本	元	855.82	823.21	676.32	694.59	704.32	691.30
生产成本	元	853.50	819.81	675.68	693.23	701.96	690.35
净利润	元	359.17	340.37	226.13	412.20	463.79	288.90
附：							
每头用工数量	日	0.74	0.52	0.99	1.32	1.74	0.78
平均饲养天数	日	151.20	142.27	147.42	135.78	148.28	145.13

5-4-1 续表 3

项 目	单位	广 东	广 西	重 庆	四 川	贵 州
每头						
主产品产量	公斤	113.30	118.03	123.70	122.74	131.57
产值合计	元	2370.17	1621.31	2772.92	2812.34	2675.04
主产品产值	元	2366.89	1605.05	2757.78	2807.58	2675.04
副产品产值	元	3.28	16.26	15.14	4.76	
总成本	元	1702.61	1490.52	1801.06	1801.12	1724.57
生产成本	元	1698.89	1488.62	1800.29	1799.23	1722.94
物质与服务费用	元	1637.30	1402.47	1746.56	1646.44	1535.69
人工成本	元	61.59	86.15	53.73	152.79	187.25
家庭用工折价	元	2.68	12.35		5.61	
雇工费用	元	58.91	73.80	53.73	147.18	187.25
土地成本	元	3.72	1.90	0.77	1.89	1.63
净利润	元	667.56	130.79	971.86	1011.22	950.47
成本利润率	%	39.21	8.77	53.96	56.14	55.11345
每 50 公斤主产品						
平均出售价格	元	1044.52	679.93	1114.70	1143.71	1016.58
总成本	元	750.33	625.08	724.02	732.47	655.3784
生产成本	元	748.69	624.28	723.71	731.70	654.7589
净利润	元	294.19	54.85	390.68	411.24	361.2016
附：						
每头用工数量	日	0.50	0.84	0.37	1.42	2.4
平均饲养天数	日	132.94	146.17	123.24	139.71	137

5-4-1 续表 4

项　目	单位	云　南	陕　西	甘　肃	青　海	新　疆
每头						
主产品产量	公斤	128.92	115.75	115.02	120.00	114.28
产值合计	元	2342.36	2407.57	2301.82	2913.15	2068.63
主产品产值	元	2331.69	2383.12	2293.15	2895.25	2056.88
副产品产值	元	10.67	24.45	8.67	17.90	11.75
总成本	元	1702.74	1465.36	1699.90	2028.60	1902.99
生产成本	元	1699.89	1463.03	1698.54	2028.60	1902.81
物质与服务费用	元	1629.31	1331.36	1628.95	1999.57	1739.34
人工成本	元	70.58	131.67	69.59	29.03	163.47
家庭用工折价	元			1.73		2.16
雇工费用	元	70.58	131.67	67.86	29.03	161.31
土地成本	元	2.85	2.33	1.36		0.18
净利润	元	639.62	942.21	601.92	884.55	165.64
成本利润率	%	37.56	64.30	35.41	43.60	8.70
每 50 公斤主产品						
平均出售价格	元	904.32	1029.43	996.85	1206.35	899.93
总成本	元	657.38	626.56	736.18	840.05	827.87
生产成本	元	656.28	625.56	735.59	840.05	827.79
净利润	元	246.94	402.87	260.67	366.30	72.06
附：						
每头用工数量	日	2.97	1.12	0.73	0.36	1.42
平均饲养天数	日	140.98	151.67	142.17	138.00	122.25

5-4-2 2019 年各地区大规模生猪费用和用工情况

项 目	单位	平 均	天 津	河 北	山 西	内蒙古
一、每头物质与服务费用	元	**1662.42**	**1628.12**	**1324.11**	**1267.28**	**1997.86**
（一）直接费用	元	1622.91	1611.26	1308.92	1252.34	1956.42
1. 仔畜费	元	667.89	715.90	559.47	371.33	688.18
2. 精饲料费	元	883.32	841.00	709.12	836.95	1195.21
3. 青粗饲料费	元	0.09				
4. 饲料加工费	元	1.21				5.89
5. 水费	元	2.88	6.09	0.61	3.74	3.97
6. 燃料动力费	元	8.19	9.18	3.48	9.59	12.54
电费	元	6.85	8.50	3.48	6.18	4.93
煤费	元	1.30	0.68		3.41	7.61
其他燃料动力费	元	0.04				
7. 医疗防疫费	元	30.57	25.95	21.47	15.53	32.37
8. 死亡损失费	元	19.82	7.43	10.26	8.30	9.33
9. 技术服务费	元	1.77			1.66	
10. 工具材料费	元	2.86	3.00	2.75	2.80	5.14
11. 修理维护费	元	3.16	2.71	1.76	2.01	3.79
12. 其他直接费用	元	1.15			0.43	
（二）间接费用	元	39.51	16.86	15.19	14.94	41.44
1. 固定资产折旧	元	16.92	16.86	12.84	12.49	17.19
2. 保险费	元	12.67				3.96
3. 管理费	元	4.74		2.35	0.79	7.42
4. 财务费	元	2.74			0.80	0.47
5. 销售费	元	2.44			0.86	12.40
二、每头人工成本	元	**115.16**	**161.37**	**78.72**	**96.69**	**137.48**
1. 家庭用工折价	元	9.76	17.54	12.27	0.35	48.03
家庭用工天数	日	0.11	0.20	0.14	0.00	0.56
劳动日工价	元	86.38	86.38	86.38	86.38	86.38
2. 雇工费用	元	105.40	143.83	66.45	96.34	89.45
雇工天数	日	1.08	1.03	0.84	0.97	0.78
雇工工价	元	97.59	139.64	79.11	99.32	114.68
三、附						
1. 仔畜重量	公斤	18.42	16.93	15.63	10.94	12.10
2. 精饲料数量	公斤	316.30	316.09	259.77	310.21	457.34
3. 耗粮数量	公斤	238.16	224.99	187.18	242.97	375.90

5-4-2 续表 1

项　　目	单位	辽　宁	吉　林	黑龙江	上　海	江　苏	浙　江
一、每头物质与服务费用	元	**1835.52**	**1526.03**	**1214.84**	**2134.95**	**1656.07**	**1829.65**
（一）直接费用	元	1792.99	1510.63	1198.70	2081.75	1623.25	1759.51
1. 仔畜费	元	669.30	537.53	414.69	997.00	718.33	671.20
2. 精饲料费	元	1034.77	925.01	747.14	978.00	825.66	990.39
3. 青粗饲料费	元						0.38
4. 饲料加工费	元	1.84					4.21
5. 水费	元	3.41	1.90	2.11	4.90	4.20	5.08
6. 燃料动力费	元	5.28	4.02	9.20	18.25	7.97	15.08
电费	元	5.28	3.78	6.36	18.25	7.97	14.87
煤费	元		0.24	2.84			0.12
其他燃料动力费	元						0.09
7. 医疗防疫费	元	37.07	18.52	12.93	38.50	29.60	39.35
8. 死亡损失费	元	30.60	16.74	8.54	24.80	29.07	21.83
9. 技术服务费	元	1.07		1.02	1.60	2.30	2.65
10. 工具材料费	元	3.27	1.91	1.45	5.00	2.90	4.35
11. 修理维护费	元	2.81	2.08	1.62	13.70	3.22	3.91
12. 其他直接费用	元	3.57	2.92				1.08
（二）间接费用	元	42.53	15.40	16.14	53.20	32.82	70.14
1. 固定资产折旧	元	16.40	13.12	13.75	42.90	15.66	25.93
2. 保险费	元	12.86			5.40	10.97	32.26
3. 管理费	元	2.56	1.70	1.12	4.90	2.76	5.01
4. 财务费	元	6.17	0.40	0.17		0.34	3.97
5. 销售费	元	4.54	0.18	1.10		3.09	2.97
二、每头人工成本	元	**167.07**	**283.64**	**202.79**	**65.60**	**63.62**	**102.55**
1. 家庭用工折价	元	50.36	12.35	2.85		9.50	12.18
家庭用工天数	日	0.58	0.14	0.03		0.11	0.14
劳动日工价	元	86.38	86.38	86.38	86.38	86.38	86.38
2. 雇工费用	元	116.71	271.29	199.94	65.60	54.12	90.37
雇工天数	日	1.15	2.60	1.95	0.54	0.49	0.63
雇工工价	元	101.49	104.34	102.53	121.48	110.45	143.44
三、附							
1. 仔畜重量	公斤	14.26	15.73	12.30	27.50	18.38	22.46
2. 精饲料数量	公斤	382.54	334.85	307.47	331.00	298.50	336.53
3. 耗粮数量	公斤	262.01	239.97	258.20	231.70	237.75	235.07

5-4-2 续表 2

项 目	单位	安 徽	福 建	江 西	山 东	河 南	湖 北
一、每头物质与服务费用	元	**2138.08**	**1938.03**	**1603.72**	**1643.56**	**1515.13**	**1673.22**
（一）直接费用	元	2097.99	1891.33	1581.94	1608.18	1481.50	1655.32
1. 仔畜费	元	1040.43	816.77	564.20	725.49	552.15	586.92
2. 精饲料费	元	932.06	928.25	946.81	838.10	847.10	941.38
3. 青粗饲料费	元		2.05				
4. 饲料加工费	元	3.45	7.72	0.28			
5. 水费	元	1.63	3.80	2.55	2.60	4.65	1.90
6. 燃料动力费	元	9.20	15.71	5.19	3.83	7.52	3.96
电费	元	8.61	14.57	5.19	3.48	7.52	3.96
煤费	元	0.59	0.45		0.35		
其他燃料动力费	元		0.69				
7. 医疗防疫费	元	65.92	51.31	37.45	28.76	42.62	32.26
8. 死亡损失费	元	40.14	34.51	21.45	6.44	14.32	86.15
9. 技术服务费	元		3.01	0.11		2.43	
10. 工具材料费	元	3.48	7.87	2.04	1.71	3.10	1.45
11. 修理维护费	元	1.68	8.74	1.62	1.25	2.83	1.30
12. 其他直接费用	元		11.59	0.24		4.78	
（二）间接费用	元	40.09	46.70	21.78	35.38	33.63	17.90
1. 固定资产折旧	元	32.93	22.12	10.45	16.22	24.55	15.15
2. 保险费	元	2.40	1.68	4.29	6.00		
3. 管理费	元	3.58	13.27	1.90	2.17	3.72	0.70
4. 财务费	元	1.18	4.65	3.77	0.92		1.82
5. 销售费	元		4.98	1.37	10.07	5.36	0.23
二、每头人工成本	元	**75.73**	**75.59**	**119.15**	**129.09**	**161.62**	**67.92**
1. 家庭用工折价	元	16.07	0.78	11.23	21.60		14.43
家庭用工天数	日	0.19	0.01	0.13	0.25		0.17
劳动日工价	元	86.38	86.38	86.38	86.38	86.38	86.38
2. 雇工费用	元	59.66	74.81	107.92	107.49	161.62	53.49
雇工天数	日	0.55	0.51	0.86	1.07	1.74	0.61
雇工工价	元	108.47	146.69	125.49	100.46	92.89	87.69
三、附							
1. 仔畜重量	公斤	22.02	17.83	17.71	25.00	15.44	17.82
2. 精饲料数量	公斤	342.71	326.05	325.53	322.72	304.19	318.12
3. 耗粮数量	公斤	260.87	266.28	252.49	247.93	196.78	250.67

5-4-2 续表 3

项　目	单位	广　东	广　西	重　庆	四　川	贵　州
一、每头物质与服务费用	元	**1637.30**	**1402.47**	**1746.56**	**1646.44**	**1535.69**
（一）直接费用	元	1559.52	1391.36	1658.86	1609.27	1506.81
1. 仔畜费	元	636.60	488.80	746.10	716.04	581.39
2. 精饲料费	元	811.71	857.25	873.37	851.61	892.99
3. 青粗饲料费	元					
4. 饲料加工费	元				3.41	
5. 水费	元	1.86	2.13		1.59	3.77
6. 燃料动力费	元	10.19	2.47	7.56	2.82	5.58
电费	元	9.96	2.47	7.56	2.54	5.58
煤费	元	0.21				
其他燃料动力费	元	0.02			0.28	
7. 医疗防疫费	元	43.88	29.95	19.19	24.23	10.78
8. 死亡损失费	元	45.59	7.02	8.79	1.66	7.47
9. 技术服务费	元	1.24	0.28	2.35	2.74	
10. 工具材料费	元	4.59	1.98	0.35	1.30	2.06
11. 修理维护费	元	3.86	1.48	1.15	0.97	2.77
12. 其他直接费用	元				2.90	
（二）间接费用	元	77.78	11.11	87.70	37.17	28.88
1. 固定资产折旧	元	19.72	3.91	15.87	7.33	10.36
2. 保险费	元	11.00	2.44	60.00	25.99	16.00
3. 管理费	元	32.60	2.15	11.83	1.48	1.08
4. 财务费	元	6.99	1.36		1.35	1.44
5. 销售费	元	7.47	1.25		1.02	
二、每头人工成本	元	**61.59**	**86.15**	**53.73**	**152.79**	**187.25**
1. 家庭用工折价	元	2.68	12.35		5.61	
家庭用工天数	日	0.03	0.14		0.07	
劳动日工价	元	86.38	86.38	86.38	86.38	86.38
2. 雇工费用	元	58.91	73.80	53.73	147.18	187.25
雇工天数	日	0.47	0.70	0.37	1.35	2.40
雇工工价	元	125.34	105.43	145.22	109.02	78.02
三、附						
1. 仔畜重量	公斤	18.00	17.10	23.50	27.12	22.82
2. 精饲料数量	公斤	289.59	280.58	303.01	285.85	310.42
3. 耗粮数量	公斤	215.59	194.28	228.57	200.36	276.06

5-4-2 续表 4

项　　目	单位	云　南	陕　西	甘　肃	青　海	新　疆
一、每头物质与服务费用	元	**1629. 31**	**1331. 36**	**1628. 95**	**1999. 57**	**1739. 34**
（一）直接费用	元	1600. 48	1316. 33	1579. 97	1870. 32	1690. 75
1. 仔畜费	元	618. 18	434. 53	721. 55	947. 05	845. 88
2. 精饲料费	元	940. 65	827. 88	795. 65	831. 18	767. 06
3. 青粗饲料费	元					
4. 饲料加工费	元		2. 90			1. 80
5. 水费	元	2. 02	2. 43	2. 31	2. 44	3. 27
6. 燃料动力费	元	2. 20	4. 58	7. 34	14. 92	15. 32
电费	元	2. 20	2. 30	6. 78	9. 30	6. 48
煤费	元		2. 28	0. 56	5. 62	8. 84
其他燃料动力费	元					
7. 医疗防疫费	元	22. 00	24. 07	27. 78	38. 45	24. 84
8. 死亡损失费	元	10. 02	15. 43	21. 03	15. 12	13. 16
9. 技术服务费	元	1. 56			16. 34	5. 73
10. 工具材料费	元	2. 06	2. 38	2. 12	1. 00	4. 35
11. 修理维护费	元	1. 79	2. 13	2. 19	3. 82	6. 96
12. 其他直接费用	元					2. 38
（二）间接费用	元	28. 83	15. 03	48. 98	129. 25	48. 59
1. 固定资产折旧	元	16. 36	11. 70	18. 85	2. 52	24. 86
2. 保险费	元			24. 33	100. 00	9. 73
3. 管理费	元	5. 37	3. 33	2. 99	1. 02	7. 44
4. 财务费	元	5. 53		1. 96	25. 71	2. 31
5. 销售费	元	1. 57		0. 85		4. 25
二、每头人工成本	元	**70. 58**	**131. 67**	**69. 59**	**29. 03**	**163. 47**
1. 家庭用工折价	元			1. 73		2. 16
家庭用工天数	日			0. 02		0. 03
劳动日工价	元	86. 38	86. 38	86. 38	86. 38	86. 38
2. 雇工费用	元	70. 58	131. 67	67. 86	29. 03	161. 31
雇工天数	日	2. 97	1. 12	0. 71	0. 36	1. 39
雇工工价	元	23. 76	117. 56	95. 58	80. 64	116. 05
三、附						
1. 仔畜重量	公斤	21. 30	12. 05	18. 52	15. 75	20. 69
2. 精饲料数量	公斤	318. 66	312. 67	283. 23	288. 59	277. 50
3. 耗粮数量	公斤	254. 46	235. 45	220. 30	202. 01	194. 25

5-5-1 2019年各地区散养肉牛成本收益情况

项　　目	单位	平　均	河　北	黑龙江	河　南	陕　西	宁　夏	新　疆
每头								
主产品产量	公斤	479.02	632.63	546.53	437.14	398.67	329.85	355.33
产值合计	元	15050.20	20884.21	15765.40	13267.38	12124.37	10705.49	11146.12
主产品产值	元	14988.99	20835.14	15745.23	13208.47	12027.11	10618.51	11077.27
副产品产值	元	61.21	49.07	20.17	58.91	97.26	86.98	68.85
总成本	元	11100.56	13824.53	12491.55	8472.40	8506.29	7566.92	10141.72
生产成本	元	11098.17	13814.22	12490.70	8472.40	8506.29	7566.92	10141.72
物质与服务费用	元	9955.98	12836.30	11558.49	6914.10	7055.11	6555.29	9109.90
人工成本	元	1142.19	977.92	932.21	1558.30	1451.18	1011.63	1031.82
家庭用工折价	元	1080.18	801.17	932.21	1558.30	1451.18	994.49	791.67
雇工费用	元	62.01	176.75				17.14	240.15
土地成本	元	2.39	10.31	0.85				
净利润	元	3949.64	7059.68	3273.85	4794.98	3618.08	3138.57	1004.40
成本利润率	%	35.58	51.07	26.21	56.60	42.53	41.48	9.90
每50公斤主产品								
平均出售价格	元	1564.55	1646.71	1440.47	1510.78	1508.40	1609.60	1558.73
总成本	元	1153.96	1090.06	1141.34	964.77	1058.27	1137.71	1418.27
生产成本	元	1153.72	1089.25	1141.26	964.77	1058.27	1137.71	1418.27
净利润	元	410.59	556.65	299.13	546.01	450.13	471.89	140.46
附：								
每头用工数量	日	13.02	10.68	10.79	18.04	16.80	11.65	11.19
平均饲养天数	日	237.64	207.93	204.67	247.47	196.89	339.66	117.87

5-5-2　2019年各地区散养肉牛费用和用工情况

项　　目	单位	平　均	河　北	黑龙江	河　南	陕　西	宁　夏	新　疆
一、每头物质与服务费用	元	**9955.98**	**12836.30**	**11558.49**	**6914.10**	**7055.11**	**6555.29**	**9109.90**
（一）直接费用	元	9905.04	12796.64	11525.24	6881.77	7022.51	6517.70	8959.99
1. 仔畜费	元	7577.06	9487.12	8106.33	5295.99	5914.19	4601.20	7676.16
2. 精饲料费	元	1797.50	2609.98	2537.71	1190.75	804.67	1376.50	822.56
3. 青粗饲料费	元	440.54	614.85	795.15	321.09	240.22	388.29	361.18
4. 饲料加工费	元	15.06		17.41	13.46	13.50	29.17	15.06
5. 水费	元	4.80	0.95	4.12	6.70	4.39	4.98	7.53
6. 燃料动力费	元	10.29	11.67	9.10	11.18	9.44	7.59	12.30
电费	元	9.20	11.67	9.10	11.18	9.44	7.59	4.69
煤费	元	1.09						7.61
其他燃料动力费	元							
7. 医疗防疫费	元	22.55	19.16	22.60	20.76	16.24	45.45	14.26
8. 死亡损失费	元	24.72	39.91	23.95	10.94	9.30	54.33	25.08
9. 技术服务费	元							
10. 工具材料费	元	6.96	8.05	4.42	5.87	7.09	5.70	13.30
11. 修理维护费	元	5.56	4.95	4.45	5.03	3.47	4.49	12.56
12. 其他直接费用	元							
（二）间接费用	元	50.94	39.66	33.25	32.33	32.60	37.59	149.91
1. 固定资产折旧	元	31.16	39.66	28.12	24.10	24.50	31.24	45.87
2. 保险费	元	9.52						66.67
3. 管理费	元	0.11		0.76				
4. 财务费	元							
5. 销售费	元	10.15		4.37	8.23	8.10	6.35	37.37
二、每头人工成本	元	**1142.19**	**977.92**	**932.21**	**1558.30**	**1451.18**	**1011.63**	**1031.82**
1. 家庭用工折价	元	1080.18	801.17	932.21	1558.30	1451.18	994.49	791.67
家庭用工天数	日	12.51	9.28	10.79	18.04	16.80	11.51	9.17
劳动日工价	元	86.38	86.38	86.38	86.38	86.38	86.38	86.38
2. 雇工费用	元	62.01	176.75				17.14	240.15
雇工天数	日	0.51	1.40				0.14	2.02
雇工工价	元	121.59	126.25	105.83	79.74	120.00	122.43	118.89
三、附								
1. 仔畜重量	公斤	215.86	258.40	275.80	164.00	146.43	112.78	260.11
2. 精饲料数量	公斤	741.35	917.31	1115.38	519.74	475.83	535.02	329.94
3. 耗粮数量	公斤	544.50	659.98	896.02	340.57	356.88	374.52	230.96

5-6-1 2019年各地区散养肉羊成本收益情况

项 目	单位	平 均	河 北	黑龙江	山 东
每只					
主产品产量	公斤	44.89	44.86	47.26	36.93
产值合计	元	1391.61	1440.33	1370.12	1309.65
主产品产值	元	1362.32	1429.48	1327.32	1273.84
副产品产值	元	29.29	10.85	42.80	35.81
总成本	元	1239.99	1165.05	1115.92	1371.18
生产成本	元	1239.99	1165.05	1115.92	1371.18
物质与服务费用	元	758.51	729.35	724.63	552.38
人工成本	元	481.48	435.70	391.29	818.80
家庭用工折价	元	465.07	435.70	367.29	818.80
雇工费用	元	16.41		24.00	
土地成本	元				
净利润	元	151.62	275.28	254.20	-61.53
成本利润率	%	12.23	23.63	22.78	-4.49
每50公斤主产品					
平均出售价格	元	1517.40	1593.27	1404.27	1724.67
总成本	元	1352.07	1288.76	1143.73	1805.69
生产成本	元	1352.07	1288.76	1143.73	1805.69
净利润	元	165.33	304.51	260.54	-81.02
附:					
每只用工数量	日	5.52	5.04	4.51	9.48
平均饲养天数	日	195.71	194.89	292.20	226.81

5-6-1 续表

项　　目	单位	河　南	陕　西	宁　夏	新　疆
每只					
主产品产量	公斤	41.85	43.16	44.70	55.49
产值合计	元	1318.35	1412.48	1336.49	1553.85
主产品产值	元	1286.71	1384.22	1311.51	1523.18
副产品产值	元	31.64	28.26	24.98	30.67
总成本	元	1127.92	1220.86	1283.09	1395.85
生产成本	元	1127.92	1220.86	1283.09	1395.85
物质与服务费用	元	561.44	694.89	895.38	1151.59
人工成本	元	566.48	525.97	387.71	244.26
家庭用工折价	元	566.48	525.97	373.42	167.66
雇工费用	元			14.29	76.60
土地成本	元				
净利润	元	190.43	191.62	53.40	158.00
成本利润率	%	16.88	15.70	4.16	11.32
每50公斤主产品					
平均出售价格	元	1537.29	1603.59	1467.01	1372.48
总成本	元	1315.24	1386.04	1408.40	1232.93
生产成本	元	1315.24	1386.04	1408.40	1232.93
净利润	元	222.05	217.55	58.61	139.55
附：					
每只用工数量	日	6.56	6.09	4.44	2.56
平均饲养天数	日	234.58	183.67	174.50	63.31

5-6-2　2019年各地区散养肉羊费用和用工情况

项　　目	单位	平　均	河　北	黑龙江	河　南
一、每只物质与服务费用	元	**9955.98**	**12836.30**	**11558.49**	**6914.10**
（一）直接费用	元	9905.04	12796.64	11525.24	6881.77
1. 仔畜费	元	7577.06	9487.12	8106.33	5295.99
2. 精饲料费	元	1797.50	2609.98	2537.71	1190.75
3. 青粗饲料费	元	440.54	614.85	795.15	321.09
4. 饲料加工费	元	15.06		17.41	13.46
5. 水费	元	4.80	0.95	4.12	6.70
6. 燃料动力费	元	10.29	11.67	9.10	11.18
电费	元	9.20	11.67	9.10	11.18
煤费	元	1.09			
其他燃料动力费	元				
7. 医疗防疫费	元	22.55	19.16	22.60	20.76
8. 死亡损失费	元	24.72	39.91	23.95	10.94
9. 技术服务费	元				
10. 工具材料费	元	6.96	8.05	4.42	5.87
11. 修理维护费	元	5.56	4.95	4.45	5.03
12. 其他直接费用	元				
（二）间接费用	元	50.94	39.66	33.25	32.33
1. 固定资产折旧	元	31.16	39.66	28.12	24.10
2. 保险费	元	9.52			
3. 管理费	元	0.11		0.76	
4. 财务费	元				
5. 销售费	元	10.15		4.37	8.23
二、每只人工成本	元	**1142.19**	**977.92**	**932.21**	**1558.30**
1. 家庭用工折价	元	1080.18	801.17	932.21	1558.30
家庭用工天数	日	12.51	9.28	10.79	18.04
劳动日工价	元	86.38	86.38	86.38	86.38
2. 雇工费用	元	62.01	176.75		
雇工天数	日	0.51	1.40		
雇工工价	元	121.59	126.25	105.83	79.74
三、附					
1. 仔畜重量	公斤	215.86	258.40	275.80	164.00
2. 精饲料数量	公斤	741.35	917.31	1115.38	519.74
3. 耗粮数量	公斤	544.50	659.98	896.02	340.57

5-6-2 续表

项 目	单位	陕 西	宁 夏	新 疆
一、每只物质与服务费用	元	**7055.11**	**6555.29**	**9109.90**
（一）直接费用	元	7022.51	6517.70	8959.99
1. 仔畜费	元	5914.19	4601.20	7676.16
2. 精饲料费	元	804.67	1376.50	822.56
3. 青粗饲料费	元	240.22	388.29	361.18
4. 饲料加工费	元	13.50	29.17	15.06
5. 水费	元	4.39	4.98	7.53
6. 燃料动力费	元	9.44	7.59	12.30
电费	元	9.44	7.59	4.69
煤费	元			7.61
其他燃料动力费	元			
7. 医疗防疫费	元	16.24	45.45	14.26
8. 死亡损失费	元	9.30	54.33	25.08
9. 技术服务费	元			
10. 工具材料费	元	7.09	5.70	13.30
11. 修理维护费	元	3.47	4.49	12.56
12. 其他直接费用	元			
（二）间接费用	元	32.60	37.59	149.91
1. 固定资产折旧	元	24.50	31.24	45.87
2. 保险费	元			66.67
3. 管理费	元			
4. 财务费	元			
5. 销售费	元	8.10	6.35	37.37
二、每只人工成本	元	**1451.18**	**1011.63**	**1031.82**
1. 家庭用工折价	元	1451.18	994.49	791.67
家庭用工天数	日	16.80	11.51	9.17
劳动日工价	元	86.38	86.38	86.38
2. 雇工费用	元		17.14	240.15
雇工天数	日		0.14	2.02
雇工工价	元	120.00	122.43	118.89
三、附				
1. 仔畜重量	公斤	146.43	112.78	260.11
2. 精饲料数量	公斤	475.83	535.02	329.94
3. 耗粮数量	公斤	356.88	374.52	230.96

5-7-1　2019年各地区小规模肉鸡成本收益情况

项　目	单位	平　均	内蒙古	辽　宁	吉　林	黑龙江	河　南	海　南
每百只								
主产品产量	公斤	279.94	367.58	264.33	317.00	303.00	257.70	170.00
产值合计	元	4226.58	9988.39	2907.24	2922.47	2827.06	2884.27	3830.00
主产品产值	元	4196.44	9952.04	2880.24	2886.17	2817.06	2863.11	3780.00
副产品产值	元	30.14	36.35	27.00	36.30	10.00	21.16	50.00
总成本	元	3356.60	5535.02	2680.24	3188.07	2891.55	2642.71	3202.03
生产成本	元	3354.97	5535.02	2680.24	3186.25	2891.55	2638.28	3198.48
物质与服务费用	元	2911.21	4856.94	2277.10	2484.31	2675.60	2367.74	2805.45
人工成本	元	443.76	678.08	403.14	701.94	215.95	270.54	393.03
家庭用工折价	元	430.43	678.08	403.14	621.94	215.95	270.54	393.03
雇工费用	元	13.33			80.00			
土地成本	元	1.63			1.82		4.43	3.55
净利润	元	869.98	4453.37	227.00	-265.60	-64.49	241.56	627.97
成本利润率	%	25.92	80.46	8.47	-8.33	-2.23	9.14	19.61
每50公斤主产品								
平均出售价格	元	749.52	1353.72	544.82	455.23	464.86	555.51	1111.76
总成本	元	595.24	750.16	502.28	496.60	475.46	508.99	929.47
生产成本	元	594.95	750.16	502.28	496.32	475.46	508.13	928.44
净利润	元	154.28	603.56	42.54	-41.37	-10.60	46.52	182.29
附：								
每百只用工数量	日	5.11	7.85	4.67	8.00	2.50	3.13	4.55
平均饲养天数	日	76.60	154.00	50.00	56.67	51.00	42.94	105.00

5-7-2　2019 年各地区小规模肉鸡费用和用工情况

项　　目	单位	平　均	内蒙古	辽　宁	吉　林	黑龙江	河　南	海　南
一、每百只物质与服务费用	元	**2911.21**	**4856.94**	**2277.10**	**2484.31**	**2675.60**	**2367.74**	**2805.45**
（一）直接费用	元	2874.99	4783.94	2253.57	2447.87	2649.70	2337.98	2776.80
1. 仔畜费	元	495.78	425.43	501.67	314.50	737.00	581.10	415.00
2. 精饲料费	元	2188.00	4071.10	1537.76	2015.79	1750.10	1600.87	2152.38
3. 青粗饲料费	元							
4. 饲料加工费	元	15.82	90.62		4.29			
5. 水费	元	5.67	10.80		6.86	3.00	3.55	9.80
6. 燃料动力费	元	50.78	49.63	97.96	43.17	61.75	34.98	17.17
电费	元	15.84	6.60	8.63	27.87	6.00	28.74	17.17
煤费	元	34.94	43.03	89.33	15.30	55.75	6.24	
其他燃料动力费	元							
7. 医疗防疫费	元	59.49	16.36	61.80	35.47	52.50	83.75	107.05
8. 死亡损失费	元	41.15	99.15	42.35	16.97	23.50	27.30	37.60
9. 技术服务费	元	1.06				6.35		
10. 工具材料费	元	8.71	18.60	7.28	5.65	4.85	3.07	12.80
11. 修理维护费	元	8.53	2.25	4.75	5.17	10.65	3.36	25.00
12. 其他直接费用	元							
（二）间接费用	元	36.22	73.00	23.53	36.44	25.90	29.76	28.65
1. 固定资产折旧	元	33.30	73.00	23.53	28.54	24.50	21.60	28.65
2. 保险费	元							
3. 管理费	元	0.64				1.40	2.41	
4. 财务费	元							
5. 销售费	元	2.28			7.90		5.75	
二、每百只人工成本	元	**443.76**	**678.08**	**403.14**	**701.94**	**215.95**	**270.54**	**393.03**
1. 家庭用工折价	元	430.43	678.08	403.14	621.94	215.95	270.54	393.03
家庭用工天数	日	4.98	7.85	4.67	7.20	2.50	3.13	4.55
劳动日工价	元	86.38	86.38	86.38	86.38	86.38	86.38	86.38
2. 雇工费用	元	13.33			80.00			
雇工天数	日	0.13			0.80			
雇工工价	元	102.54	96.00	100.00	100.00	120.00	92.44	125.00
三、附								
1. 仔畜重量	公斤							
2. 精饲料数量	公斤	772.00	1448.50	610.52	720.99	673.00	508.96	670.00
3. 耗粮数量	公斤	570.33	1165.48	436.36	504.69	524.94	321.48	469.00

5-8-1 2019年各地区中规模肉鸡成本收益情况

项 目	单位	平 均	山 西	内蒙古	辽 宁	吉 林	黑龙江
每百只							
主产品产量	公斤	237.60	257.56	393.85	272.50	296.89	298.67
产值合计	元	3780.52	2865.85	9820.10	2942.58	2394.79	2867.53
主产品产值	元	3756.52	2843.96	9778.00	2927.90	2367.83	2857.53
副产品产值	元	24.00	21.89	42.10	14.68	26.96	10.00
总成本	元	3052.16	2357.45	6123.43	3003.58	2477.00	2857.35
生产成本	元	3045.85	2354.53	6123.43	3003.47	2467.22	2855.52
物质与服务费用	元	2684.06	2123.42	5216.44	2623.43	1827.08	2642.42
人工成本	元	361.79	231.11	906.99	380.04	640.14	213.10
家庭用工折价	元	312.00	59.43	906.99	337.83	464.03	213.10
雇工费用	元	49.79	171.68		42.21	176.11	
土地成本	元	6.31	2.92		0.11	9.78	1.83
净利润	元	728.36	508.40	3696.67	-61.00	-82.21	10.18
成本利润率	%	23.86	21.57	60.37	-2.03	-3.32	0.36
每50公斤主产品							
平均出售价格	元	790.51	552.10	1241.34	537.23	398.77	478.38
总成本	元	638.21	454.16	774.05	548.37	412.46	476.68
生产成本	元	636.89	453.60	774.05	548.35	410.83	476.38
净利润	元	152.30	97.94	467.29	-11.14	-13.69	1.70
附:							
每百只用工数量	日	4.07	2.13	10.50	4.35	7.15	2.47
平均饲养天数	日	82.65	45.67	145.40	47.98	54.11	51.00

5-8-1 续表1

项　　目	单位	浙　江	福　建	山　东	河　南	湖　北	湖　南
每百只							
主产品产量	公斤	216.51	175.28	260.39	253.23	140.25	170.28
产值合计	元	3462.83	4954.16	2491.87	2795.62	2932.91	2735.73
主产品产值	元	3459.66	4954.16	2465.57	2777.54	2896.08	2713.93
副产品产值	元	3.17		26.30	18.08	36.83	21.80
总成本	元	2362.58	4024.02	2801.95	2627.67	2054.52	2252.37
生产成本	元	2340.25	4024.02	2795.74	2622.46	2042.80	2240.61
物质与服务费用	元	2044.94	3462.55	2446.99	2347.93	1968.95	2107.41
人工成本	元	295.31	561.47	348.75	274.53	73.85	133.20
家庭用工折价	元	207.31	561.47	326.60	187.10	73.85	133.20
雇工费用	元	88.00		22.15	87.43		
土地成本	元	22.33		6.21	5.21	11.72	11.76
净利润	元	1100.25	930.14	-310.08	167.95	878.39	483.36
成本利润率	%	46.57	23.11	-11.07	6.39	42.75	21.46
每50公斤主产品							
平均出售价格	元	798.96	1413.21	473.44	548.42	1032.47	796.90
总成本	元	545.11	1147.88	532.35	515.47	723.25	656.10
生产成本	元	539.95	1147.88	531.17	514.45	719.13	652.67
净利润	元	253.85	265.33	-58.91	32.95	309.22	140.80
附:							
每百只用工数量	日	3.07	6.50	3.95	3.12	0.86	1.54
平均饲养天数	日	53.34	155.50	44.61	42.64	95.25	92.65

5-8-1　续表 2

项　　目	单位	广　东	广　西	海　南	云　南	宁　夏
每百只						
主产品产量	公斤	156.40	225.84	159.36	229.17	295.46
产值合计	元	3655.66	5401.95	3316.68	3546.82	4303.23
主产品产值	元	3629.99	5378.86	3273.20	3500.32	4279.75
副产品产值	元	25.67	23.09	43.48	46.50	23.48
总成本	元	3391.38	3292.08	3025.03	3205.47	2978.85
生产成本	元	3385.07	3284.26	3021.73	3197.11	2975.55
物质与服务费用	元	3131.53	2762.87	2674.05	3004.32	2560.23
人工成本	元	253.54	521.39	347.68	192.79	415.32
家庭用工折价	元	187.10	521.39	347.68	142.79	322.63
雇工费用	元	66.44			50.00	92.69
土地成本	元	6.31	7.82	3.30	8.36	3.30
净利润	元	264.28	2109.87	291.65	341.35	1324.38
成本利润率	%	7.79	64.09	9.64	10.65	44.46
每 50 公斤主产品						
平均出售价格	元	1160.48	1190.86	1026.98	763.70	724.25
总成本	元	1076.58	725.74	936.67	690.20	501.35
生产成本	元	1074.58	724.02	935.65	688.40	500.80
净利润	元	83.90	465.12	90.31	73.50	222.90
附：						
每百只用工数量	日	2.71	6.04	4.03	2.15	4.67
平均饲养天数	日	135.00	124.50	103.75	74.46	56.49

5-8-2 2019年各地区中规模肉鸡费用和用工情况

项目	单位	平均	山西	内蒙古	辽宁	吉林	黑龙江
一、每百只物质与服务费用	元	**2684.06**	**2123.42**	**5216.44**	**2623.43**	**1827.08**	**2642.42**
（一）直接费用	元	2643.04	2097.11	5149.14	2584.53	1787.19	2617.89
1. 仔畜费	元	487.55	695.78	449.50	711.80	315.50	730.33
2. 精饲料费	元	1937.91	1308.74	4323.20	1660.28	1306.56	1723.03
3. 青粗饲料费	元	14.67					
4. 饲料加工费	元	10.54		120.00		5.76	4.20
5. 水费	元	4.29	3.12	8.80	1.86	7.74	4.00
6. 燃料动力费	元	34.52	12.32	48.86	42.66	34.65	62.17
电费	元	13.27	12.32	6.78	10.78	12.38	7.17
煤费	元	21.02		42.08	31.88	22.27	55.00
其他燃料动力费	元	0.23					
7. 医疗防疫费	元	87.51	35.44	39.10	125.69	60.13	53.83
8. 死亡损失费	元	48.75	26.11	123.74	32.85	38.65	24.33
9. 技术服务费	元	1.19					
10. 工具材料费	元	9.84	10.96	33.14	5.53	8.94	3.50
11. 修理维护费	元	5.92	4.64	2.80	3.86	9.26	12.50
12. 其他直接费用	元	0.35					
（二）间接费用	元	41.02	26.31	67.30	38.90	39.89	24.53
1. 固定资产折旧	元	28.68	24.62	67.30	28.13	26.67	23.33
2. 保险费	元	2.03					
3. 管理费	元	0.86	1.69		0.10	2.20	1.20
4. 财务费	元	0.08					
5. 销售费	元	9.37			10.67	11.02	
二、每百只人工成本	元	**361.79**	**231.11**	**906.99**	**380.04**	**640.14**	**213.10**
1. 家庭用工折价	元	312.00	59.43	906.99	337.83	464.03	213.10
家庭用工天数	日	3.61	0.69	10.50	3.91	5.37	2.47
劳动日工价	元	86.38	86.38	86.38	86.38	86.38	86.38
2. 雇工费用	元	49.79	171.68		42.21	176.11	
雇工天数	日	0.46	1.44		0.44	1.78	
雇工工价	元	108.24	119.22	96.00	95.93	98.94	120.00
三、附							
1. 仔畜重量	公斤						
2. 精饲料数量	公斤	652.85	456.56	1603.50	586.39	615.61	669.67
3. 耗粮数量	公斤	479.79	345.45	1379.01	415.43	430.93	522.34

5-8-2 续表 1

项　目	单位	浙　江	福　建	山　东	河　南	湖　北	湖　南
一、每百只物质与服务费用	元	**2044.94**	**3462.55**	**2446.99**	**2347.93**	**1968.95**	**2107.41**
（一）直接费用	元	2000.26	3427.97	2380.74	2316.46	1945.08	2074.71
1. 仔畜费	元	232.20	350.00	860.53	609.79	429.33	278.27
2. 精饲料费	元	1485.08	2796.78	1286.47	1542.61	1383.18	1608.90
3. 青粗饲料费	元	104.17					3.47
4. 饲料加工费	元	14.05					
5. 水费	元	7.95		3.13	3.60	6.53	
6. 燃料动力费	元	33.10	18.13	55.32	37.16	54.13	30.48
电费	元	19.93	18.13	12.84	30.52	7.49	11.22
煤费	元	13.17		42.48	6.64	46.64	19.26
其他燃料动力费	元						
7. 医疗防疫费	元	96.89	128.00	119.85	94.34	55.30	84.90
8. 死亡损失费	元	16.63	121.75	46.88	22.12	14.73	59.22
9. 技术服务费	元	0.84					
10. 工具材料费	元	6.12	7.38	5.00	3.40	1.05	5.72
11. 修理维护费	元	3.23	5.93	3.56	3.44	0.83	3.75
12. 其他直接费用	元						
（二）间接费用	元	44.68	34.58	66.25	31.47	23.87	32.70
1. 固定资产折旧	元	10.39	4.58	38.55	23.09	21.95	23.47
2. 保险费	元	32.50					
3. 管理费	元	0.89			2.61		
4. 财务费	元	0.27					0.18
5. 销售费	元	0.63	30.00	27.70	5.77	1.92	9.05
二、每百只人工成本	元	**295.31**	**561.47**	**348.75**	**274.53**	**73.85**	**133.20**
1. 家庭用工折价	元	207.31	561.47	326.60	187.10	73.85	133.20
家庭用工天数	日	2.40	6.50	3.78	2.17	0.86	1.54
劳动日工价	元	86.38	86.38	86.38	86.38	86.38	86.38
2. 雇工费用	元	88.00		22.15	87.43		
雇工天数	日	0.67		0.17	0.95		
雇工工价	元	131.34	100.00	130.29	92.03	180.00	180.00
三、附							
1. 仔畜重量	公斤						
2. 精饲料数量	公斤	545.35	861.75	425.57	494.60	444.95	523.21
3. 耗粮数量	公斤	367.40	646.31	329.12	310.68	311.47	369.28

5-8-2 续表2

项　　目	单位	广　东	广　西	海　南	云　南	宁　夏
一、每百只物质与服务费用	元	**3131.53**	**2762.87**	**2674.05**	**3004.32**	**2560.23**
（一）直接费用	元	3069.76	2723.96	2633.95	2955.71	2523.80
1. 仔畜费	元	422.67	320.06	460.00	527.92	407.06
2. 精饲料费	元	2403.05	2283.39	1951.68	2076.36	1867.17
3. 青粗饲料费	元	27.67			99.38	
4. 饲料加工费	元	15.00			1.00	8.66
5. 水费	元	4.91	4.07	3.75	4.67	4.58
6. 燃料动力费	元	40.07	16.49	7.28	30.27	29.19
电费	元	19.99	6.49	7.28	13.52	15.44
煤费	元	20.08	10.00		13.00	13.75
其他燃料动力费	元				3.75	
7. 医疗防疫费	元	108.12	42.21	131.38	94.41	130.52
8. 死亡损失费	元	24.69	34.39	37.83	92.13	63.89
9. 技术服务费	元	2.77			15.43	
10. 工具材料费	元	13.24	17.63	19.70	7.62	8.43
11. 修理维护费	元	7.57	5.72	16.78	6.52	4.30
12. 其他直接费用	元			5.55		
（二）间接费用	元	61.77	38.91	40.10	48.61	36.43
1. 固定资产折旧	元	54.59	15.58	31.35	36.62	28.71
2. 保险费	元					
3. 管理费	元				5.00	
4. 财务费	元				0.84	
5. 销售费	元	7.18	23.33	8.75	6.15	7.72
二、每百只人工成本	元	**253.54**	**521.39**	**347.68**	**192.79**	**415.32**
1. 家庭用工折价	元	187.10	521.39	347.68	142.79	322.63
家庭用工天数	日	2.17	6.04	4.03	1.65	3.74
劳动日工价	元	86.38	86.38	86.38	86.38	86.38
2. 雇工费用	元	66.44			50.00	92.69
雇工天数	日	0.54			0.50	0.93
雇工工价	元	123.04	110.00	125.00	100.00	99.67
三、附						
1. 仔畜重量	公斤					
2. 精饲料数量	公斤	687.93	747.41	582.03	561.44	639.65
3. 耗粮数量	公斤	512.97	502.97	407.43	378.02	447.76

5-9-1　2019年各地区大规模肉鸡成本收益情况

项　　目	单位	平　均	辽　宁	黑龙江	浙　江	安　徽
每百只						
主产品产量	公斤	238.14	292.13	323.00	203.66	183.88
产值合计	元	3236.15	2857.96	3084.00	4210.70	2584.06
主产品产值	元	3206.96	2843.46	3074.00	4205.60	2567.68
副产品产值	元	29.19	14.50	10.00	5.10	16.38
总成本	元	2728.10	2887.67	2938.08	2632.53	2052.18
生产成本	元	2719.38	2884.73	2936.08	2597.53	2048.31
物质与服务费用	元	2508.45	2825.13	2709.70	2307.13	1924.41
人工成本	元	210.93	59.60	226.38	290.40	123.90
家庭用工折价	元	66.08	59.60	86.38		93.90
雇工费用	元	144.85		140.00	290.40	30.00
土地成本	元	8.72	2.94	2.00	35.00	3.87
净利润	元	508.05	-29.71	145.92	1578.17	531.88
成本利润率	%	18.62	-1.03	4.97	59.95	25.92
每50公斤主产品						
平均出售价格	元	673.34	486.68	475.85	1032.51	698.19
总成本	元	567.63	491.74	453.34	645.53	554.48
生产成本	元	565.82	491.24	453.03	636.94	553.43
净利润	元	105.71	-5.06	22.51	386.98	143.71
附：						
每百只用工数量	日	1.99	0.69	2.10	2.20	1.34
平均饲养天数	日	67.67	49.00	54.00	44.00	73.17

5-9-1 续表

项目	单位	河南	湖南	广东	广西	云南
每百只						
主产品产量	公斤	255.73	265.90	163.70	152.23	303.00
产值合计	元	2879.34	3159.78	2369.71	3254.41	4725.34
主产品产值	元	2863.10	3062.38	2354.46	3230.28	4661.67
副产品产值	元	16.24	97.40	15.25	24.13	63.67
总成本	元	2677.25	2319.13	2181.81	2694.50	4169.64
生产成本	元	2671.27	2309.08	2175.31	2690.10	4161.87
物质与服务费用	元	2416.43	2091.51	2040.81	2463.17	3797.67
人工成本	元	254.84	217.57	134.50	226.93	364.20
家庭用工折价	元		77.57		94.33	182.87
雇工费用	元	254.84	140.00	134.50	132.60	181.33
土地成本	元	5.98	10.05	6.50	4.40	7.77
净利润	元	202.09	840.65	187.90	559.91	555.70
成本利润率	%	7.55	36.25	8.61	20.78	13.33
每50公斤主产品						
平均出售价格	元	559.79	575.85	719.14	1060.99	769.25
总成本	元	520.50	422.65	662.12	878.45	678.79
生产成本	元	519.34	420.82	660.15	877.01	677.52
净利润	元	39.29	153.20	57.02	182.54	90.46
附：						
每百只用工数量	日	2.73	1.77	1.14	2.11	3.79
平均饲养天数	日	42.39	52.33	77.00	130.63	86.50

5-9-2　2019 年各地区大规模肉鸡费用和用工情况

项　　目	单位	平　均	辽　宁	黑龙江	浙　江	安　徽
一、每百只物质与服务费用	**元**	**2508.45**	**2825.13**	**2709.70**	**2307.13**	**1924.41**
（一）直接费用	元	2440.36	2706.69	2685.20	2214.76	1870.03
1. 仔畜费	元	501.77	821.32	734.00	196.30	416.48
2. 精饲料费	元	1716.34	1679.23	1794.00	1681.45	1274.73
3. 青粗饲料费	元	38.72			216.00	
4. 饲料加工费	元	2.21			18.60	
5. 水费	元	3.83		3.20	5.22	5.67
6. 燃料动力费	元	36.66	54.80	67.50	22.80	17.73
电费	元	16.41	12.45	6.50	22.80	6.60
煤费	元	18.31	42.35	61.00		7.40
其他燃料动力费	元	1.94				3.73
7. 医疗防疫费	元	87.39	118.60	49.00	68.25	102.83
8. 死亡损失费	元	30.91	28.64	23.50	4.36	26.87
9. 技术服务费	元	8.09			0.50	1.96
10. 工具材料费	元	6.78	2.25	2.50	1.03	7.22
11. 修理维护费	元	6.35	1.85	11.50	0.25	4.78
12. 其他直接费用	元	1.31				11.76
（二）间接费用	元	68.09	118.44	24.50	92.37	54.38
1. 固定资产折旧	元	43.51	117.71	22.00	18.20	46.17
2. 保险费	元	7.91			70.00	1.17
3. 管理费	元	8.79	0.73	0.50	2.10	
4. 财务费	元	1.72			1.22	
5. 销售费	元	6.16		2.00	0.85	7.04
二、每百只人工成本	**元**	**210.93**	**59.60**	**226.38**	**290.40**	**123.90**
1. 家庭用工折价	元	66.08	59.60	86.38		93.90
家庭用工天数	日	0.77	0.69	1.00		1.09
劳动日工价	元	86.38	86.38	86.38	86.38	86.38
2. 雇工费用	元	144.85		140.00	290.40	30.00
雇工天数	日	1.22		1.10	2.20	0.25
雇工工价	元	118.73	85.00	127.27	132.00	120.00
三、附						
1. 仔畜重量	公斤					
2. 精饲料数量	公斤	557.29	595.47	709.00	588.50	418.54
3. 耗粮数量	公斤	389.14	425.76	553.02	382.53	305.25

5-9-2 续表

项目	单位	河南	湖南	广东	广西	云南
一、每百只物质与服务费用	元	**2416.43**	**2091.51**	**2040.81**	**2463.17**	**3797.67**
（一）直接费用	元	2381.34	2074.98	1872.68	2426.16	3731.34
1. 仔畜费	元	630.11	310.00	347.00	425.75	635.00
2. 精饲料费	元	1581.01	1524.47	1381.19	1875.94	2655.00
3. 青粗饲料费	元					132.50
4. 饲料加工费	元					1.33
5. 水费	元	3.45		2.70	4.98	9.25
6. 燃料动力费	元	38.94	47.96	30.14	21.22	28.83
电费	元	30.10	27.12	18.71	8.92	14.50
煤费	元	8.84	12.15	11.43	12.30	9.33
其他燃料动力费	元		8.69			5.00
7. 医疗防疫费	元	93.30	80.26	95.62	51.14	127.50
8. 死亡损失费	元	27.28	25.84	5.30	27.60	108.83
9. 技术服务费	元		46.99	2.50		20.83
10. 工具材料费	元	3.65	19.68	4.68	14.23	5.77
11. 修理维护费	元	3.60	19.78	3.55	5.30	6.50
12. 其他直接费用	元					
（二）间接费用	元	35.09	16.53	168.13	37.01	66.33
1. 固定资产折旧	元	25.70	16.53	91.65	18.33	35.33
2. 保险费	元					
3. 管理费	元	3.25		58.60	1.40	12.50
4. 财务费	元			11.38	0.70	2.17
5. 销售费	元	6.14		6.50	16.58	16.33
二、每百只人工成本	元	**254.84**	**217.57**	**134.50**	**226.93**	**364.20**
1. 家庭用工折价	元		77.57		94.33	182.87
家庭用工天数	日		0.90		1.09	2.12
劳动日工价	元	86.38	86.38	86.38	86.38	86.38
2. 雇工费用	元	254.84	140.00	134.50	132.60	181.33
雇工天数	日	2.73	0.87	1.14	1.02	1.67
雇工工价	元	93.35	160.92	117.98	130.00	108.58
三、附						
1. 仔畜重量	公斤					
2. 精饲料数量	公斤	495.63	542.83	421.03	584.28	660.33
3. 耗粮数量	公斤	309.25	381.37	306.22	391.97	446.93

5-10-1　2019年各地区小规模蛋鸡成本收益情况

项　　目	单位	平　均	内蒙古	辽　宁	吉　林
每百只					
主产品产量	公斤	279.94	367.58	264.33	317.00
产值合计	元	4226.58	9988.39	2907.24	2922.47
主产品产值	元	4196.44	9952.04	2880.24	2886.17
副产品产值	元	30.14	36.35	27.00	36.30
总成本	元	3356.60	5535.02	2680.24	3188.07
生产成本	元	3354.97	5535.02	2680.24	3186.25
物质与服务费用	元	2911.21	4856.94	2277.10	2484.31
人工成本	元	443.76	678.08	403.14	701.94
家庭用工折价	元	430.43	678.08	403.14	621.94
雇工费用	元	13.33			80.00
土地成本	元	1.63			1.82
净利润	元	869.98	4453.37	227.00	-265.60
成本利润率	%	25.92	80.46	8.47	-8.33
每50公斤主产品					
平均出售价格	元	749.52	1353.72	544.82	455.23
总成本	元	595.24	750.16	502.28	496.60
生产成本	元	594.95	750.16	502.28	496.32
净利润	元	154.28	603.56	42.54	-41.37
附：					
每百只用工数量	日	5.11	7.85	4.67	8.00
平均饲养天数	日	76.60	154.00	50.00	56.67

5-10-1 续表

项　目	单位	黑龙江	河　南	海　南
每百只				
主产品产量	公斤	303.00	257.70	170.00
产值合计	元	2827.06	2884.27	3830.00
主产品产值	元	2817.06	2863.11	3780.00
副产品产值	元	10.00	21.16	50.00
总成本	元	2891.55	2642.71	3202.03
生产成本	元	2891.55	2638.28	3198.48
物质与服务费用	元	2675.60	2367.74	2805.45
人工成本	元	215.95	270.54	393.03
家庭用工折价	元	215.95	270.54	393.03
雇工费用	元			
土地成本	元		4.43	3.55
净利润	元	-64.49	241.56	627.97
成本利润率	%	-2.23	9.14	19.61
每 50 公斤主产品				
平均出售价格	元	464.86	555.51	1111.76
总成本	元	475.46	508.99	929.47
生产成本	元	475.46	508.13	928.44
净利润	元	-10.60	46.52	182.29
附：				
每百只用工数量	日	2.50	3.13	4.55
平均饲养天数	日	51.00	42.94	105.00

5-10-2　2019 年各地区小规模蛋鸡费用和用工情况

项　　目	单位	平　均	内蒙古	辽　宁	吉　林
一、每百只物质与服务费用	元	**2911.21**	**4856.94**	**2277.10**	**2484.31**
（一）直接费用	元	2874.99	4783.94	2253.57	2447.87
1. 仔畜费	元	495.78	425.43	501.67	314.50
2. 精饲料费	元	2188.00	4071.10	1537.76	2015.79
3. 青粗饲料费	元				
4. 饲料加工费	元	15.82	90.62		4.29
5. 水费	元	5.67	10.80		6.86
6. 燃料动力费	元	50.78	49.63	97.96	43.17
电费	元	15.84	6.60	8.63	27.87
煤费	元	34.94	43.03	89.33	15.30
其他燃料动力费	元				
7. 医疗防疫费	元	59.49	16.36	61.80	35.47
8. 死亡损失费	元	41.15	99.15	42.35	16.97
9. 技术服务费	元	1.06			
10. 工具材料费	元	8.71	18.60	7.28	5.65
11. 修理维护费	元	8.53	2.25	4.75	5.17
12. 其他直接费用	元				
（二）间接费用	元	36.22	73.00	23.53	36.44
1. 固定资产折旧	元	33.30	73.00	23.53	28.54
2. 保险费	元				
3. 管理费	元	0.64			
4. 财务费	元				
5. 销售费	元	2.28			7.90
二、每百只人工成本	元	**443.76**	**678.08**	**403.14**	**701.94**
1. 家庭用工折价	元	430.43	678.08	403.14	621.94
家庭用工天数	日	4.98	7.85	4.67	7.20
劳动日工价	元	86.38	86.38	86.38	86.38
2. 雇工费用	元	13.33			80.00
雇工天数	日	0.13			0.80
雇工工价	元	102.54	96.00	100.00	100.00
三、附					
1. 仔畜重量	公斤				
2. 精饲料数量	公斤	772.00	1448.50	610.52	720.99
3. 耗粮数量	公斤	570.33	1165.48	436.36	504.69

5-10-2 续表

项　　目	单位	黑龙江	河　南	海　南
一、每百只物质与服务费用	元	**2675.60**	**2367.74**	**2805.45**
（一）直接费用	元	2649.70	2337.98	2776.80
1. 仔畜费	元	737.00	581.10	415.00
2. 精饲料费	元	1750.10	1600.87	2152.38
3. 青粗饲料费	元			
4. 饲料加工费	元			
5. 水费	元	3.00	3.55	9.80
6. 燃料动力费	元	61.75	34.98	17.17
电费	元	6.00	28.74	17.17
煤费	元	55.75	6.24	
其他燃料动力费	元			
7. 医疗防疫费	元	52.50	83.75	107.05
8. 死亡损失费	元	23.50	27.30	37.60
9. 技术服务费	元	6.35		
10. 工具材料费	元	4.85	3.07	12.80
11. 修理维护费	元	10.65	3.36	25.00
12. 其他直接费用	元			
（二）间接费用	元	25.90	29.76	28.65
1. 固定资产折旧	元	24.50	21.60	28.65
2. 保险费	元			
3. 管理费	元	1.40	2.41	
4. 财务费	元			
5. 销售费	元		5.75	
二、每百只人工成本	元	**215.95**	**270.54**	**393.03**
1. 家庭用工折价	元	215.95	270.54	393.03
家庭用工天数	日	2.50	3.13	4.55
劳动日工价	元	86.38	86.38	86.38
2. 雇工费用	元			
雇工天数	日			
雇工工价	元	120.00	92.44	125.00
三、附				
1. 仔畜重量	公斤			
2. 精饲料数量	公斤	673.00	508.96	670.00
3. 耗粮数量	公斤	524.94	321.48	469.00

5-11-1 2019年各地区中规模蛋鸡成本收益情况

项 目	单位	平 均	天 津	河 北	山 西	内蒙古	辽 宁
每百只							
主产品产量	公斤	237.60	257.56	393.85	272.50	296.89	1764.51
产值合计	元	3780.52	2865.85	9820.10	2942.58	2394.79	16911.02
主产品产值	元	3756.52	2843.96	9778.00	2927.90	2367.83	14557.08
副产品产值	元	24.00	21.89	42.10	14.68	26.96	2353.94
总成本	元	3052.16	2357.45	6123.43	3003.58	2477.00	14038.21
生产成本	元	3045.85	2354.53	6123.43	3003.47	2467.22	14037.38
物质与服务费用	元	2684.06	2123.42	5216.44	2623.43	1827.08	12846.29
人工成本	元	361.79	231.11	906.99	380.04	640.14	1191.09
家庭用工折价	元	312.00	59.43	906.99	337.83	464.03	1084.41
雇工费用	元	49.79	171.68		42.21	176.11	106.68
土地成本	元	6.31	2.92		0.11	9.78	0.83
净利润	元	728.36	508.40	3696.67	-61.00	-82.21	2872.81
成本利润率	%	23.86	21.57	60.37	-2.03	-3.32	20.46
每50公斤主产品							
平均出售价格	元	790.51	552.10	1241.34	537.23	398.77	412.50
总成本	元	638.21	454.16	774.05	548.37	412.46	342.43
生产成本	元	636.89	453.60	774.05	548.35	410.83	342.41
净利润	元	152.30	97.94	467.29	-11.14	-13.69	70.07
附：							
每百只用工数量	日	4.07	2.13	10.50	4.35	7.15	13.70
平均饲养天数	日	82.65	45.67	145.40	47.98	54.11	364.48

5-11-1 续表 1

项　　目	单位	吉　林	黑龙江	江　苏	浙　江	安　徽
每百只						
主产品产量	公斤	1786.81	1873.69	1657.49	1781.34	1845.70
产值合计	元	16204.83	17815.52	17651.60	17381.34	20623.97
主产品产值	元	14290.89	15532.13	15262.76	15083.34	16937.17
副产品产值	元	1913.94	2283.39	2388.84	2298.00	3686.80
总成本	元	14016.87	15093.47	12842.71	16211.29	14771.51
生产成本	元	13992.49	15087.66	12817.68	16178.29	14733.46
物质与服务费用	元	11958.81	13470.32	12240.10	15125.80	13994.12
人工成本	元	2033.68	1617.34	577.58	1052.49	739.34
家庭用工折价	元	1531.43	952.34	572.70	899.82	451.34
雇工费用	元	502.25	665.00	4.88	152.67	288.00
土地成本	元	24.38	5.81	25.03	33.00	38.05
净利润	元	2187.96	2722.05	4808.89	1170.05	5852.46
成本利润率	%	15.61	18.03	37.44	7.22	39.62
每 50 公斤主产品						
平均出售价格	元	399.90	414.48	460.42	423.37	458.83
总成本	元	345.91	351.15	334.99	394.87	328.63
生产成本	元	345.30	351.02	334.33	394.07	327.78
净利润	元	53.99	63.33	125.43	28.50	130.20
附：						
每百只用工数量	日	22.47	16.66	6.67	11.59	8.18
平均饲养天数	日	359.64	362.50	306.25	365.00	365.00

5-11-1 续表 2

项 目	单位	山 东	河 南	湖 北	重 庆	四 川
每百只						
主产品产量	公斤	1848.87	1826.14	1781.50	1892.53	1874.00
产值合计	元	17402.58	18849.55	17286.10	21692.99	19832.92
主产品产值	元	15263.01	16153.21	14626.10	19352.21	17952.92
副产品产值	元	2139.57	2696.34	2660.00	2340.78	1880.00
总成本	元	14544.78	15372.55	14156.18	19466.64	16996.24
生产成本	元	14520.22	15354.88	14132.18	19422.39	16945.24
物质与服务费用	元	13379.45	13795.07	13683.00	18085.40	16090.08
人工成本	元	1140.77	1559.81	449.18	1336.99	855.16
家庭用工折价	元	945.77	1367.57	449.18	472.93	855.16
雇工费用	元	195.00	192.24		864.06	
土地成本	元	24.56	17.67	24.00	44.25	51.00
净利润	元	2857.80	3477.00	3129.92	2226.35	2836.68
成本利润率	%	19.65	22.62	22.11	11.44	16.69
每 50 公斤主产品						
平均出售价格	元	412.77	442.28	410.50	511.28	479.00
总成本	元	344.99	360.70	336.17	458.81	410.49
生产成本	元	344.40	360.28	335.60	457.76	409.26
净利润	元	67.78	81.58	74.33	52.47	68.51
附:						
每百只用工数量	日	13.22	17.95	5.20	13.47	9.90
平均饲养天数	日	365.00	361.93	365.00	365.00	365.00

5-11-1 续表 3

项 目	单位	云 南	陕 西	甘 肃	宁 夏	新 疆
每百只						
主产品产量	公斤	1764.83	1650.74	1584.51	1834.53	1802.90
产值合计	元	20620.36	17791.63	17022.28	16920.98	18791.27
主产品产值	元	18080.36	15496.89	14614.67	14817.19	16303.78
副产品产值	元	2540.00	2294.74	2407.61	2103.79	2487.49
总成本	元	17566.75	12896.70	16556.55	16044.89	15575.20
生产成本	元	17503.83	12890.44	16521.80	16039.82	15575.20
物质与服务费用	元	16248.70	11228.86	15378.99	14930.73	14289.05
人工成本	元	1255.13	1661.58	1142.81	1109.09	1286.15
家庭用工折价	元	752.46	1466.21	1142.81	1009.09	757.03
雇工费用	元	502.67	195.37		100.00	529.12
土地成本	元	62.92	6.26	34.75	5.07	
净利润	元	3053.61	4894.93	465.73	876.09	3216.07
成本利润率	%	17.38	37.95	2.81	5.46	20.65
每 50 公斤主产品						
平均出售价格	元	512.24	469.39	461.17	403.84	452.15
总成本	元	436.38	340.25	448.55	382.93	374.77
生产成本	元	434.82	340.08	447.61	382.81	374.77
净利润	元	75.86	129.14	12.62	20.91	77.38
附：						
每百只用工数量	日	13.04	18.65	13.23	12.68	12.55
平均饲养天数	日	338.33	348.57	300.00	349.03	365.00

5-11-2　2019年各地区中规模蛋鸡费用和用工情况

项　　目	单位	平　均	天　津	河　北	山　西	内蒙古	辽　宁
一、每百只物质与服务费用	元	**14173.69**	**13764.75**	**14000.56**	**14671.64**	**14291.95**	**12846.29**
（一）直接费用	元	13933.43	13687.53	13900.23	14583.36	14199.80	12766.24
1. 仔畜费	元	3185.97	3098.16	3049.43	3247.49	3903.69	2903.86
2. 精饲料费	元	10156.14	10327.53	10559.68	11010.13	9971.58	9656.97
3. 青粗饲料费	元	172.50					
4. 饲料加工费	元	8.88			16.64	11.50	
5. 水费	元	14.48	16.48	8.99	17.06	28.74	2.61
6. 燃料动力费	元	70.50	50.16	48.02	57.02	49.41	40.61
电费	元	60.99	46.62	48.02	41.77	31.38	40.61
煤费	元	9.22	3.54		15.25	18.03	
其他燃料动力费	元	0.29					
7. 医疗防疫费	元	176.78	149.57	154.31	133.22	128.90	92.70
8. 死亡损失费	元	124.33	37.91	60.90	83.66	86.70	55.90
9. 技术服务费	元	0.60					
10. 工具材料费	元	11.43	4.19	10.41	10.59	11.18	7.30
11. 修理维护费	元	11.82	3.53	8.49	7.55	8.10	6.29
12. 其他直接费用	元						
（二）间接费用	元	240.26	77.22	100.33	88.28	92.15	80.05
1. 固定资产折旧	元	150.34	77.22	93.86	83.20	89.99	75.07
2. 保险费	元	4.41					
3. 管理费	元	3.21		5.47	2.62		0.06
4. 财务费	元				0.05		
5. 销售费	元	82.30		1.00	2.41	2.16	4.92
二、每百只人工成本	元	**1160.39**	**601.08**	**1554.32**	**1173.40**	**871.32**	**1191.09**
1. 家庭用工折价	元	931.95	574.08	1458.27	1025.59	871.32	1084.41
家庭用工天数	日	10.79	6.65	16.88	11.87	10.09	12.55
劳动日工价	元	86.38	86.38	86.38	86.38	86.38	86.38
2. 雇工费用	元	228.44	27.00	96.05	147.81		106.68
雇工天数	日	2.09	0.19	1.07	1.65		1.15
雇工工价	元	109.30	142.11	89.77	89.58	126.67	92.77
三、附							
1. 仔畜重量	公斤						
2. 精饲料数量	公斤	4105.58	4314.40	4292.57	4610.92	4267.90	4101.22
3. 耗粮数量	公斤	2994.22	3040.58	3088.23	3365.28	3227.00	2890.11

5-11-2 续表 1

项　　目	单位	吉　林	黑龙江	江　苏	浙　江	安　徽
一、每百只物质与服务费用	**元**	**11958.81**	**13470.32**	**12240.10**	**15125.80**	**13994.12**
（一）直接费用	元	11882.05	13338.85	12117.62	14884.21	13642.32
1. 仔畜费	元	2733.22	2969.73	2640.50	3350.67	3235.25
2. 精饲料费	元	8841.70	10033.83	9067.24	7100.22	9956.10
3. 青粗饲料费	元				3450.00	
4. 饲料加工费	元	7.08	3.80		92.54	
5. 水费	元	12.80	11.81	6.99	20.50	11.90
6. 燃料动力费	元	58.81	48.57	112.29	153.50	84.65
电费	元	46.85	21.08	112.29	116.00	80.15
煤费	元	11.96	27.49		37.50	
其他燃料动力费	元					4.50
7. 医疗防疫费	元	107.06	125.83	146.13	383.00	207.76
8. 死亡损失费	元	88.38	128.50	114.51	311.17	103.15
9. 技术服务费	元		3.76	5.80	2.50	
10. 工具材料费	元	17.64	7.58	14.42	12.87	15.45
11. 修理维护费	元	15.36	5.44	9.74	7.24	28.06
12. 其他直接费用	元					
（二）间接费用	元	76.76	131.47	122.48	241.59	351.80
1. 固定资产折旧	元	64.50	113.94	96.06	176.17	304.85
2. 保险费	元			24.00	64.17	
3. 管理费	元	1.83	1.90	2.42	1.25	
4. 财务费	元					
5. 销售费	元	10.43	15.63			46.95
二、每百只人工成本	**元**	**2033.68**	**1617.34**	**577.58**	**1052.49**	**739.34**
1. 家庭用工折价	元	1531.43	952.34	572.70	899.82	451.34
家庭用工天数	日	17.73	11.03	6.63	10.42	5.23
劳动日工价	元	86.38	86.38	86.38	86.38	86.38
2. 雇工费用	元	502.25	665.00	4.88	152.67	288.00
雇工天数	日	4.74	5.63	0.04	1.17	2.95
雇工工价	元	105.96	118.12	122.00	130.49	97.63
三、附						
1. 仔畜重量	公斤					
2. 精饲料数量	公斤	4227.36	4398.20	3807.64	2614.75	4506.00
3. 耗粮数量	公斤	2927.17	3448.78	2970.42	1786.33	3345.77

5-11-2 续表 2

项　　目	单位	山　东	河　南	湖　北	重　庆	四　川
一、每百只物质与服务费用	元	**13379.45**	**13795.07**	**13683.00**	**18085.40**	**16090.08**
（一）直接费用	元	13272.15	13664.05	13537.40	17394.03	15759.88
1. 仔畜费	元	3044.51	3180.91	2601.00	4388.50	3120.00
2. 精饲料费	元	9895.61	10134.54	10399.20	12587.76	12125.38
3. 青粗饲料费	元					
4. 饲料加工费	元	3.12	10.58			
5. 水费	元	14.74	12.16	14.10		17.30
6. 燃料动力费	元	83.18	65.05	92.40	113.60	49.20
电费	元	81.95	62.60	92.40	113.60	49.20
煤费	元		2.45			
其他燃料动力费	元	1.23				
7. 医疗防疫费	元	138.02	155.52	270.00	152.50	255.50
8. 死亡损失费	元	74.40	86.46	132.60	119.12	165.00
9. 技术服务费	元					
10. 工具材料费	元	8.76	10.02	13.50	14.95	12.30
11. 修理维护费	元	9.81	8.81	14.60	17.60	15.20
12. 其他直接费用	元					
（二）间接费用	元	107.30	131.02	145.60	691.37	330.20
1. 固定资产折旧	元	99.82	115.12	145.60	269.79	295.10
2. 保险费	元					
3. 管理费	元		3.79			
4. 财务费	元					
5. 销售费	元	7.48	12.11		421.58	35.10
二、每百只人工成本	元	**1140.77**	**1559.81**	**449.18**	**1336.99**	**855.16**
1. 家庭用工折价	元	945.77	1367.57	449.18	472.93	855.16
家庭用工天数	日	10.95	15.83	5.20	5.48	9.90
劳动日工价	元	86.38	86.38	86.38	86.38	86.38
2. 雇工费用	元	195.00	192.24		864.06	
雇工天数	日	2.27	2.12		7.99	
雇工工价	元	85.90	90.68	100.00	108.14	118.00
三、附						
1. 仔畜重量	公斤					
2. 精饲料数量	公斤	4210.39	4067.32	4210.20	4544.25	4210.20
3. 耗粮数量	公斤	3195.74	2556.10	3368.16	3340.03	2905.04

5-11-2 续表 3

项目	单位	云南	陕西	甘肃	宁夏	新疆
一、每百只物质与服务费用	**元**	**16248.70**	**11228.86**	**15378.99**	**14930.73**	**14289.05**
（一）直接费用	元	15374.60	11105.68	14651.68	14773.34	14133.38
1. 仔畜费	元	3418.11	2438.30	4000.00	3503.12	2893.02
2. 精饲料费	元	11466.39	8376.55	9918.01	10831.71	10862.66
3. 青粗饲料费	元					
4. 饲料加工费	元		14.26		17.98	
5. 水费	元	15.31	7.56	29.63	15.12	25.82
6. 燃料动力费	元	41.83	69.45	69.78	67.58	54.76
电费	元	41.83	54.02	69.78	46.87	22.68
煤费	元		15.43		20.71	32.08
其他燃料动力费	元					
7. 医疗防疫费	元	292.94	137.95	205.91	168.35	130.44
8. 死亡损失费	元	103.22	43.96	409.17	141.86	139.98
9. 技术服务费	元					
10. 工具材料费	元	12.72	9.96	8.16	14.93	11.61
11. 修理维护费	元	24.08	7.69	11.02	12.69	15.09
12. 其他直接费用	元					
（二）间接费用	元	874.10	123.18	727.31	157.39	155.67
1. 固定资产折旧	元	139.82	104.07	412.10	129.73	120.82
2. 保险费	元					
3. 管理费	元	25.00		17.64		2.15
4. 财务费	元					
5. 销售费	元	709.28	19.11	297.57	27.66	32.70
二、每百只人工成本	**元**	**1255.13**	**1661.58**	**1142.81**	**1109.09**	**1286.15**
1. 家庭用工折价	元	752.46	1466.21	1142.81	1009.09	757.03
家庭用工天数	日	8.71	16.97	13.23	11.68	8.76
劳动日工价	元	86.38	86.38	86.38	86.38	86.38
2. 雇工费用	元	502.67	195.37		100.00	529.12
雇工天数	日	4.33	1.68		1.00	3.79
雇工工价	元	116.09	116.29	120.00	100.00	139.61
三、附						
1. 仔畜重量	公斤					
2. 精饲料数量	公斤	4064.44	3802.00	3773.98	3980.12	4107.78
3. 耗粮数量	公斤	3182.20	2812.13	2773.88	2786.08	2875.44

5-12-1　2019年各地区大规模蛋鸡成本收益情况

项　　目	单位	平　均	天　津	山　西	内蒙古	辽　宁	吉　林
每百只							
主产品产量	公斤	1775.10	1868.13	1814.65	1866.50	1756.69	1747.33
产值合计	元	18311.36	17920.12	17919.05	19173.65	16943.50	15395.56
主产品产值	元	15998.53	15484.79	15115.45	16997.15	14367.52	13992.34
副产品产值	元	2312.83	2435.33	2803.60	2176.50	2575.98	1403.22
总成本	元	15486.56	14705.77	15269.85	15556.74	14252.31	13948.43
生产成本	元	15461.41	14689.45	15259.96	15541.49	14249.30	13924.87
物质与服务费用	元	14429.56	13936.08	14529.14	14747.94	13074.67	13038.40
人工成本	元	1031.85	753.37	730.82	793.55	1174.63	886.47
家庭用工折价	元	191.76	205.33	71.70	356.75	476.99	274.08
雇工费用	元	840.09	548.04	659.12	436.80	697.64	612.39
土地成本	元	25.15	16.32	9.89	15.25	3.01	23.56
净利润	元	2824.80	3214.35	2649.20	3616.91	2691.19	1447.13
成本利润率	%	18.24	21.86	17.35	23.25	18.88	10.37
每50公斤主产品							
平均出售价格	元	450.64	414.45	416.48	455.32	408.94	400.39
总成本	元	381.12	340.11	354.91	369.43	343.99	362.75
生产成本	元	380.50	339.73	354.68	369.07	343.91	362.14
净利润	元	69.52	74.34	61.57	85.89	64.95	37.64
附：							
每百只用工数量	日	9.40	6.32	7.69	7.25	12.97	9.30
平均饲养天数	日	358.99	365.00	366.00	365.00	363.75	363.72

5-12-1 续表 1

项 目	单位	黑龙江	江 苏	浙 江	安 徽	福 建	山 东	河 南	湖 北
每百只									
主产品产量	公斤	1866.25	2211.80	1708.00	1604.25	1741.65	1834.39	1848.15	1761.85
产值合计	元	17752.09	21817.45	16553.88	18882.02	18620.97	17142.71	18888.27	17290.40
主产品产值	元	15513.11	19237.20	14729.63	16381.40	16192.42	15036.93	16216.46	14537.65
副产品产值	元	2238.98	2580.25	1824.25	2500.62	2428.55	2105.78	2671.81	2752.75
总成本	元	14838.29	17618.07	15008.94	15103.57	15556.37	16382.51	15452.55	13859.55
生产成本	元	14825.04	17541.12	14980.69	15078.13	15531.35	16360.57	15432.91	13838.35
物质与服务费用	元	13207.47	16173.95	14127.13	14285.98	14639.97	15589.09	13964.10	13518.91
人工成本	元	1617.57	1367.17	853.56	792.15	891.38	771.48	1468.81	319.44
家庭用工折价	元	583.07	34.55	323.93	95.62	63.32	250.42		254.39
雇工费用	元	1034.50	1332.62	529.63	696.53	828.06	521.06	1468.81	65.05
土地成本	元	13.25	76.95	28.25	25.44	25.02	21.94	19.64	21.20
净利润	元	2913.81	4199.38	1544.95	3778.45	3064.60	760.20	3435.72	3430.85
成本利润率	%	19.64	23.84	10.29	25.02	19.70	4.64	22.23	24.75
每 50 公斤主产品									
平均出售价格	元	415.62	434.88	431.20	510.56	464.86	409.86	438.72	412.57
总成本	元	347.40	351.18	390.96	408.39	388.35	391.68	358.92	330.71
生产成本	元	347.09	349.64	390.22	407.70	387.73	391.16	358.46	330.20
净利润	元	68.22	83.70	40.24	102.17	76.51	18.18	79.80	81.86
附：									
每百只用工数量	日	16.19	14.90	7.88	7.12	5.11	8.49	16.30	3.50
平均饲养天数	日	362.50	360.00	365.00	365.00	365.00	365.00	362.78	365.00

5-12-1 续表 2

项目	单位	广东	海南	重庆	四川	云南	甘肃	新疆
每百只								
主产品产量	公斤	1680.21	837.01	2248.40	1796.50	1939.97	1636.86	1733.50
产值合计	元	20314.47	17949.54	20358.70	18622.80	19304.49	17939.83	17437.65
主产品产值	元	18634.92	13941.70	19336.24	16704.30	16814.18	15232.07	15505.15
副产品产值	元	1679.55	4007.84	1022.46	1918.50	2490.31	2707.76	1932.50
总成本	元	17053.16	15601.95	15584.61	16871.69	17130.92	15868.72	14067.11
生产成本	元	17028.63	15532.98	15559.31	16838.49	17107.15	15841.76	14066.61
物质与服务费用	元	15713.40	13153.56	14874.53	15973.49	16456.40	14881.68	12705.18
人工成本	元	1315.23	2379.42	684.78	865.00	650.75	960.08	1361.43
家庭用工折价	元	144.00				249.81	127.41	323.93
雇工费用	元	1171.23	2379.42	684.78	865.00	400.94	832.67	1037.50
土地成本	元	24.53	68.97	25.30	33.20	23.77	26.96	0.50
净利润	元	3261.31	2347.59	4774.09	1751.11	2173.57	2071.11	3370.55
成本利润率	%	19.12	15.05	30.63	10.38	12.69	13.05	23.96
每 50 公斤主产品								
平均出售价格	元	554.54	832.83	430.00	464.91	433.36	465.28	447.22
总成本	元	465.51	723.91	329.17	421.19	384.57	411.56	360.78
生产成本	元	464.84	720.71	328.63	420.37	384.03	410.87	360.76
净利润	元	89.03	108.92	100.83	43.72	48.79	53.72	86.44
附：								
每百只用工数量	日	10.39	14.15	6.02	7.80	5.85	9.98	10.75
平均饲养天数	日	360.00	294.00	365.00	365.00	362.50	334.50	365.00

5-12-2　2019 年各地区大规模蛋鸡费用和用工情况

项　　目	单位	平　均	天　津	山　西	内蒙古	辽　宁	吉　林
一、每百只物质与服务费用	元	**14429.56**	**13936.08**	**14529.14**	**14747.94**	**13074.67**	**13038.40**
（一）直接费用	元	14014.11	13810.77	14470.53	14597.49	12973.00	12899.43
1. 仔畜费	元	3039.53	3149.94	2948.63	3227.50	3046.48	2635.39
2. 精饲料费	元	10069.31	10386.12	11280.54	10841.60	9695.59	9943.74
3. 青粗饲料费	元	329.00					
4. 饲料加工费	元	8.81					15.44
5. 水费	元	16.23	19.15	8.83	38.30	4.91	28.44
6. 燃料动力费	元	129.91	70.10	45.84	98.99	45.60	36.89
电费	元	114.56	66.90	26.18	58.31	45.60	36.89
煤费	元	11.72	3.20	19.66	29.52		
其他燃料动力费	元	3.63			11.16		
7. 医疗防疫费	元	241.35	141.58	96.61	147.65	109.77	121.80
8. 死亡损失费	元	126.53	34.85	71.56	203.54	55.83	95.72
9. 技术服务费	元	5.37					
10. 工具材料费	元	20.74	4.74	12.53	17.05	7.80	5.98
11. 修理维护费	元	27.33	4.29	5.99	22.86	7.02	16.03
12. 其他直接费用	元						
（二）间接费用	元	415.45	125.31	58.61	150.45	101.67	138.97
1. 固定资产折旧	元	218.28	125.31	57.31	141.25	81.14	114.17
2. 保险费	元	13.13					
3. 管理费	元	73.59		1.30		0.71	2.13
4. 财务费	元	17.46				5.83	
5. 销售费	元	92.99			9.20	13.99	22.67
二、每百只人工成本	元	**1031.85**	**753.37**	**730.82**	**793.55**	**1174.63**	**886.47**
1. 家庭用工折价	元	191.76	205.33	71.70	356.75	476.99	274.08
家庭用工天数	日	2.22	2.38	0.83	4.13	5.52	3.17
劳动日工价	元	86.38	86.38	86.38	86.38	86.38	86.38
2. 雇工费用	元	840.09	548.04	659.12	436.80	697.64	612.39
雇工天数	日	7.18	3.94	6.86	3.12	7.45	6.13
雇工工价	元	117.00	139.10	96.08	140.00	93.64	99.90
三、附							
1. 仔畜重量	公斤						
2. 精饲料数量	公斤	3973.73	4323.45	4548.60	4263.75	4117.07	4360.43
3. 耗粮数量	公斤	2934.65	3018.00	3456.95	3382.22	2922.73	2982.18

5-12-2 续表 1

项　　目	单位	黑龙江	江　苏	浙　江	安　徽	福　建	山　东	河　南	湖　北
一、每百只物质与服务费用	元	**13207.47**	**16173.95**	**14127.13**	**14285.98**	**14639.97**	**15589.09**	**13964.10**	**13518.91**
（一）直接费用	元	13034.68	15653.70	13692.19	13696.86	14062.48	15421.47	13817.74	13124.12
1. 仔畜费	元	2960.89	2762.80	3245.25	3314.00	4060.33	3293.83	3119.54	2590.50
2. 精饲料费	元	9739.16	12420.90	2520.50	9739.40	9356.30	11681.03	10347.01	10006.95
3. 青粗饲料费	元			6580.00					
4. 饲料加工费	元	4.25		86.88		44.40			
5. 水费	元	11.88	18.50	12.00	11.52	9.41	9.84	13.26	12.62
6. 燃料动力费	元	47.43	162.70	241.00	188.30	232.91	81.65	69.09	122.05
电费	元	23.65	123.70	175.00	171.06	197.91	81.65	69.09	122.05
煤费	元	23.78	39.00	66.00		16.10			
其他燃料动力费	元				17.24	18.90			
7. 医疗防疫费	元	127.00	155.10	584.50	262.05	158.37	200.17	167.31	236.25
8. 死亡损失费	元	127.02	84.75	405.00	121.36	142.20	118.98	81.49	133.60
9. 技术服务费	元	6.50	25.30	9.00	6.71	1.78	3.20		
10. 工具材料费	元	5.90	16.30	6.08	22.71	9.05	13.90	10.56	12.27
11. 修理维护费	元	4.65	7.35	1.98	30.81	47.73	18.87	9.48	9.88
12. 其他直接费用	元								
（二）间接费用	元	172.79	520.25	434.94	589.12	577.49	167.62	146.36	394.79
1. 固定资产折旧	元	156.63	330.35	316.50	354.52	311.61	148.93	129.13	277.59
2. 保险费	元		123.10	116.25		23.33			
3. 管理费	元	3.16	12.25	1.75	30.88	173.96	6.62	5.22	29.60
4. 财务费	元		5.65	0.44	138.83	56.75			87.60
5. 销售费	元	13.00	48.90		64.89	11.84	12.07	12.01	
二、每百只人工成本	元	**1617.57**	**1367.17**	**853.56**	**792.15**	**891.38**	**771.48**	**1468.81**	**319.44**
1. 家庭用工折价	元	583.07	34.55	323.93	95.62	63.32	250.42		254.39
家庭用工天数	日	6.75	0.40	3.75	1.11	0.73	2.90		2.95
劳动日工价	元	86.38	86.38	86.38	86.38	86.38	86.38	86.38	86.38
2. 雇工费用	元	1034.50	1332.62	529.63	696.53	828.06	521.06	1468.81	65.05
雇工天数	日	9.44	14.50	4.13	6.01	4.38	5.59	16.30	0.55
雇工工价	元	109.59	91.91	128.24	115.90	189.06	93.21	90.11	118.27
三、附									
1. 仔畜重量	公斤								
2. 精饲料数量	公斤	4357.60	5097.50	838.00	3697.56	3864.23	4662.79	4120.21	4179.63
3. 耗粮数量	公斤	3455.86	3795.25	533.06	2690.73	2990.43	3699.07	2597.52	3343.70

5-12-2 续表 2

项 目	单位	广 东	海 南	重 庆	四 川	云 南	甘 肃	新 疆
一、每百只物质与服务费用	**元**	**15713.40**	**13153.56**	**14874.53**	**15973.49**	**16456.40**	**14881.68**	**12705.18**
（一）直接费用	元	14766.03	11232.22	14508.40	15565.04	15818.43	14606.11	12531.50
1. 仔畜费	元	3030.99	2280.00	3277.00	3057.50	3740.42	3174.70	1875.00
2. 精饲料费	元	11066.86	7204.65	10422.13	11835.84	11576.37	11023.42	10298.00
3. 青粗饲料费	元							
4. 饲料加工费	元	17.70				7.50		
5. 水费	元	16.76			24.50	20.34	31.92	32.50
6. 燃料动力费	元	305.48	488.38	127.82	73.30	33.03	70.54	57.00
电费	元	273.58	488.38	127.82	73.30	33.03	70.54	26.50
煤费	元	6.67						30.50
其他燃料动力费	元	25.23						
7. 医疗防疫费	元	142.96	771.54	451.00	405.50	293.63	154.27	100.00
8. 死亡损失费	元	85.73	125.68	138.96	128.00	119.76	114.14	142.50
9. 技术服务费	元			45.65		9.29		
10. 工具材料费	元	68.10	124.84	23.88	19.30	7.82	13.47	12.50
11. 修理维护费	元	31.45	237.13	21.96	21.10	10.27	23.65	14.00
12. 其他直接费用	元							
（二）间接费用	元	947.37	1921.34	366.13	408.45	637.97	275.57	173.68
1. 固定资产折旧	元	222.50	683.81	249.61	248.10	137.68	144.41	135.00
2. 保险费	元							
3. 管理费	元	307.51	715.40	31.95	75.75	59.74	10.13	3.68
4. 财务费	元	10.00			36.55			7.50
5. 销售费	元	407.36	522.13	84.57	48.05	440.55	121.03	27.50
二、每百只人工成本	**元**	**1315.23**	**2379.42**	**684.78**	**865.00**	**650.75**	**960.08**	**1361.43**
1. 家庭用工折价	元	144.00				249.81	127.41	323.93
家庭用工天数	日	1.67				2.89	1.48	3.75
劳动日工价	元	86.38	86.38	86.38	86.38	86.38	86.38	86.38
2. 雇工费用	元	1171.23	2379.42	684.78	865.00	400.94	832.67	1037.50
雇工天数	日	8.72	14.15	6.02	7.80	2.96	8.50	7.00
雇工工价	元	134.32	168.16	113.75	110.90	135.45	97.96	148.21
三、附								
1. 仔畜重量	公斤							
2. 精饲料数量	公斤	4028.89	2778.28	3762.50	4111.00	4154.46	4168.70	4040.00
3. 耗粮数量	公斤	2832.91	2222.62	2765.44	2877.70	3119.26	3179.42	2828.00

5-13-1　2019年各地区散养奶牛成本收益情况

项　　目	单位	平　均	山　西	吉　林	河　南	湖　南
每头						
主产品产量	公斤	5424.12	5752.67	5187.67	4575.60	4529.50
产值合计	元	23956.54	34555.72	17355.66	15874.25	18336.58
主产品产值	元	21469.62	32194.77	15806.33	13658.81	15853.25
副产品产值	元	2486.92	2360.95	1549.33	2215.44	2483.33
总成本	元	17061.85	18852.73	14723.58	16595.49	15309.90
生产成本	元	17015.91	18852.73	14723.58	16595.49	15273.65
物质与服务费用	元	12794.81	14484.62	9569.54	11689.11	12593.28
人工成本	元	4221.10	4368.11	5154.04	4906.38	2680.37
家庭用工折价	元	4131.38	4037.31	5154.04	4906.38	2680.37
雇工费用	元	89.72	330.80			
土地成本	元	45.94				36.25
净利润	元	6894.69	15702.99	2632.08	-721.24	3026.68
成本利润率	%	40.41	83.29	17.88	-4.35	19.77
每50公斤主产品						
平均出售价格	元	197.91	279.82	152.35	149.26	175.00
总成本	元	140.95	152.66	129.25	156.04	146.11
生产成本	元	140.57	152.66	129.25	156.04	145.77
净利润	元	56.96	127.16	23.10	-6.78	28.89
附：						
每头用工数量	日	48.58	49.53	59.67	56.80	31.03
平均饲养天数	日	365.00	365.00	365.00	365.00	365.00

5-13-1 续表

项　　目	单位	广　西	陕　西	新　疆
每头				
主产品产量	公斤	5663.63	6040.00	6219.74
产值合计	元	31253.89	26465.78	23853.88
主产品产值	元	27891.63	24318.11	20564.43
副产品产值	元	3362.26	2147.67	3289.45
总成本	元	22109.99	18909.99	12931.66
生产成本	元	21857.66	18909.99	12898.63
物质与服务费用	元	17489.60	13667.67	10069.97
人工成本	元	4368.06	5242.32	2828.66
家庭用工折价	元	4368.06	5242.32	2531.45
雇工费用	元			297.21
土地成本	元	252.33		33.03
净利润	元	9143.90	7555.79	10922.22
成本利润率	%	41.36	39.96	84.46
每 50 公斤主产品				
平均出售价格	元	246.23	201.31	165.32
总成本	元	174.19	143.84	89.62
生产成本	元	172.20	143.84	89.39
净利润	元	72.04	57.47	75.70
附：				
每头用工数量	日	50.57	60.69	31.74
平均饲养天数	日	365.00	365.00	365.00

5-13-2 2019年各地区散养奶牛费用和用工情况

项 目	单位	平 均	山 西	吉 林	河 南	湖 南
一、每头物质与服务费用	**元**	**12794.81**	**14484.62**	**9569.54**	**11689.11**	**12593.28**
（一）直接费用	元	10602.26	11948.63	8350.21	9703.30	10608.24
1. 仔畜费	元					
2. 精饲料费	元	7684.93	9112.15	7016.67	6335.76	8030.14
3. 青粗饲料费	元	2332.18	2129.69	1078.33	2748.23	2246.07
4. 饲料加工费	元	46.26	54.05	21.78	51.42	
5. 水费	元	37.50	51.22	15.99	39.99	33.25
6. 燃料动力费	元	93.85	126.34	22.85	132.56	50.43
电费	元	55.82	109.87	10.75	90.36	40.63
煤费	元	37.88	16.47	12.10	42.20	9.80
其他燃料动力费	元	0.15				
7. 医疗防疫费	元	140.66	157.96	21.56	174.05	38.55
8. 死亡损失费	元	79.65	85.00	10.68	26.90	100.00
9. 技术服务费	元	13.58		10.89		29.25
10. 工具材料费	元	37.86	56.35	9.88	26.69	27.50
11. 修理维护费	元	28.41	35.19	8.25	29.65	18.05
12. 其他直接费用	元	107.38	140.68	133.33	138.05	35.00
（二）间接费用	元	2192.55	2535.99	1219.33	1985.81	1985.04
1. 固定资产折旧	元	2056.90	2402.20	1219.33	1939.50	1432.72
2. 保险费	元	57.14				400.00
3. 管理费	元	8.87				
4. 财务费	元					
5. 销售费	元	69.64	133.79		46.31	152.32
二、每头人工成本	**元**	**4221.10**	**4368.11**	**5154.04**	**4906.38**	**2680.37**
1. 家庭用工折价	元	4131.38	4037.31	5154.04	4906.38	2680.37
家庭用工天数	日	47.83	46.74	59.67	56.80	31.03
劳动日工价	元	86.38	86.38	86.38	86.38	86.38
2. 雇工费用	元	89.72	330.80			
雇工天数	日	0.75	2.79			
雇工工价	元	119.63	118.57	130.00	84.00	120.00
三、附						
1. 仔畜重量	公斤					
2. 精饲料数量	公斤	2752.46	3213.87	2581.67	2333.99	2410.67
3. 耗粮数量	公斤	2000.67	2302.77	1807.17	1669.82	2109.33

5-13-2 续表

项　　目	单位	广　西	陕　西	新　疆
一、每头物质与服务费用	元	**17489.60**	**13667.67**	**10069.97**
（一）直接费用	元	14077.10	10336.00	9192.43
1. 仔畜费	元			
2. 精饲料费	元	9950.93	7365.86	5982.99
3. 青粗饲料费	元	3123.70	2248.44	2750.81
4. 饲料加工费	元		68.61	127.96
5. 水费	元	48.61	40.22	33.24
6. 燃料动力费	元	100.34	195.67	28.81
电费	元	78.86	50.11	10.17
煤费	元	21.48	145.56	17.57
其他燃料动力费	元			1.07
7. 医疗防疫费	元	383.33	183.33	25.83
8. 死亡损失费	元	212.30	47.70	75.00
9. 技术服务费	元	29.13	20.14	5.63
10. 工具材料费	元	93.70	24.90	26.00
11. 修理维护费	元	44.75	31.43	31.54
12. 其他直接费用	元	90.31	109.70	104.62
（二）间接费用	元	3412.50	3331.67	877.54
1. 固定资产折旧	元	3195.33	3331.67	877.54
2. 保险费	元			
3. 管理费	元	62.11		
4. 财务费	元			
5. 销售费	元	155.06		
二、每头人工成本	元	**4368.06**	**5242.32**	**2828.66**
1. 家庭用工折价	元	4368.06	5242.32	2531.45
家庭用工天数	日	50.57	60.69	29.31
劳动日工价	元	86.38	86.38	86.38
2. 雇工费用	元			297.21
雇工天数	日			2.43
雇工工价	元	100.00	110.00	122.31
三、附				
1. 仔畜重量	公斤			
2. 精饲料数量	公斤	3284.66	2955.80	2486.56
3. 耗粮数量	公斤	2217.31	2157.73	1740.59

5-14-1　2019年各地区小规模奶牛成本收益情况

项　　目	单位	平　均	河　北	山　西	内蒙古	辽　宁
每头						
主产品产量	公斤	5534.85	5941.48	5335.75	6938.50	5627.82
产值合计	元	23818.31	25549.75	22020.22	19062.73	25724.70
主产品产值	元	21123.30	21844.52	20198.13	16495.60	22068.16
副产品产值	元	2695.01	3705.23	1822.09	2567.13	3656.54
总成本	元	17038.57	17395.90	15673.78	19109.93	18082.63
生产成本	元	16977.67	17366.97	15657.73	19043.83	18082.63
物质与服务费用	元	13508.52	15207.96	12075.84	14574.18	13729.45
人工成本	元	3469.15	2159.01	3581.89	4469.65	4353.18
家庭用工折价	元	2771.68	1865.81	2663.44	682.40	3846.07
雇工费用	元	697.47	293.20	918.45	3787.25	507.11
土地成本	元	60.90	28.93	16.05	66.10	
净利润	元	6779.74	8153.85	6346.44	-47.20	7642.07
成本利润率	%	39.79	46.87	40.49	-0.25	42.26
每50公斤主产品						
平均出售价格	元	190.82	183.83	189.27	118.87	196.06
总成本	元	136.50	125.16	134.72	119.16	137.82
生产成本	元	136.02	124.96	134.58	118.75	137.82
净利润	元	54.32	58.67	54.55	-0.29	58.24
附：						
每头用工数量	日	38.12	24.64	38.46	43.97	49.67
平均饲养天数	日	365.00	365.00	365.00	365.00	365.00

5-14-1 续表 1

项目	单位	吉林	黑龙江	福建	山东	河南
每头						
主产品产量	公斤	5115.09	5810.38	4687.33	6315.00	5277.81
产值合计	元	23837.33	20097.55	38629.00	22356.00	18002.88
主产品产值	元	21708.99	18200.36	37077.33	18313.50	15753.16
副产品产值	元	2128.34	1897.19	1551.67	4042.50	2249.72
总成本	元	14806.06	15338.37	19942.57	17649.61	16426.09
生产成本	元	14792.01	15329.87	19900.84	17597.66	16386.90
物质与服务费用	元	11188.50	12605.51	13731.41	14820.85	13018.17
人工成本	元	3603.51	2724.36	6169.43	2776.81	3368.73
家庭用工折价	元	3603.51	1969.98	3887.10	2366.81	3368.73
雇工费用	元		754.38	2282.33	410.00	
土地成本	元	14.05	8.50	41.73	51.95	39.19
净利润	元	9031.27	4759.18	18686.43	4706.39	1576.79
成本利润率	%	61.00	31.03	93.70	26.67	9.60
每 50 公斤主产品						
平均出售价格	元	212.21	156.62	395.51	145.00	149.24
总成本	元	131.81	119.53	204.19	114.47	136.17
生产成本	元	131.68	119.47	203.76	114.14	135.84
净利润	元	80.40	37.09	191.32	30.53	13.07
附:						
每头用工数量	日	41.72	29.93	58.67	31.97	39.00
平均饲养天数	日	365.00	365.00	365.00	365.00	365.00

5-14-1 续表 2

项　　目	单位	湖　南	广　西	云　南	宁　夏
每头					
主产品产量	公斤	4584.37	5970.90	4697.77	5650.86
产值合计	元	19411.79	33724.59	17714.20	23507.24
主产品产值	元	17043.47	29914.72	14606.47	21378.49
副产品产值	元	2368.32	3809.87	3107.73	2128.75
总成本	元	14769.21	22823.81	13775.91	15707.51
生产成本	元	14680.40	22557.81	13623.48	15689.51
物质与服务费用	元	12552.00	18280.53	10726.15	13100.27
人工成本	元	2128.40	4277.28	2897.33	2589.24
家庭用工折价	元	2128.40	4277.28	2782.90	2589.24
雇工费用	元			114.43	
土地成本	元	88.81	266.00	152.43	18.00
净利润	元	4642.58	10900.78	3938.29	7799.73
成本利润率	%	31.43	47.76	28.59	49.66
每 50 公斤主产品					
平均出售价格	元	185.89	250.50	155.46	189.16
总成本	元	141.43	169.53	120.90	126.40
生产成本	元	140.58	167.56	119.56	126.25
净利润	元	44.46	80.97	34.56	62.76
附：					
每头用工数量	日	24.64	49.52	33.36	29.98
平均饲养天数	日	365.00	365.00	365.00	365.00

5-14-2　2019年各地区小规模奶牛费用和用工情况

项　　目	单位	平　均	河　北	山　西	内蒙古	辽　宁
一、每头物质与服务费用	元	**13508.52**	**15207.96**	**12075.84**	**14574.18**	**13729.45**
（一）直接费用	元	11077.35	12832.50	10171.75	11992.33	11173.36
1. 仔畜费	元					
2. 精饲料费	元	7902.63	10418.43	7706.97	8385.91	8179.93
3. 青粗饲料费	元	2557.07	2062.79	1886.08	3002.13	2297.51
4. 饲料加工费	元	26.69		63.92	25.44	93.47
5. 水费	元	41.08	28.78	53.84	38.88	20.34
6. 燃料动力费	元	124.38	62.01	105.01	237.03	161.74
电费	元	87.27	62.01	55.09	94.55	107.97
煤费	元	29.81		49.92	95.63	53.77
其他燃料动力费	元	7.30			46.85	
7. 医疗防疫费	元	163.04	118.81	63.25	90.33	90.08
8. 死亡损失费	元	59.36		67.25		137.83
9. 技术服务费	元	9.33		24.17	7.88	2.12
10. 工具材料费	元	37.89	26.63	58.75	29.20	36.51
11. 修理维护费	元	32.31	17.22	37.09	29.28	24.22
12. 其他直接费用	元	123.57	97.83	105.42	146.25	129.61
（二）间接费用	元	2431.17	2375.46	1904.09	2581.85	2556.09
1. 固定资产折旧	元	2242.96	2348.99	1834.17	2187.75	2337.04
2. 保险费	元	52.93			200.00	
3. 管理费	元	13.58	26.47	45.92		
4. 财务费	元	0.23				
5. 销售费	元	121.47		24.00	194.10	219.05
二、每头人工成本	元	**3469.15**	**2159.01**	**3581.89**	**4469.65**	**4353.18**
1. 家庭用工折价	元	2771.68	1865.81	2663.44	682.40	3846.07
家庭用工天数	日	32.09	21.60	30.83	7.90	44.53
劳动日工价	元	86.38	86.38	86.38	86.38	86.38
2. 雇工费用	元	697.47	293.20	918.45	3787.25	507.11
雇工天数	日	6.03	3.04	7.63	36.07	5.14
雇工工价	元	115.67	96.45	120.37	105.00	98.66
三、附						
1. 仔畜重量	公斤					
2. 精饲料数量	公斤	3030.56	3503.25	2831.00	3111.50	2989.84
3. 耗粮数量	公斤	2107.04	2479.41	2035.89	2294.58	2072.08

5-14-2 续表 1

项　　目	单位	吉　林	黑龙江	福　建	山　东	河　南
一、每头物质与服务费用	元	**11188.50**	**12605.51**	**13731.41**	**14820.85**	**13018.17**
（一）直接费用	元	8357.35	10563.18	10569.07	12152.90	11168.55
1. 仔畜费	元					
2. 精饲料费	元	6638.79	6799.36	8117.70	7531.90	7829.66
3. 青粗饲料费	元	1257.92	3182.35	1695.00	3647.50	2671.40
4. 饲料加工费	元	16.27	35.94			36.47
5. 水费	元	31.00	16.39	147.00	28.65	32.74
6. 燃料动力费	元	99.46	84.53	131.70	258.25	145.14
电费	元	70.66	62.12	131.70	251.60	99.66
煤费	元	28.80	22.41		6.65	45.48
其他燃料动力费	元					
7. 医疗防疫费	元	75.24	135.89	195.67	297.50	208.98
8. 死亡损失费	元	25.92	91.33	58.30	63.00	50.03
9. 技术服务费	元		6.02			6.31
10. 工具材料费	元	21.43	20.68	31.00	75.60	33.12
11. 修理维护费	元	39.75	27.48	2.70	50.50	29.01
12. 其他直接费用	元	151.57	163.21	190.00	200.00	125.69
（二）间接费用	元	2831.15	2042.33	3162.34	2667.95	1849.62
1. 固定资产折旧	元	2353.48	1985.24	2835.67	2654.75	1792.65
2. 保险费	元		37.75			
3. 管理费	元		13.90			30.44
4. 财务费	元	0.48				
5. 销售费	元	477.19	5.44	326.67	13.20	26.53
二、每头人工成本	元	**3603.51**	**2724.36**	**6169.43**	**2776.81**	**3368.73**
1. 家庭用工折价	元	3603.51	1969.98	3887.10	2366.81	3368.73
家庭用工天数	日	41.72	22.81	45.00	27.40	39.00
劳动日工价	元	86.38	86.38	86.38	86.38	86.38
2. 雇工费用	元		754.38	2282.33	410.00	
雇工天数	日		7.12	13.67	4.57	
雇工工价	元	110.00	105.95	166.96	89.72	88.28
三、附						
1. 仔畜重量	公斤					
2. 精饲料数量	公斤	2425.69	2437.00	3355.00	2836.60	2721.73
3. 耗粮数量	公斤	1696.96	1870.89	2247.85	2042.35	1952.37

5-14-2 续表 2

项　目	单位	湖　南	广　西	云　南	宁　夏
一、每头物质与服务费用	**元**	**12552.00**	**18280.53**	**10726.15**	**13100.27**
（一）直接费用	元	10650.27	14658.04	8701.76	11014.42
1. 仔畜费	元				
2. 精饲料费	元	8116.02	10357.53	4566.81	8085.24
3. 青粗饲料费	元	2305.18	3267.98	3443.09	2522.92
4. 饲料加工费	元			48.00	27.43
5. 水费	元	32.03	55.37	25.82	23.17
6. 燃料动力费	元	48.73	125.32	133.10	24.87
电费	元	38.93	95.00	42.77	22.45
煤费	元	9.80	30.32	42.33	2.42
其他燃料动力费	元			48.00	
7. 医疗防疫费	元	40.10	364.01	267.37	172.33
8. 死亡损失费	元		237.58	40.45	
9. 技术服务费	元	37.82	30.91	6.00	
10. 工具材料费	元	13.95	88.66	29.48	27.53
11. 修理维护费	元	27.69	43.81	67.49	23.83
12. 其他直接费用	元	28.75	86.87	74.15	107.10
（二）间接费用	元	1901.73	3622.49	2024.39	2085.85
1. 固定资产折旧	元	1434.92	3362.82	2002.72	2028.33
2. 保险费	元	400.00		14.40	36.00
3. 管理费	元		57.20	2.67	
4. 财务费	元			2.47	
5. 销售费	元	66.81	202.47	2.13	21.52
二、每头人工成本	**元**	**2128.40**	**4277.28**	**2897.33**	**2589.24**
1. 家庭用工折价	元	2128.40	4277.28	2782.90	2589.24
家庭用工天数	日	24.64	49.52	32.22	29.98
劳动日工价	元	86.38	86.38	86.38	86.38
2. 雇工费用	元			114.43	
雇工天数	日			1.14	
雇工工价	元	120.00	100.00	100.38	96.67
三、附					
1. 仔畜重量	公斤				
2. 精饲料数量	公斤	2531.87	3184.09	4354.83	3114.92
3. 耗粮数量	公斤	2215.39	2154.32	2149.00	2180.44

5-15-1 2019年各地区中规模奶牛成本收益情况

项　目	单位	平　均	河　北	山　西	内蒙古	辽　宁	吉　林	黑龙江
每头								
主产品产量	公斤	6418.83	6204.50	5985.25	6564.06	6226.70	5350.00	6234.84
产值合计	元	29892.33	26184.87	24940.27	24556.69	24413.70	26755.00	23011.60
主产品产值	元	26989.08	22980.53	22934.02	21327.64	20873.70	24075.00	21065.26
副产品产值	元	2903.25	3204.34	2006.25	3229.05	3540.00	2680.00	1946.34
总成本	元	21821.76	18373.61	15557.42	23298.38	20578.12	14773.00	16933.11
生产成本	元	21735.20	18339.81	15542.07	23252.80	20550.62	14737.00	16916.11
物质与服务费用	元	18373.70	16266.69	13103.08	18776.29	16461.59	12582.00	13911.10
人工成本	元	3361.50	2073.12	2438.99	4476.51	4089.03	2155.00	3005.01
家庭用工折价	元	326.17	2073.12	295.85	502.90			577.71
雇工费用	元	3035.33		2143.14	3973.61	4089.03	2155.00	2427.30
土地成本	元	86.56	33.80	15.35	45.58	27.50	36.00	17.00
净利润	元	8070.57	7811.26	9382.85	1258.31	3835.58	11982.00	6078.49
成本利润率	%	36.98	42.51	60.31	5.40	18.64	81.11	35.90
每50公斤主产品								
平均出售价格	元	210.23	185.19	191.59	162.46	167.61	225.00	168.93
总成本	元	153.47	129.95	119.51	154.14	141.28	124.24	124.31
生产成本	元	152.86	129.71	119.39	153.83	141.09	123.93	124.18
净利润	元	56.76	55.24	72.08	8.32	26.33	100.76	44.62
附：								
每头用工数量	日	31.21	24.00	22.56	39.78	41.54	21.55	28.84
平均饲养天数	日	365.00	365.00	365.00	365.00	365.00	365.00	365.00

5-15-1 续表 1

项 目	单位	江 苏	浙 江	安 徽	山 东	河 南	广 西
每头							
主产品产量	公斤	5680. 31	6610. 00	6750. 00	5621. 03	5781. 44	2636. 00
产值合计	元	24483. 10	31950. 00	33081. 00	24226. 96	20929. 09	36322. 00
主产品产值	元	22720. 56	28750. 00	27675. 00	20261. 77	18561. 55	31632. 00
副产品产值	元	1762. 54	3200. 00	5406. 00	3965. 19	2367. 54	4690. 00
总成本	元	18584. 10	28096. 00	18440. 00	17431. 44	17343. 55	16217. 80
生产成本	元	18500. 40	28031. 00	18262. 00	17415. 09	17295. 33	16217. 80
物质与服务费用	元	15295. 40	22931. 00	16707. 00	15333. 28	14049. 80	13817. 50
人工成本	元	3205. 00	5100. 00	1555. 00	2081. 81	3245. 53	2400. 30
家庭用工折价	元				911. 31	148. 75	
雇工费用	元	3205. 00	5100. 00	1555. 00	1170. 50	3096. 78	2400. 30
土地成本	元	83. 70	65. 00	178. 00	16. 35	48. 22	
净利润	元	5899. 00	3854. 00	14641. 00	6795. 52	3585. 54	20104. 20
成本利润率	%	31. 74	13. 72	79. 40	38. 98	20. 67	123. 96
每 50 公斤主产品							
平均出售价格	元	199. 99	217. 47	205. 00	180. 23	160. 53	600. 00
总成本	元	151. 80	191. 24	114. 27	129. 68	133. 03	267. 90
生产成本	元	151. 12	190. 80	113. 17	129. 55	132. 66	267. 90
净利润	元	48. 19	26. 23	90. 73	50. 55	27. 50	332. 10
附：							
每头用工数量	日	38. 12	37. 00	21. 50	20. 05	37. 10	26. 67
平均饲养天数	日	365. 00	365. 00	365. 00	365. 00	365. 00	365. 00

5-15-1 续表 2

项　目	单位	重　庆	四　川	云　南	陕　西	甘　肃	宁　夏	新　疆
每头								
主产品产量	公斤	6533.69	8500.00	6100.00	6296.50	7059.66	5909.57	8100.00
产值合计	元	34730.04	40977.30	38850.00	25216.00	31208.66	25741.32	33430.00
主产品产值	元	32432.54	38420.00	36600.00	23140.00	28238.64	22390.25	30780.00
副产品产值	元	2297.50	2557.30	2250.00	2076.00	2970.02	3351.07	2650.00
总成本	元	22517.54	36711.29	22690.00	21931.05	24077.22	17823.68	25280.00
生产成本	元	22373.80	36351.29	22490.00	21898.05	23905.76	17774.87	25280.00
物质与服务费用	元	18450.15	30751.29	18980.00	16448.05	21405.76	14674.90	22580.00
人工成本	元	3923.65	5600.00	3510.00	5450.00	2500.00	3099.97	2700.00
家庭用工折价	元						2014.55	
雇工费用	元	3923.65	5600.00	3510.00	5450.00	2500.00	1085.42	2700.00
土地成本	元	143.74	360.00	200.00	33.00	171.46	48.81	
净利润	元	12212.50	4266.01	16160.00	3284.95	7131.44	7917.64	8150.00
成本利润率	%	54.24	11.62	71.22	14.98	29.62	44.42	32.24
每 50 公斤主产品								
平均出售价格	元	248.19	226.00	300.00	183.75	200.00	189.44	190.00
总成本	元	160.92	202.47	175.21	159.81	154.30	131.17	143.68
生产成本	元	159.89	200.49	173.67	159.57	153.20	130.81	143.68
净利润	元	87.27	23.53	124.79	23.94	45.70	58.27	46.32
附：								
每头用工数量	日	34.39	41.00	39.00	45.95	17.36	35.41	18.00
平均饲养天数	日	365.00	365.00	365.00	365.00	365.00	365.00	365.00

5-15-2 2019 年各地区中规模奶牛费用和用工情况

项 目	单位	平 均	河 北	山 西	内蒙古	辽 宁	吉 林	黑龙江
一、每头物质与服务费用	元	**18373.70**	**16266.69**	**13103.08**	**18776.29**	**16461.59**	**12582.00**	**13911.10**
（一）直接费用	元	14933.71	13412.55	10851.88	15539.34	13535.59	10260.65	11708.00
1. 仔畜费	元							
2. 精饲料费	元	9120.73	11120.50	8342.15	9240.67	8977.73	8025.00	7459.26
3. 青粗饲料费	元	4727.09	1947.34	1876.45	5472.46	3530.70	1642.50	3640.61
4. 饲料加工费	元	38.46		26.75		117.65		37.50
5. 水费	元	80.59	22.09	45.20	37.13	61.13	48.00	21.60
6. 燃料动力费	元	287.22	52.97	138.46	248.46	214.08	121.00	93.44
电费	元	197.51	52.97	77.28	115.20	139.95	121.00	54.81
煤费	元	37.39		61.18	86.80	74.13		38.63
其他燃料动力费	元	52.32			46.46			
7. 医疗防疫费	元	257.61	150.50	86.63	138.87	117.25	95.00	132.41
8. 死亡损失费	元	78.10		85.38	93.35	203.25	59.00	68.08
9. 技术服务费	元	42.71	1.72	23.50	5.78	54.25		11.99
10. 工具材料费	元	73.92	20.55	53.93	63.09	63.75	85.00	39.83
11. 修理维护费	元	80.59	10.50	57.18	113.57	39.05	25.15	28.56
12. 其他直接费用	元	146.69	86.38	116.25	125.96	156.75	160.00	174.72
（二）间接费用	元	3439.99	2854.14	2251.20	3236.95	2926.00	2321.35	2203.10
1. 固定资产折旧	元	2876.77	2685.84	2166.45	2501.97	2728.50	1941.00	2074.64
2. 保险费	元	182.00	148.75		350.00	32.50		38.00
3. 管理费	元	211.06	19.55	43.00	21.87	125.25	69.61	37.33
4. 财务费	元	97.73			48.98		27.00	
5. 销售费	元	72.43		41.75	314.13	39.75	283.74	53.13
二、每头人工成本	元	**3361.50**	**2073.12**	**2438.99**	**4476.51**	**4089.03**	**2155.00**	**3005.01**
1. 家庭用工折价	元	326.17	2073.12	295.85	502.90			577.71
家庭用工天数	日	3.78	24.00	3.43	5.82			6.69
劳动日工价	元	86.38	86.38	86.38	86.38	86.38	86.38	86.38
2. 雇工费用	元	3035.33		2143.14	3973.61	4089.03	2155.00	2427.30
雇工天数	日	27.43		19.13	33.96	41.54	21.55	22.15
雇工工价	元	110.66	90.00	112.03	117.01	98.44	100.00	109.59
三、附								
1. 仔畜重量	公斤							
2. 精饲料数量	公斤	3215.91	3835.73	2944.25	3110.46	3178.67	2790.00	2696.73
3. 耗粮数量	公斤	2268.60	2685.01	2156.33	2225.84	2200.81	2008.80	2083.27

5-15-2 续表 1

项　　目	单位	江　苏	浙　江	安　徽	山　东	河　南	广　西
一、每头物质与服务费用	**元**	**15295.40**	**22931.00**	**16707.00**	**15333.28**	**14049.80**	**13817.50**
（一）直接费用	元	13107.60	16806.00	11861.00	12618.28	12069.36	10731.50
1. 仔畜费	元						
2. 精饲料费	元	7500.17	8400.00	8468.00	7085.57	8452.24	1936.00
3. 青粗饲料费	元	4813.64	5600.00	2608.00	4789.85	2874.54	8124.00
4. 饲料加工费	元	9.12	61.00			48.66	
5. 水费	元	35.19	310.00	83.00	37.35	57.62	
6. 燃料动力费	元	182.01	710.00	230.00	198.00	147.88	144.30
电费	元	149.46	710.00	205.00	198.00	100.61	144.30
煤费	元	32.55				47.27	
其他燃料动力费	元			25.00			
7. 医疗防疫费	元	255.69	720.00	75.00	341.21	190.92	48.40
8. 死亡损失费	元	47.62	30.00	140.00		61.58	135.70
9. 技术服务费	元	124.64				20.16	18.00
10. 工具材料费	元	45.43	250.00	15.00	11.00	25.86	85.00
11. 修理维护费	元	47.24	175.00	92.00	5.30	28.52	195.40
12. 其他直接费用	元	46.85	550.00	150.00	150.00	161.38	44.70
（二）间接费用	元	2187.80	6125.00	4846.00	2715.00	1980.44	3086.00
1. 固定资产折旧	元	1965.24	5200.00	4079.00	2715.00	1908.32	2718.00
2. 保险费	元	55.25	225.00	360.00			
3. 管理费	元	75.81	500.00	125.00		42.57	362.00
4. 财务费	元	25.12	200.00	282.00			
5. 销售费	元	66.38				29.55	6.00
二、每头人工成本	**元**	**3205.00**	**5100.00**	**1555.00**	**2081.81**	**3245.53**	**2400.30**
1. 家庭用工折价	元				911.31	148.75	
家庭用工天数	日				10.55	1.72	
劳动日工价	元	86.38	86.38	86.38	86.38	86.38	86.38
2. 雇工费用	元	3205.00	5100.00	1555.00	1170.50	3096.78	2400.30
雇工天数	日	38.12	37.00	21.50	9.50	35.38	26.67
雇工工价	元	84.08	137.84	72.33	123.21	87.53	90.00
三、附							
1. 仔畜重量	公斤						
2. 精饲料数量	公斤	2679.53	3100.00	2920.00	2615.81	2921.10	622.00
3. 耗粮数量	公斤	1956.06	2170.00	2044.00	1988.02	2131.92	435.40

5-15-2 续表 2

项　　目	单位	重　庆	四　川	云　南	陕　西	甘　肃	宁　夏	新　疆
一、每头物质与服务费用	元	**18450.15**	**30751.29**	**18980.00**	**16448.05**	**21405.76**	**14674.90**	**22580.00**
（一）直接费用	元	12515.63	25390.22	16180.00	13050.65	17370.02	11948.65	18100.00
1. 仔畜费	元							
2. 精饲料费	元	6665.22	14022.50	11520.00	9386.00	10851.47	8571.52	10788.00
3. 青粗饲料费	元	4854.00	8460.00	3800.00	2782.00	5683.20	2772.48	5763.00
4. 饲料加工费	元		360.00		59.30		49.31	
5. 水费	元	47.07	74.00	160.00	61.80	76.66	46.34	24.00
6. 燃料动力费	元	164.00	811.87	120.00	268.20	144.70	110.62	1015.00
电费	元	117.50	473.44	120.00	195.00	144.70	56.54	145.00
煤费	元				73.20		54.08	280.00
其他燃料动力费	元	46.50	338.43					590.00
7. 医疗防疫费	元	88.00	1041.05	280.00	205.00	275.48	203.10	210.00
8. 死亡损失费	元	75.20	99.80	120.00	64.00	112.50		60.00
9. 技术服务费	元	370.67	110.00					75.00
10. 工具材料费	元	89.97	130.00	33.00	60.70	15.25	43.93	55.00
11. 修理维护费	元	55.00	193.00	65.00	73.65	9.78	38.02	60.00
12. 其他直接费用	元	106.50	88.00	82.00	90.00	200.98	113.33	50.00
（二）间接费用	元	5934.52	5361.07	2800.00	3397.40	4035.74	2726.25	4480.00
1. 固定资产折旧	元	4697.00	4276.00	2300.00	2906.50	2279.77	2511.51	3600.00
2. 保险费	元	500.00	60.00	500.00	93.50	500.00	36.00	600.00
3. 管理费	元	427.00	677.67		353.00	423.73	43.13	
4. 财务费	元	310.52	347.40		44.40	277.55	96.08	260.00
5. 销售费	元					554.69	39.53	20.00
二、每头人工成本	元	**3923.65**	**5600.00**	**3510.00**	**5450.00**	**2500.00**	**3099.97**	**2700.00**
1. 家庭用工折价	元						2014.55	
家庭用工天数	日						23.32	
劳动日工价	元	86.38	86.38	86.38	86.38	86.38	86.38	86.38
2. 雇工费用	元	3923.65	5600.00	3510.00	5450.00	2500.00	1085.42	2700.00
雇工天数	日	34.39	41.00	39.00	45.95	17.36	12.09	18.00
雇工工价	元	114.09	136.59	90.00	118.61	144.01	89.78	150.00
三、附								
1. 仔畜重量	公斤							
2. 精饲料数量	公斤	4025.57	4175.50	3600.00	3800.00	3682.55	2997.98	3720.00
3. 耗粮数量	公斤	2177.70	2922.85	2700.00	2774.00	2577.79	2098.59	2604.00

5-16-1 2019年各地区大规模奶牛成本收益情况

项　目	单位	平　均	河　北	山　西	内蒙古	辽　宁	黑龙江	上　海
每头								
主产品产量	公斤	7734.11	8201.67	6204.25	7355.87	5493.00	6687.78	9808.80
产值合计	元	34527.81	32745.51	25621.98	31691.61	27043.00	24771.20	48506.20
主产品产值	元	31469.70	29998.84	23647.54	28169.91	23418.50	22701.20	43912.90
副产品产值	元	3058.11	2746.67	1974.44	3521.70	3624.50	2070.00	4593.30
总成本	元	27065.28	22477.55	15529.78	26581.33	20810.50	18312.50	37984.92
生产成本	元	26989.48	22433.13	15513.30	26545.15	20758.00	18287.30	37792.32
物质与服务费用	元	23602.93	19164.29	12934.96	22143.11	18171.00	15545.29	33373.23
人工成本	元	3386.55	3268.84	2578.34	4402.04	2587.00	2742.01	4419.09
家庭用工折价	元	82.49	1004.17		23.06		76.01	
雇工费用	元	3304.06	2264.67	2578.34	4378.98	2587.00	2666.00	4419.09
土地成本	元	75.80	44.42	16.48	36.18	52.50	25.20	192.60
净利润	元	7462.53	10267.96	10092.20	5110.28	6232.50	6458.70	10521.28
成本利润率	%	27.57	45.68	64.99	19.23	29.95	35.27	27.70
每50公斤主产品								
平均出售价格	元	203.45	182.88	190.58	191.48	213.17	169.72	223.84
总成本	元	159.48	125.53	115.51	160.60	164.04	125.47	175.29
生产成本	元	159.03	125.29	115.39	160.39	163.63	125.30	174.40
净利润	元	43.97	57.35	75.07	30.88	49.13	44.25	48.55
附：								
每头用工数量	日	27.50	26.22	20.17	32.14	22.85	26.35	31.75
平均饲养天数	日	365.00	365.00	365.00	365.00	365.00	365.00	365.00

5-16-1 续表 1

项　　目	单位	江　苏	浙　江	安　徽	福　建	山　东
每头						
主产品产量	公斤	9039.01	8412.00	8476.33	9261.50	9032.00
产值合计	元	39605.83	40457.00	43513.97	46684.38	36580.05
主产品产值	元	37555.70	36012.00	40195.97	44371.38	32857.55
副产品产值	元	2050.13	4445.00	3318.00	2313.00	3722.50
总成本	元	31608.98	38015.00	34487.20	34602.83	29391.45
生产成本	元	31194.87	37967.00	34284.18	34582.83	29345.45
物质与服务费用	元	28717.03	32381.00	30820.53	32056.33	27151.25
人工成本	元	2477.84	5586.00	3463.65	2526.50	2194.20
家庭用工折价	元					
雇工费用	元	2477.84	5586.00	3463.65	2526.50	2194.20
土地成本	元	414.11	48.00	203.02	20.00	46.00
净利润	元	7996.85	2442.00	9026.77	12081.55	7188.60
成本利润率	%	25.30	6.42	26.17	34.91	24.46
每 50 公斤主产品						
平均出售价格	元	207.74	214.05	237.11	239.55	181.90
总成本	元	165.80	201.13	187.92	177.56	146.15
生产成本	元	163.62	200.88	186.82	177.45	145.92
净利润	元	41.94	12.92	49.19	61.99	35.75
附：						
每头用工数量	日	31.10	38.50	27.98	25.00	23.00
平均饲养天数	日	365.00	365.00	365.00	365.00	365.00

5-16-1 续表 2

项　　目	单位	河　南	广　东	甘　肃	青　海	新　疆
每头						
主产品产量	公斤	6094. 90	4200. 00	9591. 07	6397. 59	9490. 05
产值合计	元	24633. 66	23230. 00	38766. 64	29411. 97	39182. 09
主产品产值	元	22064. 33	21420. 00	35650. 01	24310. 84	37228. 59
副产品产值	元	2569. 33	1810. 00	3116. 63	5101. 13	1953. 50
总成本	元	18890. 62	22942. 00	28726. 32	27651. 48	25031. 17
生产成本	元	18841. 55	22902. 00	28726. 32	27626. 22	25031. 17
物质与服务费用	元	15368. 16	17652. 00	26029. 89	24256. 62	21882. 02
人工成本	元	3473. 39	5250. 00	2696. 43	3369. 60	3149. 15
家庭用工折价	元					215. 95
雇工费用	元	3473. 39	5250. 00	2696. 43	3369. 60	2933. 20
土地成本	元	49. 07	40. 00		25. 26	
净利润	元	5743. 04	288. 00	10040. 32	1760. 49	14150. 92
成本利润率	%	30. 40	1. 26	34. 95	6. 37	56. 53
每 50 公斤主产品						
平均出售价格	元	181. 01	255. 00	185. 85	190. 00	196. 15
总成本	元	138. 81	251. 84	137. 72	178. 63	125. 31
生产成本	元	138. 45	251. 40	137. 72	178. 46	125. 31
净利润	元	42. 20	3. 16	48. 13	11. 37	70. 84
附：						
每头用工数量	日	39. 70	35. 00	15. 75	21. 60	22. 80
平均饲养天数	日	365. 00	365. 00	365. 00	365. 00	365. 00

5-16-2　2019 年各地区大规模奶牛费用和用工情况

项　　目	单位	平　均	河　北	山　西	内蒙古	辽　宁	黑龙江	上　海
一、每头物质与服务费用	元	**23602.93**	**19164.29**	**12934.96**	**22143.11**	**18171.00**	**15545.29**	**33373.23**
（一）直接费用	元	19764.38	16166.03	10578.26	18026.17	14243.00	13193.23	29569.02
1. 仔畜费	元							
2. 精饲料费	元	10939.07	12418.38	8040.68	10906.70	8000.50	8094.22	14148.72
3. 青粗饲料费	元	6948.83	3201.48	1917.22	6195.45	5418.00	4420.80	12822.37
4. 饲料加工费	元	20.40		14.17	14.40	77.00	20.36	
5. 水费	元	104.11	27.52	61.19	47.79	102.50	27.65	246.31
6. 燃料动力费	元	452.02	66.59	141.33	223.08	166.90	120.45	722.13
电费	元	356.50	66.59	87.00	135.26	132.00	89.11	722.13
煤费	元	54.16		54.33	60.12	34.90	31.34	
其他燃料动力费	元	41.36			27.70			
7. 医疗防疫费	元	485.84	191.17	82.06	181.14	141.00	170.01	649.00
8. 死亡损失费	元	164.62		79.61	81.29	123.00	81.64	269.40
9. 技术服务费	元	15.91		40.33	17.99		23.20	30.22
10. 工具材料费	元	239.96	26.94	49.83	75.24	54.60	40.47	295.25
11. 修理维护费	元	140.38	21.45	45.17	133.58	36.50	48.79	163.77
12. 其他直接费用	元	253.24	212.50	106.67	149.51	123.00	145.64	221.85
（二）间接费用	元	3838.55	2998.26	2356.70	4116.94	3928.00	2352.06	3804.21
1. 固定资产折旧	元	3195.93	2904.34	2241.36	3350.50	3601.00	2221.80	2470.20
2. 保险费	元	86.93	68.50		463.85			163.05
3. 管理费	元	406.96	25.42	55.50	57.53	195.50	35.26	1080.93
4. 财务费	元	74.91		15.67	59.55	53.50		90.03
5. 销售费	元	73.82		44.17	185.51	78.00	95.00	
二、每头人工成本	元	**3386.55**	**3268.84**	**2578.34**	**4402.04**	**2587.00**	**2742.01**	**4419.09**
1. 家庭用工折价	元	82.49	1004.17		23.06		76.01	
家庭用工天数	日	0.96	11.63		0.27		0.88	
劳动日工价	元	86.38	86.38	86.38	86.38	86.38	86.38	86.38
2. 雇工费用	元	3304.06	2264.67	2578.34	4378.98	2587.00	2666.00	4419.09
雇工天数	日	26.54	14.59	20.17	31.87	22.85	25.47	31.75
雇工工价	元	124.49	155.22	127.83	137.40	113.22	104.67	139.18
三、附								
1. 仔畜重量	公斤							
2. 精饲料数量	公斤	3738.61	3973.67	3137.19	3555.68	3090.50	2846.00	4500.76
3. 耗粮数量	公斤	2696.42	2909.60	2285.91	2697.98	2109.97	2169.58	3150.54

5-16-2 续表 1

项　目	单位	江　苏	浙　江	安　徽	福　建	山　东
一、每头物质与服务费用	元	**28717.03**	**32381.00**	**30820.53**	**32056.33**	**27151.25**
（一）直接费用	元	24828.85	26098.00	25100.08	28197.55	22473.60
1. 仔畜费	元					
2. 精饲料费	元	13130.93	11689.00	13515.32	12578.94	10397.43
3. 青粗饲料费	元	8467.17	11431.00	9773.17	10873.78	8832.39
4. 饲料加工费	元		54.00	55.00	40.50	
5. 水费	元	134.46	492.00	95.98	11.50	45.20
6. 燃料动力费	元	1060.59	638.00	546.73	921.12	862.42
电费	元	591.83	638.00	529.23	921.12	641.89
煤费	元	346.36		17.50		
其他燃料动力费	元	122.40				220.53
7. 医疗防疫费	元	220.72	925.00	393.83	1867.73	767.72
8. 死亡损失费	元	165.00		232.33	212.26	190.33
9. 技术服务费	元				31.15	
10. 工具材料费	元	682.52	229.00	238.34	997.36	624.38
11. 修理维护费	元	397.11	210.00	73.30	309.71	369.63
12. 其他直接费用	元	570.35	430.00	176.08	353.50	384.10
（二）间接费用	元	3888.18	6283.00	5720.45	3858.78	4677.65
1. 固定资产折旧	元	2801.14	5956.00	4950.45	1935.50	4348.32
2. 保险费	元	23.00	54.00	360.00		
3. 管理费	元	959.04	238.00	346.45	1284.28	316.73
4. 财务费	元	75.00	35.00	31.05	626.36	
5. 销售费	元	30.00		32.50	12.64	12.60
二、每头人工成本	元	**2477.84**	**5586.00**	**3463.65**	**2526.50**	**2194.20**
1. 家庭用工折价	元					
家庭用工天数	日					
劳动日工价	元	86.38	86.38	86.38	86.38	86.38
2. 雇工费用	元	2477.84	5586.00	3463.65	2526.50	2194.20
雇工天数	日	31.10	38.50	27.98	25.00	23.00
雇工工价	元	79.67	145.09	123.79	101.06	95.40
三、附						
1. 仔畜重量	公斤					
2. 精饲料数量	公斤	4648.11	3727.00	4472.35	4547.75	3701.00
3. 耗粮数量	公斤	3292.55	2646.17	3130.65	3638.20	2516.68

5-16-2 续表 2

项　　目	单位	河　南	广　东	甘　肃	青　海	新　疆
一、每头物质与服务费用	元	**15368.16**	**17652.00**	**26029.89**	**24256.62**	**21882.02**
（一）直接费用	元	12993.41	15802.00	21346.25	19359.02	18255.64
1. 仔畜费	元					
2. 精饲料费	元	8955.64	9505.00	12391.59	8366.42	12885.69
3. 青粗饲料费	元	3186.92	4380.00	7737.26	8628.72	3895.52
4. 饲料加工费	元	50.90				
5. 水费	元	50.29	108.00	106.28	2.79	106.25
6. 燃料动力费	元	195.02	715.00	265.42	219.96	367.56
电费	元	131.78	673.00	197.38	38.89	108.81
煤费	元	63.24				258.75
其他燃料动力费	元		42.00	68.04	181.07	
7. 医疗防疫费	元	233.83	502.00	235.91	810.32	402.05
8. 死亡损失费	元	72.29	250.00	137.30	675.88	63.63
9. 技术服务费	元	18.20	25.00		47.86	20.59
10. 工具材料费	元	33.26	130.00	111.06	136.94	114.24
11. 修理维护费	元	34.27	95.00	44.94	155.18	107.72
12. 其他直接费用	元	162.79	92.00	316.49	314.95	292.39
（二）间接费用	元	2374.75	1850.00	4683.64	4897.60	3626.38
1. 固定资产折旧	元	2223.83	1490.00	3601.33	4360.58	2678.45
2. 保险费	元		45.00		213.40	
3. 管理费	元	58.52	290.00	706.75	323.62	537.79
4. 财务费	元	53.13	10.00			149.26
5. 销售费	元	39.27	15.00	375.56		260.88
二、每头人工成本	元	**3473.39**	**5250.00**	**2696.43**	**3369.60**	**3149.15**
1. 家庭用工折价	元					215.95
家庭用工天数	日					2.50
劳动日工价	元	86.38	86.38	86.38	86.38	86.38
2. 雇工费用	元	3473.39	5250.00	2696.43	3369.60	2933.20
雇工天数	日	39.70	35.00	15.75	21.60	20.30
雇工工价	元	87.49	150.00	171.20	156.00	144.49
三、附						
1. 仔畜重量	公斤					
2. 精饲料数量	公斤	3077.97	2580.00	4200.54	3293.87	4465.37
3. 耗粮数量	公斤	2288.09	1935.00	2940.38	2305.71	3125.76

六、各地区蔬菜

（一）省、自治区、直辖市

6-1-1-1　2019年各地区露地西红柿成本收益情况

项　　目	单位	平　均	河　北	山　西	内蒙古	辽　宁	黑龙江
每亩							
主产品产量	公斤	4991.06	5028.16	4140.58	6003.63	3197.53	3310.57
产值合计	元	9825.75	8620.43	6365.61	11253.26	6662.61	6688.33
主产品产值	元	9825.28	8620.43	6365.61	11253.26	6662.61	6688.33
副产品产值	元	0.47					
总成本	元	5509.64	4791.49	5347.25	5285.37	6012.95	3428.87
生产成本	元	5176.13	4470.88	5032.90	5085.37	5633.96	2996.29
物质与服务费用	元	1685.43	983.46	1846.95	1157.15	1564.77	1129.69
人工成本	元	3490.70	3487.42	3185.95	3928.22	4069.19	1866.60
家庭用工折价	元	2861.42	3361.91	3185.95	3928.22	4069.19	1389.94
雇工费用	元	629.28	125.51				476.66
土地成本	元	333.51	320.61	314.35	200.00	378.99	432.58
流转地租金	元	46.69	19.36	9.27		17.48	96.76
自营地折租	元	286.82	301.25	305.08	200.00	361.51	335.82
净利润	元	4316.11	3828.94	1018.36	5967.89	649.66	3259.46
现金成本	元	2361.40	1128.33	1856.22	1157.15	1582.25	1703.11
现金收益	元	7464.35	7492.10	4509.39	10096.11	5080.36	4985.22
成本利润率	%	78.34	79.91	19.04	112.91	10.80	95.06
每50公斤主产品							
平均出售价格	元	98.43	85.72	76.87	93.72	104.18	101.01
总成本	元	55.19	47.65	64.57	44.02	94.02	51.78
生产成本	元	51.85	44.46	60.78	42.35	88.10	45.25
净利润	元	43.24	38.07	12.30	49.70	10.16	49.23
现金成本	元	23.66	11.22	22.42	9.64	24.74	25.72
现金收益	元	74.77	74.50	54.45	84.08	79.44	75.29
附：							
每亩用工数量	日	38.01	40.21	36.88	45.48	47.11	20.25
每亩主产品已出售数量	公斤	4979.34	4987.95	4108.63	6003.63	3197.53	3310.57
每亩主产品已出售产值	元	9796.94	8553.37	6310.00	11253.26	6662.61	6688.33
每亩成本外支出	元	1.73					

6-1-1-1 续表 1

项 目	单位	江 苏	安 徽	福 建	江 西	山 东
每亩						
主产品产量	公斤	4168.55	3881.48	4049.81	3041.16	4542.93
产值合计	元	8171.27	8912.38	14614.68	9091.72	11518.13
主产品产值	元	8171.27	8912.38	14614.68	9091.72	11518.13
副产品产值	元					
总成本	元	7709.38	4179.34	7921.17	3536.72	4615.55
生产成本	元	7504.60	3797.41	7554.45	3377.24	4309.48
物质与服务费用	元	905.34	1287.88	3150.07	928.22	1001.04
人工成本	元	6599.26	2509.53	4404.38	2449.02	3308.44
家庭用工折价	元	6599.26	2153.45	1570.04	2377.70	3308.44
雇工费用	元		356.07	2834.34	71.33	
土地成本	元	204.78	381.93	366.72	159.48	306.07
流转地租金	元	34.11	108.68	90.82	12.75	13.39
自营地折租	元	170.67	273.25	275.90	146.73	292.68
净利润	元	461.89	4733.04	6693.51	5555.00	6902.58
现金成本	元	939.45	1752.63	6075.23	1012.30	1014.43
现金收益	元	7231.82	7159.75	8539.45	8079.42	10503.70
成本利润率	%	5.99	113.25	84.50	157.07	149.55
每 50 公斤主产品						
平均出售价格	元	98.01	114.81	180.44	149.48	126.77
总成本	元	92.47	53.84	97.80	58.15	50.80
生产成本	元	90.01	48.92	93.27	55.53	47.43
净利润	元	5.54	60.97	82.64	91.33	75.97
现金成本	元	11.27	22.58	75.01	16.64	11.16
现金收益	元	86.74	92.23	105.43	132.84	115.61
附：						
每亩用工数量	日	76.40	29.37	39.88	28.13	38.30
每亩主产品已出售数量	公斤	4158.25	3881.48	3999.59	3028.18	4525.13
每亩主产品已出售产值	元	8137.87	8912.38	14469.31	9050.75	11472.23
每亩成本外支出	元	6.24				

6-1-1-1 续表 2

项　目	单位	河　南	湖　北	广　东	广　西	海　南
每亩						
主产品产量	公斤	3835.18	4182.85	3892.86	4379.10	2966.00
产值合计	元	5396.28	10910.13	14054.29	14225.30	12243.47
主产品产值	元	5396.28	10910.13	14054.29	14217.51	12243.47
副产品产值	元				7.79	
总成本	元	5895.84	4082.39	5125.88	6796.88	7671.04
生产成本	元	5549.54	3809.94	4775.88	6185.26	7341.04
物质与服务费用	元	1091.81	1046.82	1520.22	3113.54	2762.90
人工成本	元	4457.73	2763.12	3255.66	3071.72	4578.14
家庭用工折价	元	4457.73	2763.12	3255.66	3056.04	4578.14
雇工费用	元				15.68	
土地成本	元	346.30	272.45	350.00	611.62	330.00
流转地租金	元	63.47	40.30	105.00	41.80	
自营地折租	元	282.83	232.15	245.00	569.82	330.00
净利润	元	-499.56	6827.74	8928.41	7428.42	4572.43
现金成本	元	1155.28	1087.12	1625.22	3171.02	2762.90
现金收益	元	4241.00	9823.01	12429.07	11054.28	9480.57
成本利润率	%	-8.47	167.25	174.18	109.29	59.61
每 50 公斤主产品						
平均出售价格	元	70.35	130.42	180.51	162.33	206.40
总成本	元	76.86	48.80	65.84	77.56	129.32
生产成本	元	72.35	45.54	61.34	70.58	123.76
净利润	元	-6.51	81.62	114.67	84.77	77.08
现金成本	元	15.06	13.00	20.87	36.19	46.58
现金收益	元	55.29	117.42	159.64	126.14	159.82
附：						
每亩用工数量	日	51.61	31.99	37.69	35.52	53.00
每亩主产品已出售数量	公斤	3835.18	4164.96	3892.86	4379.10	2951.50
每亩主产品已出售产值	元	5396.28	10850.96	14054.29	14217.51	12184.00
每亩成本外支出	元					

6-1-1-1 续表 3

项目	单位	重庆	贵州	云南	陕西	宁夏	新疆
每亩							
主产品产量	公斤	4412.92	3736.37	5045.51	5094.67	7797.13	7067.05
产值合计	元	13357.31	8634.08	14626.64	12418.13	8800.81	7597.52
主产品产值	元	13357.31	8634.08	14626.64	12418.13	8800.81	7597.52
副产品产值	元						
总成本	元	5507.35	4380.21	6304.19	5443.30	6685.15	5431.74
生产成本	元	5102.66	4071.30	6040.99	5203.30	6308.43	5142.45
物质与服务费用	元	1426.24	1216.98	1969.22	1524.79	2630.11	1466.32
人工成本	元	3676.42	2854.32	4071.77	3678.51	3678.32	3676.13
家庭用工折价	元	3676.42	2552.79	3840.71	3643.51	3678.32	2634.94
雇工费用	元		301.53	231.06	35.00		1041.19
土地成本	元	404.69	308.91	263.20	240.00	376.72	289.29
流转地租金	元	98.33	18.74	4.16		113.61	37.50
自营地折租	元	306.36	290.17	259.04	240.00	263.11	251.79
净利润	元	7849.96	4253.87	8322.45	6974.83	2115.66	2165.78
现金成本	元	1524.57	1537.25	2204.44	1559.79	2743.72	2545.01
现金收益	元	11832.74	7096.83	12422.20	10858.34	6057.09	5052.51
成本利润率	%	142.54	97.12	132.01	128.14	31.65	39.87
每 50 公斤主产品							
平均出售价格	元	151.34	115.54	144.95	121.87	56.44	53.75
总成本	元	62.40	58.62	62.47	53.42	42.87	38.43
生产成本	元	57.81	54.48	59.87	51.06	40.46	36.38
净利润	元	88.94	56.92	82.48	68.45	13.57	15.32
现金成本	元	17.27	20.57	21.85	15.31	17.60	18.01
现金收益	元	134.07	94.97	123.10	106.56	38.84	35.74
附:							
每亩用工数量	日	42.56	33.12	46.77	42.53	42.58	37.64
每亩主产品已出售数量	公斤	4412.92	3735.74	5045.51	5094.67	7797.13	7067.05
每亩主产品已出售产值	元	13357.31	8633.08	14626.64	12418.13	8800.81	7597.52
每亩成本外支出	元					42.58	

6-1-1-2 2019年各地区露地西红柿费用和用工情况

项　目	单位	平　均	河　北	山　西	内蒙古	辽　宁	黑龙江
一、每亩物质与服务费用	元	**1685.43**	**983.46**	**1846.95**	**1157.15**	**1564.77**	**1129.69**
（一）直接费用	元	1543.60	931.93	1811.25	967.85	1405.90	944.73
1. 种子费	元	295.68	127.01	571.95	248.97	194.74	150.47
2. 化肥费	元	366.14	189.31	289.00	178.85	171.42	146.12
3. 农家肥费	元	207.53	251.18	272.67	303.20	133.48	187.83
4. 农药费	元	203.39	62.42	109.18	77.94	170.28	91.64
5. 农膜费	元	73.79	75.30	64.11	36.33	70.89	64.95
6. 租赁作业费	元	159.31	153.47	203.33	93.23	114.81	102.70
机械作业费	元	88.18	69.08	71.18	46.19	84.21	74.94
排灌费	元	67.58	84.39	132.15	47.04	30.60	27.76
其中：水费	元	18.38			47.04	5.25	14.78
畜力费	元	3.55					
7. 燃料动力费	元	41.73		6.70		8.97	20.34
8. 技术服务费	元	10.78					
9. 工具材料费	元	177.40	63.30	282.60	28.47	529.64	180.68
10. 修理维护费	元	7.85	9.94	11.71	0.86	11.67	
11. 其他直接费用	元						
（二）间接费用	元	141.83	51.53	35.70	189.30	158.87	184.96
1. 固定资产折旧	元	21.83	13.01	9.94		101.21	
2. 保险费	元						
3. 管理费	元	0.39					
4. 财务费	元						
5. 销售费	元	119.61	38.52	25.76	189.30	57.66	184.96
二、每亩人工成本	元	**3490.70**	**3487.42**	**3185.95**	**3928.22**	**4069.19**	**1866.60**
1. 家庭用工折价	元	2861.42	3361.91	3185.95	3928.22	4069.19	1389.94
家庭用工天数	日	33.13	38.92	36.88	45.48	47.11	16.09
劳动日工价	元	86.38	86.38	86.38	86.38	86.38	86.38
2. 雇工费用	元	629.28	125.51				476.66
雇工天数	日	4.88	1.29				4.16
雇工工价	元	128.95	97.29	90.15	98.03	107.82	114.58
三、附							
1. 每亩种子用量	公斤						
2. 每亩化肥用量	公斤	45.55	33.21	40.22	39.01	24.23	22.78
3. 每亩农膜用量	公斤	5.34	5.77	5.12	2.98	5.54	5.10

6-1-1-2 续表 1

项　　目	单位	江　苏	安　徽	福　建	江　西	山　东
一、每亩物质与服务费用	元	**905.34**	**1287.88**	**3150.07**	**928.22**	**1001.04**
（一）直接费用	元	868.58	1204.35	2627.48	783.63	954.72
1. 种子费	元	139.93	241.27	493.44	122.84	108.22
2. 化肥费	元	266.70	354.83	518.90	252.23	344.75
3. 农家肥费	元	107.58	222.47	482.72	113.16	141.84
4. 农药费	元	100.58	100.73	359.82	101.02	110.34
5. 农膜费	元	71.97	41.34	188.91	13.85	30.56
6. 租赁作业费	元	89.95	99.00	174.57	24.80	124.71
机械作业费	元	58.16	84.82	121.84	21.02	72.84
排灌费	元	31.79	14.18	42.52	3.78	51.87
其中：水费	元	3.42		7.43		10.39
畜力费	元			10.21		
7. 燃料动力费	元		13.76	50.36	104.55	
8. 技术服务费	元			101.97		
9. 工具材料费	元	89.73	110.58	228.83	44.66	88.80
10. 修理维护费	元	2.14	20.37	27.96	6.52	5.50
11. 其他直接费用	元					
（二）间接费用	元	36.76	83.53	522.59	144.59	46.32
1. 固定资产折旧	元	3.90	13.12	69.14	47.83	7.15
2. 保险费	元					
3. 管理费	元					
4. 财务费	元					
5. 销售费	元	32.86	70.41	453.45	96.76	39.17
二、每亩人工成本	元	**6599.26**	**2509.53**	**4404.38**	**2449.02**	**3308.44**
1. 家庭用工折价	元	6599.26	2153.45	1570.04	2377.70	3308.44
家庭用工天数	日	76.40	24.93	18.18	27.53	38.30
劳动日工价	元	86.38	86.38	86.38	86.38	86.38
2. 雇工费用	元		356.07	2834.34	71.33	
雇工天数	日		4.44	21.70	0.60	
雇工工价	元	75.21	80.20	130.62	118.88	84.09
三、附						
1. 每亩种子用量	公斤					
2. 每亩化肥用量	公斤	43.12	33.34	60.68	32.48	61.83
3. 每亩农膜用量	公斤	5.47	3.27	12.06	0.98	2.64

6-1-1-2 续表 2

项　　目	单位	河　南	湖　北	广　东	广　西	海　南
一、每亩物质与服务费用	元	**1091.81**	**1046.82**	**1520.22**	**3113.54**	**2762.90**
（一）直接费用	元	978.53	954.92	1464.57	2945.53	2601.29
1. 种子费	元	153.25	150.36	143.00	469.82	99.50
2. 化肥费	元	300.05	236.37	570.56	1043.01	755.62
3. 农家肥费	元	64.20	179.49	137.43	91.83	524.72
4. 农药费	元	164.84	125.17	295.00	653.99	873.43
5. 农膜费	元	82.69	49.69		50.04	
6. 租赁作业费	元	128.75	107.62		165.15	50.96
机械作业费	元	64.64	80.67		131.08	36.67
排灌费	元	64.11	26.95		34.07	
其中：水费	元		13.79			
畜力费	元					14.29
7. 燃料动力费	元		4.75	31.43	49.42	23.81
8. 技术服务费	元					
9. 工具材料费	元	72.40	93.78	280.71	408.36	265.83
10. 修理维护费	元	12.35	7.69	6.44	13.91	7.42
11. 其他直接费用	元					
（二）间接费用	元	113.28	91.90	55.65	168.01	161.61
1. 固定资产折旧	元	58.46	19.03	55.65	35.57	11.61
2. 保险费	元					
3. 管理费	元					
4. 财务费	元					
5. 销售费	元	54.82	72.87		132.44	150.00
二、每亩人工成本	元	**4457.73**	**2763.12**	**3255.66**	**3071.72**	**4578.14**
1. 家庭用工折价	元	4457.73	2763.12	3255.66	3056.04	4578.14
家庭用工天数	日	51.61	31.99	37.69	35.38	53.00
劳动日工价	元	86.38	86.38	86.38	86.38	86.38
2. 雇工费用	元				15.68	
雇工天数	日				0.14	
雇工工价	元	109.90	117.06	120.00	112.01	130.00
三、附						
1. 每亩种子用量	公斤					
2. 每亩化肥用量	公斤	50.24	26.73	47.54	90.92	79.92
3. 每亩农膜用量	公斤	6.30	3.39		3.87	

6-1-1-2 续表3

项目	单位	重庆	贵州	云南	陕西	宁夏	新疆
一、每亩物质与服务费用	元	**1426.24**	**1216.98**	**1969.22**	**1524.79**	**2630.11**	**1466.32**
（一）直接费用	元	1404.61	1126.02	1873.27	1348.60	2583.01	1375.65
1. 种子费	元	233.19	142.13	163.46	213.67	1290.21	267.65
2. 化肥费	元	428.58	301.88	435.65	308.90	529.31	277.09
3. 农家肥费	元	97.68	68.82	203.13	303.00	220.46	183.04
4. 农药费	元	217.68	221.87	437.44	221.17	108.18	113.16
5. 农膜费	元	67.07	59.37	98.49	57.75	61.73	63.15
6. 租赁作业费	元	125.68	110.28	216.87	159.66	187.76	230.82
机械作业费	元	125.68	67.24	88.20	99.83	102.65	106.56
排灌费	元		43.04	88.71	59.83	85.11	124.26
其中：水费	元			57.25		85.11	37.28
畜力费	元			39.96			
7. 燃料动力费	元	2.91	12.25				111.12
8. 技术服务费	元						
9. 工具材料费	元	229.87	206.14	318.23	77.33	182.10	129.37
10. 修理维护费	元	1.95	3.28		7.12	3.26	0.25
11. 其他直接费用	元						
（二）间接费用	元	21.63	90.96	95.95	176.19	47.10	90.67
1. 固定资产折旧	元	15.73	33.83		14.02	5.17	0.55
2. 保险费	元						
3. 管理费	元						1.71
4. 财务费	元						
5. 销售费	元	5.90	57.13	95.95	162.17	41.93	88.41
二、每亩人工成本	元	**3676.42**	**2854.32**	**4071.77**	**3678.51**	**3678.32**	**3676.13**
1. 家庭用工折价	元	3676.42	2552.79	3840.71	3643.51	3678.32	2634.94
家庭用工天数	日	42.56	29.55	44.46	42.18	42.58	30.50
劳动日工价	元	86.38	86.38	86.38	86.38	86.38	86.38
2. 雇工费用	元		301.53	231.06	35.00		1041.19
雇工天数	日		3.57	2.31	0.35		7.14
雇工工价	元	149.94	84.46	100.03	100.00	96.37	145.83
三、附							
1. 每亩种子用量	公斤						
2. 每亩化肥用量	公斤	61.17	44.03	59.24	57.43	61.11	35.57
3. 每亩农膜用量	公斤	4.68	4.79	6.27	3.85	4.94	4.79

6-1-1-3 2019年各地区露地西红柿化肥投入情况

项　　目	单位	平　均	河　北	山　西	内蒙古	辽　宁	黑龙江
一、每亩化肥金额	元	**366.14**	**189.31**	**289.00**	**178.85**	**171.42**	**146.12**
（一）氮肥	元	37.64	26.78	37.22	74.25	33.22	8.09
1. 尿素	元	37.64	26.78	37.22	74.25	33.22	8.09
2. 碳铵	元						
3. 其他氮肥	元						
（二）磷肥	元	8.75		11.29			
其中：过磷酸钙	元	6.83		11.29			
（三）钾肥	元	16.24				15.13	48.33
其中：氯化钾	元	8.90					13.49
（四）复混肥	元	248.42	162.53	190.77	99.34	121.56	78.18
1. 复合肥	元	248.42	162.53	190.77	99.34	121.56	78.18
其中：二铵	元	40.90	47.33	55.98	99.34	25.68	46.63
三元素复合肥	元	122.28	115.20	86.93		12.67	
2. 混配肥	元						
（五）其他肥料	元	55.09		49.72	5.26	1.51	11.52
二、每亩化肥折纯用量	公斤	**45.55**	**33.21**	**40.22**	**39.01**	**24.23**	**22.78**
（一）氮肥	公斤	8.58	6.06	8.26	17.46	6.98	1.81
1. 尿素	公斤	8.58	6.06	8.26	17.46	6.98	1.81
2. 碳铵	公斤						
3. 其他氮肥	公斤						
（二）磷肥	公斤	1.73		1.70			
其中：过磷酸钙	公斤	1.42		1.70			
（三）钾肥	公斤	2.01				1.31	4.32
其中：氯化钾	公斤	1.37					2.56
（四）复混肥	公斤	33.23	27.14	30.26	21.55	15.94	16.65
1. 复合肥	公斤	33.23	27.14	30.26	21.55	15.94	16.65
其中：二铵	公斤	8.29	9.99	9.97	21.55	4.80	10.96
三元素复合肥	公斤	15.04	17.15	13.01		1.90	
2. 混配肥	公斤						

6-1-1-3 续表 1

项 目	单位	江 苏	安 徽	福 建	江 西	山 东
一、每亩化肥金额	**元**	**266.70**	**354.83**	**518.90**	**252.23**	**344.75**
（一）氮肥	元	56.26	44.99	1.66	0.81	100.28
1. 尿素	元	56.26	44.99	1.66	0.81	100.28
2. 碳铵	元					
3. 其他氮肥	元					
（二）磷肥	元			18.34	8.76	
其中：过磷酸钙	元			6.46	8.76	
（三）钾肥	元			36.66		
其中：氯化钾	元			36.66		
（四）复混肥	元	210.44	131.54	462.24	242.66	244.47
1. 复合肥	元	210.44	131.54	462.24	242.66	244.47
其中：二铵	元	47.17				14.40
三元素复合肥	元	25.02	131.54	55.75	66.35	230.07
2. 混配肥	元					
（五）其他肥料	元		178.30			
二、每亩化肥折纯用量	**公斤**	**43.12**	**33.34**	**60.68**	**32.48**	**61.83**
（一）氮肥	公斤	12.97	10.35	0.29	0.16	23.05
1. 尿素	公斤	12.97	10.35	0.29	0.16	23.05
2. 碳铵	公斤					
3. 其他氮肥	公斤					
（二）磷肥	公斤			2.68	1.47	
其中：过磷酸钙	公斤			0.93	1.47	
（三）钾肥	公斤			4.43		
其中：氯化钾	公斤			4.43		
（四）复混肥	公斤	30.16	22.99	53.28	30.85	38.79
1. 复合肥	公斤	30.16	22.99	53.28	30.85	38.79
其中：二铵	公斤	9.06				2.90
三元素复合肥	公斤	4.90	22.99	6.41	8.31	35.89
2. 混配肥	公斤					

6-1-1-3　续表 2

项　　目	单位	河　南	湖　北	广　东	广　西	海　南
一、每亩化肥金额	**元**	**300.05**	**236.37**	**570.56**	**1043.01**	**755.62**
（一）氮肥	元	48.88	9.05		6.65	90.67
1. 尿素	元	48.88	9.05		6.65	90.67
2. 碳铵	元					
3. 其他氮肥	元					
（二）磷肥	元	2.29			26.45	74.00
其中：过磷酸钙	元	2.29			26.45	74.00
（三）钾肥	元	3.92			26.19	
其中：氯化钾	元	3.92			26.19	
（四）复混肥	元	244.96	227.32	570.56	850.27	590.95
1. 复合肥	元	244.96	227.32	570.56	850.27	590.95
其中：二铵	元					
三元素复合肥	元	123.26	141.74	570.56	589.82	350.95
2. 混配肥	元					
（五）其他肥料	元				133.45	
二、每亩化肥折纯用量	**公斤**	**50.24**	**26.73**	**47.54**	**90.92**	**79.92**
（一）氮肥	公斤	11.37	1.92		1.39	13.03
1. 尿素	公斤	11.37	1.92		1.39	13.03
2. 碳铵	公斤					
3. 其他氮肥	公斤					
（二）磷肥	公斤	0.56			5.72	10.48
其中：过磷酸钙	公斤	0.56			5.72	10.48
（三）钾肥	公斤	0.63			4.97	
其中：氯化钾	公斤	0.63			4.97	
（四）复混肥	公斤	37.69	24.80	47.54	78.85	56.40
1. 复合肥	公斤	37.69	24.80	47.54	78.85	56.40
其中：二铵	公斤					
三元素复合肥	公斤	18.26	14.12	47.54	57.97	31.07
2. 混配肥	公斤					

6-1-1-3 续表 3

项　　目	单位	重　庆	贵　州	云　南	陕　西	宁　夏	新　疆
一、每亩化肥金额	**元**	**428.58**	**301.88**	**435.65**	**308.90**	**529.31**	**277.09**
（一）氮肥	元	74.43	19.93	104.99	72.80	50.81	54.20
1. 尿素	元	74.43	19.93	104.99	72.80	50.81	54.20
2. 碳铵	元						
3. 其他氮肥	元						
（二）磷肥	元		8.83	56.98			
其中：过磷酸钙	元		5.89	49.54			
（三）钾肥	元		46.54	65.91			2.81
其中：氯化钾	元		27.34				2.81
（四）复混肥	元	354.15	225.11	154.89	236.10	288.57	105.15
1. 复合肥	元	354.15	225.11	154.89	236.10	288.57	105.15
其中：二铵	元				68.75	157.59	98.54
三元素复合肥	元	298.18	225.11	72.03	167.35	130.98	6.61
2. 混配肥	元						
（五）其他肥料	元		1.47	52.88		189.93	114.93
二、每亩化肥折纯用量	**公斤**	**61.17**	**44.03**	**59.24**	**57.43**	**61.11**	**35.57**
（一）氮肥	公斤	14.59	3.69	19.05	16.64	12.19	14.17
1. 尿素	公斤	14.59	3.69	19.05	16.64	12.19	14.17
2. 碳铵	公斤						
3. 其他氮肥	公斤						
（二）磷肥	公斤		1.48	13.48			
其中：过磷酸钙	公斤		1.13	11.90			
（三）钾肥	公斤		7.10	6.00			0.46
其中：氯化钾	公斤		4.70				0.46
（四）复混肥	公斤	46.59	31.76	20.71	40.80	48.92	20.95
1. 复合肥	公斤	46.59	31.76	20.71	40.80	48.92	20.95
其中：二铵	公斤				15.15	30.64	19.83
三元素复合肥	公斤	38.93	31.76	8.77	25.65	18.28	1.12
2. 混配肥	公斤						

6-1-2-1 2019年各地区设施西红柿成本收益情况

项目	单位	平均	北京	天津	河北	山西	内蒙古
每亩							
主产品产量	公斤	5185.48	5427.01	5153.13	5947.54	6578.22	6656.44
产值合计	元	15613.96	10830.02	14065.30	19337.98	13790.53	13075.10
主产品产值	元	15613.96	10830.02	14065.30	19337.98	13790.53	13075.10
副产品产值	元						
总成本	元	8916.41	8824.81	6758.31	9625.37	13382.56	10821.67
生产成本	元	8403.34	8157.83	6477.59	9158.78	12955.96	10216.45
物质与服务费用	元	3213.00	3673.25	1791.97	3220.97	5651.66	4882.81
人工成本	元	5190.34	4484.58	4685.62	5937.81	7304.30	5333.64
家庭用工折价	元	3923.73	1968.86	4632.30	5591.81	6092.30	4859.65
雇工费用	元	1266.61	2515.72	53.32	346.00	1212.01	473.99
土地成本	元	513.07	666.98	280.72	466.59	426.60	605.22
流转地租金	元	191.85	386.93	67.65	34.98	46.88	98.85
自营地折租	元	321.22	280.05	213.07	431.61	379.72	506.37
净利润	元	6697.55	2005.21	7306.99	9712.61	407.97	2253.43
现金成本	元	4671.46	6575.90	1912.94	3601.95	6910.55	5455.65
现金收益	元	10942.50	4254.12	12152.36	15736.03	6879.98	7619.45
成本利润率	%	75.11	22.72	108.12	100.91	3.05	20.82
每50公斤主产品							
平均出售价格	元	150.55	99.78	136.47	162.57	104.82	98.21
总成本	元	85.97	81.31	65.57	80.92	101.72	81.28
生产成本	元	81.03	75.16	62.85	77.00	98.48	76.74
净利润	元	64.58	18.47	70.90	81.65	3.10	16.93
现金成本	元	45.04	60.59	18.56	30.28	52.53	40.98
现金收益	元	105.51	39.19	117.91	132.29	52.29	57.23
附：							
每亩用工数量	日	56.57	43.99	54.02	68.55	82.83	59.71
每亩主产品已出售数量	公斤	5176.48	5172.30	5153.13	5927.74	6568.15	6650.44
每亩主产品已出售产值	元	15595.82	10436.63	14065.30	19269.24	13769.16	13062.59
每亩成本外支出	元	0.37					

6-1-2-1 续表 1

项　目	单位	辽　宁	吉　林	黑龙江	上　海	江　苏	浙　江
每亩							
主产品产量	公斤	5493.48	5350.00	5651.66	3741.10	4449.31	4348.70
产值合计	元	24343.57	13319.50	13412.04	11304.90	16060.68	22521.42
主产品产值	元	24343.57	13319.50	13412.04	11304.90	16060.68	22521.42
副产品产值	元						
总成本	元	11556.95	9126.92	8720.41	8301.25	8748.49	8277.57
生产成本	元	11122.54	8713.52	8334.80	7633.43	8342.64	7758.83
物质与服务费用	元	5322.27	2456.15	3942.19	2238.76	2876.13	2660.05
人工成本	元	5800.27	6257.37	4392.61	5394.67	5466.51	5098.78
家庭用工折价	元	4988.10	5506.73	3978.84	1697.02	4765.93	2594.94
雇工费用	元	812.17	750.65	413.78	3697.65	700.58	2503.84
土地成本	元	434.41	413.40	385.61	667.82	405.85	518.74
流转地租金	元	41.89	57.86	109.18	667.82	228.81	321.10
自营地折租	元	392.52	355.54	276.43		177.04	197.64
净利润	元	12786.62	4192.58	4691.63	3003.65	7312.19	14243.85
现金成本	元	6176.33	3264.66	4465.15	6604.23	3805.52	5484.99
现金收益	元	18167.24	10054.84	8946.89	4700.67	12255.16	17036.43
成本利润率	%	110.64	45.94	53.80	36.18	83.58	172.08
每 50 公斤主产品							
平均出售价格	元	221.57	124.48	118.66	151.09	180.49	258.94
总成本	元	105.19	85.30	77.15	110.95	98.32	95.17
生产成本	元	101.23	81.43	73.74	102.02	93.75	89.21
净利润	元	116.38	39.18	41.51	40.14	82.17	163.77
现金成本	元	56.22	30.51	39.50	88.27	42.77	63.06
现金收益	元	165.35	93.97	79.16	62.82	137.72	195.88
附：							
每亩用工数量	日	65.88	71.11	50.17	51.10	63.78	47.36
每亩主产品已出售数量	公斤	5493.48	5350.00	5651.66	3741.10	4449.31	4348.70
每亩主产品已出售产值	元	24343.57	13319.50	13412.04	11304.90	16060.68	22521.42
每亩成本外支出	元						

6-1-2-1 续表 2

项 目	单位	安 徽	山 东	河 南	湖 北	四 川
每亩						
主产品产量	公斤	4251.05	4276.77	4837.67	4959.09	6988.37
产值合计	元	12800.54	12591.17	10992.11	11823.98	21382.19
主产品产值	元	12800.54	12591.17	10992.11	11823.98	21382.19
副产品产值	元					
总成本	元	7327.42	10831.64	8268.97	6218.47	9834.03
生产成本	元	6944.38	10282.61	7916.91	5884.11	9123.99
物质与服务费用	元	2819.90	4055.37	2768.70	2686.27	3529.47
人工成本	元	4124.48	6227.24	5148.21	3197.84	5594.52
家庭用工折价	元	2607.21	5560.28	4703.05	3145.70	5273.59
雇工费用	元	1517.27	666.96	445.17	52.14	320.94
土地成本	元	383.04	549.03	352.06	334.36	710.04
流转地租金	元	132.27	23.90	65.45	27.64	56.44
自营地折租	元	250.77	525.13	286.61	306.72	653.60
净利润	元	5473.12	1759.53	2723.14	5605.51	11548.16
现金成本	元	4469.44	4746.23	3279.32	2766.05	3906.85
现金收益	元	8331.10	7844.94	7712.79	9057.93	17475.34
成本利润率	%	74.69	16.24	32.93	90.14	117.43
每 50 公斤主产品						
平均出售价格	元	150.56	147.20	113.61	119.22	152.98
总成本	元	86.19	126.63	85.46	62.70	70.36
生产成本	元	81.68	120.21	81.83	59.33	65.28
净利润	元	64.37	20.57	28.15	56.52	82.62
现金成本	元	52.57	55.49	33.89	27.89	27.95
现金收益	元	97.99	91.71	79.72	91.33	125.03
附:						
每亩用工数量	日	46.47	71.30	59.49	36.82	64.36
每亩主产品已出售数量	公斤	4249.80	4264.33	4837.67	4959.09	6988.37
每亩主产品已出售产值	元	12796.90	12556.94	10992.11	11823.98	21382.19
每亩成本外支出	元					

6-1-2-1 续表 3

项 目	单位	陕 西	甘 肃	青 海	宁 夏	新 疆
每亩						
主产品产量	公斤	4628. 67	5793. 62	5965. 80	5690. 28	6337. 70
产值合计	元	12625. 32	12227. 08	14172. 86	9993. 20	15357. 82
主产品产值	元	12625. 32	12227. 08	14172. 86	9993. 20	15357. 82
副产品产值	元					
总成本	元	8018. 77	9883. 32	10850. 77	8045. 36	7677. 09
生产成本	元	7773. 77	9547. 19	9526. 99	7561. 17	6978. 49
物质与服务费用	元	2295. 07	3508. 88	4032. 83	3710. 39	3135. 51
人工成本	元	5478. 70	6038. 31	5494. 16	3850. 78	3842. 98
家庭用工折价	元	4712. 03	5952. 36	2491. 98	3221. 71	3662. 86
雇工费用	元	766. 67	85. 95	3002. 18	629. 07	180. 12
土地成本	元	245. 00	336. 13	1323. 78	484. 19	698. 60
流转地租金	元		1. 52	139. 60	136. 78	147. 41
自营地折租	元	245. 00	334. 61	1184. 18	347. 41	551. 19
净利润	元	4606. 55	2343. 76	3322. 09	1947. 84	7680. 73
现金成本	元	3061. 74	3596. 35	7174. 61	4476. 24	3463. 04
现金收益	元	9563. 58	8630. 73	6998. 25	5516. 96	11894. 78
成本利润率	%	57. 45	23. 71	30. 62	24. 21	100. 05
每 50 公斤主产品						
平均出售价格	元	136. 38	105. 52	118. 78	87. 81	121. 16
总成本	元	86. 62	85. 29	90. 94	70. 69	60. 57
生产成本	元	83. 97	82. 39	79. 84	66. 44	55. 05
净利润	元	49. 76	20. 23	27. 84	17. 12	60. 59
现金成本	元	33. 07	31. 04	60. 13	39. 33	27. 32
现金收益	元	103. 31	74. 48	58. 65	48. 48	93. 84
附:						
每亩用工数量	日	62. 57	69. 96	66. 23	44. 49	44. 17
每亩主产品已出售数量	公斤	4595. 50	5787. 00	5925. 97	5690. 28	6337. 70
每亩主产品已出售产值	元	12534. 68	12217. 14	14071. 78	9993. 20	15357. 82
每亩成本外支出	元				39. 43	

6-1-2-2 2019年各地区设施西红柿费用和用工情况

项 目	单位	平 均	北 京	天 津	河 北	山 西	内蒙古
一、每亩物质与服务费用	**元**	**3213.00**	**3673.25**	**1791.97**	**3220.97**	**5651.66**	**4882.81**
（一）直接费用	元	2440.24	2352.82	1320.11	2335.43	4587.39	3927.77
1. 种子费	元	421.55	357.85	147.38	403.58	851.39	1307.31
2. 化肥费	元	481.47	284.26	210.00	428.27	1211.39	792.73
3. 农家肥费	元	348.31	603.27	200.13	417.49	568.20	514.51
4. 农药费	元	225.42	247.59	128.50	291.66	243.75	224.92
5. 农膜费	元	501.39	469.38	467.98	482.85	1053.34	354.46
6. 租赁作业费	元	212.74	228.94	93.10	202.85	368.80	305.03
机械作业费	元	97.22	95.82	56.46	87.45	86.29	88.12
排灌费	元	114.49	133.12	36.64	115.40	282.51	206.06
其中：水费	元	28.22	70.09	28.42			174.35
畜力费	元	1.03					10.85
7. 燃料动力费	元	77.08	49.77			3.57	14.05
8. 技术服务费	元	0.47	15.09				
9. 工具材料费	元	126.85	75.73	60.81	83.48	236.22	350.12
10. 修理维护费	元	44.63	20.94	12.21	25.25	50.73	64.64
11. 其他直接费用	元	0.33					
（二）间接费用	元	772.76	1320.43	471.86	885.54	1064.27	955.04
1. 固定资产折旧	元	654.41	995.62	471.86	806.19	1042.80	653.42
2. 保险费	元	20.63	5.63				
3. 管理费	元	6.26	70.44				
4. 财务费	元	1.41	3.33				
5. 销售费	元	90.05	245.41		79.35	21.47	301.62
二、每亩人工成本	**元**	**5190.34**	**4484.58**	**4685.62**	**5937.81**	**7304.30**	**5333.64**
1. 家庭用工折价	元	3923.73	1968.86	4632.30	5591.81	6092.30	4859.65
家庭用工天数	日	45.42	22.79	53.63	64.74	70.53	56.26
劳动日工价	元	86.38	86.38	86.38	86.38	86.38	86.38
2. 雇工费用	元	1266.61	2515.72	53.32	346.00	1212.01	473.99
雇工天数	日	11.15	21.20	0.39	3.81	12.30	3.45
雇工工价	元	113.60	118.67	136.73	90.81	98.54	137.39
三、附							
1. 每亩种子用量	公斤						
2. 每亩化肥用量	公斤	50.16	25.77	31.58	68.75	77.71	45.96
3. 每亩农膜用量	公斤	33.22	28.91	31.51	33.64	61.54	21.90

6-1-2-2 续表1

项 目	单位	辽 宁	吉 林	黑龙江	上 海	江 苏	浙 江
一、每亩物质与服务费用	元	**5322.27**	**2456.15**	**3942.19**	**2238.76**	**2876.13**	**2660.05**
（一）直接费用	元	3024.51	1718.78	2611.85	1907.06	2044.60	2037.65
1. 种子费	元	375.76	226.07	332.04	132.95	231.23	481.39
2. 化肥费	元	491.38	309.92	262.42	351.07	302.38	472.29
3. 农家肥费	元	508.84	99.00	316.79	419.89	323.82	151.14
4. 农药费	元	438.70	244.50	155.96	198.71	205.91	196.02
5. 农膜费	元	603.64	384.35	869.04	318.02	577.72	389.34
6. 租赁作业费	元	262.86	212.12	211.96	309.52	150.22	176.29
机械作业费	元	87.91	118.60	98.83	101.88	104.73	139.12
排灌费	元	174.95	93.52	113.13	207.64	45.49	34.63
其中：水费	元	134.38		62.80		1.10	18.14
畜力费	元						2.54
7. 燃料动力费	元	45.53	214.27	286.20		6.46	24.50
8. 技术服务费	元					1.32	0.40
9. 工具材料费	元	253.02	15.85	129.61	149.57	216.22	39.44
10. 修理维护费	元	44.78	12.70	35.45	27.33	29.32	106.84
11. 其他直接费用	元			12.38			
（二）间接费用	元	2297.76	737.37	1330.34	331.70	831.53	622.40
1. 固定资产折旧	元	2248.66	503.23	1174.92	301.42	348.60	578.68
2. 保险费	元					217.14	
3. 管理费	元				17.64	21.90	0.43
4. 财务费	元				12.64		0.42
5. 销售费	元	49.10	234.14	155.42		243.89	42.87
二、每亩人工成本	元	**5800.27**	**6257.37**	**4392.61**	**5394.67**	**5466.51**	**5098.78**
1. 家庭用工折价	元	4988.10	5506.73	3978.84	1697.02	4765.93	2594.94
家庭用工天数	日	57.75	63.75	46.06	19.65	55.17	30.04
劳动日工价	元	86.38	86.38	86.38	86.38	86.38	86.38
2. 雇工费用	元	812.17	750.65	413.78	3697.65	700.58	2503.84
雇工天数	日	8.13	7.36	4.11	31.45	8.61	17.32
雇工工价	元	99.90	101.99	100.68	117.57	81.37	144.56
三、附							
1. 每亩种子用量	公斤						
2. 每亩化肥用量	公斤	31.36	44.06	46.49	46.00	39.60	56.94
3. 每亩农膜用量	公斤	37.33	24.25	62.38	16.01	43.22	29.92

6-1-2-2　续表 2

项　目	单位	安　徽	山　东	河　南	湖　北	四　川
一、每亩物质与服务费用	**元**	**2819.90**	**4055.37**	**2768.70**	**2686.27**	**3529.47**
（一）直接费用	元	1987.11	2869.88	2095.11	2360.42	2860.79
1. 种子费	元	364.13	675.07	300.52	456.67	337.40
2. 化肥费	元	349.08	597.06	365.49	726.64	783.24
3. 农家肥费	元	377.63	508.16	250.45	136.50	189.89
4. 农药费	元	169.83	340.82	272.80	347.66	523.81
5. 农膜费	元	425.20	467.09	475.85	318.40	595.63
6. 租赁作业费	元	112.82	137.59	141.92	115.34	159.23
机械作业费	元	74.01	95.83	62.50	95.45	119.16
排灌费	元	38.81	41.76	79.42	19.89	32.80
其中：水费	元		3.10		11.23	32.80
畜力费	元					7.27
7. 燃料动力费	元	19.85	16.92	146.66	23.57	32.71
8. 技术服务费	元					
9. 工具材料费	元	151.46	90.90	115.55	226.43	178.90
10. 修理维护费	元	17.11	36.27	25.87	9.21	59.98
11. 其他直接费用	元					
（二）间接费用	元	832.79	1185.49	673.59	325.85	668.68
1. 固定资产折旧	元	539.69	1144.01	627.04	278.14	554.51
2. 保险费	元	67.05				32.27
3. 管理费	元					
4. 财务费	元					
5. 销售费	元	226.05	41.48	46.55	47.71	81.90
二、每亩人工成本	**元**	**4124.48**	**6227.24**	**5148.21**	**3197.84**	**5594.52**
1. 家庭用工折价	元	2607.21	5560.28	4703.05	3145.70	5273.59
家庭用工天数	日	30.18	64.37	54.45	36.42	61.05
劳动日工价	元	86.38	86.38	86.38	86.38	86.38
2. 雇工费用	元	1517.27	666.96	445.17	52.14	320.94
雇工天数	日	16.29	6.93	5.04	0.40	3.31
雇工工价	元	93.14	96.24	88.33	130.34	96.96
三、附						
1. 每亩种子用量	公斤					
2. 每亩化肥用量	公斤	32.87	49.82	59.20	71.67	61.77
3. 每亩农膜用量	公斤	29.76	36.13	34.25	22.38	35.69

6-1-2-2 续表3

项　　目	单位	陕　西	甘　肃	青　海	宁　夏	新　疆
一、每亩物质与服务费用	元	**2295.07**	**3508.88**	**4032.83**	**3710.39**	**3135.51**
（一）直接费用	元	1897.07	2661.28	2801.70	2951.39	2630.15
1. 种子费	元	336.50	455.06	396.23	1120.48	360.01
2. 化肥费	元	301.68	545.18	532.31	558.00	430.32
3. 农家肥费	元	299.33	296.51	931.05	245.27	403.16
4. 农药费	元	233.17	277.16	174.95	192.89	133.24
5. 农膜费	元	405.75	471.32	537.82	638.99	516.39
6. 租赁作业费	元	201.34	243.52	115.64	103.59	288.18
机械作业费	元	72.17	109.29	79.93	46.02	88.91
排灌费	元	129.17	134.23	35.71	57.57	199.27
其中：水费	元		95.56	35.71	51.31	59.34
畜力费	元					
7. 燃料动力费	元		12.17	44.63		392.40
8. 技术服务费	元					
9. 工具材料费	元	85.00	307.67	30.84	69.15	58.40
10. 修理维护费	元	34.30	52.69	38.23	23.02	48.05
11. 其他直接费用	元					
（二）间接费用	元	398.00	847.60	1231.13	759.00	505.36
1. 固定资产折旧	元	261.50	703.66	965.89	721.38	491.49
2. 保险费	元		30.33			
3. 管理费	元			154.37		0.20
4. 财务费	元					
5. 销售费	元	136.50	113.61	110.87	37.62	13.67
二、每亩人工成本	元	**5478.70**	**6038.31**	**5494.16**	**3850.78**	**3842.98**
1. 家庭用工折价	元	4712.03	5952.36	2491.98	3221.71	3662.86
家庭用工天数	日	54.55	68.91	28.85	37.30	42.40
劳动日工价	元	86.38	86.38	86.38	86.38	86.38
2. 雇工费用	元	766.67	85.95	3002.18	629.07	180.12
雇工天数	日	8.02	1.05	37.38	7.19	1.77
雇工工价	元	95.60	81.86	80.32	87.49	101.76
三、附						
1. 每亩种子用量	公斤					
2. 每亩化肥用量	公斤	54.37	57.87	37.68	60.12	47.89
3. 每亩农膜用量	公斤	27.05	27.63	27.19	26.90	35.16

6-1-2-3　2019年各地区设施西红柿化肥投入情况

项　　目	单位	平　均	北　京	天　津	河　北	山　西	内蒙古
一、每亩化肥金额	**元**	**481.47**	**284.26**	**210.00**	**428.27**	**1211.39**	**792.73**
（一）氮肥	元	47.40	1.51	23.18	66.51	18.86	54.30
1. 尿素	元	46.84	1.51	23.18	66.51	18.86	54.30
2. 碳铵	元	0.56					
3. 其他氮肥	元						
（二）磷肥	元	5.28				30.94	
其中：过磷酸钙	元	4.92				30.94	
（三）钾肥	元	15.11			16.31		3.09
其中：氯化钾	元	3.67			14.68		3.09
（四）复混肥	元	284.19	176.62	186.82	297.95	781.30	170.98
1. 复合肥	元	283.54	176.62	186.82	297.95	781.30	170.98
其中：二铵	元	48.50		12.37	98.95	61.35	165.06
三元素复合肥	元	136.32	167.26	174.45	199.00	13.87	0.92
2. 混配肥	元	0.65					
（五）其他肥料	元	129.49	106.13		47.50	380.29	564.36
二、每亩化肥折纯用量	**公斤**	**50.16**	**25.77**	**31.58**	**68.75**	**77.71**	**45.96**
（一）氮肥	公斤	10.53	0.35	5.09	14.99	4.06	12.10
1. 尿素	公斤	10.41	0.35	5.09	14.99	4.06	12.10
2. 碳铵	公斤	0.12					
3. 其他氮肥	公斤						
（二）磷肥	公斤	0.95				5.15	
其中：过磷酸钙	公斤	0.89				5.15	
（三）钾肥	公斤	1.56			2.69		0.43
其中：氯化钾	公斤	0.65			2.58		0.43
（四）复混肥	公斤	37.13	25.42	26.49	51.08	68.49	33.44
1. 复合肥	公斤	37.08	25.42	26.49	51.08	68.49	33.44
其中：二铵	公斤	9.59		2.52	20.88	11.46	32.57
三元素复合肥	公斤	18.12	24.67	23.97	30.20	1.89	0.13
2. 混配肥	公斤	0.05					

6-1-2-3 续表 1

项　　目	单位	辽　宁	吉　林	黑龙江	上　海	江　苏	浙　江
一、每亩化肥金额	元	**491.38**	**309.92**	**262.42**	**351.07**	**302.38**	**472.29**
（一）氮肥	元		61.00	60.12	103.19	51.95	70.29
1. 尿素	元		61.00	60.12	103.19	51.95	70.29
2. 碳铵	元						
3. 其他氮肥	元						
（二）磷肥	元					4.59	5.70
其中：过磷酸钙	元						5.17
（三）钾肥	元	90.67	29.11	24.75			55.31
其中：氯化钾	元		14.35	11.36			1.93
（四）复混肥	元	111.48	170.89	120.87	247.88	171.32	303.57
1. 复合肥	元	111.48	170.89	120.87	247.88	171.32	299.19
其中：二铵	元	33.99	50.59	29.91		7.31	
三元素复合肥	元	77.49	109.17	77.73	247.88	105.98	231.09
2. 混配肥	元						4.38
（五）其他肥料	元	289.23	48.92	56.68		74.52	37.42
二、每亩化肥折纯用量	公斤	**31.36**	**44.06**	**46.49**	**46.00**	**39.60**	**56.94**
（一）氮肥	公斤		13.38	20.58	20.88	10.22	15.22
1. 尿素	公斤		13.38	20.58	20.88	10.22	15.22
2. 碳铵	公斤						
3. 其他氮肥	公斤						
（二）磷肥	公斤					0.73	1.00
其中：过磷酸钙	公斤						0.92
（三）钾肥	公斤	13.26	3.31	3.86			3.44
其中：氯化钾	公斤		2.48	2.40			0.24
（四）复混肥	公斤	18.10	27.38	22.05	25.12	28.65	37.29
1. 复合肥	公斤	18.10	27.38	22.05	25.12	28.65	36.94
其中：二铵	公斤	6.34	9.86	7.46		1.65	
三元素复合肥	公斤	11.76	15.00	12.20	25.12	18.09	27.74
2. 混配肥	公斤						0.35

6-1-2-3 续表 2

项　　目	单位	安　徽	山　东	河　南	湖　北	四　川
一、每亩化肥金额	元	**349.08**	**597.06**	**365.49**	**726.64**	**783.24**
（一）氮肥	元	7.02	3.04	72.32		26.51
1. 尿素	元	7.02	3.04	56.83		26.51
2. 碳铵	元			15.49		
3. 其他氮肥	元					
（二）磷肥	元			19.30		21.56
其中：过磷酸钙	元			19.30		21.56
（三）钾肥	元		21.51			22.28
其中：氯化钾	元		21.51			22.28
（四）复混肥	元	210.24	413.98	273.87	632.00	492.74
1. 复合肥	元	210.24	413.98	273.87	632.00	492.74
其中：二铵	元	0.58	24.77			
三元素复合肥	元	134.74	209.62	86.84	32.08	268.30
2. 混配肥	元					
（五）其他肥料	元	131.82	158.53		94.64	220.15
二、每亩化肥折纯用量	公斤	**32.87**	**49.82**	**59.20**	**71.67**	**61.77**
（一）氮肥	公斤	1.57	0.76	16.52		5.21
1. 尿素	公斤	1.57	0.76	13.23		5.21
2. 碳铵	公斤			3.29		
3. 其他氮肥	公斤					
（二）磷肥	公斤			4.56		3.87
其中：过磷酸钙	公斤			4.56		3.87
（三）钾肥	公斤		3.98			4.08
其中：氯化钾	公斤		3.98			4.08
（四）复混肥	公斤	31.30	45.09	38.13	71.67	48.61
1. 复合肥	公斤	31.30	45.09	38.13	71.67	48.61
其中：二铵	公斤	0.13	5.26			
三元素复合肥	公斤	21.32	31.19	13.16	4.51	35.89
2. 混配肥	公斤					

6-1-2-3 续表 3

项目	单位	陕西	甘肃	青海	宁夏	新疆
一、每亩化肥金额	**元**	**301.68**	**545.18**	**532.31**	**558.00**	**430.32**
(一) 氮肥	元	55.10	32.63		57.77	44.89
1. 尿素	元	55.10	32.63		57.77	44.89
2. 碳铵	元					
3. 其他氮肥	元					
(二) 磷肥	元		14.89	35.21		
其中：过磷酸钙	元		14.89	35.21		
(三) 钾肥	元		5.74			
其中：氯化钾	元					
(四) 复混肥	元	246.58	284.42	205.07	283.51	189.32
1. 复合肥	元	246.58	284.42	205.07	283.51	189.32
其中：二铵	元	53.25	159.48	75.49	127.98	184.62
三元素复合肥	元	193.33	74.98	63.10	155.53	4.70
2. 混配肥	元					
(五) 其他肥料	元		207.50	292.03	216.72	196.11
二、每亩化肥折纯用量	**公斤**	**54.37**	**57.87**	**37.68**	**60.12**	**47.89**
(一) 氮肥	公斤	12.74	7.56		13.80	11.16
1. 尿素	公斤	12.74	7.56		13.80	11.16
2. 碳铵	公斤					
3. 其他氮肥	公斤					
(二) 磷肥	公斤		2.26	6.88		
其中：过磷酸钙	公斤		2.26	6.88		
(三) 钾肥	公斤		0.61			
其中：氯化钾	公斤					
(四) 复混肥	公斤	41.63	47.45	30.80	46.31	36.73
1. 复合肥	公斤	41.63	47.45	30.80	46.31	36.73
其中：二铵	公斤	11.70	30.87	14.25	24.79	35.88
三元素复合肥	公斤	29.93	10.35	8.88	21.52	0.85
2. 混配肥	公斤		0.36			

6-1-3-1 2019年各地区露地黄瓜成本收益情况

项目	单位	平均	北京	河北	山西	内蒙古	辽宁
每亩							
主产品产量	公斤	3969.42	4259.00	4809.28	3997.51	5483.68	3705.70
产值合计	元	8296.49	8553.25	9111.04	6591.56	11590.07	5284.88
主产品产值	元	8296.49	8553.25	9111.04	6591.56	11590.07	5284.88
副产品产值	元						
总成本	元	5258.47	5362.19	5748.55	5565.41	4717.59	4490.04
生产成本	元	4852.31	5112.19	5442.16	5268.89	4517.59	4165.08
物质与服务费用	元	1528.14	1376.25	1447.91	1425.15	1085.45	1499.12
人工成本	元	3324.17	3735.94	3994.25	3843.74	3432.14	2665.96
家庭用工折价	元	2590.54	3735.94	3886.24	3703.54	3432.14	2563.93
雇工费用	元	733.63		108.02	140.19		102.03
土地成本	元	406.16	250.00	306.39	296.52	200.00	324.96
流转地租金	元	46.22	175.00	11.75	1.97		32.06
自营地折租	元	359.94	75.00	294.64	294.55	200.00	292.90
净利润	元	3038.02	3191.07	3362.49	1026.15	6872.48	794.84
现金成本	元	2307.99	1551.25	1567.68	1567.31	1085.45	1633.21
现金收益	元	5988.50	7002.00	7543.36	5024.25	10504.62	3651.67
成本利润率	%	57.77	59.51	58.49	18.44	145.68	17.70
每50公斤主产品							
平均出售价格	元	104.51	100.41	94.72	82.45	105.68	71.31
总成本	元	66.24	62.95	59.76	69.61	43.02	60.59
生产成本	元	61.12	60.01	56.58	65.91	41.19	56.20
净利润	元	38.27	37.46	34.96	12.84	62.66	10.72
现金成本	元	29.07	18.21	16.30	19.60	9.90	22.04
现金收益	元	75.44	82.20	78.42	62.85	95.78	49.27
附：							
每亩用工数量	日	35.97	43.25	46.05	44.06	39.73	30.82
每亩主产品已出售数量	公斤	3957.36	4259.00	4778.28	3978.69	5483.68	3704.46
每亩主产品已出售产值	元	8270.38	8553.25	9053.08	6558.14	11590.07	5283.22
每亩成本外支出	元	0.66					

6-1-3-1 续表 1

项目	单位	吉林	黑龙江	安徽	福建	江西	山东	河南
每亩								
主产品产量	公斤	3776.10	3402.96	3498.68	3162.43	3497.97	4984.52	4461.22
产值合计	元	6732.40	6706.50	7796.00	7482.48	8452.65	9206.36	6591.56
主产品产值	元	6732.40	6706.50	7796.00	7482.48	8452.65	9206.36	6591.56
副产品产值	元							
总成本	元	6682.72	3780.42	4906.42	5452.19	3847.25	4204.84	4942.52
生产成本	元	6155.03	3359.24	4497.59	5185.53	3682.54	3899.38	4582.36
物质与服务费用	元	859.97	1110.87	1065.84	1873.72	1018.57	1016.27	1196.99
人工成本	元	5295.06	2248.37	3431.75	3311.81	2663.97	2883.11	3385.37
家庭用工折价	元	4642.84	1589.91	3228.54	388.88	2327.08	2883.11	2638.13
雇工费用	元	652.22	658.46	203.22	2922.93	336.89		747.24
土地成本	元	527.69	421.18	408.83	266.66	164.71	305.46	360.16
流转地租金	元	89.46	86.32	142.90	66.77	13.51	29.70	63.85
自营地折租	元	438.23	334.86	265.93	199.89	151.20	275.76	296.31
净利润	元	49.68	2926.08	2889.58	2030.29	4605.40	5001.52	1649.04
现金成本	元	1601.65	1855.65	1411.96	4863.42	1368.97	1045.97	2008.08
现金收益	元	5130.75	4850.85	6384.04	2619.06	7083.68	8160.39	4583.48
成本利润率	%	0.74	77.40	58.89	37.24	119.71	118.95	33.36
每 50 公斤主产品								
平均出售价格	元	89.14	98.54	111.41	118.30	120.82	92.35	73.88
总成本	元	88.48	55.55	70.12	86.20	54.99	42.18	55.40
生产成本	元	81.50	49.36	64.27	81.98	52.64	39.12	51.36
净利润	元	0.66	42.99	41.29	32.10	65.83	50.17	18.48
现金成本	元	21.21	27.27	20.18	76.89	19.57	10.49	22.51
现金收益	元	67.93	71.27	91.23	41.41	101.25	81.86	51.37
附:								
每亩用工数量	日	60.73	24.07	39.62	26.83	29.78	33.38	39.86
每亩主产品已出售数量	公斤	3776.10	3402.96	3498.68	3111.84	3479.73	4973.74	4461.22
每亩主产品已出售产值	元	6732.40	6706.50	7796.00	7367.98	8410.54	9186.78	6591.56
每亩成本外支出	元							

6-1-3-1 续表 2

项　　目	单位	湖　北	湖　南	广　东	广　西	海　南	重　庆	四　川
每亩								
主产品产量	公斤	4118.62	4711.03	2253.86	3665.73	4033.14	4916.07	3509.95
产值合计	元	7837.70	11811.83	5984.44	8279.20	12828.42	8757.46	7878.20
主产品产值	元	7837.70	11811.83	5984.44	8279.20	12828.42	8757.46	7878.20
副产品产值	元							
总成本	元	4115.24	4926.20	5039.24	5324.09	8278.11	4826.76	4370.41
生产成本	元	3828.45	4628.95	4196.38	5098.06	7125.61	4496.51	4165.36
物质与服务费用	元	1307.69	1399.03	1049.56	1780.90	2754.17	1124.06	1371.57
人工成本	元	2520.76	3229.92	3146.82	3317.16	4371.44	3372.45	2793.79
家庭用工折价	元	2512.19	3229.92	3146.82	3317.16	3753.38	3372.45	2793.79
雇工费用	元	8.57				618.05		
土地成本	元	286.79	297.25	842.86	226.03	1152.50	330.25	205.05
流转地租金	元	29.06	41.95	252.86	8.76	20.43	71.20	24.12
自营地折租	元	257.73	255.30	590.00	217.27	1132.07	259.05	180.93
净利润	元	3722.46	6885.63	945.20	2955.11	4550.31	3930.70	3507.79
现金成本	元	1345.32	1440.98	1302.42	1789.66	3392.65	1195.26	1395.69
现金收益	元	6492.38	10370.85	4682.02	6489.54	9435.77	7562.20	6482.51
成本利润率	%	90.46	139.78	18.76	55.50	54.97	81.44	80.26
每 50 公斤主产品								
平均出售价格	元	95.15	125.36	132.76	112.93	159.04	89.07	112.23
总成本	元	49.96	52.28	111.79	72.62	102.63	49.09	62.26
生产成本	元	46.48	49.13	93.09	69.54	88.34	45.73	59.34
净利润	元	45.19	73.08	20.97	40.31	56.41	39.98	49.97
现金成本	元	16.33	15.29	28.89	24.41	42.06	12.16	19.88
现金收益	元	78.82	110.07	103.87	88.52	116.98	76.91	92.35
附：								
每亩用工数量	日	29.14	37.39	36.43	38.40	47.58	39.04	32.34
每亩主产品已出售数量	公斤	4118.62	4711.03	2253.86	3665.73	4032.42	4916.07	3509.95
每亩主产品已出售产值	元	7837.70	11811.83	5984.44	8279.20	12825.52	8757.46	7878.20
每亩成本外支出	元							

6-1-3-1 续表 3

项　　目	单位	贵　州	云　南	陕　西	甘　肃	宁　夏	新　疆
每亩							
主产品产量	公斤	3134.13	3819.87	3631.00	4961.96	4987.11	7983.77
产值合计	元	4368.04	13060.16	8413.97	8016.35	5118.74	10757.98
主产品产值	元	4368.04	13060.16	8413.97	8016.35	5118.74	10757.98
副产品产值	元						
总成本	元	3807.86	5588.23	5257.54	4787.79	5742.62	5777.35
生产成本	元	3514.07	5371.10	5087.54	4530.17	5379.26	5363.35
物质与服务费用	元	1020.07	2368.10	1347.29	1153.40	2209.20	1709.69
人工成本	元	2494.00	3003.00	3740.25	3376.77	3170.06	3653.66
家庭用工折价	元	1827.37	3003.00	3740.25	3376.77	3170.06	2455.52
雇工费用	元	666.63					1198.13
土地成本	元	293.79	217.13	170.00	257.62	363.36	414.00
流转地租金	元	6.27				128.58	108.26
自营地折租	元	287.52	217.13	170.00	257.62	234.78	305.74
净利润	元	560.18	7471.93	3156.43	3228.56	-623.88	4980.63
现金成本	元	1692.97	2368.10	1347.29	1153.40	2337.78	3016.08
现金收益	元	2675.07	10692.06	7066.68	6862.95	2780.96	7741.90
成本利润率	%	14.71	133.71	60.04	67.43	-10.86	86.21
每 50 公斤主产品							
平均出售价格	元	69.69	170.95	115.86	80.78	51.32	67.37
总成本	元	60.75	73.15	72.40	48.25	57.57	36.18
生产成本	元	56.07	70.30	70.06	45.65	53.93	33.59
净利润	元	8.94	97.80	43.46	32.53	-6.25	31.19
现金成本	元	27.01	31.00	18.55	11.62	23.44	18.89
现金收益	元	42.68	139.95	97.31	69.16	27.88	48.48
附：							
每亩用工数量	日	28.21	34.77	43.30	39.09	36.70	36.43
每亩主产品已出售数量	公斤	3134.13	3819.87	3597.50	4961.96	4987.11	7983.77
每亩主产品已出售产值	元	4368.04	13060.16	8337.30	8016.35	5118.74	10757.98
每亩成本外支出	元					41.28	

6-1-3-2 2019年各地区露地黄瓜费用和用工情况

项　目	单位	平　均	北　京	河　北	山　西	内蒙古	辽　宁
一、每亩物质与服务费用	元	**1528.14**	**1376.25**	**1447.91**	**1425.15**	**1085.45**	**1499.12**
（一）直接费用	元	1393.93	1303.50	1399.24	1365.70	910.01	1381.14
1. 种子费	元	148.70	82.00	231.37	135.75	218.57	171.04
2. 化肥费	元	407.30	410.00	306.86	268.68	170.19	327.76
3. 农家肥费	元	196.12	312.50	348.99	239.30	278.40	191.24
4. 农药费	元	237.11	235.00	137.63	87.15	83.19	175.39
5. 农膜费	元	54.95	64.00	11.01	63.86	38.01	69.49
6. 租赁作业费	元	149.07	130.50	216.78	241.80	94.59	180.86
机械作业费	元	102.00	60.00	65.96	79.83	46.37	49.19
排灌费	元	42.64	70.50	150.82	161.97	48.22	131.67
其中：水费	元	10.26	21.75			48.22	6.85
畜力费	元	4.43					
7. 燃料动力费	元	19.46			4.62		
8. 技术服务费	元	4.47					
9. 工具材料费	元	169.59	69.50	137.48	318.00	26.28	255.95
10. 修理维护费	元	7.16		9.12	6.54	0.78	9.41
11. 其他直接费用	元						
（二）间接费用	元	134.21	72.75	48.67	59.45	175.44	117.98
1. 固定资产折旧	元	22.16		12.63	12.86		23.72
2. 保险费	元						
3. 管理费	元	0.29					
4. 财务费	元						
5. 销售费	元	111.76	72.75	36.04	46.59	175.44	94.26
二、每亩人工成本	元	**3324.17**	**3735.94**	**3994.25**	**3843.74**	**3432.14**	**2665.96**
1. 家庭用工折价	元	2590.54	3735.94	3886.24	3703.54	3432.14	2563.93
家庭用工天数	日	29.99	43.25	44.99	42.88	39.73	29.68
劳动日工价	元	86.38	86.38	86.38	86.38	86.38	86.38
2. 雇工费用	元	733.63		108.02	140.19		102.03
雇工天数	日	5.98		1.06	1.18		1.14
雇工工价	元	122.68	120.00	101.90	118.81	98.22	89.50
三、附							
1. 每亩种子用量	公斤	0.01					
2. 每亩化肥用量	公斤	49.18	29.75	45.27	44.61	36.02	45.33
3. 每亩农膜用量	公斤	4.32	5.00	0.89	5.09	3.13	5.68

6-1-3-2 续表 1

项　　目	单位	吉　林	黑龙江	安　徽	福　建	江　西	山　东	河　南
一、每亩物质与服务费用	元	**859.97**	**1110.87**	**1065.84**	**1873.72**	**1018.57**	**1016.27**	**1196.99**
（一）直接费用	元	673.54	960.54	953.22	1462.31	896.54	956.43	1116.51
1. 种子费	元	111.61	172.36	135.79	65.19	107.08	124.70	121.68
2. 化肥费	元	122.16	108.21	270.25	447.52	328.67	200.18	421.60
3. 农家肥费	元	202.75	226.00	177.63	333.74	117.17	262.72	82.68
4. 农药费	元	69.98	85.62	119.85	156.25	104.69	137.12	137.76
5. 农膜费	元	20.75	64.82	18.36	61.16	27.16	13.65	62.57
6. 租赁作业费	元	119.18	103.99	89.66	128.71	43.85	121.71	137.99
机械作业费	元	102.63	71.37	75.25	91.46	39.97	72.60	59.72
排灌费	元	16.55	32.62	14.41	31.52	3.88	49.11	78.27
其中：水费	元		35.19		2.54		3.26	
畜力费	元				5.73			
7. 燃料动力费	元		18.50	27.20	31.10	82.11		
8. 技术服务费	元				27.96			
9. 工具材料费	元	16.35	181.04	104.27	201.68	80.59	91.78	142.08
10. 修理维护费	元	10.76		10.21	9.00	5.22	4.57	10.15
11. 其他直接费用	元							
（二）间接费用	元	186.43	150.33	112.62	411.41	122.03	59.84	80.48
1. 固定资产折旧	元	9.34		44.33	44.36	44.62	13.60	26.22
2. 保险费	元							
3. 管理费	元							
4. 财务费	元							
5. 销售费	元	177.09	150.33	68.29	367.05	77.41	46.24	54.26
二、每亩人工成本	元	**5295.06**	**2248.37**	**3431.75**	**3311.81**	**2663.97**	**2883.11**	**3385.37**
1. 家庭用工折价	元	4642.84	1589.91	3228.54	388.88	2327.08	2883.11	2638.13
家庭用工天数	日	53.75	18.41	37.38	4.50	26.94	33.38	30.54
劳动日工价	元	86.38	86.38	86.38	86.38	86.38	86.38	86.38
2. 雇工费用	元	652.22	658.46	203.22	2922.93	336.89		747.24
雇工天数	日	6.98	5.66	2.24	22.33	2.84		9.32
雇工工价	元	93.44	116.34	90.72	130.90	118.62	91.61	80.18
三、附								
1. 每亩种子用量	公斤							
2. 每亩化肥用量	公斤	18.52	20.80	28.97	54.18	45.81	32.18	68.15
3. 每亩农膜用量	公斤	1.49	5.14	1.41	4.56	1.91	1.13	4.98

6-1-3-2 续表 2

项目	单位	湖北	湖南	广东	广西	海南	重庆	四川
一、每亩物质与服务费用	元	**1307.69**	**1399.03**	**1049.56**	**1780.90**	**2754.17**	**1124.06**	**1371.57**
(一)直接费用	元	1234.45	1168.72	1002.10	1699.39	2721.01	1108.16	1164.45
1. 种子费	元	193.18	107.73	54.29	236.73	157.30	94.96	139.40
2. 化肥费	元	366.39	319.92	522.43	780.19	962.47	355.92	379.39
3. 农家肥费	元	52.80	74.26	114.14	47.07	118.77	61.83	152.09
4. 农药费	元	258.69	290.72	81.71	299.44	965.29	155.66	143.53
5. 农膜费	元	59.40	74.21	10.29	64.62	51.92	57.58	97.80
6. 租赁作业费	元	107.82	63.05	5.00	87.47	252.21	106.38	115.63
机械作业费	元	82.68	54.75		52.59	200.22	106.38	95.61
排灌费	元	25.14	8.30	5.00	19.09	23.50		20.02
其中:水费	元	22.25		2.50		10.94		17.60
畜力费	元				15.79	28.49		
7. 燃料动力费	元	13.73	22.39	1.81	37.02	45.35	3.65	
8. 技术服务费	元					1.32		
9. 工具材料费	元	174.65	202.33	210.57	138.58	148.65	269.41	134.05
10. 修理维护费	元	7.79	14.11	1.86	8.27	17.73	2.77	2.56
11. 其他直接费用	元							
(二)间接费用	元	73.24	230.31	47.46	81.51	33.16	15.90	207.12
1. 固定资产折旧	元	27.62	52.04	21.03	12.39	14.63	10.74	12.82
2. 保险费	元							
3. 管理费	元							
4. 财务费	元							
5. 销售费	元	45.62	178.27	26.43	69.12	18.53	5.16	194.30
二、每亩人工成本	元	**2520.76**	**3229.92**	**3146.82**	**3317.16**	**4371.44**	**3372.45**	**2793.79**
1. 家庭用工折价	元	2512.19	3229.92	3146.82	3317.16	3753.38	3372.45	2793.79
家庭用工天数	日	29.08	37.39	36.43	38.40	43.45	39.04	32.34
劳动日工价	元	86.38	86.38	86.38	86.38	86.38	86.38	86.38
2. 雇工费用	元	8.57				618.05		
雇工天数	日	0.06				4.13		
雇工工价	元	142.80	169.31	130.00	104.86	149.65	137.24	100.11
三、附								
1. 每亩种子用量	公斤					0.11		
2. 每亩化肥用量	公斤	41.59	50.96	49.18	71.02	84.82	51.02	52.41
3. 每亩农膜用量	公斤	4.54	5.33	0.89	4.88	4.07	4.05	6.54

6-1-3-2 续表 3

项　　目	单位	贵　州	云　南	陕　西	甘　肃	宁　夏	新　疆
一、每亩物质与服务费用	**元**	**1020.07**	**2368.10**	**1347.29**	**1153.40**	**2209.20**	**1709.69**
（一）直接费用	元	998.14	2286.60	1145.89	1129.21	2113.35	1682.55
1. 种子费	元	110.37	169.68	132.50	146.46	871.76	253.26
2. 化肥费	元	238.38	702.84	363.93	338.95	449.89	371.03
3. 农家肥费	元	137.49	102.48	179.83	153.98	259.29	213.45
4. 农药费	元	93.22	379.05	210.00	133.99	124.01	179.37
5. 农膜费	元	101.14	75.09		52.37	61.62	58.82
6. 租赁作业费	元	162.75	274.83	197.83	171.97	167.35	170.21
机械作业费	元	162.75	175.82	92.50	120.92	99.02	88.73
排灌费	元		99.01	105.33	51.05	68.33	81.48
其中：水费	元		99.01		15.79	68.33	24.43
畜力费	元						
7. 燃料动力费	元	24.17					3.99
8. 技术服务费	元						
9. 工具材料费	元	129.61	582.63	52.83	126.95	176.16	430.34
10. 修理维护费	元	1.01		8.97	4.54	3.27	2.08
11. 其他直接费用	元						
（二）间接费用	元	21.93	81.50	201.40	24.19	95.85	27.14
1. 固定资产折旧	元	14.13	63.69	13.40	5.43	4.72	2.32
2. 保险费	元						
3. 管理费	元						10.95
4. 财务费	元						
5. 销售费	元	7.80	17.81	188.00	18.76	91.13	13.87
二、每亩人工成本	**元**	**2494.00**	**3003.00**	**3740.25**	**3376.77**	**3170.06**	**3653.66**
1. 家庭用工折价	元	1827.37	3003.00	3740.25	3376.77	3170.06	2455.52
家庭用工天数	日	21.16	34.77	43.30	39.09	36.70	28.43
劳动日工价	元	86.38	86.38	86.38	86.38	86.38	86.38
2. 雇工费用	元	666.63					1198.13
雇工天数	日	7.05					8.00
雇工工价	元	94.56	106.20	110.00	102.15	91.01	149.77
三、附							
1. 每亩种子用量	公斤						
2. 每亩化肥用量	公斤	32.65	81.49	70.82	45.28	47.73	54.88
3. 每亩农膜用量	公斤	8.90	5.16		4.18	4.98	5.05

6-1-3-3 2019年各地区露地黄瓜化肥投入情况

项 目	单位	平 均	北 京	河 北	山 西	内蒙古	辽 宁
一、每亩化肥金额	**元**	**407.30**	**410.00**	**306.86**	**268.68**	**170.19**	**327.76**
（一）氮肥	元	33.63	105.00	28.73	55.08	77.92	12.85
1. 尿素	元	31.40	105.00	28.73	55.08	77.92	12.85
2. 碳铵	元	0.58					
3. 其他氮肥	元	1.65					
（二）磷肥	元	8.03			8.08		
其中：过磷酸钙	元	7.60			8.08		
（三）钾肥	元	14.72		5.02			
其中：氯化钾	元	11.09		5.02			
（四）复混肥	元	311.60	45.00	232.30	202.68	86.35	303.43
1. 复合肥	元	311.40	45.00	232.30	202.68	86.35	303.43
其中：二铵	元	19.30		30.11	44.51	86.35	82.48
三元素复合肥	元	195.81	45.00	114.37	86.53		209.91
2. 混配肥	元	0.20					
（五）其他肥料	元	39.32	260.00	40.81	2.84	5.92	11.48
二、每亩化肥折纯用量	**公斤**	**49.18**	**29.75**	**45.27**	**44.61**	**36.02**	**45.33**
（一）氮肥	公斤	6.90	23.00	6.69	12.09	17.31	2.69
1. 尿素	公斤	6.56	23.00	6.69	12.09	17.31	2.69
2. 碳铵	公斤	0.12					
3. 其他氮肥	公斤	0.22					
（二）磷肥	公斤	1.41			1.22		
其中：过磷酸钙	公斤	1.35			1.22		
（三）钾肥	公斤	2.09		0.53			
其中：氯化钾	公斤	1.74		0.53			
（四）复混肥	公斤	38.79	6.75	38.04	31.30	18.71	42.65
1. 复合肥	公斤	38.78	6.75	38.04	31.30	18.71	42.65
其中：二铵	公斤	3.91		6.66	7.97	18.71	16.82
三元素复合肥	公斤	22.69	6.75	18.24	12.93		24.51
2. 混配肥	公斤	0.01					

6-1-3-3 续表 1

项目	单位	吉林	黑龙江	安徽	福建	江西	山东	河南
一、每亩化肥金额	**元**	**122.16**	**108.21**	**270.25**	**447.52**	**328.67**	**200.18**	**421.60**
（一）氮肥	元	40.39	25.76	21.76	2.31	16.09	19.21	53.43
1. 尿素	元	40.39	25.76	21.76	1.62	16.09	19.21	48.31
2. 碳铵	元				0.69			5.12
3. 其他氮肥	元							
（二）磷肥	元				4.79	28.11		
其中：过磷酸钙	元				2.78	28.11		
（三）钾肥	元		22.80		12.58			
其中：氯化钾	元		10.79		12.58			
（四）复混肥	元	67.64	55.13	149.53	422.21	284.47	180.97	368.17
1. 复合肥	元	67.64	55.13	149.53	422.21	284.47	180.97	368.17
其中：二铵	元	8.51	35.12				4.35	
三元素复合肥	元	59.13		107.12	73.12	97.38	176.62	368.17
2. 混配肥	元							
（五）其他肥料	元	14.13	4.52	98.96	5.63			
二、每亩化肥折纯用量	**公斤**	**18.52**	**20.80**	**28.97**	**54.18**	**45.81**	**32.18**	**68.15**
（一）氮肥	公斤	8.90	5.65	5.01	0.46	3.42	4.53	13.34
1. 尿素	公斤	8.90	5.65	5.01	0.34	3.42	4.53	12.20
2. 碳铵	公斤				0.12			1.14
3. 其他氮肥	公斤							
（二）磷肥	公斤				0.64	4.82		
其中：过磷酸钙	公斤				0.42	4.82		
（三）钾肥	公斤		3.04		1.80			
其中：氯化钾	公斤		2.09		1.80			
（四）复混肥	公斤	9.61	12.11	23.96	51.30	37.58	27.66	54.81
1. 复合肥	公斤	9.61	12.11	23.96	51.30	37.58	27.66	54.81
其中：二铵	公斤	1.54	8.49				0.82	
三元素复合肥	公斤	8.07		17.86	8.44	13.41	26.84	54.81
2. 混配肥	公斤							

6-1-3-3 续表 2

项目	单位	湖北	湖南	广东	广西	海南	重庆	四川
一、每亩化肥金额	**元**	**366.39**	**319.92**	**522.43**	**780.19**	**962.47**	**355.92**	**379.39**
（一）氮肥	元		1.50			57.94	46.20	59.39
1. 尿素	元		1.50			57.94	46.20	49.42
2. 碳铵	元							9.97
3. 其他氮肥	元							
（二）磷肥	元		12.37			33.80		10.78
其中：过磷酸钙	元		12.37			32.73		10.78
（三）钾肥	元		13.18			72.18		14.03
其中：氯化钾	元		13.18			71.13		
（四）复混肥	元	361.24	292.87	522.43	724.61	648.75	309.72	295.19
1. 复合肥	元	350.91	292.87	522.43	724.61	648.75	309.72	295.19
其中：二铵	元					6.68		
三元素复合肥	元	16.52	115.77	522.43	621.29	633.05	263.94	190.76
2. 混配肥	元	10.33						
（五）其他肥料	元	5.15			55.58	149.80		
二、每亩化肥折纯用量	**公斤**	**41.59**	**50.96**	**49.18**	**71.02**	**84.82**	**51.02**	**52.41**
（一）氮肥	公斤		0.29			10.01	9.26	12.51
1. 尿素	公斤		0.29			10.01	9.26	10.29
2. 碳铵	公斤							2.22
3. 其他氮肥	公斤							
（二）磷肥	公斤		2.71			5.23		1.82
其中：过磷酸钙	公斤		2.71			5.02		1.82
（三）钾肥	公斤		2.47			11.27		0.17
其中：氯化钾	公斤		2.47			11.21		
（四）复混肥	公斤	41.59	45.49	49.18	71.02	58.31	41.75	37.90
1. 复合肥	公斤	40.90	45.49	49.18	71.02	58.31	41.75	37.90
其中：二铵	公斤					0.82		
三元素复合肥	公斤	2.48	17.63	49.18	64.33	56.75	35.53	25.65
2. 混配肥	公斤	0.69						

6-1-3-3 续表 3

项 目	单位	贵 州	云 南	陕 西	甘 肃	宁 夏	新 疆
一、每亩化肥金额	元	**238.38**	**702.84**	**363.93**	**338.95**	**449.89**	**371.03**
（一）氮肥	元	33.82	113.36	117.15	59.18	23.49	96.55
1. 尿素	元	19.61	113.36	117.15	59.18	23.49	96.55
2. 碳铵	元						
3. 其他氮肥	元	14.21					
（二）磷肥	元	0.67	62.79		6.54		
其中：过磷酸钙	元	0.67	62.79		6.54		
（三）钾肥	元	5.88	71.33				
其中：氯化钾	元						
（四）复混肥	元	191.67	344.63	246.78	176.92	241.12	156.25
1. 复合肥	元	191.67	344.63	246.78	176.92	241.12	156.25
其中：二铵	元			127.70	111.72	133.52	156.25
三元素复合肥	元	177.17	281.68	119.08	8.75	107.60	
2. 混配肥	元						
（五）其他肥料	元	6.34	110.73		96.31	185.28	118.23
二、每亩化肥折纯用量	公斤	**32.65**	**81.49**	**70.82**	**45.28**	**47.73**	**54.88**
（一）氮肥	公斤	5.31	19.78	25.45	13.24	5.94	25.31
1. 尿素	公斤	3.45	19.78	25.45	13.24	5.94	25.31
2. 碳铵	公斤						
3. 其他氮肥	公斤	1.86					
（二）磷肥	公斤	0.12	14.72		1.29		
其中：过磷酸钙	公斤	0.12	14.72		1.29		
（三）钾肥	公斤	0.73	8.22				
其中：氯化钾	公斤						
（四）复混肥	公斤	26.48	38.77	45.37	30.75	41.78	29.57
1. 复合肥	公斤	26.48	38.77	45.37	30.75	41.78	29.57
其中：二铵	公斤			26.99	22.15	27.56	29.57
三元素复合肥	公斤	24.16	31.33	18.38	1.23	14.22	
2. 混配肥	公斤	0.20					

6-1-4-1　2019年各地区设施黄瓜成本收益情况

项　　目	单位	平　均	北　京	天　津	河　北	山　西	内蒙古
每亩							
主产品产量	公斤	5597.35	5041.65	5113.45	7744.20	6966.84	8862.06
产值合计	元	14625.05	9879.12	14243.76	20141.89	19736.82	16968.33
主产品产值	元	14625.05	9879.12	14243.76	20141.89	19736.82	16968.33
副产品产值	元						
总成本	元	9206.52	8854.59	6241.71	11144.33	13408.41	11994.29
生产成本	元	8700.02	8182.52	5954.13	10556.76	13045.30	11413.81
物质与服务费用	元	3346.46	3725.77	1735.16	4530.58	6040.05	5577.07
人工成本	元	5353.56	4456.75	4218.97	6026.18	7005.25	5836.74
家庭用工折价	元	3881.83	1624.72	4192.71	5145.57	5759.73	5319.54
雇工费用	元	1471.73	2832.03	26.25	880.61	1245.52	517.20
土地成本	元	506.50	672.07	287.58	587.57	363.11	580.48
流转地租金	元	219.31	390.79	68.69	135.21	33.98	87.00
自营地折租	元	287.19	281.28	218.89	452.36	329.13	493.48
净利润	元	5418.53	1024.53	8002.05	8997.56	6328.41	4974.04
现金成本	元	5037.50	6948.59	1830.10	5546.40	7319.55	6181.27
现金收益	元	9587.55	2930.53	12413.66	14595.49	12417.27	10787.06
成本利润率	%	58.86	11.57	128.20	80.74	47.20	41.47
每50公斤主产品							
平均出售价格	元	130.64	97.98	139.28	130.05	141.65	95.74
总成本	元	82.24	87.82	61.03	71.96	96.23	67.68
生产成本	元	77.71	81.15	58.22	68.16	93.63	64.40
净利润	元	48.40	10.16	78.25	58.09	45.42	28.06
现金成本	元	45.00	68.92	17.90	35.81	52.53	34.88
现金收益	元	85.64	29.06	121.38	94.24	89.12	60.86
附：							
每亩用工数量	日	58.04	42.78	48.73	67.22	79.30	65.26
每亩主产品已出售数量	公斤	5586.80	4836.57	5113.45	7714.00	6958.63	8850.93
每亩主产品已出售产值	元	14602.87	9556.85	14243.76	20055.70	19714.48	16944.79
每亩成本外支出	元	0.33					

6-1-4-1 续表 1

项目	单位	辽宁	吉林	黑龙江	上海	江苏	浙江
每亩							
主产品产量	公斤	8639.51	5095.21	5454.30	4044.54	6065.52	3054.60
产值合计	元	17164.10	10733.36	13927.66	10634.26	11672.99	14477.58
主产品产值	元	17164.10	10733.36	13927.66	10634.26	11672.99	14477.58
副产品产值	元						
总成本	元	14397.68	9245.60	8015.00	9867.79	6649.03	7400.56
生产成本	元	14035.47	8838.16	7631.96	9026.40	5951.13	6882.49
物质与服务费用	元	6039.26	2550.56	3835.84	2648.55	2281.05	1837.24
人工成本	元	7996.21	6287.60	3796.12	6377.85	3670.08	5045.25
家庭用工折价	元	7137.84	5364.03	3122.72	2820.57	1313.15	2361.72
雇工费用	元	858.38	923.58	673.39	3557.29	2356.93	2683.54
土地成本	元	362.21	407.44	383.04	841.39	697.90	518.07
流转地租金	元	31.82	60.76	111.64	841.39	178.03	316.83
自营地折租	元	330.39	346.68	271.40		519.87	201.24
净利润	元	2766.42	1487.76	5912.66	766.47	5023.96	7077.02
现金成本	元	6929.46	3534.90	4620.87	7047.23	4816.01	4837.61
现金收益	元	10234.64	7198.46	9306.79	3587.03	6856.98	9639.97
成本利润率	%	19.21	16.09	73.77	7.77	75.56	95.63
每 50 公斤主产品							
平均出售价格	元	99.33	105.33	127.68	131.46	96.22	236.98
总成本	元	83.32	90.73	73.48	121.98	54.81	121.14
生产成本	元	81.22	86.73	69.96	111.58	49.05	112.66
净利润	元	16.01	14.60	54.20	9.48	41.41	115.84
现金成本	元	40.10	34.69	42.36	87.12	39.70	79.19
现金收益	元	59.23	70.64	85.32	44.34	56.52	157.79
附：							
每亩用工数量	日	90.56	71.27	43.17	63.28	39.47	47.24
每亩主产品已出售数量	公斤	8638.83	5095.21	5454.30	4044.54	6065.52	3054.60
每亩主产品已出售产值	元	17161.91	10733.36	13927.66	10634.26	11672.99	14477.58
每亩成本外支出	元						

6-1-4-1 续表 2

项　　目	单位	安　徽	山　东	河　南	湖　北	四　川
每亩						
主产品产量	公斤	4777.25	7624.51	6020.49	4633.14	6159.39
产值合计	元	12335.81	18518.59	11435.59	10447.54	12242.40
主产品产值	元	12335.81	18518.59	11435.59	10447.54	12242.40
副产品产值	元					
总成本	元	7591.10	10631.48	8493.57	4989.93	7798.60
生产成本	元	7256.67	10192.46	8116.33	4675.88	7404.57
物质与服务费用	元	2855.59	4466.07	2860.03	2039.55	3100.01
人工成本	元	4401.08	5726.39	5256.30	2636.33	4304.56
家庭用工折价	元	3585.98	5058.15	4404.26	2563.41	3418.66
雇工费用	元	815.10	668.24	852.04	72.92	885.90
土地成本	元	334.43	439.02	377.24	314.05	394.03
流转地租金	元	82.05	24.48	68.65	30.75	42.10
自营地折租	元	252.38	414.54	308.59	283.30	351.93
净利润	元	4744.71	7887.11	2942.02	5457.61	4443.80
现金成本	元	3752.74	5158.79	3780.72	2143.22	4028.01
现金收益	元	8583.07	13359.80	7654.87	8304.32	8214.39
成本利润率	%	62.50	74.19	34.64	109.37	56.98
每 50 公斤主产品						
平均出售价格	元	129.11	121.44	94.97	112.75	99.38
总成本	元	79.45	69.72	70.54	53.85	63.31
生产成本	元	75.95	66.84	67.40	50.46	60.11
净利润	元	49.66	51.72	24.43	58.90	36.07
现金成本	元	39.28	33.83	31.40	23.13	32.70
现金收益	元	89.83	87.61	63.57	89.62	66.68
附:						
每亩用工数量	日	50.99	65.71	61.00	30.25	50.73
每亩主产品已出售数量	公斤	4776.03	7597.24	6020.49	4633.14	6159.39
每亩主产品已出售产值	元	12332.94	18465.74	11435.59	10447.54	12242.40
每亩成本外支出	元					

6-1-4-1 续表 3

项目	单位	陕西	甘肃	青海	宁夏	新疆
每亩						
主产品产量	公斤	4884.17	7587.39	5457.96	6408.88	6324.68
产值合计	元	22615.07	15074.11	17633.80	16008.66	15767.21
主产品产值	元	22615.07	15074.11	17633.80	16008.66	15767.21
副产品产值	元					
总成本	元	7896.05	10806.48	9517.97	8821.95	7549.16
生产成本	元	7616.05	10517.39	8449.31	8240.96	6956.62
物质与服务费用	元	2314.91	3930.26	3609.03	4379.77	3193.59
人工成本	元	5301.14	6587.13	4840.28	3861.19	3763.03
家庭用工折价	元	5301.14	6491.80	3429.37	3861.19	3621.57
雇工费用	元		95.33	1410.91		141.46
土地成本	元	280.00	289.09	1068.66	580.99	592.54
流转地租金	元			115.25	134.15	200.36
自营地折租	元	280.00	289.09	953.41	446.84	392.18
净利润	元	14719.02	4267.63	8115.83	7186.71	8218.05
现金成本	元	2314.91	4025.59	5135.19	4513.92	3535.41
现金收益	元	20300.16	11048.52	12498.61	11494.74	12231.80
成本利润率	%	186.41	39.49	85.27	81.46	108.86
每50公斤主产品						
平均出售价格	元	231.51	99.34	161.54	124.89	124.65
总成本	元	80.83	71.22	87.19	68.82	59.68
生产成本	元	77.97	69.31	77.40	64.29	55.00
净利润	元	150.68	28.12	74.35	56.07	64.97
现金成本	元	23.70	26.53	47.04	35.21	27.95
现金收益	元	207.81	72.81	114.50	89.68	96.70
附：						
每亩用工数量	日	61.37	76.13	57.34	44.70	43.11
每亩主产品已出售数量	公斤	4873.00	7587.39	5422.73	6408.88	6324.68
每亩主产品已出售产值	元	22563.50	15074.11	17448.58	16008.66	15767.21
每亩成本外支出	元				30.13	

6-1-4-2 2019年各地区设施黄瓜费用和用工情况

项目	单位	平均	北京	天津	河北	山西	内蒙古
一、每亩物质与服务费用	元	**3346.46**	**3725.77**	**1735.16**	**4530.58**	**6040.05**	**5577.07**
（一）直接费用	元	2624.37	2204.60	1282.13	3691.16	5012.17	4613.71
1. 种子费	元	461.64	247.92	143.98	695.40	1136.09	1326.34
2. 化肥费	元	570.61	249.06	198.98	641.68	1188.18	985.39
3. 农家肥费	元	370.85	623.47	203.22	683.40	637.87	596.88
4. 农药费	元	262.89	228.62	151.10	363.08	394.70	435.80
5. 农膜费	元	513.64	478.59	435.36	690.39	955.09	392.09
6. 租赁作业费	元	226.99	178.65	90.90	356.09	416.42	340.84
机械作业费	元	87.36	85.42	56.89	80.16	85.21	77.77
排灌费	元	139.08	93.23	34.01	275.93	331.21	240.84
其中：水费	元	27.36	42.31	29.69			166.97
畜力费	元	0.55					22.23
7. 燃料动力费	元	47.62	56.12			3.72	6.76
8. 技术服务费	元	2.25	42.87				
9. 工具材料费	元	139.17	78.87	49.61	232.08	232.57	430.91
10. 修理维护费	元	28.71	20.43	8.98	29.04	47.53	98.70
11. 其他直接费用	元						
（二）间接费用	元	722.09	1521.17	453.03	839.42	1027.88	963.36
1. 固定资产折旧	元	638.55	1076.63	453.03	830.83	1009.25	673.67
2. 保险费	元	2.63	5.83				7.74
3. 管理费	元	5.67	89.84				
4. 财务费	元	2.22	3.53				
5. 销售费	元	73.02	345.34		8.59	18.63	281.95
二、每亩人工成本	元	**5353.56**	**4456.75**	**4218.97**	**6026.18**	**7005.25**	**5836.74**
1. 家庭用工折价	元	3881.83	1624.72	4192.71	5145.57	5759.73	5319.54
家庭用工天数	日	44.94	18.81	48.54	59.57	66.68	61.58
劳动日工价	元	86.38	86.38	86.38	86.38	86.38	86.38
2. 雇工费用	元	1471.73	2832.03	26.25	880.61	1245.52	517.20
雇工天数	日	13.10	23.97	0.19	7.65	12.62	3.68
雇工工价	元	112.35	118.15	138.17	115.11	98.69	140.54
三、附							
1. 每亩种子用量	公斤						
2. 每亩化肥用量	公斤	60.07	23.83	29.78	77.58	79.23	40.72
3. 每亩农膜用量	公斤	34.18	28.03	29.54	54.70	57.99	23.25

6-1-4-2 续表 1

项　　目	单位	辽　宁	吉　林	黑龙江	上　海	江　苏	浙　江
一、每亩物质与服务费用	元	**6039.26**	**2550.56**	**3835.84**	**2648.55**	**2281.05**	**1837.24**
（一）直接费用	元	4983.17	1830.37	2587.85	2290.27	1790.60	1274.03
1. 种子费	元	762.01	303.03	354.64	317.79	165.94	95.43
2. 化肥费	元	1618.69	259.76	231.95	443.68	388.69	443.68
3. 农家肥费	元	500.37	190.38	299.11	360.19	230.25	131.63
4. 农药费	元	687.17	239.22	180.11	236.53	321.95	121.27
5. 农膜费	元	664.99	368.93	859.01	387.07	408.64	298.60
6. 租赁作业费	元	311.99	171.87	229.57	336.24	116.80	114.63
机械作业费	元	93.78	115.50	94.32	107.65	78.16	74.33
排灌费	元	218.21	56.37	135.25	228.59	38.64	40.30
其中：水费	元	191.32		121.80	7.12	6.25	12.69
畜力费	元						
7. 燃料动力费	元	10.52	264.22	250.77		23.48	12.34
8. 技术服务费	元					2.08	0.48
9. 工具材料费	元	408.35	17.79	147.24	160.72	113.13	48.85
10. 修理维护费	元	19.08	15.17	35.45	48.05	19.64	7.12
11. 其他直接费用	元						
（二）间接费用	元	1056.09	720.19	1247.99	358.28	490.45	563.21
1. 固定资产折旧	元	989.58	512.78	1109.23	327.31	446.32	504.58
2. 保险费	元					10.38	
3. 管理费	元				18.06	10.72	1.28
4. 财务费	元				12.91		1.09
5. 销售费	元	66.51	207.41	138.76		23.03	56.26
二、每亩人工成本	元	**7996.21**	**6287.60**	**3796.12**	**6377.85**	**3670.08**	**5045.25**
1. 家庭用工折价	元	7137.84	5364.03	3122.72	2820.57	1313.15	2361.72
家庭用工天数	日	82.63	62.10	36.15	32.65	15.20	27.34
劳动日工价	元	86.38	86.38	86.38	86.38	86.38	86.38
2. 雇工费用	元	858.38	923.58	673.39	3557.29	2356.93	2683.54
雇工天数	日	7.93	9.17	7.02	30.63	24.27	19.90
雇工工价	元	108.24	100.72	95.93	116.14	97.11	134.85
三、附							
1. 每亩种子用量	公斤						
2. 每亩化肥用量	公斤	97.12	40.70	34.17	52.86	42.94	69.63
3. 每亩农膜用量	公斤	41.04	23.80	61.32	19.49	33.09	20.40

6-1-4-2 续表 2

项　目	单位	安　徽	山　东	河　南	湖　北	四　川
一、每亩物质与服务费用	**元**	**2855.59**	**4466.07**	**2860.03**	**2039.55**	**3100.01**
（一）直接费用	元	2057.34	3262.70	2231.89	1715.84	2748.44
1. 种子费	元	293.59	554.13	310.96	158.95	1065.77
2. 化肥费	元	475.87	764.84	530.22	468.90	431.99
3. 农家肥费	元	402.08	501.84	210.21	221.80	232.67
4. 农药费	元	237.19	336.63	289.54	225.60	172.01
5. 农膜费	元	356.46	807.03	411.49	270.33	524.34
6. 租赁作业费	元	129.48	171.82	204.30	118.95	141.35
机械作业费	元	79.92	98.00	66.83	96.75	118.11
排灌费	元	49.56	73.82	137.47	22.20	23.24
其中：水费	元	0.42	3.30		18.12	14.12
畜力费	元					
7. 燃料动力费	元	9.29	27.58	118.33	23.31	
8. 技术服务费	元		1.07			
9. 工具材料费	元	134.44	73.37	134.55	217.68	150.72
10. 修理维护费	元	18.94	24.39	22.29	10.32	29.59
11. 其他直接费用	元					
（二）间接费用	元	798.25	1203.37	628.14	323.71	351.57
1. 固定资产折旧	元	516.28	1138.97	572.24	291.64	207.61
2. 保险费	元	28.30	2.43			
3. 管理费	元					
4. 财务费	元		5.31			
5. 销售费	元	253.67	56.66	55.90	32.07	143.96
二、每亩人工成本	**元**	**4401.08**	**5726.39**	**5256.30**	**2636.33**	**4304.56**
1. 家庭用工折价	元	3585.98	5058.15	4404.26	2563.41	3418.66
家庭用工天数	日	41.51	58.56	50.99	29.68	39.58
劳动日工价	元	86.38	86.38	86.38	86.38	86.38
2. 雇工费用	元	815.10	668.24	852.04	72.92	885.90
雇工天数	日	9.48	7.15	10.01	0.57	11.15
雇工工价	元	85.98	93.46	85.12	127.93	79.45
三、附						
1. 每亩种子用量	公斤					
2. 每亩化肥用量	公斤	38.26	84.79	90.88	53.85	38.35
3. 每亩农膜用量	公斤	24.08	63.20	29.93	20.06	34.58

6-1-4-2　续表 3

项　　目	单位	陕　西	甘　肃	青　海	宁　夏	新　疆
一、每亩物质与服务费用	元	**2314.91**	**3930.26**	**3609.03**	**4379.77**	**3193.59**
（一）直接费用	元	1869.91	2969.09	2712.90	3410.92	2684.85
1. 种子费	元	245.67	499.84	452.72	1214.04	322.34
2. 化肥费	元	316.17	610.78	520.44	743.26	455.79
3. 农家肥费	元	339.83	424.66	575.27	356.15	436.02
4. 农药费	元	169.83	334.19	312.78	210.66	231.34
5. 农膜费	元	458.92	451.46	301.43	639.89	502.56
6. 租赁作业费	元	236.66	332.20	163.99	172.95	277.94
机械作业费	元	80.83	125.85	93.23	92.27	82.52
排灌费	元	155.83	206.35	70.76	80.68	195.42
其中：水费	元		162.89	70.76	77.96	57.31
畜力费	元					
7. 燃料动力费	元		3.90	101.63		367.82
8. 技术服务费	元		0.85	127.53		
9. 工具材料费	元	72.90	288.99	32.14	67.37	43.70
10. 修理维护费	元	29.93	22.22	124.97	6.60	47.34
11. 其他直接费用	元					
（二）间接费用	元	445.00	961.17	896.13	968.85	508.74
1. 固定资产折旧	元	252.33	831.48	800.88	899.68	491.55
2. 保险费	元			13.77		
3. 管理费	元			79.44		0.49
4. 财务费	元					
5. 销售费	元	192.67	129.69	2.04	69.17	16.70
二、每亩人工成本	元	**5301.14**	**6587.13**	**4840.28**	**3861.19**	**3763.03**
1. 家庭用工折价	元	5301.14	6491.80	3429.37	3861.19	3621.57
家庭用工天数	日	61.37	75.15	39.70	44.70	41.93
劳动日工价	元	86.38	86.38	86.38	86.38	86.38
2. 雇工费用	元		95.33	1410.91		141.46
雇工天数	日		0.98	17.64		1.18
雇工工价	元	140.00	97.27	79.98	88.71	119.88
三、附						
1. 每亩种子用量	公斤					0.02
2. 每亩化肥用量	公斤	64.27	58.42	55.57	64.97	55.00
3. 每亩农膜用量	公斤	29.00	26.49	18.16	26.34	32.12

6-1-4-3 2019年各地区设施黄瓜化肥投入情况

项　目	单位	平　均	北　京	天　津	河　北	山　西	内蒙古
一、每亩化肥金额	元	**570.61**	**249.06**	**198.98**	**641.68**	**1188.18**	**985.39**
（一）氮肥	元	45.77		15.21	23.18	27.60	59.55
1. 尿素	元	44.91		15.21	23.18	27.60	59.55
2. 碳铵	元	0.86					
3. 其他氮肥	元						
（二）磷肥	元	4.96				25.28	3.14
其中：过磷酸钙	元	4.88				25.28	
（三）钾肥	元	14.15			15.12		6.36
其中：氯化钾	元	4.40			15.12		6.36
（四）复混肥	元	362.11	167.85	183.77	431.93	734.80	135.26
1. 复合肥	元	362.11	167.85	183.77	431.93	734.80	135.26
其中：二铵	元	36.99	14.16	7.50	68.01	34.03	127.55
三元素复合肥	元	182.14	131.41	176.27	148.24	84.77	
2. 混配肥	元						
（五）其他肥料	元	143.62	81.21		171.45	400.50	781.08
二、每亩化肥折纯用量	公斤	**60.07**	**23.83**	**29.78**	**77.58**	**79.23**	**40.72**
（一）氮肥	公斤	10.16		3.64	5.40	6.07	13.17
1. 尿素	公斤	9.98		3.64	5.40	6.07	13.17
2. 碳铵	公斤	0.18					
3. 其他氮肥	公斤						
（二）磷肥	公斤	0.94				4.37	0.18
其中：过磷酸钙	公斤	0.94				4.37	
（三）钾肥	公斤	1.52			1.61		0.87
其中：氯化钾	公斤	0.71			1.61		0.87
（四）复混肥	公斤	47.45	23.83	26.15	70.58	68.79	26.50
1. 复合肥	公斤	47.45	23.83	26.15	70.58	68.79	26.50
其中：二铵	公斤	7.19	2.81	1.56	14.82	6.17	25.35
三元素复合肥	公斤	24.58	19.22	24.59	24.39	11.58	
2. 混配肥	公斤	0.11					

6-1-4-3 续表 1

项目	单位	辽宁	吉林	黑龙江	上海	江苏	浙江
一、每亩化肥金额	元	**1618.69**	**259.76**	**231.95**	**443.68**	**388.69**	**443.68**
（一）氮肥	元		76.18	50.81	78.97	18.24	65.50
1. 尿素	元		76.18	50.81	78.97	15.27	65.50
2. 碳铵	元					2.97	
3. 其他氮肥	元						
（二）磷肥	元					15.65	
其中：过磷酸钙	元					15.65	
（三）钾肥	元	357.41	16.05	18.82			
其中：氯化钾	元		16.05	12.36			
（四）复混肥	元	507.22	128.50	107.78	364.71	241.63	378.18
1. 复合肥	元	507.22	128.50	107.78	364.71	241.63	378.18
其中：二铵	元	154.80	65.75	30.11			
三元素复合肥	元	42.72	38.08	61.72	364.71	205.59	138.72
2. 混配肥	元						
（五）其他肥料	元	754.06	39.03	54.54		113.17	
二、每亩化肥折纯用量	**公斤**	**97.12**	**40.70**	**34.17**	**52.86**	**42.94**	**69.63**
（一）氮肥	公斤		16.56	11.59	16.36	3.42	14.67
1. 尿素	公斤		16.56	11.59	16.36	2.86	14.67
2. 碳铵	公斤					0.56	
3. 其他氮肥	公斤						
（二）磷肥	公斤					4.38	
其中：过磷酸钙	公斤					4.38	
（三）钾肥	公斤	29.79	2.65	2.90			
其中：氯化钾	公斤		2.65	2.38			
（四）复混肥	公斤	67.32	21.49	19.69	36.50	35.14	54.96
1. 复合肥	公斤	67.32	21.49	19.69	36.50	35.14	54.96
其中：二铵	公斤	25.87	11.86	6.77			
三元素复合肥	公斤	5.85	5.30	10.15	36.50	30.61	19.75
2. 混配肥	公斤		4.24				

6-1-4-3 续表 2

项 目	单位	安 徽	山 东	河 南	湖 北	四 川
一、每亩化肥金额	**元**	**475.87**	**764.84**	**530.22**	**468.90**	**431.99**
（一）氮肥	元	29.11	2.93	117.69	9.64	29.32
1. 尿素	元	29.11	2.93	104.10	9.64	29.32
2. 碳铵	元			13.59		
3. 其他氮肥	元					
（二）磷肥	元	0.22		4.17		25.91
其中：过磷酸钙	元	0.22		4.17		25.91
（三）钾肥	元	0.68	21.87			18.54
其中：氯化钾	元		21.87			18.54
（四）复混肥	元	226.73	635.00	408.36	422.76	181.54
1. 复合肥	元	226.73	635.00	408.36	422.76	181.54
其中：二铵	元		37.81			
三元素复合肥	元	188.38	459.27	380.15	24.16	178.60
2. 混配肥	元					
（五）其他肥料	元	219.13	105.04		36.50	176.68
二、每亩化肥折纯用量	**公斤**	**38.26**	**84.79**	**90.88**	**53.85**	**38.35**
（一）氮肥	公斤	6.59	0.71	28.07	1.77	5.63
1. 尿素	公斤	6.59	0.71	25.18	1.77	5.63
2. 碳铵	公斤			2.89		
3. 其他氮肥	公斤					
（二）磷肥	公斤	0.04		1.01		4.30
其中：过磷酸钙	公斤	0.04		1.01		4.30
（三）钾肥	公斤	0.08	4.04			3.40
其中：氯化钾	公斤		4.04			3.40
（四）复混肥	公斤	31.55	80.03	61.80	52.07	25.02
1. 复合肥	公斤	31.55	80.03	61.80	52.07	25.02
其中：二铵	公斤		8.01			
三元素复合肥	公斤	26.91	67.79	57.78	3.40	24.61
2. 混配肥	公斤					

6-1-4-3 续表 3

项　　目	单位	陕　西	甘　肃	青　海	宁　夏	新　疆
一、每亩化肥金额	**元**	**316.17**	**610.78**	**520.44**	**743.26**	**455.79**
（一）氮肥	元	70.65	49.87	59.69	30.96	72.06
1. 尿素	元	70.65	49.87	47.58	30.96	72.06
2. 碳铵	元			12.11		
3. 其他氮肥	元					
（二）磷肥	元	79.47	15.10	27.88		
其中：过磷酸钙	元	79.47	15.10	27.88		
（三）钾肥	元			28.56		
其中：氯化钾	元					
（四）复混肥	元	166.05	270.90	206.56	322.72	220.72
1. 复合肥	元	166.05	270.90	206.56	322.72	220.72
其中：二铵	元	93.35	125.39	158.49	186.55	196.67
三元素复合肥	元	72.70	48.31		136.17	
2. 混配肥	元					
（五）其他肥料	元		274.91	197.75	389.58	163.01
二、每亩化肥折纯用量	**公斤**	**64.27**	**58.42**	**55.57**	**64.97**	**55.00**
（一）氮肥	公斤	15.49	11.46	12.91	7.70	16.71
1. 尿素	公斤	15.49	11.46	10.96	7.70	16.71
2. 碳铵	公斤			1.95		
3. 其他氮肥	公斤					
（二）磷肥	公斤	17.13	3.15	5.86		
其中：过磷酸钙	公斤	17.13	3.15	5.86		
（三）钾肥	公斤			1.78		
其中：氯化钾	公斤					
（四）复混肥	公斤	31.65	43.81	35.01	57.27	38.29
1. 复合肥	公斤	31.65	43.81	35.01	57.27	38.29
其中：二铵	公斤	20.37	24.65	29.46	38.87	37.09
三元素复合肥	公斤	11.28	7.00		18.40	
2. 混配肥	公斤					

6-1-5-1 2019年各地区露地茄子成本收益情况

项　　目	单位	平　均	北　京	河　北	山　西	内蒙古	辽　宁
每亩							
主产品产量	公斤	3434.11	4189.37	3853.62	4770.53	3676.44	5233.81
产值合计	元	7223.62	5424.91	5920.27	4141.51	5076.27	7114.54
主产品产值	元	7223.62	5424.91	5920.27	4141.51	5076.27	7114.54
副产品产值	元						
总成本	元	4667.57	5315.03	4081.29	3883.99	3248.31	4174.06
生产成本	元	4204.17	5001.39	3685.97	3528.49	2972.37	3838.49
物质与服务费用	元	1367.40	1357.97	1030.71	1136.98	741.26	1556.64
人工成本	元	2836.77	3643.42	2655.26	2391.51	2231.11	2281.85
家庭用工折价	元	2091.43	3643.42	2559.01	2219.10	2231.11	2202.69
雇工费用	元	745.34		96.25	172.40		79.16
土地成本	元	463.40	313.64	395.32	355.50	275.94	335.57
流转地租金	元	38.66	218.49	22.25	1.58	26.15	56.92
自营地折租	元	424.74	95.15	373.07	353.92	249.79	278.65
净利润	元	2556.05	109.88	1838.98	257.52	1827.96	2940.48
现金成本	元	2151.40	1576.46	1149.21	1310.96	767.41	1692.72
现金收益	元	5072.22	3848.45	4771.06	2830.55	4308.86	5421.82
成本利润率	%	54.76	2.07	45.06	6.63	56.27	70.45
每50公斤主产品							
平均出售价格	元	105.17	64.75	76.81	43.41	69.04	67.97
总成本	元	67.96	63.44	52.95	40.71	44.18	39.88
生产成本	元	61.21	59.70	47.82	36.98	40.43	36.67
净利润	元	37.21	1.31	23.86	2.70	24.86	28.09
现金成本	元	31.32	18.82	14.91	13.74	10.44	16.17
现金收益	元	73.85	45.93	61.90	29.67	58.60	51.80
附：							
每亩用工数量	日	30.32	42.18	30.83	27.15	25.83	26.49
每亩主产品已出售数量	公斤	3425.55	4189.37	3843.78	4752.02	3676.44	5222.80
每亩主产品已出售产值	元	7203.51	5424.91	5907.40	4124.66	5076.27	7100.94
每亩成本外支出	元	1.41					

6-1-5-1 续表 1

项　　目	单位	吉 林	黑龙江	安 徽	福 建	江 西	山 东	河 南
每亩								
主产品产量	公斤	3669.24	3211.54	3733.22	2821.47	2521.08	4061.28	4838.20
产值合计	元	4774.59	5574.01	6183.23	7623.35	6672.04	6639.93	7739.36
主产品产值	元	4774.59	5574.01	6183.23	7623.35	6672.04	6639.93	7739.36
副产品产值	元							
总成本	元	4859.66	3408.43	4300.69	5545.56	3315.36	3202.59	4334.03
生产成本	元	4333.60	3018.14	4005.24	5273.80	3162.15	2930.23	3992.65
物质与服务费用	元	822.47	935.86	1326.73	1971.75	882.92	864.37	1136.29
人工成本	元	3511.13	2082.28	2678.51	3302.05	2279.23	2065.86	2856.36
家庭用工折价	元	3214.46	1384.07	2353.34	677.13	2170.21	2065.86	2570.58
雇工费用	元	296.67	698.22	325.17	2624.91	109.02		285.78
土地成本	元	526.06	390.29	295.45	271.76	153.21	272.36	341.38
流转地租金	元	91.11	61.63	113.64	69.78	14.79		62.48
自营地折租	元	434.95	328.66	181.81	201.98	138.42	272.36	278.90
净利润	元	-85.07	2165.58	1882.54	2077.79	3356.68	3437.34	3405.33
现金成本	元	1210.25	1695.71	1765.54	4666.44	1006.73	864.37	1484.55
现金收益	元	3564.34	3878.30	4417.69	2956.91	5665.31	5775.56	6254.81
成本利润率	%	-1.75	63.54	43.77	37.47	101.25	107.33	78.57
每 50 公斤主产品								
平均出售价格	元	65.06	86.78	82.81	135.10	132.33	81.75	79.98
总成本	元	66.22	53.06	57.60	98.28	65.76	39.43	44.79
生产成本	元	59.05	46.99	53.64	93.46	62.72	36.08	41.26
净利润	元	-1.16	33.72	25.21	36.82	66.57	42.32	35.19
现金成本	元	16.49	26.40	23.65	82.70	19.97	10.64	15.34
现金收益	元	48.57	60.38	59.16	52.40	112.36	71.11	64.64
附：								
每亩用工数量	日	39.97	21.80	30.59	27.93	26.03	23.92	32.56
每亩主产品已出售数量	公斤	3669.24	3211.54	3733.22	2783.37	2506.70	4020.31	4838.20
每亩主产品已出售产值	元	4774.59	5574.01	6183.23	7524.29	6630.46	6576.84	7739.36
每亩成本外支出	元							

6-1-5-1　续表 2

项　　目	单位	湖　北	湖　南	广　东	广　西	海　南	重　庆	四　川
每亩								
主产品产量	公斤	4286.97	2843.32	2756.32	3350.76	3290.91	3481.63	3669.78
产值合计	元	7930.20	13233.09	16075.02	10709.83	9436.19	8670.19	8305.70
主产品产值	元	7930.20	13233.09	16075.02	10709.83	9436.19	8670.19	8305.70
副产品产值	元							
总成本	元	4258.97	4685.33	5024.43	5357.44	7155.47	4971.10	4087.08
生产成本	元	3942.50	4377.49	4264.43	4986.53	6007.88	4615.01	3802.31
物质与服务费用	元	1547.92	1188.80	1172.03	2093.84	2178.79	1145.56	1419.31
人工成本	元	2394.58	3188.69	3092.40	2892.69	3829.09	3469.45	2383.00
家庭用工折价	元	2388.58	3183.45	3092.40	2892.69	2848.38	3469.45	2288.29
雇工费用	元	6.00	5.24			980.71		94.71
土地成本	元	316.47	307.84	760.00	370.91	1147.59	356.09	284.77
流转地租金	元	26.69	51.77	228.00	12.59	18.48	80.34	25.37
自营地折租	元	289.78	256.07	532.00	358.32	1129.11	275.75	259.40
净利润	元	3671.23	8547.76	11050.59	5352.39	2280.72	3699.09	4218.62
现金成本	元	1580.61	1245.81	1400.03	2106.43	3177.98	1225.90	1539.39
现金收益	元	6349.59	11987.28	14674.99	8603.40	6258.21	7444.29	6766.31
成本利润率	%	86.20	182.44	219.94	99.91	31.87	74.41	103.22
每 50 公斤主产品								
平均出售价格	元	92.49	232.70	291.60	159.81	143.37	124.51	113.16
总成本	元	49.67	82.39	91.14	79.94	108.72	71.39	55.68
生产成本	元	45.98	76.98	77.36	74.41	91.28	66.27	51.80
净利润	元	42.82	150.31	200.46	79.87	34.65	53.12	57.48
现金成本	元	18.43	21.91	25.40	31.43	48.29	17.60	20.97
现金收益	元	74.06	210.79	266.20	128.38	95.08	106.91	92.19
附：								
每亩用工数量	日	27.70	36.90	35.80	33.49	39.98	40.17	27.28
每亩主产品已出售数量	公斤	4286.97	2843.32	2756.32	3322.73	3290.46	3481.63	3669.78
每亩主产品已出售产值	元	7930.20	13233.09	16075.02	10638.46	9435.04	8670.19	8305.70
每亩成本外支出	元							

6-1-5-1 续表 3

项　　目	单位	贵　州	云　南	陕　西	甘　肃	宁　夏	新　疆
每亩							
主产品产量	公斤	2603.47	2142.00	6085.83	3877.36	5249.29	5889.28
产值合计	元	6797.10	7198.04	11288.88	6420.04	3655.34	7178.79
主产品产值	元	6797.10	7198.04	11288.88	6420.04	3655.34	7178.79
副产品产值	元						
总成本	元	3972.23	4015.36	4173.37	3935.79	3772.06	3469.37
生产成本	元	3514.14	3602.93	3933.37	3563.23	3474.81	3081.98
物质与服务费用	元	848.34	1199.41	1201.45	1079.63	1343.30	1075.58
人工成本	元	2665.80	2403.52	2731.92	2483.60	2131.51	2006.40
家庭用工折价	元	1993.05	2292.87	2653.59	2483.60	2131.51	1359.62
雇工费用	元	672.75	110.65	78.33			646.78
土地成本	元	458.09	412.43	240.00	372.56	297.25	387.39
流转地租金	元	7.90	16.62			39.80	74.64
自营地折租	元	450.19	395.81	240.00	372.56	257.45	312.75
净利润	元	2824.87	3182.68	7115.51	2484.25	-116.72	3709.42
现金成本	元	1528.99	1326.68	1279.78	1079.63	1383.10	1797.00
现金收益	元	5268.11	5871.36	10009.10	5340.41	2272.24	5381.79
成本利润率	%	71.12	79.26	170.50	63.12	-3.09	106.92
每 50 公斤主产品							
平均出售价格	元	130.54	168.02	92.75	82.79	34.82	60.95
总成本	元	76.29	93.73	34.29	50.75	35.93	29.46
生产成本	元	67.49	84.10	32.32	45.95	33.10	26.17
净利润	元	54.25	74.29	58.46	32.04	-1.11	31.49
现金成本	元	29.36	30.97	10.51	13.92	13.18	15.26
现金收益	元	101.18	137.05	82.24	68.87	21.64	45.69
附：							
每亩用工数量	日	29.99	27.46	31.50	28.75	24.68	20.56
每亩主产品已出售数量	公斤	2602.86	2142.00	6085.83	3877.36	5249.29	5889.28
每亩主产品已出售产值	元	6794.00	7198.04	11288.88	6420.04	3655.34	7178.79
每亩成本外支出	元					42.19	

6-1-5-2 2019年各地区露地茄子费用和用工情况

项　　目	单位	平　均	北　京	河　北	山　西	内蒙古	辽　宁
一、每亩物质与服务费用	元	**1367.40**	**1357.97**	**1030.71**	**1136.98**	**741.26**	**1556.64**
（一）直接费用	元	1243.47	1266.58	1011.91	1061.74	542.26	1471.17
1. 种子费	元	152.79	73.82	242.05	228.52	85.69	553.57
2. 化肥费	元	403.42	410.45	338.50	191.49	172.76	337.37
3. 农家肥费	元	192.02	318.55	178.38	303.08	68.01	231.61
4. 农药费	元	177.30	185.87	85.70	68.03	33.00	128.36
5. 农膜费	元	62.00	71.82		30.46	43.96	41.98
6. 租赁作业费	元	159.23	140.27	158.30	220.41	125.71	162.44
机械作业费	元	121.43	61.82	70.61	65.90	88.41	73.94
排灌费	元	31.54	78.45	87.69	154.51	37.30	88.50
其中：水费	元	7.17	26.91				
畜力费	元	6.26					
7. 燃料动力费	元	23.79			8.06		
8. 技术服务费	元	5.38					
9. 工具材料费	元	61.53	65.80	5.55	8.79	9.33	14.07
10. 修理维护费	元	6.01		3.43	2.90	3.80	1.77
11. 其他直接费用	元						
（二）间接费用	元	123.93	91.39	18.80	75.24	199.00	85.47
1. 固定资产折旧	元	18.45		6.69	9.52		18.15
2. 保险费	元						
3. 管理费	元	0.19					
4 财务费	元						
5. 销售费	元	105.29	91.39	12.11	65.72	199.00	67.32
二、每亩人工成本	元	**2836.77**	**3643.42**	**2655.26**	**2391.51**	**2231.11**	**2281.85**
1. 家庭用工折价	元	2091.43	3643.42	2559.01	2219.10	2231.11	2202.69
家庭用工天数	日	24.21	42.18	29.63	25.69	25.83	25.50
劳动日工价	元	86.38	86.38	86.38	86.38	86.38	86.38
2. 雇工费用	元	745.34		96.25	172.40		79.16
雇工天数	日	6.11		1.20	1.46		0.99
雇工工价	元	121.99	123.64	80.21	118.08	119.63	79.96
三、附							
1. 每亩种子用量	公斤						0.18
2. 每亩化肥用量	公斤	48.90	37.70	64.38	35.03	41.65	49.86
3. 每亩农膜用量	公斤	5.00	5.00		2.45	3.49	3.92

6-1-5-2 续表 1

项　　目	单位	吉　林	黑龙江	安　徽	福　建	江　西	山　东	河　南
一、每亩物质与服务费用	元	**822.47**	**935.86**	**1326.73**	**1971.75**	**882.92**	**864.37**	**1136.29**
（一）直接费用	元	652.60	768.75	1179.67	1611.16	793.53	814.40	1073.13
1. 种子费	元	111.88	151.25	98.56	141.13	80.69	108.85	113.56
2. 化肥费	元	138.35	119.25	367.13	451.62	301.58	269.67	426.07
3. 农家肥费	元	149.59	180.82	309.11	401.54	144.87	152.77	181.84
4. 农药费	元	73.94	77.70	152.90	171.26	76.88	94.70	144.86
5. 农膜费	元	29.21	67.51	57.89	68.60	37.44	39.83	42.88
6. 租赁作业费	元	114.38	124.65	103.44	129.37	59.74	135.97	133.45
机械作业费	元	100.67	90.66	75.71	91.21	57.30	78.87	63.48
排灌费	元	13.71	33.99	27.73	31.96	2.44	57.10	69.97
其中：水费	元		18.65		3.84		15.36	
畜力费	元				6.20			
7. 燃料动力费	元	15.43	16.74	9.05	29.91	55.75		
8. 技术服务费	元				36.83			
9. 工具材料费	元	10.64	30.83	71.83	168.52	31.12	8.76	28.20
10. 修理维护费	元	9.18		9.76	12.38	5.46	3.85	2.27
11. 其他直接费用	元							
（二）间接费用	元	169.87	167.11	147.06	360.59	89.39	49.97	63.16
1. 固定资产折旧	元	8.71		14.64	55.33	34.53	6.48	8.48
2. 保险费	元							
3. 管理费	元							
4. 财务费	元							
5. 销售费	元	161.16	167.11	132.42	305.26	54.86	43.49	54.68
二、每亩人工成本	元	**3511.13**	**2082.28**	**2678.51**	**3302.05**	**2279.23**	**2065.86**	**2856.36**
1. 家庭用工折价	元	3214.46	1384.07	2353.34	677.13	2170.21	2065.86	2570.58
家庭用工天数	日	37.21	16.02	27.24	7.84	25.12	23.92	29.76
劳动日工价	元	86.38	86.38	86.38	86.38	86.38	86.38	86.38
2. 雇工费用	元	296.67	698.22	325.17	2624.91	109.02		285.78
雇工天数	日	2.76	5.78	3.35	20.09	0.91		2.80
雇工工价	元	107.49	120.80	97.07	130.66	119.80	99.79	102.06
三、附								
1. 每亩种子用量	公斤							
2. 每亩化肥用量	公斤	24.43	22.23	31.64	54.79	44.53	49.33	65.91
3. 每亩农膜用量	公斤	2.20	5.09	4.41	5.25	2.65	3.29	3.30

6-1-5-2 续表 2

项目	单位	湖北	湖南	广东	广西	海南	重庆	四川
一、每亩物质与服务费用	元	**1547.92**	**1188.80**	**1172.03**	**2093.84**	**2178.79**	**1145.56**	**1419.31**
（一）直接费用	元	1465.50	1093.15	1059.43	2048.96	2088.37	1124.09	1174.02
1. 种子费	元	121.93	64.40	59.68	229.81	121.63	289.72	158.33
2. 化肥费	元	522.72	314.24	568.00	1076.27	877.21	310.03	392.84
3. 农家肥费	元	137.94	401.03	54.00	123.71	56.58	55.41	97.81
4. 农药费	元	324.35	82.13	141.20	352.76	586.21	194.32	184.42
5. 农膜费	元	48.54	119.49	36.56	70.83	26.78	66.03	97.28
6. 租赁作业费	元	126.31	50.46	5.00	126.33	245.36	108.56	112.95
机械作业费	元	98.44	43.87		126.33	195.79	108.56	92.33
排灌费	元	27.87	6.59	5.00		11.58		20.62
其中：水费	元	22.64	2.18	2.50		3.80		15.56
畜力费	元					37.99		
7. 燃料动力费	元	14.22	16.97	1.87		79.07	4.91	
8. 技术服务费	元							
9. 工具材料费	元	164.69	36.08	193.12	63.39	78.25	93.15	126.17
10. 修理维护费	元	4.80	8.35		5.86	17.28	1.96	4.22
11. 其他直接费用	元							
（二）间接费用	元	82.42	95.65	112.60	44.88	90.42	21.47	245.29
1. 固定资产折旧	元	31.04	58.14	39.60	10.30	23.47	13.45	12.20
2. 保险费	元							
3. 管理费	元							
4. 财务费	元							
5. 销售费	元	51.38	37.51	73.00	34.58	66.95	8.02	233.09
二、每亩人工成本	元	**2394.58**	**3188.69**	**3092.40**	**2892.69**	**3829.09**	**3469.45**	**2383.00**
1. 家庭用工折价	元	2388.58	3183.45	3092.40	2892.69	2848.38	3469.45	2288.29
家庭用工天数	日	27.65	36.85	35.80	33.49	32.98	40.17	26.49
劳动日工价	元	86.38	86.38	86.38	86.38	86.38	86.38	86.38
2. 雇工费用	元	6.00	5.24			980.71		94.71
雇工天数	日	0.05	0.05			7.00		0.79
雇工工价	元	119.94	104.74	130.00	102.60	140.10	141.43	119.88
三、附								
1. 每亩种子用量	公斤							
2. 每亩化肥用量	公斤	55.11	47.76	58.95	88.33	77.28	44.50	51.31
3. 每亩农膜用量	公斤	3.70	8.58	2.56	5.66	2.45	4.57	6.65

6-1-5-2 续表 3

项 目	单位	贵 州	云 南	陕 西	甘 肃	宁 夏	新 疆
一、每亩物质与服务费用	**元**	**848. 34**	**1199. 41**	**1201. 45**	**1079. 63**	**1343. 30**	**1075. 58**
（一）直接费用	元	830. 24	1045. 14	1054. 15	1021. 31	1277. 91	1030. 67
1. 种子费	元	50. 41	261. 28	137. 17	197. 11	482. 69	180. 96
2. 化肥费	元	241. 17	225. 99	246. 20	382. 29	320. 40	287. 57
3. 农家肥费	元	148. 64	262. 59	226. 83	157. 49	157. 02	206. 57
4. 农药费	元	52. 71	70. 92	165. 83	47. 51	89. 79	54. 82
5. 农膜费	元	107. 71	43. 60	81. 10	58. 32	61. 46	51. 09
6. 租赁作业费	元	187. 04	140. 73	178. 33	152. 63	160. 60	189. 08
机械作业费	元	184. 67	130. 62	92. 50	108. 63	90. 89	124. 10
排灌费	元		10. 11	85. 83	44. 00	69. 71	64. 98
其中：水费	元				28. 34	69. 71	19. 50
畜力费	元	2. 37					
7. 燃料动力费	元	22. 72	1. 40				41. 76
8. 技术服务费	元						
9. 工具材料费	元	19. 38	38. 09	12. 57	23. 22	3. 67	18. 82
10. 修理维护费	元	0. 46	0. 54	6. 12	2. 74	2. 28	
11. 其他直接费用	元						
（二）间接费用	元	18. 10	154. 27	147. 30	58. 32	65. 39	44. 91
1. 固定资产折旧	元	7. 47	9. 55	8. 47	2. 69	6. 86	
2. 保险费	元						
3. 管理费	元						8. 04
4. 财务费	元						
5. 销售费	元	10. 63	144. 72	138. 83	55. 63	58. 53	36. 87
二、每亩人工成本	**元**	**2665. 80**	**2403. 52**	**2731. 92**	**2483. 60**	**2131. 51**	**2006. 40**
1. 家庭用工折价	元	1993. 05	2292. 87	2653. 59	2483. 60	2131. 51	1359. 62
家庭用工天数	日	23. 07	26. 54	30. 72	28. 75	24. 68	15. 74
劳动日工价	元	86. 38	86. 38	86. 38	86. 38	86. 38	86. 38
2. 雇工费用	元	672. 75	110. 65	78. 33			646. 78
雇工天数	日	6. 92	0. 92	0. 78			4. 82
雇工工价	元	97. 22	120. 27	100. 42	95. 60	93. 04	134. 19
三、附							
1. 每亩种子用量	公斤						
2. 每亩化肥用量	公斤	33. 06	16. 70	45. 31	61. 41	57. 44	42. 83
3. 每亩农膜用量	公斤	9. 43	3. 06	5. 10	4. 82	5. 00	3. 76

6-1-5-3　2019年各地区露地茄子化肥投入情况

项　　目	单位	平　均	北　京	河　北	山　西	内蒙古	辽　宁
一、每亩化肥金额	元	**403.42**	**410.45**	**338.50**	**191.49**	**172.76**	**337.37**
（一）氮肥	元	42.99	57.27	72.74	99.62	69.65	5.11
1. 尿素	元	42.49	57.27	72.74	99.62	69.65	4.76
2. 碳铵	元	0.50					0.35
3. 其他氮肥	元						
（二）磷肥	元	10.58			6.34		
其中：过磷酸钙	元	9.84			6.34		
（三）钾肥	元	13.27					
其中：氯化钾	元	10.74					
（四）复混肥	元	304.26	179.31	265.76	85.53	103.11	329.10
1. 复合肥	元	304.26	179.31	265.76	85.53	103.11	329.10
其中：二铵	元	19.25		74.94		91.08	87.02
三元素复合肥	元	200.03	158.86	188.94	52.27	12.03	168.86
2. 混配肥	元						
（五）其他肥料	元	32.32	173.87				3.16
二、每亩化肥折纯用量	公斤	**48.90**	**37.70**	**64.38**	**35.03**	**41.65**	**49.86**
（一）氮肥	公斤	8.82	12.23	16.75	21.43	18.84	1.25
1. 尿素	公斤	8.72	12.23	16.75	21.43	18.84	1.18
2. 碳铵	公斤	0.10					0.07
3. 其他氮肥	公斤						
（二）磷肥	公斤	1.62			0.96		
其中：过磷酸钙	公斤	1.50			0.96		
（三）钾肥	公斤	1.87					
其中：氯化钾	公斤	1.66					
（四）复混肥	公斤	36.59	25.48	47.63	12.63	22.81	48.61
1. 复合肥	公斤	36.59	25.48	47.63	12.63	22.81	48.61
其中：二铵	公斤	3.99		16.32		21.01	17.97
三元素复合肥	公斤	22.50	23.43	31.02	8.38	1.80	18.65
2. 混配肥	公斤						

6-1-5-3 续表 1

项 目	单位	吉 林	黑龙江	安 徽	福 建	江 西	山 东	河 南
一、每亩化肥金额	**元**	**138. 35**	**119. 25**	**367. 13**	**451. 62**	**301. 58**	**269. 67**	**426. 07**
（一）氮肥	元	41. 51	14. 81	11. 67	8. 10	16. 67	92. 34	57. 11
1. 尿素	元	41. 51	14. 81	11. 67	6. 07	16. 67	92. 34	43. 96
2. 碳铵	元				2. 03			13. 15
3. 其他氮肥	元							
（二）磷肥	元				4. 88	27. 81		
其中：过磷酸钙	元				3. 64	27. 81		
（三）钾肥	元	32. 92	15. 18		18. 53			
其中：氯化钾	元	32. 92	12. 05		18. 53			
（四）复混肥	元	56. 63	89. 26	201. 00	417. 94	257. 10	177. 33	368. 96
1. 复合肥	元	56. 63	89. 26	201. 00	417. 94	257. 10	177. 33	368. 96
其中：二铵	元	25. 28	38. 39				22. 60	
三元素复合肥	元	26. 98	36. 09	86. 41	96. 42	97. 63	154. 73	368. 96
2. 混配肥	元							
（五）其他肥料	元	7. 29		154. 46	2. 17			
二、每亩化肥折纯用量	**公斤**	**24. 43**	**22. 23**	**31. 64**	**54. 79**	**44. 53**	**49. 33**	**65. 91**
（一）氮肥	公斤	8. 84	3. 29	2. 99	1. 67	3. 39	21. 95	13. 41
1. 尿素	公斤	8. 84	3. 29	2. 99	1. 30	3. 39	21. 95	10. 61
2. 碳铵	公斤				0. 37			2. 80
3. 其他氮肥	公斤							
（二）磷肥	公斤				0. 67	4. 77		
其中：过磷酸钙	公斤				0. 55	4. 77		
（三）钾肥	公斤	5. 46	2. 72		2. 37			
其中：氯化钾	公斤	5. 46	2. 24		2. 37			
（四）复混肥	公斤	10. 13	16. 21	28. 66	50. 09	36. 37	27. 37	52. 51
1. 复合肥	公斤	10. 13	16. 21	28. 66	50. 09	36. 37	27. 37	52. 51
其中：二铵	公斤	4. 84	8. 21				4. 22	
三元素复合肥	公斤	4. 74	5. 46	13. 78	11. 45	15. 56	23. 15	52. 51
2. 混配肥	公斤							

6-1-5-3 续表 2

项 目	单位	湖 北	湖 南	广 东	广 西	海 南	重 庆	四 川
一、每亩化肥金额	**元**	**522.72**	**314.24**	**568.00**	**1076.27**	**877.21**	**310.03**	**392.84**
（一）氮肥	元		14.72		2.73	77.77	53.46	65.15
1. 尿素	元		10.87		2.73	77.77	53.46	65.15
2. 碳铵	元		3.85					
3. 其他氮肥	元							
（二）磷肥	元		38.44		6.10	54.94		25.05
其中：过磷酸钙	元		3.90		6.10	54.33		25.05
（三）钾肥	元		17.99			46.91		22.94
其中：氯化钾	元		17.99			46.91		
（四）复混肥	元	494.14	243.09	568.00	1008.02	565.69	256.57	279.70
1. 复合肥	元	494.14	243.09	568.00	1008.02	565.69	256.57	279.70
其中：二铵	元							
三元素复合肥	元		187.37	568.00	901.20	555.32	217.54	178.64
2. 混配肥	元							
（五）其他肥料	元	28.58			59.42	131.90		
二、每亩化肥折纯用量	**公斤**	**55.11**	**47.76**	**58.95**	**88.33**	**77.28**	**44.50**	**51.31**
（一）氮肥	公斤		2.99		0.52	13.92	10.46	12.84
1. 尿素	公斤		2.17		0.52	13.92	10.46	12.84
2. 碳铵	公斤		0.82					
3. 其他氮肥	公斤							
（二）磷肥	公斤		6.98		1.05	7.66		5.18
其中：过磷酸钙	公斤		0.58		1.05	7.54		5.18
（三）钾肥	公斤		3.58			7.53		0.28
其中：氯化钾	公斤		3.58			7.53		
（四）复混肥	公斤	55.11	34.21	58.95	86.75	48.16	34.05	33.01
1. 复合肥	公斤	55.11	34.21	58.95	86.75	48.16	34.05	33.01
其中：二铵	公斤							
三元素复合肥	公斤		26.86	58.95	76.41	47.28	28.82	24.47
2. 混配肥	公斤							

6-1-5-3 续表 3

项目	单位	贵州	云南	陕西	甘肃	宁夏	新疆
一、每亩化肥金额	**元**	**241. 17**	**225. 99**	**246. 20**	**382. 29**	**320. 40**	**287. 57**
（一）氮肥	元	36. 44	23. 60	91. 00	95. 45	60. 63	115. 12
1. 尿素	元	36. 44	23. 60	91. 00	95. 45	60. 63	115. 12
2. 碳铵	元						
3. 其他氮肥	元						
（二）磷肥	元	0. 48	9. 58		9. 83		
其中：过磷酸钙	元	0. 28	9. 58		9. 83		
（三）钾肥	元	5. 92	2. 99		12. 49		
其中：氯化钾	元		2. 99				
（四）复混肥	元	191. 74	80. 34	155. 20	214. 89	259. 77	71. 41
1. 复合肥	元	191. 74	80. 34	155. 20	214. 89	259. 77	71. 41
其中：二铵	元				105. 28	130. 87	71. 41
三元素复合肥	元	181. 86	36. 30	155. 20	45. 84	128. 90	
2. 混配肥	元						
（五）其他肥料	元	6. 59	109. 48		49. 63		101. 04
二、每亩化肥折纯用量	**公斤**	**33. 06**	**16. 70**	**45. 31**	**61. 41**	**57. 44**	**42. 83**
（一）氮肥	公斤	6. 23	4. 38	21. 08	21. 74	13. 64	29. 39
1. 尿素	公斤	6. 23	4. 38	21. 08	21. 74	13. 64	29. 39
2. 碳铵	公斤						
3. 其他氮肥	公斤						
（二）磷肥	公斤	0. 09	2. 22		1. 96		
其中：过磷酸钙	公斤	0. 06	2. 22		1. 96		
（三）钾肥	公斤	0. 74	0. 21		1. 64		
其中：氯化钾	公斤		0. 21				
（四）复混肥	公斤	26. 02	9. 89	24. 23	36. 08	43. 81	13. 44
1. 复合肥	公斤	26. 02	9. 89	24. 23	36. 08	43. 81	13. 44
其中：二铵	公斤				21. 04	25. 78	13. 44
三元素复合肥	公斤	24. 52	4. 76	24. 23	6. 39	18. 03	
2. 混配肥	公斤	0. 63					

6-1-6-1　2019年各地区设施茄子成本收益情况

项　　目	单位	平　均	北　京	天　津	河　北	山　西	辽　宁
每亩							
主产品产量	公斤	4594.76	4584.58	5845.47	4280.36	7534.27	12305.16
产值合计	元	14531.88	10028.97	14258.41	13299.98	16761.95	28473.15
主产品产值	元	14531.88	10028.97	14258.41	13299.98	16761.95	28473.15
副产品产值	元						
总成本	元	8681.05	7815.33	7770.58	10571.99	14955.31	15648.81
生产成本	元	8126.48	7169.18	7476.99	10012.80	14542.16	15001.42
物质与服务费用	元	3068.12	3091.09	1696.19	4121.29	7515.88	8064.44
人工成本	元	5058.36	4078.09	5780.80	5891.51	7026.28	6936.98
家庭用工折价	元	3297.47	1989.07	5774.07	5860.19	6932.86	5357.81
雇工费用	元	1760.89	2089.02	6.73	31.32	93.42	1579.17
土地成本	元	554.57	646.15	293.59	559.19	413.15	647.39
流转地租金	元	231.94	364.74	114.04	52.96		62.26
自营地折租	元	322.63	281.41	179.55	506.23	413.15	585.13
净利润	元	5850.83	2213.64	6487.83	2727.99	1806.64	12824.34
现金成本	元	5060.95	5544.85	1816.96	4205.57	7609.30	9705.87
现金收益	元	9470.93	4484.12	12441.45	9094.41	9152.65	18767.28
成本利润率	%	67.40	28.32	83.49	25.80	12.08	81.95
每50公斤主产品							
平均出售价格	元	158.14	109.38	121.96	155.36	111.24	115.70
总成本	元	94.47	85.24	66.47	123.49	99.25	63.59
生产成本	元	88.43	78.19	63.95	116.96	96.51	60.96
净利润	元	63.67	24.14	55.49	31.87	11.99	52.11
现金成本	元	55.07	60.47	15.54	49.13	50.50	39.44
现金收益	元	103.07	48.91	106.42	106.23	60.74	76.26
附：							
每亩用工数量	日	55.37	40.36	66.90	68.29	81.13	77.53
每亩主产品已出售数量	公斤	4581.03	4362.69	5845.47	4271.17	7527.23	12305.16
每亩主产品已出售产值	元	14503.83	9594.06	14258.41	13275.57	16744.28	28473.15
每亩成本外支出	元	0.71					

6-1-6-1 续表

项　　目	单位	上　海	江　苏	浙　江	四　川
每亩					
主产品产量	公斤	3315.80	4528.23	2340.73	5852.19
产值合计	元	9347.54	10770.84	18435.57	16310.11
主产品产值	元	9347.54	10770.84	18435.57	16310.11
副产品产值	元				
总成本	元	8607.78	6158.77	7894.69	6928.47
生产成本	元	7986.09	5449.17	7386.68	6558.51
物质与服务费用	元	1865.54	2599.17	2091.17	2167.78
人工成本	元	6120.55	2850.00	5295.51	4390.73
家庭用工折价	元	2123.22	1154.90	2823.59	3528.28
雇工费用	元	3997.33	1695.10	2471.93	862.45
土地成本	元	621.69	709.60	508.01	369.96
流转地租金	元	621.69	155.22	312.88	48.19
自营地折租	元		554.38	195.13	321.77
净利润	元	739.76	4612.07	10540.88	9381.64
现金成本	元	6484.56	4449.49	4875.98	3078.42
现金收益	元	2862.98	6321.35	13559.59	13231.69
成本利润率	%	8.59	74.89	133.52	135.41
每 50 公斤主产品					
平均出售价格	元	140.95	118.93	393.80	139.35
总成本	元	129.80	68.00	168.64	59.20
生产成本	元	120.42	60.17	157.79	56.03
净利润	元	11.15	50.93	225.16	80.15
现金成本	元	97.78	49.13	104.16	26.30
现金收益	元	43.17	69.80	289.64	113.05
附：					
每亩用工数量	日	57.88	40.64	51.34	50.12
每亩主产品已出售数量	公斤	3315.80	4527.70	2340.73	5852.19
每亩主产品已出售产值	元	9347.54	10768.84	18435.57	16310.11
每亩成本外支出	元		3.48		

6-1-6-2　2019年各地区设施茄子费用和用工情况

项　　目	单位	平　均	北　京	天　津	河　北	山　西	辽　宁
一、每亩物质与服务费用	元	**3068.12**	**3091.09**	**1696.19**	**4121.29**	**7515.88**	**8064.44**
（一）直接费用	元	2405.09	1804.60	1226.15	3069.65	6583.12	6858.79
1. 种子费	元	313.99	119.15	100.51	622.68	1637.08	884.10
2. 化肥费	元	685.57	217.40	187.06	812.46	2165.61	2314.35
3. 农家肥费	元	392.65	573.82	208.71	741.34	695.74	1197.07
4. 农药费	元	189.62	168.13	134.56	144.92	485.88	362.25
5. 农膜费	元	481.86	388.35	427.84	487.91	747.92	836.26
6. 租赁作业费	元	198.83	209.27	96.60	174.99	655.80	380.55
机械作业费	元	94.04	95.30	57.56	70.45	129.35	144.27
排灌费	元	104.79	113.97	39.04	104.54	526.45	236.28
其中：水费	元	16.81	57.09	30.79			113.77
畜力费	元						
7. 燃料动力费	元	9.12	45.78			1.02	70.80
8. 技术服务费	元	1.86	12.23				
9. 工具材料费	元	102.34	54.66	59.09	49.87	125.61	748.68
10. 修理维护费	元	29.25	15.81	11.78	35.48	68.46	64.73
11. 其他直接费用	元						
（二）间接费用	元	663.03	1286.49	470.04	1051.64	932.76	1205.65
1. 固定资产折旧	元	552.40	924.76	470.04	960.33	932.76	1174.04
2. 保险费	元	23.02	13.87				21.74
3. 管理费	元	9.71	61.14				
4. 财务费	元	2.49	3.37				
5. 销售费	元	75.41	283.35		91.31		9.87
二、每亩人工成本	元	**5058.36**	**4078.09**	**5780.80**	**5891.51**	**7026.28**	**6936.98**
1. 家庭用工折价	元	3297.47	1989.07	5774.07	5860.19	6932.86	5357.81
家庭用工天数	日	38.17	23.03	66.85	67.84	80.26	62.03
劳动日工价	元	86.38	86.38	86.38	86.38	86.38	86.38
2. 雇工费用	元	1760.89	2089.02	6.73	31.32	93.42	1579.17
雇工天数	日	17.20	17.33	0.05	0.45	0.87	15.50
雇工工价	元	102.38	120.54	134.58	69.59	107.38	101.88
三、附							
1. 每亩种子用量	公斤						
2. 每亩化肥用量	公斤	70.35	20.60	26.07	85.15	152.05	93.91
3. 每亩农膜用量	公斤	33.90	24.43	28.28	32.97	59.37	52.25

6-1-6-2 续表

项　　目	单位	上　海	江　苏	浙　江	四　川
一、每亩物质与服务费用	元	**1865.54**	**2599.17**	**2091.17**	**2167.78**
（一）直接费用	元	1652.10	1945.27	1521.04	1768.97
1. 种子费	元	165.77	153.44	81.76	123.96
2. 化肥费	元	294.12	558.31	548.73	432.37
3. 农家肥费	元	335.79	287.61	197.64	134.31
4. 农药费	元	187.07	153.87	142.81	192.63
5. 农膜费	元	341.03	550.37	342.42	614.71
6. 租赁作业费	元	229.43	126.34	142.82	118.93
机械作业费	元	92.66	83.25	102.24	98.64
排灌费	元	136.77	43.09	40.58	20.29
其中：水费	元		6.91	13.22	20.29
畜力费	元				
7. 燃料动力费	元		1.74	11.49	
8. 技术服务费	元		1.33	3.98	
9. 工具材料费	元	57.21	88.16	37.48	121.42
10. 修理维护费	元	41.68	24.10	11.91	30.64
11. 其他直接费用	元				
（二）间接费用	元	213.44	653.90	570.13	398.81
1. 固定资产折旧	元	174.11	426.83	496.52	276.88
2. 保险费	元		104.38		
3. 管理费	元	23.97	12.67	1.69	
4. 财务费	元	15.36		0.58	
5. 销售费	元		110.02	71.34	121.93
二、每亩人工成本	元	**6120.55**	**2850.00**	**5295.51**	**4390.73**
1. 家庭用工折价	元	2123.22	1154.90	2823.59	3528.28
家庭用工天数	日	24.58	13.37	32.69	40.85
劳动日工价	元	86.38	86.38	86.38	86.38
2. 雇工费用	元	3997.33	1695.10	2471.93	862.45
雇工天数	日	33.30	27.27	18.65	9.27
雇工工价	元	120.04	62.16	132.54	93.04
三、附					
1. 每亩种子用量	公斤				
2. 每亩化肥用量	公斤	38.64	61.77	88.48	62.37
3. 每亩农膜用量	公斤	17.34	49.97	21.97	36.93

6-1-6-3　2019 年各地区设施茄子化肥投入情况

项　　目	单位	平　均	北　京	天　津	河　北	山　西	辽　宁
一、每亩化肥金额	**元**	**685. 57**	**217. 40**	**187. 06**	**812. 46**	**2165. 61**	**2314. 35**
（一）氮肥	元	83. 83		4. 60	22. 72	52. 29	167. 17
1. 尿素	元	83. 31		4. 60	22. 72	52. 29	167. 17
2. 碳铵	元	0. 52					
3. 其他氮肥	元						
（二）磷肥	元	2. 56				6. 00	
其中：过磷酸钙	元	2. 44				6. 00	
（三）钾肥	元	20. 58			106. 83		132. 61
其中：氯化钾	元	2. 23					
（四）复混肥	元	406. 43	141. 64	182. 46	507. 69	1770. 46	348. 19
1. 复合肥	元	404. 05	141. 64	182. 46	486. 01	1770. 46	348. 19
其中：二铵	元	13. 16			60. 87		126. 40
三元素复合肥	元	197. 01	134. 79	182. 46	282. 17	81. 51	36. 28
2. 混配肥	元	2. 38			21. 68		
（五）其他肥料	元	172. 17	75. 76		175. 22	336. 86	1666. 38
二、每亩化肥折纯用量	**公斤**	**70. 35**	**20. 60**	**26. 07**	**85. 15**	**152. 05**	**93. 91**
（一）氮肥	公斤	18. 06		0. 99	5. 21	12. 02	32. 67
1. 尿素	公斤	17. 97		0. 99	5. 21	12. 02	32. 67
2. 碳铵	公斤	0. 09					
3. 其他氮肥	公斤						
（二）磷肥	公斤	0. 43				1. 10	
其中：过磷酸钙	公斤	0. 42				1. 10	
（三）钾肥	公斤	2. 02			9. 78		11. 05
其中：氯化钾	公斤	0. 39					
（四）复混肥	公斤	49. 84	20. 61	25. 08	70. 15	138. 94	50. 20
1. 复合肥	公斤	49. 72	20. 61	25. 08	69. 09	138. 94	50. 20
其中：二铵	公斤	2. 59			12. 72		23. 22
三元素复合肥	公斤	28. 02	20. 24	25. 08	45. 55	12. 82	5. 02
2. 混配肥	公斤	0. 12			1. 06		

6-1-6-3 续表

项　　目	单位	上　海	江　苏	浙　江	四　川
一、每亩化肥金额	**元**	**294.12**	**558.31**	**548.73**	**432.37**
（一）氮肥	元	83.31	140.68	114.46	28.79
1. 尿素	元	83.31	140.68	112.24	28.79
2. 碳铵	元			2.22	
3. 其他氮肥	元				
（二）磷肥	元			0.50	23.90
其中：过磷酸钙	元				23.90
（三）钾肥	元			2.02	20.67
其中：氯化钾	元			1.97	20.67
（四）复混肥	元	210.81	203.20	428.20	359.01
1. 复合肥	元	210.81	203.20	428.20	359.01
其中：二铵	元		0.91		
三元素复合肥	元	210.81	191.10	181.60	349.97
2. 混配肥	元				
（五）其他肥料	元		214.43	3.55	
二、每亩化肥折纯用量	**公斤**	**38.64**	**61.77**	**88.48**	**62.37**
（一）氮肥	公斤	17.24	30.56	25.47	5.59
1. 尿素	公斤	17.24	30.56	25.08	5.59
2. 碳铵	公斤			0.39	
3. 其他氮肥	公斤				
（二）磷肥	公斤			0.06	4.10
其中：过磷酸钙	公斤				4.10
（三）钾肥	公斤			0.27	3.79
其中：氯化钾	公斤			0.26	3.79
（四）复混肥	公斤	21.40	31.21	62.66	48.89
1. 复合肥	公斤	21.40	31.21	62.66	48.89
其中：二铵	公斤		0.17		
三元素复合肥	公斤	21.40	29.85	26.57	47.74
2. 混配肥	公斤				

6-1-7-1　2019 年各地区露地菜椒成本收益情况

项　　目	单位	平　均	北　京	河　北	内蒙古	辽　宁	吉　林
每亩							
主产品产量	公斤	2454.31	3136.20	3306.07	1752.50	1896.06	2718.98
产值合计	元	6229.85	5427.44	7469.47	3186.05	4211.90	6156.53
主产品产值	元	6229.85	5427.44	7469.47	3186.05	4211.90	6156.53
副产品产值	元						
总成本	元	4111.85	4833.79	5312.19	3545.79	3009.51	4998.66
生产成本	元	3812.72	4443.79	5043.06	3275.79	2729.51	4538.09
物质与服务费用	元	1275.93	1178.80	874.53	1313.24	601.97	1114.94
人工成本	元	2536.79	3264.99	4168.53	1962.55	2127.54	3423.15
家庭用工折价	元	1912.37	3264.99	4168.53	1962.55	2127.54	3268.36
雇工费用	元	624.42					154.79
土地成本	元	299.13	390.00	269.13	270.00	280.00	460.57
流转地租金	元	40.49	270.67	15.67		16.80	67.29
自营地折租	元	258.64	119.33	253.46	270.00	263.20	393.28
净利润	元	2118.00	593.65	2157.28	-359.74	1202.39	1157.87
现金成本	元	1940.84	1449.47	890.20	1313.24	618.77	1337.02
现金收益	元	4289.01	3977.97	6579.27	1872.81	3593.13	4819.51
成本利润率	%	51.51	12.28	40.61	-10.15	39.95	23.16
每 50 公斤主产品							
平均出售价格	元	126.92	86.53	112.97	90.90	111.07	113.21
总成本	元	83.77	77.07	80.34	101.16	79.36	91.92
生产成本	元	77.68	70.85	76.27	93.46	71.98	83.45
净利润	元	43.15	9.46	32.63	-10.26	31.71	21.29
现金成本	元	39.54	23.11	13.46	37.47	16.32	24.59
现金收益	元	87.38	63.42	99.51	53.43	94.75	88.62
附：							
每亩用工数量	日	27.35	37.80	48.26	22.72	24.63	39.39
每亩主产品已出售数量	公斤	2444.88	3136.20	3283.52	1726.33	1896.06	2718.98
每亩主产品已出售产值	元	6204.39	5427.44	7420.04	3138.34	4211.90	6156.53
每亩成本外支出	元	0.87					

6-1-7-1 续表 1

项　目	单位	黑龙江	安　徽	福　建	江　西	山　东	河　南	湖　北
每亩								
主产品产量	公斤	3894.11	2600.17	2190.54	1717.40	2950.28	4297.75	1840.80
产值合计	元	7577.77	6874.43	7123.78	5731.18	4496.78	7742.05	4549.39
主产品产值	元	7577.77	6874.43	7123.78	5731.18	4496.78	7742.05	4549.39
副产品产值	元							
总成本	元	3207.74	4517.49	5354.66	3219.31	3272.56	4367.67	3366.40
生产成本	元	2843.43	4156.96	5053.98	3064.56	2940.11	4034.34	3054.83
物质与服务费用	元	1093.30	1431.86	2020.33	926.35	1138.79	1046.29	1103.77
人工成本	元	1750.13	2725.10	3033.65	2138.21	1801.32	2988.05	1951.06
家庭用工折价	元	1119.83	1674.82	269.42	1989.33	1735.46	2654.72	1853.97
雇工费用	元	630.30	1050.28	2764.23	148.88	65.86	333.33	97.09
土地成本	元	364.31	360.53	300.68	154.75	332.45	333.33	311.57
流转地租金	元	85.67	141.20	77.07	15.04		61.00	20.77
自营地折租	元	278.64	219.33	223.61	139.71	332.45	272.33	290.80
净利润	元	4370.03	2356.94	1769.12	2511.87	1224.22	3374.38	1182.99
现金成本	元	1809.27	2623.34	4861.63	1090.27	1204.65	1440.62	1221.63
现金收益	元	5768.50	4251.09	2262.15	4640.91	3292.13	6301.43	3327.76
成本利润率	%	136.23	52.17	33.04	78.03	37.41	77.26	35.14
每 50 公斤主产品								
平均出售价格	元	97.30	132.19	162.60	166.86	76.21	90.07	123.57
总成本	元	41.19	86.87	122.22	93.73	55.46	50.81	91.44
生产成本	元	36.51	79.94	115.36	89.22	49.83	46.93	82.98
净利润	元	56.11	45.32	40.38	73.13	20.75	39.26	32.13
现金成本	元	23.23	50.44	110.97	31.74	20.42	16.76	33.18
现金收益	元	74.07	81.75	51.63	135.12	55.79	73.31	90.39
附：								
每亩用工数量	日	18.26	30.20	24.32	24.31	20.82	34.04	22.11
每亩主产品已出售数量	公斤	3894.11	2600.17	2156.92	1703.54	2944.50	4297.75	1840.80
每亩主产品已出售产值	元	7577.77	6874.43	7024.43	5682.20	4486.70	7742.05	4549.39
每亩成本外支出	元							

6-1-7-1 续表 2

项　　目	单位	湖　南	广　东	广　西	海　南	重　庆	四　川
每亩							
主产品产量	公斤	2864.89	2425.15	1621.38	2050.38	2617.65	1876.89
产值合计	元	7507.60	5355.00	5100.80	4810.84	8288.26	4719.83
主产品产值	元	7507.60	5355.00	5100.80	4810.84	8288.26	4719.83
副产品产值	元						
总成本	元	4876.13	4919.88	4564.83	5156.98	4011.47	3676.33
生产成本	元	4763.43	4735.33	4314.06	4650.10	3660.02	3406.36
物质与服务费用	元	1539.30	2143.37	1629.28	1919.76	986.73	952.54
人工成本	元	3224.13	2591.96	2684.78	2730.34	2673.29	2453.82
家庭用工折价	元	3224.13	2397.82	2684.78	2051.70	2673.29	2051.87
雇工费用	元		194.14		678.64		401.95
土地成本	元	112.70	184.55	250.77	506.88	351.45	269.97
流转地租金	元	6.54	73.63	8.38	1.92	79.13	13.96
自营地折租	元	106.16	110.92	242.39	504.96	272.32	256.01
净利润	元	2631.47	435.12	535.97	-346.14	4276.79	1043.50
现金成本	元	1545.84	2411.14	1637.66	2600.32	1065.86	1368.45
现金收益	元	5961.76	2943.86	3463.14	2210.52	7222.40	3351.38
成本利润率	%	53.97	8.84	11.74	-6.71	106.61	28.38
每 50 公斤主产品							
平均出售价格	元	131.03	110.41	157.30	117.32	158.31	125.74
总成本	元	85.10	101.44	140.77	125.76	76.62	97.94
生产成本	元	83.14	97.63	133.04	113.40	69.91	90.75
净利润	元	45.93	8.97	16.53	-8.44	81.69	27.80
现金成本	元	26.98	49.71	50.50	63.41	20.36	36.46
现金收益	元	104.05	60.70	106.80	53.91	137.95	89.28
附：							
每亩用工数量	日	37.33	29.43	31.08	28.97	30.95	28.07
每亩主产品已出售数量	公斤	2864.89	2383.34	1621.38	2042.80	2617.65	1876.89
每亩主产品已出售产值	元	7507.60	5249.91	5100.80	4791.81	8288.26	4719.83
每亩成本外支出	元						

6-1-7-1 续表 3

项　　目	单位	贵　州	云　南	陕　西	甘　肃	宁　夏	新　疆
每亩							
主产品产量	公斤	1925.09	2166.70	3427.92	2729.81	3566.08	3256.34
产值合计	元	7422.03	7623.34	9720.38	6263.31	5383.11	5457.73
主产品产值	元	7422.03	7623.34	9720.38	6263.31	5383.11	5457.73
副产品产值	元						
总成本	元	2993.35	3779.83	4219.08	3706.20	3756.90	3711.95
生产成本	元	2715.35	3486.90	4016.13	3366.04	3536.29	3430.68
物质与服务费用	元	697.27	1068.90	1194.95	875.45	1671.58	953.28
人工成本	元	2018.08	2418.00	2821.18	2490.59	1864.71	2477.40
家庭用工折价	元	1724.06	2324.31	2749.48	2490.59	1813.72	1369.21
雇工费用	元	294.02	93.69	71.70		50.99	1108.19
土地成本	元	278.00	292.93	202.95	340.16	220.61	281.27
流转地租金	元	15.26	3.82	14.11		64.46	45.21
自营地折租	元	262.74	289.11	188.84	340.16	156.15	236.06
净利润	元	4428.68	3843.51	5501.30	2557.11	1626.21	1745.78
现金成本	元	1006.55	1166.41	1280.76	875.45	1787.03	2106.68
现金收益	元	6415.48	6456.93	8439.62	5387.86	3596.08	3351.05
成本利润率	%	147.95	101.68	130.39	69.00	43.29	47.03
每 50 公斤主产品							
平均出售价格	元	192.77	175.92	141.78	114.72	75.48	83.80
总成本	元	77.75	87.23	61.54	67.88	52.68	56.99
生产成本	元	70.52	80.47	58.58	61.65	49.58	52.68
净利润	元	115.02	88.69	80.24	46.84	22.80	26.81
现金成本	元	26.14	26.92	18.68	16.03	25.06	32.35
现金收益	元	166.63	149.00	123.10	98.69	50.42	51.45
附：							
每亩用工数量	日	23.52	27.64	32.55	28.83	21.54	23.25
每亩主产品已出售数量	公斤	1920.08	2166.70	3427.92	2729.81	3566.08	3256.34
每亩主产品已出售产值	元	7407.90	7623.34	9720.38	6263.31	5383.11	5457.73
每亩成本外支出	元					30.46	

6-1-7-2　2019年各地区露地菜椒费用和用工情况

项　　目	单位	平　均	北　京	河　北	内蒙古	辽　宁	吉　林
一、每亩物质与服务费用	**元**	**1275.93**	**1178.80**	**874.53**	**1313.24**	**601.97**	**1114.94**
（一）直接费用	元	1144.21	1082.20	824.05	1179.70	499.55	813.31
1. 种子费	元	195.43	163.00	89.97	421.33	115.83	178.27
2. 化肥费	元	354.62	317.40	269.70	153.41	75.45	216.00
3. 农家肥费	元	169.26	200.00	144.88	375.42	102.50	85.94
4. 农药费	元	159.39	140.00	109.39	66.83	52.85	112.93
5. 农膜费	元	71.86	65.60	17.39	27.92	50.52	69.69
6. 租赁作业费	元	117.95	147.00	175.43	122.33	96.16	121.14
机械作业费	元	82.87	64.00	56.94	90.83	42.58	96.62
排灌费	元	33.27	83.00	118.49	31.50	53.58	24.52
其中：水费	元	10.48	25.80		31.50		
畜力费	元	1.81					
7. 燃料动力费	元	21.91					
8. 技术服务费	元	12.46					
9. 工具材料费	元	36.28	49.20	11.91	7.18	3.40	17.39
10. 修理维护费	元	5.05		5.38	5.28	2.84	11.95
11. 其他直接费用	元						
（二）间接费用	元	131.72	96.60	50.48	133.54	102.42	301.63
1. 固定资产折旧	元	21.33		13.51			28.70
2. 保险费	元						
3. 管理费	元	0.19					
4. 财务费	元						
5. 销售费	元	110.20	96.60	36.97	133.54	102.42	272.93
二、每亩人工成本	**元**	**2536.79**	**3264.99**	**4168.53**	**1962.55**	**2127.54**	**3423.15**
1. 家庭用工折价	元	1912.37	3264.99	4168.53	1962.55	2127.54	3268.36
家庭用工天数	日	22.14	37.80	48.26	22.72	24.63	37.84
劳动日工价	元	86.38	86.38	86.38	86.38	86.38	86.38
2. 雇工费用	元	624.42					154.79
雇工天数	日	5.21					1.55
雇工工价	元	119.85	128.00	82.61	110.00	100.00	99.87
三、附							
1. 每亩种子用量	公斤						
2. 每亩化肥用量	公斤	45.63	26.30	45.20	25.73	12.02	39.01
3. 每亩农膜用量	公斤	5.47	5.00	1.55	2.73	4.13	5.11

6-1-7-2 续表 1

项　　目	单位	黑龙江	安　徽	福　建	江　西	山　东	河　南	湖　北
一、每亩物质与服务费用	元	**1093.30**	**1431.86**	**2020.33**	**926.35**	**1138.79**	**1046.29**	**1103.77**
（一）直接费用	元	910.82	1240.92	1563.67	818.99	1112.43	972.92	1025.45
1. 种子费	元	257.12	177.97	90.83	96.28	372.09	123.45	116.06
2. 化肥费	元	286.63	322.56	448.79	321.59	301.17	417.40	491.80
3. 农家肥费	元	109.24	354.02	400.96	130.97	186.68	78.17	4.28
4. 农药费	元	53.40	121.55	106.38	103.15	73.99	131.80	211.84
5. 农膜费	元	66.00	65.82	60.44	25.26	53.44	52.95	61.21
6. 租赁作业费	元	110.55	109.34	125.77	52.71	113.83	137.02	107.83
机械作业费	元	70.90	74.60	75.11	50.00	67.47	68.38	93.47
排灌费	元	39.65	34.74	40.54	2.71	46.36	68.64	14.36
其中：水费	元	28.08		5.02		6.84		8.10
畜力费	元			10.12				
7. 燃料动力费	元		12.04	44.50	66.46			16.51
8. 技术服务费	元			108.30				
9. 工具材料费	元	27.88	65.09	165.09	18.04	7.88	30.80	10.05
10. 修理维护费	元		12.53	12.61	4.53	3.35	1.33	5.87
11. 其他直接费用	元							
（二）间接费用	元	182.48	190.94	456.66	107.36	26.36	73.37	78.32
1. 固定资产折旧	元		39.96	64.07	35.42	7.13	7.39	40.88
2. 保险费	元							
3. 管理费	元							
4. 财务费	元							
5. 销售费	元	182.48	150.98	392.59	71.94	19.23	65.98	37.44
二、每亩人工成本	元	**1750.13**	**2725.10**	**3033.65**	**2138.21**	**1801.32**	**2988.05**	**1951.06**
1. 家庭用工折价	元	1119.83	1674.82	269.42	1989.33	1735.46	2654.72	1853.97
家庭用工天数	日	12.96	19.39	3.12	23.03	20.09	30.73	21.46
劳动日工价	元	86.38	86.38	86.38	86.38	86.38	86.38	86.38
2. 雇工费用	元	630.30	1050.28	2764.23	148.88	65.86	333.33	97.09
雇工天数	日	5.30	10.81	21.20	1.28	0.73	3.31	0.65
雇工工价	元	118.92	97.16	130.39	116.31	90.22	100.71	149.37
三、附								
1. 每亩种子用量	公斤							
2. 每亩化肥用量	公斤	45.45	24.57	55.79	45.67	42.99	62.29	53.30
3. 每亩农膜用量	公斤	5.14	4.98	4.73	1.74	4.23	3.83	5.58

6-1-7-2 续表 2

项　　目	单位	湖　南	广　东	广　西	海　南	重　庆	四　川
一、每亩物质与服务费用	**元**	**1539.30**	**2143.37**	**1629.28**	**1919.76**	**986.73**	**952.54**
（一）直接费用	元	1388.38	2134.26	1564.29	1894.89	966.63	841.05
1. 种子费	元	248.45	591.61	129.50	139.50	184.47	150.21
2. 化肥费	元	466.30	515.86	815.09	657.39	335.80	280.20
3. 农家肥费	元	143.76	184.67	174.27	231.01	54.98	108.31
4. 农药费	元	326.55	498.59	205.43	564.03	162.32	95.55
5. 农膜费	元	115.71	178.01	55.64	85.87	61.54	76.32
6. 租赁作业费	元	58.46	122.71	111.34	155.04	120.04	109.84
机械作业费	元	49.06	119.22	102.88	118.67	120.04	91.61
排灌费	元	9.40			36.37		16.76
其中：水费	元				26.48		16.07
畜力费	元		3.49	8.46			1.47
7. 燃料动力费	元	4.30	27.06	36.35	28.71	2.63	
8. 技术服务费	元						
9. 工具材料费	元	19.96	8.04	31.51	26.16	43.54	18.90
10. 修理维护费	元	4.89	7.71	5.16	7.18	1.31	1.72
11. 其他直接费用	元						
（二）间接费用	元	150.92	9.11	64.99	24.87	20.10	111.49
1. 固定资产折旧	元	36.72	9.11	17.99	13.93	13.42	12.48
2. 保险费	元						
3. 管理费	元						
4. 财务费	元						
5. 销售费	元	114.20		47.00	10.94	6.68	99.01
二、每亩人工成本	**元**	**3224.13**	**2591.96**	**2684.78**	**2730.34**	**2673.29**	**2453.82**
1. 家庭用工折价	元	3224.13	2397.82	2684.78	2051.70	2673.29	2051.87
家庭用工天数	日	37.33	27.76	31.08	23.75	30.95	23.75
劳动日工价	元	86.38	86.38	86.38	86.38	86.38	86.38
2. 雇工费用	元		194.14		678.64		401.95
雇工天数	日		1.67		5.22		4.32
雇工工价	元	154.09	116.25	102.91	130.01	141.02	93.04
三、附							
1. 每亩种子用量	公斤				0.06		
2. 每亩化肥用量	公斤	76.77	64.04	60.28	59.87	47.62	37.20
3. 每亩农膜用量	公斤	8.06	12.50	4.35	6.98	4.26	5.55

6-1-7-2 续表3

项　　目	单位	贵　州	云　南	陕　西	甘　肃	宁　夏	新　疆
一、每亩物质与服务费用	元	**697.27**	**1068.90**	**1194.95**	**875.45**	**1671.58**	**953.28**
（一）直接费用	元	597.70	1018.21	1072.93	832.89	1634.21	885.68
1. 种子费	元	108.90	157.24	148.88	151.80	803.22	146.73
2. 化肥费	元	224.85	337.31	264.10	299.60	223.68	184.22
3. 农家肥费	元	63.67	114.93	318.18	112.61	253.32	129.00
4. 农药费	元	50.31	141.97	96.76	45.90	96.20	52.35
5. 农膜费	元	71.76	79.06	43.14	59.01	81.87	43.98
6. 租赁作业费	元	46.40	173.27	179.96	150.73	162.62	192.48
机械作业费	元	37.80	130.86	113.53	109.03	106.58	105.84
排灌费	元	8.60	42.41	66.43	41.70	56.04	86.64
其中：水费	元		7.58		29.10	56.04	26.32
畜力费	元						
7. 燃料动力费	元	19.62	6.06				105.76
8. 技术服务费	元						
9. 工具材料费	元	8.93	8.37	13.98	10.57	11.24	31.16
10. 修理维护费	元	3.26		7.93	2.67	2.06	
11. 其他直接费用	元						
（二）间接费用	元	99.57	50.69	122.02	42.56	37.37	67.60
1. 固定资产折旧	元	27.04		8.86	1.13	13.54	
2. 保险费	元						
3. 管理费	元						3.17
4. 财务费	元						
5. 销售费	元	72.53	50.69	113.16	41.43	23.83	64.43
二、每亩人工成本	元	**2018.08**	**2418.00**	**2821.18**	**2490.59**	**1864.71**	**2477.40**
1. 家庭用工折价	元	1724.06	2324.31	2749.48	2490.59	1813.72	1369.21
家庭用工天数	日	19.96	26.91	31.83	28.83	21.00	15.85
劳动日工价	元	86.38	86.38	86.38	86.38	86.38	86.38
2. 雇工费用	元	294.02	93.69	71.70		50.99	1108.19
雇工天数	日	3.56	0.73	0.72		0.54	7.40
雇工工价	元	82.59	128.34	99.59	94.02	94.42	149.76
三、附							
1. 每亩种子用量	公斤		0.02				
2. 每亩化肥用量	公斤	34.23	52.23	47.45	49.49	41.39	32.67
3. 每亩农膜用量	公斤	5.54	5.72	2.88	4.85	6.25	3.73

6-1-7-3　2019 年各地区露地菜椒化肥投入情况

项　　目	单位	平　均	北　京	河　北	内蒙古	辽　宁	吉　林
一、每亩化肥金额	**元**	**354.62**	**317.40**	**269.70**	**153.41**	**75.45**	**216.00**
（一）氮肥	元	40.50	22.00	59.05		19.68	8.78
1. 尿素	元	40.27	22.00	59.05		19.68	8.78
2. 碳铵	元	0.23					
3. 其他氮肥	元						
（二）磷肥	元	11.04			45.83		
其中：过磷酸钙	元	10.77					
（三）钾肥	元	14.72					
其中：氯化钾	元	11.51					
（四）复混肥	元	269.00	136.40	198.99	107.58	55.77	207.22
1. 复合肥	元	259.43	136.40	198.99	107.58	55.77	207.22
其中：二铵	元	15.52	32.00		67.50		105.34
三元素复合肥	元	142.10	104.40	198.99			101.88
2. 混配肥	元	9.57					
（五）其他肥料	元	19.36	159.00	11.66			
二、每亩化肥折纯用量	**公斤**	**45.63**	**26.30**	**45.20**	**25.73**	**12.02**	**39.01**
（一）氮肥	公斤	8.45	4.60	13.14		4.75	1.98
1. 尿素	公斤	8.40	4.60	13.14		4.75	1.98
2. 碳铵	公斤	0.05					
3. 其他氮肥	公斤						
（二）磷肥	公斤	2.04			5.33		
其中：过磷酸钙	公斤	2.00					
（三）钾肥	公斤	2.04					
其中：氯化钾	公斤	1.85					
（四）复混肥	公斤	33.10	21.70	32.06	20.40	7.27	37.03
1. 复合肥	公斤	31.79	21.70	32.06	20.40	7.27	37.03
其中：二铵	公斤	3.11	6.40		14.40		21.01
三元素复合肥	公斤	16.89	15.30	32.06			16.02
2. 混配肥	公斤	1.31					

6-1-7-3 续表 1

项　　目	单位	黑龙江	安　徽	福　建	江　西	山　东	河　南	湖　北
一、每亩化肥金额	元	**286.63**	**322.56**	**448.79**	**321.59**	**301.17**	**417.40**	**491.80**
（一）氮肥	元	55.66	1.97	25.62	16.45	40.92	21.25	15.02
1. 尿素	元	55.66	1.97	25.62	16.45	40.92	21.25	15.02
2. 碳铵	元							
3. 其他氮肥	元							
（二）磷肥	元			3.03	19.87			
其中：过磷酸钙	元			3.03	19.87			
（三）钾肥	元	40.57		24.66				
其中：氯化钾	元	7.24		24.66				
（四）复混肥	元	190.40	161.83	395.48	285.27	260.25	396.15	462.13
1. 复合肥	元	168.18	161.83	395.48	285.27	260.25	396.15	462.13
其中：二铵	元	14.20				14.34		
三元素复合肥	元	107.27	89.17	45.41	76.73	76.02	396.15	13.27
2. 混配肥	元	22.22						
（五）其他肥料	元		158.76					14.65
二、每亩化肥折纯用量	公斤	**45.45**	**24.57**	**55.79**	**45.67**	**42.99**	**62.29**	**53.30**
（一）氮肥	公斤	12.73	0.39	4.70	3.51	9.62	5.32	2.96
1. 尿素	公斤	12.73	0.39	4.70	3.51	9.62	5.32	2.96
2. 碳铵	公斤							
3. 其他氮肥	公斤							
（二）磷肥	公斤			0.44	3.36			
其中：过磷酸钙	公斤			0.44	3.36			
（三）钾肥	公斤	2.45		3.05				
其中：氯化钾	公斤	1.34		3.05				
（四）复混肥	公斤	30.27	24.18	47.60	38.79	33.36	56.98	50.34
1. 复合肥	公斤	28.09	24.18	47.60	38.79	33.36	56.98	50.34
其中：二铵	公斤	3.00				2.67		
三元素复合肥	公斤	17.66	14.30	5.65	11.78	10.91	56.98	2.47
2. 混配肥	公斤	2.18						

6-1-7-3 续表 2

项 目	单位	湖 南	广 东	广 西	海 南	重 庆	四 川
一、每亩化肥金额	**元**	**466.30**	**515.86**	**815.09**	**657.39**	**335.80**	**280.20**
（一）氮肥	元	45.04	66.08		50.54	52.18	30.16
1. 尿素	元	45.04	66.08		50.54	52.18	30.16
2. 碳铵	元						
3. 其他氮肥	元						
（二）磷肥	元	26.21	35.16		49.60		5.66
其中：过磷酸钙	元	23.85	35.16		49.60		5.66
（三）钾肥	元	87.83	65.28		34.54		2.84
其中：氯化钾	元	87.83	58.47		34.54		
（四）复混肥	元	307.22	349.34	707.76	446.66	283.62	241.54
1. 复合肥	元	307.22	349.34	707.76	446.66	283.62	165.04
其中：二铵	元						
三元素复合肥	元		349.34	642.66	362.41	207.95	82.90
2. 混配肥	元						76.50
（五）其他肥料	元			107.33	76.05		
二、每亩化肥折纯用量	**公斤**	**76.77**	**64.04**	**60.28**	**59.87**	**47.62**	**37.20**
（一）氮肥	公斤	9.57	11.59		8.46	10.14	6.12
1. 尿素	公斤	9.57	11.59		8.46	10.14	6.12
2. 碳铵	公斤						
3. 其他氮肥	公斤						
（二）磷肥	公斤	6.26	7.57		7.52		1.27
其中：过磷酸钙	公斤	5.72	7.57		7.52		1.27
（三）钾肥	公斤	15.96	10.19		6.49		0.03
其中：氯化钾	公斤	15.96	9.37		6.49		
（四）复混肥	公斤	44.97	34.70	60.29	37.40	37.48	29.78
1. 复合肥	公斤	44.97	34.70	60.29	37.40	37.48	18.85
其中：二铵	公斤						
三元素复合肥	公斤		34.70	55.86	31.34	27.23	10.86
2. 混配肥	公斤						10.93

6-1-7-3 续表 3

项　　目	单位	贵 州	云 南	陕 西	甘 肃	宁 夏	新 疆
一、每亩化肥金额	**元**	**224.85**	**337.31**	**264.10**	**299.60**	**223.68**	**184.22**
（一）氮肥	元	42.91	115.48	67.33	72.39	42.20	55.46
1. 尿素	元	42.91	115.48	47.82	72.39	42.20	55.46
2. 碳铵	元			19.51			
3. 其他氮肥	元						
（二）磷肥	元	14.70	35.53		4.97		
其中：过磷酸钙	元	14.70	35.53		4.97		
（三）钾肥	元	3.99	2.23		8.84		
其中：氯化钾	元				8.84		
（四）复混肥	元	163.08	184.07	196.77	170.52	181.48	91.89
1. 复合肥	元	163.08	184.07	196.77	170.52	181.48	91.89
其中：二铵	元			38.05	114.79	88.55	91.89
三元素复合肥	元	134.16	76.05	158.72	10.93	92.93	
2. 混配肥	元						
（五）其他肥料	元	0.17			42.88		36.87
二、每亩化肥折纯用量	**公斤**	**34.23**	**52.23**	**47.45**	**49.49**	**41.39**	**32.67**
（一）氮肥	公斤	8.58	25.36	14.71	16.61	10.20	14.70
1. 尿素	公斤	8.58	25.36	10.51	16.61	10.20	14.70
2. 碳铵	公斤			4.20			
3. 其他氮肥	公斤						
（二）磷肥	公斤	2.57	8.22		0.98		
其中：过磷酸钙	公斤	2.57	8.22		0.98		
（三）钾肥	公斤	0.52	0.07		1.21		
其中：氯化钾	公斤				1.21		
（四）复混肥	公斤	22.56	18.57	32.75	30.69	31.20	17.96
1. 复合肥	公斤	22.56	18.57	32.75	30.69	31.20	17.96
其中：二铵	公斤			8.68	22.99	18.01	17.96
三元素复合肥	公斤	18.49	10.52	24.07	1.52	13.19	
2. 混配肥	公斤						

6-1-8-1　2019 年各地区设施菜椒成本收益情况

项　　目	单位	平　均	北　京	天　津	河　北	辽　宁	上　海
每亩							
主产品产量	公斤	4031.66	4145.66	3229.16	4268.19	3225.56	2776.99
产值合计	元	10565.33	14197.70	9822.33	8906.34	11730.58	7737.14
主产品产值	元	10565.33	14197.70	9822.33	8906.34	11730.58	7737.14
副产品产值	元						
总成本	元	7408.17	8127.26	6854.25	6718.95	8717.70	8039.75
生产成本	元	6976.24	7477.98	6552.07	6253.15	7959.37	6949.33
物质与服务费用	元	2223.09	3357.80	1594.13	2337.83	4388.64	1971.43
人工成本	元	4753.15	4120.18	4957.94	3915.32	3570.73	4977.90
家庭用工折价	元	2534.30	1587.41	4954.15	3771.26	2703.00	1530.57
雇工费用	元	2218.85	2532.78	3.79	144.05	867.73	3447.33
土地成本	元	431.93	649.28	302.18	465.80	758.33	1090.42
流转地租金	元	199.64	347.68	115.46	55.03	556.43	1090.42
自营地折租	元	232.29	301.60	186.72	410.77	201.90	
净利润	元	3157.16	6070.44	2968.08	2187.39	3012.88	-302.61
现金成本	元	4641.58	6238.26	1713.38	2536.91	5812.80	6509.18
现金收益	元	5923.75	7959.44	8108.95	6369.43	5917.78	1227.96
成本利润率	%	42.62	74.69	43.30	32.56	34.56	-3.76
每 50 公斤主产品							
平均出售价格	元	131.03	171.24	152.09	104.33	181.84	139.31
总成本	元	91.88	98.02	106.13	78.71	135.14	144.76
生产成本	元	86.52	90.19	101.45	73.25	123.38	125.13
净利润	元	39.15	73.22	45.96	25.62	46.70	-5.45
现金成本	元	57.56	75.24	26.53	29.72	90.11	117.20
现金收益	元	73.47	96.00	125.56	74.61	91.73	22.11
附：							
每亩用工数量	日	51.46	39.29	57.38	44.69	40.80	47.52
每亩主产品已出售数量	公斤	4021.66	3715.04	3229.16	4264.14	3225.56	2776.99
每亩主产品已出售产值	元	10530.99	12704.88	9822.33	8897.67	11730.58	7737.14
每亩成本外支出	元	0.38					

6-1-8-1　续表

项　　目	单位	江　苏	浙　江	四　川	甘　肃	宁　夏
每亩						
主产品产量	公斤	3482.89	2664.82	4549.45	4139.14	4209.59
产值合计	元	11039.11	17050.88	9648.50	15871.54	14908.09
主产品产值	元	11039.11	17050.88	9648.50	15871.54	14908.09
副产品产值	元					
总成本	元	7376.91	8610.59	6993.40	10392.65	8801.29
生产成本	元	6980.60	8120.07	6695.47	10023.03	8314.95
物质与服务费用	元	2450.17	2137.51	2038.75	3783.18	3994.94
人工成本	元	4530.43	5982.56	4656.72	6239.85	4320.01
家庭用工折价	元	3774.03	1907.62	2307.04	6063.79	3141.73
雇工费用	元	756.40	4074.95	2349.68	176.06	1178.28
土地成本	元	396.31	490.52	297.93	369.62	486.34
流转地租金	元	286.84	298.74	37.29		116.99
自营地折租	元	109.47	191.78	260.64	369.62	369.35
净利润	元	3662.20	8440.29	2655.10	5478.89	6106.80
现金成本	元	3493.41	6511.20	4425.72	3959.24	5290.21
现金收益	元	7545.70	10539.68	5222.78	11912.30	9617.88
成本利润率	%	49.64	98.02	37.97	52.72	69.39
每 50 公斤主产品						
平均出售价格	元	158.48	319.93	106.04	191.73	177.07
总成本	元	105.90	161.56	76.86	125.54	104.54
生产成本	元	100.22	152.36	73.59	121.08	98.76
净利润	元	52.58	158.37	29.18	66.19	72.53
现金成本	元	50.15	122.17	48.64	47.83	62.83
现金收益	元	108.33	197.76	57.40	143.90	114.24
附：						
每亩用工数量	日	53.21	52.24	52.60	71.96	49.77
每亩主产品已出售数量	公斤	3481.26	2664.82	4549.45	4138.71	4209.59
每亩主产品已出售产值	元	11032.53	17050.88	9648.50	15870.64	14908.09
每亩成本外支出	元					38.65

6-1-8-2 2019年各地区设施菜椒费用和用工情况

项　　目	单位	平　均	北　京	天　津	河　北	辽　宁	上　海
一、每亩物质与服务费用	**元**	**2223.09**	**3357.80**	**1594.13**	**2337.83**	**4388.64**	**1971.43**
（一）直接费用	元	1715.95	2004.05	1148.77	1622.28	3524.15	1602.85
1. 种子费	元	185.39	244.58	113.57	265.97	197.85	138.54
2. 化肥费	元	439.22	219.28	166.93	367.13	703.50	334.63
3. 农家肥费	元	157.11	505.96	211.07	229.12	506.50	349.46
4. 农药费	元	166.12	208.56	89.04	125.61	380.62	160.84
5. 农膜费	元	428.16	410.04	413.69	367.08	723.74	344.42
6. 租赁作业费	元	164.97	217.34	95.34	216.62	86.46	245.06
机械作业费	元	109.19	107.46	59.66	87.47	59.82	110.76
排灌费	元	55.78	109.88	35.68	129.15	26.64	134.30
其中：水费	元	25.33	62.33	32.78			
畜力费	元						
7. 燃料动力费	元	3.75	46.04			22.52	
8. 技术服务费	元	0.77	32.42				
9. 工具材料费	元	139.12	100.60	50.24	38.36	726.26	11.32
10. 修理维护费	元	31.34	19.23	8.89	12.39	176.70	18.58
11. 其他直接费用	元						
（二）间接费用	元	507.14	1353.75	445.36	715.55	864.49	368.58
1. 固定资产折旧	元	350.37	1028.76	445.36	702.99	794.94	342.05
2. 保险费	元	16.64	12.88				
3. 管理费	元	4.08	63.40				15.64
4. 财务费	元	1.19	4.01				10.89
5. 销售费	元	134.86	244.70		12.56	69.55	
二、每亩人工成本	**元**	**4753.15**	**4120.18**	**4957.94**	**3915.32**	**3570.73**	**4977.90**
1. 家庭用工折价	元	2534.30	1587.41	4954.15	3771.26	2703.00	1530.57
家庭用工天数	日	29.34	18.38	57.35	43.66	31.29	17.72
劳动日工价	元	86.38	86.38	86.38	86.38	86.38	86.38
2. 雇工费用	元	2218.85	2532.78	3.79	144.05	867.73	3447.33
雇工天数	日	22.12	20.91	0.03	1.03	9.51	29.80
雇工工价	元	100.31	121.13	126.33	139.86	91.24	115.68
三、附							
1. 每亩种子用量	公斤						
2. 每亩化肥用量	公斤	54.24	21.72	24.26	60.66	22.12	39.04
3. 每亩农膜用量	公斤	26.26	24.03	26.99	25.98	41.20	17.25

6-1-8-2 续表

项　　目	单位	江　苏	浙　江	四　川	甘　肃	宁　夏
一、每亩物质与服务费用	元	**2450.17**	**2137.51**	**2038.75**	**3783.18**	**3994.94**
（一）直接费用	元	1719.20	1484.39	1642.82	3083.91	3233.50
1. 种子费	元	123.70	110.85	168.46	626.65	1146.48
2. 化肥费	元	248.67	510.58	475.06	533.26	660.53
3. 农家肥费	元	273.34	174.00	60.06	365.99	316.16
4. 农药费	元	161.14	149.18	162.48	249.74	303.56
5. 农膜费	元	656.83	299.42	426.91	537.00	658.50
6. 租赁作业费	元	132.06	175.41	144.59	353.45	96.09
机械作业费	元	99.64	133.44	114.12	96.64	39.36
排灌费	元	32.42	41.97	30.47	256.81	56.73
其中：水费	元	1.59	14.70	30.47	171.29	56.73
畜力费	元					
7. 燃料动力费	元		10.06	2.14		
8. 技术服务费	元		0.48			
9. 工具材料费	元	107.38	44.51	165.69	394.29	46.49
10. 修理维护费	元	16.08	9.90	37.43	23.53	5.69
11. 其他直接费用	元					
（二）间接费用	元	730.97	653.12	395.93	699.27	761.44
1. 固定资产折旧	元	258.23	563.02	221.37	496.74	707.82
2. 保险费	元	183.45		4.22	91.21	
3. 管理费	元	17.01	0.92			
4. 财务费	元		0.80			
5. 销售费	元	272.28	88.38	170.34	111.32	53.62
二、每亩人工成本	元	**4530.43**	**5982.56**	**4656.72**	**6239.85**	**4320.01**
1. 家庭用工折价	元	3774.03	1907.62	2307.04	6063.79	3141.73
家庭用工天数	日	43.69	22.08	26.71	70.20	36.37
劳动日工价	元	86.38	86.38	86.38	86.38	86.38
2. 雇工费用	元	756.40	4074.95	2349.68	176.06	1178.28
雇工天数	日	9.52	30.16	25.89	1.76	13.40
雇工工价	元	79.45	135.11	90.76	100.03	87.93
三、附						
1. 每亩种子用量	公斤					
2. 每亩化肥用量	公斤	37.45	91.60	54.60	63.35	59.47
3. 每亩农膜用量	公斤	48.60	19.99	25.60	30.34	27.08

6-1-8-3 2019年各地区设施菜椒化肥投入情况

项 目	单位	平 均	北 京	天 津	河 北	辽 宁	上 海
一、每亩化肥金额	**元**	**439.22**	**219.28**	**166.93**	**367.13**	**703.50**	**334.63**
（一）氮肥	元	63.07		9.09	18.06		47.81
1. 尿素	元	62.98		9.09	18.06		47.81
2. 碳铵	元	0.09					
3. 其他氮肥	元						
（二）磷肥	元	1.56					
其中：过磷酸钙	元	1.56					
（三）钾肥	元	1.66	35.89				
其中：氯化钾	元	0.86					
（四）复混肥	元	341.04	135.73	157.84	349.07	145.63	286.82
1. 复合肥	元	341.04	135.73	157.84	349.07	145.63	286.82
其中：二铵	元	6.69		2.99	32.38		
三元素复合肥	元	89.56	127.87	154.85	302.74	45.82	286.82
2. 混配肥	元						
（五）其他肥料	元	31.89	47.66			557.87	
二、每亩化肥折纯用量	**公斤**	**54.24**	**21.72**	**24.26**	**60.66**	**22.12**	**39.04**
（一）氮肥	公斤	13.53		1.92	4.22		10.32
1. 尿素	公斤	13.51		1.92	4.22		10.32
2. 碳铵	公斤	0.02					
3. 其他氮肥	公斤						
（二）磷肥	公斤	0.35					
其中：过磷酸钙	公斤	0.35					
（三）钾肥	公斤	0.20	2.15				
其中：氯化钾	公斤	0.15					
（四）复混肥	公斤	40.16	19.56	22.34	56.44	22.11	28.72
1. 复合肥	公斤	40.16	19.56	22.34	56.44	22.11	28.72
其中：二铵	公斤	1.34		0.59	6.88		
三元素复合肥	公斤	12.37	18.93	21.75	47.48	6.54	28.72
2. 混配肥	公斤						

6-1-8-3 续表

项　　目	单位	江　苏	浙　江	四　川	甘　肃	宁　夏
一、每亩化肥金额	**元**	**248.67**	**510.58**	**475.06**	**533.26**	**660.53**
（一）氮肥	元	55.68	192.94	58.93	25.62	33.84
1. 尿素	元	54.35	192.94	58.93	25.62	33.84
2. 碳铵	元	1.33				
3. 其他氮肥	元					
（二）磷肥	元	3.11		1.85	13.67	
其中：过磷酸钙	元	3.11		1.85	13.67	
（三）钾肥	元			1.50		
其中：氯化钾	元			1.50		
（四）复混肥	元	156.63	317.64	396.72	333.36	308.59
1. 复合肥	元	156.63	317.64	396.72	333.36	308.59
其中：二铵	元				135.02	128.27
三元素复合肥	元	125.35	171.96	5.68	151.67	180.32
2. 混配肥	元					
（五）其他肥料	元	33.25		16.06	160.61	318.10
二、每亩化肥折纯用量	**公斤**	**37.45**	**91.60**	**54.60**	**63.35**	**59.47**
（一）氮肥	公斤	11.79	43.60	12.18	6.04	8.90
1. 尿素	公斤	11.50	43.60	12.18	6.04	8.90
2. 碳铵	公斤	0.29				
3. 其他氮肥	公斤					
（二）磷肥	公斤	0.53		0.45	2.46	
其中：过磷酸钙	公斤	0.53		0.45	2.46	
（三）钾肥	公斤			0.27		
其中：氯化钾	公斤			0.27		
（四）复混肥	公斤	25.13	48.00	41.70	54.85	50.58
1. 复合肥	公斤	25.13	48.00	41.70	54.85	50.58
其中：二铵	公斤				26.24	24.88
三元素复合肥	公斤	20.94	26.79	0.78	22.16	25.70
2. 混配肥	公斤					

6-1-9-1 2019年各地区露地圆白菜成本收益情况

项　　目	单位	平 均	天 津	河 北	山 西	内蒙古	辽 宁	吉 林
每亩								
主产品产量	公斤	3827.35	4089.41	4249.31	4955.15	5068.06	3466.14	3332.04
产值合计	元	4044.49	4472.68	3474.04	1323.64	3580.35	2724.13	4382.72
主产品产值	元	4044.40	4472.68	3474.04	1323.64	3580.35	2724.13	4382.72
副产品产值	元	0.09						
总成本	元	2952.95	3478.71	2472.56	1775.49	2761.36	2592.45	3352.67
生产成本	元	2573.54	3181.43	2112.37	1545.87	2561.36	2424.06	2902.38
物质与服务费用	元	895.10	640.58	791.97	624.11	882.74	661.37	755.82
人工成本	元	1678.44	2540.85	1320.40	921.76	1678.62	1762.69	2146.56
家庭用工折价	元	1083.29	2490.42	1320.40	921.76	1678.62	1275.57	2028.81
雇工费用	元	595.15	50.43				487.12	117.76
土地成本	元	379.41	297.28	360.19	229.62	200.00	168.39	450.29
流转地租金	元	170.95	117.88	9.04	2.02	5.71	11.15	67.66
自营地折租	元	208.46	179.40	351.15	227.60	194.29	157.24	382.63
净利润	元	1091.54	993.97	1001.48	-451.85	818.99	131.68	1030.05
现金成本	元	1661.20	808.89	801.01	626.13	888.45	1159.64	941.24
现金收益	元	2383.29	3663.79	2673.03	697.51	2691.90	1564.49	3441.48
成本利润率	%	36.96	28.57	40.50	-25.45	29.66	5.08	30.72
每50公斤主产品								
平均出售价格	元	52.84	54.69	40.88	13.36	35.32	39.30	65.77
总成本	元	38.58	42.54	29.10	17.92	27.24	37.40	50.31
生产成本	元	33.62	38.90	24.86	15.60	25.27	34.97	43.56
净利润	元	14.26	12.15	11.78	-4.56	8.08	1.90	15.46
现金成本	元	21.70	9.89	9.43	6.32	8.76	16.73	14.12
现金收益	元	31.14	44.80	31.45	7.04	26.56	22.57	51.65
附:								
每亩用工数量	日	18.00	29.20	15.29	10.67	19.43	20.89	24.65
每亩主产品已出售数量	公斤	3730.94	4089.41	4214.87	4948.00	5049.57	3466.14	3332.04
每亩主产品已出售产值	元	3986.76	4472.68	3441.69	1321.30	3571.55	2724.13	4382.72
每亩成本外支出	元	0.25						

6-1-9-1 续表 1

项　　目	单位	上　海	江　苏	浙　江	安　徽	福　建	江　西	山　东
每亩								
主产品产量	公斤	2684.42	3576.66	2313.38	3274.19	3663.03	3374.42	4452.14
产值合计	元	3964.07	5352.30	3730.88	3896.90	4171.22	4343.69	4123.52
主产品产值	元	3964.07	5352.30	3730.88	3896.90	4171.22	4343.69	4123.52
副产品产值	元							
总成本	元	3143.01	3310.15	1998.03	2662.93	3682.04	2544.28	1996.10
生产成本	元	2644.52	2930.42	1631.36	2376.05	3388.32	2377.96	1719.13
物质与服务费用	元	826.13	1140.27	871.22	840.12	1566.04	711.28	637.06
人工成本	元	1818.39	1790.15	760.14	1535.93	1822.28	1666.68	1082.07
家庭用工折价	元	777.07	1361.00	760.14	1514.24	89.32	1642.52	1007.88
雇工费用	元	1041.32	429.14		21.69	1732.96	24.17	74.19
土地成本	元	498.49	379.73	366.67	286.88	293.72	166.32	276.97
流转地租金	元	498.49	255.51	275.00	73.18	71.38	11.60	13.35
自营地折租	元		124.22	91.67	213.70	222.34	154.72	263.62
净利润	元	821.06	2042.15	1732.85	1233.97	489.18	1799.41	2127.42
现金成本	元	2365.94	1824.92	1146.22	934.99	3370.38	747.05	724.60
现金收益	元	1598.13	3527.38	2584.66	2961.91	800.84	3596.64	3398.92
成本利润率	%	26.12	61.69	86.73	46.34	13.29	70.72	106.58
每 50 公斤主产品								
平均出售价格	元	73.83	74.82	80.64	59.51	56.94	64.36	46.31
总成本	元	58.54	46.27	43.19	40.67	50.26	37.70	22.42
生产成本	元	49.25	40.96	35.26	36.28	46.25	35.23	19.31
净利润	元	15.29	28.55	37.45	18.84	6.68	26.66	23.89
现金成本	元	44.07	25.51	24.77	14.28	46.01	11.07	8.14
现金收益	元	29.76	49.31	55.87	45.23	10.93	53.29	38.17
附：								
每亩用工数量	日	19.04	20.84	8.80	17.71	14.47	19.22	12.87
每亩主产品已出售数量	公斤	2684.42	3576.66	2276.71	3274.19	3634.19	3361.36	4444.83
每亩主产品已出售产值	元	3964.07	5352.30	3666.42	3896.90	4116.91	4327.37	4110.37
每亩成本外支出	元							

6-1-9-1 续表 2

项 目	单位	河 南	湖 北	湖 南	广 东	重 庆	四 川	贵 州
每亩								
主产品产量	公斤	5700.43	2155.89	2985.10	2560.00	3550.53	4658.26	3046.79
产值合计	元	4854.36	2808.57	3289.57	8445.21	4173.09	4694.82	4731.50
主产品产值	元	4854.36	2808.57	3289.57	8445.21	4173.09	4690.67	4731.50
副产品产值	元						4.15	
总成本	元	2486.94	2143.83	3119.49	5988.73	2508.42	3422.34	2141.31
生产成本	元	2106.72	1872.61	2888.11	5655.40	2167.88	2993.37	1920.04
物质与服务费用	元	689.51	658.69	918.39	1910.25	724.90	963.63	513.25
人工成本	元	1417.21	1213.92	1969.72	3745.15	1442.98	2029.74	1406.79
家庭用工折价	元	956.66	1151.88	1969.72	3578.72	1442.98	1747.90	1294.84
雇工费用	元	460.55	62.04		166.43		281.84	111.95
土地成本	元	380.22	271.22	231.38	333.33	340.54	428.97	221.27
流转地租金	元	68.78	34.80	24.84	266.66	75.35	48.95	5.22
自营地折租	元	311.44	236.42	206.54	66.67	265.19	380.02	216.05
净利润	元	2367.42	664.74	170.08	2456.48	1664.67	1272.48	2590.19
现金成本	元	1218.84	755.53	943.23	2343.34	800.25	1294.42	630.42
现金收益	元	3635.52	2053.04	2346.34	6101.87	3372.84	3400.40	4101.08
成本利润率	%	95.19	31.01	5.45	41.02	66.36	37.18	120.96
每 50 公斤主产品								
平均出售价格	元	42.58	65.14	55.10	164.95	58.77	50.35	77.65
总成本	元	21.81	49.72	52.25	116.97	35.33	36.70	35.14
生产成本	元	18.48	43.43	48.38	110.46	30.53	32.10	31.51
净利润	元	20.77	15.42	2.85	47.98	23.44	13.65	42.51
现金成本	元	10.69	17.52	15.80	45.77	11.27	13.88	10.35
现金收益	元	31.89	47.62	39.30	119.18	47.50	36.47	67.30
附：								
每亩用工数量	日	15.81	13.89	22.80	43.08	16.71	22.59	16.49
每亩主产品已出售数量	公斤	5700.43	2141.02	2985.10	2560.00	3550.53	4658.26	3046.79
每亩主产品已出售产值	元	4854.36	2787.33	3289.57	8445.21	4173.09	4690.67	4731.50
每亩成本外支出	元							

6-1-9-1　续表 3

项　　目	单位	云　南	陕　西	甘　肃	青　海	宁　夏	新　疆
每亩							
主产品产量	公斤	4620. 30	2467. 00	5903. 16	4908. 21	4348. 41	3861. 58
产值合计	元	5954. 61	2484. 82	2597. 92	5050. 61	4089. 19	2292. 31
主产品产值	元	5954. 61	2484. 82	2597. 92	5050. 61	4089. 19	2292. 31
副产品产值	元						
总成本	元	2853. 72	2795. 33	3292. 31	3415. 07	2001. 98	2183. 91
生产成本	元	2546. 80	2655. 33	3011. 44	2845. 68	1664. 54	1729. 36
物质与服务费用	元	1091. 54	523. 47	970. 54	633. 28	837. 97	875. 10
人工成本	元	1455. 26	2131. 86	2040. 90	2212. 40	826. 57	854. 26
家庭用工折价	元	1152. 57	2131. 86	2040. 90	1837. 22	826. 57	501. 70
雇工费用	元	302. 69			375. 19		352. 56
土地成本	元	306. 92	140. 00	280. 87	569. 39	337. 44	454. 55
流转地租金	元	11. 56		5. 58	57. 82	41. 84	111. 79
自营地折租	元	295. 36	140. 00	275. 29	511. 57	295. 60	342. 76
净利润	元	3100. 89	-310. 51	-694. 39	1635. 54	2087. 21	108. 40
现金成本	元	1405. 79	523. 47	976. 12	1066. 29	879. 81	1339. 45
现金收益	元	4548. 82	1961. 35	1621. 80	3984. 32	3209. 38	952. 86
成本利润率	%	108. 66	-11. 11	-21. 09	47. 89	104. 26	4. 96
每 50 公斤主产品							
平均出售价格	元	64. 44	50. 36	22. 00	51. 45	47. 02	29. 68
总成本	元	30. 88	56. 65	27. 88	34. 79	23. 02	28. 28
生产成本	元	27. 56	53. 82	25. 50	28. 99	19. 14	22. 39
净利润	元	33. 56	-6. 29	-5. 88	16. 66	24. 00	1. 40
现金成本	元	15. 21	10. 61	8. 27	10. 86	10. 12	17. 34
现金收益	元	49. 23	39. 75	13. 73	40. 59	36. 90	12. 34
附：							
每亩用工数量	日	17. 04	24. 68	23. 63	25. 40	9. 57	8. 84
每亩主产品已出售数量	公斤	4620. 30	2447. 83	5903. 16	3333. 50	4348. 41	3861. 58
每亩主产品已出售产值	元	5954. 61	2465. 50	2597. 92	4210. 73	4089. 19	2292. 31
每亩成本外支出	元					25. 35	

6-1-9-2　2019年各地区露地圆白菜费用和用工情况

项　　目	单位	平　均	天　津	河　北	山　西	内蒙古	辽　宁	吉　林
一、每亩物质与服务费用	**元**	**895.10**	**640.58**	**791.97**	**624.11**	**882.74**	**661.37**	**755.82**
（一）直接费用	元	791.15	640.58	763.65	583.43	716.39	624.54	594.69
1. 种子费	元	98.77	63.72	90.92	117.43	118.61	128.24	75.36
2. 化肥费	元	268.86	157.08	210.33	180.61	159.20	62.80	120.61
3. 农家肥费	元	143.67	191.85	170.68	50.59	204.62	147.37	147.51
4. 农药费	元	92.76	62.92	79.55	42.75	94.99	102.31	55.86
5. 农膜费	元	23.80	59.04	36.39	13.94	26.12	62.59	34.16
6. 租赁作业费	元	126.69	91.99	133.24	168.76	100.86	112.44	122.94
机械作业费	元	82.22	56.84	71.68	85.97	55.22	64.38	107.61
排灌费	元	43.35	35.15	61.56	82.79	41.93	48.06	15.33
其中：水费	元	12.50	30.29	1.42		32.34		
畜力费	元	1.12				3.71		
7. 燃料动力费	元	18.69			3.15			12.10
8. 技术服务费	元	0.35						
9. 工具材料费	元	13.89	9.68	38.82	3.94	10.91	4.62	12.08
10. 修理维护费	元	3.66	4.30	3.72	2.26	1.08	4.17	14.07
11. 其他直接费用	元	0.01						
（二）间接费用	元	103.95		28.32	40.68	166.35	36.83	161.13
1. 固定资产折旧	元	13.14		11.40	3.66		8.27	12.90
2. 保险费	元	0.19						
3. 管理费	元	14.47						
4. 财务费	元	5.73						
5. 销售费	元	70.42		16.92	37.02	166.35	28.56	148.23
二、每亩人工成本	**元**	**1678.44**	**2540.85**	**1320.40**	**921.76**	**1678.62**	**1762.69**	**2146.56**
1. 家庭用工折价	元	1083.29	2490.42	1320.40	921.76	1678.62	1275.57	2028.81
家庭用工天数	日	12.54	28.83	15.29	10.67	19.43	14.77	23.49
劳动日工价	元	86.38	86.38	86.38	86.38	86.38	86.38	86.38
2. 雇工费用	元	595.15	50.43				487.12	117.76
雇工天数	日	5.46	0.37				6.12	1.16
雇工工价	元	109.00	136.31	98.78	115.10	108.40	79.59	101.52
三、附								
1. 每亩种子用量	公斤							
2. 每亩化肥用量	公斤	40.49	25.77	39.24	31.25	34.97	13.48	23.20
3. 每亩农膜用量	公斤	1.95	4.72	2.94	1.20	2.10	4.94	2.48

6-1-9-2 续表 1

项　　目	单位	上　海	江　苏	浙　江	安　徽	福　建	江　西	山　东
一、每亩物质与服务费用	元	**826.13**	**1140.27**	**871.22**	**840.12**	**1566.04**	**711.28**	**637.06**
（一）直接费用	元	789.85	768.77	662.72	698.65	1253.09	620.83	587.30
1. 种子费	元	87.52	82.00	75.71	90.67	78.48	77.25	41.13
2. 化肥费	元	246.79	168.74	223.50	231.41	592.95	257.53	304.76
3. 农家肥费	元	200.23	237.84	40.83	193.10	146.67	95.07	67.61
4. 农药费	元	108.22	74.44	63.88	80.63	161.76	56.32	49.94
5. 农膜费	元		3.45	22.60	14.58	46.43		7.91
6. 租赁作业费	元	137.15	147.14	209.08	40.75	82.62	47.86	103.85
机械作业费	元	93.58	112.25	168.75	38.93	68.79	42.13	59.18
排灌费	元	43.57	34.89	5.33	1.82	10.70	5.73	44.67
其中：水费	元	5.10	0.18	5.33		5.47		4.34
畜力费	元			35.00		3.13		
7. 燃料动力费	元			12.79	32.95	113.09	67.42	
8. 技术服务费	元					2.81		
9. 工具材料费	元	8.15	39.78	3.54	6.82	21.90	14.88	8.12
10. 修理维护费	元	1.79	15.38	9.71	7.74	6.38	4.50	3.98
11. 其他直接费用	元			1.08				
（二）间接费用	元	36.28	371.50	208.50	141.47	312.95	90.45	49.76
1. 固定资产折旧	元		63.66	67.67	65.33	31.21	37.18	6.48
2. 保险费	元					1.57		
3. 管理费	元	6.09	19.44	10.00		96.88		
4. 财务费	元	4.43	0.29			37.81		
5. 销售费	元	25.76	288.11	130.83	76.14	145.48	53.27	43.28
二、每亩人工成本	元	**1818.39**	**1790.15**	**760.14**	**1535.93**	**1822.28**	**1666.68**	**1082.07**
1. 家庭用工折价	元	777.07	1361.00	760.14	1514.24	89.32	1642.52	1007.88
家庭用工天数	日	9.00	15.76	8.80	17.53	1.03	19.02	11.67
劳动日工价	元	86.38	86.38	86.38	86.38	86.38	86.38	86.38
2. 雇工费用	元	1041.32	429.14		21.69	1732.96	24.17	74.19
雇工天数	日	10.04	5.08		0.18	13.44	0.20	1.20
雇工工价	元	103.72	84.48	205.00	120.51	128.94	120.84	61.82
三、附								
1. 每亩种子用量	公斤							
2. 每亩化肥用量	公斤	33.66	29.11	30.65	28.18	74.47	35.25	54.07
3. 每亩农膜用量	公斤		0.24	1.61	1.13	3.56		0.63

6-1-9-2 续表 2

项　　目	单位	河　南	湖　北	湖　南	广　东	重　庆	四　川	贵　州
一、每亩物质与服务费用	元	**678.46**	**607.19**	**895.59**	**2140.48**	**722.01**	**935.29**	**513.25**
（一）直接费用	元	606.16	574.33	844.61	1482.66	714.09	774.73	432.63
1. 种子费	元	79.75	24.41	31.98	48.43	32.79	112.08	49.60
2. 化肥费	元	326.07	222.83	350.37	739.83	344.40	291.97	161.87
3. 农家肥费	元	13.84	149.83	154.91	205.57	50.17	88.30	53.49
4. 农药费	元	48.72	61.85	157.22	418.86	146.59	77.71	43.53
5. 农膜费	元			3.36			47.53	32.59
6. 租赁作业费	元	124.45	93.50	34.77		131.21	148.25	67.17
机械作业费	元	64.95	83.51	34.77		131.21	104.24	59.37
排灌费	元	59.50	9.99				23.08	
其中：水费	元		2.14				23.08	
畜力费	元						20.93	7.80
7. 燃料动力费	元		12.96	9.66	42.51	2.12		14.99
8. 技术服务费	元							
9. 工具材料费	元	9.41	3.51	98.98	20.44	5.72	6.65	8.07
10. 修理维护费	元	3.92	5.44	3.36	7.02	1.09	2.24	1.32
11. 其他直接费用	元							
（二）间接费用	元	72.30	32.86	50.98	657.82	7.92	160.56	80.62
1. 固定资产折旧	元	20.32	22.64	33.48	128.39	7.92	8.43	19.49
2. 保险费	元							
3. 管理费	元							
4. 财务费	元							
5. 销售费	元	51.98	10.22	17.50	529.43		152.13	61.13
二、每亩人工成本	元	**1415.41**	**1299.63**	**2096.78**	**4231.86**	**1468.00**	**2136.34**	**1406.79**
1. 家庭用工折价	元	977.00	1264.95	2096.78	4074.72	1468.00	1880.91	1294.84
家庭用工天数	日	11.51	14.90	24.70	48.00	17.29	22.16	14.99
劳动日工价	元	84.89	84.89	84.89	84.89	84.89	84.89	86.38
2. 雇工费用	元	438.41	34.68		157.14		255.43	111.95
雇工天数	日	4.78	0.30		1.60		2.13	1.50
雇工工价	元	91.72	115.60	157.45	98.21	127.69	119.92	74.64
三、附								
1. 每亩种子用量	公斤							
2. 每亩化肥用量	公斤	48.51	33.13	48.17	113.78	48.97	45.02	25.17
3. 每亩农膜用量	公斤			0.24			3.40	2.37

6-1-9-2 续表 3

项　　目	单位	云　南	陕　西	甘　肃	青　海	宁　夏	新　疆
一、每亩物质与服务费用	元	**1091.54**	**523.47**	**970.54**	**633.28**	**837.97**	**875.10**
（一）直接费用	元	1081.01	485.69	897.03	539.13	832.70	856.48
1. 种子费	元	202.25	88.17	174.51	169.83	204.81	138.31
2. 化肥费	元	270.65	123.14	277.86	122.88	280.80	163.03
3. 农家肥费	元	263.81	118.50	74.92	58.91	178.02	183.12
4. 农药费	元	178.95	26.43	105.86	46.79	51.61	43.46
5. 农膜费	元	51.61		34.45	36.38		55.53
6. 租赁作业费	元	99.87	121.00	219.70	93.07	114.13	230.72
机械作业费	元	70.20	82.50	92.17	81.15	74.77	92.84
排灌费	元	29.67	38.50	127.53	11.92	39.36	137.88
其中：水费	元	2.64		102.98	11.92	39.36	55.35
畜力费	元						
7. 燃料动力费	元						29.25
8. 技术服务费	元						
9. 工具材料费	元	13.87	4.55	6.05	11.27	1.57	10.70
10. 修理维护费	元		3.90	3.68		1.76	2.36
11. 其他直接费用	元						
（二）间接费用	元	10.53	37.78	73.51	94.15	5.27	18.62
1. 固定资产折旧	元			1.53		2.35	10.79
2. 保险费	元						
3. 管理费	元						2.13
4. 财务费	元						
5. 销售费	元	10.53	37.78	71.98	94.15	2.92	5.70
二、每亩人工成本	元	**1455.26**	**2131.86**	**2040.90**	**2212.40**	**826.57**	**854.26**
1. 家庭用工折价	元	1152.57	2131.86	2040.90	1837.22	826.57	501.70
家庭用工天数	日	13.34	24.68	23.63	21.27	9.57	5.81
劳动日工价	元	86.38	86.38	86.38	86.38	86.38	86.38
2. 雇工费用	元	302.69			375.19		352.56
雇工天数	日	3.70			4.13		3.03
雇工工价	元	81.81	85.00	104.90	90.85	100.00	116.36
三、附							
1. 每亩种子用量	公斤						
2. 每亩化肥用量	公斤	47.82	26.82	54.17	25.06	54.38	31.37
3. 每亩农膜用量	公斤	3.94		2.77	4.59		4.42

6-1-9-3 2019 年各地区露地圆白菜化肥投入情况

项　　目	单位	平　均	天　津	河　北	山　西	内蒙古	辽　宁	吉　林
一、每亩化肥金额	**元**	**268.86**	**157.08**	**210.33**	**180.61**	**159.20**	**62.80**	**120.61**
（一）氮肥	元	55.66	31.16	36.18	43.00	63.56	57.28	82.94
1. 尿素	元	54.81	31.16	36.18	43.00	63.56	56.28	82.94
2. 碳铵	元	0.85					1.00	
3. 其他氮肥	元							
（二）磷肥	元	5.26			4.09			
其中：过磷酸钙	元	5.15			4.09			
（三）钾肥	元	1.83						
其中：氯化钾	元	0.76						
（四）复混肥	元	203.16	125.92	174.15	133.52	90.89	5.52	25.79
1. 复合肥	元	196.76	125.92	174.15	122.79	90.89	5.52	25.79
其中：二铵	元	21.99	16.87	60.07	22.18	82.13	2.83	21.01
三元素复合肥	元	140.29	109.05	92.11	22.69	8.76	2.69	4.78
2. 混配肥	元	6.40			10.73			
（五）其他肥料	元	2.95				4.75		11.88
二、每亩化肥折纯用量	**公斤**	**40.49**	**25.77**	**39.24**	**31.25**	**34.97**	**13.48**	**23.20**
（一）氮肥	公斤	11.91	6.74	8.38	9.32	15.45	12.51	18.21
1. 尿素	公斤	11.73	6.74	8.38	9.32	15.45	12.34	18.21
2. 碳铵	公斤	0.18					0.17	
3. 其他氮肥	公斤							
（二）磷肥	公斤	1.14			0.75			
其中：过磷酸钙	公斤	1.12			0.75			
（三）钾肥	公斤	0.16						
其中：氯化钾	公斤	0.10						
（四）复混肥	公斤	27.30	19.02	30.85	21.19	19.52	0.96	4.99
1. 复合肥	公斤	26.24	19.02	30.85	19.64	19.52	0.96	4.99
其中：二铵	公斤	4.35	3.40	12.72	4.42	18.20	0.59	4.32
三元素复合肥	公斤	17.20	15.62	14.49	3.63	1.32	0.37	0.67
2. 混配肥	公斤	1.06			1.55			

6-1-9-3　续表 1

项　　目	单位	上　海	江　苏	浙　江	安　徽	福　建	江　西	山　东
一、每亩化肥金额	元	**246.79**	**168.74**	**223.50**	**231.41**	**592.95**	**257.53**	**304.76**
（一）氮肥	元	75.18	51.45	33.25	21.61	41.57	13.11	91.44
1. 尿素	元	75.18	46.52	33.25	21.61	41.20	13.11	91.44
2. 碳铵	元		4.93			0.37		
3. 其他氮肥	元							
（二）磷肥	元		0.55			17.06	15.54	
其中：过磷酸钙	元		0.55			17.06	15.54	
（三）钾肥	元					5.57		
其中：氯化钾	元					5.57		
（四）复混肥	元	171.61	113.22	190.25	169.11	526.60	228.88	193.44
1. 复合肥	元	171.61	113.22	190.25	169.11	477.21	228.88	193.44
其中：二铵	元							25.90
三元素复合肥	元	171.61	77.70	88.33	31.60	354.46	122.89	93.86
2. 混配肥	元					49.39		
（五）其他肥料	元		3.52		40.69	2.15		19.88
二、每亩化肥折纯用量	公斤	**33.66**	**29.11**	**30.65**	**28.18**	**74.47**	**35.25**	**54.07**
（一）氮肥	公斤	16.03	10.35	6.61	4.46	7.73	2.80	21.25
1. 尿素	公斤	16.03	9.41	6.61	4.46	7.67	2.80	21.25
2. 碳铵	公斤		0.94			0.06		
3. 其他氮肥	公斤							
（二）磷肥	公斤		0.08			4.03	2.63	
其中：过磷酸钙	公斤		0.08			4.03	2.63	
（三）钾肥	公斤					0.69		
其中：氯化钾	公斤					0.69		
（四）复混肥	公斤	17.63	18.67	24.04	23.72	62.03	29.82	32.82
1. 复合肥	公斤	17.63	18.67	24.04	23.72	53.82	29.82	32.82
其中：二铵	公斤							5.21
三元素复合肥	公斤	17.63	14.02	9.94	4.74	39.07	15.97	15.64
2. 混配肥	公斤					8.21		

6-1-9-3 续表 2

项　　目	单位	河　南	湖　北	湖　南	广　东	重　庆	四　川	贵　州
一、每亩化肥金额	**元**	**324.53**	**323.83**	**341.32**	**711.27**	**366.71**	**298.24**	**161.87**
（一）氮肥	元	2.86	17.94	3.31	262.67	36.64	118.95	39.70
1. 尿素	元	2.86	17.94		262.67	36.64	114.21	39.70
2. 碳铵	元			3.31			4.74	
3. 其他氮肥	元							
（二）磷肥	元			12.33	68.60		19.01	11.71
其中：过磷酸钙	元				68.60		19.01	11.22
（三）钾肥	元							2.95
其中：氯化钾	元							1.67
（四）复混肥	元	321.67	295.55	325.68	380.00	330.07	160.28	107.51
1. 复合肥	元	321.67	295.55	325.68	380.00	330.07	160.28	107.51
其中：二铵	元	1.85						
三元素复合肥	元	318.60	149.63	45.81	380.00	284.47	160.28	59.79
2. 混配肥	元							
（五）其他肥料	元		10.34					
二、每亩化肥折纯用量	**公斤**	**48.49**	**45.22**	**49.09**	**109.65**	**51.81**	**48.26**	**25.17**
（一）氮肥	公斤	0.63	3.79	0.70	42.46	7.28	22.51	8.37
1. 尿素	公斤	0.63	3.79		42.46	7.28	21.61	8.37
2. 碳铵	公斤			0.70			0.90	
3. 其他氮肥	公斤							
（二）磷肥	公斤			2.19	18.34		4.09	2.34
其中：过磷酸钙	公斤				18.34		4.09	2.26
（三）钾肥	公斤							0.44
其中：氯化钾	公斤							0.27
（四）复混肥	公斤	47.86	41.43	46.20	48.85	44.54	21.67	14.03
1. 复合肥	公斤	47.86	41.43	46.20	48.85	44.54	21.67	14.03
其中：二铵	公斤	0.35						
三元素复合肥	公斤	47.33	22.18	6.77	48.85	38.41	21.67	7.50
2. 混配肥	公斤							

6-1-9-3 续表3

项　　目	单位	云　南	陕　西	甘　肃	青　海	宁　夏	新　疆
一、每亩化肥金额	**元**	**270.65**	**123.14**	**277.86**	**122.88**	**280.80**	**163.03**
（一）氮肥	元	80.14	49.34	116.46	48.83	85.53	52.57
1. 尿素	元	74.28	39.82	116.46	48.83	60.71	52.57
2. 碳铵	元	5.86	9.52			24.82	
3. 其他氮肥	元						
（二）磷肥	元	22.74		22.54			
其中：过磷酸钙	元	22.74		22.54			
（三）钾肥	元	32.47		2.41			
其中：氯化钾	元						
（四）复混肥	元	135.30	73.80	127.60	74.05	195.27	95.69
1. 复合肥	元	135.30	73.80	127.60	74.05	195.27	95.69
其中：二铵	元		73.80	121.93	74.05	92.05	87.37
三元素复合肥	元	20.82		5.67		103.22	8.32
2. 混配肥	元						
（五）其他肥料	元			8.85			14.77
二、每亩化肥折纯用量	**公斤**	**47.82**	**26.82**	**54.17**	**25.06**	**54.38**	**31.37**
（一）氮肥	公斤	16.68	10.80	25.44	10.51	20.76	14.13
1. 尿素	公斤	15.45	8.82	25.44	10.51	14.73	14.13
2. 碳铵	公斤	1.23	1.98			6.03	
3. 其他氮肥	公斤						
（二）磷肥	公斤	5.81		3.41			
其中：过磷酸钙	公斤	5.81		3.41			
（三）钾肥	公斤	1.42		0.30			
其中：氯化钾	公斤						
（四）复混肥	公斤	23.90	16.02	25.02	14.55	33.62	17.24
1. 复合肥	公斤	23.90	16.02	25.02	14.55	33.62	17.24
其中：二铵	公斤		16.02	24.18	14.55	19.10	15.75
三元素复合肥	公斤	2.99		0.84		14.52	1.49
2. 混配肥	公斤						

6-1-10-1　2019 年各地区露地大白菜成本收益情况

项　　目	单位	平　均	北　京	天　津	河　北	山　西	内蒙古	辽　宁
每亩								
主产品产量	公斤	4571.62	5445.20	5336.47	4971.65	5113.84	7095.94	7324.51
产值合计	元	3592.21	2067.68	3206.22	2445.01	2236.56	3073.46	2933.29
主产品产值	元	3592.21	2067.68	3206.22	2445.01	2236.56	3073.46	2933.29
副产品产值	元							
总成本	元	2688.01	1928.71	2137.50	2079.57	2331.11	2764.60	2037.39
生产成本	元	2370.97	1426.80	1854.98	1729.52	2101.87	2392.80	1742.87
物质与服务费用	元	740.06	564.81	493.71	505.23	708.73	812.92	417.17
人工成本	元	1630.91	861.99	1361.27	1224.29	1393.14	1579.88	1325.70
家庭用工折价	元	1048.83	861.99	1359.71	1207.07	1364.63	1577.47	1042.52
雇工费用	元	582.08		1.56	17.21	28.51	2.40	283.18
土地成本	元	317.04	501.91	282.52	350.05	229.24	371.80	294.52
流转地租金	元	104.60	333.53	93.49	13.69	10.79	18.04	24.93
自营地折租	元	212.44	168.38	189.03	336.36	218.45	353.76	269.59
净利润	元	904.20	138.97	1068.72	365.44	-94.55	308.86	895.90
现金成本	元	1426.74	898.34	588.76	536.13	748.03	833.36	725.28
现金收益	元	2165.47	1169.34	2617.46	1908.88	1488.53	2240.10	2208.01
成本利润率	%	33.64	7.21	50.00	17.57	-4.06	11.17	43.97
每 50 公斤主产品								
平均出售价格	元	39.29	18.99	30.04	24.59	21.87	21.66	20.02
总成本	元	29.40	17.71	20.03	20.91	22.79	19.48	13.91
生产成本	元	25.93	13.10	17.38	17.39	20.55	16.86	11.90
净利润	元	9.89	1.28	10.01	3.68	-0.92	2.18	6.11
现金成本	元	15.61	8.25	5.52	5.39	7.31	5.87	4.95
现金收益	元	23.68	10.74	24.52	19.20	14.56	15.79	15.07
附：								
每亩用工数量	日	17.30	9.98	15.75	14.22	16.15	18.28	15.06
每亩主产品已出售数量	公斤	4459.09	5252.83	5336.47	3670.94	5032.51	7075.39	7299.85
每亩主产品已出售产值	元	3535.67	1999.90	3206.22	2041.42	2187.19	3062.16	2921.47
每亩成本外支出	元	0.37						

6-1-10-1 续表 1

项　　目	单位	吉　林	黑龙江	上　海	江　苏	福　建	江　西	山　东
每亩								
主产品产量	公斤	5057.95	4891.21	3333.08	4909.88	2778.50	3665.98	5371.55
产值合计	元	4447.27	2902.47	4018.53	6663.99	4371.41	4197.37	2930.34
主产品产值	元	4447.27	2902.47	4018.53	6663.99	4371.41	4197.37	2930.34
副产品产值	元							
总成本	元	3526.77	1522.86	3255.85	2944.17	3722.40	2671.16	2068.06
生产成本	元	3087.24	1211.73	2767.25	2615.40	3494.59	2513.15	1796.64
物质与服务费用	元	747.27	432.44	824.95	761.32	1235.99	718.33	601.20
人工成本	元	2339.97	779.29	1942.30	1854.08	2258.60	1794.82	1195.44
家庭用工折价	元	2137.39	495.04	589.20	1835.49	212.32	1759.56	1067.40
雇工费用	元	202.59	284.24	1353.10	18.60	2046.28	35.26	128.04
土地成本	元	439.53	311.13	488.60	328.77	227.81	158.01	271.42
流转地租金	元	68.94	52.23	488.60	159.16	59.74	11.44	24.88
自营地折租	元	370.59	258.90		169.61	168.07	146.57	246.54
净利润	元	920.50	1379.61	762.68	3719.82	649.01	1526.21	862.28
现金成本	元	1018.80	768.91	2666.65	939.08	3342.01	765.03	754.12
现金收益	元	3428.47	2133.56	1351.88	5724.91	1029.40	3432.34	2176.22
成本利润率	%	26.10	90.59	23.42	126.35	17.44	57.14	41.70
每 50 公斤主产品								
平均出售价格	元	43.96	29.67	60.28	67.86	78.66	57.25	27.28
总成本	元	34.86	15.57	48.84	29.98	66.98	36.43	19.25
生产成本	元	30.52	12.39	41.51	26.63	62.88	34.28	16.73
净利润	元	9.10	14.10	11.44	37.88	11.68	20.82	8.03
现金成本	元	10.07	7.86	40.00	9.56	60.14	10.43	7.02
现金收益	元	33.89	21.81	20.28	58.30	18.52	46.82	20.26
附：								
每亩用工数量	日	26.73	8.30	19.16	21.46	17.13	20.67	13.51
每亩主产品已出售数量	公斤	5057.95	4853.56	3333.08	4892.79	2777.80	3654.72	5304.97
每亩主产品已出售产值	元	4447.27	3027.75	4018.53	6637.60	4370.56	4184.02	2896.43
每亩成本外支出	元				2.93			

6-1-10-1 续表 2

项目	单位	河南	湖北	湖南	广东	广西	海南	重庆
每亩								
主产品产量	公斤	5548.57	3363.71	2952.93	2181.43	4362.64	1415.29	3627.69
产值合计	元	3268.81	3849.53	6873.20	3519.66	4071.16	4319.16	4489.70
主产品产值	元	3268.81	3849.53	6873.20	3519.66	4071.16	4319.16	4489.70
副产品产值	元							
总成本	元	2327.36	2144.43	2883.68	2051.53	3173.18	4335.12	2975.58
生产成本	元	1971.90	1860.14	2714.48	1848.67	2887.87	4005.12	2583.46
物质与服务费用	元	649.63	670.94	548.16	840.29	843.46	1210.73	614.51
人工成本	元	1322.27	1189.20	2166.32	1008.38	2044.41	2794.39	1968.95
家庭用工折价	元	990.52	1169.93	2166.32	593.43	498.76	2794.39	1968.95
雇工费用	元	331.75	19.27		414.95	1545.65		
土地成本	元	355.46	284.29	169.20	202.86	285.31	330.00	392.12
流转地租金	元	63.10	39.90	23.61	31.43	122.86		93.42
自营地折租	元	292.36	244.39	145.59	171.43	162.45	330.00	298.70
净利润	元	941.45	1705.10	3989.52	1468.13	897.98	-15.96	1514.12
现金成本	元	1044.48	730.11	571.77	1286.67	2511.97	1210.73	707.93
现金收益	元	2224.33	3119.42	6301.43	2232.99	1559.19	3108.43	3781.77
成本利润率	%	40.45	79.51	138.35	71.56	28.30	-0.37	50.89
每 50 公斤主产品								
平均出售价格	元	29.46	57.22	116.38	80.67	46.66	152.59	61.88
总成本	元	20.98	31.88	48.83	47.02	36.37	153.15	41.01
生产成本	元	17.77	27.65	45.96	42.37	33.10	141.50	35.61
净利润	元	8.48	25.34	67.55	33.65	10.29	-0.56	20.87
现金成本	元	9.41	10.85	9.68	29.49	28.79	42.77	9.76
现金收益	元	20.05	46.37	106.70	51.18	17.87	109.82	52.12
附:								
每亩用工数量	日	14.73	13.71	25.08	10.27	22.86	32.35	22.79
每亩主产品已出售数量	公斤	5548.57	3352.17	2952.93	2181.43	4362.16	1394.35	3627.69
每亩主产品已出售产值	元	3268.81	3830.45	6873.20	3519.66	4070.26	4251.60	4489.70
每亩成本外支出	元							

6-1-10-1　续表 3

项　　目	单位	四　川	贵　州	云　南	陕　西	甘　肃	青　海	宁　夏
每亩								
主产品产量	公斤	5002.50	3866.35	4752.49	5005.54	6557.11	3750.00	5680.38
产值合计	元	4440.81	3885.35	3290.72	5443.36	4078.18	3047.33	1889.21
主产品产值	元	4440.81	3885.35	3290.72	5443.36	4078.18	3047.33	1889.21
副产品产值	元							
总成本	元	2957.53	2531.68	2494.73	3234.51	2705.22	3357.52	1713.56
生产成本	元	2714.91	2260.82	2315.36	3044.29	2416.25	2857.52	1341.78
物质与服务费用	元	694.20	651.87	857.82	840.05	745.75	1006.81	500.35
人工成本	元	2020.71	1608.95	1457.54	2204.24	1670.50	1850.71	841.43
家庭用工折价	元	1891.81	1417.41	1419.22	2204.24	1670.50	1773.38	841.43
雇工费用	元	128.91	191.55	38.32			77.33	
土地成本	元	242.62	270.86	179.37	190.22	288.97	500.00	371.78
流转地租金	元	2.28	7.49	3.89	19.02			114.62
自营地折租	元	240.34	263.37	175.48	171.20	288.97	500.00	257.16
净利润	元	1483.28	1353.67	795.99	2208.85	1372.96	-310.19	175.65
现金成本	元	825.39	850.91	900.03	859.07	745.75	1084.14	614.97
现金收益	元	3615.42	3034.44	2390.69	4584.29	3332.43	1963.19	1274.24
成本利润率	%	50.15	53.47	31.91	68.29	50.75	-9.24	10.25
每 50 公斤主产品								
平均出售价格	元	44.39	50.25	34.62	54.37	31.10	40.63	16.63
总成本	元	29.56	32.74	26.25	32.31	20.63	44.77	15.08
生产成本	元	27.14	29.24	24.36	30.41	18.43	38.10	11.81
净利润	元	14.83	17.51	8.37	22.06	10.47	-4.14	1.55
现金成本	元	8.25	11.00	9.47	8.58	5.69	14.45	5.41
现金收益	元	36.14	39.25	25.15	45.79	25.41	26.18	11.22
附：								
每亩用工数量	日	23.30	18.54	16.88	25.52	19.34	21.50	9.74
每亩主产品已出售数量	公斤	5002.50	3866.35	4662.98	5005.54	5235.09	3750.00	5680.38
每亩主产品已出售产值	元	4440.81	3885.35	3225.70	5443.36	2556.58	3047.33	1889.21
每亩成本外支出	元							22.37

6-1-10-2 2019年各地区露地大白菜费用和用工情况

项 目	单位	平 均	北 京	天 津	河 北	山 西	内蒙古	辽 宁
一、每亩物质与服务费用	元	**740.06**	**564.81**	**493.71**	**505.23**	**708.73**	**812.92**	**417.17**
（一）直接费用	元	665.34	538.02	493.71	487.13	665.34	752.45	395.49
1. 种子费	元	64.87	46.04	47.42	56.90	55.69	91.87	49.75
2. 化肥费	元	247.76	219.72	132.12	198.05	198.36	139.29	137.02
3. 农家肥费	元	122.62	38.92	166.20	59.85	214.62	288.66	32.84
4. 农药费	元	78.41	76.38	52.60	44.34	41.88	88.24	43.93
5. 农膜费	元	12.48				9.67	12.47	
6. 租赁作业费	元	116.58	146.38	87.59	115.83	135.76	115.96	128.57
机械作业费	元	79.70	73.67	54.33	69.15	64.92	50.89	67.19
排灌费	元	34.82	72.71	33.26	46.68	70.84	65.07	48.66
其中：水费	元	8.21	36.45	28.45	0.48		39.02	2.30
畜力费	元	2.06						12.72
7. 燃料动力费	元	6.31				2.68		
8. 技术服务费	元	1.46						
9. 工具材料费	元	10.94	7.70	4.56	7.92	4.06	13.97	2.13
10. 修理维护费	元	3.91	2.88	3.22	4.24	2.62	1.99	1.25
11. 其他直接费用	元							
（二）间接费用	元	74.72	26.79		18.10	43.39	60.47	21.68
1. 固定资产折旧	元	9.22			10.21	3.81		11.83
2. 保险费	元							
3. 管理费	元	1.07						
4 财务费	元	0.66						
5. 销售费	元	63.77	26.79		7.89	39.58	60.47	9.85
二、每亩人工成本	元	**1630.91**	**861.99**	**1361.27**	**1224.29**	**1393.14**	**1579.88**	**1325.70**
1. 家庭用工折价	元	1048.83	861.99	1359.71	1207.07	1364.63	1577.47	1042.52
家庭用工天数	日	12.14	9.98	15.74	13.97	15.80	18.26	12.07
劳动日工价	元	86.38	86.38	86.38	86.38	86.38	86.38	86.38
2. 雇工费用	元	582.08		1.56	17.21	28.51	2.40	283.18
雇工天数	日	5.16		0.01	0.25	0.35	0.02	2.99
雇工工价	元	112.81	122.32	155.80	68.85	81.45	120.20	94.71
三、附								
1. 每亩种子用量	公斤							
2. 每亩化肥用量	公斤	36.67	37.59	25.55	35.25	35.76	30.30	22.73
3. 每亩农膜用量	公斤	0.98				0.80	1.04	

6-1-10-2 续表 1

项目	单位	吉林	黑龙江	上海	江苏	福建	江西	山东
一、每亩物质与服务费用	元	**747.27**	**432.44**	**824.95**	**761.32**	**1235.99**	**718.33**	**601.20**
(一) 直接费用	元	586.63	369.45	808.91	680.92	942.51	620.37	577.29
1. 种子费	元	77.58	45.98	84.80	24.20	51.37	53.58	39.61
2. 化肥费	元	154.34	101.88	258.61	317.13	293.09	275.45	311.98
3. 农家肥费	元	153.92	72.21	181.12	153.42	275.13	95.20	55.63
4. 农药费	元	49.31	52.29	137.17	94.01	82.35	59.53	44.83
5. 农膜费	元	1.80				48.74	1.82	
6. 租赁作业费	元	127.11	93.36	130.95	80.56	114.63	45.15	117.70
机械作业费	元	107.51	63.93	88.33	63.90	91.86	39.65	70.09
排灌费	元	19.60	29.43	42.62	16.66	22.77	5.50	47.61
其中：水费	元		13.13	6.11	7.44	2.39		2.96
畜力费	元							
7. 燃料动力费	元					23.46	73.47	
8. 技术服务费	元					13.51		
9. 工具材料费	元	11.12	3.73	7.29	9.06	32.54	11.68	5.00
10. 修理维护费	元	11.45		8.97	2.54	7.69	4.49	2.54
11. 其他直接费用	元							
(二) 间接费用	元	160.64	62.99	16.04	80.40	293.48	97.96	23.91
1. 固定资产折旧	元	10.98			12.39	33.81	38.33	5.78
2. 保险费	元							
3. 管理费	元			7.53				
4. 财务费	元			5.45				
5. 销售费	元	149.66	62.99	3.06	68.01	259.67	59.63	18.13
二、每亩人工成本	元	**2339.97**	**779.29**	**1942.30**	**1854.08**	**2258.60**	**1794.82**	**1195.44**
1. 家庭用工折价	元	2137.39	495.04	589.20	1835.49	212.32	1759.56	1067.40
家庭用工天数	日	24.74	5.73	6.82	21.25	2.46	20.37	12.36
劳动日工价	元	86.38	86.38	86.38	86.38	86.38	86.38	86.38
2. 雇工费用	元	202.59	284.24	1353.10	18.60	2046.28	35.26	128.04
雇工天数	日	1.99	2.57	12.34	0.21	14.67	0.30	1.15
雇工工价	元	101.80	110.60	109.65	88.55	139.49	117.54	111.34
三、附								
1. 每亩种子用量	公斤							
2. 每亩化肥用量	公斤	30.77	20.74	34.00	48.82	35.91	37.68	50.07
3. 每亩农膜用量	公斤	0.12				3.97	0.12	

6-1-10-2 续表 2

项　　目	单位	河　南	湖　北	湖　南	广　东	广　西	海　南	重　庆
一、每亩物质与服务费用	元	**649.63**	**670.94**	**548.16**	**840.29**	**843.46**	**1210.73**	**614.51**
（一）直接费用	元	588.80	610.35	410.65	818.42	828.77	1179.78	597.24
1. 种子费	元	71.35	62.32	24.46	53.29	60.47	57.71	35.93
2. 化肥费	元	295.43	269.30	184.02	396.58	447.76	437.25	243.57
3. 农家肥费	元	21.86	51.26	61.56	46.74	18.56	232.92	56.54
4. 农药费	元	56.11	101.88	106.10	137.40	129.65	298.65	143.72
5. 农膜费	元							
6. 租赁作业费	元	135.19	91.92	27.13	69.72	138.91	95.25	101.67
机械作业费	元	67.18	74.38	23.50	64.29	126.35	81.92	101.67
排灌费	元	68.01	17.54	3.63		12.56		
其中：水费	元		16.69	1.10		12.56		
畜力费	元				5.43		13.33	
7. 燃料动力费	元		19.33	3.91	109.73	18.49	39.19	4.08
8. 技术服务费	元						0.58	
9. 工具材料费	元	7.73	6.33	2.70	4.96	12.85	12.78	9.77
10. 修理维护费	元	1.13	8.01	0.77		2.08	5.45	1.96
11. 其他直接费用	元							
（二）间接费用	元	60.83	60.59	137.51	21.87	14.69	30.95	17.27
1. 固定资产折旧	元	3.75	30.61	44.37	21.87	8.16	7.62	13.07
2. 保险费	元							
3. 管理费	元					2.34		
4. 财务费	元							
5. 销售费	元	57.08	29.98	93.14		4.19	23.33	4.20
二、每亩人工成本	元	**1322.27**	**1189.20**	**2166.32**	**1008.38**	**2044.41**	**2794.39**	**1968.95**
1. 家庭用工折价	元	990.52	1169.93	2166.32	593.43	498.76	2794.39	1968.95
家庭用工天数	日	11.47	13.54	25.08	6.87	5.77	32.35	22.79
劳动日工价	元	86.38	86.38	86.38	86.38	86.38	86.38	86.38
2. 雇工费用	元	331.75	19.27		414.95	1545.65		
雇工天数	日	3.26	0.17		3.40	17.09		
雇工工价	元	101.77	113.33	128.24	122.04	90.44	130.00	147.53
三、附								
1. 每亩种子用量	公斤							
2. 每亩化肥用量	公斤	42.13	34.22	29.13	52.17	42.77	41.47	36.51
3. 每亩农膜用量	公斤							0.64

6-1-10-2 续表 3

项 目	单位	四 川	贵 州	云 南	陕 西	甘 肃	青 海	宁 夏
一、每亩物质与服务费用	元	**694.20**	**651.87**	**857.82**	**840.05**	**745.75**	**1006.81**	**500.35**
（一）直接费用	元	641.33	574.04	826.95	730.58	718.87	634.98	449.83
1. 种子费	元	89.15	44.66	131.36	90.21	55.66	87.17	45.37
2. 化肥费	元	274.97	280.42	226.99	233.35	307.03	319.99	208.03
3. 农家肥费	元	84.46	60.55	164.97	124.21	100.92	10.00	50.46
4. 农药费	元	49.81	61.20	122.95	85.34	56.74	21.41	46.45
5. 农膜费	元	37.40	10.49	46.49		26.19	70.00	
6. 租赁作业费	元	86.71	96.16	119.37	180.02	159.50	125.17	96.25
机械作业费	元	45.12	93.90	73.05	113.37	111.53	116.67	61.31
排灌费	元	15.12	2.26	42.82	66.65	47.97	8.50	34.94
其中：水费	元	11.17		1.80		35.96	8.50	31.28
畜力费	元	26.47		3.50				
7. 燃料动力费	元		10.87					
8. 技术服务费	元							
9. 工具材料费	元	16.29	7.95	14.82	12.48	9.69	1.24	1.85
10. 修理维护费	元	2.54	1.74		4.97	3.14		1.42
11. 其他直接费用	元							
（二）间接费用	元	52.87	77.83	30.87	109.47	26.88	371.83	50.52
1. 固定资产折旧	元	7.49	18.13			2.21		3.39
2. 保险费	元							
3. 管理费	元							
4. 财务费	元							
5. 销售费	元	45.38	59.70	30.87	109.47	24.67	371.83	47.13
二、每亩人工成本	元	**2020.71**	**1608.95**	**1457.54**	**2204.24**	**1670.50**	**1850.71**	**841.43**
1. 家庭用工折价	元	1891.81	1417.41	1419.22	2204.24	1670.50	1773.38	841.43
家庭用工天数	日	21.90	16.41	16.43	25.52	19.34	20.53	9.74
劳动日工价	元	86.38	86.38	86.38	86.38	86.38	86.38	86.38
2. 雇工费用	元	128.91	191.55	38.32			77.33	
雇工天数	日	1.40	2.13	0.45			0.97	
雇工工价	元	92.08	89.93	85.15	100.00	99.79	79.72	95.55
三、附								
1. 每亩种子用量	公斤							
2. 每亩化肥用量	公斤	41.81	44.62	39.88	42.69	59.36	36.14	40.76
3. 每亩农膜用量	公斤	2.72	0.71	3.48		2.14	7.00	

6-1-10-3　2019 年各地区露地大白菜化肥投入情况

项　　目	单位	平　均	北　京	天　津	河　北	山　西	内蒙古	辽　宁
一、每亩化肥金额	**元**	**247.76**	**219.72**	**132.12**	**198.05**	**198.36**	**139.29**	**137.02**
（一）氮肥	元	52.04	93.93	54.25	24.37	45.70	75.93	43.75
1. 尿素	元	51.27	89.51	54.25	24.37	45.70	75.93	43.75
2. 碳铵	元	0.77	4.42					
3. 其他氮肥	元							
（二）磷肥	元	4.57				2.77		
其中：过磷酸钙	元	4.24				2.77		
（三）钾肥	元	1.59						
其中：氯化钾	元	1.12						
（四）复混肥	元	186.29	105.80	77.87	173.68	149.65	63.36	82.13
1. 复合肥	元	186.29	105.80	77.87	173.68	149.65	63.36	82.13
其中：二铵	元	18.47	13.81	50.07	47.63	64.67	61.79	
三元素复合肥	元	117.42	84.25	27.80	117.02	72.25	1.57	82.13
2. 混配肥	元							
（五）其他肥料	元	3.27	19.99			0.24		11.14
二、每亩化肥折纯用量	**公斤**	**36.67**	**37.59**	**25.55**	**35.25**	**35.76**	**30.30**	**22.73**
（一）氮肥	公斤	10.94	20.60	11.53	5.57	10.21	17.14	9.99
1. 尿素	公斤	10.80	20.38	11.53	5.57	10.21	17.14	9.99
2. 碳铵	公斤	0.14	0.22					
3. 其他氮肥	公斤							
（二）磷肥	公斤	0.96				0.50		
其中：过磷酸钙	公斤	0.91				0.50		
（三）钾肥	公斤	0.20						
其中：氯化钾	公斤	0.16						
（四）复混肥	公斤	24.56	16.99	14.02	29.68	25.04	13.17	12.73
1. 复合肥	公斤	24.56	16.99	14.02	29.68	25.04	13.17	12.73
其中：二铵	公斤	3.71	3.07	10.26	10.42	11.95	12.96	
三元素复合肥	公斤	14.59	12.92	3.76	17.86	11.19	0.21	12.73
2. 混配肥	公斤	0.33						

6-1-10-3 续表 1

项　　目	单位	吉 林	黑龙江	上 海	江 苏	福 建	江 西	山 东
一、每亩化肥金额	元	**154.34**	**101.88**	**258.61**	**317.13**	**293.09**	**275.45**	**311.98**
（一）氮肥	元	88.72	57.22	73.04	27.21	9.52	9.31	28.67
1. 尿素	元	88.72	57.22	73.04	25.14	7.84	9.31	25.41
2. 碳铵	元				2.07	1.68		3.26
3. 其他氮肥	元							
（二）磷肥	元					0.38	3.86	
其中：过磷酸钙	元					0.19	3.86	
（三）钾肥	元	0.95	3.81			0.71		
其中：氯化钾	元		3.81					
（四）复混肥	元	59.66	40.85	185.57	289.92	278.62	262.28	277.77
1. 复合肥	元	59.66	40.85	185.57	289.92	278.62	262.28	277.77
其中：二铵	元	33.73	20.59					9.93
三元素复合肥	元	21.99	15.23	185.57	109.71	35.02	106.89	245.34
2. 混配肥	元							
（五）其他肥料	元	5.01				3.86		5.54
二、每亩化肥折纯用量	**公斤**	**30.77**	**20.74**	**34.00**	**48.82**	**35.91**	**37.68**	**50.07**
（一）氮肥	公斤	19.34	12.43	15.28	6.07	1.83	1.99	6.61
1. 尿素	公斤	19.34	12.43	15.28	5.54	1.52	1.99	5.89
2. 碳铵	公斤				0.53	0.31		0.72
3. 其他氮肥	公斤							
（二）磷肥	公斤					0.05	0.66	
其中：过磷酸钙	公斤					0.03	0.66	
（三）钾肥	公斤	0.17	0.47			0.11		
其中：氯化钾	公斤		0.47					
（四）复混肥	公斤	11.26	7.84	18.71	42.75	33.91	35.04	43.46
1. 复合肥	公斤	11.26	7.84	18.71	42.75	33.91	35.04	43.46
其中：二铵	公斤	7.08	4.31					2.05
三元素复合肥	公斤	3.40	2.86	18.71	18.72	4.44	14.58	38.82
2. 混配肥	公斤							

6-1-10-3 续表 2

项　　目	单位	河　南	湖　北	湖　南	广　东	广　西	海　南	重　庆
一、每亩化肥金额	**元**	**295.43**	**269.30**	**184.02**	**396.58**	**447.76**	**437.25**	**243.57**
（一）氮肥	元	2.45	5.35	25.35	41.03	4.46	45.42	67.19
1. 尿素	元	2.45		22.91	41.03	4.46	45.42	67.19
2. 碳铵	元		5.35	2.44				
3. 其他氮肥	元							
（二）磷肥	元		2.85		92.33		39.08	
其中：过磷酸钙	元				92.33		39.08	
（三）钾肥	元			2.83	13.93			
其中：氯化钾	元			2.83	13.93			
（四）复混肥	元	292.98	256.28	155.84	249.29	434.53	334.42	176.38
1. 复合肥	元	292.98	256.28	155.84	249.29	434.53	334.42	176.38
其中：二铵	元	0.69						
三元素复合肥	元	289.67	52.52	113.08	192.00	424.09	307.75	170.17
2. 混配肥	元							
（五）其他肥料	元		4.82			8.77	18.33	
二、每亩化肥折纯用量	**公斤**	**42.13**	**34.22**	**29.13**	**52.17**	**42.77**	**41.47**	**36.51**
（一）氮肥	公斤	0.62	1.01	5.09	8.27	0.83	6.80	13.25
1. 尿素	公斤	0.62		4.57	8.27	0.83	6.80	13.25
2. 碳铵	公斤		1.01	0.52				
3. 其他氮肥	公斤							
（二）磷肥	公斤		1.17		18.15		5.61	
其中：过磷酸钙	公斤				18.15		5.61	
（三）钾肥	公斤			0.43	2.55			
其中：氯化钾	公斤			0.43	2.55			
（四）复混肥	公斤	41.52	32.04	23.60	23.19	41.95	29.06	23.25
1. 复合肥	公斤	41.52	32.04	23.60	23.19	41.95	29.06	23.25
其中：二铵	公斤	0.14						
三元素复合肥	公斤	41.06	6.71	16.54	17.68	41.14	26.62	22.48
2. 混配肥	公斤							

6-1-10-3 续表 3

项 目	单位	四 川	贵 州	云 南	陕 西	甘 肃	青 海	宁 夏
一、每亩化肥金额	**元**	**274.97**	**280.42**	**226.99**	**233.35**	**307.03**	**319.99**	**208.03**
（一）氮肥	元	124.43	74.13	93.01	68.47	85.69	41.49	75.84
1. 尿素	元	122.32	74.13	93.01	36.74	85.09	41.49	69.64
2. 碳铵	元	2.11			31.73	0.60		6.20
3. 其他氮肥	元							
（二）磷肥	元	7.10	26.44	23.78		6.60		
其中：过磷酸钙	元	2.13	26.44	23.78		6.60		
（三）钾肥	元	7.75	5.08	5.87				
其中：氯化钾	元	5.47	5.08	1.62				
（四）复混肥	元	135.69	174.77	104.33	164.88	211.07	148.50	132.19
1. 复合肥	元	135.69	174.77	104.33	164.88	211.07	148.50	132.19
其中：二铵	元	3.36			40.43	141.14	148.50	80.52
三元素复合肥	元	84.12	62.16	47.70	124.45	54.35		51.67
2. 混配肥	元							
（五）其他肥料	元					3.67	130.00	
二、每亩化肥折纯用量	**公斤**	**41.81**	**44.62**	**39.88**	**42.69**	**59.36**	**36.14**	**40.76**
（一）氮肥	公斤	23.92	14.25	19.10	14.58	19.66	9.74	17.67
1. 尿素	公斤	23.46	14.25	19.10	7.95	19.56	9.74	16.50
2. 碳铵	公斤	0.46			6.63	0.10		1.17
3. 其他氮肥	公斤							
（二）磷肥	公斤	1.28	4.77	6.53		1.27		
其中：过磷酸钙	公斤	0.72	4.77	6.53		1.27		
（三）钾肥	公斤	0.87	0.81	0.46				
其中：氯化钾	公斤	0.68	0.81	0.22				
（四）复混肥	公斤	15.74	24.78	13.77	28.12	38.42	26.40	23.09
1. 复合肥	公斤	15.74	24.78	13.77	28.12	38.42	26.40	23.09
其中：二铵	公斤	0.43			8.91	28.27	26.40	15.87
三元素复合肥	公斤	11.19	8.67	6.67	19.21	8.02		7.22
2. 混配肥	公斤		0.87	1.02				

6-1-11-1　2019年各地区露地马铃薯成本收益情况

项　　目	单位	平　均	河　北	山　西	内蒙古	辽　宁	黑龙江
每亩							
主产品产量	公斤	2586.77	1774.00	1579.95	1287.23	1894.46	1465.85
产值合计	元	2493.78	2199.82	1626.05	1499.22	2350.69	1817.84
主产品产值	元	2493.42	2198.43	1626.05	1496.57	2350.69	1817.84
副产品产值	元	0.36	1.39		2.65		
总成本	元	1812.07	1694.76	1308.45	969.61	1596.84	1369.49
生产成本	元	1471.71	1464.38	1151.58	843.61	1392.49	1047.79
物质与服务费用	元	875.50	748.27	657.73	531.13	753.24	621.42
人工成本	元	596.21	716.11	493.85	312.48	639.25	426.37
家庭用工折价	元	404.09	668.06	483.47	191.07	550.41	298.70
雇工费用	元	192.12	48.05	10.38	121.41	88.84	127.67
土地成本	元	340.36	230.38	156.87	126.00	204.35	321.70
流转地租金	元	126.52	0.66	12.16	11.05	14.83	73.22
自营地折租	元	213.84	229.72	144.71	114.95	189.52	248.48
净利润	元	681.71	505.06	317.60	529.61	753.85	448.35
现金成本	元	1194.14	796.98	680.27	663.59	856.91	822.31
现金收益	元	1299.64	1402.84	945.78	835.63	1493.78	995.53
成本利润率	%	37.62	29.80	24.27	54.62	47.21	32.74
每50公斤主产品							
平均出售价格	元	48.20	61.96	51.46	58.13	62.04	62.01
总成本	元	35.02	47.73	41.41	37.60	42.14	46.72
生产成本	元	28.45	41.25	36.44	32.71	36.75	35.74
净利润	元	13.18	14.23	10.05	20.53	19.90	15.29
现金成本	元	23.08	22.45	21.53	25.73	22.62	28.05
现金收益	元	25.12	39.51	29.93	32.40	39.42	33.96
附：							
每亩用工数量	日	6.09	8.31	5.73	3.17	7.17	4.39
每亩主产品已出售数量	公斤	2516.32	1710.83	1480.51	829.46	1842.00	1465.85
每亩主产品已出售产值	元	2401.83	2118.67	1507.60	957.76	2285.30	1817.84
每亩成本外支出	元	0.15					

6-1-11-1 续表 1

项 目	单位	山 东	湖 北	重 庆	四 川	贵 州	云 南
每亩							
主产品产量	公斤	2541.37	2309.27	1485.78	1657.60	1847.86	1656.68
产值合计	元	3986.88	4732.15	3766.57	2821.46	4006.02	2906.92
主产品产值	元	3986.88	4732.15	3766.57	2821.46	4006.02	2905.56
副产品产值	元						1.36
总成本	元	2754.19	2949.66	1962.64	2574.23	2279.70	2283.20
生产成本	元	2404.08	2668.69	1553.70	2346.72	1989.57	2060.95
物质与服务费用	元	1135.30	1149.35	662.34	686.90	906.95	748.20
人工成本	元	1268.78	1519.34	891.36	1659.82	1082.62	1312.75
家庭用工折价	元	1094.35	1397.46	891.36	1552.94	941.20	1251.30
雇工费用	元	174.43	121.88		106.88	141.42	61.45
土地成本	元	350.11	280.97	408.94	227.51	290.13	222.25
流转地租金	元	53.48	34.25	99.71	1.86	8.49	5.54
自营地折租	元	296.63	246.72	309.23	225.65	281.64	216.71
净利润	元	1232.69	1782.49	1803.93	247.23	1726.32	623.72
现金成本	元	1363.21	1305.48	762.05	795.64	1056.86	815.19
现金收益	元	2623.67	3426.67	3004.52	2025.82	2949.16	2091.73
成本利润率	%	44.76	60.43	91.91	9.60	75.73	27.32
每 50 公斤主产品							
平均出售价格	元	78.44	102.46	126.75	85.11	108.40	87.69
总成本	元	54.19	63.87	66.05	77.65	61.69	68.87
生产成本	元	47.30	57.78	52.28	70.79	53.84	62.17
净利润	元	24.25	38.59	60.70	7.46	46.71	18.82
现金成本	元	26.82	28.27	25.64	24.00	28.60	24.59
现金收益	元	51.62	74.19	101.11	61.11	79.80	63.10
附:							
每亩用工数量	日	14.46	17.28	10.32	19.14	12.33	15.10
每亩主产品已出售数量	公斤	2532.43	2296.56	1485.78	1657.60	1812.70	1439.30
每亩主产品已出售产值	元	3970.49	4704.67	3766.57	2821.46	3922.57	2522.78
每亩成本外支出	元						

6-1-11-1 续表 2

项 目	单位	陕 西	甘 肃	青 海	宁 夏	新 疆
每亩						
主产品产量	公斤	992.80	1762.62	2140.93	1916.08	3806.96
产值合计	元	1210.43	1835.02	2596.61	2482.73	2900.76
主产品产值	元	1210.43	1835.02	2596.61	2482.73	2900.76
副产品产值	元					
总成本	元	1255.22	1845.21	1978.30	1577.53	2044.12
生产成本	元	1130.22	1662.79	1467.70	1447.12	1589.60
物质与服务费用	元	472.68	795.73	768.00	720.66	1116.54
人工成本	元	657.54	867.06	699.70	726.46	473.06
家庭用工折价	元	520.87	858.88	462.56	726.46	174.06
雇工费用	元	136.67	8.19	237.14		299.00
土地成本	元	125.00	182.42	510.60	130.41	454.52
流转地租金	元		0.95	25.03	15.33	244.19
自营地折租	元	125.00	181.47	485.57	115.08	210.33
净利润	元	-44.79	-10.19	618.31	905.20	856.64
现金成本	元	609.35	804.87	1030.17	735.99	1659.73
现金收益	元	601.08	1030.15	1566.44	1746.74	1241.03
成本利润率	%	-3.57	-0.55	31.25	57.38	41.91
每 50 公斤主产品						
平均出售价格	元	60.96	52.05	60.64	64.79	38.10
总成本	元	63.22	52.34	46.20	41.17	26.85
生产成本	元	56.92	47.16	34.28	37.76	20.88
净利润	元	-2.26	-0.29	14.44	23.62	11.25
现金成本	元	30.69	22.83	24.06	19.21	21.80
现金收益	元	30.27	29.22	36.58	45.58	16.30
附：						
每亩用工数量	日	7.18	10.00	8.25	8.41	4.03
每亩主产品已出售数量	公斤	952.50	1636.58	2034.51	1916.08	3806.96
每亩主产品已出售产值	元	1161.33	1689.04	2485.61	2482.73	2900.76
每亩成本外支出	元				19.68	

6-1-11-2　2019 年各地区露地马铃薯费用和用工情况

项　　目	单位	平　均	河　北	山　西	内蒙古	辽　宁	黑龙江
一、每亩物质与服务费用	元	**875.50**	**748.27**	**657.73**	**531.13**	**753.24**	**621.42**
（一）直接费用	元	856.70	742.45	656.44	518.51	732.96	572.76
1. 种子费	元	340.04	336.54	284.46	183.37	308.10	261.49
2. 化肥费	元	220.03	162.75	155.75	137.84	207.81	133.82
3. 农家肥费	元	33.52	109.78	91.13	33.69	70.80	
4. 农药费	元	27.44	11.20	8.64	4.77	9.64	33.80
5. 农膜费	元	5.19	23.84	2.13		22.31	
6. 租赁作业费	元	225.46	88.82	111.05	155.10	91.02	139.28
机械作业费	元	135.97	69.65	28.10	135.85	44.06	139.28
排灌费	元	80.85	19.17	10.19	16.35	29.92	
其中：水费	元	19.67	0.44		2.42	19.64	
畜力费	元	8.64		72.76	2.90	17.04	
7. 燃料动力费	元	0.56				17.25	
8. 技术服务费	元	0.10					
9. 工具材料费	元	3.27	5.87	2.18	3.60	3.60	4.37
10. 修理维护费	元	0.57	3.65	1.10	0.14	2.43	
11. 其他直接费用	元	0.52					
（二）间接费用	元	18.80	5.82	1.29	12.62	20.28	48.66
1. 固定资产折旧	元	1.63	5.82			5.39	
2. 保险费	元	4.53		0.98	11.07		
3. 管理费	元	0.02					
4. 财务费	元						
5. 销售费	元	12.62		0.31	1.55	14.89	48.66
二、每亩人工成本	元	**596.21**	**716.11**	**493.85**	**312.48**	**639.25**	**426.37**
1. 家庭用工折价	元	404.09	668.06	483.47	191.07	550.41	298.70
家庭用工天数	日	4.68	7.73	5.60	2.21	6.37	3.46
劳动日工价	元	86.38	86.38	86.38	86.38	86.38	86.38
2. 雇工费用	元	192.12	48.05	10.38	121.41	88.84	127.67
雇工天数	日	1.41	0.58	0.13	0.96	0.80	0.93
雇工工价	元	136.26	82.85	79.88	126.47	111.05	137.28
三、附							
1. 每亩种子用量	公斤	125.34					
2. 每亩化肥用量	公斤	35.88	25.79	25.25	24.96	31.48	22.60
3. 每亩农膜用量	公斤	0.43	1.77	0.18		1.63	

6-1-11-2 续表 1

项目	单位	山东	湖北	重庆	四川	贵州	云南
一、每亩物质与服务费用	元	**1135.30**	**1149.35**	**662.34**	**686.90**	**906.95**	**748.20**
（一）直接费用	元	1097.12	1101.16	645.07	617.56	865.67	744.85
1. 种子费	元	325.54	399.02	177.98	213.10	400.14	275.80
2. 化肥费	元	370.87	319.93	183.28	197.72	258.47	206.52
3. 农家肥费	元	147.09	143.59	84.01	79.22	50.08	119.68
4. 农药费	元	77.15	53.91	38.49	17.33	3.78	12.52
5. 农膜费	元	27.43	68.93	35.70	9.77		8.07
6. 租赁作业费	元	135.34	82.50	109.62	87.45	136.95	109.36
机械作业费	元	74.48	75.50	109.62	40.65	136.55	36.33
排灌费	元	60.86	7.00		9.84		11.85
其中：水费	元		6.17		8.95		6.93
畜力费	元				36.96	0.40	61.18
7. 燃料动力费	元	2.24	16.88	4.82		2.23	
8. 技术服务费	元						1.62
9. 工具材料费	元	5.77	6.29	9.24	10.45	13.58	11.28
10. 修理维护费	元	5.69	10.11	1.93	2.52	0.44	
11. 其他直接费用	元						
（二）间接费用	元	38.18	48.19	17.27	69.34	41.28	3.35
1. 固定资产折旧	元	22.55	26.97	14.77	9.50	6.97	0.34
2. 保险费	元						
3. 管理费	元						
4. 财务费	元						
5. 销售费	元	15.63	21.22	2.50	59.84	34.31	3.01
二、每亩人工成本	元	**1268.78**	**1519.34**	**891.36**	**1659.82**	**1082.62**	**1312.75**
1. 家庭用工折价	元	1094.35	1397.46	891.36	1552.94	941.20	1251.30
家庭用工天数	日	12.67	16.18	10.32	17.98	10.90	14.49
劳动日工价	元	86.38	86.38	86.38	86.38	86.38	86.38
2. 雇工费用	元	174.43	121.88		106.88	141.42	61.45
雇工天数	日	1.79	1.10		1.16	1.43	0.61
雇工工价	元	97.45	110.80	150.53	92.14	98.90	100.73
三、附							
1. 每亩种子用量	公斤						67.87
2. 每亩化肥用量	公斤	48.02	41.46	25.93	28.15	42.95	34.14
3. 每亩农膜用量	公斤	2.31	5.29	2.35	0.68		0.59

6-1-11-2 续表2

项　目	单位	陕　西	甘　肃	青　海	宁　夏	新　疆
一、每亩物质与服务费用	元	**472.68**	**795.73**	**768.00**	**720.66**	**1116.54**
（一）直接费用	元	458.66	751.53	765.55	688.61	1108.98
1. 种子费	元	187.33	305.24	311.54	283.55	432.35
2. 化肥费	元	131.46	156.03	192.71	127.74	284.11
3. 农家肥费	元		62.06	28.45	110.92	14.04
4. 农药费	元	12.37	6.53	9.19	15.39	37.67
5. 农膜费	元		43.27	31.85	21.27	1.00
6. 租赁作业费	元	117.50	150.28	187.88	124.18	339.12
机械作业费	元	117.50	105.54	181.22	99.84	172.56
排灌费	元		35.60	6.66	24.34	166.56
其中：水费	元		2.77	6.66	24.34	40.28
畜力费	元		9.14			
7. 燃料动力费	元					0.46
8. 技术服务费	元					
9. 工具材料费	元	5.83	7.07	3.93	2.92	0.23
10. 修理维护费	元	4.17	2.80		2.64	
11. 其他直接费用	元		18.25			
（二）间接费用	元	14.02	44.20	2.45	32.05	7.56
1. 固定资产折旧	元		4.79	1.06	5.02	0.66
2. 保险费	元		14.40	1.03	1.56	6.68
3. 管理费	元					0.04
4. 财务费	元					
5. 销售费	元	14.02	25.01	0.36	25.47	0.18
二、每亩人工成本	元	**657.54**	**867.06**	**699.70**	**726.46**	**473.06**
1. 家庭用工折价	元	520.87	858.88	462.56	726.46	174.06
家庭用工天数	日	6.03	9.94	5.36	8.41	2.02
劳动日工价	元	86.38	86.38	86.38	86.38	86.38
2. 雇工费用	元	136.67	8.19	237.14		299.00
雇工天数	日	1.15	0.06	2.89		2.01
雇工工价	元	118.84	136.43	82.05	81.66	148.76
三、附						
1. 每亩种子用量	公斤			108.57		262.50
2. 每亩化肥用量	公斤	24.60	29.44	27.21	20.89	46.21
3. 每亩农膜用量	公斤		3.75	3.09	1.75	0.09

6-1-11-3　2019年各地区露地马铃薯化肥投入情况

项　　目	单位	平　均	河　北	山　西	内蒙古	辽　宁	黑龙江
一、每亩化肥金额	**元**	**220.03**	**162.75**	**155.75**	**137.84**	**207.81**	**133.82**
（一）氮肥	元	33.02	1.36	35.61	28.23	36.66	26.79
1. 尿素	元	31.14	1.36	34.99	17.17	36.66	26.79
2. 碳铵	元	1.53		0.62	11.06		
3. 其他氮肥	元	0.35					
（二）磷肥	元	2.52		6.68			
其中：过磷酸钙	元	2.46		6.68			
（三）钾肥	元	40.58			1.97	1.81	11.99
其中：氯化钾	元	2.09					11.99
（四）复混肥	元	140.91	161.39	113.46	107.64	150.05	95.04
1. 复合肥	元	136.34	161.39	113.46	107.64	150.05	71.57
其中：二铵	元	82.12	32.05	1.28	18.28		34.34
三元素复合肥	元	24.31	129.34	28.86	89.36	76.72	3.87
2. 混配肥	元	4.57					23.47
（五）其他肥料	元	3.00				19.29	
二、每亩化肥折纯用量	**公斤**	**35.88**	**25.79**	**25.25**	**24.96**	**31.48**	**22.60**
（一）氮肥	公斤	7.07	0.31	8.12	6.60	8.09	5.39
1. 尿素	公斤	6.70	0.31	8.00	4.24	8.09	5.39
2. 碳铵	公斤	0.32		0.12	2.36		
3. 其他氮肥	公斤	0.05					
（二）磷肥	公斤	0.53		0.89			
其中：过磷酸钙	公斤	0.51		0.89			
（三）钾肥	公斤	3.47			0.38	0.37	2.23
其中：氯化钾	公斤	0.38					2.23
（四）复混肥	公斤	24.80	25.48	16.23	17.97	23.01	14.98
1. 复合肥	公斤	23.96	25.48	16.23	17.97	23.01	10.89
其中：二铵	公斤	16.39	6.83	0.27	3.84		6.91
三元素复合肥	公斤	3.65	18.65	4.58	14.13	12.23	0.73
2. 混配肥	公斤	0.84					4.09

6-1-11-3 续表 1

项　　目	单位	山　东	湖　北	重　庆	四　川	贵　州	云　南
一、每亩化肥金额	**元**	**370.87**	**319.93**	**183.28**	**197.72**	**258.47**	**206.52**
（一）氮肥	元			28.17	67.24	90.59	43.95
1. 尿素	元			26.02	64.22	90.59	35.45
2. 碳铵	元			2.15	3.02		4.27
3. 其他氮肥	元						4.23
（二）磷肥	元				7.51	32.64	17.48
其中：过磷酸钙	元				7.51	32.64	16.48
（三）钾肥	元						9.27
其中：氯化钾	元						1.19
（四）复混肥	元	336.96	319.93	155.11	122.97	135.24	131.17
1. 复合肥	元	336.96	319.93	155.11	122.97	135.24	127.83
其中：二铵	元						
三元素复合肥	元	312.00	103.05	155.11	66.02	18.54	26.70
2. 混配肥	元						3.34
（五）其他肥料	元	33.91					4.65
二、每亩化肥折纯用量	**公斤**	**48.02**	**41.46**	**25.93**	**28.15**	**42.95**	**34.14**
（一）氮肥	公斤			5.45	12.66	17.36	8.23
1. 尿素	公斤			5.05	12.12	17.36	6.87
2. 碳铵	公斤			0.40	0.54		0.80
3. 其他氮肥	公斤						0.56
（二）磷肥	公斤				1.42	6.45	4.29
其中：过磷酸钙	公斤				1.42	6.45	4.00
（三）钾肥	公斤						0.86
其中：氯化钾	公斤						0.16
（四）复混肥	公斤	48.01	41.46	20.47	14.05	19.14	20.77
1. 复合肥	公斤	48.01	41.46	20.47	14.05	19.14	20.27
其中：二铵	公斤						
三元素复合肥	公斤	45.12	13.73	20.47	8.77	2.46	3.53
2. 混配肥	公斤						0.50

6-1-11-3 续表 2

项　　目	单位	陕　西	甘　肃	青　海	宁　夏	新　疆
一、每亩化肥金额	**元**	**131.46**	**156.03**	**192.71**	**127.74**	**284.11**
（一）氮肥	元	29.03	52.58	16.84	29.89	32.63
1. 尿素	元	29.03	49.08	16.84	14.34	32.63
2. 碳铵	元		0.25		15.55	
3. 其他氮肥	元		3.25			
（二）磷肥	元		6.99	0.29		
其中：过磷酸钙	元		6.99	0.29		
（三）钾肥	元					84.00
其中：氯化钾	元					
（四）复混肥	元	102.43	87.29	117.76	74.56	167.48
1. 复合肥	元	102.43	87.29	103.06	74.56	167.48
其中：二铵	元	26.15	73.29	96.04	52.69	151.74
三元素复合肥	元	65.25	0.39		21.87	0.47
2. 混配肥	元			14.70		
（五）其他肥料	元		9.17	57.82	23.29	
二、每亩化肥折纯用量	**公斤**	**24.60**	**29.44**	**27.21**	**20.89**	**46.21**
（一）氮肥	公斤	7.05	11.89	3.58	6.80	7.24
1. 尿素	公斤	7.05	11.13	3.58	3.27	7.24
2. 碳铵	公斤		0.05		3.53	
3. 其他氮肥	公斤		0.71			
（二）磷肥	公斤		1.36	0.06		
其中：过磷酸钙	公斤		1.36	0.06		
（三）钾肥	公斤					6.68
其中：氯化钾	公斤					
（四）复混肥	公斤	17.56	16.17	23.58	14.09	32.28
1. 复合肥	公斤	17.56	16.17	19.17	14.09	32.28
其中：二铵	公斤	5.69	14.28	17.87	10.91	30.29
三元素复合肥	公斤	10.21	0.05		3.18	0.08
2. 混配肥	公斤			4.41		

6-1-12-1　2019 年各地区露地菜花成本收益情况

项　　目	单位	平　均	河　北	江　苏	安　徽	福　建
每亩						
主产品产量	公斤	2121.31	2955.75	2627.49	2100.92	1665.09
产值合计	元	4175.80	3413.81	4215.15	4728.82	5360.10
主产品产值	元	4175.80	3413.81	4215.15	4728.82	5360.10
副产品产值	元					
总成本	元	2997.67	2993.53	3509.56	2808.90	3514.32
生产成本	元	2717.71	2683.95	3086.03	2491.70	3319.35
物质与服务费用	元	828.89	1070.17	751.43	645.35	906.09
人工成本	元	1888.82	1613.78	2334.60	1846.35	2413.26
家庭用工折价	元	1424.32	1432.53	2214.96	1831.17	529.16
雇工费用	元	464.50	181.25	119.65	15.18	1884.09
土地成本	元	279.96	309.58	423.53	317.20	194.97
流转地租金	元	40.42	4.90	61.33	99.11	67.95
自营地折租	元	239.54	304.68	362.20	218.09	127.02
净利润	元	1178.13	420.28	705.59	1919.92	1845.78
现金成本	元	1333.81	1256.32	932.41	759.64	2858.13
现金收益	元	2841.99	2157.49	3282.74	3969.18	2501.97
成本利润率	%	39.30	14.04	20.10	68.35	52.52
每 50 公斤主产品						
平均出售价格	元	98.43	57.75	80.21	112.54	160.96
总成本	元	70.66	50.64	66.78	66.85	105.53
生产成本	元	64.06	45.40	58.72	59.30	99.68
净利润	元	27.77	7.11	13.43	45.69	55.43
现金成本	元	31.44	21.25	17.74	18.08	85.83
现金收益	元	66.99	36.50	62.47	94.46	75.13
附：						
每亩用工数量	日	19.93	18.09	27.15	21.31	19.44
每亩主产品已出售数量	公斤	2114.27	2918.29	2625.88	2099.72	1664.16
每亩主产品已出售产值	元	4166.02	3369.86	4207.89	4726.22	5357.68
每亩成本外支出	元					

6-1-12-1 续表

项目	单位	江西	山东	湖北	重庆	甘肃
每亩						
主产品产量	公斤	2016.79	1719.29	2100.18	1656.72	2357.75
产值合计	元	5073.85	1546.48	3648.32	3771.66	5086.90
主产品产值	元	5073.85	1546.48	3648.32	3771.66	5086.90
副产品产值	元					
总成本	元	2647.41	2018.60	2289.03	3019.05	3608.04
生产成本	元	2490.10	1691.99	2005.17	2603.98	3350.08
物质与服务费用	元	762.82	521.57	879.03	719.34	997.09
人工成本	元	1727.28	1170.42	1126.14	1884.64	2352.99
家庭用工折价	元	1708.51	1094.00	1126.14	1884.64	2352.99
雇工费用	元	18.77	76.41			
土地成本	元	157.31	326.61	283.86	415.07	257.96
流转地租金	元	11.77	15.82	31.21	102.14	
自营地折租	元	145.54	310.79	252.65	312.93	257.96
净利润	元	2426.44	-472.12	1359.29	752.61	1478.86
现金成本	元	793.36	613.80	910.24	821.48	997.09
现金收益	元	4280.49	932.68	2738.08	2950.18	4089.81
成本利润率	%	91.65	-23.39	59.38	24.93	40.99
每50公斤主产品						
平均出售价格	元	125.79	44.97	86.86	113.83	107.88
总成本	元	65.63	58.70	54.50	91.12	76.52
生产成本	元	61.73	49.20	47.74	78.59	71.05
净利润	元	60.16	-13.73	32.36	22.71	31.36
现金成本	元	19.67	17.85	21.67	24.79	21.15
现金收益	元	106.12	27.12	65.19	89.04	86.73
附：						
每亩用工数量	日	19.95	13.75	13.04	21.82	27.24
每亩主产品已出售数量	公斤	2005.39	1713.06	2100.18	1656.72	2357.75
每亩主产品已出售产值	元	5048.60	1540.49	3648.32	3771.66	5086.90
每亩成本外支出	元					

6-1-12-2　2019 年各地区露地菜花费用和用工情况

项　　目	单位	平　均	河　北	江　苏	安　徽	福　建
一、每亩物质与服务费用	**元**	**828.89**	**1070.17**	**751.43**	**645.35**	**906.09**
（一）直接费用	元	780.97	1036.83	736.67	546.77	869.02
1. 种子费	元	143.08	159.43	115.32	146.63	116.25
2. 化肥费	元	286.54	252.47	403.51	212.77	351.33
3. 农家肥费	元	94.67	218.58	45.07	7.92	83.56
4. 农药费	元	87.25	143.48	72.20	61.16	120.02
5. 农膜费	元	31.11	41.25		0.92	75.83
6. 租赁作业费	元	101.82	174.27	87.57	71.63	64.44
机械作业费	元	62.61	78.05	51.33	64.35	21.04
排灌费	元	36.99	96.22	36.24	7.28	33.39
其中：水费	元	10.12		2.70	0.42	17.98
畜力费	元	2.22				10.01
7. 燃料动力费	元	13.10		2.74	28.36	20.13
8. 技术服务费	元	0.50				2.24
9. 工具材料费	元	16.66	42.21	5.41	7.79	24.55
10. 修理维护费	元	6.24	5.14	4.85	9.59	10.67
11. 其他直接费用	元					
（二）间接费用	元	47.92	33.34	14.76	98.58	37.07
1. 固定资产折旧	元	13.98	5.97	8.83	43.39	11.88
2. 保险费	元					
3. 管理费	元					
4. 财务费	元	0.40				1.79
5. 销售费	元	33.54	27.37	5.93	55.19	23.40
二、每亩人工成本	**元**	**1888.82**	**1613.78**	**2334.60**	**1846.35**	**2413.26**
1. 家庭用工折价	元	1424.32	1432.53	2214.96	1831.17	529.16
家庭用工天数	日	16.49	16.58	25.64	21.20	6.13
劳动日工价	元	86.38	86.38	86.38	86.38	86.38
2. 雇工费用	元	464.50	181.25	119.65	15.18	1884.09
雇工天数	日	3.44	1.51	1.51	0.11	13.31
雇工工价	元	135.03	120.03	79.24	138.04	141.56
三、附						
1. 每亩种子用量	公斤					
2. 每亩化肥用量	公斤	44.53	49.22	68.99	33.82	46.43
3. 每亩农膜用量	公斤	2.31	3.33		0.07	5.14

6-1-12-2 续表

项 目	单位	江 西	山 东	湖 北	重 庆	甘 肃
一、每亩物质与服务费用	**元**	**762.82**	**521.57**	**879.03**	**719.34**	**997.09**
（一）直接费用	元	668.94	499.21	839.25	707.80	922.87
1. 种子费	元	85.63	162.29	123.55	124.04	213.33
2. 化肥费	元	267.56	184.29	283.32	251.88	326.36
3. 农家肥费	元	99.16	5.04	222.89	61.58	105.07
4. 农药费	元	76.40	38.59	73.72	141.64	57.54
5. 农膜费	元		4.53			60.76
6. 租赁作业费	元	49.68	95.02	114.88	115.21	148.20
机械作业费	元	44.80	61.77	99.47	115.21	95.24
排灌费	元	4.88	33.25	15.41		52.96
其中：水费	元			7.45		39.04
畜力费	元					
7. 燃料动力费	元	71.27		1.93	3.36	
8. 技术服务费	元					
9. 工具材料费	元	14.60	6.43	12.48	8.31	8.49
10. 修理维护费	元	4.64	3.02	6.48	1.78	3.12
11. 其他直接费用	元					
（二）间接费用	元	93.88	22.36	39.78	11.54	74.22
1. 固定资产折旧	元	37.13	4.82	15.10	11.54	1.29
2. 保险费	元					
3. 管理费	元					
4. 财务费	元					
5. 销售费	元	56.75	17.54	24.68		72.93
二、每亩人工成本	**元**	**1727.28**	**1170.42**	**1126.14**	**1884.64**	**2352.99**
1. 家庭用工折价	元	1708.51	1094.00	1126.14	1884.64	2352.99
家庭用工天数	日	19.78	12.67	13.04	21.82	27.24
劳动日工价	元	86.38	86.38	86.38	86.38	86.38
2. 雇工费用	元	18.77	76.41			
雇工天数	日	0.17	1.08			
雇工工价	元	110.41	70.75	106.17	151.74	96.66
三、附						
1. 每亩种子用量	公斤					
2. 每亩化肥用量	公斤	36.97	27.39	37.03	37.01	58.76
3. 每亩农膜用量	公斤		0.32			5.11

6-1-12-3 2019年各地区露地菜花化肥投入情况

项目	单位	平均	河北	江苏	安徽	福建
一、每亩化肥金额	元	**286.54**	**252.47**	**403.51**	**212.77**	**351.33**
（一）氮肥	元	56.13	40.99	244.86	41.46	53.32
1. 尿素	元	53.15	40.99	211.97	41.46	52.34
2. 碳铵	元	2.98		32.89		0.98
3. 其他氮肥	元					
（二）磷肥	元	2.82		5.30		4.96
其中：过磷酸钙	元	2.57		2.14		4.96
（三）钾肥	元	5.04		6.46		20.42
其中：氯化钾	元	4.75		2.79		20.42
（四）复混肥	元	216.53	211.48	135.29	164.41	272.63
1. 复合肥	元	216.53	211.48	135.29	164.41	272.63
其中：二铵	元	38.30	97.71		1.61	
三元素复合肥	元	64.52	71.03	115.03	60.53	48.03
2. 混配肥	元					
（五）其他肥料	元	6.02		11.60	6.90	
二、每亩化肥折纯用量	公斤	**44.53**	**49.22**	**68.99**	**33.82**	**46.43**
（一）氮肥	公斤	11.68	9.36	47.34	9.68	10.24
1. 尿素	公斤	11.14	9.36	41.41	9.68	10.08
2. 碳铵	公斤	0.54		5.93		0.16
3. 其他氮肥	公斤					
（二）磷肥	公斤	0.48		0.92		0.73
其中：过磷酸钙	公斤	0.44		0.36		0.73
（三）钾肥	公斤	0.63		0.86		2.52
其中：氯化钾	公斤	0.60		0.53		2.52
（四）复混肥	公斤	31.75	39.85	19.89	24.15	32.94
1. 复合肥	公斤	31.75	39.85	19.89	24.15	32.94
其中：二铵	公斤	7.90	20.79		0.37	
三元素复合肥	公斤	9.16	11.74	17.45	10.45	6.01
2. 混配肥	公斤					

6-1-12-3 续表

项　　目	单位	江　西	山　东	湖　北	重　庆	甘　肃
一、每亩化肥金额	**元**	**267.56**	**184.29**	**283.32**	**251.88**	**326.36**
（一）氮肥	元	13.16	6.31		57.41	83.39
1. 尿素	元	13.16	6.31		57.41	82.33
2. 碳铵	元					1.06
3. 其他氮肥	元					
（二）磷肥	元	3.88				7.61
其中：过磷酸钙	元	3.88				7.61
（三）钾肥	元					
其中：氯化钾	元					
（四）复混肥	元	250.52	172.78	283.32	194.47	208.18
1. 复合肥	元	250.52	172.78	283.32	194.47	208.18
其中：二铵	元		39.57			148.76
三元素复合肥	元	114.51	42.87	78.41	177.87	16.96
2. 混配肥	元					
（五）其他肥料	元		5.20			27.18
二、每亩化肥折纯用量	**公斤**	**36.97**	**27.39**	**37.03**	**37.01**	**58.76**
（一）氮肥	公斤	2.81	1.45		10.98	19.31
1. 尿素	公斤	2.81	1.45		10.98	19.08
2. 碳铵	公斤					0.23
3. 其他氮肥	公斤					
（二）磷肥	公斤	0.67				1.52
其中：过磷酸钙	公斤	0.67				1.52
（三）钾肥	公斤					
其中：氯化钾	公斤					
（四）复混肥	公斤	33.50	25.95	37.03	26.03	37.94
1. 复合肥	公斤	33.50	25.95	37.03	26.03	37.94
其中：二铵	公斤		8.58			29.58
三元素复合肥	公斤	15.81	6.65	7.28	23.67	2.46
2. 混配肥	公斤					

6-1-13-1 2019 年各地区露地萝卜成本收益情况

项目	单位	平均	河北	辽宁	吉林	江苏	安徽	福建
每亩								
主产品产量	公斤	4453.30	4079.57	3578.80	3225.81	2915.50	3363.22	2947.16
产值合计	元	4351.35	2278.59	2278.28	2580.64	3482.42	3482.25	4468.73
主产品产值	元	4351.35	2278.59	2278.28	2580.64	3482.42	3482.25	4468.73
副产品产值	元							
总成本	元	3008.53	2314.47	1395.89	2969.62	1947.55	2335.32	3269.96
生产成本	元	2660.88	1972.42	1213.02	2488.04	1700.30	2008.87	3071.55
物质与服务费用	元	1021.40	813.58	241.25	867.56	496.40	651.87	1247.56
人工成本	元	1639.48	1158.84	971.77	1620.48	1203.90	1357.00	1823.99
家庭用工折价	元	919.52	889.71	950.70	1462.59	1096.51	1303.65	361.67
雇工费用	元	719.96	269.12	21.07	157.90	107.40	53.36	1462.32
土地成本	元	347.65	342.05	182.87	481.58	247.25	326.45	198.41
流转地租金	元	101.29	5.15	18.94	80.05	43.35	85.50	48.06
自营地折租	元	246.36	336.90	163.93	401.53	203.90	240.95	150.35
净利润	元	1342.82	-35.88	882.39	-388.98	1534.87	1146.93	1198.77
现金成本	元	1842.65	1087.85	281.26	1105.51	647.15	790.73	2757.94
现金收益	元	2508.70	1190.74	1997.02	1475.13	2835.27	2691.52	1710.79
成本利润率	%	44.63	-1.55	63.21	-13.10	78.81	49.11	36.66
每 50 公斤主产品								
平均出售价格	元	48.86	27.93	31.83	40.00	59.72	51.77	75.81
总成本	元	33.78	28.37	19.50	46.03	33.40	34.72	55.47
生产成本	元	29.88	24.18	16.95	38.56	29.16	29.87	52.11
净利润	元	15.08	-0.44	12.33	-6.03	26.32	17.05	20.34
现金成本	元	20.69	13.33	3.93	17.14	11.10	11.76	46.79
现金收益	元	28.17	14.60	27.90	22.86	48.62	40.01	29.02
附：								
每亩用工数量	日	18.75	12.39	11.34	18.51	13.77	15.55	15.39
每亩主产品已出售数量	公斤	4323.46	4055.39	3560.03	3225.81	2915.50	3360.89	2882.75
每亩主产品已出售产值	元	4192.74	2262.70	2265.42	2580.64	3482.42	3479.06	4347.35
每亩成本外支出	元							

6-1-13-1 续表 1

项　　目	单位	江　西	山　东	河　南	湖　北	湖　南	广　东	广　西
每亩								
主产品产量	公斤	3537.74	4028.61	4334.09	3838.74	4314.55	3310.98	5445.15
产值合计	元	4529.44	7519.30	2964.71	4138.51	4204.67	5036.24	3510.22
主产品产值	元	4529.44	7519.30	2964.71	4138.51	4204.67	5036.24	3510.22
副产品产值	元							
总成本	元	2664.56	2490.02	2222.61	1787.49	3242.98	3445.29	3541.59
生产成本	元	2498.78	1994.23	1899.71	1484.00	3100.30	3177.11	3214.42
物质与服务费用	元	693.71	938.84	490.77	580.90	934.32	1053.25	1055.27
人工成本	元	1805.07	1055.39	1408.94	903.10	2165.98	2123.86	2159.15
家庭用工折价	元	1777.53	418.60	1367.83	903.10	2165.98	1903.30	379.55
雇工费用	元	27.54	636.79	41.11			220.56	1779.60
土地成本	元	165.78	495.79	322.90	303.49	142.68	268.18	327.17
流转地租金	元	13.63	279.62	55.36	28.09	5.11	182.75	137.20
自营地折租	元	152.15	216.17	267.54	275.40	137.57	85.43	189.97
净利润	元	1864.88	5029.28	742.10	2351.02	961.69	1590.95	-31.37
现金成本	元	734.88	1855.25	587.24	608.99	939.43	1456.56	2972.07
现金收益	元	3794.56	5664.05	2377.47	3529.52	3265.24	3579.68	538.15
成本利润率	%	69.99	201.98	33.39	131.53	29.65	46.18	-0.89
每 50 公斤主产品								
平均出售价格	元	64.02	93.32	34.20	53.90	48.73	76.05	32.23
总成本	元	37.66	30.90	25.64	23.28	37.58	52.03	32.52
生产成本	元	35.32	24.75	21.91	19.33	35.93	47.98	29.51
净利润	元	26.36	62.42	8.56	30.62	11.15	24.02	-0.29
现金成本	元	10.39	23.03	6.77	7.93	10.89	21.99	27.29
现金收益	元	53.63	70.29	27.43	45.97	37.84	54.06	4.94
附：								
每亩用工数量	日	20.80	10.27	16.41	10.46	25.08	23.89	24.32
每亩主产品已出售数量	公斤	3521.18	3637.19	4334.09	3838.74	4314.55	3094.04	5383.74
每亩主产品已出售产值	元	4505.73	7180.03	2964.71	4138.51	4204.67	4685.48	3389.87
每亩成本外支出	元							

6-1-13-1 续表 2

项　目	单位	海　南	重　庆	四　川	贵　州	云　南	陕　西	甘　肃
每亩								
主产品产量	公斤	2550.49	4303.94	3717.60	3606.56	6724.28	3455.00	4820.79
产值合计	元	4072.95	4654.01	3667.89	4392.16	4408.08	2785.68	5109.31
主产品产值	元	4072.95	4654.01	3667.89	4392.16	4408.08	2785.68	5109.31
副产品产值	元							
总成本	元	1916.39	2918.40	2687.79	2279.68	3888.64	2562.64	2673.48
生产成本	元	1695.46	2544.31	2446.87	2061.01	3396.72	2437.64	2317.22
物质与服务费用	元	512.57	729.98	532.34	543.10	1824.88	468.18	657.60
人工成本	元	1182.89	1814.33	1914.53	1517.91	1571.84	1969.46	1659.62
家庭用工折价	元	1182.89	1814.33	1914.53	1146.78	533.66	1969.46	1659.62
雇工费用	元				371.13	1038.18		
土地成本	元	220.93	374.09	240.92	218.67	491.92	125.00	356.26
流转地租金	元		87.22	23.90	14.66	38.39		
自营地折租	元	220.93	286.87	217.02	204.01	453.53	125.00	356.26
净利润	元	2156.56	1735.61	980.10	2112.48	519.44	223.04	2435.83
现金成本	元	512.57	817.20	556.24	928.89	2901.45	468.18	657.60
现金收益	元	3560.38	3836.81	3111.65	3463.27	1506.63	2317.50	4451.71
成本利润率	%	112.53	59.47	36.47	92.67	13.36	8.70	91.11
每 50 公斤主产品								
平均出售价格	元	79.85	54.07	49.33	60.89	32.78	40.31	52.99
总成本	元	37.57	33.91	36.15	31.60	28.92	37.08	27.73
生产成本	元	33.24	29.56	32.91	28.57	25.26	35.27	24.03
净利润	元	42.28	20.16	13.18	29.29	3.86	3.23	25.26
现金成本	元	10.05	9.49	7.48	12.88	21.58	6.77	6.82
现金收益	元	69.80	44.58	41.85	48.01	11.20	33.54	46.17
附：								
每亩用工数量	日	13.69	21.00	22.16	17.77	22.13	22.80	19.21
每亩主产品已出售数量	公斤	2538.53	4303.94	3717.60	3606.56	6724.28	3376.17	2642.42
每亩主产品已出售产值	元	4053.14	4654.01	3667.89	4392.16	4408.08	2722.10	2583.23
每亩成本外支出	元							

6-1-13-2　2019年各地区露地萝卜费用和用工情况

项　　目	单位	平　均	河　北	辽　宁	吉　林	江　苏	安　徽	福　建
一、每亩物质与服务费用	**元**	**1021.40**	**813.58**	**241.25**	**867.56**	**496.40**	**651.87**	**1247.56**
（一）直接费用	元	898.75	799.70	204.25	642.97	444.53	559.45	987.17
1. 种子费	元	120.10	260.42	39.21	70.98	60.91	85.78	109.75
2. 化肥费	元	288.22	166.83	42.19	226.23	142.26	218.90	291.54
3. 农家肥费	元	173.42	127.82	63.19	118.01	81.31	104.93	225.36
4. 农药费	元	132.26	33.41	12.43	30.09	54.58	39.91	107.80
5. 农膜费	元	31.07						8.86
6. 租赁作业费	元	123.16	141.63	39.51	175.46	78.32	81.21	96.91
机械作业费	元	89.67	102.80	39.51	125.97	70.62	63.78	96.91
排灌费	元	29.06	38.83		49.49	7.70	17.43	
其中：水费	元	8.46				3.80	0.17	
畜力费	元	4.43						
7. 燃料动力费	元	6.18					10.72	38.93
8. 技术服务费	元	3.71						56.82
9. 工具材料费	元	16.30	65.00	7.14	11.00	14.91	11.17	40.03
10. 修理维护费	元	4.33	4.59	0.58	11.20	12.24	6.83	11.17
11. 其他直接费用	元							
（二）间接费用	元	122.65	13.88	37.00	224.59	51.87	92.42	260.39
1. 固定资产折旧	元	12.24	7.74	2.35	9.95	25.56	15.47	43.03
2. 保险费	元							
3. 管理费	元	0.54						
4. 财务费	元							
5. 销售费	元	109.87	6.14	34.65	214.64	26.31	76.95	217.36
二、每亩人工成本	**元**	**1639.48**	**1158.84**	**971.77**	**1620.48**	**1203.90**	**1357.00**	**1823.99**
1. 家庭用工折价	元	919.52	889.71	950.70	1462.59	1096.51	1303.65	361.67
家庭用工天数	日	10.65	10.30	11.01	16.93	12.69	15.09	4.19
劳动日工价	元	86.38	86.38	86.38	86.38	86.38	86.38	86.38
2. 雇工费用	元	719.96	269.12	21.07	157.90	107.40	53.36	1462.32
雇工天数	日	8.10	2.09	0.33	1.58	1.08	0.46	11.20
雇工工价	元	88.88	128.77	63.86	99.93	99.44	115.99	130.56
三、附								
1. 每亩种子用量	公斤	0.01						
2. 每亩化肥用量	公斤	32.77	28.35	6.73	44.02	24.50	29.48	35.65
3. 每亩农膜用量	公斤	1.94						0.74

6-1-13-2 续表1

项　　目	单位	江　西	山　东	河　南	湖　北	湖　南	广　东	广　西
一、每亩物质与服务费用	元	**693.71**	**938.84**	**490.77**	**580.90**	**934.32**	**1053.25**	**1055.27**
（一）直接费用	元	604.68	923.93	450.59	557.29	861.07	1046.07	1042.08
1. 种子费	元	69.60	79.15	68.67	149.12	115.55	152.01	177.37
2. 化肥费	元	228.09	498.91	162.50	190.53	355.41	329.58	357.95
3. 农家肥费	元	106.76	71.78	53.88	46.82	142.62	363.13	89.51
4. 农药费	元	61.83	61.61	45.32	52.71	100.41	115.71	130.47
5. 农膜费	元					63.61		102.00
6. 租赁作业费	元	56.62	184.22	105.54	99.19	55.67	58.83	169.29
机械作业费	元	52.26	129.67	64.50	86.49	55.67	31.54	130.69
排灌费	元	4.36	54.55	41.04	12.70			36.38
其中：水费	元		0.32		11.97			36.38
畜力费	元						27.29	2.22
7. 燃料动力费	元	61.23			4.47	7.66	10.67	0.01
8. 技术服务费	元							
9. 工具材料费	元	16.24	24.54	10.26	8.01	15.28	11.39	13.00
10. 修理维护费	元	4.31	3.72	4.42	6.44	4.86	4.75	2.48
11. 其他直接费用	元							
（二）间接费用	元	89.03	14.91	40.18	23.61	73.25	7.18	13.19
1. 固定资产折旧	元	37.06	8.71	11.14	16.21	27.67	7.18	7.90
2. 保险费	元							
3. 管理费	元							2.98
4. 财务费	元							
5. 销售费	元	51.97	6.20	29.04	7.40	45.58		2.31
二、每亩人工成本	元	**1805.07**	**1055.39**	**1408.94**	**903.10**	**2165.98**	**2123.86**	**2159.15**
1. 家庭用工折价	元	1777.53	418.60	1367.83	903.10	2165.98	1903.30	379.55
家庭用工天数	日	20.58	4.85	15.84	10.46	25.08	22.03	4.39
劳动日工价	元	86.38	86.38	86.38	86.38	86.38	86.38	86.38
2. 雇工费用	元	27.54	636.79	41.11			220.56	1779.60
雇工天数	日	0.22	5.42	0.57			1.86	19.93
雇工工价	元	125.18	117.49	72.13	108.38	153.20	118.58	89.29
三、附								
1. 每亩种子用量	公斤							
2. 每亩化肥用量	公斤	31.50	32.96	24.87	26.63	53.12	38.61	35.47
3. 每亩农膜用量	公斤					4.38		5.51

6-1-13-2 续表 2

项　　目	单位	海　南	重　庆	四　川	贵　州	云　南	陕　西	甘　肃
一、每亩物质与服务费用	**元**	**512.57**	**729.98**	**532.34**	**543.10**	**1824.88**	**468.18**	**657.60**
（一）直接费用	元	490.58	714.73	460.13	393.51	1359.86	423.18	635.28
1. 种子费	元	39.38	115.54	59.35	54.35	114.91	71.17	79.57
2. 化肥费	元	287.14	262.02	151.35	168.46	245.39	117.16	229.23
3. 农家肥费	元	14.60	51.25	80.11	50.68	393.21	83.83	103.18
4. 农药费	元	52.63	109.44	37.07	20.62	410.01	49.50	28.47
5. 农膜费	元		30.68		26.86	60.34		17.28
6. 租赁作业费	元	87.38	132.28	118.02	35.22	133.86	87.50	162.54
机械作业费	元	38.09	132.28	78.47	35.22	81.44	87.50	112.27
排灌费	元			29.98		48.78		50.27
其中：水费	元			29.98		0.06		40.69
畜力费	元	49.29		9.57		3.64		
7. 燃料动力费	元	2.92	3.41		19.61			
8. 技术服务费	元							
9. 工具材料费	元	5.81	8.43	11.09	13.28	2.14	9.17	10.59
10. 修理维护费	元	0.72	1.68	3.14	4.43		4.85	4.42
11. 其他直接费用	元							
（二）间接费用	元	21.99	15.25	72.21	149.59	465.02	45.00	22.32
1. 固定资产折旧	元	1.43	11.92	5.75	48.43			1.18
2. 保险费	元							
3. 管理费	元							
4. 财务费	元							
5. 销售费	元	20.56	3.33	66.46	101.16	465.02	45.00	21.14
二、每亩人工成本	**元**	**1182.89**	**1814.33**	**1914.53**	**1517.91**	**1571.84**	**1969.46**	**1659.62**
1. 家庭用工折价	元	1182.89	1814.33	1914.53	1146.78	533.66	1969.46	1659.62
家庭用工天数	日	13.69	21.00	22.16	13.28	6.18	22.80	19.21
劳动日工价	元	86.38	86.38	86.38	86.38	86.38	86.38	86.38
2. 雇工费用	元				371.13	1038.18		
雇工天数	日				4.49	15.95		
雇工工价	元	120.00	144.76	109.04	82.66	65.09	85.00	97.44
三、附								
1. 每亩种子用量	公斤	0.78						
2. 每亩化肥用量	公斤	18.79	37.22	26.40	24.94	31.78	22.31	43.58
3. 每亩农膜用量	公斤		2.17		1.98	4.49		1.43

6-1-13-3　2019 年各地区露地萝卜化肥投入情况

项　　目	单位	平　均	河　北	辽　宁	吉　林	江　苏	安　徽	福　建
一、每亩化肥金额	**元**	**288.22**	**166.83**	**42.19**	**226.23**	**142.26**	**218.90**	**291.54**
（一）氮肥	元	17.47	27.53	8.65	129.95	48.33	34.73	4.19
1. 尿素	元	16.41	27.53	8.65	129.95	48.33	32.17	
2. 碳铵	元	0.78					2.56	4.19
3. 其他氮肥	元	0.28						
（二）磷肥	元	7.63				18.18	0.42	14.82
其中：过磷酸钙	元	5.89					0.42	
（三）钾肥	元	0.92						
其中：氯化钾	元	0.92						
（四）复混肥	元	229.88	139.30	33.54	87.99	75.75	145.79	272.53
1. 复合肥	元	229.88	139.30	33.54	87.99	75.75	145.79	272.53
其中：二铵	元	4.26	14.64		87.99	3.92		
三元素复合肥	元	173.66	124.66	33.54		15.76	124.31	115.35
2. 混配肥	元							
（五）其他肥料	元	32.32			8.29		37.96	
二、每亩化肥折纯用量	**公斤**	**32.77**	**28.35**	**6.73**	**44.02**	**24.50**	**29.48**	**35.65**
（一）氮肥	公斤	3.62	6.38	1.73	26.38	9.85	7.91	0.85
1. 尿素	公斤	3.45	6.38	1.73	26.38	9.85	7.37	
2. 碳铵	公斤	0.16					0.54	0.85
3. 其他氮肥	公斤	0.01						
（二）磷肥	公斤	1.46				3.32	0.06	1.42
其中：过磷酸钙	公斤	1.23					0.06	
（三）钾肥	公斤	0.16						
其中：氯化钾	公斤	0.16						
（四）复混肥	公斤	27.52	21.97	5.00	17.64	11.33	21.51	33.37
1. 复合肥	公斤	27.52	21.97	5.00	17.64	11.33	21.51	33.37
其中：二铵	公斤	0.88	3.24		17.64	0.84		
三元素复合肥	公斤	20.44	18.73	5.00		2.22	18.47	14.37
2. 混配肥	公斤							

6-1-13-3 续表 1

项　目	单位	江　西	山　东	河　南	湖　北	湖　南	广　东	广　西
一、每亩化肥金额	**元**	**228.09**	**498.91**	**162.50**	**190.53**	**355.41**	**329.58**	**357.95**
（一）氮肥	元	6.64		11.08	16.59	3.68	0.74	0.90
1. 尿素	元	6.64		11.08	16.59	3.68	0.74	0.90
2. 碳铵	元							
3. 其他氮肥	元							
（二）磷肥	元	7.28					28.17	
其中：过磷酸钙	元	7.28					28.17	
（三）钾肥	元					31.53		
其中：氯化钾	元					31.53		
（四）复混肥	元	214.17	258.56	151.42	173.94	320.20	300.67	357.05
1. 复合肥	元	214.17	258.56	151.42	173.94	320.20	300.67	357.05
其中：二铵	元			7.38				
三元素复合肥	元	115.49	120.51	112.25	11.13		300.67	357.05
2. 混配肥	元							
（五）其他肥料	元		240.35					
二、每亩化肥折纯用量	**公斤**	**31.50**	**32.96**	**24.87**	**26.63**	**53.12**	**38.61**	**35.47**
（一）氮肥	公斤	1.41		2.70	3.34	0.84	0.16	0.17
1. 尿素	公斤	1.41		2.70	3.34	0.84	0.16	0.17
2. 碳铵	公斤							
3. 其他氮肥	公斤							
（二）磷肥	公斤	1.25					5.06	
其中：过磷酸钙	公斤	1.25					5.06	
（三）钾肥	公斤					5.91		
其中：氯化钾	公斤					5.91		
（四）复混肥	公斤	28.84	32.95	22.18	23.30	46.36	33.38	35.30
1. 复合肥	公斤	28.84	32.95	22.18	23.30	46.36	33.38	35.30
其中：二铵	公斤			1.44				
三元素复合肥	公斤	16.12	17.18	16.19	2.05		33.38	35.30
2. 混配肥	公斤							

6-1-13-3 续表 2

项　　目	单位	海　南	重　庆	四　川	贵　州	云　南	陕　西	甘　肃
一、每亩化肥金额	**元**	**249.65**	**151.76**	**153.58**	**272.01**	**117.52**	**235.57**	
（一）氮肥	元	21.71	38.32	26.03	49.92	56.35	89.25	
1. 尿素	元	20.65	29.08	24.46	44.81	21.22	87.50	
2. 碳铵	元	1.06	9.24		5.11	35.13	1.75	
3. 其他氮肥	元			1.57				
（二）磷肥	元		11.08	17.76	6.24		3.20	
其中：过磷酸钙	元		11.08	17.76	6.24		3.20	
（三）钾肥	元	1.59						
其中：氯化钾	元	1.59						
（四）复混肥	元	226.35	102.36	109.79	207.41	61.17	131.01	
1. 复合肥	元	226.35	102.36	109.79	206.81	61.17	131.01	
其中：二铵	元						63.70	
三元素复合肥	元	193.66	57.71	107.39	111.73	61.17	15.44	
2. 混配肥	元				0.60			
（五）其他肥料	元				8.44		12.11	
二、每亩化肥折纯用量	**公斤**	**35.29**	**23.37**	**23.99**	**37.16**	**22.39**	**44.21**	
（一）氮肥	公斤	4.33	7.75	5.36	9.43	12.87	20.55	
1. 尿素	公斤	4.15	5.87	5.11	8.56	4.91	20.24	
2. 碳铵	公斤	0.18	1.88		0.87	7.96	0.31	
3. 其他氮肥	公斤			0.25				
（二）磷肥	公斤		2.94	3.60	1.76		0.64	
其中：过磷酸钙	公斤		2.94	3.60	1.76		0.64	
（三）钾肥	公斤	0.27						
其中：氯化钾	公斤	0.27						
（四）复混肥	公斤	30.67	12.68	15.03	25.97	9.52	23.02	
1. 复合肥	公斤	30.67	12.68	15.03	25.85	9.52	23.02	
其中：二铵	公斤						13.15	
三元素复合肥	公斤	26.20	7.72	14.71	14.54	9.52	2.02	
2. 混配肥	公斤				0.12			

6-1-14-1 2019年各地区露地豆角成本收益情况

项　　目	单位	平　均	河　北	辽　宁	吉　林	黑龙江	江　苏
每亩							
主产品产量	公斤	1902.08	3112.13	1680.23	1799.42	1826.68	1471.68
产值合计	元	7128.02	9330.74	6148.77	4197.62	6383.59	5614.18
主产品产值	元	7128.02	9330.74	6148.77	4197.62	6383.59	5614.18
副产品产值	元						
总成本	元	4127.24	3509.31	3000.56	3798.53	3634.84	3268.61
生产成本	元	3730.44	3247.27	2634.69	3237.23	3204.84	2832.95
物质与服务费用	元	1227.35	1059.05	730.76	758.47	1030.80	1277.95
人工成本	元	2503.09	2188.22	1903.93	2478.76	2174.04	1555.00
家庭用工折价	元	1716.28	2066.56	1622.13	2047.64	1310.82	720.32
雇工费用	元	786.81	121.66	281.80	431.12	863.23	834.68
土地成本	元	396.80	262.04	365.87	561.30	430.00	435.66
流转地租金	元	74.56	6.29	18.54	104.13	88.16	328.17
自营地折租	元	322.24	255.75	347.33	457.17	341.84	107.49
净利润	元	3000.78	5821.43	3148.21	399.09	2748.75	2345.57
现金成本	元	2088.72	1187.00	1031.10	1293.72	1982.19	2440.80
现金收益	元	5039.30	8143.74	5117.67	2903.90	4401.40	3173.38
成本利润率	%	72.71	165.89	104.92	10.51	75.62	71.76
每50公斤主产品							
平均出售价格	元	187.37	149.91	182.97	116.64	174.73	190.74
总成本	元	108.49	56.38	89.29	105.55	99.49	111.05
生产成本	元	98.06	52.17	78.40	89.95	87.72	96.25
净利润	元	78.88	93.53	93.68	11.09	75.24	79.69
现金成本	元	54.90	19.07	30.68	35.95	54.26	82.93
现金收益	元	132.47	130.84	152.29	80.69	120.47	107.81
附：							
每亩用工数量	日	27.54	24.91	22.10	28.02	22.47	17.39
每亩主产品已出售数量	公斤	1892.97	3095.97	1679.52	1799.42	1826.68	1471.68
每亩主产品已出售产值	元	7097.93	9284.89	6145.82	4197.62	6383.59	5614.18
每亩成本外支出	元						

6-1-14-1 续表 1

项目	单位	浙江	安徽	福建	江西	山东	河南	湖北
每亩								
主产品产量	公斤	2200.93	1707.58	1565.94	1839.61	2000.69	2780.13	2133.61
产值合计	元	14742.08	4510.16	6035.89	7261.63	6692.81	6128.90	7701.82
主产品产值	元	14742.08	4510.16	6035.89	7261.63	6692.81	6128.90	7701.82
副产品产值	元							
总成本	元	4258.59	3733.90	4408.37	3267.91	2607.69	3624.01	3611.31
生产成本	元	3972.89	3446.09	4137.94	3104.47	2293.13	3275.94	3333.61
物质与服务费用	元	1367.68	978.33	1662.50	879.88	832.32	883.24	1252.84
人工成本	元	2605.21	2467.76	2475.44	2224.59	1460.81	2392.70	2080.77
家庭用工折价	元	2355.93	2459.76	160.23	2123.83	1411.45	2008.85	2021.03
雇工费用	元	249.28	8.00	2315.21	100.76	49.36	383.85	59.73
土地成本	元	285.70	287.81	270.43	163.44	314.56	348.07	277.70
流转地租金	元	163.76	79.71	75.16	12.47	18.52	66.42	24.75
自营地折租	元	121.94	208.10	195.27	150.97	296.04	281.65	252.95
净利润	元	10483.49	776.26	1627.52	3993.72	4085.12	2504.89	4090.51
现金成本	元	1780.72	1066.04	4052.87	993.11	900.20	1333.51	1337.32
现金收益	元	12961.36	3444.12	1983.02	6268.52	5792.61	4795.39	6364.50
成本利润率	%	246.17	20.79	36.92	122.21	156.66	69.12	113.27
每 50 公斤主产品								
平均出售价格	元	334.91	132.06	192.72	197.37	167.26	110.23	180.49
总成本	元	96.75	109.33	140.75	88.82	65.17	65.18	84.63
生产成本	元	90.26	100.90	132.12	84.38	57.31	58.92	78.12
净利润	元	238.16	22.73	51.97	108.55	102.09	45.05	95.86
现金成本	元	40.45	31.21	129.40	26.99	22.50	23.98	31.34
现金收益	元	294.46	100.85	63.32	170.38	144.76	86.25	149.15
附：								
每亩用工数量	日	29.53	28.57	19.83	25.42	17.02	28.79	23.80
每亩主产品已出售数量	公斤	2200.93	1707.58	1520.66	1828.91	1977.92	2780.13	2133.61
每亩主产品已出售产值	元	14742.08	4510.16	5886.89	7208.88	6632.82	6128.90	7701.82
每亩成本外支出	元							

6-1-14-1 续表 2

项　　目	单位	湖　南	广　东	广　西	海　南	四　川	贵　州	云　南	青　海
每亩									
主产品产量	公斤	1176.25	1435.71	1943.02	1933.62	1883.51	1296.97	1373.42	1734.00
产值合计	元	3830.83	5918.29	7320.58	10310.15	6904.46	5732.63	6584.63	5401.47
主产品产值	元	3830.83	5918.29	7320.58	10310.15	6904.46	5732.63	6584.63	5401.47
副产品产值	元								
总成本	元	4193.52	4993.43	4154.65	7729.52	3813.98	4003.98	4657.27	3500.92
生产成本	元	3893.61	4745.57	3774.68	6535.83	3549.98	3707.98	4357.27	3248.92
物质与服务费用	元	1335.81	2260.42	1074.68	2684.90	1017.37	865.62	2063.02	1060.91
人工成本	元	2557.80	2485.15	2700.00	3850.93	2532.61	2842.36	2294.25	2188.01
家庭用工折价	元	2557.80	2485.15	1325.67	3009.22	2432.12	2390.22	2294.25	2188.01
雇工费用	元			1374.33	841.71	100.50	452.14		
土地成本	元	299.91	247.86	379.97	1193.69	264.00	296.00	300.00	252.00
流转地租金	元	23.86	91.71	129.02	20.50	7.77	5.72		
自营地折租	元	276.05	156.15	250.95	1173.19	256.23	290.28	300.00	252.00
净利润	元	-362.69	924.86	3165.93	2580.63	3090.48	1728.65	1927.36	1900.55
现金成本	元	1359.67	2352.13	2578.03	3547.11	1125.64	1323.48	2063.02	1060.91
现金收益	元	2471.16	3566.16	4742.55	6763.04	5778.82	4409.15	4521.61	4340.56
成本利润率	%	-8.65	18.52	76.20	33.39	81.03	43.17	41.38	54.29
每 50 公斤主产品									
平均出售价格	元	162.84	206.11	188.38	266.60	183.29	221.00	239.72	155.75
总成本	元	178.26	173.90	106.91	199.87	101.25	154.36	169.55	100.95
生产成本	元	165.51	165.27	97.13	169.00	94.24	142.95	158.63	93.68
净利润	元	-15.42	32.21	81.47	66.73	82.04	66.64	70.17	54.80
现金成本	元	57.80	81.92	66.34	91.72	29.88	51.02	75.11	30.59
现金收益	元	105.04	124.19	122.04	174.88	153.41	169.98	164.61	125.16
附：									
每亩用工数量	日	29.61	28.77	30.92	40.82	29.06	32.38	26.56	25.33
每亩主产品已出售数量	公斤	1176.25	1435.71	1936.14	1933.62	1883.51	1296.97	1373.42	1674.00
每亩主产品已出售产值	元	3830.83	5918.29	7293.10	10310.15	6904.46	5732.63	6584.63	5213.47
每亩成本外支出	元								

6-1-14-2 2019 年各地区露地豆角费用和用工情况

项 目	单位	平 均	河 北	辽 宁	吉 林	黑龙江	江 苏
一、每亩物质与服务费用	元	**1227.35**	**1059.05**	**730.76**	**758.47**	**1030.80**	**1277.95**
（一）直接费用	元	1126.58	1021.82	689.04	630.30	868.11	1073.35
1. 种子费	元	129.54	120.54	148.75	146.11	200.29	112.52
2. 化肥费	元	338.23	192.69	81.22	102.22	105.68	194.04
3. 农家肥费	元	158.82	281.28	132.89	170.90	165.56	236.87
4. 农药费	元	184.66	119.55	39.17	53.98	65.48	144.78
5. 农膜费	元	41.02	66.70	38.91	4.96	68.56	27.71
6. 租赁作业费	元	139.12	164.00	94.78	119.55	93.45	132.73
机械作业费	元	106.59	72.39	71.33	103.28	66.42	95.97
排灌费	元	29.96	91.61	23.45	16.27	27.03	36.76
其中：水费	元	10.25		11.89		7.62	1.32
畜力费	元	2.57					
7. 燃料动力费	元	11.70					10.75
8. 技术服务费	元	0.19					4.76
9. 工具材料费	元	117.22	69.22	149.71	15.43	169.09	204.21
10. 修理维护费	元	6.08	7.84	3.61	17.15		4.98
11. 其他直接费用	元						
（二）间接费用	元	100.77	37.23	41.72	128.17	162.69	204.60
1. 固定资产折旧	元	25.00	11.61	6.56	12.29		111.63
2. 保险费	元	0.96					23.81
3. 管理费	元	1.62					29.02
4. 财务费	元	0.07					1.85
5. 销售费	元	73.12	25.62	35.16	115.88	162.69	38.29
二、每亩人工成本	元	**2503.09**	**2188.22**	**1903.93**	**2478.76**	**2174.04**	**1555.00**
1. 家庭用工折价	元	1716.28	2066.56	1622.13	2047.64	1310.82	720.32
家庭用工天数	日	19.87	23.92	18.78	23.71	15.18	8.34
劳动日工价	元	86.38	86.38	86.38	86.38	86.38	86.38
2. 雇工费用	元	786.81	121.66	281.80	431.12	863.23	834.68
雇工天数	日	7.67	0.99	3.32	4.31	7.29	9.05
雇工工价	元	102.58	122.89	84.88	100.03	118.41	92.23
三、附							
1. 每亩种子用量	公斤	0.03					
2. 每亩化肥用量	公斤	39.14	35.03	12.65	18.27	20.35	28.65
3. 每亩农膜用量	公斤	3.30	5.45	3.27	0.36	5.25	2.29

6-1-14-2 续表 1

项　　目	单位	浙 江	安 徽	福 建	江 西	山 东	河 南	湖 北
一、每亩物质与服务费用	元	**1367.68**	**978.33**	**1662.50**	**879.88**	**832.32**	**883.24**	**1252.84**
（一）直接费用	元	1295.65	861.40	1302.17	794.18	734.63	811.27	1187.00
1. 种子费	元	151.91	124.90	98.44	92.24	154.98	90.49	173.82
2. 化肥费	元	429.89	249.43	372.19	248.61	224.51	310.67	390.50
3. 农家肥费	元	300.52	148.77	283.71	124.13	116.63	65.82	31.19
4. 农药费	元	179.64	130.38	118.35	94.49	75.51	108.66	188.74
5. 农膜费	元		17.49	72.22	34.62	15.04	32.86	57.88
6. 租赁作业费	元	86.19	53.71	82.60	60.19	112.27	122.92	101.89
机械作业费	元	71.18	39.14	81.27	54.83	65.91	63.86	91.02
排灌费	元	15.01	14.57	1.33	5.36	46.36	59.06	10.87
其中：水费	元	6.61		0.46				6.09
畜力费	元							
7. 燃料动力费	元	19.96	23.37	27.20	59.87			10.65
8. 技术服务费	元							
9. 工具材料费	元	125.10	107.34	240.86	73.76	29.16	75.94	221.96
10. 修理维护费	元	2.44	6.01	6.60	6.27	6.53	3.91	10.37
11. 其他直接费用	元							
（二）间接费用	元	72.03	116.93	360.33	85.70	97.69	71.97	65.84
1. 固定资产折旧	元	34.12	42.18	45.52	35.42	21.32	21.87	33.61
2. 保险费	元							
3. 管理费	元							
4. 财务费	元							
5. 销售费	元	37.91	74.75	314.81	50.28	76.37	50.10	32.23
二、每亩人工成本	元	**2605.21**	**2467.76**	**2475.44**	**2224.59**	**1460.81**	**2392.70**	**2080.77**
1. 家庭用工折价	元	2355.93	2459.76	160.23	2123.83	1411.45	2008.85	2021.03
家庭用工天数	日	27.27	28.48	1.86	24.59	16.34	23.26	23.40
劳动日工价	元	86.38	86.38	86.38	86.38	86.38	86.38	86.38
2. 雇工费用	元	249.28	8.00	2315.21	100.76	49.36	383.85	59.73
雇工天数	日	2.26	0.09	17.97	0.83	0.68	5.53	0.40
雇工工价	元	110.30	88.91	128.84	121.40	72.59	69.41	149.33
三、附								
1. 每亩种子用量	公斤	0.83						
2. 每亩化肥用量	公斤	53.11	28.54	43.98	36.18	29.96	47.29	43.88
3. 每亩农膜用量	公斤		1.38	6.10	2.43	1.07	2.53	4.72

6-1-14-2 续表 2

项　　目	单位	湖　南	广　东	广　西	海　南	四　川	贵　州	云　南	青　海
一、每亩物质与服务费用	**元**	**1335.81**	**2260.42**	**1074.68**	**2684.90**	**1017.37**	**865.62**	**2063.02**	**1060.91**
（一）直接费用	元	1146.31	2103.13	1057.38	2604.77	859.15	840.24	1833.09	1052.33
1. 种子费	元	148.43	113.14	125.61	178.27	110.52	59.22	298.32	161.67
2. 化肥费	元	272.91	768.76	393.57	1018.65	307.27	171.14	270.89	420.66
3. 农家肥费	元	17.12		144.84	35.82	79.45	138.83	211.84	133.33
4. 农药费	元	274.55	686.94	190.94	787.93	73.09	61.23	259.11	114.00
5. 农膜费	元	74.16	17.14		48.02	78.42	103.25	103.45	80.83
6. 租赁作业费	元	37.53	110.86	158.77	327.97	107.30	142.17	237.68	133.17
机械作业费	元	34.43	75.86	127.94	256.02	92.72	142.17	124.40	110.00
排灌费	元	3.10	35.00	30.83	37.46	14.58		113.28	23.17
其中：水费	元		35.00	30.83	5.17	11.17		8.83	23.17
畜力费	元				34.49				
7. 燃料动力费	元	28.19			43.63		24.26		
8. 技术服务费	元								
9. 工具材料费	元	282.60	406.29	40.02	144.08	98.12	138.75	451.80	8.67
10. 修理维护费	元	10.82		3.63	20.40	4.98	1.39		
11. 其他直接费用	元								
（二）间接费用	元	189.50	157.29	17.30	80.13	158.22	25.38	229.93	8.58
1. 固定资产折旧	元	48.92	21.22	15.29	17.63	23.72	23.61		8.58
2. 保险费	元								
3. 管理费	元			1.76					
4. 财务费	元								
5. 销售费	元	140.58	136.07	0.25	62.50	134.50	1.77	229.93	
二、每亩人工成本	**元**	**2557.80**	**2485.15**	**2700.00**	**3850.93**	**2532.61**	**2842.36**	**2294.25**	**2188.01**
1. 家庭用工折价	元	2557.80	2485.15	1325.67	3009.22	2432.12	2390.22	2294.25	2188.01
家庭用工天数	日	29.61	28.77	15.35	34.84	28.16	27.67	26.56	25.33
劳动日工价	元	86.38	86.38	86.38	86.38	86.38	86.38	86.38	86.38
2. 雇工费用	元			1374.33	841.71	100.50	452.14		
雇工天数	日			15.57	5.98	0.90	4.71		
雇工工价	元	165.45	95.00	88.27	140.75	111.66	96.00	94.13	100.00
三、附									
1. 每亩种子用量	公斤				0.17				
2. 每亩化肥用量	公斤	37.83	63.01	38.55	89.37	46.67	24.06	47.31	82.04
3. 每亩农膜用量	公斤	5.20	1.07		4.05	5.46	8.80	7.05	7.17

6-1-14-3　2019 年各地区露地豆角化肥投入情况

项　　目	单位	平　均	河　北	辽　宁	吉　林	黑龙江	江　苏
一、每亩化肥金额	**元**	**338.23**	**192.69**	**81.22**	**102.22**	**105.68**	**194.04**
（一）氮肥	元	18.57	2.94		25.69	14.51	42.44
1. 尿素	元	18.54	2.94		25.69	14.51	42.44
2. 碳铵	元						
3. 其他氮肥	元	0.03					
（二）磷肥	元	6.79					3.42
其中：过磷酸钙	元	6.28					1.55
（三）钾肥	元	7.28		4.71		15.95	
其中：氯化钾	元	5.43				11.10	
（四）复混肥	元	287.94	189.75	76.51	72.28	71.90	148.18
1. 复合肥	元	287.11	189.75	76.51	72.28	55.93	148.18
其中：二铵	元	15.69	98.35	25.53	15.40	39.26	
三元素复合肥	元	216.43	91.40	48.05	56.88		19.30
2. 混配肥	元	0.83				15.97	
（五）其他肥料	元	17.65			4.25	3.32	
二、每亩化肥折纯用量	**公斤**	**39.14**	**35.03**	**12.65**	**18.27**	**20.35**	**28.65**
（一）氮肥	公斤	3.53	0.70		5.53	3.24	7.79
1. 尿素	公斤	3.53	0.70		5.53	3.24	7.79
2. 碳铵	公斤						
3. 其他氮肥	公斤						
（二）磷肥	公斤	1.16					0.73
其中：过磷酸钙	公斤	1.10					0.38
（三）钾肥	公斤	1.07		0.61		3.07	
其中：氯化钾	公斤	0.91				2.05	
（四）复混肥	公斤	33.38	34.33	12.04	12.74	14.04	20.14
1. 复合肥	公斤	33.30	34.33	12.04	12.74	12.43	20.14
其中：二铵	公斤	3.38	21.15	4.92	3.04	9.83	
三元素复合肥	公斤	22.88	13.18	6.72	9.70		3.88
2. 混配肥	公斤	0.08				1.61	

6-1-14-3 续表 1

项　　目	单位	浙　江	安　徽	福　建	江　西	山　东	河　南	湖　北
一、每亩化肥金额	**元**	**429.89**	**249.43**	**372.19**	**248.61**	**224.51**	**310.67**	**390.50**
（一）氮肥	元	32.80	24.26		18.96	15.06	8.77	
1. 尿素	元	32.80	24.26		18.96	15.06	8.77	
2. 碳铵	元							
3. 其他氮肥	元							
（二）磷肥	元		1.11	7.51	12.09			
其中：过磷酸钙	元		1.11	2.85	12.09			
（三）钾肥	元		1.53	4.43		23.23		
其中：氯化钾	元			3.19				
（四）复混肥	元	397.09	157.23	345.74	217.56	151.37	301.90	381.40
1. 复合肥	元	397.09	157.23	345.74	217.56	151.37	301.90	381.40
其中：二铵	元					44.96		
三元素复合肥	元	284.18	96.96	38.25	104.18	106.41	250.30	23.90
2. 混配肥	元							
（五）其他肥料	元		65.30	14.51		34.85		9.10
二、每亩化肥折纯用量	**公斤**	**53.11**	**28.54**	**43.98**	**36.18**	**29.96**	**47.29**	**43.88**
（一）氮肥	公斤	7.40	5.54		3.97	3.46	2.05	
1. 尿素	公斤	7.40	5.54		3.97	3.46	2.05	
2. 碳铵	公斤							
3. 其他氮肥	公斤							
（二）磷肥	公斤		0.17	0.83	2.01			
其中：过磷酸钙	公斤		0.17	0.37	2.01			
（三）钾肥	公斤		0.06	0.82		1.28		
其中：氯化钾	公斤			0.68				
（四）复混肥	公斤	45.71	22.78	42.35	30.20	25.21	45.24	43.87
1. 复合肥	公斤	45.71	22.78	42.35	30.20	25.21	45.24	43.87
其中：二铵	公斤					9.39		
三元素复合肥	公斤	28.98	14.81	4.78	15.14	15.82	37.42	3.58
2. 混配肥	公斤							

6-1-14-3 续表 2

项　　目	单位	湖　南	广　东	广　西	海　南	四　川	贵　州	云　南	青　海
一、每亩化肥金额	**元**	**272.91**	**768.76**	**393.57**	**1018.65**	**307.27**	**171.14**	**270.89**	**420.66**
（一）氮肥	元	3.11		0.51	60.86	89.64	24.28	89.81	119.33
1. 尿素	元	3.11		0.51	60.86	89.64	23.90	89.81	119.33
2. 碳铵	元								
3. 其他氮肥	元						0.38		
（二）磷肥	元	0.51	17.44		48.09	31.84	2.30	40.73	
其中：过磷酸钙	元		17.44		48.09	31.84	2.30	40.73	
（三）钾肥	元	2.45			53.24	11.24	0.89		
其中：氯化钾	元	2.45			53.24	11.24	0.89		
（四）复混肥	元	266.84	668.46	393.06	718.78	174.55	137.33	140.35	301.33
1. 复合肥	元	266.84	668.46	393.06	718.78	174.55	137.33	140.35	301.33
其中：二铵	元								200.33
三元素复合肥	元	156.46	668.46	393.06	718.78	149.54	105.73	38.61	101.00
2. 混配肥	元								
（五）其他肥料	元		82.86		137.68		6.34		
二、每亩化肥折纯用量	**公斤**	**37.83**	**63.01**	**38.55**	**89.37**	**46.67**	**24.06**	**47.31**	**82.04**
（一）氮肥	公斤	0.65		0.08	10.95	14.82	4.20	16.75	27.45
1. 尿素	公斤	0.65		0.08	10.95	14.82	4.16	16.75	27.45
2. 碳铵	公斤								
3. 其他氮肥	公斤						0.04		
（二）磷肥	公斤	0.11	4.44		7.43	6.40	0.36	10.61	
其中：过磷酸钙	公斤		4.44		7.43	6.40	0.36	10.61	
（三）钾肥	公斤	0.43			8.68	1.88	0.14		
其中：氯化钾	公斤	0.43			8.68	1.88	0.14		
（四）复混肥	公斤	36.64	58.56	38.47	62.32	23.57	19.36	19.96	54.59
1. 复合肥	公斤	36.64	58.56	38.47	62.32	23.57	19.36	19.96	54.59
其中：二铵	公斤								38.61
三元素复合肥	公斤	21.16	58.56	38.47	62.32	20.63	14.28	5.55	15.98
2. 混配肥	公斤				0.05				

（二）大中城市

6-2-1-1 2019 年大中城市露地西红柿成本收益情况

项　　目	单位	平　均	石家庄市	太原市	哈尔滨市	合肥市	福州市	厦门市
每亩								
主产品产量	公斤	5054.43	4747.37	4460.83	4095.83	3152.68	3520.95	5150.00
产值合计	元	12076.04	8494.93	8943.68	10106.24	9510.23	16121.97	14934.00
主产品产值	元	12076.04	8494.93	8943.68	10106.24	9510.23	16121.97	14934.00
副产品产值	元							
总成本	元	6266.01	3867.45	6207.89	3951.73	4253.84	7456.39	9552.02
生产成本	元	5871.25	3267.45	5707.89	3451.73	3928.84	7106.39	8984.52
物质与服务费用	元	2030.25	855.97	1594.47	1220.53	1521.04	2467.78	4525.75
人工成本	元	3841.00	2411.48	4113.42	2231.20	2407.80	4638.61	4458.77
家庭用工折价	元	3032.89	2190.08	4113.42	2231.20	811.63	4638.61	1878.77
雇工费用	元	808.11	221.40			1596.17		2580.00
土地成本	元	394.76	600.00	500.00	500.00	325.00	350.00	567.50
流转地租金	元	83.83	56.30		50.00	124.92	105.00	170.25
自营地折租	元	310.93	543.70	500.00	450.00	200.08	245.00	397.25
净利润	元	5810.03	4627.48	2735.79	6154.51	5256.39	8665.58	5381.99
现金成本	元	2922.19	1133.67	1594.47	1270.53	3242.13	2572.78	7276.00
现金收益	元	9153.85	7361.26	7349.21	8835.71	6268.10	13549.19	7658.00
成本利润率	%	92.72	119.65	44.07	155.74	123.57	116.22	56.34
每 50 公斤主产品								
平均出售价格	元	119.46	89.47	100.25	123.37	150.83	228.94	144.99
总成本	元	61.99	40.73	69.58	48.24	67.46	105.88	92.74
生产成本	元	58.08	34.41	63.98	42.14	62.31	100.91	87.23
净利润	元	57.47	48.74	30.67	75.13	83.37	123.06	52.25
现金成本	元	28.91	11.94	17.87	15.51	51.42	36.53	70.64
现金收益	元	90.55	77.53	82.38	107.86	99.41	192.41	74.35
附：								
每亩用工数量	日	41.58	28.25	47.62	25.83	29.35	53.70	41.75
每亩主产品已出售数量	公斤	5049.47	4717.15	4425.94	4095.83	3152.68	3520.95	5150.00
每亩主产品已出售产值	元	12065.64	8441.00	8873.61	10106.24	9510.23	16121.97	14934.00
每亩成本外支出	元							

6-2-1-1　续表 1

项　　目	单位	南昌市	济南市	郑州市	武汉市	广州市	南宁市
每亩							
主产品产量	公斤	3782.25	4680.41	5000.00	3980.12	3892.86	4149.05
产值合计	元	8946.44	8401.75	9488.00	13200.65	14054.29	13303.62
主产品产值	元	8946.44	8401.75	9488.00	13200.65	14054.29	13303.62
副产品产值	元						
总成本	元	3772.63	4225.30	5403.02	3829.53	5125.88	6479.86
生产成本	元	3532.63	3947.45	5053.02	3579.53	4775.88	6229.86
物质与服务费用	元	830.66	961.73	1338.68	1037.37	1520.22	2747.92
人工成本	元	2701.97	2985.72	3714.34	2542.16	3255.66	3481.94
家庭用工折价	元	2701.97	2985.72	3714.34	2542.16	3255.66	3428.42
雇工费用	元						53.52
土地成本	元	240.00	277.85	350.00	250.00	350.00	250.00
流转地租金	元			63.00	37.50	105.00	
自营地折租	元	240.00	277.85	287.00	212.50	245.00	250.00
净利润	元	5173.81	4176.45	4084.98	9371.12	8928.41	6823.76
现金成本	元	830.66	961.73	1401.68	1074.87	1625.22	2801.44
现金收益	元	8115.78	7440.02	8086.32	12125.78	12429.07	10502.18
成本利润率	%	137.14	98.84	75.61	244.71	174.18	105.31
每 50 公斤主产品							
平均出售价格	元	118.27	89.75	94.88	165.83	180.51	160.32
总成本	元	49.87	45.14	54.03	48.11	65.84	78.09
生产成本	元	46.70	42.17	50.53	44.97	61.34	75.08
净利润	元	68.40	44.61	40.85	117.72	114.67	82.23
现金成本	元	10.98	10.27	14.02	13.50	20.87	33.76
现金收益	元	107.29	79.48	80.86	152.33	159.64	126.56
附：							
每亩用工数量	日	31.28	34.57	43.00	29.43	37.69	40.18
每亩主产品已出售数量	公斤	3782.25	4662.66	5000.00	3949.49	3892.86	4149.05
每亩主产品已出售产值	元	8946.44	8369.27	9488.00	13099.35	14054.29	13303.62
每亩成本外支出	元						

6-2-1-1 续表 2

项　　目	单位	海口市	重庆市	贵阳市	昆明市	银川市	乌鲁木齐市
每亩							
主产品产量	公斤	2966.00	4412.92	3965.50	4983.33	6422.72	7421.62
产值合计	元	12243.47	13357.31	12627.55	25413.33	8709.04	9217.73
主产品产值	元	12243.47	13357.31	12627.55	25413.33	8709.04	9217.73
副产品产值	元						
总成本	元	7671.04	5507.35	4587.67	6390.08	6822.85	7562.36
生产成本	元	7341.04	5102.66	4287.25	6090.08	6122.85	7229.03
物质与服务费用	元	2762.90	1426.24	1085.14	1850.83	2669.38	2140.63
人工成本	元	4578.14	3676.42	3202.11	4239.25	3453.47	5088.40
家庭用工折价	元	4578.14	3676.42	2760.27	3239.25	3453.47	3356.73
雇工费用	元			441.84	1000.00		1731.67
土地成本	元	330.00	404.69	300.42	300.00	700.00	333.33
流转地租金	元		98.33	26.37	18.00	420.00	88.33
自营地折租	元	330.00	306.36	274.05	282.00	280.00	245.00
净利润	元	4572.43	7849.96	8039.88	19023.25	1886.19	1655.37
现金成本	元	2762.90	1524.57	1553.35	2868.83	3089.38	3960.63
现金收益	元	9480.57	11832.74	11074.20	22544.50	5619.66	5257.10
成本利润率	%	59.61	142.54	175.25	297.70	27.65	21.89
每 50 公斤主产品							
平均出售价格	元	206.40	151.34	159.22	254.98	67.80	62.10
总成本	元	129.32	62.40	57.85	64.11	53.12	50.95
生产成本	元	123.76	57.81	54.06	61.10	47.67	48.70
净利润	元	77.08	88.94	101.37	190.87	14.68	11.15
现金成本	元	46.58	17.27	19.59	28.78	24.05	26.68
现金收益	元	159.82	134.07	139.63	226.20	43.75	35.42
附：							
每亩用工数量	日	53.00	42.56	36.36	47.50	39.98	50.46
每亩主产品已出售数量	公斤	2951.50	4412.92	3965.50	4983.33	6422.72	7421.62
每亩主产品已出售产值	元	12184.00	13357.31	12627.55	25413.33	8709.04	9217.73
每亩成本外支出	元					50.00	

6-2-1-2　2019年大中城市露地西红柿费用和用工情况

项　　目	单位	平　均	石家庄市	太原市	哈尔滨市	合肥市	福州市	厦门市
一、每亩物质与服务费用	**元**	**2030.25**	**855.97**	**1594.47**	**1220.53**	**1521.04**	**2467.78**	**4525.75**
（一）直接费用	元	1872.76	839.86	1465.02	1007.20	1335.85	2276.07	3954.75
1. 种子费	元	283.17	120.31	100.67	74.17	338.32	39.72	715.50
2. 化肥费	元	402.95	159.40	255.17	40.53	329.04	371.16	1063.50
3. 农家肥费	元	288.78	191.19	343.33	296.17	252.74	378.50	587.00
4. 农药费	元	238.05	70.29	112.02	70.50	97.48	471.64	480.75
5. 农膜费	元	136.82	69.67	70.51	69.33	57.77	498.90	99.25
6. 租赁作业费	元	216.10	158.56	251.67	97.50	148.88	183.33	536.50
机械作业费	元	95.55	79.98	124.67	52.50	92.50	183.33	
排灌费	元	96.23	78.58	127.00	45.00	56.38		294.00
其中：水费	元	39.55			45.00			176.50
畜力费	元	24.32						242.50
7. 燃料动力费	元	73.44		12.50	151.50			238.50
8. 技术服务费	元							
9. 工具材料费	元	215.53	62.10	309.67	207.50	99.29	247.82	170.00
10. 修理维护费	元	17.92	8.34	9.48		12.33	85.00	63.75
11. 其他直接费用	元							
（二）间接费用	元	157.49	16.11	129.45	213.33	185.19	191.71	571.00
1. 固定资产折旧	元	39.30	16.11	24.78			191.71	100.50
2. 保险费	元							
3. 管理费	元	2.27						
4. 财务费	元							
5. 销售费	元	115.92		104.67	213.33	185.19		470.50
二、每亩人工成本	**元**	**3841.00**	**2411.48**	**4113.42**	**2231.20**	**2407.80**	**4638.61**	**4458.77**
1. 家庭用工折价	元	3032.89	2190.08	4113.42	2231.20	811.63	4638.61	1878.77
家庭用工天数	日	35.11	25.35	47.62	25.83	9.40	53.70	21.75
劳动日工价	元	86.38	86.38	86.38	86.38	86.38	86.38	86.38
2. 雇工费用	元	808.11	221.40			1596.17		2580.00
雇工天数	日	6.47	2.90			19.95		20.00
雇工工价	元	124.90	76.35	106.00	110.00	80.01	220.00	129.00
三、附								
1. 每亩种子用量	公斤							
2. 每亩化肥用量	公斤	48.83	30.73	34.80	6.52	18.19	43.03	134.40
3. 每亩农膜用量	公斤	10.14	5.55	5.42	5.02	4.32	34.98	6.00

6-2-1-2 续表 1

项　　目	单位	南昌市	济南市	郑州市	武汉市	广州市	南宁市
一、每亩物质与服务费用	元	**830.66**	**961.73**	**1338.68**	**1037.37**	**1520.22**	**2747.92**
（一）直接费用	元	780.72	916.40	1218.93	944.03	1464.57	2622.56
1. 种子费	元	96.89	119.47	163.75	142.70	143.00	499.11
2. 化肥费	元	238.37	281.40	329.13	224.80	570.56	898.81
3. 农家肥费	元	75.96	144.21	219.50	259.27	137.43	179.23
4. 农药费	元	128.88	91.41	183.15	75.00	295.00	422.06
5. 农膜费	元	104.18	66.59	104.55	47.22		86.13
6. 租赁作业费	元	37.64	130.61	129.50	103.04		148.75
机械作业费	元	16.67	74.96	70.00	81.91		148.75
排灌费	元	20.97	55.65	59.50	21.13		
其中：水费	元		14.97				
畜力费	元						
7. 燃料动力费	元	72.84				31.43	
8. 技术服务费	元						
9. 工具材料费	元	25.96	76.51	83.45	84.97	280.71	381.87
10. 修理维护费	元		6.20	5.90	7.03	6.44	6.60
11. 其他直接费用	元						
（二）间接费用	元	49.94	45.33	119.75	93.34	55.65	125.36
1. 固定资产折旧	元	37.77	7.84	55.00	20.61	55.65	7.31
2. 保险费	元						
3. 管理费	元						
4. 财务费	元						
5. 销售费	元	12.17	37.49	64.75	72.73		118.05
二、每亩人工成本	元	**2701.97**	**2985.72**	**3714.34**	**2542.16**	**3255.66**	**3481.94**
1. 家庭用工折价	元	2701.97	2985.72	3714.34	2542.16	3255.66	3428.42
家庭用工天数	日	31.28	34.57	43.00	29.43	37.69	39.69
劳动日工价	元	86.38	86.38	86.38	86.38	86.38	86.38
2. 雇工费用	元						53.52
雇工天数	日						0.49
雇工工价	元	120.00	100.70	92.00	110.00	120.00	109.22
三、附							
1. 每亩种子用量	公斤						
2. 每亩化肥用量	公斤	21.46	51.91	59.45	20.85	47.54	57.49
3. 每亩农膜用量	公斤	7.45	5.75	7.75	3.03		7.15

6-2-1-2 续表 2

项　　目	单位	海口市	重庆市	贵阳市	昆明市	银川市	乌鲁木齐市
一、每亩物质与服务费用	**元**	**2762.90**	**1426.24**	**1085.14**	**1850.83**	**2669.38**	**2140.63**
（一）直接费用	元	2601.29	1404.61	913.48	1673.33	2641.11	2064.38
1. 种子费	元	99.50	233.19	175.81	115.00	1262.44	281.32
2. 化肥费	元	755.62	428.58	198.39	391.50	585.09	284.18
3. 农家肥费	元	524.72	97.68	36.44	235.83	226.79	365.47
4. 农药费	元	873.43	217.68	155.93	412.50	190.07	153.44
5. 农膜费	元		67.07	105.03	110.00	61.24	143.12
6. 租赁作业费	元	50.96	125.68		249.33	185.85	314.41
机械作业费	元	36.67	125.68		168.50	103.71	134.17
排灌费	元				80.83	82.14	180.24
其中：水费	元				80.83	82.14	54.07
畜力费	元	14.29					
7. 燃料动力费	元	23.81	2.91	27.77			167.79
8. 技术服务费	元						
9. 工具材料费	元	265.83	229.87	208.89	159.17	126.98	354.65
10. 修理维护费	元	7.42	1.95	5.22		2.65	
11. 其他直接费用	元						
（二）间接费用	元	161.61	21.63	171.66	177.50	28.27	76.25
1. 固定资产折旧	元	11.61	15.73	29.85		4.21	
2. 保险费	元						
3. 管理费	元						10.42
4. 财务费	元						
5. 销售费	元	150.00	5.90	141.81	177.50	24.06	65.83
二、每亩人工成本	**元**	**4578.14**	**3676.42**	**3202.11**	**4239.25**	**3453.47**	**5088.40**
1. 家庭用工折价	元	4578.14	3676.42	2760.27	3239.25	3453.47	3356.73
家庭用工天数	日	53.00	42.56	31.96	37.50	39.98	38.86
劳动日工价	元	86.38	86.38	86.38	86.38	86.38	86.38
2. 雇工费用	元			441.84	1000.00		1731.67
雇工天数	日			4.40	10.00		11.60
雇工工价	元	130.00	149.94	100.42	100.00	100.00	149.28
三、附							
1. 每亩种子用量	公斤						
2. 每亩化肥用量	公斤	79.92	61.17	29.10	51.90	59.93	42.36
3. 每亩农膜用量	公斤		4.68	8.62	7.00	4.96	11.80

6-2-1-3　2019 年大中城市露地西红柿化肥投入情况

项　　目	单位	平　均	石家庄市	太原市	哈尔滨市	合肥市	福州市	厦门市
一、每亩化肥金额	**元**	**402.95**	**159.40**	**255.17**	**40.53**	**329.04**	**371.16**	**1063.50**
（一）氮肥	元	41.13	38.48					39.50
1. 尿素	元	41.13	38.48					39.50
2. 碳铵	元							
3. 其他氮肥	元							
（二）磷肥	元	23.25						153.50
其中：过磷酸钙	元	23.25						153.50
（三）钾肥	元	96.05			31.78			870.50
其中：氯化钾	元	88.31						870.50
（四）复混肥	元	192.86	120.92	255.17	8.75	114.48	371.16	
1. 复合肥	元	192.86	120.92	255.17	8.75	114.48	371.16	
其中：二铵	元	37.12	50.78		8.75			
三元素复合肥	元	123.85	70.14	255.17		114.48	268.92	
2. 混配肥	元							
（五）其他肥料	元	49.66				214.56		
二、每亩化肥折纯用量	**公斤**	**48.83**	**30.73**	**34.80**	**6.52**	**18.19**	**43.03**	**134.40**
（一）氮肥	公斤	9.26	8.87					6.90
1. 尿素	公斤	9.26	8.87					6.90
2. 碳铵	公斤							
3. 其他氮肥	公斤							
（二）磷肥	公斤	4.11						22.20
其中：过磷酸钙	公斤	4.11						22.20
（三）钾肥	公斤	11.34			4.92			105.30
其中：氯化钾	公斤	10.73						105.30
（四）复混肥	公斤	24.12	21.86	34.80	1.60	18.19	43.03	
1. 复合肥	公斤	24.12	21.86	34.80	1.60	18.19	43.03	
其中：二铵	公斤	7.22	10.67		1.60			
三元素复合肥	公斤	13.94	11.19	34.80		18.19	29.16	
2. 混配肥	公斤							

6-2-1-3 续表 1

项　目	单位	南昌市	济南市	郑州市	武汉市	广州市	南宁市
一、每亩化肥金额	**元**	**238.37**	**281.40**	**329.13**	**224.80**	**570.56**	**898.81**
（一）氮肥	元		99.10	110.10			
1. 尿素	元		99.10	110.10			
2. 碳铵	元						
3. 其他氮肥	元						
（二）磷肥	元			20.65			34.86
其中：过磷酸钙	元			20.65			34.86
（三）钾肥	元			35.28			
其中：氯化钾	元			35.28			
（四）复混肥	元	238.37	182.30	163.10	224.80	570.56	638.08
1. 复合肥	元	238.37	182.30	163.10	224.80	570.56	638.08
其中：二铵	元		31.38				
三元素复合肥	元	238.37	150.92	163.10	224.80	570.56	407.50
2. 混配肥	元						
（五）其他肥料	元						225.87
二、每亩化肥折纯用量	**公斤**	**21.46**	**51.91**	**59.45**	**20.85**	**47.54**	**57.49**
（一）氮肥	公斤		23.56	25.10			
1. 尿素	公斤		23.56	25.10			
2. 碳铵	公斤						
3. 其他氮肥	公斤						
（二）磷肥	公斤			5.02			8.84
其中：过磷酸钙	公斤			5.02			8.84
（三）钾肥	公斤			5.67			
其中：氯化钾	公斤			5.67			
（四）复混肥	公斤	21.46	28.36	23.67	20.85	47.54	48.65
1. 复合肥	公斤	21.46	28.36	23.67	20.85	47.54	48.65
其中：二铵	公斤		6.31				
三元素复合肥	公斤	21.46	22.05	23.67	20.85	47.54	35.07
2. 混配肥	公斤						

6-2-1-3 续表 2

项　　目	单位	海口市	重庆市	贵阳市	昆明市	银川市	乌鲁木齐市
一、每亩化肥金额	**元**	**755.62**	**428.58**	**198.39**	**391.50**	**585.09**	**284.18**
（一）氮肥	元	90.67	74.43	41.09	99.67	37.32	76.19
1. 尿素	元	90.67	74.43	41.09	99.67	37.32	76.19
2. 碳铵	元						
3. 其他氮肥	元						
（二）磷肥	元	74.00		15.52	67.33		
其中：过磷酸钙	元	74.00		15.52	67.33		
（三）钾肥	元				108.67		
其中：氯化钾	元						
（四）复混肥	元	590.95	354.15	141.78	115.83	309.27	118.81
1. 复合肥	元	590.95	354.15	141.78	115.83	309.27	118.81
其中：二铵	元					156.75	118.81
三元素复合肥	元	350.95	298.18	141.78		152.52	
2. 混配肥	元						
（五）其他肥料	元					238.50	89.18
二、每亩化肥折纯用量	**公斤**	**79.92**	**61.17**	**29.10**	**51.90**	**59.93**	**42.36**
（一）氮肥	公斤	13.03	14.59	7.09	18.40	9.82	19.64
1. 尿素	公斤	13.03	14.59	7.09	18.40	9.82	19.64
2. 碳铵	公斤						
3. 其他氮肥	公斤						
（二）磷肥	公斤	10.48		2.99	17.00		
其中：过磷酸钙	公斤	10.48		2.99	17.00		
（三）钾肥	公斤				6.50		
其中：氯化钾	公斤						
（四）复混肥	公斤	56.40	46.59	19.03	10.00	50.11	22.72
1. 复合肥	公斤	56.40	46.59	19.03	10.00	50.11	22.72
其中：二铵	公斤					30.85	22.72
三元素复合肥	公斤	31.07	38.93	19.03		19.26	
2. 混配肥	公斤						

6-2-2-1 2019年大中城市设施西红柿成本收益情况

项　　目	单位	平　均	北京市	天津市	石家庄市	太原市	呼和浩特市
每亩							
主产品产量	公斤	5654.84	5427.01	5153.13	7615.03	10138.57	6791.50
产值合计	元	15859.75	10830.02	14065.30	21459.88	19195.97	13275.75
主产品产值	元	15859.75	10830.02	14065.30	21459.88	19195.97	13275.75
副产品产值	元						
总成本	元	8988.54	8824.81	6758.31	10285.78	16946.13	12970.73
生产成本	元	8506.21	8157.83	6477.59	9443.47	16446.13	12170.73
物质与服务费用	元	3290.47	3673.25	1791.97	2967.57	9066.57	6496.53
人工成本	元	5215.74	4484.58	4685.62	6475.90	7379.56	5674.20
家庭用工折价	元	3864.81	1968.86	4632.30	6109.23	6964.99	4943.53
雇工费用	元	1350.93	2515.72	53.32	366.67	414.57	730.67
土地成本	元	482.33	666.98	280.72	842.31	500.00	800.00
流转地租金	元	177.85	386.93	67.65	73.35		80.00
自营地折租	元	304.48	280.05	213.07	768.96	500.00	720.00
净利润	元	6871.21	2005.21	7306.99	11174.10	2249.84	305.02
现金成本	元	4819.25	6575.90	1912.94	3407.59	9481.14	7307.20
现金收益	元	11040.50	4254.12	12152.36	18052.29	9714.83	5968.55
成本利润率	%	76.44	22.72	108.12	108.64	13.28	2.35
每50公斤主产品							
平均出售价格	元	140.23	99.78	136.47	140.90	94.67	97.74
总成本	元	79.48	81.31	65.57	67.53	83.57	95.49
生产成本	元	75.21	75.16	62.85	62.00	81.11	89.60
净利润	元	60.75	18.47	70.90	73.37	11.10	2.25
现金成本	元	42.61	60.59	18.56	22.37	46.76	53.80
现金收益	元	97.62	39.19	117.91	118.53	47.91	43.94
附：							
每亩用工数量	日	57.28	43.99	54.02	76.37	84.27	64.00
每亩主产品已出售数量	公斤	5646.89	5172.30	5153.13	7607.53	10129.34	6791.50
每亩主产品已出售产值	元	15845.93	10436.63	14065.30	21438.31	19177.78	13275.75
每亩成本外支出	元	0.44					

6-2-2-1 续表 1

项目	单位	沈阳市	大连市	长春市	哈尔滨市	上海市	南京市
每亩							
主产品产量	公斤	6023.87	6156.33	5537.14	5688.33	3741.10	3816.33
产值合计	元	16329.97	22912.78	11391.43	13036.67	11304.90	15654.11
主产品产值	元	16329.97	22912.78	11391.43	13036.67	11304.90	15654.11
副产品产值	元						
总成本	元	8376.21	14621.55	9619.97	9106.98	8301.25	7743.11
生产成本	元	7976.21	14171.55	9019.97	8706.98	7633.43	7364.54
物质与服务费用	元	4391.44	6720.31	2761.55	3770.51	2238.76	2884.22
人工成本	元	3584.77	7451.24	6258.42	4936.47	5394.67	4480.32
家庭用工折价	元	3584.77	5145.66	5244.13	3656.47	1697.02	3507.03
雇工费用	元		2305.58	1014.29	1280.00	3697.65	973.29
土地成本	元	400.00	450.00	600.00	400.00	667.82	378.57
流转地租金	元	40.00	63.00	108.00	40.00	667.82	250.00
自营地折租	元	360.00	387.00	492.00	360.00		128.57
净利润	元	7953.76	8291.23	1771.46	3929.69	3003.65	7911.00
现金成本	元	4431.44	9088.89	3883.84	5090.51	6604.23	4107.51
现金收益	元	11898.53	13823.89	7507.59	7946.16	4700.67	11546.60
成本利润率	%	94.96	56.71	18.41	43.15	36.18	102.17
每50公斤主产品							
平均出售价格	元	135.54	186.09	102.86	114.59	151.09	205.09
总成本	元	69.52	118.75	86.86	80.05	110.95	101.45
生产成本	元	66.20	115.10	81.45	76.53	102.02	96.49
净利润	元	66.02	67.34	16.00	34.54	40.14	103.64
现金成本	元	36.78	73.82	35.07	44.74	88.27	53.81
现金收益	元	98.76	112.27	67.79	69.85	62.82	151.28
附：							
每亩用工数量	日	41.50	82.15	70.85	55.66	51.10	52.34
每亩主产品已出售数量	公斤	6023.87	6156.33	5537.14	5688.33	3741.10	3816.33
每亩主产品已出售产值	元	16329.97	22912.78	11391.43	13036.67	11304.90	15654.11
每亩成本外支出	元						

6-2-2-1 续表 2

项　　目	单位	杭州市	合肥市	济南市	青岛市	郑州市	武汉市
每亩							
主产品产量	公斤	4360.70	4646.34	5984.86	4266.97	5210.38	5360.68
产值合计	元	25269.59	13691.49	16508.69	5405.08	11293.71	12693.26
主产品产值	元	25269.59	13691.49	16508.69	5405.08	11293.71	12693.26
副产品产值	元						
总成本	元	8115.80	6604.56	9944.67	6637.40	8528.10	6595.33
生产成本	元	7627.47	6276.24	9632.44	6337.40	8178.10	6242.00
物质与服务费用	元	1697.98	2794.27	3034.90	2579.87	2733.50	3155.35
人工成本	元	5929.49	3481.97	6597.54	3757.53	5444.60	3086.65
家庭用工折价	元	3298.85	859.57	6335.28	3757.53	4212.75	2999.98
雇工费用	元	2630.64	2622.40	262.26		1231.85	86.67
土地成本	元	488.33	328.32	312.23	300.00	350.00	353.33
流转地租金	元	298.86	125.95		153.00	63.00	24.73
自营地折租	元	189.47	202.37	312.23	147.00	287.00	328.60
净利润	元	17153.79	7086.93	6564.02	-1232.32	2765.61	6097.93
现金成本	元	4627.48	5542.62	3297.16	2732.87	4028.35	3266.75
现金收益	元	20642.11	8148.87	13211.53	2672.21	7265.36	9426.51
成本利润率	%	211.36	107.30	66.01	-18.57	32.43	92.46
每 50 公斤主产品							
平均出售价格	元	289.74	147.34	137.92	63.34	108.38	118.39
总成本	元	93.06	71.07	83.08	77.78	81.84	61.51
生产成本	元	87.46	67.54	80.47	74.27	78.48	58.22
净利润	元	196.68	76.27	54.84	-14.44	26.54	56.88
现金成本	元	53.06	59.65	27.55	32.03	38.66	30.47
现金收益	元	236.68	87.69	110.37	31.31	69.72	87.92
附：							
每亩用工数量	日	58.11	39.02	76.57	43.50	62.30	35.40
每亩主产品已出售数量	公斤	4360.70	4646.34	5965.58	4251.98	5210.38	5360.68
每亩主产品已出售产值	元	25269.59	13691.49	16453.32	5385.44	11293.71	12693.26
每亩成本外支出	元						

6-2-2-1 续表 3

项　　目	单位	成都市	兰州市	西宁市	银川市	乌鲁木齐市
每亩						
主产品产量	公斤	8060.07	6864.69	5678.33	5929.83	6299.22
产值合计	元	29785.64	10728.65	12640.96	10234.93	9456.01
主产品产值	元	29785.64	10728.65	12640.96	10234.93	9456.01
副产品产值	元					
总成本	元	8463.65	7206.52	11604.08	8052.93	7225.08
生产成本	元	8013.65	6906.52	9854.08	7332.93	6925.08
物质与服务费用	元	2659.39	2280.87	4237.08	3710.15	2942.96
人工成本	元	5354.26	4625.65	5617.00	3622.78	3982.12
家庭用工折价	元	5025.59	4625.65	805.93	3622.78	3982.12
雇工费用	元	328.67		4811.07		
土地成本	元	450.00	300.00	1750.00	720.00	300.00
流转地租金	元			196.00	432.00	79.50
自营地折租	元	450.00	300.00	1554.00	288.00	220.50
净利润	元	21321.99	3522.13	1036.88	2182.00	2230.93
现金成本	元	2988.06	2280.87	9244.15	4142.15	3022.46
现金收益	元	26797.58	8447.78	3396.81	6092.78	6433.55
成本利润率	%	251.92	48.87	8.94	27.10	30.88
每50公斤主产品						
平均出售价格	元	184.77	78.14	111.31	86.30	75.06
总成本	元	52.50	52.49	102.18	67.90	57.35
生产成本	元	49.71	50.30	86.77	61.83	54.97
净利润	元	132.27	25.65	9.13	18.40	17.71
现金成本	元	18.54	16.61	81.40	34.93	23.99
现金收益	元	166.23	61.53	29.91	51.37	51.07
附：						
每亩用工数量	日	60.34	53.55	69.47	41.94	46.10
每亩主产品已出售数量	公斤	8060.07	6838.15	5678.33	5929.83	6299.22
每亩主产品已出售产值	元	29785.64	10688.80	12640.96	10234.93	9456.01
每亩成本外支出	元				50.00	

6-2-2-2 2019年大中城市设施西红柿费用和用工情况

项目	单位	平均	北京市	天津市	石家庄市	太原市	呼和浩特市
一、每亩物质与服务费用	元	**3290.47**	**3673.25**	**1791.97**	**2967.57**	**9066.57**	**6496.53**
(一)直接费用	元	2464.49	2352.82	1320.11	2122.66	8014.04	5258.52
1. 种子费	元	422.19	357.85	147.38	355.49	1941.07	1475.00
2. 化肥费	元	552.78	284.26	210.00	356.79	2932.82	1233.35
3. 农家肥费	元	359.34	603.27	200.13	352.15	872.48	454.65
4. 农药费	元	210.22	247.59	128.50	298.74	413.21	162.70
5. 农膜费	元	460.48	469.38	467.98	358.47	832.54	421.35
6. 租赁作业费	元	254.88	228.94	93.10	271.91	760.20	289.82
机械作业费	元	118.77	95.82	56.46	80.41	150.13	80.00
排灌费	元	136.11	133.12	36.64	191.50	610.07	209.82
其中:水费	元	18.06	70.09	28.42			
畜力费	元						
7. 燃料动力费	元	26.05	49.77				49.65
8. 技术服务费	元	0.40	15.09				
9. 工具材料费	元	135.16	75.73	60.81	103.19	175.51	1014.78
10. 修理维护费	元	42.99	20.94	12.21	25.92	86.21	157.22
11. 其他直接费用	元						
(二)间接费用	元	825.98	1320.43	471.86	844.91	1052.53	1238.01
1. 固定资产折旧	元	691.11	995.62	471.86	787.02	1052.53	1002.08
2. 保险费	元	31.99	5.63				
3. 管理费	元	8.16	70.44				
4 财务费	元	1.37	3.33				
5. 销售费	元	93.35	245.41		57.89		235.93
二、每亩人工成本	元	**5215.74**	**4484.58**	**4685.62**	**6475.90**	**7379.56**	**5674.20**
1. 家庭用工折价	元	3864.81	1968.86	4632.30	6109.23	6964.99	4943.53
家庭用工天数	日	44.74	22.79	53.63	70.73	80.63	57.23
劳动日工价	元	86.38	86.38	86.38	86.38	86.38	86.38
2. 雇工费用	元	1350.93	2515.72	53.32	366.67	414.57	730.67
雇工天数	日	12.54	21.20	0.39	5.64	3.64	6.77
雇工工价	元	107.73	118.67	136.72	65.01	113.89	107.93
三、附							
1. 每亩种子用量	公斤						
2. 每亩化肥用量	公斤	57.37	25.77	31.58	75.60	183.13	34.89
3. 每亩农膜用量	公斤	30.65	28.91	31.51	25.85	66.86	22.10

6-2-2-2 续表 1

项　　目	单位	沈阳市	大连市	长春市	哈尔滨市	上海市	南京市
一、每亩物质与服务费用	**元**	**4391.44**	**6720.31**	**2761.55**	**3770.51**	**2238.76**	**2884.22**
（一）直接费用	元	3027.27	3626.08	1804.27	2413.84	1907.06	1904.19
1. 种子费	元	445.83	530.83	293.31	425.00	132.95	152.49
2. 化肥费	元	638.80	446.90	167.70	334.00	351.07	189.01
3. 农家肥费	元	175.00	1048.83	196.86	98.33	419.89	362.54
4. 农药费	元	647.38	507.00	262.24	208.17	198.71	230.99
5. 农膜费	元	654.93	675.00	340.01	780.00	318.02	629.33
6. 租赁作业费	元	116.66	378.67	235.62	176.50	309.52	155.00
机械作业费	元	58.33	84.17	140.71	103.33	101.88	122.96
排灌费	元	58.33	294.50	94.91	73.17	207.64	32.04
其中：水费	元		294.50				
畜力费	元						
7. 燃料动力费	元			266.14	212.50		
8. 技术服务费	元						
9. 工具材料费	元	309.67	24.30	27.26	129.67	149.57	155.34
10. 修理维护费	元	39.00	14.55	15.13	49.67	27.33	29.49
11. 其他直接费用	元						
（二）间接费用	元	1364.17	3094.23	957.28	1356.67	331.70	980.03
1. 固定资产折旧	元	1364.17	3035.83	508.14	1250.00	301.42	219.84
2. 保险费	元						356.57
3. 管理费	元					17.64	25.71
4. 财务费	元					12.64	
5. 销售费	元		58.40	449.14	106.67		377.91
二、每亩人工成本	**元**	**3584.77**	**7451.24**	**6258.42**	**4936.47**	**5394.67**	**4480.32**
1. 家庭用工折价	元	3584.77	5145.66	5244.13	3656.47	1697.02	3507.03
家庭用工天数	日	41.50	59.57	60.71	42.33	19.65	40.60
劳动日工价	元	86.38	86.38	86.38	86.38	86.38	86.38
2. 雇工费用	元		2305.58	1014.29	1280.00	3697.65	973.29
雇工天数	日		22.58	10.14	13.33	31.45	11.74
雇工工价	元	120.00	102.11	100.03	96.02	117.57	82.90
三、附							
1. 每亩种子用量	公斤						
2. 每亩化肥用量	公斤	38.93	32.08	35.49	54.48	46.00	35.35
3. 每亩农膜用量	公斤	41.67	35.67	24.48	55.50	16.01	45.61

6-2-2-2 续表 2

项　　目	单位	杭州市	合肥市	济南市	青岛市	郑州市	武汉市
一、每亩物质与服务费用	**元**	**1697.98**	**2794.27**	**3034.90**	**2579.87**	**2733.50**	**3155.35**
（一）直接费用	元	1104.25	1850.68	2267.16	1953.30	2008.66	2822.21
1. 种子费	元	131.82	330.58	394.35	745.50	294.14	634.67
2. 化肥费	元	327.53	421.00	573.47	251.23	357.32	972.57
3. 农家肥费	元	74.22	371.81	165.07	161.75	202.31	42.22
4. 农药费	元	105.32	105.51	252.28	160.07	252.90	417.06
5. 农膜费	元	241.61	296.96	567.69	400.69	440.96	361.69
6. 租赁作业费	元	162.66	163.17	210.23	159.87	155.23	114.39
机械作业费	元	124.86	94.69	109.20	80.00	63.00	100.00
排灌费	元	37.80	68.48	101.03	79.87	92.23	14.39
其中：水费	元	12.40		17.41			
畜力费	元						
7. 燃料动力费	元	14.28				160.01	22.01
8. 技术服务费	元	0.61					
9. 工具材料费	元	38.07	147.28	94.54	70.07	117.34	251.76
10. 修理维护费	元	8.13	14.37	9.53	4.12	28.45	5.84
11. 其他直接费用	元						
（二）间接费用	元	593.73	943.59	767.74	626.57	724.84	333.14
1. 固定资产折旧	元	556.13	539.98	703.53	626.57	683.43	266.84
2. 保险费	元		114.00				
3. 管理费	元	0.67					
4. 财务费	元	0.65					
5. 销售费	元	36.28	289.61	64.21		41.41	66.30
二、每亩人工成本	**元**	**5929.49**	**3481.97**	**6597.54**	**3757.53**	**5444.60**	**3086.65**
1. 家庭用工折价	元	3298.85	859.57	6335.28	3757.53	4212.75	2999.98
家庭用工天数	日	38.19	9.95	73.34	43.50	48.77	34.73
劳动日工价	元	86.38	86.38	86.38	86.38	86.38	86.38
2. 雇工费用	元	2630.64	2622.40	262.26		1231.85	86.67
雇工天数	日	19.92	29.07	3.23		13.53	0.67
雇工工价	元	132.06	90.21	81.20	120.00	91.05	129.36
三、附							
1. 每亩种子用量	公斤						
2. 每亩化肥用量	公斤	54.78	22.34	100.88	32.64	74.87	83.43
3. 每亩农膜用量	公斤	15.51	22.55	41.11	26.13	35.55	25.81

6-2-2-2 续表3

项目	单位	成都市	兰州市	西宁市	银川市	乌鲁木齐市
一、每亩物质与服务费用	元	**2659.39**	**2280.87**	**4237.08**	**3710.15**	**2942.96**
（一）直接费用	元	2355.51	1882.99	2954.88	2838.18	2221.25
1. 种子费	元	261.79	204.01	451.67	870.93	181.23
2. 化肥费	元	536.46	592.14	438.83	588.55	287.05
3. 农家肥费	元	270.16	236.05	1183.33	295.43	547.06
4. 农药费	元	273.02	177.73	154.83	201.95	71.21
5. 农膜费	元	643.36	327.50	504.60	644.34	571.47
6. 租赁作业费	元	159.33	188.46	100.08	131.87	386.82
机械作业费	元	150.00	110.00	63.33	56.87	242.63
排灌费	元	9.33	78.46	36.75	75.00	144.19
其中：水费	元	9.33		36.75	40.00	43.26
畜力费	元					
7. 燃料动力费	元			74.17		
8. 技术服务费	元					
9. 工具材料费	元	174.60	133.17	29.90	84.40	26.65
10. 修理维护费	元	36.79	23.93	17.47	20.71	149.76
11. 其他直接费用	元					
（二）间接费用	元	303.88	397.88	1282.20	871.97	721.71
1. 固定资产折旧	元	303.88	172.93	1025.63	841.18	712.26
2. 保险费	元		121.57			
3. 管理费	元			256.57		9.45
4. 财务费	元					
5. 销售费	元		103.38		30.79	
二、每亩人工成本	元	**5354.26**	**4625.65**	**5617.00**	**3622.78**	**3982.12**
1. 家庭用工折价	元	5025.59	4625.65	805.93	3622.78	3982.12
家庭用工天数	日	58.18	53.55	9.33	41.94	46.10
劳动日工价	元	86.38	86.38	86.38	86.38	86.38
2. 雇工费用	元	328.67		4811.07		
雇工天数	日	2.16		60.14		
雇工工价	元	152.16	100.00	80.00	100.00	150.00
三、附						
1. 每亩种子用量	公斤					
2. 每亩化肥用量	公斤	92.38	75.80	18.08	73.49	40.64
3. 每亩农膜用量	公斤	41.12	20.36	24.17	28.01	34.57

6-2-2-3　2019年大中城市设施西红柿化肥投入情况

项　　目	单位	平均	北京市	天津市	石家庄市	太原市	呼和浩特市
一、每亩化肥金额	**元**	**552.78**	**284.26**	**210.00**	**356.79**	**2932.82**	**1233.35**
（一）氮肥	元	65.16	1.51	23.18	128.62	2.11	74.42
1. 尿素	元	63.39	1.51	23.18	128.62	2.11	74.42
2. 碳铵	元	1.77					
3. 其他氮肥	元						
（二）磷肥	元	6.31					
其中：过磷酸钙	元	6.31					
（三）钾肥	元	16.74					
其中：氯化钾	元	8.14					
（四）复混肥	元	337.67	176.62	186.82	228.17	2435.90	101.65
1. 复合肥	元	337.67	176.62	186.82	228.17	2435.90	101.65
其中：二铵	元	46.26		12.37	184.44	8.31	101.65
三元素复合肥	元	105.15	167.26	174.45	43.73	5.99	
2. 混配肥	元						
（五）其他肥料	元	126.90	106.13			494.81	1057.28
二、每亩化肥折纯用量	**公斤**	**57.37**	**25.77**	**31.58**	**75.60**	**183.13**	**34.89**
（一）氮肥	公斤	14.36	0.35	5.09	29.67	0.44	14.41
1. 尿素	公斤	13.98	0.35	5.09	29.67	0.44	14.41
2. 碳饺	公斤	0.38					
3. 其他氮肥	公斤						
（二）磷肥	公斤	1.25					
其中：过磷酸钙	公斤	1.25					
（三）钾肥	公斤	2.67					
其中：氯化钾	公斤	1.50					
（四）复混肥	公斤	39.08	25.42	26.49	45.93	182.69	20.48
1. 复合肥	公斤	39.08	25.42	26.49	45.93	182.69	20.48
其中：二铵	公斤	9.08		2.52	38.89	1.53	20.48
三元素复合肥	公斤	14.59	24.67	23.97	7.04	0.99	
2. 混配肥	公斤						

6-2-2-3 续表1

项目	单位	沈阳市	大连市	长春市	哈尔滨市	上海市	南京市
一、每亩化肥金额	元	**638.80**	**446.90**	**167.70**	**334.00**	**351.07**	**189.01**
（一）氮肥	元			112.39	95.00	103.19	64.10
1. 尿素	元			112.39	95.00	103.19	64.10
2. 碳铵	元						
3. 其他氮肥	元						
（二）磷肥	元						
其中：过磷酸钙	元						
（三）钾肥	元		210.07		134.67		
其中：氯化钾	元						
（四）复混肥	元	228.63		55.31	104.33	247.88	124.91
1. 复合肥	元	228.63		55.31	104.33	247.88	124.91
其中：二铵	元	88.13		42.70	104.33		
三元素复合肥	元	140.50				247.88	124.91
2. 混配肥	元						
（五）其他肥料	元	410.17	236.83				
二、每亩化肥折纯用量	公斤	**38.93**	**32.08**	**35.49**	**54.48**	**46.00**	**35.35**
（一）氮肥	公斤			24.82	19.79	20.88	13.03
1. 尿素	公斤			24.82	19.79	20.88	13.03
2. 碳铵	公斤						
3. 其他氮肥	公斤						
（二）磷肥	公斤						
其中：过磷酸钙	公斤						
（三）钾肥	公斤		32.08		15.01		
其中：氯化钾	公斤						
（四）复混肥	公斤	38.93		10.67	19.68	25.12	22.32
1. 复合肥	公斤	38.93		10.67	19.68	25.12	22.32
其中：二铵	公斤	16.43		8.29	19.68		
三元素复合肥	公斤	22.50				25.12	22.32
2. 混配肥	公斤						

6-2-2-3 续表 2

项　　目	单位	杭州市	合肥市	济南市	青岛市	郑州市	武汉市
一、每亩化肥金额	元	**327.53**	**421.00**	**573.47**	**251.23**	**357.32**	**972.57**
（一）氮肥	元	91.40		17.04		211.42	
1. 尿素	元	91.40		17.04		160.17	
2. 碳铵	元					51.25	
3. 其他氮肥	元						
（二）磷肥	元					63.87	
其中：过磷酸钙	元					63.87	
（三）钾肥	元			120.68			
其中：氯化钾	元			120.68			
（四）复混肥	元	236.13	159.78	435.75	251.23	82.03	815.24
1. 复合肥	元	236.13	159.78	435.75	251.23	82.03	815.24
其中：二铵	元			138.96			
三元素复合肥	元	188.10	110.21	296.79	35.13	62.18	53.33
2. 混配肥	元						
（五）其他肥料	元		261.22				157.33
二、每亩化肥折纯用量	公斤	**54.78**	**22.34**	**100.88**	**32.64**	**74.87**	**83.43**
（一）氮肥	公斤	20.34		4.26		47.67	
1. 尿素	公斤	20.34		4.26		36.78	
2. 碳铵	公斤					10.89	
3. 其他氮肥	公斤						
（二）磷肥	公斤					15.10	
其中：过磷酸钙	公斤					15.10	
（三）钾肥	公斤			22.30			
其中：氯化钾	公斤			22.30			
（四）复混肥	公斤	34.44	22.34	74.31	32.64	12.10	83.43
1. 复合肥	公斤	34.44	22.34	74.31	32.64	12.10	83.43
其中：二铵	公斤			29.51			
三元素复合肥	公斤	27.49	16.72	44.80	4.65	9.62	7.50
2. 混配肥	公斤						

6-2-2-3 续表 3

项 目	单位	成都市	兰州市	西宁市	银川市	乌鲁木齐市
一、每亩化肥金额	元	**536.46**	**592.14**	**438.83**	**588.55**	**287.05**
（一）氮肥	元	121.11	66.39		87.26	64.61
1. 尿素	元	121.11	66.39		87.26	64.61
2. 碳铵	元					
3. 其他氮肥	元					
（二）磷肥	元	123.98	4.03			
其中：过磷酸钙	元	123.98	4.03			
（三）钾肥	元	128.10				
其中：氯化钾	元	128.10				
（四）复混肥	元	163.27	371.77	138.83	314.06	131.73
1. 复合肥	元	163.27	371.77	138.83	314.06	131.73
其中：二铵	元		190.49	28.33	178.82	131.73
三元素复合肥	元	163.27	37.78		135.24	
2. 混配肥	元					
（五）其他肥料	元		149.95	300.00	187.23	90.71
二、每亩化肥折纯用量	公斤	**92.38**	**75.80**	**18.08**	**73.49**	**40.64**
（一）氮肥	公斤	23.71	14.74		22.00	16.55
1. 尿素	公斤	23.71	14.74		22.00	16.55
2. 碳铵	公斤					
3. 其他氮肥	公斤					
（二）磷肥	公斤	22.23	0.48			
其中：过磷酸钙	公斤	22.23	0.48			
（三）钾肥	公斤	23.49				
其中：氯化钾	公斤	23.49				
（四）复混肥	公斤	22.96	60.58	18.08	51.48	24.09
1. 复合肥	公斤	22.96	60.58	18.08	51.48	24.09
其中：二铵	公斤		37.17	5.33	34.53	24.09
三元素复合肥	公斤	22.96	4.54		16.95	
2. 混配肥	公斤					

6-2-3-1 2019年大中城市露地黄瓜成本收益情况

项　　目	单位	平　均	北京市	石家庄市	太原市	长春市	哈尔滨市
每亩							
主产品产量	公斤	4086.91	4259.00	5068.86	3874.58	3558.33	5705.67
产值合计	元	8302.72	8553.25	8862.30	7364.50	8085.00	8452.88
主产品产值	元	8302.72	8553.25	8862.30	7364.50	8085.00	8452.88
副产品产值	元						
总成本	元	5134.55	5362.19	5393.29	6190.34	7253.20	4236.72
生产成本	元	4756.97	5112.19	4843.29	5690.34	6653.20	3736.72
物质与服务费用	元	1607.22	1376.25	974.08	1571.85	937.78	1274.89
人工成本	元	3149.75	3735.94	3869.21	4118.49	5715.42	2461.83
家庭用工折价	元	2834.04	3735.94	3374.09	3746.39	5398.75	2461.83
雇工费用	元	315.71		495.12	372.10	316.67	
土地成本	元	377.58	250.00	550.00	500.00	600.00	500.00
流转地租金	元	72.49	175.00	35.82		108.00	50.00
自营地折租	元	305.09	75.00	514.18	500.00	492.00	450.00
净利润	元	3168.17	3191.07	3469.01	1174.16	831.80	4216.16
现金成本	元	1995.42	1551.25	1505.02	1943.95	1362.45	1324.89
现金收益	元	6307.30	7002.00	7357.28	5420.55	6722.55	7127.99
成本利润率	%	61.70	59.51	64.32	18.97	11.47	99.51
每50公斤主产品							
平均出售价格	元	101.58	100.41	87.42	95.04	113.61	74.07
总成本	元	62.82	62.95	53.20	79.89	101.92	37.13
生产成本	元	58.20	60.01	47.78	73.43	93.49	32.74
净利润	元	38.76	37.46	34.22	15.15	11.69	36.94
现金成本	元	24.41	18.21	14.85	25.09	19.15	11.61
现金收益	元	77.17	82.20	72.57	69.95	94.46	62.46
附：							
每亩用工数量	日	35.54	43.25	46.13	46.50	65.67	28.50
每亩主产品已出售数量	公斤	4078.85	4259.00	4995.70	3855.71	3558.33	5705.67
每亩主产品已出售产值	元	8286.24	8553.25	8733.14	7328.54	8085.00	8452.88
每亩成本外支出	元	99.81	100.00	98.55	99.53	100.00	100.00

6-2-3-1 续表 1

项目	单位	合肥市	福州市	厦门市	南昌市	济南市	郑州市
每亩							
主产品产量	公斤	3375.22	4718.39	3997.50	3645.80	5082.94	4275.00
产值合计	元	7570.21	9275.36	8791.00	6550.22	8970.19	6840.00
主产品产值	元	7570.21	9275.36	8791.00	6550.22	8970.19	6840.00
副产品产值	元						
总成本	元	3758.71	4377.99	6132.50	3546.95	3936.91	5880.49
生产成本	元	3430.14	3977.99	5617.00	3306.95	3649.44	5530.49
物质与服务费用	元	1287.63	1300.21	2999.70	782.93	972.78	1384.25
人工成本	元	2142.51	2677.78	2617.30	2524.02	2676.66	4146.24
家庭用工折价	元	1341.83	2677.78	1317.30	2524.02	2676.66	4146.24
雇工费用	元	800.68		1300.00			
土地成本	元	328.57	400.00	515.50	240.00	287.47	350.00
流转地租金	元	114.59	140.00	154.65			63.00
自营地折租	元	213.98	260.00	360.85	240.00	287.47	287.00
净利润	元	3811.50	4897.37	2658.51	3003.27	5033.28	959.51
现金成本	元	2202.90	1440.21	4454.35	782.93	972.78	1447.25
现金收益	元	5367.31	7835.15	4336.65	5767.29	7997.41	5392.75
成本利润率	%	101.40	111.86	43.35	84.67	127.85	16.32
每 50 公斤主产品							
平均出售价格	元	112.14	98.29	109.96	89.83	88.24	80.00
总成本	元	55.68	46.39	76.71	48.64	38.73	68.78
生产成本	元	50.81	42.15	70.26	45.35	35.90	64.68
净利润	元	56.46	51.90	33.25	41.19	49.51	11.22
现金成本	元	32.63	15.26	55.72	10.74	9.57	16.93
现金收益	元	79.51	83.03	54.24	79.09	78.67	63.07
附：							
每亩用工数量	日	24.19	31.00	25.25	29.22	30.99	48.00
每亩主产品已出售数量	公斤	3375.22	4718.39	3997.50	3645.80	5048.81	4275.00
每亩主产品已出售产值	元	7570.21	9275.36	8791.00	6550.22	8909.78	6840.00
每亩成本外支出	元	100.00	100.00	100.00	100.00	99.36	100.00

6-2-3-1 续表 2

项 目	单位	武汉市	广州市	南宁市	海口市	重庆市
每亩						
主产品产量	公斤	3390.59	2253.86	3615.90	2941.67	4916.07
产值合计	元	6953.94	5984.44	8997.34	12171.85	8757.46
主产品产值	元	6953.94	5984.44	8997.34	12171.85	8757.46
副产品产值	元					
总成本	元	4381.03	5039.24	6131.30	6240.72	4826.76
生产成本	元	4121.03	4196.38	5881.30	6041.28	4496.51
物质与服务费用	元	1726.56	1049.56	2280.98	2418.33	1124.06
人工成本	元	2394.47	3146.82	3600.32	3622.95	3372.45
家庭用工折价	元	2368.54	3146.82	3600.32	3519.99	3372.45
雇工费用	元	25.93			102.96	
土地成本	元	260.00	842.86	250.00	199.44	330.25
流转地租金	元	18.20	252.86			71.20
自营地折租	元	241.80	590.00	250.00	199.44	259.05
净利润	元	2572.91	945.20	2866.04	5931.14	3930.70
现金成本	元	1770.69	1302.42	2280.98	2521.29	1195.26
现金收益	元	5183.25	4682.02	6716.36	9650.56	7562.20
成本利润率	%	58.73	18.76	46.74	95.04	81.44
每 50 公斤主产品						
平均出售价格	元	102.55	132.76	124.41	206.89	89.07
总成本	元	64.61	111.79	84.78	106.08	49.09
生产成本	元	60.77	93.09	81.32	102.69	45.73
净利润	元	37.94	20.97	39.63	100.81	39.98
现金成本	元	26.11	28.89	31.54	42.86	12.16
现金收益	元	76.44	103.87	92.87	164.03	76.91
附：						
每亩用工数量	日	27.61	36.43	41.68	41.53	39.04
每亩主产品已出售数量	公斤	3390.59	2253.86	3615.90	2932.30	4916.07
每亩主产品已出售产值	元	6953.94	5984.44	8997.34	12134.25	8757.46
每亩成本外支出	元	100.00	100.00	100.00	99.71	100.00

6-2-3-1 续表 3

项　　目	单位	成都市	贵阳市	兰州市	银川市	乌鲁木齐市
每亩						
主产品产量	公斤	3389.78	2428.57	5164.41	5352.57	8087.69
产值合计	元	5174.18	4804.29	6850.21	5715.54	10169.07
主产品产值	元	5174.18	4804.29	6850.21	5715.54	10169.07
副产品产值	元					
总成本	元	4222.98	4511.73	4764.64	5931.23	5823.60
生产成本	元	4002.98	4301.73	4483.22	5450.74	5398.60
物质与服务费用	元	1331.25	824.07	1226.43	2247.60	1725.82
人工成本	元	2671.73	3477.66	3256.79	3203.14	3672.78
家庭用工折价	元	2671.73	3477.66	3256.79	3203.14	2359.04
雇工费用	元					1313.74
土地成本	元	220.00	210.00	281.42	480.49	425.00
流转地租金	元	19.36	13.65		210.09	112.63
自营地折租	元	200.64	196.35	281.42	270.40	312.37
净利润	元	951.20	292.56	2085.57	-215.69	4345.47
现金成本	元	1350.61	837.72	1226.43	2457.69	3152.19
现金收益	元	3823.57	3966.57	5623.78	3257.85	7016.88
成本利润率	%	22.52	6.48	43.77	-3.64	74.62
每 50 公斤主产品						
平均出售价格	元	76.32	98.91	66.32	53.39	62.87
总成本	元	62.29	92.89	46.13	55.40	36.00
生产成本	元	59.04	88.56	43.40	50.92	33.38
净利润	元	14.03	6.02	20.19	-2.01	26.87
现金成本	元	19.92	17.25	11.87	22.96	19.49
现金收益	元	56.40	81.66	54.45	30.43	43.38
附：						
每亩用工数量	日	30.93	40.26	37.70	37.08	36.08
每亩主产品已出售数量	公斤	3389.78	2428.57	5164.41	5352.57	8087.69
每亩主产品已出售产值	元	5174.18	4804.29	6850.21	5715.54	10169.07
每亩成本外支出	元	100.00	100.00	100.00	100.00	100.00

6-2-3-2 2019年大中城市露地黄瓜费用和用工情况

项　　目	单位	平　均	北京市	石家庄市	太原市	长春市	哈尔滨市
一、每亩物质与服务费用	**元**	**1607.22**	**1376.25**	**974.08**	**1571.85**	**937.78**	**1274.89**
（一）直接费用	元	1468.64	1303.50	961.31	1486.56	674.23	1066.56
1. 种子费	元	141.79	82.00	155.95	124.17	115.50	60.83
2. 化肥费	元	417.70	410.00	125.63	226.15	70.90	73.06
3. 农家肥费	元	229.38	312.50	333.36	374.96	235.50	289.00
4. 农药费	元	204.27	235.00	89.11	112.38	55.50	102.67
5. 农膜费	元	60.66	64.00		68.06	43.88	71.83
6. 租赁作业费	元	158.34	130.50	156.33	217.66	127.95	101.50
机械作业费	元	62.03	60.00	77.09	91.54	111.50	45.00
排灌费	元	57.73	70.50	79.24	126.12	16.45	56.50
其中：水费	元	26.93	21.75				56.50
畜力费	元	38.58					
7. 燃料动力费	元	53.93			3.55		150.50
8. 技术服务费	元	1.77					
9. 工具材料费	元	184.62	69.50	83.42	351.62	14.92	217.17
10. 修理维护费	元	16.18		17.51	8.01	10.08	
11. 其他直接费用	元						
（二）间接费用	元	138.58	72.75	12.77	85.29	263.55	208.33
1. 固定资产折旧	元	30.85		12.77	21.48	10.88	
2. 保险费	元						
3. 管理费	元	0.31					
4. 财务费	元						
5. 销售费	元	107.42	72.75		63.81	252.67	208.33
二、每亩人工成本	**元**	**3149.75**	**3735.94**	**3869.21**	**4118.49**	**5715.42**	**2461.83**
1. 家庭用工折价	元	2834.04	3735.94	3374.09	3746.39	5398.75	2461.83
家庭用工天数	日	32.81	43.25	39.06	43.37	62.50	28.50
劳动日工价	元	86.38	86.38	86.38	86.38	86.38	86.38
2. 雇工费用	元	315.71		495.12	372.10	316.67	
雇工天数	日	2.73		7.07	3.13	3.17	
雇工工价	元	115.65	120.00	70.03	118.88	99.90	110.00
三、附							
1. 每亩种子用量	公斤						
2. 每亩化肥用量	公斤	48.84	29.75	24.17	43.01	12.49	12.43
3. 每亩农膜用量	公斤	4.43	5.00		5.21	3.14	5.03

6-2-3-2 续表 1

项目	单位	合肥市	福州市	厦门市	南昌市	济南市	郑州市
一、每亩物质与服务费用	**元**	**1287.63**	**1300.21**	**2999.70**	**782.93**	**972.78**	**1384.25**
（一）直接费用	元	1170.33	1271.44	2475.30	710.33	922.07	1277.30
1. 种子费	元	147.03	85.89	176.50	95.83	86.39	146.65
2. 化肥费	元	354.32	522.33	546.55	211.95	289.94	391.40
3. 农家肥费	元	284.03	125.55	453.50	54.06	156.20	218.00
4. 农药费	元	91.65	171.67	334.00	112.70	86.12	150.75
5. 农膜费	元	56.38		98.50	59.56	67.72	97.50
6. 租赁作业费	元	145.55	100.00	417.50	21.67	142.33	130.00
机械作业费	元	88.57	100.00			83.55	67.50
排灌费	元	56.98		175.00	21.67	58.78	62.50
其中：水费	元			90.00		16.16	
畜力费	元			242.50			
7. 燃料动力费	元			233.50	89.03		
8. 技术服务费	元						
9. 工具材料费	元	83.83	246.67	153.75	65.53	87.21	137.50
10. 修理维护费	元	7.54	19.33	61.50		6.16	5.50
11. 其他直接费用	元						
（二）间接费用	元	117.30	28.77	524.40	72.60	50.71	106.95
1. 固定资产折旧	元		28.77	96.50	47.60	10.11	36.95
2. 保险费	元						
3. 管理费	元						
4. 财务费	元						
5. 销售费	元	117.30		427.90	25.00	40.60	70.00
二、每亩人工成本	**元**	**2142.51**	**2677.78**	**2617.30**	**2524.02**	**2676.66**	**4146.24**
1. 家庭用工折价	元	1341.83	2677.78	1317.30	2524.02	2676.66	4146.24
家庭用工天数	日	15.53	31.00	15.25	29.22	30.99	48.00
劳动日工价	元	86.38	86.38	86.38	86.38	86.38	86.38
2. 雇工费用	元	800.68		1300.00			
雇工天数	日	8.66		10.00			
雇工工价	元	92.46	170.00	130.00	120.00	97.97	92.00
三、附							
1. 每亩种子用量	公斤						
2. 每亩化肥用量	公斤	21.24	54.50	71.66	19.08	52.71	82.23
3. 每亩农膜用量	公斤	4.15		6.00	4.26	5.60	7.50

6-2-3-2 续表 2

项 目	单位	武汉市	广州市	南宁市	海口市	重庆市
一、每亩物质与服务费用	元	**1726.56**	**1049.56**	**2280.98**	**2418.33**	**1124.06**
（一）直接费用	元	1614.19	1002.10	2192.46	2363.51	1108.16
1. 种子费	元	189.09	54.29	310.38	112.56	94.96
2. 化肥费	元	645.79	522.43	1035.27	796.16	355.92
3. 农家肥费	元		114.14	109.78	323.85	61.83
4. 农药费	元	358.14	81.71	349.99	565.83	155.66
5. 农膜费	元	52.51	10.29	111.41	49.56	57.58
6. 租赁作业费	元	108.74	5.00	167.07	169.34	106.38
机械作业费	元	100.00		128.50	72.89	106.38
排灌费	元	8.74	5.00		78.67	
其中：水费	元		2.50		78.67	
畜力费	元			38.57	17.78	
7. 燃料动力费	元	18.30	1.81		51.11	3.65
8. 技术服务费	元				17.11	
9. 工具材料费	元	236.03	210.57	100.74	271.33	269.41
10. 修理维护费	元	5.59	1.86	7.82	6.66	2.77
11. 其他直接费用	元					
（二）间接费用	元	112.37	47.46	88.52	54.82	15.90
1. 固定资产折旧	元	53.94	21.03	5.45	13.71	10.74
2. 保险费	元					
3. 管理费	元					
4. 财务费	元					
5. 销售费	元	58.43	26.43	83.07	41.11	5.16
二、每亩人工成本	元	**2394.47**	**3146.82**	**3600.32**	**3622.95**	**3372.45**
1. 家庭用工折价	元	2368.54	3146.82	3600.32	3519.99	3372.45
家庭用工天数	日	27.42	36.43	41.68	40.75	39.04
劳动日工价	元	86.38	86.38	86.38	86.38	86.38
2. 雇工费用	元	25.93			102.96	
雇工天数	日	0.19			0.78	
雇工工价	元	136.47	130.00	100.00	132.00	137.24
三、附						
1. 每亩种子用量	公斤					
2. 每亩化肥用量	公斤	66.92	49.18	75.53	71.44	51.02
3. 每亩农膜用量	公斤	4.03	0.89	7.28	4.61	4.05

6-2-3-2 续表 3

项目	单位	成都市	贵阳市	兰州市	银川市	乌鲁木齐市
一、每亩物质与服务费用	元	**1331.25**	**824.07**	**1226.43**	**2247.60**	**1725.82**
（一）直接费用	元	1121.93	786.31	1210.33	2154.05	1713.81
1. 种子费	元	159.67	124.95	131.46	808.79	258.00
2. 化肥费	元	278.00	198.13	405.52	529.88	375.68
3. 农家肥费	元	140.78	65.48	170.74	298.34	219.52
4. 农药费	元	139.91	49.06	140.37	141.59	183.30
5. 农膜费	元	109.90	112.86	44.39	62.95	60.92
6. 租赁作业费	元	150.00		162.33	158.65	160.67
机械作业费	元	140.00		110.00	81.88	86.67
排灌费	元	10.00		52.33	76.77	74.00
其中：水费	元				76.77	22.19
畜力费	元					
7. 燃料动力费	元		33.10			
8. 技术服务费	元					
9. 工具材料费	元	138.61	197.78	153.14	150.54	455.72
10. 修理维护费	元	5.06	4.95	2.38	3.31	
11. 其他直接费用	元					
（二）间接费用	元	209.32	37.76	16.10	93.55	12.01
1. 固定资产折旧	元	15.68	37.76		4.63	
2. 保险费	元					
3. 管理费	元					12.01
4. 财务费	元					
5. 销售费	元	193.64		16.10	88.92	
二、每亩人工成本	元	**2671.73**	**3477.66**	**3256.79**	**3203.14**	**3672.78**
1. 家庭用工折价	元	2671.73	3477.66	3256.79	3203.14	2359.04
家庭用工天数	日	30.93	40.26	37.70	37.08	27.31
劳动日工价	元	86.38	86.38	86.38	86.38	86.38
2. 雇工费用	元					1313.74
雇工天数	日					8.77
雇工工价	元	130.00	100.00	100.00	100.00	149.80
三、附						
1. 每亩种子用量	公斤					
2. 每亩化肥用量	公斤	43.72	29.12	46.25	59.31	55.16
3. 每亩农膜用量	公斤	7.85	8.57	3.47	4.97	5.19

6-2-3-3 2019年大中城市露地黄瓜化肥投入情况

项　　目	单位	平　均	北京市	石家庄市	太原市	长春市	哈尔滨市	合肥市
一、每亩化肥金额	**元**	**417.70**	**410.00**	**125.63**	**226.15**	**70.90**	**73.06**	**354.32**
（一）氮肥	元	35.20	105.00	23.17	80.50	42.37		
1. 尿素	元	34.32	105.00	23.17	80.50	42.37		
2. 碳铵	元	0.88						
3. 其他氮肥	元							
（二）磷肥	元	21.04						
其中：过磷酸钙	元	19.60						
（三）钾肥	元	68.12					32.23	
其中：氯化钾	元	65.10						
（四）复混肥	元	261.37	45.00	102.46	145.65	16.86	40.83	153.57
1. 复合肥	元	260.78	45.00	102.46	145.65	16.86	40.83	153.57
其中：二铵	元	27.43		44.83	118.14	16.86	40.83	
三元素复合肥	元	117.03	45.00	57.63	27.51			95.71
2. 混配肥	元	0.59						
（五）其他肥料	元	31.97	260.00			11.67		200.75
二、每亩化肥折纯用量	**公斤**	**48.84**	**29.75**	**24.17**	**43.01**	**12.49**	**12.43**	**21.24**
（一）氮肥	公斤	7.43	23.00	5.39	17.27	9.43		
1. 尿素	公斤	7.23	23.00	5.39	17.27	9.43		
2. 碳铵	公斤	0.20						
3. 其他氮肥	公斤							
（二）磷肥	公斤	3.17						
其中：过磷酸钙	公斤	2.88						
（三）钾肥	公斤	8.63					4.96	
其中：氯化钾	公斤	8.30						
（四）复混肥	公斤	29.61	6.75	18.79	25.75	3.06	7.47	21.24
1. 复合肥	公斤	29.57	6.75	18.79	25.75	3.06	7.47	21.24
其中：二铵	公斤	4.67		9.46	21.16	3.06	7.47	
三元素复合肥	公斤	13.05	6.75	9.33	4.59			14.68
2. 混配肥	公斤	0.04						

6-2-3-3　续表 1

项　　目	单位	福州市	厦门市	南昌市	济南市	郑州市
一、每亩化肥金额	**元**	**522.33**	**546.55**	**211.95**	**289.94**	**391.40**
（一）氮肥	元		28.75		95.29	219.80
1. 尿素	元		28.75		95.29	184.80
2. 碳铵	元					35.00
3. 其他氮肥	元					
（二）磷肥	元		88.30			
其中：过磷酸钙	元		88.30			
（三）钾肥	元		429.50			
其中：氯化钾	元		429.50			
（四）复混肥	元	522.33		211.95	194.65	171.60
1. 复合肥	元	522.33		211.95	194.65	171.60
其中：二铵	元				21.58	
三元素复合肥	元			211.95	173.07	171.60
2. 混配肥	元					
（五）其他肥料	元					
二、每亩化肥折纯用量	**公斤**	**54.50**	**71.66**	**19.08**	**52.71**	**82.23**
（一）氮肥	公斤		5.06		22.48	54.93
1. 尿素	公斤		5.06		22.48	47.15
2. 碳铵	公斤					7.78
3. 其他氮肥	公斤					
（二）磷肥	公斤		12.60			
其中：过磷酸钙	公斤		12.60			
（三）钾肥	公斤		54.00			
其中：氯化钾	公斤		54.00			
（四）复混肥	公斤	54.50		19.08	30.23	27.30
1. 复合肥	公斤	54.50		19.08	30.23	27.30
其中：二铵	公斤				4.05	
三元素复合肥	公斤			19.08	26.18	27.30
2. 混配肥	公斤					

6-2-3-3 续表 2

项　　目	单位	武汉市	广州市	南宁市	海口市	重庆市
一、每亩化肥金额	**元**	**645.79**	**522.43**	**1035.27**	**796.16**	**355.92**
（一）氮肥	元				34.67	46.20
1. 尿素	元				34.67	46.20
2. 碳铵	元					
3. 其他氮肥	元					
（二）磷肥	元				54.48	
其中：过磷酸钙	元				40.59	
（三）钾肥	元				31.45	
其中：氯化钾	元				17.78	
（四）复混肥	元	630.21	522.43	899.46	575.56	309.72
1. 复合肥	元	598.96	522.43	899.46	575.56	309.72
其中：二铵	元				86.67	
三元素复合肥	元	50.00	522.43	647.02	371.89	263.94
2. 混配肥	元	31.25				
（五）其他肥料	元	15.58		135.81	100.00	
二、每亩化肥折纯用量	**公斤**	**66.92**	**49.18**	**75.53**	**71.44**	**51.02**
（一）氮肥	公斤				5.45	9.26
1. 尿素	公斤				5.45	9.26
2. 碳铵	公斤					
3. 其他氮肥	公斤					
（二）磷肥	公斤				8.87	
其中：过磷酸钙	公斤				6.09	
（三）钾肥	公斤				4.17	
其中：氯化钾	公斤				3.33	
（四）复混肥	公斤	66.91	49.18	75.54	52.95	41.75
1. 复合肥	公斤	64.83	49.18	75.54	52.95	41.75
其中：二铵	公斤				10.67	
三元素复合肥	公斤	7.50	49.18	59.19	32.69	35.53
2. 混配肥	公斤	2.08				

6-2-3-3 续表3

项　　目	单位	成都市	贵阳市	兰州市	银川市	乌鲁木齐市
一、每亩化肥金额	**元**	**278.00**	**198.13**	**405.52**	**529.88**	**375.68**
（一）氮肥	元	75.15	44.34	25.78	42.68	99.08
1. 尿素	元	75.15	44.34	25.78	42.68	99.08
2. 碳铵	元					
3. 其他氮肥	元					
（二）磷肥	元	49.22	7.20			
其中：过磷酸钙	元	49.22	7.20			
（三）钾肥	元					
其中：氯化钾	元					
（四）复混肥	元	153.63	146.59	246.71	284.67	154.70
1. 复合肥	元	153.63	146.59	246.71	284.67	154.70
其中：二铵	元			121.80	162.96	154.70
三元素复合肥	元		146.59	16.76	121.71	
2. 混配肥	元					
（五）其他肥料	元			133.03	202.53	121.90
二、每亩化肥折纯用量	**公斤**	**43.72**	**29.12**	**46.25**	**59.31**	**55.16**
（一）氮肥	公斤	15.36	7.61	5.80	10.80	26.04
1. 尿素	公斤	15.36	7.61	5.80	10.80	26.04
2. 碳铵	公斤					
3. 其他氮肥	公斤					
（二）磷肥	公斤	7.87	1.28			
其中：过磷酸钙	公斤	7.87	1.28			
（三）钾肥	公斤					
其中：氯化钾	公斤					
（四）复混肥	公斤	20.48	20.23	40.45	48.51	29.12
1. 复合肥	公斤	20.48	20.23	40.45	48.51	29.12
其中：二铵	公斤			23.98	33.08	29.12
三元素复合肥	公斤		20.23	2.36	15.43	
2. 混配肥	公斤					

6-2-4-1 2019年大中城市设施黄瓜成本收益情况

项　　目	单位	平　均	北京市	天津市	石家庄市	太原市	呼和浩特市
每亩							
主产品产量	公斤	6412.79	5041.65	5113.45	9588.49	8788.37	16981.58
产值合计	元	15770.12	9879.12	14243.76	26348.35	18374.17	32384.37
主产品产值	元	15770.12	9879.12	14243.76	26348.35	18374.17	32384.37
副产品产值	元						
总成本	元	9488.43	8854.59	6241.70	11724.29	16707.49	17000.11
生产成本	元	8982.49	8182.52	5954.12	10883.81	16207.49	16174.78
物质与服务费用	元	3428.22	3725.77	1735.16	3493.83	8993.60	10033.54
人工成本	元	5554.27	4456.75	4218.96	7389.98	7213.89	6141.24
家庭用工折价	元	4195.48	1624.72	4192.71	7018.55	6638.56	5067.91
雇工费用	元	1358.79	2832.03	26.25	371.43	575.33	1073.33
土地成本	元	505.94	672.07	287.58	840.48	500.00	825.33
流转地租金	元	198.49	390.79	68.69	72.60		82.53
自营地折租	元	307.45	281.28	218.89	767.88	500.00	742.80
净利润	元	6281.69	1024.53	8002.06	14624.06	1666.68	15384.26
现金成本	元	4985.50	6948.59	1830.10	3937.86	9568.93	11189.40
现金收益	元	10784.62	2930.53	12413.66	22410.49	8805.24	21194.97
成本利润率	%	66.20	11.57	128.20	124.73	9.98	90.50
每50公斤主产品							
平均出售价格	元	122.96	97.98	139.28	137.40	104.54	95.35
总成本	元	73.98	87.82	61.03	61.14	95.06	50.05
生产成本	元	70.04	81.15	58.22	56.76	92.21	47.62
净利润	元	48.98	10.16	78.25	76.26	9.48	45.30
现金成本	元	38.87	68.92	17.90	20.53	54.44	32.95
现金收益	元	84.09	29.06	121.38	116.87	50.10	62.40
附：							
每亩用工数量	日	60.60	42.78	48.73	86.96	81.84	68.29
每亩主产品已出售数量	公斤	6403.14	4836.57	5113.45	9583.18	8778.51	16981.58
每亩主产品已出售产值	元	15749.90	9556.85	14243.76	26333.61	18353.32	32384.37
每亩成本外支出	元	0.44					

6-2-4-1 续表 1

项　　目	单位	沈阳市	大连市	长春市	哈尔滨市	上海市
每亩						
主产品产量	公斤	6192.42	10661.17	5630.00	7087.50	4044.54
产值合计	元	14311.65	17057.50	11329.43	18984.17	10634.26
主产品产值	元	14311.65	17057.50	11329.43	18984.17	10634.26
副产品产值	元					
总成本	元	9333.56	14426.50	9392.60	8422.23	9867.80
生产成本	元	9066.73	14066.50	8792.60	8022.23	9026.41
物质与服务费用	元	2991.83	5942.70	2670.46	3592.01	2648.55
人工成本	元	6074.90	8123.80	6122.14	4430.22	6377.86
家庭用工折价	元	5974.90	6716.05	5207.85	1943.55	2820.57
雇工费用	元	100.00	1407.75	914.29	2486.67	3557.29
土地成本	元	266.83	360.00	600.00	400.00	841.39
流转地租金	元		43.20	108.00	40.00	841.39
自营地折租	元	266.83	316.80	492.00	360.00	
净利润	元	4978.09	2631.01	1936.83	10561.94	766.46
现金成本	元	3091.83	7393.65	3692.75	6118.68	7047.23
现金收益	元	11219.82	9663.85	7636.68	12865.49	3587.03
成本利润率	%	53.34	18.24	20.62	125.41	7.77
每 50 公斤主产品						
平均出售价格	元	115.56	80.00	100.62	133.93	131.46
总成本	元	75.36	67.66	83.42	59.42	121.99
生产成本	元	73.21	65.97	78.09	56.60	111.58
净利润	元	40.20	12.34	17.20	74.51	9.47
现金成本	元	24.97	34.68	32.80	43.17	87.12
现金收益	元	90.59	45.32	67.82	90.76	44.34
附：						
每亩用工数量	日	70.17	90.67	69.43	48.67	63.28
每亩主产品已出售数量	公斤	6192.42	10661.17	5630.00	7087.50	4044.54
每亩主产品已出售产值	元	14311.65	17057.50	11329.43	18984.17	10634.26
每亩成本外支出	元					

6-2-4-1 续表 2

项　　目	单位	杭州市	合肥市	济南市	青岛市	郑州市	武汉市
每亩							
主产品产量	公斤	2905.33	4233.57	5527.28	9136.78	6907.50	5070.52
产值合计	元	14657.68	11002.87	15803.45	23769.59	12424.71	13390.91
主产品产值	元	14657.68	11002.87	15803.45	23769.59	12424.71	13390.91
副产品产值	元						
总成本	元	7396.62	5354.44	8094.46	10675.66	8230.75	5670.24
生产成本	元	6872.62	5021.27	7784.94	10375.66	7880.75	5330.24
物质与服务费用	元	1739.14	2653.46	3131.45	3216.49	2816.82	2499.57
人工成本	元	5133.48	2367.81	4653.49	7159.17	5063.93	2830.67
家庭用工折价	元	2314.98	349.58	4349.32	7159.17	3827.50	2644.96
雇工费用	元	2818.50	2018.23	304.17		1236.43	185.71
土地成本	元	524.00	333.17	309.52	300.00	350.00	340.00
流转地租金	元	320.69	112.89		153.00	63.00	23.80
自营地折租	元	203.31	220.28	309.52	147.00	287.00	316.20
净利润	元	7261.06	5648.43	7708.99	13093.93	4193.96	7720.67
现金成本	元	4878.33	4784.58	3435.62	3369.49	4116.25	2709.08
现金收益	元	9779.35	6218.29	12367.83	20400.10	8308.46	10681.83
成本利润率	%	98.17	105.49	95.24	122.65	50.95	136.16
每 50 公斤主产品							
平均出售价格	元	252.25	129.95	142.96	130.08	89.94	132.05
总成本	元	127.29	63.24	73.22	58.42	59.58	55.92
生产成本	元	118.27	59.30	70.42	56.78	57.05	52.56
净利润	元	124.96	66.71	69.74	71.66	30.36	76.13
现金成本	元	83.95	56.51	31.08	18.44	29.80	26.71
现金收益	元	168.30	73.44	111.88	111.64	60.14	105.34
附：							
每亩用工数量	日	47.70	25.46	54.09	82.88	57.96	32.05
每亩主产品已出售数量	公斤	2905.33	4233.57	5502.61	9105.28	6907.50	5070.52
每亩主产品已出售产值	元	14657.68	11002.87	15736.98	23682.75	12424.71	13390.91
每亩成本外支出	元						

6-2-4-1 续表 3

项　　目	单位	成都市	兰州市	西宁市	银川市	乌鲁木齐市
每亩						
主产品产量	公斤	7084.42	9746.64	5366.58	5997.16	7844.56
产值合计	元	10404.77	19082.54	13741.74	14557.50	12026.12
主产品产值	元	10404.77	19082.54	13741.74	14557.50	12026.12
副产品产值	元					
总成本	元	8341.91	9273.81	9570.16	8004.49	6456.91
生产成本	元	7891.91	8973.81	8270.16	7357.39	6156.91
物质与服务费用	元	2732.96	3209.22	3729.38	3930.61	1470.79
人工成本	元	5158.95	5764.59	4540.78	3426.78	4686.12
家庭用工折价	元	4848.51	5673.44	2696.78	3426.78	4686.12
雇工费用	元	310.44	91.15	1844.00		
土地成本	元	450.00	300.00	1300.00	647.10	300.00
流转地租金	元			145.60	237.48	79.50
自营地折租	元	450.00	300.00	1154.40	409.62	220.50
净利润	元	2062.86	9808.73	4171.58	6553.01	5569.22
现金成本	元	3043.40	3300.37	5718.98	4168.09	1550.29
现金收益	元	7361.37	15782.17	8022.76	10389.41	10475.83
成本利润率	%	24.73	105.77	43.59	81.87	86.25
每 50 公斤主产品						
平均出售价格	元	73.43	97.89	128.03	121.37	76.65
总成本	元	58.87	47.57	89.16	66.74	41.15
生产成本	元	55.70	46.03	77.05	61.34	39.24
净利润	元	14.56	50.32	38.87	54.63	35.50
现金成本	元	21.48	16.93	53.28	34.75	9.88
现金收益	元	51.95	80.96	74.75	86.62	66.77
附：						
每亩用工数量	日	58.18	66.73	54.27	39.67	54.25
每亩主产品已出售数量	公斤	7084.42	9746.64	5366.58	5997.16	7844.56
每亩主产品已出售产值	元	10404.77	19082.54	13741.74	14557.50	12026.12
每亩成本外支出	元				42.59	

6-2-4-2 2019 年大中城市设施黄瓜费用和用工情况

项　　目	单位	平　均	北京市	天津市	石家庄市	太原市	呼和浩特市
一、每亩物质与服务费用	元	**3428.22**	**3725.77**	**1735.16**	**3493.83**	**8993.60**	**10033.54**
（一）直接费用	元	2745.67	2204.60	1282.13	2637.12	7893.61	8335.91
1. 种子费	元	511.63	247.92	143.98	433.72	2318.71	2232.83
2. 化肥费	元	649.06	249.06	198.98	384.61	2177.70	1889.98
3. 农家肥费	元	371.63	623.47	203.22	448.51	972.51	671.08
4. 农药费	元	303.23	228.62	151.10	360.65	596.40	1402.92
5. 农膜费	元	454.21	478.59	435.36	399.97	783.10	513.57
6. 租赁作业费	元	250.66	178.65	90.90	303.59	743.99	439.47
机械作业费	元	92.52	85.42	56.89	92.85	149.13	106.67
排灌费	元	158.14	93.23	34.01	210.74	594.86	332.80
其中：水费	元	19.80	42.31	29.69			
畜力费	元						
7. 燃料动力费	元	35.92	56.12				26.85
8. 技术服务费	元	2.25	42.87				
9. 工具材料费	元	138.21	78.87	49.61	278.67	219.78	992.48
10. 修理维护费	元	28.87	20.43	8.98	27.40	81.42	166.73
11. 其他直接费用	元						
（二）间接费用	元	682.55	1521.17	453.03	856.71	1099.99	1697.63
1. 固定资产折旧	元	594.22	1076.63	453.03	816.29	1099.99	1003.17
2. 保险费	元	7.85	5.83				53.33
3. 管理费	元	5.50	89.84				
4. 财务费	元	1.77	3.53				
5. 销售费	元	73.21	345.34		40.42		641.13
二、每亩人工成本	元	**5554.27**	**4456.75**	**4218.96**	**7389.98**	**7213.89**	**6141.24**
1. 家庭用工折价	元	4195.48	1624.72	4192.71	7018.55	6638.56	5067.91
家庭用工天数	日	48.57	18.81	48.54	81.25	76.85	58.67
劳动日工价	元	86.38	86.38	86.38	86.38	86.38	86.38
2. 雇工费用	元	1358.79	2832.03	26.25	371.43	575.33	1073.33
雇工天数	日	12.03	23.97	0.19	5.71	4.99	9.62
雇工工价	元	112.95	118.15	138.16	65.05	115.30	111.57
三、附							
1. 每亩种子用量	公斤						
2. 每亩化肥用量	公斤	66.59	23.83	29.78	76.20	144.42	41.92
3. 每亩农膜用量	公斤	30.46	28.03	29.54	31.26	62.10	25.43

6-2-4-2 续表 1

项　　目	单位	沈阳市	大连市	长春市	哈尔滨市	上海市
一、每亩物质与服务费用	元	**2991.83**	**5942.70**	**2670.46**	**3592.01**	**2648.55**
（一）直接费用	元	2568.33	5375.70	1887.96	2280.34	2290.27
1. 种子费	元	758.33	703.83	345.71	280.00	317.79
2. 化肥费	元	760.17	2137.33	169.07	268.66	443.68
3. 农家肥费	元	83.83	669.17	223.40	224.17	360.19
4. 农药费	元	309.50	803.00	277.91	274.17	236.53
5. 农膜费	元	423.17	642.83	354.59	707.50	387.07
6. 租赁作业费	元	84.33	390.67	183.82	185.00	336.24
机械作业费	元	43.33	100.00	132.43	94.17	107.65
排灌费	元	41.00	290.67	51.39	90.83	228.59
其中：水费	元	35.00	290.67		90.83	7.12
畜力费	元					
7. 燃料动力费	元			296.33	174.17	
8. 技术服务费	元					
9. 工具材料费	元	139.00	17.07	19.76	118.50	160.72
10. 修理维护费	元	10.00	11.80	17.37	48.17	48.05
11. 其他直接费用	元					
（二）间接费用	元	423.50	567.00	782.50	1311.67	358.28
1. 固定资产折旧	元	423.50	567.00	507.93	1200.00	327.31
2. 保险费	元					
3. 管理费	元					18.06
4. 财务费	元					12.91
5. 销售费	元			274.57	111.67	
二、每亩人工成本	元	**6074.90**	**8123.80**	**6122.14**	**4430.22**	**6377.86**
1. 家庭用工折价	元	5974.90	6716.05	5207.85	1943.55	2820.57
家庭用工天数	日	69.17	77.75	60.29	22.50	32.65
劳动日工价	元	86.38	86.38	86.38	86.38	86.38
2. 雇工费用	元	100.00	1407.75	914.29	2486.67	3557.29
雇工天数	日	1.00	12.92	9.14	26.17	30.63
雇工工价	元	100.00	108.96	100.03	95.02	116.14
三、附						
1. 每亩种子用量	公斤					
2. 每亩化肥用量	公斤	11.20	159.25	35.07	40.73	52.86
3. 每亩农膜用量	公斤	26.37	34.83	25.62	53.00	19.49

6-2-4-2 续表 2

项　　目	单位	杭州市	合肥市	济南市	青岛市	郑州市	武汉市
一、每亩物质与服务费用	元	**1739.14**	**2653.46**	**3131.45**	**3216.49**	**2816.82**	**2499.57**
（一）直接费用	元	1191.87	1593.29	2323.65	2672.32	2190.82	2181.13
1. 种子费	元	94.48	143.68	335.35	425.73	321.69	198.33
2. 化肥费	元	430.52	385.65	608.79	574.55	298.38	818.02
3. 农家肥费	元	120.95	403.40	315.68	449.28	365.21	54.05
4. 农药费	元	108.51	95.61	246.36	421.88	288.25	336.73
5. 农膜费	元	268.64	267.15	545.90	562.53	354.67	398.96
6. 租赁作业费	元	112.43	169.80	224.77	187.32	271.93	113.50
机械作业费	元	71.61	86.92	103.31	100.00	71.29	100.00
排灌费	元	40.82	82.88	121.46	87.32	200.64	13.50
其中：水费	元	12.60		19.72			
畜力费	元						
7. 燃料动力费	元	12.96				126.09	24.00
8. 技术服务费	元	0.50					
9. 工具材料费	元	36.13	113.53	38.34	46.23	139.29	231.37
10. 修理维护费	元	6.75	14.47	8.46	4.80	25.31	6.17
11. 其他直接费用	元						
（二）间接费用	元	547.27	1060.17	807.80	544.17	626.00	318.44
1. 固定资产折旧	元	500.00	601.14	732.47	544.17	590.50	245.56
2. 保险费	元		114.00				
3. 管理费	元	1.34					
4. 财务费	元	1.14					
5. 销售费	元	44.79	345.03	75.33		35.50	72.88
二、每亩人工成本	元	**5133.48**	**2367.81**	**4653.49**	**7159.17**	**5063.93**	**2830.67**
1. 家庭用工折价	元	2314.98	349.58	4349.32	7159.17	3827.50	2644.96
家庭用工天数	日	26.80	4.05	50.35	82.88	44.31	30.62
劳动日工价	元	86.38	86.38	86.38	86.38	86.38	86.38
2. 雇工费用	元	2818.50	2018.23	304.17		1236.43	185.71
雇工天数	日	20.90	21.41	3.74		13.65	1.43
雇工工价	元	134.86	94.27	81.33	120.00	90.58	129.87
三、附							
1. 每亩种子用量	公斤						
2. 每亩化肥用量	公斤	68.54	22.42	106.94	40.90	60.27	74.82
3. 每亩农膜用量	公斤	17.52	20.18	39.47	36.42	27.04	28.61

6-2-4-2 续表 3

项　　目	单位	成都市	兰州市	西宁市	银川市	乌鲁木齐市
一、每亩物质与服务费用	元	**2732.96**	**3209.22**	**3729.38**	**3930.61**	**1470.79**
（一）直接费用	元	2413.00	2624.80	2773.55	3027.26	1463.39
1. 种子费	元	239.44	374.94	436.67	953.84	175.57
2. 化肥费	元	493.36	582.69	409.80	709.31	233.71
3. 农家肥费	元	283.44	340.08	670.00	324.39	190.33
4. 农药费	元	286.78	215.79	333.33	160.49	158.54
5. 农膜费	元	699.26	433.27	255.83	651.04	353.78
6. 租赁作业费	元	159.33	255.63	176.84	145.29	80.57
机械作业费	元	150.00	94.25	91.67	87.87	
排灌费	元	9.33	161.38	85.17	57.42	80.57
其中：水费	元	9.33		85.17	51.16	24.17
畜力费	元					
7. 燃料动力费	元			132.83		246.00
8. 技术服务费	元			166.67		
9. 工具材料费	元	215.68	397.20	28.25	71.63	24.89
10. 修理维护费	元	35.71	25.20	163.33	11.27	
11. 其他直接费用	元					
（二）间接费用	元	319.96	584.42	955.83	903.35	7.40
1. 固定资产折旧	元	319.96	496.27	831.33	843.89	
2. 保险费	元			18.00		
3. 管理费	元			103.83		7.40
4. 财务费	元					
5. 销售费	元		88.15	2.67	59.46	
二、每亩人工成本	元	**5158.95**	**5764.59**	**4540.78**	**3426.78**	**4686.12**
1. 家庭用工折价	元	4848.51	5673.44	2696.78	3426.78	4686.12
家庭用工天数	日	56.13	65.68	31.22	39.67	54.25
劳动日工价	元	86.38	86.38	86.38	86.38	86.38
2. 雇工费用	元	310.44	91.15	1844.00		
雇工天数	日	2.05	1.05	23.05		
雇工工价	元	151.43	86.81	80.00	100.00	150.00
三、附						
1. 每亩种子用量	公斤					
2. 每亩化肥用量	公斤	85.05	81.35	38.55	72.47	50.17
3. 每亩农膜用量	公斤	44.96	26.71	14.17	27.17	22.85

6-2-4-3　2019 年大中城市设施黄瓜化肥投入情况

项　　目	单位	平　均	北京市	天津市	石家庄市	太原市	呼和浩特市
一、每亩化肥金额	元	**649.06**	**249.06**	**198.98**	**384.61**	**2177.70**	**1889.98**
（一）氮肥	元	58.10		15.21	109.06		111.35
1. 尿素	元	55.92		15.21	109.06		111.35
2. 碳铵	元	2.18					
3. 其他氮肥	元						
（二）磷肥	元	6.30					
其中：过磷酸钙	元	6.30					
（三）钾肥	元	31.13					
其中：氯化钾	元	13.57					
（四）复混肥	元	416.49	167.85	183.77	275.55	1901.43	88.93
1. 复合肥	元	416.49	167.85	183.77	275.55	1901.43	88.93
其中：二铵	元	46.51	14.16	7.50	131.10		88.93
三元素复合肥	元	122.08	131.41	176.27	144.45	17.58	
2. 混配肥	元						
（五）其他肥料	元	137.04	81.21			276.27	1689.70
二、每亩化肥折纯用量	公斤	**66.59**	**23.83**	**29.78**	**76.20**	**144.42**	**41.92**
（一）氮肥	公斤	12.82		3.64	25.41		24.53
1. 尿素	公斤	12.36		3.64	25.41		24.53
2. 碳铵	公斤	0.46					
3. 其他氮肥	公斤						
（二）磷肥	公斤	1.18					
其中：过磷酸钙	公斤	1.18					
（三）钾肥	公斤	3.88					
其中：氯化钾	公斤	2.43					
（四）复混肥	公斤	48.71	23.83	26.15	50.78	144.41	17.39
1. 复合肥	公斤	48.71	23.83	26.15	50.78	144.41	17.39
其中：二铵	公斤	9.14	2.81	1.56	27.78		17.39
三元素复合肥	公斤	16.14	19.22	24.59	23.00	2.92	
2. 混配肥	公斤						

6-2-4-3 续表 1

项　　目	单位	沈阳市	大连市	长春市	哈尔滨市	上海市
一、每亩化肥金额	**元**	**760.17**	**2137.33**	**169.07**	**268.66**	**443.68**
（一）氮肥	元			112.40	107.50	78.97
1. 尿素	元			112.40	107.50	78.97
2. 碳铵	元					
3. 其他氮肥	元					
（二）磷肥	元					
其中：过磷酸钙	元					
（三）钾肥	元		635.00		74.33	
其中：氯化钾	元				15.00	
（四）复混肥	元	60.17	807.33	56.67	86.83	364.71
1. 复合肥	元	60.17	807.33	56.67	86.83	364.71
其中：二铵	元	60.17	263.00	44.06	86.83	
三元素复合肥	元					364.71
2. 混配肥	元					
（五）其他肥料	元	700.00	695.00			
二、每亩化肥折纯用量	**公斤**	**11.20**	**159.25**	**35.07**	**40.73**	**52.86**
（一）氮肥	公斤			24.82	19.96	16.36
1. 尿素	公斤			24.82	19.96	16.36
2. 碳铵	公斤					
3. 其他氮肥	公斤					
（二）磷肥	公斤					
其中：过磷酸钙	公斤					
（三）钾肥	公斤		52.92		4.88	
其中：氯化钾	公斤				0.09	
（四）复混肥	公斤	11.20	106.33	10.25	15.89	36.50
1. 复合肥	公斤	11.20	106.33	10.25	15.89	36.50
其中：二铵	公斤	11.20	43.73	8.29	15.89	
三元素复合肥	公斤					36.50
2. 混配肥	公斤			13.38		

6-2-4-3 续表 2

项目	单位	杭州市	合肥市	济南市	青岛市	郑州市	武汉市
一、每亩化肥金额	**元**	**430.52**	**385.65**	**608.79**	**574.55**	**298.38**	**818.02**
（一）氮肥	元	68.79		9.86		208.36	5.00
1. 尿素	元	68.79		9.86		163.67	5.00
2. 碳铵	元					44.69	
3. 其他氮肥	元						
（二）磷肥	元					13.70	
其中：过磷酸钙	元					13.70	
（三）钾肥	元			130.56			
其中：氯化钾	元			130.56			
（四）复混肥	元	361.73	143.01	468.37	333.80	76.32	692.15
1. 复合肥	元	361.73	143.01	468.37	333.80	76.32	692.15
其中：二铵	元			155.65			
三元素复合肥	元	110.23	119.64	312.72		68.82	80.00
2. 混配肥	元						
（五）其他肥料	元		242.64		240.75		120.87
二、每亩化肥折纯用量	**公斤**	**68.54**	**22.42**	**106.94**	**40.90**	**60.27**	**74.82**
（一）氮肥	公斤	15.41		2.46		45.68	0.92
1. 尿素	公斤	15.41		2.46		36.18	0.92
2. 碳铵	公斤					9.50	
3. 其他氮肥	公斤						
（二）磷肥	公斤					3.33	
其中：过磷酸钙	公斤					3.33	
（三）钾肥	公斤			24.10			
其中：氯化钾	公斤			24.10			
（四）复混肥	公斤	53.13	22.43	80.39	40.90	11.27	73.90
1. 复合肥	公斤	53.13	22.43	80.39	40.90	11.27	73.90
其中：二铵	公斤			33.14			
三元素复合肥	公斤	16.15	19.78	47.25		10.33	11.25
2. 混配肥	公斤						

6-2-4-3 续表 3

项　　目	单位	成都市	兰州市	西宁市	银川市	乌鲁木齐市
一、每亩化肥金额	元	**493. 36**	**582. 69**	**409. 80**	**709. 31**	**233. 71**
（一）氮肥	元	103. 36	100. 41	20. 71	71. 10	82. 69
1. 尿素	元	103. 36	100. 41	4. 88	71. 10	82. 69
2. 碳铵	元			15. 83		
3. 其他氮肥	元					
（二）磷肥	元	126. 08	20. 55	17. 10		
其中：过磷酸钙	元	126. 08	20. 55	17. 10		
（三）钾肥	元	118. 50		37. 33		
其中：氯化钾	元	118. 50				
（四）复混肥	元	145. 42	323. 62	184. 16	316. 52	151. 02
1. 复合肥	元	145. 42	323. 62	184. 16	316. 52	151. 02
其中：二铵	元		167. 13	121. 33	191. 06	151. 02
三元素复合肥	元	145. 42			125. 46	
2. 混配肥	元					
（五）其他肥料	元		138. 11	150. 50	321. 69	
二、每亩化肥折纯用量	公斤	**85. 05**	**81. 35**	**38. 55**	**72. 47**	**50. 17**
（一）氮肥	公斤	20. 23	22. 70	3. 70	17. 68	21. 74
1. 尿素	公斤	20. 23	22. 70	1. 15	17. 68	21. 74
2. 碳铵	公斤			2. 55		
3. 其他氮肥	公斤					
（二）磷肥	公斤	22. 64	4. 11	3. 40		
其中：过磷酸钙	公斤	22. 64	4. 11	3. 40		
（三）钾肥	公斤	21. 73		2. 33		
其中：氯化钾	公斤	21. 73				
（四）复混肥	公斤	20. 45	54. 54	29. 12	54. 79	28. 43
1. 复合肥	公斤	20. 45	54. 54	29. 12	54. 79	28. 43
其中：二铵	公斤		33. 22	21. 87	38. 88	28. 43
三元素复合肥	公斤	20. 45			15. 91	
2. 混配肥	公斤					

6-2-5-1 2019年大中城市露地茄子成本收益情况

项　　目	单位	平　均	北京市	石家庄市	太原市	呼和浩特市	长春市
每亩							
主产品产量	公斤	3442.52	4189.37	3991.86	4155.00	3708.58	3246.67
产值合计	元	8993.06	5424.91	6840.39	7076.78	4456.28	6350.33
主产品产值	元	8993.06	5424.91	6840.39	7076.78	4456.28	6350.33
副产品产值	元						
总成本	元	5492.79	5315.03	4137.58	4433.60	3295.46	5727.55
生产成本	元	5119.71	5001.39	3537.58	3683.60	2995.46	5127.55
物质与服务费用	元	1776.63	1357.97	750.88	1102.96	727.98	983.64
人工成本	元	3343.08	3643.42	2786.70	2580.64	2267.48	4143.91
家庭用工折价	元	2909.19	3643.42	2429.44	1695.64	2267.48	3843.91
雇工费用	元	433.89		357.26	885.00		300.00
土地成本	元	373.08	313.64	600.00	750.00	300.00	600.00
流转地租金	元	61.64	218.49	53.65		30.00	108.00
自营地折租	元	311.44	95.15	546.35	750.00	270.00	492.00
净利润	元	3500.27	109.88	2702.81	2643.18	1160.83	622.78
现金成本	元	2272.16	1576.46	1161.79	1987.96	757.98	1391.64
现金收益	元	6720.90	3848.45	5678.60	5088.82	3698.30	4958.69
成本利润率	%	63.72	2.07	65.32	59.62	35.23	10.87
每50公斤主产品							
平均出售价格	元	130.62	64.75	85.68	85.16	60.08	97.80
总成本	元	79.78	63.44	51.83	53.35	44.43	88.21
生产成本	元	74.36	59.70	44.31	44.33	40.39	78.97
净利润	元	50.84	1.31	33.85	31.81	15.65	9.59
现金成本	元	33.00	18.82	14.55	23.92	10.22	21.43
现金收益	元	97.62	45.93	71.13	61.24	49.86	76.37
附：							
每亩用工数量	日	37.23	42.18	32.59	27.13	26.25	47.50
每亩主产品已出售数量	公斤	3439.98	4189.37	3981.47	4140.52	3708.58	3246.67
每亩主产品已出售产值	元	8987.68	5424.91	6822.48	7052.20	4456.28	6350.33
每亩成本外支出	元	1.10					

6-2-5-1 续表 1

项　　目	单位	哈尔滨市	合肥市	福州市	厦门市	济南市	郑州市
每亩							
主产品产量	公斤	4900.83	2318.55	2529.82	4952.50	4061.28	3569.50
产值合计	元	9206.47	6164.11	14114.55	12867.50	6639.93	7139.00
主产品产值	元	9206.47	6164.11	14114.55	12867.50	6639.93	7139.00
副产品产值	元						
总成本	元	3449.55	3584.60	8532.05	9068.78	3202.59	3867.48
生产成本	元	2949.55	3255.31	8173.72	8493.78	2930.23	3517.48
物质与服务费用	元	1020.68	1204.80	2414.77	4293.80	864.37	1055.65
人工成本	元	1928.87	2050.51	5758.95	4199.98	2065.86	2461.83
家庭用工折价	元	1928.87	836.50	5758.95	1813.98	2065.86	2461.83
雇工费用	元		1214.01		2386.00		
土地成本	元	500.00	329.29	358.33	575.00	272.36	350.00
流转地租金	元	50.00	104.13	107.50	172.50		63.00
自营地折租	元	450.00	225.16	250.83	402.50	272.36	287.00
净利润	元	5756.92	2579.51	5582.50	3798.72	3437.34	3271.52
现金成本	元	1070.68	2522.94	2522.27	6852.30	864.37	1118.65
现金收益	元	8135.79	3641.17	11592.28	6015.20	5775.56	6020.35
成本利润率	%	166.89	71.96	65.43	41.89	107.33	84.59
每 50 公斤主产品							
平均出售价格	元	93.93	132.93	278.96	129.91	81.75	100.00
总成本	元	35.19	77.30	168.63	91.56	39.43	54.17
生产成本	元	30.09	70.20	161.55	85.75	36.08	49.27
净利润	元	58.74	55.63	110.33	38.35	42.32	45.83
现金成本	元	10.92	54.41	49.85	69.18	10.64	15.67
现金收益	元	83.01	78.52	229.11	60.73	71.11	84.33
附：							
每亩用工数量	日	22.33	22.00	66.67	39.50	23.92	28.50
每亩主产品已出售数量	公斤	4900.83	2318.55	2529.82	4952.50	4020.31	3569.50
每亩主产品已出售产值	元	9206.47	6164.11	14114.55	12867.50	6576.84	7139.00
每亩成本外支出	元						

6-2-5-1　续表 2

项　　目	单位	武汉市	长沙市	广州市	南宁市	海口市	重庆市
每亩							
主产品产量	公斤	2707.78	2994.42	2756.32	3300.42	3455.19	3481.63
产值合计	元	8275.14	7566.82	16075.02	13562.24	9351.76	8670.19
主产品产值	元	8275.14	7566.82	16075.02	13562.24	9351.76	8670.19
副产品产值	元						
总成本	元	4551.87	4088.69	5024.43	5400.85	6194.57	4971.10
生产成本	元	4207.87	3588.69	4264.43	5150.85	6043.86	4615.01
物质与服务费用	元	1891.16	1152.77	1172.03	2013.53	2072.97	1145.56
人工成本	元	2316.71	2435.92	3092.40	3137.32	3970.89	3469.45
家庭用工折价	元	2316.71	2435.92	3092.40	3137.32	3822.32	3469.45
雇工费用	元					148.57	
土地成本	元	344.00	500.00	760.00	250.00	150.71	356.09
流转地租金	元	24.08	100.00	228.00			80.34
自营地折租	元	319.92	400.00	532.00	250.00	150.71	275.75
净利润	元	3723.27	3478.13	11050.59	8161.39	3157.20	3699.09
现金成本	元	1915.24	1252.77	1400.03	2013.53	2221.54	1225.90
现金收益	元	6359.90	6314.05	14674.99	11548.71	7130.22	7444.29
成本利润率	%	81.80	85.07	219.94	151.11	50.97	74.41
每 50 公斤主产品							
平均出售价格	元	152.80	126.35	291.60	205.46	135.33	124.51
总成本	元	84.05	68.27	91.14	81.82	89.64	71.39
生产成本	元	77.70	59.92	77.36	78.03	87.46	66.27
净利润	元	68.75	58.08	200.46	123.64	45.69	53.12
现金成本	元	35.36	20.92	25.40	30.50	32.15	17.60
现金收益	元	117.44	105.43	266.20	174.96	103.18	106.91
附：							
每亩用工数量	日	26.82	28.20	35.80	36.32	45.39	40.17
每亩主产品已出售数量	公斤	2707.78	2994.42	2756.32	3300.42	3444.67	3481.63
每亩主产品已出售产值	元	8275.14	7566.82	16075.02	13562.24	9324.59	8670.19
每亩成本外支出	元						

6-2-5-1 续表 3

项　　目	单位	成都市	贵阳市	昆明市	兰州市	银川市	乌鲁木齐市
每亩							
主产品产量	公斤	3446.00	2131.36	1941.67	3834.00	5320.00	4950.83
产值合计	元	6230.33	6691.87	3561.67	5640.14	3298.40	6058.86
主产品产值	元	6230.33	6691.87	3561.67	5640.14	3298.40	6058.86
副产品产值	元						
总成本	元	4061.79	3396.82	3485.59	4173.56	3885.37	3487.55
生产成本	元	3841.79	3160.44	2885.59	3744.53	3605.37	3145.88
物质与服务费用	元	1346.27	691.70	1319.52	1222.75	1359.49	1085.60
人工成本	元	2495.52	2468.74	1566.07	2521.78	2245.88	2060.28
家庭用工折价	元	2495.52	2468.74	1566.07	2521.78	2245.88	1338.03
雇工费用	元						722.25
土地成本	元	220.00	236.38	600.00	429.03	280.00	341.67
流转地租金	元	19.36	6.45	72.00		35.00	90.54
自营地折租	元	200.64	229.93	528.00	429.03	245.00	251.13
净利润	元	2168.54	3295.05	76.08	1466.58	-586.97	2571.31
现金成本	元	1365.63	698.15	1391.52	1222.75	1394.49	1898.39
现金收益	元	4864.70	5993.72	2170.15	4417.39	1903.91	4160.47
成本利润率	%	53.39	97.00	2.18	35.14	-15.11	73.73
每 50 公斤主产品							
平均出售价格	元	90.40	156.99	91.72	73.55	31.00	61.19
总成本	元	58.94	79.69	89.76	54.43	36.52	35.22
生产成本	元	55.74	74.14	74.31	48.83	33.89	31.77
净利润	元	31.46	77.30	1.96	19.12	-5.52	25.97
现金成本	元	19.81	16.38	35.83	15.95	13.11	19.17
现金收益	元	70.59	140.61	55.89	57.60	17.89	42.02
附：							
每亩用工数量	日	28.89	28.58	18.13	29.19	26.00	20.31
每亩主产品已出售数量	公斤	3446.00	2131.36	1941.67	3834.00	5320.00	4950.83
每亩主产品已出售产值	元	6230.33	6691.87	3561.67	5640.14	3298.40	6058.86
每亩成本外支出	元					36.00	

6-2-5-2　2019 年大中城市露地茄子费用和用工情况

项　　目	单位	平　均	北京市	石家庄市	太原市	呼和浩特市	长春市
一、每亩物质与服务费用	**元**	**1776.63**	**1357.97**	**750.88**	**1102.96**	**727.98**	**983.64**
（一）直接费用	元	1606.03	1266.58	743.29	1089.23	534.31	700.67
1. 种子费	元	209.91	73.82	102.51	178.83	99.00	118.67
2. 化肥费	元	440.93	410.45	218.77	124.67	159.54	96.57
3. 农家肥费	元	251.22	318.55	132.00	430.00	54.17	167.47
4. 农药费	元	265.37	185.87	99.12	79.00	33.58	42.33
5. 农膜费	元	117.48	71.82		66.76	42.42	67.48
6. 租赁作业费	元	151.66	140.27	183.44	187.50	133.33	138.98
机械作业费	元	67.85	61.82	89.36	48.33	100.00	126.00
排灌费	元	51.30	78.45	94.08	139.17	33.33	12.98
其中：水费	元	22.27	26.91				
畜力费	元	32.51					
7. 燃料动力费	元	57.04					48.83
8. 技术服务费	元						
9. 工具材料费	元	90.23	65.80	3.48	15.97	7.27	10.66
10. 修理维护费	元	22.19		3.97	6.50	5.00	9.68
11. 其他直接费用	元						
（二）间接费用	元	170.60	91.39	7.59	13.73	193.67	282.97
1. 固定资产折旧	元	63.19		7.59	13.73		9.30
2. 保险费	元						
3. 管理费	元	0.19					
4. 财务费	元						
5. 销售费	元	107.22	91.39			193.67	273.67
二、每亩人工成本	**元**	**3343.08**	**3643.42**	**2786.70**	**2580.64**	**2267.48**	**4143.91**
1. 家庭用工折价	元	2909.19	3643.42	2429.44	1695.64	2267.48	3843.91
家庭用工天数	日	33.68	42.18	28.13	19.63	26.25	44.50
劳动日工价	元	86.38	86.38	86.38	86.38	86.38	86.38
2. 雇工费用	元	433.89		357.26	885.00		300.00
雇工天数	日	3.55		4.46	7.50		3.00
雇工工价	元	122.22	123.64	80.10	118.00	110.00	100.00
三、附							
1. 每亩种子用量	公斤						
2. 每亩化肥用量	公斤	53.26	37.70	44.17	25.22	41.39	20.21
3. 每亩农膜用量	公斤	8.67	5.00		5.15	3.28	4.68

6-2-5-2 续表 1

项　　目	单位	哈尔滨市	合肥市	福州市	厦门市	济南市	郑州市
一、每亩物质与服务费用	元	**1020.68**	**1204.80**	**2414.77**	**4293.80**	**864.37**	**1055.65**
（一）直接费用	元	860.68	1094.78	2171.84	3746.80	814.40	1007.70
1. 种子费	元	92.83	150.75	148.33	715.50	108.85	124.05
2. 化肥费	元	55.52	307.44	412.62	796.05	269.67	325.40
3. 农家肥费	元	299.33	267.44	308.90	632.50	152.77	241.50
4. 农药费	元	29.33	81.09	497.85	573.00	94.70	117.00
5. 农膜费	元	71.67	61.23	383.15	98.50	39.83	40.50
6. 租赁作业费	元	101.83	137.11	180.00	468.00	135.97	114.00
机械作业费	元	65.00	82.86	180.00		78.87	59.00
排灌费	元	36.83	54.25		224.00	57.10	55.00
其中：水费	元	36.83			130.00	15.36	
畜力费	元				244.00		
7. 燃料动力费	元	175.17			253.00		
8. 技术服务费	元						
9. 工具材料费	元	35.00	80.61	159.32	150.00	8.76	40.00
10. 修理维护费	元		9.11	81.67	60.25	3.85	5.25
11. 其他直接费用	元						
（二）间接费用	元	160.00	110.02	242.93	547.00	49.97	47.95
1. 固定资产折旧	元			242.93	101.00	6.48	13.95
2. 保险费	元						
3. 管理费	元						
4. 财务费	元						
5. 销售费	元	160.00	110.02		446.00	43.49	34.00
二、每亩人工成本	元	**1928.87**	**2050.51**	**5758.95**	**4199.98**	**2065.86**	**2461.83**
1. 家庭用工折价	元	1928.87	836.50	5758.95	1813.98	2065.86	2461.83
家庭用工天数	日	22.33	9.68	66.67	21.00	23.92	28.50
劳动日工价	元	86.38	86.38	86.38	86.38	86.38	86.38
2. 雇工费用	元		1214.01		2386.00		
雇工天数	日		12.32		18.50		
雇工工价	元	110.00	98.54	220.00	128.97	99.79	92.00
三、附							
1. 每亩种子用量	公斤						
2. 每亩化肥用量	公斤	9.20	17.61	48.80	102.80	49.33	62.79
3. 每亩农膜用量	公斤	5.10	4.60	27.63	6.00	3.29	3.10

6-2-5-2 续表 2

项 目	单位	武汉市	长沙市	广州市	南宁市	海口市	重庆市
一、每亩物质与服务费用	**元**	**1891.16**	**1152.77**	**1172.03**	**2013.53**	**2072.97**	**1145.56**
（一）直接费用	元	1777.54	1103.61	1059.43	1926.89	2031.33	1124.09
1. 种子费	元	158.01	74.67	59.68	401.15	89.71	289.72
2. 化肥费	元	785.39	393.06	568.00	992.94	975.57	310.03
3. 农家肥费	元		213.33	54.00	84.18	290.00	55.41
4. 农药费	元	416.80	125.50	141.20	162.30	566.11	194.32
5. 农膜费	元	56.16	68.33	36.56	87.67	35.71	66.03
6. 租赁作业费	元	113.98	140.00	5.00	120.17	29.29	108.56
机械作业费	元	100.00	140.00		120.17	14.29	108.56
排灌费	元	13.98		5.00		15.00	
其中：水费	元			2.50			
畜力费	元						
7. 燃料动力费	元	23.95	64.67	1.87		31.00	4.91
8. 技术服务费	元						
9. 工具材料费	元	217.23	20.97	193.12	71.78	8.50	93.15
10. 修理维护费	元	6.02	3.08		6.70	5.44	1.96
11. 其他直接费用	元						
（二）间接费用	元	113.62	49.16	112.60	86.64	41.64	21.47
1. 固定资产折旧	元	45.68	49.16	39.60	5.87	13.07	13.45
2. 保险费	元						
3. 管理费	元						
4. 财务费	元						
5. 销售费	元	67.94		73.00	80.77	28.57	8.02
二、每亩人工成本	**元**	**2316.71**	**2435.92**	**3092.40**	**3137.32**	**3970.89**	**3469.45**
1. 家庭用工折价	元	2316.71	2435.92	3092.40	3137.32	3822.32	3469.45
家庭用工天数	日	26.82	28.20	35.80	36.32	44.25	40.17
劳动日工价	元	86.38	86.38	86.38	86.38	86.38	86.38
2. 雇工费用	元					148.57	
雇工天数	日					1.14	
雇工工价	元	130.00	200.00	130.00	100.00	130.33	141.43
三、附							
1. 每亩种子用量	公斤						
2. 每亩化肥用量	公斤	73.77	63.91	58.95	85.26	87.82	44.50
3. 每亩农膜用量	公斤	4.37	5.00	2.56	6.48	3.57	4.57

6-2-5-2 续表 3

项目	单位	成都市	贵阳市	昆明市	兰州市	银川市	乌鲁木齐市
一、每亩物质与服务费用	元	**1346.27**	**691.70**	**1319.52**	**1222.75**	**1359.49**	**1085.60**
（一）直接费用	元	1101.72	625.02	1085.64	1145.84	1281.71	1076.97
1. 种子费	元	166.89	17.27	375.00	276.66	463.00	256.83
2. 化肥费	元	275.78	184.76	231.66	475.64	301.22	247.05
3. 农家肥费	元	133.93	67.96	251.57	98.46	182.40	149.97
4. 农药费	元	128.30	52.68	43.92	51.91	92.20	62.39
5. 农膜费	元	119.67	125.51	53.67	60.04	74.95	45.05
6. 租赁作业费	元	150.00		100.00	145.09	160.00	217.62
机械作业费	元	140.00		100.00	117.10	90.00	162.00
排灌费	元	10.00			27.99	70.00	55.62
其中：水费	元					70.00	16.69
畜力费	元						
7. 燃料动力费	元		28.71	6.07			81.84
8. 技术服务费	元						
9. 工具材料费	元	123.11	143.21	21.42	36.00	5.08	16.22
10. 修理维护费	元	4.04	4.92	2.33	2.04	2.86	
11. 其他直接费用	元						
（二）间接费用	元	244.55	66.68	233.88	76.91	77.78	8.63
1. 固定资产折旧	元	14.25	59.89	41.38		7.38	
2. 保险费	元						
3. 管理费	元						8.63
4. 财务费	元						
5. 销售费	元	230.30	6.79	192.50	76.91	70.40	
二、每亩人工成本	元	**2495.52**	**2468.74**	**1566.07**	**2521.78**	**2245.88**	**2060.28**
1. 家庭用工折价	元	2495.52	2468.74	1566.07	2521.78	2245.88	1338.03
家庭用工天数	日	28.89	28.58	18.13	29.19	26.00	15.49
劳动日工价	元	86.38	86.38	86.38	86.38	86.38	86.38
2. 雇工费用	元						722.25
雇工天数	日						4.82
雇工工价	元	130.00	126.38	80.00	100.00	100.00	149.84
三、附							
1. 每亩种子用量	公斤						
2. 每亩化肥用量	公斤	43.14	25.03	28.58	75.33	53.61	54.22
3. 每亩农膜用量	公斤	8.55	10.00	3.83	5.00	5.90	3.88

6-2-5-3　2019年大中城市露地茄子化肥投入情况

项　目	单位	平　均	北京市	石家庄市	太原市	呼和浩特市	长春市
一、每亩化肥金额	**元**	**440.93**	**410.45**	**218.77**	**124.67**	**159.54**	**96.57**
（一）氮肥	元	38.89	57.27	64.59	102.17	71.92	73.55
1. 尿素	元	38.21	57.27	64.59	102.17	71.92	73.55
2. 碳铵	元	0.68					
3. 其他氮肥	元						
（二）磷肥	元	23.79					
其中：过磷酸钙	元	20.92					
（三）钾肥	元	98.14					
其中：氯化钾	元	96.31					
（四）复混肥	元	253.10	179.31	154.18	22.50	87.62	23.02
1. 复合肥	元	253.10	179.31	154.18	22.50	87.62	23.02
其中：二铵	元	16.70		86.90		87.62	23.02
三元素复合肥	元	154.13	158.86	67.28	22.50		
2. 混配肥	元						
（五）其他肥料	元	27.01	173.87				
二、每亩化肥折纯用量	**公斤**	**53.26**	**37.70**	**44.17**	**25.22**	**41.39**	**20.21**
（一）氮肥	公斤	7.96	12.23	14.99	21.47	20.32	15.87
1. 尿素	公斤	7.82	12.23	14.99	21.47	20.32	15.87
2. 碳铵	公斤	0.14					
3. 其他氮肥	公斤						
（二）磷肥	公斤	3.63					
其中：过磷酸钙	公斤	3.07					
（三）钾肥	公斤	12.92					
其中：氯化钾	公斤	12.64					
（四）复混肥	公斤	28.75	25.48	29.18	3.75	21.08	4.34
1. 复合肥	公斤	28.75	25.48	29.18	3.75	21.08	4.34
其中：二铵	公斤	3.37		18.39		21.08	4.34
三元素复合肥	公斤	16.45	23.43	10.79	3.75		
2. 混配肥	公斤						

6-2-5-3　续表1

项　　目	单位	哈尔滨市	合肥市	福州市	厦门市	济南市	郑州市
一、每亩化肥金额	元	**55.52**	**307.44**	**412.62**	**796.05**	**269.67**	**325.40**
（一）氮肥	元				53.55	92.34	172.40
1. 尿素	元				53.55	92.34	123.20
2. 碳铵	元						49.20
3. 其他氮肥	元						
（二）磷肥	元				113.00		
其中：过磷酸钙	元				113.00		
（三）钾肥	元	32.77			629.50		
其中：氯化钾	元				629.50		
（四）复混肥	元	22.75	112.29	412.62		177.33	153.00
1. 复合肥	元	22.75	112.29	412.62		177.33	153.00
其中：二铵	元	22.75				22.60	
三元素复合肥	元		112.29	255.17		154.73	153.00
2. 混配肥	元						
（五）其他肥料	元		195.15				
二、每亩化肥折纯用量	公斤	**9.20**	**17.61**	**48.80**	**102.80**	**49.33**	**62.79**
（一）氮肥	公斤				9.20	21.95	39.44
1. 尿素	公斤				9.20	21.95	28.98
2. 碳铵	公斤						10.46
3. 其他氮肥	公斤						
（二）磷肥	公斤				16.20		
其中：过磷酸钙	公斤				16.20		
（三）钾肥	公斤	5.04			77.40		
其中：氯化钾	公斤				77.40		
（四）复混肥	公斤	4.16	17.61	48.80		27.37	23.36
1. 复合肥	公斤	4.16	17.61	48.80		27.37	23.36
其中：二铵	公斤	4.16				4.22	
三元素复合肥	公斤		17.61	27.44		23.15	23.36
2. 混配肥	公斤						

6-2-5-3 续表 2

项　　目	单位	武汉市	长沙市	广州市	南宁市	海口市	重庆市
一、每亩化肥金额	元	**785.39**	**393.06**	**568.00**	**992.94**	**975.57**	**310.03**
（一）氮肥	元		23.00			20.00	53.46
1. 尿素	元		8.33			20.00	53.46
2. 碳铵	元		14.67				
3. 其他氮肥	元						
（二）磷肥	元		103.65			50.29	
其中：过磷酸钙	元					36.00	
（三）钾肥	元		27.41			103.57	
其中：氯化钾	元		27.41			103.57	
（四）复混肥	元	709.05	239.00	568.00	961.12	658.38	256.57
1. 复合肥	元	709.05	239.00	568.00	961.12	658.38	256.57
其中：二铵	元						
三元素复合肥	元		181.00	568.00	893.14	414.57	217.54
2. 混配肥	元						
（五）其他肥料	元	76.34			31.82	143.33	
二、每亩化肥折纯用量	公斤	**73.77**	**63.91**	**58.95**	**85.26**	**87.82**	**44.50**
（一）氮肥	公斤		5.04			3.29	10.46
1. 尿素	公斤		1.92			3.29	10.46
2. 碳铵	公斤		3.12				
3. 其他氮肥	公斤						
（二）磷肥	公斤		19.53			8.31	
其中：过磷酸钙	公斤					5.45	
（三）钾肥	公斤		5.50			19.29	
其中：氯化钾	公斤		5.50			19.29	
（四）复混肥	公斤	73.77	33.85	58.95	85.26	56.94	34.05
1. 复合肥	公斤	73.77	33.85	58.95	85.26	56.94	34.05
其中：二铵	公斤						
三元素复合肥	公斤		25.35	58.95	80.68	36.16	28.82
2. 混配肥	公斤						

6-2-5-3 续表 3

项　　目	单位	成都市	贵阳市	昆明市	兰州市	银川市	乌鲁木齐市
一、每亩化肥金额	元	**275.78**	**184.76**	**231.66**	**475.64**	**301.22**	**247.05**
（一）氮肥	元	77.25	37.60	9.50	116.73	65.60	107.08
1. 尿素	元	77.25	37.60	9.50	116.73	65.60	107.08
2. 碳铵	元						
3. 其他氮肥	元						
（二）磷肥	元	32.73	0.71	1.33	17.57		
其中：过磷酸钙	元	32.73	0.71	1.33	17.57		
（三）钾肥	元						
其中：氯化钾	元						
（四）复混肥	元	165.80	146.45	220.83	275.21	235.62	139.97
1. 复合肥	元	165.80	146.45	220.83	275.21	235.62	139.97
其中：二铵	元				133.30	117.48	139.97
三元素复合肥	元		146.45	30.00	27.95	118.14	
2. 混配肥	元						
（五）其他肥料	元				66.13		
二、每亩化肥折纯用量	公斤	**43.14**	**25.03**	**28.58**	**75.33**	**53.61**	**54.22**
（一）氮肥	公斤	15.79	6.75	2.30	26.26	14.72	27.88
1. 尿素	公斤	15.79	6.75	2.30	26.26	14.72	27.88
2. 碳铵	公斤						
3. 其他氮肥	公斤						
（二）磷肥	公斤	5.24	0.13	0.28	3.50		
其中：过磷酸钙	公斤	5.24	0.13	0.28	3.50		
（三）钾肥	公斤						
其中：氯化钾	公斤						
（四）复混肥	公斤	22.11	18.15	26.00	45.56	38.89	26.35
1. 复合肥	公斤	22.11	18.15	26.00	45.56	38.89	26.35
其中：二铵	公斤				26.56	22.78	26.35
三元素复合肥	公斤		18.15	3.75	3.54	16.11	
2. 混配肥	公斤						

6-2-6-1　2019 年大中城市设施茄子成本收益情况

项　　目	单位	平　均	北京市	天津市	石家庄市	太原市
每亩						
主产品产量	公斤	4502.86	4584.58	5845.47	4270.63	10579.22
产值合计	元	15145.61	10028.97	14258.41	10518.94	22591.22
主产品产值	元	15145.61	10028.97	14258.41	10518.94	22591.22
副产品产值	元					
总成本	元	8864.98	7815.33	7770.58	9270.54	17929.80
生产成本	元	8357.27	7169.18	7476.99	8470.54	17429.80
物质与服务费用	元	2984.55	3091.09	1696.19	2941.14	9948.29
人工成本	元	5372.72	4078.09	5780.80	5529.40	7481.51
家庭用工折价	元	3870.86	1989.07	5774.07	5443.32	7327.62
雇工费用	元	1501.86	2089.02	6.73	86.08	153.89
土地成本	元	507.71	646.15	293.59	800.00	500.00
流转地租金	元	244.07	364.74	114.04	62.70	
自营地折租	元	263.64	281.41	179.55	737.30	500.00
净利润	元	6280.63	2213.64	6487.83	1248.40	4661.42
现金成本	元	4730.48	5544.85	1816.96	3089.92	10102.18
现金收益	元	10415.13	4484.12	12441.45	7429.02	12489.04
成本利润率	%	70.85	28.32	83.49	13.47	26.00
每 50 公斤主产品						
平均出售价格	元	168.18	109.38	121.96	123.15	106.77
总成本	元	98.44	85.24	66.47	108.53	84.74
生产成本	元	92.80	78.19	63.95	99.17	82.38
净利润	元	69.74	24.14	55.49	14.62	22.03
现金成本	元	52.53	60.47	15.54	36.18	47.74
现金收益	元	115.65	48.91	106.42	86.97	59.03
附：						
每亩用工数量	日	57.29	40.36	66.90	64.25	86.27
每亩主产品已出售数量	公斤	4489.96	4362.69	5845.47	4267.18	10573.56
每亩主产品已出售产值	元	15120.08	9594.06	14258.41	10510.59	22578.97
每亩成本外支出	元					

6-2-6-1 续表

项　　目	单位	大连市	上海市	南京市	杭州市	成都市
每亩						
主产品产量	公斤	10828.33	3315.80	3277.54	2351.16	6304.37
产值合计	元	17931.50	9347.54	11929.71	18813.06	25014.72
主产品产值	元	17931.50	9347.54	11929.71	18813.06	25014.72
副产品产值	元					
总成本	元	14100.17	8607.78	7017.15	7803.89	7630.42
生产成本	元	13740.17	7986.09	6638.58	7314.45	7180.42
物质与服务费用	元	4726.67	1865.54	2778.34	2037.09	2545.01
人工成本	元	9013.50	6120.55	3860.24	5277.36	4635.41
家庭用工折价	元	7737.92	2123.22	3256.53	2711.47	4404.52
雇工费用	元	1275.58	3997.33	603.71	2565.89	230.89
土地成本	元	360.00	621.69	378.57	489.44	450.00
流转地租金	元	43.20	621.69	250.00	299.54	
自营地折租	元	316.80		128.57	189.90	450.00
净利润	元	3831.33	739.76	4912.56	11009.17	17384.30
现金成本	元	6045.45	6484.56	3632.05	4902.52	2775.90
现金收益	元	11886.05	2862.98	8297.66	13910.54	22238.82
成本利润率	%	27.17	8.59	70.01	141.07	227.83
每 50 公斤主产品						
平均出售价格	元	82.80	140.95	181.99	400.08	198.39
总成本	元	65.11	129.80	107.05	165.96	60.52
生产成本	元	63.45	120.42	101.27	155.55	56.95
净利润	元	17.69	11.15	74.94	234.12	137.87
现金成本	元	27.92	97.78	55.41	104.26	22.02
现金收益	元	54.88	43.17	126.58	295.82	176.37
附：						
每亩用工数量	日	101.33	57.88	44.93	50.36	52.53
每亩主产品已出售数量	公斤	10828.33	3315.80	3277.54	2351.16	6304.37
每亩主产品已出售产值	元	17931.50	9347.54	11929.71	18813.06	25014.72
每亩成本外支出	元					

6-2-6-2 2019年大中城市设施茄子费用和用工情况

项 目	单位	平 均	北京市	天津市	石家庄市	太原市
一、每亩物质与服务费用	**元**	**2984.55**	**3091.09**	**1696.19**	**2941.14**	**9948.29**
（一）直接费用	元	2290.75	1804.60	1226.15	2065.76	8942.51
1. 种子费	元	300.96	119.15	100.51	498.91	2178.89
2. 化肥费	元	626.17	217.40	187.06	357.45	3292.78
3. 农家肥费	元	358.21	573.82	208.71	493.05	926.67
4. 农药费	元	202.64	168.13	134.56	134.26	657.17
5. 农膜费	元	477.04	388.35	427.84	346.79	877.11
6. 租赁作业费	元	216.00	209.27	96.60	158.93	813.89
机械作业费	元	107.29	95.30	57.56	79.36	151.11
排灌费	元	108.71	113.97	39.04	79.57	662.78
其中：水费	元	21.90	57.09	30.79		
畜力费	元					
7. 燃料动力费	元	5.44	45.78			
8. 技术服务费	元	0.67	12.23			
9. 工具材料费	元	77.28	54.66	59.09	50.15	102.78
10. 修理维护费	元	26.34	15.81	11.78	26.22	93.22
11. 其他直接费用	元					
（二）间接费用	元	693.80	1286.49	470.04	875.38	1005.78
1. 固定资产折旧	元	482.26	924.76	470.04	806.12	1005.78
2. 保险费	元	82.16	13.87			
3. 管理费	元	11.82	61.14			
4. 财务费	元	2.51	3.37			
5. 销售费	元	115.05	283.35		69.26	
二、每亩人工成本	**元**	**5372.72**	**4078.09**	**5780.80**	**5529.40**	**7481.51**
1. 家庭用工折价	元	3870.86	1989.07	5774.07	5443.32	7327.62
家庭用工天数	日	44.81	23.03	66.85	63.02	84.83
劳动日工价	元	86.38	86.38	86.38	86.38	86.38
2. 雇工费用	元	1501.86	2089.02	6.73	86.08	153.89
雇工天数	日	12.48	17.33	0.05	1.23	1.44
雇工工价	元	120.34	120.54	134.60	69.98	106.87
三、附						
1. 每亩种子用量	公斤					
2. 每亩化肥用量	公斤	73.43	20.60	26.07	62.48	201.00
3. 每亩农膜用量	公斤	31.74	24.43	28.28	25.94	70.87

6-2-6-2 续表

项 目	单位	大连市	上海市	南京市	杭州市	成都市
一、每亩物质与服务费用	元	**4726.67**	**1865.54**	**2778.34**	**2037.09**	**2545.01**
（一）直接费用	元	3994.34	1652.10	1772.54	1447.55	2226.98
1. 种子费	元	108.00	165.77	148.31	79.23	194.61
2. 化肥费	元	1891.67	294.12	215.52	561.90	500.93
3. 农家肥费	元	589.83	335.79	315.03	180.83	211.00
4. 农药费	元	369.50	187.07	184.89	119.14	216.56
5. 农膜费	元	644.67	341.03	623.17	299.58	697.52
6. 租赁作业费	元	361.67	229.43	150.56	148.66	159.33
机械作业费	元	100.00	92.66	118.23	109.01	150.00
排灌费	元	261.67	136.77	32.33	39.65	9.33
其中：水费	元	261.67			13.54	9.33
畜力费	元					
7. 燃料动力费	元				12.62	
8. 技术服务费	元					
9. 工具材料费	元	16.62	57.21	111.20	39.18	211.12
10. 修理维护费	元	12.38	41.68	23.86	6.41	35.91
11. 其他直接费用	元					
（二）间接费用	元	732.33	213.44	1005.80	589.54	318.03
1. 固定资产折旧	元	732.33	174.11	216.87	510.12	318.03
2. 保险费	元			401.14		
3. 管理费	元		23.97	24.29	0.65	
4. 财务费	元		15.36		0.64	
5. 销售费	元			363.50	78.13	
二、每亩人工成本	元	**9013.50**	**6120.55**	**3860.24**	**5277.36**	**4635.41**
1. 家庭用工折价	元	7737.92	2123.22	3256.53	2711.47	4404.52
家庭用工天数	日	89.58	24.58	37.70	31.39	50.99
劳动日工价	元	86.38	86.38	86.38	86.38	86.38
2. 雇工费用	元	1275.58	3997.33	603.71	2565.89	230.89
雇工天数	日	11.75	33.30	7.23	18.97	1.54
雇工工价	元	108.56	120.04	83.50	135.26	149.93
三、附						
1. 每亩种子用量	公斤					
2. 每亩化肥用量	公斤	176.28	38.64	39.78	92.13	85.17
3. 每亩农膜用量	公斤	35.25	17.34	44.66	18.23	44.72

6-2-6-3　2019 年大中城市设施茄子化肥投入情况

项　　目	单位	平　均	北京市	天津市	石家庄市	太原市
一、每亩化肥金额	**元**	**626.17**	**217.40**	**187.06**	**357.45**	**3292.78**
（一）氮肥	元	79.61		4.60	19.00	
1. 尿素	元	79.61		4.60	19.00	
2. 碳铵	元					
3. 其他氮肥	元					
（二）磷肥	元	11.75				
其中：过磷酸钙	元	11.75				
（三）钾肥	元	25.32				
其中：氯化钾	元	10.16				
（四）复混肥	元	439.40	141.64	182.46	338.45	2737.89
1. 复合肥	元	439.40	141.64	182.46	338.45	2737.89
其中：二铵	元	18.70			75.59	
三元素复合肥	元	164.00	134.79	182.46	262.86	
2. 混配肥	元					
（五）其他肥料	元	70.09	75.76			554.89
二、每亩化肥折纯用量	**公斤**	**73.43**	**20.60**	**26.07**	**62.48**	**201.00**
（一）氮肥	公斤	16.63		0.99	4.39	
1. 尿素	公斤	16.63		0.99	4.39	
2. 碳铵	公斤					
3. 其他氮肥	公斤					
（二）磷肥	公斤	2.01				
其中：过磷酸钙	公斤	2.01				
（三）钾肥	公斤	3.12				
其中：氯化钾	公斤	1.86				
（四）复混肥	公斤	51.65	20.61	25.08	58.09	201.00
1. 复合肥	公斤	51.65	20.61	25.08	58.09	201.00
其中：二铵	公斤	3.50			15.95	
三元素复合肥	公斤	23.93	20.24	25.08	42.14	
2. 混配肥	公斤					

6-2-6-3 续表

项　　目	单位	大连市	上海市	南京市	杭州市	成都市
一、每亩化肥金额	**元**	**1891.67**	**294.12**	**215.52**	**561.90**	**500.93**
（一）氮肥	元	340.00	83.31	63.19	117.28	98.88
1. 尿素	元	340.00	83.31	63.19	117.28	98.88
2. 碳铵	元					
3. 其他氮肥	元					
（二）磷肥	元					136.92
其中：过磷酸钙	元					136.92
（三）钾肥	元	305.00				118.43
其中：氯化钾	元					118.43
（四）复混肥	元	635.67	210.81	152.33	444.62	146.70
1. 复合肥	元	635.67	210.81	152.33	444.62	146.70
其中：二铵	元	209.00				
三元素复合肥	元		210.81	152.33	187.83	146.70
2. 混配肥	元					
（五）其他肥料	元	611.00				
二、每亩化肥折纯用量	**公斤**	**176.28**	**38.64**	**39.78**	**92.13**	**85.17**
（一）氮肥	公斤	65.17	17.24	12.91	26.39	19.36
1. 尿素	公斤	65.17	17.24	12.91	26.39	19.36
2. 碳铵	公斤					
3. 其他氮肥	公斤					
（二）磷肥	公斤					23.47
其中：过磷酸钙	公斤					23.47
（三）钾肥	公斤	25.42				21.71
其中：氯化钾	公斤					21.71
（四）复混肥	公斤	85.70	21.40	26.87	65.73	20.63
1. 复合肥	公斤	85.70	21.40	26.87	65.73	20.63
其中：二铵	公斤	35.20				
三元素复合肥	公斤		21.40	26.87	27.82	20.63
2. 混配肥	公斤					

6-2-7-1 2019年大中城市露地菜椒成本收益情况

项　　目	单位	平　均	呼和浩特市	长春市	福州市	厦门市	济南市
每亩							
主产品产量	公斤	2545.02	1752.50	2813.33	2083.33	3829.00	2872.40
产值合计	元	6806.29	3186.05	5605.67	3105.00	10944.00	5085.30
主产品产值	元	6806.29	3186.05	5605.67	3105.00	10944.00	5085.30
副产品产值	元						
总成本	元	4453.50	3545.79	5137.75	4281.26	6857.03	3124.94
生产成本	元	4121.71	3275.79	4537.75	4156.26	6321.03	2836.16
物质与服务费用	元	1489.27	1313.24	991.69	1506.99	3174.55	898.74
人工成本	元	2632.44	1962.55	3546.06	2649.27	3146.48	1937.42
家庭用工折价	元	2091.95	1962.55	3196.06	2649.27	1813.98	1937.42
雇工费用	元	540.49		350.00		1332.50	
土地成本	元	331.79	270.00	600.00	125.00	536.00	288.78
流转地租金	元	66.45		108.00	43.75	160.80	
自营地折租	元	265.34	270.00	492.00	81.25	375.20	288.78
净利润	元	2352.79	-359.74	467.92	-1176.26	4086.97	1960.36
现金成本	元	2096.21	1313.24	1449.69	1550.74	4667.85	898.74
现金收益	元	4710.08	1872.81	4155.98	1554.26	6276.15	4186.56
成本利润率	%	52.83	-10.15	9.11	-27.47	59.60	62.73
每50公斤主产品							
平均出售价格	元	133.72	90.90	99.63	74.52	142.91	88.52
总成本	元	87.50	101.16	91.31	102.75	89.54	54.40
生产成本	元	80.98	93.46	80.65	99.75	82.54	49.37
净利润	元	46.22	-10.26	8.32	-28.23	53.37	34.12
现金成本	元	41.18	37.47	25.77	37.22	60.95	15.64
现金收益	元	92.54	53.43	73.86	37.30	81.96	72.88
附：							
每亩用工数量	日	28.66	22.72	40.50	30.67	31.25	22.43
每亩主产品已出售数量	公斤	2544.22	1726.33	2813.33	2083.33	3829.00	2865.52
每亩主产品已出售产值	元	6804.27	3138.34	5605.67	3105.00	10944.00	5070.95
每亩成本外支出	元	1.63					

6-2-7-1 续表

项　　目	单位	武汉市	重庆市	昆明市	兰州市	银川市	乌鲁木齐市
每亩							
主产品产量	公斤	2251. 21	2617. 65	2544. 61	3143. 95	3710. 25	4427. 81
产值合计	元	6169. 23	8288. 26	9573. 90	7104. 03	5988. 50	6048. 26
主产品产值	元	6169. 23	8288. 26	9573. 90	7104. 03	5988. 50	6048. 26
副产品产值	元						
总成本	元	4105. 73	4011. 47	4597. 15	3888. 40	4522. 61	3795. 75
生产成本	元	3792. 40	3660. 02	4310. 88	3467. 59	3822. 61	3495. 75
物质与服务费用	元	1465. 89	986. 73	1297. 83	967. 93	1884. 24	894. 25
人工成本	元	2326. 51	2673. 29	3013. 05	2499. 66	1938. 37	2601. 50
家庭用工折价	元	2120. 63	2673. 29	2831. 19	2499. 66	1938. 37	1060. 75
雇工费用	元	205. 88		181. 86			1540. 75
土地成本	元	313. 33	351. 45	286. 27	420. 81	700. 00	300. 00
流转地租金	元	21. 93	79. 13	7. 41		420. 00	79. 50
自营地折租	元	291. 40	272. 32	278. 86	420. 81	280. 00	220. 50
净利润	元	2063. 50	4276. 79	4976. 75	3215. 63	1465. 89	2252. 51
现金成本	元	1693. 70	1065. 86	1487. 10	967. 93	2304. 24	2514. 50
现金收益	元	4475. 53	7222. 40	8086. 80	6136. 10	3684. 26	3533. 76
成本利润率	%	50. 26	106. 61	108. 26	82. 70	32. 41	59. 34
每 50 公斤主产品							
平均出售价格	元	137. 02	158. 31	188. 12	112. 98	80. 70	68. 30
总成本	元	91. 19	76. 62	90. 33	61. 84	60. 95	42. 86
生产成本	元	84. 23	69. 91	84. 71	55. 15	51. 51	39. 48
净利润	元	45. 83	81. 69	97. 79	51. 14	19. 75	25. 44
现金成本	元	37. 62	20. 36	29. 22	15. 39	31. 05	28. 40
现金收益	元	99. 40	137. 95	158. 90	97. 59	49. 65	39. 90
附：							
每亩用工数量	日	25. 92	30. 95	34. 21	28. 94	22. 44	22. 55
每亩主产品已出售数量	公斤	2251. 21	2617. 65	2544. 61	3143. 95	3710. 25	4427. 81
每亩主产品已出售产值	元	6169. 23	8288. 26	9573. 90	7104. 03	5988. 50	6048. 26
每亩成本外支出	元					50. 00	

6-2-7-2　2019年大中城市露地菜椒费用和用工情况

项　　目	单位	平　均	呼和浩特市	长春市	福州市	厦门市	济南市
一、每亩物质与服务费用	元	**1489.27**	**1313.24**	**991.69**	**1506.99**	**3174.55**	**898.74**
（一）直接费用	元	1312.94	1179.70	698.39	1307.99	2670.55	848.71
1. 种子费	元	149.33	421.33	157.17	53.33	101.50	132.04
2. 化肥费	元	397.24	153.41	60.45	498.33	695.75	283.94
3. 农家肥费	元	236.47	375.42	194.33	350.00	588.50	158.50
4. 农药费	元	164.13	66.83	50.00	116.67	246.25	77.54
5. 农膜费	元	92.14	27.92	59.83	144.00	98.80	60.97
6. 租赁作业费	元	168.00	122.33	145.57	100.00	484.50	123.16
机械作业费	元	83.81	90.83	122.00	100.00		70.37
排灌费	元	51.59	31.50	23.57		240.50	52.79
其中：水费	元	24.47	31.50			121.00	14.79
畜力费	元	32.60				244.00	
7. 燃料动力费	元	49.34			8.33	234.50	
8. 技术服务费	元						
9. 工具材料费	元	41.94	7.18	17.77	20.33	157.50	8.95
10. 修理维护费	元	14.35	5.28	13.27	17.00	63.25	3.61
11. 其他直接费用	元						
（二）间接费用	元	176.33	133.54	293.30	199.00	504.00	50.03
1. 固定资产折旧	元	28.23		26.97	32.33	95.00	8.45
2. 保险费	元						
3. 管理费	元	0.58					
4. 财务费	元						
5. 销售费	元	147.52	133.54	266.33	166.67	409.00	41.58
二、每亩人工成本	元	**2632.44**	**1962.55**	**3546.06**	**2649.27**	**3146.48**	**1937.42**
1. 家庭用工折价	元	2091.95	1962.55	3196.06	2649.27	1813.98	1937.42
家庭用工天数	日	24.22	22.72	37.00	30.67	21.00	22.43
劳动日工价	元	86.38	86.38	86.38	86.38	86.38	86.38
2. 雇工费用	元	540.49		350.00		1332.50	
雇工天数	日	4.44		3.50		10.25	
雇工工价	元	121.73	110.00	100.00	170.00	130.00	101.10
三、附							
1. 每亩种子用量	公斤						
2. 每亩化肥用量	公斤	47.43	25.73	12.16	52.00	88.83	50.20
3. 每亩农膜用量	公斤	6.81	2.73	4.21	9.60	6.00	5.05

6-2-7-2 续表

项　　目	单位	武汉市	重庆市	昆明市	兰州市	银川市	乌鲁木齐市
一、每亩物质与服务费用	**元**	**1465.89**	**986.73**	**1297.83**	**967.93**	**1884.24**	**894.25**
（一）直接费用	元	1353.63	966.63	1297.83	924.36	1870.44	885.81
1. 种子费	元	114.62	184.47	215.78	163.48	955.56	143.32
2. 化肥费	元	683.51	335.80	433.68	387.02	300.43	162.81
3. 农家肥费	元		54.98	184.56	91.37	340.91	124.21
4. 农药费	元	349.37	162.32	190.87	55.05	49.97	58.47
5. 农膜费	元	56.11	61.54	86.31	60.41	62.65	47.55
6. 租赁作业费	元	112.29	120.04	173.64	149.29	156.25	194.76
机械作业费	元	100.00	120.04	131.67	117.92	72.50	140.83
排灌费	元	12.29		41.97	31.37	83.75	53.93
其中：水费	元			10.60		83.75	16.43
畜力费	元						
7. 燃料动力费	元	18.64	2.63	11.76			120.32
8. 技术服务费	元						
9. 工具材料费	元	13.51	43.54	1.23	15.11	3.06	34.37
10. 修理维护费	元	5.58	1.31		2.63	1.61	
11. 其他直接费用	元						
（二）间接费用	元	112.26	20.10		43.57	13.80	8.44
1. 固定资产折旧	元	41.24	13.42			4.11	
2. 保险费	元						
3. 管理费	元						8.44
4. 财务费	元						
5. 销售费	元	71.02	6.68		43.57	9.69	
二、每亩人工成本	**元**	**2326.51**	**2673.29**	**3013.05**	**2499.66**	**1938.37**	**2601.50**
1. 家庭用工折价	元	2120.63	2673.29	2831.19	2499.66	1938.37	1060.75
家庭用工天数	日	24.55	30.95	32.78	28.94	22.44	12.28
劳动日工价	元	86.38	86.38	86.38	86.38	86.38	86.38
2. 雇工费用	元	205.88		181.86			1540.75
雇工天数	日	1.37		1.43			10.27
雇工工价	元	150.28	141.02	127.18	100.00	100.00	150.02
三、附							
1. 每亩种子用量	公斤			0.05			
2. 每亩化肥用量	公斤	67.70	47.62	62.91	52.74	51.65	35.39
3. 每亩农膜用量	公斤	4.42	4.26	6.24	4.88	5.18	4.27

6-2-7-3　2019年大中城市露地菜椒化肥投入情况

项　　目	单位	平　均	呼和浩特市	长春市	福州市	厦门市	济南市
一、每亩化肥金额	**元**	**397.24**	**153.41**	**60.45**	**498.33**	**695.75**	**283.94**
（一）氮肥	元	36.01		19.85		28.15	88.51
1. 尿素	元	36.01		19.85		28.15	88.51
2. 碳铵	元						
3. 其他氮肥	元						
（二）磷肥	元	23.32	45.83			73.10	
其中：过磷酸钙	元	23.07				73.10	
（三）钾肥	元	78.73				594.50	
其中：氯化钾	元	78.61				594.50	
（四）复混肥	元	230.40	107.58	40.60	498.33		195.43
1. 复合肥	元	230.40	107.58	40.60	498.33		195.43
其中：二铵	元	18.06	67.50	40.60			31.02
三元素复合肥	元	71.49					164.41
2. 混配肥	元						
（五）其他肥料	元	28.78					
二、每亩化肥折纯用量	**公斤**	**47.43**	**25.73**	**12.16**	**52.00**	**88.83**	**50.20**
（一）氮肥	公斤	7.52		4.47		4.83	20.81
1. 尿素	公斤	7.52		4.47		4.83	20.81
2. 碳铵	公斤						
3. 其他氮肥	公斤						
（二）磷肥	公斤	3.71	5.33			10.50	
其中：过磷酸钙	公斤	3.68				10.50	
（三）钾肥	公斤	9.73				73.50	
其中：氯化钾	公斤	9.73				73.50	
（四）复混肥	公斤	26.47	20.40	7.69	52.00		29.38
1. 复合肥	公斤	26.47	20.40	7.69	52.00		29.38
其中：二铵	公斤	3.53	14.40	7.69			5.78
三元素复合肥	公斤	8.15					23.60
2. 混配肥	公斤	0.50					5.71

6-2-7-3 续表

项　　目	单位	武汉市	重庆市	昆明市	兰州市	银川市	乌鲁木齐市
一、每亩化肥金额	元	**683.51**	**335.80**	**433.68**	**387.02**	**300.43**	**162.81**
（一）氮肥	元		52.18	139.56	41.38	43.60	67.42
1. 尿素	元		52.18	139.56	41.38	43.60	67.42
2. 碳铵	元						
3. 其他氮肥	元						
（二）磷肥	元			39.92	12.39		
其中：过磷酸钙	元			39.92	12.39		
（三）钾肥	元			4.32	22.00		
其中：氯化钾	元				22.00		
（四）复混肥	元	652.45	283.62	249.88	230.06	256.83	95.39
1. 复合肥	元	652.45	283.62	249.88	230.06	256.83	95.39
其中：二铵	元				105.29	133.08	95.39
三元素复合肥	元		207.95	40.19	13.22	123.75	
2. 混配肥	元						
（五）其他肥料	元	31.06			81.19		
二、每亩化肥折纯用量	公斤	**67.70**	**47.62**	**62.91**	**52.74**	**51.65**	**35.39**
（一）氮肥	公斤		10.14	32.51	9.16	10.58	17.43
1. 尿素	公斤		10.14	32.51	9.16	10.58	17.43
2. 碳铵	公斤						
3. 其他氮肥	公斤						
（二）磷肥	公斤			9.34	2.44		
其中：过磷酸钙	公斤			9.34	2.44		
（三）钾肥	公斤			0.14	3.00		
其中：氯化钾	公斤				3.00		
（四）复混肥	公斤	67.70	37.48	20.92	38.15	41.07	17.96
1. 复合肥	公斤	67.70	37.48	20.92	38.15	41.07	17.96
其中：二铵	公斤				21.05	25.60	17.96
三元素复合肥	公斤		27.23	5.29	1.70	15.47	
2. 混配肥	公斤				2.99		

6-2-8-1　2019 年大中城市设施菜椒成本收益情况

项　　目	单位	平　均	北京市	天津市	石家庄市	上海市
每亩						
主产品产量	公斤	3421.95	4145.66	3229.16	3514.08	2776.99
产值合计	元	12303.40	14197.70	9822.33	9233.95	7737.14
主产品产值	元	12303.40	14197.70	9822.33	9233.95	7737.14
副产品产值	元					
总成本	元	7831.08	8127.27	6854.25	7433.22	8039.75
生产成本	元	7288.65	7477.99	6552.07	6606.30	6949.33
物质与服务费用	元	2569.57	3357.80	1594.13	2178.81	1971.43
人工成本	元	4719.08	4120.19	4957.94	4427.49	4977.90
家庭用工折价	元	3694.56	1587.41	4954.15	4427.49	1530.57
雇工费用	元	1024.52	2532.78	3.79		3447.33
土地成本	元	542.43	649.28	302.18	826.92	1090.42
流转地租金	元	169.35	347.68	115.46	41.19	1090.42
自营地折租	元	373.08	301.60	186.72	785.73	
净利润	元	4472.32	6070.43	2968.08	1800.73	-302.61
现金成本	元	3763.44	6238.26	1713.38	2220.00	6509.18
现金收益	元	8539.96	7959.44	8108.95	7013.95	1227.96
成本利润率	%	57.11	74.69	43.30	24.23	-3.76
每 50 公斤主产品						
平均出售价格	元	179.77	171.24	152.09	131.39	139.31
总成本	元	114.42	98.02	106.13	105.77	144.76
生产成本	元	106.50	90.19	101.45	94.00	125.13
净利润	元	65.35	73.22	45.96	25.62	-5.45
现金成本	元	54.99	75.24	26.53	31.59	117.20
现金收益	元	124.78	96.00	125.56	99.80	22.11
附：						
每亩用工数量	日	51.01	39.29	57.38	51.26	47.52
每亩主产品已出售数量	公斤	3411.77	3715.04	3229.16	3509.63	2776.99
每亩主产品已出售产值	元	12268.39	12704.88	9822.33	9221.87	7737.14
每亩成本外支出	元	0.51				

6-2-8-1 续表

项　　目	单位	南京市	杭州市	成都市	兰州市	银川市
每亩						
主产品产量	公斤	3112.61	2680.27	3637.34	3834.74	3555.41
产值合计	元	10350.26	16915.55	12794.13	15098.81	12206.87
主产品产值	元	10350.26	16915.55	12794.13	15098.81	12206.87
副产品产值	元					
总成本	元	7040.88	8630.84	7736.82	9915.53	8267.05
生产成本	元	6683.74	8136.84	7286.82	9469.96	7567.05
物质与服务费用	元	2628.47	2073.08	2715.98	4264.58	3593.57
人工成本	元	4055.27	6063.76	4570.84	5205.38	3973.48
家庭用工折价	元	3130.41	1832.12	4317.27	5060.92	3973.48
雇工费用	元	924.86	4231.64	253.57	144.46	
土地成本	元	357.14	494.00	450.00	445.57	700.00
流转地租金	元	250.00	302.33			420.00
自营地折租	元	107.14	191.67	450.00	445.57	280.00
净利润	元	3309.38	8284.71	5057.31	5183.28	3939.82
现金成本	元	3803.33	6607.05	2969.55	4409.04	4013.57
现金收益	元	6546.93	10308.50	9824.58	10689.77	8193.30
成本利润率	%	47.00	95.99	65.37	52.27	47.66
每 50 公斤主产品						
平均出售价格	元	166.26	315.56	175.87	196.87	171.67
总成本	元	113.10	161.01	106.35	129.29	116.26
生产成本	元	107.36	151.79	100.17	123.48	106.42
净利润	元	53.16	154.55	69.52	67.58	55.41
现金成本	元	61.09	123.25	40.82	57.49	56.44
现金收益	元	105.17	192.31	135.05	139.38	115.23
附：						
每亩用工数量	日	47.48	52.53	51.67	59.99	46.00
每亩主产品已出售数量	公斤	3112.61	2680.27	3637.34	3833.33	3555.41
每亩主产品已出售产值	元	10350.26	16915.55	12794.13	15095.86	12206.87
每亩成本外支出	元					50.00

6-2-8-2　2019年大中城市设施菜椒费用和用工情况

项　　目	单位	平　均	北京市	天津市	石家庄市	上海市
一、每亩物质与服务费用	元	**2569.57**	**3357.80**	**1594.13**	**2178.81**	**1971.43**
（一）直接费用	元	2097.46	2004.05	1148.77	1398.49	1602.85
1. 种子费	元	249.18	244.58	113.57	295.10	138.54
2. 化肥费	元	445.70	219.28	166.93	345.51	334.63
3. 农家肥费	元	266.87	505.96	211.07	84.99	349.46
4. 农药费	元	229.60	208.56	89.04	130.45	160.84
5. 农膜费	元	573.90	410.04	413.69	332.68	344.42
6. 租赁作业费	元	173.08	217.34	95.34	161.64	245.06
机械作业费	元	133.06	107.46	59.66	78.24	110.76
排灌费	元	40.02	109.88	35.68	83.40	134.30
其中：水费	元	9.80	62.33	32.78		
畜力费	元					
7. 燃料动力费	元	2.09	46.04			
8. 技术服务费	元	0.79	32.42			
9. 工具材料费	元	129.62	100.60	50.24	38.75	11.32
10. 修理维护费	元	26.63	19.23	8.89	9.37	18.58
11. 其他直接费用	元					
（二）间接费用	元	472.11	1353.75	445.36	780.32	368.58
1. 固定资产折旧	元	397.73	1028.76	445.36	735.59	342.05
2. 保险费	元	24.80	12.88			
3. 管理费	元	4.85	63.40			15.64
4. 财务费	元	1.22	4.01			10.89
5. 销售费	元	43.51	244.70		44.73	
二、每亩人工成本	元	**4719.08**	**4120.19**	**4957.94**	**4427.49**	**4977.90**
1. 家庭用工折价	元	3694.56	1587.41	4954.15	4427.49	1530.57
家庭用工天数	日	42.77	18.38	57.35	51.26	17.72
劳动日工价	元	86.38	86.38	86.38	86.38	86.38
2. 雇工费用	元	1024.52	2532.78	3.79		3447.33
雇工天数	日	8.24	20.91	0.03		29.80
雇工工价	元	124.34	121.13	126.33	90.77	115.68
三、附						
1. 每亩种子用量	公斤					
2. 每亩化肥用量	公斤	79.61	21.72	24.26	65.81	39.04
3. 每亩农膜用量	公斤	36.79	24.03	26.99	25.46	17.25

6-2-8-2 续表

项　　目	单位	南京市	杭州市	成都市	兰州市	银川市
一、每亩物质与服务费用	元	**2628.47**	**2073.08**	**2715.98**	**4264.58**	**3593.57**
（一）直接费用	元	1761.62	1461.73	2393.20	3255.20	2880.57
1. 种子费	元	131.20	111.01	267.22	887.22	911.42
2. 化肥费	元	200.52	512.09	507.00	484.46	633.78
3. 农家肥费	元	328.53	165.97	274.67	382.35	293.43
4. 农药费	元	176.41	142.78	277.11	243.32	371.67
5. 农膜费	元	624.49	288.28	700.93	526.68	469.33
6. 租赁作业费	元	154.32	181.08	159.33	314.28	156.67
机械作业费	元	123.01	138.57	150.00	94.56	74.00
排灌费	元	31.31	42.51	9.33	219.72	82.67
其中：水费	元		14.19	9.33		82.67
畜力费	元					
7. 燃料动力费	元		10.45			
8. 技术服务费	元		0.50			
9. 工具材料费	元	124.34	42.45	171.41	394.38	42.90
10. 修理维护费	元	21.81	7.12	35.53	22.51	1.37
11. 其他直接费用	元					
（二）间接费用	元	866.85	611.35	322.78	1009.38	713.00
1. 固定资产折旧	元	219.72	534.00	322.78	584.86	641.33
2. 保险费	元	267.43			298.97	
3. 管理费	元	27.14	0.96			
4. 财务费	元		0.83			
5. 销售费	元	352.56	75.56		125.55	71.67
二、每亩人工成本	元	**4055.27**	**6063.76**	**4570.84**	**5205.38**	**3973.48**
1. 家庭用工折价	元	3130.41	1832.12	4317.27	5060.92	3973.48
家庭用工天数	日	36.24	21.21	49.98	58.59	46.00
劳动日工价	元	86.38	86.38	86.38	86.38	86.38
2. 雇工费用	元	924.86	4231.64	253.57	144.46	
雇工天数	日	11.24	31.32	1.69	1.40	
雇工工价	元	82.28	135.11	150.04	103.19	100.00
三、附						
1. 每亩种子用量	公斤					
2. 每亩化肥用量	公斤	36.61	92.33	96.05	63.12	50.26
3. 每亩农膜用量	公斤	44.83	18.84	44.89	31.61	21.33

6-2-8-3 2019 年大中城市设施菜椒化肥投入情况

项　　目	单位	平　均	北京市	天津市	石家庄市	上海市
一、每亩化肥金额	元	**445.70**	**219.28**	**166.93**	**345.51**	**334.63**
（一）氮肥	元	97.77		9.09	64.32	47.81
1. 尿素	元	97.77		9.09	64.32	47.81
2. 碳铵	元					
3. 其他氮肥	元					
（二）磷肥	元	81.97				
其中：过磷酸钙	元	81.97				
（三）钾肥	元	66.66	35.89			
其中：氯化钾	元	65.84				
（四）复混肥	元	192.38	135.73	157.84	281.19	286.82
1. 复合肥	元	192.38	135.73	157.84	281.19	286.82
其中：二铵	元	12.68		2.99	107.24	
三元素复合肥	元	161.03	127.87	154.85	173.95	286.82
2. 混配肥	元					
（五）其他肥料	元	6.92	47.66			
二、每亩化肥折纯用量	公斤	**79.61**	**21.72**	**24.26**	**65.81**	**39.04**
（一）氮肥	公斤	20.07		1.92	15.04	10.32
1. 尿素	公斤	20.07		1.92	15.04	10.32
2. 碳铵	公斤					
3. 其他氮肥	公斤					
（二）磷肥	公斤	19.84				
其中：过磷酸钙	公斤	19.84				
（三）钾肥	公斤	12.03	2.15			
其中：氯化钾	公斤	11.98				
（四）复混肥	公斤	27.66	19.56	22.34	50.77	28.72
1. 复合肥	公斤	27.66	19.56	22.34	50.77	28.72
其中：二铵	公斤	2.61		0.59	22.73	
三元素复合肥	公斤	22.37	18.93	21.75	28.04	28.72
2. 混配肥	公斤					

6-2-8-3 续表

项　目	单位	南京市	杭州市	成都市	兰州市	银川市
一、每亩化肥金额	**元**	**200.52**	**512.09**	**507.00**	**484.46**	**633.78**
（一）氮肥	元	57.53	198.91	108.84	14.94	30.63
1. 尿素	元	57.53	198.91	108.84	14.94	30.63
2. 碳铵	元					
3. 其他氮肥	元					
（二）磷肥	元			138.06	44.81	
其中：过磷酸钙	元			138.06	44.81	
（三）钾肥	元			112.27		
其中：氯化钾	元			112.27		
（四）复混肥	元	142.99	313.18	147.83	320.46	259.15
1. 复合肥	元	142.99	313.18	147.83	320.46	259.15
其中：二铵	元				136.09	142.33
三元素复合肥	元	142.99	161.90	147.83	31.40	116.82
2. 混配肥	元					
（五）其他肥料	元				104.25	344.00
二、每亩化肥折纯用量	**公斤**	**36.61**	**92.33**	**96.05**	**63.12**	**50.26**
（一）氮肥	公斤	11.74	44.95	21.30	3.27	8.05
1. 尿素	公斤	11.74	44.95	21.30	3.27	8.05
2. 碳铵	公斤					
3. 其他氮肥	公斤					
（二）磷肥	公斤			33.53	8.07	
其中：过磷酸钙	公斤			33.53	8.07	
（三）钾肥	公斤			20.42		
其中：氯化钾	公斤			20.42		
（四）复混肥	公斤	24.87	47.38	20.79	51.79	42.20
1. 复合肥	公斤	24.87	47.38	20.79	51.79	42.20
其中：二铵	公斤				26.54	27.60
三元素复合肥	公斤	24.87	25.35	20.79	4.10	14.60
2. 混配肥	公斤					

6-2-9-1 2019年大中城市露地圆白菜成本收益情况

项　　目	单位	平　均	天津市	呼和浩特市	长春市	上海市
每亩						
主产品产量	公斤	3498.91	4089.41	6248.17	3316.67	2684.42
产值合计	元	3917.75	4472.68	2998.48	4975.17	3964.07
主产品产值	元	3917.75	4472.68	2998.48	4975.17	3964.07
副产品产值	元					
总成本	元	3105.54	3478.71	1781.11	4167.19	3143.01
生产成本	元	2710.24	3181.43	1581.11	3567.19	2644.52
物质与服务费用	元	1067.74	640.58	652.52	788.79	826.13
人工成本	元	1642.50	2540.85	928.59	2778.40	1818.39
家庭用工折价	元	972.73	2490.42	928.59	2411.73	777.07
雇工费用	元	669.77	50.43		366.67	1041.32
土地成本	元	395.30	297.28	200.00	600.00	498.49
流转地租金	元	190.08	117.88	20.00	108.00	498.49
自营地折租	元	205.22	179.40	180.00	492.00	
净利润	元	812.21	993.97	1217.38	807.98	821.06
现金成本	元	1927.59	808.89	672.52	1263.46	2365.94
现金收益	元	1990.16	3663.79	2325.96	3711.71	1598.13
成本利润率	%	26.15	28.57	68.35	19.39	26.12
每50公斤主产品						
平均出售价格	元	55.99	54.69	23.99	75.00	73.83
总成本	元	44.38	42.54	14.25	62.82	58.54
生产成本	元	38.73	38.90	12.65	53.77	49.25
净利润	元	11.61	12.15	9.74	12.18	15.29
现金成本	元	27.55	9.89	5.38	19.05	44.07
现金收益	元	28.44	44.80	18.61	55.95	29.76
附：						
每亩用工数量	日	17.04	29.20	10.75	31.59	19.04
每亩主产品已出售数量	公斤	3317.34	4089.41	6130.60	3316.67	2684.42
每亩主产品已出售产值	元	3837.68	4472.68	2942.56	4975.17	3964.07
每亩成本外支出	元	0.27				

6-2-9-1 续表 1

项　　目	单位	南京市	福州市	厦门市	南昌市	济南市
每亩						
主产品产量	公斤	3752. 17	1842. 50	3973. 00	3210. 12	4018. 26
产值合计	元	5739. 16	2470. 00	6199. 00	4328. 03	4558. 93
主产品产值	元	5739. 16	2470. 00	6199. 00	4328. 03	4558. 93
副产品产值	元					
总成本	元	3405. 70	3033. 19	4431. 71	2331. 19	2284. 12
生产成本	元	3048. 56	2860. 69	3988. 71	2091. 19	2020. 21
物质与服务费用	元	1141. 44	907. 02	2736. 75	574. 36	688. 75
人工成本	元	1907. 12	1953. 67	1251. 96	1516. 83	1331. 46
家庭用工折价	元	1553. 98	151. 17	764. 46	1516. 83	1331. 46
雇工费用	元	353. 14	1802. 50	487. 50		
土地成本	元	357. 14	172. 50	443. 00	240. 00	263. 91
流转地租金	元	250. 00	60. 38	132. 90		
自营地折租	元	107. 14	112. 12	310. 10	240. 00	263. 91
净利润	元	2333. 46	-563. 19	1767. 29	1996. 84	2274. 81
现金成本	元	1744. 58	2769. 90	3357. 15	574. 36	688. 75
现金收益	元	3994. 58	-299. 90	2841. 85	3753. 67	3870. 18
成本利润率	%	68. 52	-18. 57	39. 88	85. 66	99. 59
每 50 公斤主产品						
平均出售价格	元	76. 48	67. 03	78. 01	67. 41	56. 73
总成本	元	45. 38	82. 31	55. 77	36. 31	28. 42
生产成本	元	40. 63	77. 63	50. 20	32. 57	25. 14
净利润	元	31. 10	-15. 28	22. 24	31. 10	28. 31
现金成本	元	23. 25	75. 17	42. 25	8. 95	8. 57
现金收益	元	53. 23	-8. 14	35. 76	58. 46	48. 16
附:						
每亩用工数量	日	22. 33	14. 75	12. 60	17. 56	15. 41
每亩主产品已出售数量	公斤	3752. 17	1842. 50	3973. 00	3210. 12	4007. 90
每亩主产品已出售产值	元	5739. 16	2470. 00	6199. 00	4328. 03	4546. 01
每亩成本外支出	元					

6-2-9-1　续表 2

项　　目	单位	郑州市	武汉市	长沙市	重庆市	昆明市
每亩						
主产品产量	公斤	3856.01	2130.92	4273.83	3550.53	4852.72
产值合计	元	3422.50	2935.06	5503.61	4173.09	6661.36
主产品产值	元	3422.50	2935.06	5503.61	4173.09	6661.36
副产品产值	元					
总成本	元	2141.01	2177.14	2794.18	2508.42	2776.14
生产成本	元	1767.40	1917.14	2294.18	2167.88	2478.59
物质与服务费用	元	571.38	696.92	928.51	724.90	1198.89
人工成本	元	1196.02	1220.22	1365.67	1442.98	1279.70
家庭用工折价	元	1139.35	1140.22	1365.67	1442.98	904.74
雇工费用	元	56.67	80.00			374.96
土地成本	元	373.61	260.00	500.00	340.54	297.55
流转地租金	元	71.03	37.70	100.00	75.35	10.53
自营地折租	元	302.58	222.30	400.00	265.19	287.02
净利润	元	1281.49	757.92	2709.43	1664.67	3885.22
现金成本	元	699.08	814.62	1028.51	800.25	1584.38
现金收益	元	2723.42	2120.44	4475.10	3372.84	5076.98
成本利润率	%	59.85	34.81	96.97	66.36	139.95
每 50 公斤主产品						
平均出售价格	元	44.38	68.87	64.39	58.77	68.64
总成本	元	27.76	51.09	32.69	35.33	28.61
生产成本	元	22.92	44.98	26.84	30.53	25.54
净利润	元	16.62	17.78	31.70	23.44	40.03
现金成本	元	9.07	19.11	12.03	11.27	16.33
现金收益	元	35.31	49.76	52.36	47.50	52.31
附：						
每亩用工数量	日	13.78	13.91	15.81	16.71	15.05
每亩主产品已出售数量	公斤	3856.01	2111.75	4273.83	3550.53	4852.72
每亩主产品已出售产值	元	3422.50	2907.67	5503.61	4173.09	6661.36
每亩成本外支出	元					

6-2-9-1 续表 3

项　　目	单位	兰州市	西宁市	银川市	乌鲁木齐市
每亩					
主产品产量	公斤	5841.83	5370.50	4287.83	3583.17
产值合计	元	1875.32	2359.52	3965.96	1836.29
主产品产值	元	1875.32	2359.52	3965.96	1836.29
副产品产值	元				
总成本	元	2746.21	3390.80	1942.71	1939.39
生产成本	元	2458.10	2657.47	1622.71	1639.39
物质与服务费用	元	944.72	662.02	810.74	726.28
人工成本	元	1513.38	1995.45	811.97	913.11
家庭用工折价	元	1513.38	1742.28	811.97	438.81
雇工费用	元		253.17		474.30
土地成本	元	288.11	733.33	320.00	300.00
流转地租金	元		7.33	39.68	79.50
自营地折租	元	288.11	726.00	280.32	220.50
净利润	元	-870.89	-1031.28	2023.25	-103.10
现金成本	元	944.72	922.52	850.42	1280.08
现金收益	元	930.60	1437.00	3115.54	556.21
成本利润率	%	-31.71	-30.41	104.15	-5.32
每 50 公斤主产品					
平均出售价格	元	16.05	21.97	46.25	25.62
总成本	元	23.50	31.57	22.66	27.06
生产成本	元	21.04	24.74	18.92	22.87
净利润	元	-7.45	-9.60	23.59	-1.44
现金成本	元	8.09	8.59	9.92	17.86
现金收益	元	7.96	13.38	36.33	7.76
附：					
每亩用工数量	日	17.52	23.44	9.40	8.24
每亩主产品已出售数量	公斤	5841.83	2465.75	4287.83	3583.17
每亩主产品已出售产值	元	1875.32	1083.82	3965.96	1836.29
每亩成本外支出	元			25.50	

6-2-9-2　2019年大中城市露地圆白菜费用和用工情况

项　　目	单位	平　均	天津市	呼和浩特市	长春市	上海市
一、每亩物质与服务费用	元	**1067.74**	**640.58**	**652.52**	**788.79**	**826.13**
（一）直接费用	元	937.22	640.58	525.85	618.44	789.85
1. 种子费	元	96.15	63.72	145.83	82.67	87.52
2. 化肥费	元	270.63	157.08	151.02	73.32	246.79
3. 农家肥费	元	186.52	191.85	71.67	171.13	200.23
4. 农药费	元	101.25	62.92	25.75	49.88	108.22
5. 农膜费	元	42.19	59.04		41.12	
6. 租赁作业费	元	162.62	91.99	120.75	133.29	137.15
机械作业费	元	70.63	56.84	96.67	114.17	93.58
排灌费	元	59.70	35.15	24.08	19.12	43.57
其中：水费	元	19.21	30.29			5.10
畜力费	元	32.29				
7. 燃料动力费	元	43.39			35.10	
8. 技术服务费	元	0.42				
9. 工具材料费	元	22.06	9.68	6.50	13.35	8.15
10. 修理维护费	元	11.99	4.30	4.33	18.58	1.79
11. 其他直接费用	元					
（二）间接费用	元	130.52		126.67	170.35	36.28
1. 固定资产折旧	元	18.79			13.60	
2. 保险费	元	0.42				
3. 管理费	元	3.22				6.09
4. 财务费	元	1.49				4.43
5. 销售费	元	106.60		126.67	156.75	25.76
二、每亩人工成本	元	**1642.50**	**2540.85**	**928.59**	**2778.40**	**1818.39**
1. 家庭用工折价	元	972.73	2490.42	928.59	2411.73	777.07
家庭用工天数	日	11.26	28.83	10.75	27.92	9.00
劳动日工价	元	86.38	86.38	86.38	86.38	86.38
2. 雇工费用	元	669.77	50.43		366.67	1041.32
雇工天数	日	5.78	0.37		3.67	10.04
雇工工价	元	115.88	136.30	110.00	99.91	103.72
三、附						
1. 每亩种子用量	公斤					
2. 每亩化肥用量	公斤	39.97	25.77	38.99	15.51	33.66
3. 每亩农膜用量	公斤	2.90	4.72		2.94	

6-2-9-2 续表 1

项　　目	单位	南京市	福州市	厦门市	南昌市	济南市
一、每亩物质与服务费用	元	**1141.44**	**907.02**	**2736.75**	**574.36**	**688.75**
（一）直接费用	元	693.71	887.89	2239.25	519.81	649.78
1. 种子费	元	76.43	84.25	88.00	46.95	50.68
2. 化肥费	元	142.53	382.25	502.00	246.67	256.22
3. 农家肥费	元	205.36	85.00	542.00	52.29	131.68
4. 农药费	元	62.56	110.75	200.25	60.09	64.46
5. 农膜费	元		92.50	99.00		15.99
6. 租赁作业费	元	143.93	66.25	439.50	21.21	121.82
机械作业费	元	108.50	32.50			70.95
排灌费	元	35.43	33.75	197.00	21.21	50.87
其中：水费	元		16.88	93.00		14.35
畜力费	元			242.50		
7. 燃料动力费	元		16.25	242.00	80.41	
8. 技术服务费	元		3.13			
9. 工具材料费	元	45.63	28.13	75.75	12.19	7.03
10. 修理维护费	元	17.27	19.38	50.75		1.90
11. 其他直接费用	元					
（二）间接费用	元	447.73	19.13	497.50	54.55	38.97
1. 固定资产折旧	元	67.02	7.25	86.00	38.18	5.14
2. 保险费	元		3.13			
3. 管理费	元	23.57				
4. 财务费	元		2.50			
5. 销售费	元	357.14	6.25	411.50	16.37	33.83
二、每亩人工成本	元	**1907.12**	**1953.67**	**1251.96**	**1516.83**	**1331.46**
1. 家庭用工折价	元	1553.98	151.17	764.46	1516.83	1331.46
家庭用工天数	日	17.99	1.75	8.85	17.56	15.41
劳动日工价	元	86.38	86.38	86.38	86.38	86.38
2. 雇工费用	元	353.14	1802.50	487.50		
雇工天数	日	4.34	13.00	3.75		
雇工工价	元	81.37	138.65	130.00	120.00	102.12
三、附						
1. 每亩种子用量	公斤					
2. 每亩化肥用量	公斤	26.84	49.49	65.26	22.20	48.60
3. 每亩农膜用量	公斤		6.25	6.00		1.32

6-2-9-2 续表 2

项　　目	单位	郑州市	武汉市	长沙市	重庆市	昆明市
一、每亩物质与服务费用	元	**571.38**	**696.92**	**928.51**	**724.90**	**1198.89**
（一）直接费用	元	514.19	599.95	832.46	715.89	1198.89
1. 种子费	元	64.12	56.67	53.33	31.59	231.43
2. 化肥费	元	207.30	348.33	247.39	366.71	271.33
3. 农家肥费	元	50.14		180.00	57.86	316.12
4. 农药费	元	62.59	76.71	97.00	124.56	208.43
5. 农膜费	元			23.33		47.99
6. 租赁作业费	元	111.82	53.33	200.00	126.05	108.82
机械作业费	元	66.83	53.33	200.00	126.05	79.53
排灌费	元	44.99				29.29
其中：水费	元					
畜力费	元					
7. 燃料动力费	元		45.25	16.67	1.85	
8. 技术服务费	元					
9. 工具材料费	元	13.53	3.45	12.01	6.10	14.77
10. 修理维护费	元	4.69	16.21	2.73	1.17	
11. 其他直接费用	元					
（二）间接费用	元	57.19	96.97	96.05	9.01	
1. 固定资产折旧	元	12.57	53.68	96.05	9.01	
2. 保险费	元					
3. 管理费	元					
4. 财务费	元					
5. 销售费	元	44.62	43.29			
二、每亩人工成本	元	**1196.02**	**1220.22**	**1365.67**	**1442.98**	**1279.70**
1. 家庭用工折价	元	1139.35	1140.22	1365.67	1442.98	904.74
家庭用工天数	日	13.19	13.20	15.81	16.71	10.47
劳动日工价	元	86.38	86.38	86.38	86.38	86.38
2. 雇工费用	元	56.67	80.00			374.96
雇工天数	日	0.59	0.71			4.58
雇工工价	元	96.05	112.68	200.00	139.31	81.87
三、附						
1. 每亩种子用量	公斤					
2. 每亩化肥用量	公斤	35.75	45.38	38.92	51.81	47.46
3. 每亩农膜用量	公斤			1.67		3.66

6-2-9-2 续表3

项　　目	单位	兰州市	西宁市	银川市	乌鲁木齐市
一、每亩物质与服务费用	元	**944.72**	**662.02**	**810.74**	**726.28**
（一）直接费用	元	741.44	527.62	805.56	718.95
1. 种子费	元	76.53	214.96	188.33	98.09
2. 化肥费	元	276.01	144.86	274.22	119.29
3. 农家肥费	元	52.19	22.86	187.67	54.76
4. 农药费	元	55.16	63.92	36.00	30.58
5. 农膜费	元	66.88			132.88
6. 租赁作业费	元	205.70	75.84	115.83	176.88
机械作业费	元	110.00	69.19	80.83	124.00
排灌费	元	95.70	6.65	35.00	52.88
其中：水费	元		6.65	35.00	15.87
畜力费	元				
7. 燃料动力费	元				99.31
8. 技术服务费	元				
9. 工具材料费	元	6.95	5.18	1.51	7.16
10. 修理维护费	元	2.02		2.00	
11. 其他直接费用	元				
（二）间接费用	元	203.28	134.40	5.18	7.33
1. 固定资产折旧	元			2.40	
2. 保险费	元				
3. 管理费	元				7.33
4. 财务费	元				
5. 销售费	元	203.28	134.40	2.78	
二、每亩人工成本	元	**1513.38**	**1995.45**	**811.97**	**913.11**
1. 家庭用工折价	元	1513.38	1742.28	811.97	438.81
家庭用工天数	日	17.52	20.17	9.40	5.08
劳动日工价	元	86.38	86.38	86.38	86.38
2. 雇工费用	元		253.17		474.30
雇工天数	日		3.27		3.16
雇工工价	元	125.41	77.42	100.00	150.10
三、附					
1. 每亩种子用量	公斤				
2. 每亩化肥用量	公斤	49.30	28.97	54.47	25.89
3. 每亩农膜用量	公斤	5.22			9.97

6-2-9-3　2019年大中城市露地圆白菜化肥投入情况

项　　目	单位	平　均	天津市	呼和浩特市	长春市	上海市
一、每亩化肥金额	**元**	**270.63**	**157.08**	**151.02**	**73.32**	**246.79**
（一）氮肥	元	53.92	31.16	65.75	35.32	75.18
1. 尿素	元	53.44	31.16	65.75	35.32	75.18
2. 碳铵	元	0.48				
3. 其他氮肥	元					
（二）磷肥	元	10.11				
其中：过磷酸钙	元	9.73				
（三）钾肥	元	54.57				
其中：氯化钾	元	53.33				
（四）复混肥	元	150.81	125.92	85.27	38.00	171.61
1. 复合肥	元	150.81	125.92	85.27	38.00	171.61
其中：二铵	元	25.44	16.87	85.27	38.00	
三元素复合肥	元	109.86	109.05			171.61
2. 混配肥	元					
（五）其他肥料	元	1.22				
二、每亩化肥折纯用量	**公斤**	**39.97**	**25.77**	**38.99**	**15.51**	**33.66**
（一）氮肥	公斤	11.43	6.74	18.40	7.48	16.03
1. 尿素	公斤	11.32	6.74	18.40	7.48	16.03
2. 碳铵	公斤	0.11				
3. 其他氮肥	公斤					
（二）磷肥	公斤	1.55				
其中：过磷酸钙	公斤	1.48				
（三）钾肥	公斤	6.68				
其中：氯化钾	公斤	6.63				
（四）复混肥	公斤	20.30	19.02	20.59	8.04	17.63
1. 复合肥	公斤	20.30	19.02	20.59	8.04	17.63
其中：二铵	公斤	5.01	3.40	20.59	8.04	
三元素复合肥	公斤	13.16	15.62			17.63
2. 混配肥	公斤	0.06				4.76

6-2-9-3 续表1

项目	单位	南京市	福州市	厦门市	南昌市	济南市
一、每亩化肥金额	元	**142.53**	**382.25**	**502.00**	**246.67**	**256.22**
（一）氮肥	元	51.69	51.00	34.75		99.24
1. 尿素	元	51.69	51.00	34.75		99.24
2. 碳铵	元					
3. 其他氮肥	元					
（二）磷肥	元			66.75		
其中：过磷酸钙	元			66.75		
（三）钾肥	元			400.50		
其中：氯化钾	元			400.50		
（四）复混肥	元	90.84	331.25		246.67	156.98
1. 复合肥	元	90.84	331.25		246.67	156.98
其中：二铵	元					42.10
三元素复合肥	元	90.84	256.25		246.67	114.88
2. 混配肥	元					
（五）其他肥料	元					
二、每亩化肥折纯用量	公斤	**26.84**	**49.49**	**65.26**	**22.20**	**48.60**
（一）氮肥	公斤	10.59	9.78	5.98		23.54
1. 尿素	公斤	10.59	9.78	5.98		23.54
2. 碳铵	公斤					
3. 其他氮肥	公斤					
（二）磷肥	公斤			9.48		
其中：过磷酸钙	公斤			9.48		
（三）钾肥	公斤			49.80		
其中：氯化钾	公斤			49.80		
（四）复混肥	公斤	16.25	39.71		22.20	25.05
1. 复合肥	公斤	16.25	39.71		22.20	25.05
其中：二铵	公斤					7.93
三元素复合肥	公斤	16.25	30.71		22.20	17.12
2. 混配肥	公斤					

6-2-9-3 续表 2

项　　目	单位	郑州市	武汉市	长沙市	重庆市	昆明市
一、每亩化肥金额	**元**	**207.30**	**348.33**	**247.39**	**366.71**	**271.33**
（一）氮肥	元	41.22		13.33	36.64	62.49
1. 尿素	元	41.22			36.64	62.49
2. 碳铵	元			13.33		
3. 其他氮肥	元					
（二）磷肥	元			49.63		27.29
其中：过磷酸钙	元					27.29
（三）钾肥	元					40.22
其中：氯化钾	元					
（四）复混肥	元	166.08	335.00	184.43	330.07	141.33
1. 复合肥	元	166.08	335.00	184.43	330.07	141.33
其中：二铵	元	40.14				
三元素复合肥	元	125.94	160.00	184.43	284.47	13.06
2. 混配肥	元					
（五）其他肥料	元		13.33			
二、每亩化肥折纯用量	**公斤**	**35.75**	**45.38**	**38.92**	**51.81**	**47.46**
（一）氮肥	公斤	9.07		2.83	7.28	13.42
1. 尿素	公斤	9.07			7.28	13.42
2. 碳铵	公斤			2.83		
3. 其他氮肥	公斤					
（二）磷肥	公斤			8.82		7.01
其中：过磷酸钙	公斤					7.01
（三）钾肥	公斤					1.76
其中：氯化钾	公斤					
（四）复混肥	公斤	26.68	45.38	27.26	44.54	25.27
1. 复合肥	公斤	26.68	45.38	27.26	44.54	25.27
其中：二铵	公斤	7.56				
三元素复合肥	公斤	19.12	22.50	27.26	38.41	1.84
2. 混配肥	公斤					

6-2-9-3 续表 3

项　　目	单位	兰州市	西宁市	银川市	乌鲁木齐市
一、每亩化肥金额	元	**276.01**	**144.86**	**274.22**	**119.29**
（一）氮肥	元	67.67	57.90	82.15	41.36
1. 尿素	元	67.67	57.90	47.15	41.36
2. 碳铵	元			35.00	
3. 其他氮肥	元				
（二）磷肥	元				
其中：过磷酸钙	元				
（三）钾肥	元				
其中：氯化钾	元				
（四）复混肥	元	179.44	86.96	192.07	77.93
1. 复合肥	元	179.44	86.96	192.07	77.93
其中：二铵	元	179.44	86.96	91.00	77.93
三元素复合肥	元			101.07	
2. 混配肥	元				
（五）其他肥料	元	28.90			
二、每亩化肥折纯用量	公斤	**49.30**	**28.97**	**54.47**	**25.89**
（一）氮肥	公斤	14.31	12.11	20.84	11.04
1. 尿素	公斤	14.31	12.11	12.34	11.04
2. 碳铵	公斤			8.50	
3. 其他氮肥	公斤				
（二）磷肥	公斤				
其中：过磷酸钙	公斤				
（三）钾肥	公斤				
其中：氯化钾	公斤				
（四）复混肥	公斤	34.99	16.86	33.63	14.84
1. 复合肥	公斤	34.99	16.86	33.63	14.84
其中：二铵	公斤	34.99	16.86	19.41	14.84
三元素复合肥	公斤			14.22	
2. 混配肥	公斤				

6-2-10-1 2019年大中城市露地大白菜成本收益情况

项　目	单位	平　均	北京市	天津市	石家庄市	上海市	兰州市	银川市
每亩								
主产品产量	公斤	4584.76	5445.20	5336.47	4996.83	3333.08	6484.52	5455.81
产值合计	元	3409.92	2067.68	3206.22	3116.10	4018.53	2532.79	2628.95
主产品产值	元	3409.92	2067.68	3206.22	3116.10	4018.53	2532.79	2628.95
副产品产值	元							
总成本	元	2702.54	1928.71	2137.50	2327.08	3255.85	2663.83	2057.35
生产成本	元	2349.11	1426.80	1854.98	1769.33	2767.25	2395.03	1470.68
物质与服务费用	元	682.67	564.81	493.71	588.19	824.95	701.38	671.06
人工成本	元	1666.44	861.99	1361.27	1181.14	1942.30	1693.65	799.62
家庭用工折价	元	1141.17	861.99	1359.71	1111.19	589.20	1693.65	799.62
雇工费用	元	525.27		1.56	69.95	1353.10		
土地成本	元	353.43	501.91	282.52	557.75	488.60	268.80	586.67
流转地租金	元	117.54	333.53	93.49	39.53	488.60		295.00
自营地折租	元	235.89	168.38	189.03	518.22		268.80	291.67
净利润	元	707.38	138.97	1068.72	789.02	762.68	-131.04	571.60
现金成本	元	1325.48	898.34	588.76	697.67	2666.65	701.38	966.06
现金收益	元	2084.44	1169.34	2617.46	2418.43	1351.88	1831.41	1662.89
成本利润率	%	26.17	7.21	50.00	33.91	23.42	-4.92	27.78
每50公斤主产品								
平均出售价格	元	37.19	18.99	30.04	31.18	60.28	19.53	24.09
总成本	元	29.47	17.71	20.03	23.29	48.84	20.54	18.85
生产成本	元	25.62	13.10	17.38	17.70	41.51	18.47	13.48
净利润	元	7.72	1.28	10.01	7.89	11.44	-1.01	5.24
现金成本	元	14.46	8.25	5.52	6.98	40.00	5.41	8.85
现金收益	元	22.73	10.74	24.52	24.20	20.28	14.12	15.24
附：								
每亩用工数量	日	17.44	9.98	15.75	13.86	19.16	19.61	9.26
每亩主产品已出售数量	公斤	4525.15	5252.83	5336.47	4974.02	3333.08	6420.11	5455.81
每亩主产品已出售产值	元	3371.32	1999.90	3206.22	3101.62	4018.53	2500.59	2628.95
每亩成本外支出	元	0.52						28.67

6-2-10-2　2019 年大中城市露地大白菜费用和用工情况

项　　目	单位	平　均	北京市	天津市	石家庄市	上海市	兰州市	银川市
一、每亩物质与服务费用	元	**682.67**	**564.81**	**493.71**	**588.19**	**824.95**	**701.38**	**671.06**
（一）直接费用	元	620.25	538.02	493.71	578.55	808.91	665.92	590.25
1. 种子费	元	62.17	46.04	47.42	62.23	84.80	62.27	62.61
2. 化肥费	元	191.11	219.72	132.12	212.67	258.61	276.40	248.99
3. 农家肥费	元	148.72	38.92	166.20	74.93	181.12	70.79	102.69
4. 农药费	元	82.19	76.38	52.60	60.37	137.17	59.22	50.86
5. 农膜费	元	13.55					33.73	
6. 租赁作业费	元	102.25	146.38	87.59	159.28	130.95	147.45	122.26
机械作业费	元	64.62	73.67	54.33	77.50	88.33	110.00	78.09
排灌费	元	36.88	72.71	33.26	81.78	42.62	37.45	44.17
其中：水费	元	9.08	36.45	28.45		6.11		31.67
畜力费	元	0.75						
7. 燃料动力费	元	5.84						
8. 技术服务费	元							
9. 工具材料费	元	9.79	7.70	4.56	5.22	7.29	13.87	1.78
10. 修理维护费	元	4.63	2.88	3.22	3.85	8.97	2.19	1.06
11. 其他直接费用	元							
（二）间接费用	元	62.42	26.79		9.64	16.04	35.46	80.81
1. 固定资产折旧	元	8.41			9.64			3.63
2. 保险费	元							
3. 管理费	元	1.06				7.53		
4. 财务费	元	0.77				5.45		
5. 销售费	元	52.18	26.79			3.06	35.46	77.18
二、每亩人工成本	元	**1666.44**	**861.99**	**1361.27**	**1181.14**	**1942.30**	**1693.65**	**799.62**
1. 家庭用工折价	元	1141.17	861.99	1359.71	1111.19	589.20	1693.65	799.62
家庭用工天数	日	13.21	9.98	15.74	12.86	6.82	19.61	9.26
劳动日工价	元	86.38	86.38	86.38	86.38	86.38	86.38	86.38
2. 雇工费用	元	525.27		1.56	69.95	1353.10		
雇工天数	日	4.23		0.01	1.00	12.34		
雇工工价	元	124.18	122.32	156.00	69.95	109.65	100.00	100.00
三、附								
1. 每亩种子用量	公斤							
2. 每亩化肥用量	公斤	30.60	37.59	25.55	43.16	34.00	46.86	47.05
3. 每亩农膜用量	公斤	1.09					2.72	

6-2-10-3 2019年大中城市露地大白菜化肥投入情况

项目	单位	平均	北京市	天津市	石家庄市	上海市	兰州市	银川市
一、每亩化肥金额	**元**	**191.11**	**219.72**	**132.12**	**212.67**	**258.61**	**276.40**	**248.99**
（一）氮肥	元	49.62	93.93	54.25	72.42	73.04	54.83	65.53
1. 尿素	元	48.32	89.51	54.25	72.42	73.04	51.70	65.53
2. 碳铵	元	1.30	4.42				3.13	
3. 其他氮肥	元							
（二）磷肥	元	3.56						
其中：过磷酸钙	元	3.41						
（三）钾肥	元	0.57						
其中：氯化钾	元	0.16						
（四）复混肥	元	134.99	105.80	77.87	140.25	185.57	202.52	183.46
1. 复合肥	元	134.99	105.80	77.87	140.25	185.57	202.52	183.46
其中：二铵	元	25.96	13.81	50.07	71.68		116.54	108.77
三元素复合肥	元	74.12	84.25	27.80	68.57	185.57	5.01	74.69
2. 混配肥	元							
（五）其他肥料	元	2.37	19.99				19.05	
二、每亩化肥折纯用量	**公斤**	**30.60**	**37.59**	**25.55**	**43.16**	**34.00**	**46.86**	**47.05**
（一）氮肥	公斤	11.00	20.60	11.53	16.79	15.28	12.04	16.32
1. 尿素	公斤	10.75	20.38	11.53	16.79	15.28	11.51	16.32
2. 碳铵	公斤	0.25	0.22				0.53	
3. 其他氮肥	公斤							
（二）磷肥	公斤	0.87						
其中：过磷酸钙	公斤	0.81						
（三）钾肥	公斤	0.04						
其中：氯化钾	公斤	0.02						
（四）复混肥	公斤	18.68	16.99	14.02	26.37	18.71	34.82	30.73
1. 复合肥	公斤	18.68	16.99	14.02	26.37	18.71	34.82	30.73
其中：二铵	公斤	5.11	3.07	10.26	15.30		23.03	21.06
三元素复合肥	公斤	9.37	12.92	3.76	11.07	18.71	0.71	9.67
2. 混配肥	公斤	2.72						

6-2-11-1 2019 年大中城市露地马铃薯成本收益情况

项 目	单位	平 均	太原市	呼和浩特市	济南市	青岛市	武汉市
每亩							
主产品产量	公斤	2053.46	1320.83	1090.18	2577.66	2835.35	1915.50
产值合计	元	2616.86	2363.32	1276.41	4520.17	4021.49	4031.33
主产品产值	元	2616.86	2363.32	1276.41	4520.17	4021.49	4031.33
副产品产值	元						
总成本	元	1628.92	1743.67	950.27	2118.34	2516.14	2959.45
生产成本	元	1390.61	1543.67	823.06	1877.92	2191.14	2701.94
物质与服务费用	元	760.67	1072.90	579.12	722.16	1307.47	1153.97
人工成本	元	629.94	470.77	243.94	1155.76	883.67	1547.97
家庭用工折价	元	414.54	470.77	97.61	1155.76	883.67	1275.83
雇工费用	元	215.40		146.33			272.14
土地成本	元	238.31	200.00	127.21	240.42	325.00	257.51
流转地租金	元	43.15		9.94		91.00	37.65
自营地折租	元	195.16	200.00	117.27	240.42	234.00	219.86
净利润	元	987.94	619.65	326.14	2401.83	1505.35	1071.88
现金成本	元	1019.22	1072.90	735.39	722.16	1398.47	1463.76
现金收益	元	1597.64	1290.42	541.02	3798.01	2623.02	2567.57
成本利润率	%	60.65	35.54	34.32	113.38	59.83	36.22
每 50 公斤主产品							
平均出售价格	元	63.72	89.46	58.54	87.68	70.92	105.23
总成本	元	39.66	66.00	43.58	41.09	44.37	77.25
生产成本	元	33.86	58.43	37.75	36.43	38.64	70.53
净利润	元	24.06	23.46	14.96	46.59	26.55	27.98
现金成本	元	24.82	40.61	33.73	14.01	24.66	38.21
现金收益	元	38.90	48.85	24.81	73.67	46.26	67.02
附：							
每亩用工数量	日	6.33	5.45	2.12	13.38	10.23	17.22
每亩主产品已出售数量	公斤	1909.10	1251.10	62.33	2503.52	2827.68	1887.12
每亩主产品已出售产值	元	2434.34	2238.23	62.33	4391.47	4010.01	3969.96
每亩成本外支出	元						

6-2-11-1 续表

项目	单位	重庆市	成都市	贵阳市	昆明市	兰州市	西宁市	乌鲁木齐市
每亩								
主产品产量	公斤	1485.78	1660.11	1330.00	1892.83	2436.79	2037.77	2346.16
产值合计	元	3766.57	3282.59	3071.73	2639.98	2570.45	2450.83	2734.64
主产品产值	元	3766.57	3282.59	3071.73	2639.98	2570.45	2450.83	2734.64
副产品产值	元							
总成本	元	1962.64	3924.49	1875.19	2034.99	2441.92	2026.08	1414.62
生产成本	元	1553.70	3704.49	1595.19	1884.99	2141.92	1493.08	1164.62
物质与服务费用	元	662.34	1269.44	434.89	778.57	1052.75	792.74	709.07
人工成本	元	891.36	2435.05	1160.30	1106.42	1089.17	700.34	455.55
家庭用工折价	元	891.36	2435.05	951.04	1079.75	1089.17	452.72	140.80
雇工费用	元			209.26	26.67		247.62	314.75
土地成本	元	408.94	220.00	280.00	150.00	300.00	533.00	250.00
流转地租金	元	99.71	19.36		4.50		32.95	66.25
自营地折租	元	309.23	200.64	280.00	145.50	300.00	500.05	183.75
净利润	元	1803.93	-641.90	1196.54	604.99	128.53	424.75	1320.02
现金成本	元	762.05	1288.80	644.15	809.74	1052.75	1073.31	1090.07
现金收益	元	3004.52	1993.79	2427.58	1830.24	1517.70	1377.52	1644.57
成本利润率	%	91.91	-16.36	63.81	29.73	5.26	20.96	93.31
每50公斤主产品								
平均出售价格	元	126.75	98.87	115.48	69.74	52.74	60.14	58.28
总成本	元	66.05	118.20	70.50	53.76	50.10	49.72	30.15
生产成本	元	52.28	111.58	59.97	49.80	43.95	36.64	24.82
净利润	元	60.70	-19.33	44.98	15.98	2.64	10.42	28.13
现金成本	元	25.64	38.82	24.22	21.39	21.60	26.34	23.23
现金收益	元	101.11	60.05	91.26	48.35	31.14	33.80	35.05
附：								
每亩用工数量	日	10.32	28.19	13.12	12.83	12.61	8.34	3.73
每亩主产品已出售数量	公斤	1485.78	1660.11	1125.44	1797.50	2376.50	1973.01	2346.16
每亩主产品已出售产值	元	3766.57	3282.59	2556.03	2505.83	2505.70	2397.24	2734.64
每亩成本外支出	元							

6-2-11-2 2019年大中城市露地马铃薯费用和用工情况

项　　目	单位	平　均	太原市	呼和浩特市	济南市	青岛市	武汉市
一、每亩物质与服务费用	元	**760.67**	**1072.90**	**579.12**	**722.16**	**1307.47**	**1153.97**
（一）直接费用	元	746.54	1039.07	557.35	703.75	1301.95	1063.91
1. 种子费	元	276.11	446.67	214.03	257.15	298.67	375.21
2. 化肥费	元	156.39	67.25	143.32	133.54	332.90	401.23
3. 农家肥费	元	133.12	270.00	10.64	166.17	312.83	55.55
4. 农药费	元	16.89	47.00	10.52	32.00	87.28	52.77
5. 农膜费	元	11.36	53.00		21.36	29.28	63.77
6. 租赁作业费	元	143.16	150.00	175.71	88.62	231.67	58.46
机械作业费	元	80.44	58.33	172.08	75.17	125.00	56.61
排灌费	元	54.99	91.67	3.63	13.45	106.67	1.85
其中：水费	元	12.64					
畜力费	元	7.73					
7. 燃料动力费	元	0.70					37.69
8. 技术服务费	元						
9. 工具材料费	元	5.56	5.15	3.13	3.06	6.25	3.99
10. 修理维护费	元	0.57			1.85	3.07	15.24
11. 其他直接费用	元	2.68					
（二）间接费用	元	14.13	33.83	21.77	18.41	5.52	90.06
1. 固定资产折旧	元	1.77			5.67	5.52	42.68
2. 保险费	元	2.61		21.77			
3. 管理费	元	0.81					
4. 财务费	元						
5. 销售费	元	8.94	33.83		12.74		47.38
二、每亩人工成本	元	**629.94**	**470.77**	**243.94**	**1155.76**	**883.67**	**1547.97**
1. 家庭用工折价	元	414.54	470.77	97.61	1155.76	883.67	1275.83
家庭用工天数	日	4.80	5.45	1.13	13.38	10.23	14.77
劳动日工价	元	86.38	86.38	86.38	86.38	86.38	86.38
2. 雇工费用	元	215.40		146.33			272.14
雇工天数	日	1.53		0.99			2.45
雇工工价	元	140.78	110.00	147.81	135.00	120.00	111.08
三、附							
1. 每亩种子用量	公斤	14.40					
2. 每亩化肥用量	公斤	29.51	13.57	23.93	18.54	38.73	53.07
3. 每亩农膜用量	公斤	0.90	4.18		1.88	2.65	4.45

6-2-11-2 续表

项目	单位	重庆市	成都市	贵阳市	昆明市	兰州市	西宁市	乌鲁木齐市
一、每亩物质与服务费用	元	**662.34**	**1269.44**	**434.89**	**778.57**	**1052.75**	**792.74**	**709.07**
（一）直接费用	元	645.07	1091.30	405.78	778.57	1030.31	790.90	707.64
1. 种子费	元	177.98	473.50	341.47	229.33	297.05	299.54	259.46
2. 化肥费	元	183.28	274.63	40.64	151.74	252.40	186.71	150.64
3. 农家肥费	元	84.01	61.92		285.00	84.13	36.55	138.79
4. 农药费	元	38.49	14.54			8.67	6.91	16.22
5. 农膜费	元	35.70	103.71			52.19	42.57	
6. 租赁作业费	元	109.62	150.00		100.00	243.04	215.81	138.07
机械作业费	元	109.62	140.00			108.18	214.32	64.17
排灌费	元		10.00			134.86	1.49	73.90
其中：水费	元						1.49	22.17
畜力费	元				100.00			
7. 燃料动力费	元	4.82		11.80				
8. 技术服务费	元							
9. 工具材料费	元	9.24	8.70	8.68	12.50	15.07	2.81	4.46
10. 修理维护费	元	1.93	4.30	3.19		2.82		
11. 其他直接费用	元					74.94		
（二）间接费用	元	17.27	178.14	29.11		22.44	1.84	1.43
1. 固定资产折旧	元	14.77	8.49	29.11			0.46	
2. 保险费	元						1.38	
3. 管理费	元							1.43
4. 财务费	元							
5. 销售费	元	2.50	169.65			22.44		
二、每亩人工成本	元	**891.36**	**2435.05**	**1160.30**	**1106.42**	**1089.17**	**700.34**	**455.55**
1. 家庭用工折价	元	891.36	2435.05	951.04	1079.75	1089.17	452.72	140.80
家庭用工天数	日	10.32	28.19	11.01	12.50	12.61	5.24	1.63
劳动日工价	元	86.38	86.38	86.38	86.38	86.38	86.38	86.38
2. 雇工费用	元			209.26	26.67		247.62	314.75
雇工天数	日			2.11	0.33		3.10	2.10
雇工工价	元	150.53	130.00	99.18	80.82	100.00	79.88	149.88
三、附								
1. 每亩种子用量	公斤				150.00		79.16	
2. 每亩化肥用量	公斤	25.93	43.36	5.74	33.14	42.63	22.63	31.46
3. 每亩农膜用量	公斤	2.35	7.41			4.15	4.13	

6-2-11-3 2019年大中城市露地马铃薯化肥投入情况

项 目	单位	平 均	太原市	呼和浩特市	济南市	青岛市	武汉市
一、每亩化肥金额	**元**	**156.39**	**67.25**	**143.32**	**133.54**	**332.90**	**401.23**
（一）氮肥	元	34.21	17.25	4.12			
1. 尿素	元	33.29	17.25	4.12			
2. 碳铵	元	0.92					
3. 其他氮肥	元						
（二）磷肥	元	2.21					
其中：过磷酸钙	元	2.21					
（三）钾肥	元	1.00		4.83			
其中：氯化钾	元	0.43					
（四）复混肥	元	115.09	50.00	134.37	133.54	332.90	401.23
1. 复合肥	元	114.39	50.00	134.37	133.54	332.90	401.23
其中：二铵	元	69.95	50.00	6.19			
三元素复合肥	元	25.96		128.18	133.54	259.57	230.09
2. 混配肥	元	0.70					
（五）其他肥料	元	3.88					
二、每亩化肥折纯用量	**公斤**	**29.51**	**13.57**	**23.93**	**18.54**	**38.73**	**53.07**
（一）氮肥	公斤	8.41	4.18	0.91			
1. 尿素	公斤	8.23	4.18	0.91			
2. 碳铵	公斤	0.18					
3. 其他氮肥	公斤						
（二）磷肥	公斤	0.46					
其中：过磷酸钙	公斤	0.46					
（三）钾肥	公斤	0.17		0.94			
其中：氯化钾	公斤	0.06					
（四）复混肥	公斤	20.48	9.39	22.08	18.54	38.73	53.07
1. 复合肥	公斤	20.27	9.39	22.08	18.54	38.73	53.07
其中：二铵	公斤	13.17	9.39	1.29			
三元素复合肥	公斤	3.84		20.79	18.54	30.23	30.66
2. 混配肥	公斤	0.21					

6-2-11-3 续表

项　　目	单位	重庆市	成都市	贵阳市	昆明市	兰州市	西宁市	乌鲁木齐市
一、每亩化肥金额	**元**	**183.28**	**274.63**	**40.64**	**151.74**	**252.40**	**186.71**	**150.64**
（一）氮肥	元	28.17	81.50		11.33	71.72	11.81	46.09
1. 尿素	元	26.02	81.50			70.71	11.81	46.09
2. 碳铵	元	2.15			11.33	1.01		
3. 其他氮肥	元							
（二）磷肥	元		35.40		11.55	4.39		
其中：过磷酸钙	元		35.40		11.55	4.39		
（三）钾肥	元				5.53			
其中：氯化钾	元				5.53			
（四）复混肥	元	155.11	157.73	40.64	123.33	144.51	97.63	104.55
1. 复合肥	元	155.11	157.73	40.64	123.33	144.51	77.99	104.55
其中：二铵	元					119.10	77.99	104.55
三元素复合肥	元	155.11		40.64		1.60		
2. 混配肥	元						19.64	
（五）其他肥料	元					31.78	77.27	
二、每亩化肥折纯用量	**公斤**	**25.93**	**43.36**	**5.74**	**33.14**	**42.63**	**22.63**	**31.46**
（一）氮肥	公斤	5.45	16.66		2.27	15.52	2.62	11.78
1. 尿素	公斤	5.05	16.66			15.31	2.62	11.78
2. 碳铵	公斤	0.40			2.27	0.21		
3. 其他氮肥	公斤							
（二）磷肥	公斤		5.66		3.11	0.87		
其中：过磷酸钙	公斤		5.66		3.11	0.87		
（三）钾肥	公斤				0.76			
其中：氯化钾	公斤				0.76			
（四）复混肥	公斤	20.47	21.03	5.74	27.00	26.24	20.00	19.68
1. 复合肥	公斤	20.47	21.03	5.74	27.00	26.24	14.11	19.68
其中：二铵	公斤					22.76	14.11	19.68
三元素复合肥	公斤	20.47		5.74		0.23		
2. 混配肥	公斤						5.89	

6-2-12-1 2019年大中城市露地菜花成本收益情况

项目	单位	平均	福州	厦门	南昌
每亩					
主产品产量	公斤	2168.65	1582.00	2968.00	2021.08
产值合计	元	5589.82	5318.00	7924.50	7404.95
主产品产值	元	5589.82	5318.00	7924.50	7404.95
副产品产值	元				
总成本	元	3678.06	3527.65	4651.00	2560.32
生产成本	元	3374.05	3353.65	4178.50	2320.32
物质与服务费用	元	1310.97	825.92	2307.20	611.72
人工成本	元	2063.08	2527.73	1871.30	1708.60
家庭用工折价	元	1180.90	483.73	863.80	1708.60
雇工费用	元	882.18	2044.00	1007.50	
土地成本	元	304.01	174.00	472.50	240.00
流转地租金	元	67.16	60.90	141.75	
自营地折租	元	236.85	113.10	330.75	240.00
净利润	元	1911.76	1790.35	3273.50	4844.63
现金成本	元	2260.31	2930.82	3456.45	611.72
现金收益	元	3329.51	2387.18	4468.05	6793.23
成本利润率	%	51.98	50.75	70.38	189.22
每50公斤主产品					
平均出售价格	元	128.88	168.08	133.50	183.19
总成本	元	84.80	111.49	78.35	63.34
生产成本	元	77.79	105.99	70.39	57.40
净利润	元	44.08	56.59	55.15	119.85
现金成本	元	52.11	92.63	58.23	15.13
现金收益	元	76.77	75.45	75.27	168.06
附:					
每亩用工数量	日	20.07	20.00	17.75	19.78
每亩主产品已出售数量	公斤	2168.65	1582.00	2968.00	2021.08
每亩主产品已出售产值	元	5589.82	5318.00	7924.50	7404.95
每亩成本外支出	元				

6-2-12-1 续表

项　　目	单位	武　汉	重　庆	兰　州
每亩				
主产品产量	公斤	1361.32	1656.72	2536.24
产值合计	元	4019.28	3771.66	2670.63
主产品产值	元	4019.28	3771.66	2670.63
副产品产值	元			
总成本	元	2331.74	3019.05	3929.51
生产成本	元	2083.41	2603.98	3647.36
物质与服务费用	元	933.69	719.34	1221.81
人工成本	元	1149.72	1884.64	2425.55
家庭用工折价	元	1149.72	1884.64	2425.55
雇工费用	元			
土地成本	元	248.33	415.07	282.15
流转地租金	元	37.25	102.14	
自营地折租	元	211.08	312.93	282.15
净利润	元	1687.54	752.61	-1258.88
现金成本	元	970.94	821.48	1221.81
现金收益	元	3048.34	2950.18	1448.82
成本利润率	%	72.37	24.93	-32.04
每50公斤主产品				
平均出售价格	元	147.62	113.83	52.65
总成本	元	85.64	91.12	77.47
生产成本	元	76.52	78.59	71.91
净利润	元	61.98	22.71	-24.82
现金成本	元	35.66	24.79	24.09
现金收益	元	111.96	89.04	28.56
附:				
每亩用工数量	日	13.31	21.82	28.08
每亩主产品已出售数量	公斤	1361.32	1656.72	2536.24
每亩主产品已出售产值	元	4019.28	3771.66	2670.63
每亩成本外支出	元			

6-2-12-2 2019 年大中城市露地菜花费用和用工情况

项 目	单位	平 均	福 州	厦 门	南 昌
一、每亩物质与服务费用	元	**1310.97**	**825.92**	**2307.20**	**611.72**
（一）直接费用	元	1152.82	815.02	1888.70	543.36
1. 种子费	元	140.00	119.40	100.50	82.64
2. 化肥费	元	411.83	345.00	596.40	238.63
3. 农家肥费	元	160.84	60.00	335.25	31.64
4. 农药费	元	113.95	116.00	168.40	63.50
5. 农膜费	元	35.23	82.60		
6. 租赁作业费	元	179.92	44.00	402.00	21.67
机械作业费	元	44.06	16.00		
排灌费	元	65.03	28.00	157.00	21.67
其中：水费	元	25.61	14.60	74.00	
畜力费	元	70.83		245.00	
7. 燃料动力费	元	72.94	11.80	210.50	92.38
8. 技术服务费	元	0.72	2.50		
9. 工具材料费	元	22.44	24.50	36.90	12.90
10. 修理维护费	元	14.95	9.22	38.75	
11. 其他直接费用	元				
（二）间接费用	元	158.15	10.90	418.50	68.36
1. 固定资产折旧	元	21.80	6.90	48.50	41.75
2. 保险费	元				
3. 管理费	元				
4. 财务费	元	0.58	2.00		
5. 销售费	元	135.77	2.00	370.00	26.61
二、每亩人工成本	元	**2063.08**	**2527.73**	**1871.30**	**1708.60**
1. 家庭用工折价	元	1180.90	483.73	863.80	1708.60
家庭用工天数	日	13.67	5.60	10.00	19.78
劳动日工价	元	86.38	86.38	86.38	86.38
2. 雇工费用	元	882.18	2044.00	1007.50	
雇工天数	日	6.40	14.40	7.75	
雇工工价	元	137.84	141.94	130.00	120.00
三、附					
1. 每亩种子用量	公斤				
2. 每亩化肥用量	公斤	54.05	45.83	76.26	21.48
3. 每亩农膜用量	公斤	2.56	5.58		

6-2-12-2 续表

项　　目	单位	武　汉	重　庆	兰　州
一、每亩物质与服务费用	**元**	**933.69**	**719.34**	**1221.81**
（一）直接费用	元	850.31	707.80	1119.32
1. 种子费	元	92.23	124.04	304.13
2. 化肥费	元	224.00	251.88	467.91
3. 农家肥费	元	301.68	61.58	42.18
4. 农药费	元	73.33	141.64	66.17
5. 农膜费	元			64.94
6. 租赁作业费	元	139.15	115.21	162.97
机械作业费	元	116.43	115.21	122.86
排灌费	元	22.72		40.11
其中：水费	元			
畜力费	元			
7. 燃料动力费	元		3.36	
8. 技术服务费	元			
9. 工具材料费	元	14.46	8.31	8.74
10. 修理维护费	元	5.46	1.78	2.28
11. 其他直接费用	元			
（二）间接费用	元	83.38	11.54	102.49
1. 固定资产折旧	元	12.86	11.54	
2. 保险费	元			
3. 管理费	元			
4. 财务费	元			
5. 销售费	元	70.52		102.49
二、每亩人工成本	**元**	**1149.72**	**1884.64**	**2425.55**
1. 家庭用工折价	元	1149.72	1884.64	2425.55
家庭用工天数	日	13.31	21.82	28.08
劳动日工价	元	86.38	86.38	86.38
2. 雇工费用	元			
雇工天数	日			
雇工工价	元	108.33	151.74	100.00
三、附				
1. 每亩种子用量	公斤			
2. 每亩化肥用量	公斤	20.81	37.01	73.51
3. 每亩农膜用量	公斤			5.41

6-2-12-3 2019年大中城市露地菜花化肥投入情况

项　　目	单位	平　均	福　州	厦　门	南　昌
一、每亩化肥金额	元	**411.83**	**345.00**	**596.40**	**238.63**
（一）氮肥	元	37.92	57.20	24.90	
1. 尿素	元	37.39	57.20	24.90	
2. 碳铵	元	0.53			
3. 其他氮肥	元				
（二）磷肥	元	24.51		71.50	
其中：过磷酸钙	元	24.51		71.50	
（三）钾肥	元	144.55		500.00	
其中：氯化钾	元	144.55		500.00	
（四）复混肥	元	193.97	287.80		238.63
1. 复合肥	元	193.97	287.80		238.63
其中：二铵	元	27.96			
三元素复合肥	元	74.23	46.80		238.63
2. 混配肥	元				
（五）其他肥料	元	10.88			
二、每亩化肥折纯用量	公斤	**54.05**	**45.83**	**76.26**	**21.48**
（一）氮肥	公斤	7.53	11.04	4.26	
1. 尿素	公斤	7.42	11.04	4.26	
2. 碳铵	公斤	0.11			
3. 其他氮肥	公斤				
（二）磷肥	公斤	3.72		10.20	
其中：过磷酸钙	公斤	3.72		10.20	
（三）钾肥	公斤	17.87		61.80	
其中：氯化钾	公斤	17.87		61.80	
（四）复混肥	公斤	24.94	34.79		21.48
1. 复合肥	公斤	24.94	34.79		21.48
其中：二铵	公斤	5.62			
三元素复合肥	公斤	7.91	5.94		21.48
2. 混配肥	公斤				

6-2-12-3　续表

项　　目	单位	武　汉	重　庆	兰　州
一、每亩化肥金额	**元**	**224.00**	**251.88**	**467.91**
（一）氮肥	元		57.41	66.95
1. 尿素	元		57.41	63.89
2. 碳铵	元			3.06
3. 其他氮肥	元			
（二）磷肥	元			21.94
其中：过磷酸钙	元			21.94
（三）钾肥	元			
其中：氯化钾	元			
（四）复混肥	元	224.00	194.47	316.77
1. 复合肥	元	224.00	194.47	316.77
其中：二铵	元			159.99
三元素复合肥	元	224.00	177.87	34.41
2. 混配肥	元			
（五）其他肥料	元			62.25
二、每亩化肥折纯用量	**公斤**	**20.81**	**37.01**	**73.51**
（一）氮肥	公斤		10.98	15.06
1. 尿素	公斤		10.98	14.41
2. 碳铵	公斤			0.65
3. 其他氮肥	公斤			
（二）磷肥	公斤			4.39
其中：过磷酸钙	公斤			4.39
（三）钾肥	公斤			
其中：氯化钾	公斤			
（四）复混肥	公斤	20.81	26.03	54.06
1. 复合肥	公斤	20.81	26.03	54.06
其中：二铵	公斤			32.13
三元素复合肥	公斤	20.81	23.67	4.93
2. 混配肥	公斤			

6-2-13-1　2019 年大中城市露地萝卜成本收益情况

项　　目	单位	平　均	石家庄市	长春市	南昌市	青岛市
每亩						
主产品产量	公斤	4914.82	3333.33	3164.29	3740.42	3912.65
产值合计	元	3653.42	2716.75	3341.57	5759.45	2299.02
主产品产值	元	3653.42	2716.75	3341.57	5759.45	2299.02
副产品产值	元					
总成本	元	2842.87	2747.11	3006.71	2544.20	1575.49
生产成本	元	2410.61	2197.11	2406.71	2304.20	1250.49
物质与服务费用	元	1112.55	612.78	804.96	601.65	708.02
人工成本	元	1298.06	1584.33	1601.75	1702.55	542.47
家庭用工折价	元	848.77	1532.90	1301.75	1702.55	542.47
雇工费用	元	449.29	51.43	300.00		
土地成本	元	432.26	550.00	600.00	240.00	325.00
流转地租金	元	53.75	35.88	108.00		81.25
自营地折租	元	378.51	514.12	492.00	240.00	243.75
净利润	元	810.55	-30.36	334.86	3215.25	723.53
现金成本	元	1615.59	700.09	1212.96	601.65	789.27
现金收益	元	2037.83	2016.66	2128.61	5157.80	1509.75
成本利润率	%	28.51	-1.11	11.14	126.38	45.92
每 50 公斤主产品						
平均出售价格	元	37.17	40.75	52.80	76.99	29.38
总成本	元	28.92	41.21	47.51	34.01	20.13
生产成本	元	24.53	32.96	38.03	30.80	15.98
净利润	元	8.25	-0.46	5.29	42.98	9.25
现金成本	元	16.44	10.50	19.17	8.04	10.09
现金收益	元	20.73	30.25	33.63	68.95	19.29
附：						
每亩用工数量	日	16.51	18.40	18.07	19.71	6.28
每亩主产品已出售数量	公斤	4352.29	3288.65	3164.29	3740.42	1722.45
每亩主产品已出售产值	元	3170.19	2680.54	3341.57	5759.45	416.67
每亩成本外支出	元					

6-2-13-1　续表

项　　目	单位	郑州市	重庆市	贵阳市	昆明市	兰州市
每亩						
主产品产量	公斤	3827. 50	4303. 94	3722. 19	7071. 43	4350. 16
产值合计	元	2743. 23	4654. 01	4875. 85	4689. 29	3932. 45
主产品产值	元	2743. 23	4654. 01	4875. 85	4689. 29	3932. 45
副产品产值	元					
总成本	元	2131. 21	2918. 40	2518. 45	4177. 47	1866. 19
生产成本	元	1749. 95	2544. 31	2272. 88	3635. 97	1566. 19
物质与服务费用	元	516. 02	729. 98	546. 05	2020. 55	415. 26
人工成本	元	1233. 93	1814. 33	1726. 83	1615. 42	1150. 93
家庭用工折价	元	1182. 89	1814. 33	1392. 27	443. 99	1150. 93
雇工费用	元	51. 04		334. 56	1171. 43	
土地成本	元	381. 26	374. 09	245. 57	541. 50	300. 00
流转地租金	元	73. 63	87. 22	16. 62	43. 32	
自营地折租	元	307. 63	286. 87	228. 95	498. 18	300. 00
净利润	元	612. 02	1735. 61	2357. 40	511. 82	2066. 26
现金成本	元	640. 69	817. 20	897. 23	3235. 30	415. 26
现金收益	元	2102. 54	3836. 81	3978. 62	1453. 99	3517. 19
成本利润率	%	28. 72	59. 47	93. 60	12. 25	110. 72
每 50 公斤主产品						
平均出售价格	元	35. 84	54. 07	65. 50	33. 16	45. 20
总成本	元	27. 84	33. 91	33. 83	29. 54	21. 45
生产成本	元	22. 86	29. 56	30. 53	25. 71	18. 00
净利润	元	8. 00	20. 16	31. 67	3. 62	23. 75
现金成本	元	8. 37	9. 49	12. 05	22. 88	4. 77
现金收益	元	27. 47	44. 58	53. 45	10. 28	40. 43
附:						
每亩用工数量	日	14. 21	21. 00	19. 49	23. 14	13. 32
每亩主产品已出售数量	公斤	3827. 50	4303. 94	3722. 19	7071. 43	4350. 16
每亩主产品已出售产值	元	2743. 23	4654. 01	4875. 85	4689. 29	3932. 45
每亩成本外支出	元					

6-2-13-2　2019年大中城市露地萝卜费用和用工情况

项　　目	单位	平　均	石家庄市	长春市	南昌市	青岛市
一、每亩物质与服务费用	元	**1112.55**	**612.78**	**804.96**	**601.65**	**708.02**
（一）直接费用	元	900.39	604.88	563.57	535.50	703.67
1. 种子费	元	83.83	80.09	65.71	49.61	62.87
2. 化肥费	元	213.43	180.46	123.29	235.58	199.10
3. 农家肥费	元	189.60	157.72	192.43	55.58	
4. 农药费	元	198.67	40.25	32.43	55.20	89.30
5. 农膜费	元	25.92				
6. 租赁作业费	元	151.80	140.62	129.07	40.00	246.55
机械作业费	元	95.26	76.33	112.14	16.67	155.00
排灌费	元	56.54	64.29	16.93	23.33	91.55
其中：水费	元					
畜力费	元					
7. 燃料动力费	元	4.60			86.61	
8. 技术服务费	元					
9. 工具材料费	元	30.74	3.09	10.11	12.92	104.45
10. 修理维护费	元	1.80	2.65	10.53		1.40
11. 其他直接费用	元					
（二）间接费用	元	212.16	7.90	241.39	66.15	4.35
1. 固定资产折旧	元	8.17	7.90	9.68	46.22	4.35
2. 保险费	元					
3. 管理费	元					
4. 财务费	元					
5. 销售费	元	203.99		231.71	19.93	
二、每亩人工成本	元	**1298.06**	**1584.33**	**1601.75**	**1702.55**	**542.47**
1. 家庭用工折价	元	848.77	1532.90	1301.75	1702.55	542.47
家庭用工天数	日	9.83	17.75	15.07	19.71	6.28
劳动日工价	元	86.38	86.38	86.38	86.38	86.38
2. 雇工费用	元	449.29	51.43	300.00		
雇工天数	日	6.68	0.65	3.00		
雇工工价	元	67.26	79.12	100.00	120.00	120.00
三、附						
1. 每亩种子用量	公斤					
2. 每亩化肥用量	公斤	28.02	36.52	22.80	21.20	19.05
3. 每亩农膜用量	公斤	1.93				

6-2-13-2　续表

项　目	单位	郑州市	重庆市	贵阳市	昆明市	兰州市
一、每亩物质与服务费用	元	**516.02**	**729.98**	**546.05**	**2020.55**	**415.26**
（一）直接费用	元	470.26	714.73	343.56	1500.55	402.43
1. 种子费	元	63.31	115.54	51.70	121.43	32.68
2. 化肥费	元	177.29	262.02	143.25	268.70	162.54
3. 农家肥费	元	52.39	51.25	55.94	441.29	27.02
4. 农药费	元	46.56	109.44	23.36	461.14	22.14
5. 农膜费	元		30.68	23.37	67.14	11.55
6. 租赁作业费	元	117.52	132.28		139.49	132.27
机械作业费	元	63.13	132.28		85.71	96.82
排灌费	元	54.39			53.78	35.45
其中：水费	元					
畜力费	元					
7. 燃料动力费	元		3.41	27.54		
8. 技术服务费	元					
9. 工具材料费	元	10.81	8.43	12.62	1.36	12.02
10. 修理维护费	元	2.38	1.68	5.78		2.21
11. 其他直接费用	元					
（二）间接费用	元	45.76	15.25	202.49	520.00	12.83
1. 固定资产折旧	元	9.62	11.92	49.81		
2. 保险费	元					
3. 管理费	元					
4. 财务费	元					
5. 销售费	元	36.14	3.33	152.68	520.00	12.83
二、每亩人工成本	元	**1233.93**	**1814.33**	**1726.83**	**1615.42**	**1150.93**
1. 家庭用工折价	元	1182.89	1814.33	1392.27	443.99	1150.93
家庭用工天数	日	13.69	21.00	16.12	5.14	13.32
劳动日工价	元	86.38	86.38	86.38	86.38	86.38
2. 雇工费用	元	51.04		334.56	1171.43	
雇工天数	日	0.52		3.37	18.00	
雇工工价	元	98.15	144.76	99.28	65.08	100.00
三、附						
1. 每亩种子用量	公斤					
2. 每亩化肥用量	公斤	27.56	37.22	22.28	34.39	24.28
3. 每亩农膜用量	公斤		2.17	1.75	5.00	0.97

6-2-13-3 2019年大中城市露地萝卜化肥投入情况

项　目	单位	平　均	石家庄市	长春市	南昌市	青岛市
一、每亩化肥金额	**元**	**213.43**	**180.46**	**123.29**	**235.58**	**199.10**
（一）氮肥	元	21.01	77.53	84.61		
1. 尿素	元	21.01	77.53	84.61		
2. 碳铵	元					
3. 其他氮肥	元					
（二）磷肥	元	6.40				
其中：过磷酸钙	元	6.40				
（三）钾肥	元					
其中：氯化钾	元					
（四）复混肥	元	173.05	102.93	22.93	235.58	157.43
1. 复合肥	元	173.05	102.93	22.93	235.58	157.43
其中：二铵	元	9.89	38.23	22.93		
三元素复合肥	元	134.08	64.70		235.58	157.43
2. 混配肥	元					
（五）其他肥料	元	12.97		15.75		41.67
二、每亩化肥折纯用量	**公斤**	**28.02**	**36.52**	**22.80**	**21.20**	**19.05**
（一）氮肥	公斤	4.45	18.04	18.37		
1. 尿素	公斤	4.45	18.04	18.37		
2. 碳铵	公斤					
3. 其他氮肥	公斤					
（二）磷肥	公斤	1.49				
其中：过磷酸钙	公斤	1.49				
（三）钾肥	公斤					
其中：氯化钾	公斤					
（四）复混肥	公斤	22.08	18.49	4.43	21.20	19.05
1. 复合肥	公斤	22.08	18.49	4.43	21.20	19.05
其中：二铵	公斤	2.00	8.13	4.43		
三元素复合肥	公斤	17.03	10.36		21.20	19.05
2. 混配肥	公斤					

6-2-13-3 续表

项　　目	单位	郑州市	重庆市	贵阳市	昆明市	兰州市
一、每亩化肥金额	**元**	**177.29**	**262.02**	**143.25**	**268.70**	**162.54**
（一）氮肥	元		22.57	29.24	17.50	20.90
1. 尿素	元		22.57	29.24	17.50	20.90
2. 碳铵	元					
3. 其他氮肥	元					
（二）磷肥	元			11.47	15.00	10.90
其中：过磷酸钙	元			11.47	15.00	10.90
（三）钾肥	元					
其中：氯化钾	元					
（四）复混肥	元	177.29	239.45	102.54	233.91	109.79
1. 复合肥	元	177.29	239.45	102.54	233.91	109.79
其中：二铵	元	37.71				35.11
三元素复合肥	元	112.50	187.53	102.54	166.77	22.90
2. 混配肥	元					
（五）其他肥料	元				2.29	20.95
二、每亩化肥折纯用量	**公斤**	**27.56**	**37.22**	**22.28**	**34.39**	**24.28**
（一）氮肥	公斤		4.30	5.47	3.29	4.75
1. 尿素	公斤		4.30	5.47	3.29	4.75
2. 碳铵	公斤					
3. 其他氮肥	公斤					
（二）磷肥	公斤			2.20	3.64	2.17
其中：过磷酸钙	公斤			2.20	3.64	2.17
（三）钾肥	公斤					
其中：氯化钾	公斤					
（四）复混肥	公斤	27.57	32.91	14.61	27.46	17.36
1. 复合肥	公斤	27.57	32.91	14.61	27.46	17.36
其中：二铵	公斤	7.33				6.98
三元素复合肥	公斤	16.46	25.20	14.61	21.03	3.23
2. 混配肥	公斤					

6-2-14-1　2019年大中城市露地豆角成本收益情况

项　　目	单位	平　均	长春市	哈尔滨市	杭州市
每亩					
主产品产量	公斤	1967.54	2140.83	1915.00	2435.20
产值合计	元	8742.36	4644.83	6774.33	24339.00
主产品产值	元	8742.36	4644.83	6774.33	24339.00
副产品产值	元				
总成本	元	4071.09	4282.07	4130.65	5876.10
生产成本	元	3704.90	3682.07	3630.65	5380.60
物质与服务费用	元	1015.20	925.06	1082.44	1287.82
人工成本	元	2689.70	2757.01	2548.21	4092.78
家庭用工折价	元	2585.87	2490.34	2548.21	3805.90
雇工费用	元	103.83	266.67		286.88
土地成本	元	366.19	600.00	500.00	495.50
流转地租金	元	53.36	108.00	50.00	303.25
自营地折租	元	312.83	492.00	450.00	192.25
净利润	元	4671.27	362.76	2643.68	18462.90
现金成本	元	1172.39	1299.73	1132.44	1877.95
现金收益	元	7569.97	3345.10	5641.89	22461.05
成本利润率	%	114.74	8.47	64.00	314.20
每50公斤主产品					
平均出售价格	元	222.16	108.48	176.88	499.73
总成本	元	103.45	100.01	107.85	120.65
生产成本	元	94.15	85.99	94.80	110.47
净利润	元	118.71	8.47	69.03	379.08
现金成本	元	29.79	30.36	29.57	38.56
现金收益	元	192.37	78.12	147.31	461.17
附：					
每亩用工数量	日	30.84	31.50	29.50	46.19
每亩主产品已出售数量	公斤	1967.54	2140.83	1915.00	2435.20
每亩主产品已出售产值	元	8742.36	4644.83	6774.33	24339.00
每亩成本外支出	元				

6-2-14-1 续表

项　　目	单位	南昌市	武汉市	成都市	贵阳市
每亩					
主产品产量	公斤	2178.55	1999.73	1753.33	1847.30
产值合计	元	7202.51	8151.92	7013.33	7834.35
主产品产值	元	7202.51	8151.92	7013.33	7834.35
副产品产值	元				
总成本	元	3020.93	4064.28	3877.14	3777.36
生产成本	元	2780.93	3804.28	3547.14	3543.00
物质与服务费用	元	697.44	1585.15	1191.54	814.86
人工成本	元	2083.49	2219.13	2355.60	2728.14
家庭用工折价	元	2083.49	2111.99	2075.71	2728.14
雇工费用	元		107.14	279.89	
土地成本	元	240.00	260.00	330.00	234.36
流转地租金	元		18.20		7.00
自营地折租	元	240.00	241.80	330.00	227.36
净利润	元	4181.58	4087.64	3136.19	4056.99
现金成本	元	697.44	1710.49	1471.43	821.86
现金收益	元	6505.07	6441.43	5541.90	7012.49
成本利润率	%	138.42	100.57	80.89	107.40
每50公斤主产品					
平均出售价格	元	165.31	203.83	200.00	212.05
总成本	元	69.34	101.62	110.56	102.24
生产成本	元	63.83	95.12	101.15	95.90
净利润	元	95.97	102.21	89.44	109.81
现金成本	元	16.01	42.77	41.96	22.25
现金收益	元	149.30	161.06	158.04	189.80
附：					
每亩用工数量	日	24.12	25.16	26.55	31.58
每亩主产品已出售数量	公斤	2178.55	1999.73	1753.33	1847.30
每亩主产品已出售产值	元	7202.51	8151.92	7013.33	7834.35
每亩成本外支出	元				

6-2-14-2　2019年大中城市露地豆角费用和用工情况

项　　目	单位	平　均	长春市	哈尔滨市	杭州市
一、每亩物质与服务费用	元	**218.23**	**84.27**	**34.94**	**503.41**
（一）直接费用	元	48.22	61.22		87.88
1. 种子费	元	48.22	61.22		87.88
2. 化肥费	元				
3. 农家肥费	元				
4. 农药费	元	0.58			
5. 农膜费	元	0.58			
6. 租赁作业费	元	7.01		34.94	
机械作业费	元				
排灌费	元	161.56	23.05		415.53
其中：水费	元	161.56	23.05		415.53
畜力费	元	2.30	23.05		
7. 燃料动力费	元	102.53			112.99
8. 技术服务费	元				
9. 工具材料费	元	0.86			
10. 修理维护费	元	30.52	17.56	5.38	81.21
11. 其他直接费用	元	8.42	13.17		19.83
（二）间接费用	元	8.42	13.17		19.83
1. 固定资产折旧	元				
2. 保险费	元				
3. 管理费	元	0.10			
4. 财务费	元	0.10			
5. 销售费	元	1.08		5.38	
二、每亩人工成本	元				
1. 家庭用工折价	元	20.92	4.39		61.38
家庭用工天数	日	20.92	4.39		61.38
劳动日工价	元	0.44	4.39		
2. 雇工费用	元	13.07			16.55
雇工天数	日	0.90	2.67		2.13
雇工工价	元	115.37	99.88	110.00	134.69
三、附					
1. 每亩种子用量	公斤				
2. 每亩化肥用量	公斤	30.52	17.56	5.38	81.21
3. 每亩农膜用量	公斤	5.80	0.86	5.18	

6-2-14-2 续表

项　　目	单位	南昌市	武汉市	成都市	贵阳市
一、每亩物质与服务费用	元	**697.44**	**1585.15**	**1191.54**	**814.86**
（一）直接费用	元	631.02	1478.04	1003.23	752.36
1. 种子费	元	99.65	213.06	137.30	83.80
2. 化肥费	元	121.13	580.72	375.47	175.71
3. 农家肥费	元	61.13		66.52	54.13
4. 农药费	元	69.53	249.20	109.26	49.36
5. 农膜费	元	104.05	44.30	104.82	111.18
6. 租赁作业费	元	38.20	108.57	134.00	
机械作业费	元	16.67	100.00	120.00	
排灌费	元	21.53	8.57	14.00	
其中：水费	元			14.00	
畜力费	元				
7. 燃料动力费	元	70.24	19.10		28.82
8. 技术服务费	元				
9. 工具材料费	元	67.09	257.14	69.45	244.97
10. 修理维护费	元		5.95	6.41	4.39
11. 其他直接费用	元				
（二）间接费用	元	66.42	107.11	188.31	62.50
1. 固定资产折旧	元	42.42	49.30	23.42	56.77
2. 保险费	元				
3. 管理费	元				
4. 财务费	元				
5. 销售费	元	24.00	57.81	164.89	5.73
二、每亩人工成本	元	**2083.49**	**2219.13**	**2355.60**	**2728.14**
1. 家庭用工折价	元	2083.49	2111.99	2075.71	2728.14
家庭用工天数	日	24.12	24.45	24.03	31.58
劳动日工价	元	86.38	86.38	86.38	86.38
2. 雇工费用	元		107.14	279.89	
雇工天数	日		0.71	2.52	
雇工工价	元	120.00	150.90	111.07	124.36
三、附					
1. 每亩种子用量	公斤				
2. 每亩化肥用量	公斤	10.90	64.66	51.40	23.97
3. 每亩农膜用量	公斤	7.43	3.53	7.34	8.77

6-2-14-3　2019年大中城市露地豆角化肥投入情况

项　　目	单位	平　均	长春市	哈尔滨市	杭州市
一、每亩化肥金额	元	**218.23**	**84.27**	**34.94**	**503.41**
（一）氮肥	元	48.22	61.22		87.88
1. 尿素	元	48.22	61.22		87.88
2. 碳铵	元				
3. 其他氮肥	元				
（二）磷肥	元	0.58			
其中：过磷酸钙	元	0.58			
（三）钾肥	元	7.01		34.94	
其中：氯化钾	元				
（四）复混肥	元	161.56	23.05		415.53
1. 复合肥	元	161.56	23.05		415.53
其中：二铵	元	2.30	23.05		
三元素复合肥	元	102.53			112.99
2. 混配肥	元				
（五）其他肥料	元	0.86			
二、每亩化肥折纯用量	公斤	**30.52**	**17.56**	**5.38**	**81.21**
（一）氮肥	公斤	8.42	13.17		19.83
1. 尿素	公斤	8.42	13.17		19.83
2. 碳铵	公斤				
3. 其他氮肥	公斤				
（二）磷肥	公斤	0.10			
其中：过磷酸钙	公斤	0.10			
（三）钾肥	公斤	1.08		5.38	
其中：氯化钾	公斤				
（四）复混肥	公斤	20.92	4.39		61.38
1. 复合肥	公斤	20.92	4.39		61.38
其中：二铵	公斤	0.44	4.39		
三元素复合肥	公斤	13.07			16.55
2. 混配肥	公斤	0.42			

6-2-14-3 续表

项　　目	单位	南　昌	武　汉	成　都	贵　阳
一、每亩化肥金额	**元**	**121.13**	**580.72**	**375.47**	**175.71**
（一）氮肥	元			149.18	32.84
1. 尿素	元			149.18	32.84
2. 碳铵	元				
3. 其他氮肥	元				
（二）磷肥	元				1.85
其中：过磷酸钙	元				1.85
（三）钾肥	元				
其中：氯化钾	元				
（四）复混肥	元	121.13	564.39	226.29	141.02
1. 复合肥	元	121.13	564.39	226.29	141.02
其中：二铵	元				
三元素复合肥	元	121.13	42.86	226.29	141.02
2. 混配肥	元				
（五）其他肥料	元		16.33		
二、每亩化肥折纯用量	**公斤**	**10.90**	**64.66**	**51.40**	**23.97**
（一）氮肥	公斤			21.45	5.86
1. 尿素	公斤			21.45	5.86
2. 碳铵	公斤				
3. 其他氮肥	公斤				
（二）磷肥	公斤				0.33
其中：过磷酸钙	公斤				0.33
（三）钾肥	公斤				
其中：氯化钾	公斤				
（四）复混肥	公斤	10.90	64.66	29.95	17.78
1. 复合肥	公斤	10.90	64.66	29.95	17.78
其中：二铵	公斤				
三元素复合肥	公斤	10.90	6.43	29.95	17.78
2. 混配肥	公斤				

七、各地区畜产品

7-1-1 2019年各地区本种绵羊成本收益情况

项目	单位	平均	内蒙古	四川	甘肃
每百只					
产品畜数量	只	47.75	68.46	31.49	25.37
毛（绒）产量	公斤	140.76	167.50	148.94	76.19
产值合计	元	44965.94	76924.64	64626.38	22594.09
产品畜产值	元	43499.34	75622.04	61541.70	21973.98
毛（绒）产值	元	767.06	1002.24	2257.45	358.77
副产品产值	元	699.54	300.36	827.23	261.34
总成本	元	31959.87	59314.55	30846.68	22900.39
生产成本	元	31502.81	59314.55	30846.68	22900.39
物质与服务费用	元	21464.64	47327.69	17209.78	10394.80
人工成本	元	10038.17	11986.86	13636.90	12505.59
家庭用工折价	元	6924.39	5240.67	13636.90	11049.21
雇工费用	元	3113.78	6746.18		1456.38
土地成本	元	457.06			
净利润	元	13006.07	17610.09	33779.70	-306.30
成本利润率	元	40.69	29.69	109.51	-1.34
每50公斤					
产品畜（活重）平均出售价格	元	1159.89	1368.45	1964.15	1473.53
产品畜（活重）总成本	元	824.40	1055.18	937.50	1493.51
毛（绒）平均出售价格	元	272.47	299.18	757.84	235.44
毛（绒）总成本	元	193.66	230.69	361.72	238.63
每只					
产品畜（活重）平均出售价格	元	910.98	1104.62	1954.33	866.14
产品畜（活重）总成本	元	647.49	851.74	932.82	877.88
附：					
每只产品畜平均活重	公斤	39.27	40.36	49.75	29.39
每百只出栏畜数量	只	44.95	59.51	38.72	12.91
每百只出栏畜产值	元	41654.18	68482.09	75872.77	15874.41

7-1-1 续表

项　目	单位	青　海	宁　夏	新　疆	附：西　藏
每百只					
产品畜数量	只	25.54	50.79	68.56	40.00
毛（绒）产量	公斤	115.14	174.82	170.42	104.34
产值合计	元	29278.20	80146.00	48466.53	57607.38
产品畜产值	元	28224.49	66931.75	47251.51	54000.00
毛（绒）产值	元	748.24	1041.31	724.52	2712.84
副产品产值	元	305.47	12172.94	490.50	894.54
总成本	元	21441.11	25981.93	32229.59	46719.51
生产成本	元	20260.75	25794.11	32229.59	46719.51
物质与服务费用	元	11514.76	12569.06	22714.33	27639.51
人工成本	元	8745.99	13225.05	9515.26	19080.00
家庭用工折价	元	5964.45	13182.28	7275.70	19080.00
雇工费用	元	2781.54	42.77	2239.56	
土地成本	元	1180.36	187.82		
净利润	元	7837.09	54164.07	16236.94	10887.87
成本利润率	元	36.55	208.47	50.38	23.30
每 50 公斤					
产品畜（活重）平均出售价格	元	1320.01	1593.49	909.23	1227.27
产品畜（活重）总成本	元	966.67	516.58	604.63	995.00
毛（绒）平均出售价格	元	324.93	297.82	212.57	1300.00
毛（绒）总成本	元	237.95	96.55	141.36	1054.25
每只					
产品畜（活重）平均出售价格	元	1105.11	1317.81	689.20	1350.00
产品畜（活重）总成本	元	809.30	427.21	458.31	1094.84
附：					
每只产品畜平均活重	公斤	41.86	41.35	37.90	55.00
每百只出栏畜数量	只	26.05	46.16	67.81	25.00
每百只出栏畜产值	元	28845.71	61017.92	46700.70	17550.00

7-1-2　2019 年各地区本种绵羊费用和用工情况

项　　目	单位	平　均	内蒙古	四　川	甘　肃
一、每百只物质与服务费用	**元**	**21464. 64**	**47327. 69**	**17209. 78**	**10394. 80**
（一）直接费用	元	20964. 91	46933. 77	16822. 97	10035. 88
1. 幼畜购进费	元	17. 45		3290. 21	
2. 精饲料、饲盐费	元	1308. 52	2113. 21	2862. 55	342. 14
3. 饲盐费		85. 88	364. 16		
4. 饲草费	元	17022. 10	41388. 62	7868. 08	7442. 47
5. 饲料加工费	元	86. 05		207. 23	134. 68
6. 燃料动力费	元	212. 94	608. 11	265. 11	181. 73
7. 医疗防疫费	元	586. 61	468. 28	252. 34	264. 72
8. 配种费	元	705. 99	1448. 44	984. 26	760. 88
9. 死亡损失费	元	453. 34	402. 71	685. 53	627. 94
10. 放牧用具费	元	164. 63	65. 37	166. 38	135. 39
11. 技术服务费	元				
12. 修理维护费	元	172. 47	74. 87	241. 28	145. 93
13. 其他直接费用	元	148. 93			
（二）间接费用	元	499. 73	393. 92	386. 81	358. 92
1. 固定资产折旧	元	356. 75	393. 92	386. 81	208. 33
2. 草场建设费	元	44. 75			34. 23
3. 管理费	元	0. 18			
4. 销售费	元	3. 17			
5. 财务费	元	10. 94			
6. 保险费	元	83. 94			116. 36
二、每百只人工成本	**元**	**10038. 17**	**11986. 86**	**13636. 90**	**12505. 59**
1. 家庭用工折价	元	6924. 39	5240. 67	13636. 90	11049. 21
家庭用工天数	日	80. 16	60. 67	157. 87	127. 91
劳动日工价	元	86. 38	86. 38	86. 38	86. 38
2. 雇工费用	元	3113. 78	6746. 18		1456. 38
雇工天数	日	28. 49	55. 95		11. 80
雇工工价	元	109. 29	120. 58	130. 00	123. 42
三、附					
每百只耗粮数量	公斤	700. 24	1211. 00	942. 13	111. 83

7-1-2 续表

项 目	单位	青 海	宁 夏	新 疆	附：西 藏
一、每百只物质与服务费用	元	**11514.76**	**12569.06**	**22714.33**	**27639.51**
（一）直接费用	元	10870.16	12152.89	22282.28	27061.86
1. 幼畜购进费	元	11.96			580.00
2. 精饲料费	元	414.73	6189.80	1731.22	632.56
3. 饲盐费	元	7.13		56.44	21656.45
4. 饲草费	元	9000.07	4099.36	16828.38	135.63
5. 饲料加工费	元		222.74	209.90	326.54
6. 燃料动力费	元	205.26	258.86	6.06	412.00
7. 医疗防疫费	元	224.13	329.29	1196.17	865.04
8. 配种费	元	214.08	571.21	873.29	523.14
9. 死亡损失费	元	307.29	314.82	618.61	698.64
10. 放牧用具费	元	177.12		227.19	
11. 技术服务费	元				654.21
12. 修理维护费	元	178.37	166.81	226.38	577.65
13. 其他直接费用		130.02		308.64	
（二）间接费用	元	644.60	416.17	432.05	917.85
1. 固定资产折旧	元	348.34	321.09	388.22	690.73
2. 草场建设费	元	109.31			
3. 管理费	元	0.48			62.12
4. 销售费	元	1.22	95.08		165.00
5. 财务费	元	28.59			
6. 保险费	元	156.66		43.83	
二、每百只人工成本	元	**8745.99**	**13225.05**	**9515.26**	**19080.00**
1. 家庭用工折价	元	5964.45	13182.28	7275.70	19080.00
家庭用工天数	日	69.05	152.61	84.23	212.00
劳动日工价	元	86.38	86.38	86.38	90.00
2. 雇工费用	元	2781.54	42.77	2239.56	
雇工天数	日	27.02	0.39	22.24	
雇工工价	元	102.94	109.66	100.70	
三、附					
每百只耗粮数量	公斤	116.39	3101.20	1052.35	60.00

7-2-1 2019年各地区改良绵羊成本收益情况

项　　目	单位	平　均	内蒙古	甘　肃	青　海	宁　夏	新　疆
每百只							
产品畜数量	只	51.50	68.09	65.14	24.83	52.13	63.88
毛（绒）产量	公斤	217.47	388.99	151.17	146.15	124.19	328.61
产值合计	元	56359.52	89832.41	53037.45	38647.07	76351.78	59750.74
产品畜产值	元	48632.55	83028.00	49444.63	28835.58	66270.60	50146.66
毛（绒）产值	元	3981.68	6377.23	2234.89	1953.59	722.74	8724.46
副产品产值	元	3745.29	427.18	1357.93	7857.90	9358.44	879.62
总成本	元	31577.88	58375.40	26970.16	23393.38	26168.15	34431.83
生产成本	元	30850.75	58375.40	26903.80	21211.29	26000.35	34431.83
物质与服务费用	元	19887.99	46336.88	14103.15	12291.45	12521.53	24162.75
人工成本	元	10962.76	12038.52	12800.65	8919.84	13478.82	10269.08
家庭用工折价	元	7312.84	10728.48	6332.35	5476.92	13409.20	7231.47
雇工费用	元	3649.92	1310.04	6468.31	3442.91	69.62	3037.61
土地成本	元	727.13		66.36	2182.09	167.80	
净利润	元	24781.64	31457.01	26067.29	15253.69	50183.63	25318.91
成本利润率	元	78.48	53.89	96.65	65.21	191.77	73.53
每50公斤							
产品畜（活重）平均出售价格	元	1132.28	1396.46	955.02	1306.03	1532.00	1011.35
产品畜（活重）总成本	元	634.41	907.46	485.64	790.55	525.06	582.80
毛（绒）平均出售价格	元	915.46	819.72	739.20	668.35	290.98	1327.48
毛（绒）总成本	元	512.93	532.68	375.89	404.56	99.73	764.97
每只							
产品畜（活重）平均出售价格	元	944.32	1219.39	759.05	1161.32	1271.26	785.01
产品畜（活重）总成本	元	529.10	792.39	385.99	702.96	435.70	452.37
附：							
每只产品畜平均活重	公斤	41.70	43.66	39.74	44.46	41.49	38.81
每百只出栏畜数量	只	50.46	68.61	63.86	24.37	46.90	62.62
每百只出栏畜产值	元	47558.35	82790.02	48710.16	28229.96	59925.59	49069.09

7-2-2　2019年各地区改良绵羊费用和用工情况

项　　目	单位	平　均	内蒙古	甘　肃	青　海	宁　夏	新　疆
一、每百只物质与服务费用	元	**19887.99**	**46336.88**	**14103.15**	**12291.45**	**12521.53**	**24162.75**
（一）直接费用	元	18978.45	45942.58	12664.00	11294.16	12178.92	23544.18
1. 幼畜购进费	元	480.67		1083.42	601.28		
2. 精饲料费	元	2741.60	8065.39	959.78	1410.91	6522.80	2424.48
3. 饲盐费	元	94.29	281.50	57.56	35.24		140.45
4. 饲草费	元	12415.16	34062.94	5583.26	7987.08	4035.88	16582.06
5. 饲料加工费	元	144.38		79.77	1.54	193.77	515.46
6. 燃料动力费	元	521.13	324.97	1385.83	293.79	221.07	
7. 医疗防疫费	元	477.82	762.40	238.49	217.95	316.49	1038.66
8. 配种费	元	671.16	1575.55	492.57	204.48	443.87	1096.65
9. 死亡损失费	元	767.48	590.30	1715.46	89.49	310.52	856.92
10. 放牧用具费	元	179.53	83.77	278.31	146.60		222.27
11. 技术服务费	元	4.07			12.72		
12. 修理维护费	元	328.53	195.76	626.22	240.71	134.52	233.11
13. 其他直接费用		152.63		163.33	52.37		434.12
（二）间接费用	元	909.54	394.30	1439.15	997.29	342.61	618.57
1. 固定资产折旧	元	603.62	394.30	823.02	575.83	235.92	618.57
2. 草场建设费	元	97.01			303.16		
3. 管理费	元						
4. 销售费	元	146.10		522.35		106.69	
5. 财务费	元						
6. 保险费	元	62.81		93.78	118.30		
二、每百只人工成本	元	**10962.76**	**12038.52**	**12800.65**	**8919.84**	**13478.82**	**10269.08**
1. 家庭用工折价	元	7312.84	10728.48	6332.35	5476.92	13409.20	7231.47
家庭用工天数	日	84.66	124.20	73.31	63.41	155.24	83.72
劳动日工价	元	86.38	86.38	86.38	86.38	86.38	86.38
2. 雇工费用	元	3649.92	1310.04	6468.31	3442.91	69.62	3037.61
雇工天数	日	26.05	8.85	34.99	27.84	0.66	31.01
雇工工价	元	140.11	148.03	184.86	123.67	105.48	97.96
三、附							
每百只耗粮数量	公斤	1498.03	4656.51	384.70	428.06	3311.82	1936.51

7-3-1 2019年各地区山羊成本收益情况

项　　目	单位	平　均	内蒙古	宁　夏	附：西　藏
每百只					
产品畜数量	只	47.03	46.71	49.02	28.00
毛（绒）产量	公斤	46.19	51.40	13.42	30.12
产值合计	元	73234.20	73994.04	68453.80	48278.26
产品畜产值	元	58488.43	59250.02	53697.04	35000.00
毛（绒）产值	元	12876.13	14259.52	4172.76	12048.00
副产品产值	元	1869.64	484.50	10584.00	1230.26
总成本	元	61177.96	66763.78	26035.91	25720.70
生产成本	元	61157.46	66763.78	25886.45	25720.70
物质与服务费用	元	47668.74	53362.37	11848.34	24415.70
人工成本	元	13488.72	13401.41	14038.11	13050.00
家庭用工折价	元	8554.30	7694.90	13961.08	13050.00
雇工费用	元	4934.42	5706.50	77.03	
土地成本	元	20.50		149.46	
净利润	元	12056.24	7230.26	42417.89	22557.56
成本利润率	元	19.71	10.83	162.92	87.70
每50公斤					
产品畜（活重）平均出售价格	元	1609.27	1581.23	1865.48	1953.10
产品畜（活重）总成本	元	1344.34	1426.72	709.52	1040.50
毛（绒）平均出售价格	元	13938.22	13871.13	15546.80	20000.00
毛（绒）总成本	元	11643.63	12515.72	5913.11	10655.10
每只					
产品畜（活重）平均出售价格	元	1243.64	1268.47	1095.41	1250.00
产品畜（活重）总成本	元	1038.90	1144.52	416.63	665.90
附：					
每只产品畜平均活重	公斤	38.64	40.11	29.36	32.00
每百只出栏畜数量	只	43.44	43.66	42.02	25.00
每百只出栏畜产值	元	53578.01	54736.86	46287.31	30000.00

7-3-2　2019年各地区山羊费用和用工情况

项　目	单位	平　均	内蒙古	宁　夏	附：西　藏
一、每百只物质与服务费用	元	**47668.74**	**53362.37**	**11848.34**	**24415.70**
（一）直接费用	元	47151.65	52808.31	11563.84	23821.80
1. 幼畜购进费	元				580.87
2. 精饲料费	元	6832.59	6961.36	6022.48	630.23
3. 饲盐费	元	169.29	196.20		19562.34
4. 饲草费	元	36100.03	41214.79	3921.43	360.25
5. 饲料加工费	元	26.73		194.87	326.52
6. 燃料动力费	元	506.17	549.28	234.94	452.35
7. 医疗防疫费	元	622.87	675.24	293.42	890.46
8. 配种费	元	1721.90	1915.98	500.91	593.16
9. 死亡损失费	元	904.58	1007.28	258.48	425.62
10. 放牧用具费	元	106.54	123.47		
11. 技术服务费	元				305.51
12. 修理维护费	元	160.95	164.71	137.31	593.91
13. 其他直接费用					
（二）间接费用	元	517.09	554.06	284.50	819.21
1. 固定资产折旧	元	501.85	554.06	173.36	542.35
2. 草场建设费	元				
3. 管理费	元				53.86
4. 销售费	元	15.24		111.14	223.00
5. 财务费	元				
6. 保险费	元				
二、每百只人工成本	元	**13488.72**	**13401.41**	**14038.11**	**13050.00**
1. 家庭用工折价	元	8554.30	7694.90	13961.08	13050.00
家庭用工天数	日	99.03	89.08	161.62	145.00
劳动日工价	元	86.38	86.38	86.38	90.00
2. 雇工费用	元	4934.42	5706.50	77.03	
雇工天数	日	38.23	44.10	1.29	
雇工工价	元	129.07	129.40	59.71	
三、附					
每百只耗粮数量	公斤	3764.12	3880.71	3030.60	63.34

7-4-1　2019年各地区牛成本收益情况

项　　目	单位	平　均	内蒙古	新　疆
每百头				
产品畜数量	头	50.09	51.44	49.65
毛（绒）产量	公斤			
产值合计	元	307196.28	455658.03	259295.36
产品畜产值	元	304023.70	449203.25	257181.77
毛（绒）产值	元			
副产品产值	元	3172.58	6454.78	2113.59
总成本	元	136203.52	264546.48	94793.87
生产成本	元	136203.52	264546.48	94793.87
物质与服务费用	元	111485.21	216274.69	77675.06
人工成本	元	24718.31	48271.79	17118.81
家庭用工折价	元	13324.63	15848.40	12510.33
雇工费用	元	11393.68	32423.40	4608.48
土地成本	元			
净利润	元	170992.76	191111.55	164501.49
成本利润率	元	125.54	72.24	173.54
每50公斤				
产品畜（活重）平均出售价格	元	1268.61	1784.85	1090.64
产品畜（活重）总成本	元	562.47	1036.25	398.72
毛（绒）平均出售价格	元			
毛（绒）总成本	元			
每头				
产品畜（活重）平均出售价格	元	6069.55	8732.57	5179.89
产品畜（活重）总成本	元	2691.09	5069.97	1893.68
附：				
每头产品畜平均活重	公斤	239.22	244.63	237.47
每百头出栏畜数量	头	44.17	39.09	45.81
每百头出栏畜产值	元	258529.09	330561.56	235287.94

7-4-2 2019年各地区牛费用和用工情况

项　目	单位	平　均	内蒙古	新　疆
一、每百头物质与服务费用	元	**111485.21**	**216274.69**	**77675.06**
（一）直接费用	元	108509.79	214357.73	74358.12
1. 幼畜购进费	元			
2. 精饲料费	元	4084.79	6530.15	3295.80
3. 饲盐费	元	445.62	1367.97	148.02
4. 饲草费	元	96812.17	198543.36	63988.77
5. 饲料加工费	元	334.12		441.92
6. 燃料动力费	元	223.22	915.04	
7. 医疗防疫费	元	1634.89	1970.29	1526.68
8. 配种费	元	2185.71	4213.00	1531.61
9. 死亡损失费	元	1154.79	52.00	1510.60
10. 放牧用具费	元	507.50	262.95	586.41
11. 技术服务费	元			
12. 修理维护费	元	481.71	502.97	474.85
13. 其他直接费用		645.27		853.46
（二）间接费用	元	2975.42	1916.96	3316.94
1. 固定资产折旧	元	1410.33	1916.96	1246.87
2. 草场建设费	元			
3. 管理费	元			
4. 销售费	元			
5. 财务费	元			
6. 保险费	元	1565.09		2070.07
二、每百头人工成本	元	**24718.31**	**48271.79**	**17118.81**
1. 家庭用工折价	元	13324.63	15848.40	12510.33
家庭用工天数	日	154.26	183.47	144.83
劳动日工价	元	86.38	86.38	86.38
2. 雇工费用	元	11393.68	32423.40	4608.48
雇工天数	日	94.73	247.17	45.55
雇工工价	元	120.28	131.18	101.17
三、附				
每百头耗粮数量	公斤	2481.10	3772.80	2064.33

7-5-1 2019年各地区牦牛成本收益情况

项　　目	单位	平　均	甘　肃	青　海	附：西　藏
每百头					
产品畜数量	头	21.00	25.91	16.79	15.00
毛（绒）产量	公斤	60.55	101.16	25.72	52.68
产值合计	元	104970.83	107235.34	103028.14	157473.20
产品畜产值	元	95460.03	100397.16	91224.54	150993.30
毛（绒）产值	元	1980.39	3045.18	1066.92	3634.92
副产品产值	元	7530.41	3793.00	10736.68	2844.98
总成本	元	69239.05	64262.11	73508.70	99518.13
生产成本	元	66021.38	64129.80	67644.15	99518.13
物质与服务费用	元	35964.38	32086.05	39291.56	78238.13
人工成本	元	30057.00	32043.75	28352.59	21280.00
家庭用工折价	元	23402.93	27185.43	20157.98	21280.00
雇工费用	元	6654.07	4858.33	8194.61	
土地成本	元	3217.67	132.31	5864.55	
净利润	元	35731.78	42973.23	29519.44	57955.07
成本利润率	元	51.61	66.87	40.16	58.23
每50公斤					
产品畜（活重）平均出售价格	元	1203.65	1289.64	1223.98	2005.22
产品畜（活重）总成本	元	793.93	772.83	873.29	1267.24
毛（绒）平均出售价格	元	1635.33	1505.13	2074.11	3450.00
毛（绒）总成本	元	1078.67	901.97	1479.84	2180.30
每头					
产品畜（活重）平均出售价格	元	4545.72	3874.84	5433.27	10066.22
产品畜（活重）总成本	元	2998.37	2322.05	3876.54	6361.53
附：					
每头产品畜平均活重	公斤	188.83	150.23	221.95	251.00
每百头出栏畜数量	头	19.68	20.18	19.25	16.00
每百头出栏畜产值	元	104256.97	102905.57	105416.32	161059.52

7-5-2 2019年各地区牦牛费用和用工情况

项 目	单位	平 均	甘 肃	青 海	附：西 藏
一、每百头物质与服务费用	元	**35964.38**	**32086.05**	**39291.56**	**78238.13**
（一）直接费用	元	34050.83	31187.42	36507.33	77616.50
1. 幼畜购进费	元	2232.40	1940.46	2482.86	1500.00
2. 精饲料费	元	2034.41	2265.16	1836.46	789.65
3. 饲盐费	元	101.57	122.66	83.47	66328.57
4. 饲草费	元	23144.93	18135.29	27442.63	612.35
5. 饲料加工费	元	130.88	274.26	7.87	456.55
6. 燃料动力费	元	821.88	786.80	851.98	634.61
7. 医疗防疫费	元	573.63	561.06	584.42	4358.18
8. 配种费	元	2220.65	3980.13	711.21	1345.23
9. 死亡损失费	元	1481.15	2235.39	834.10	435.28
10. 放牧用具费	元	506.41	314.11	671.39	
11. 技术服务费	元				534.52
12. 修理维护费	元	535.51	350.77	693.99	621.59
13. 其他直接费用		267.41	221.33	306.95	
（二）间接费用	元	1913.55	898.63	2784.23	1135.46
1. 固定资产折旧	元	1022.82	605.98	1380.42	540.00
2. 草场建设费	元	308.60		573.35	
3. 管理费	元				67.61
4. 销售费	元				463.00
5. 财务费	元	38.85		72.17	64.85
6. 保险费	元	543.28	292.65	758.29	
二、每百头人工成本	元	**30057.00**	**32043.75**	**28352.59**	**21280.00**
1. 家庭用工折价	元	23402.93	27185.43	20157.98	21280.00
家庭用工天数	日	270.93	314.72	233.36	224.00
劳动日工价	元	86.38	86.38	86.38	95.00
2. 雇工费用	元	6654.07	4858.33	8194.61	
雇工天数	日	62.23	44.65	77.32	
雇工工价	元	106.93	108.81	105.98	
三、附					
每百头耗粮数量	公斤	681.84	982.91	423.55	310.40

附　　录

附录一

主要指标解释

一、种植业

主产品产量

指实际收获的农作物主要产品的数量。主要农作物的主产品为：粮食作物按原粮（标准水分）计算（其中玉米指脱粒后的粒子），豆类按去豆荚后的干豆计算，棉花按皮棉计算，烟叶按调制后干烟计算，花生按带壳干花生计算，甘蔗以蔗根计算，甜菜按块根计算。

主产品产值

指生产者通过各种渠道出售主产品所得收入和留存的主产品可能得到的收入之和。其中售出部分按实际出售收入计算。以实物折抵租金的或以物易物的视作出售，以所折抵金额或所交换物品的市场价格计算出售收入。留存产品（包括自食自用的、待售的、馈送他人的）按已出售产品的综合平均价格和留存数量计算价值，但如果调查期内尚未开始出售或尚未大量出售的，应按照当地该产品大量上市后的预计出售价格计算。

商品率

指生产者本年度生产的产品在下一个生产年度同种产品开始收获之前通过各种渠道出售的数量占本年度产量的比率。

物质与服务费用

指在直接生产过程中消耗的各种农业生产资料的费用、购买各项服务的支出以及与生产相关的其他实物或现金支出。包括直接费用和间接费用两部分。

化肥费

指实际施用的各种化肥的费用。化肥包括氮肥、磷肥、钾肥、复混肥以及钙肥、微肥等其他肥料。其中复混肥包括复合肥和混配肥，复合肥是指用化学方法合成的含两种以上营养元素的化肥，混配肥是指用机械混合的方法加工而成的、含两种以上营养元素的化肥；其他肥料包括钙肥（如生石灰、消石灰）、微肥、土壤调理剂、植物生长调节剂等。化肥费的计算方法：购买的化肥按实际购买价格加运杂费计算，政府部门、企业或他人无偿或低价提供的化肥按正常购买期当地市场价格计算。

化肥用量

指生产过程中实际施用的各种化肥按实物计重的数量。

租赁作业费

指生产者租用其他单位或个人机械设备和役畜进行作业所支付的费用，包括机械作业费、排灌费和畜力费三项。使用自有机械设备和耕畜作业时，在某些情况下也视同租赁作业，按照租赁作业市场价格进行核算计入租赁作业费。

燃料动力费

指生产过程中直接耗费的各项燃料、动力和润滑油的支出。

技术服务费

指生产者实际支付的与该产品生产过程直接相关的技术培训、咨询、辅导等各项技术性服务及其配套技术资料的费用。不包括购买的农业技术方面的书籍、报刊、杂志等费用及上网信息费等费用（这些费用应计入管理费中）。

固定资产折旧

固定资产是指单位价值在一百元以上，使用年限在 1 年以上的生产用房屋、建筑物、机器、机械、运输工具、役畜、经济林木、防护林、堤坝、水渠、机井、晒场、大棚骨架和墙体以及其他与生产有关的设备、器具、工具等。

购入的固定资产按购入价加运杂费及税金等计价；自行营建的按实际发生的全部费用计价。

固定资产按分类折旧率计提折旧。种植业各类固定资产参考折旧率为：生产专用房和永久性栏棚 8%，水渠、晒场、机井等建筑物 10%，机械、动力、运输、排灌等机械设备类 12.5%，大中型农具和器具 20%，役畜按实际可役用年限确定，经济林木（果树、桑树、茶树等）10%（或按实际挂果或采摘年限确定），其他固定资产折旧率均按 20% 计算。

各品种应分摊的固定资产折旧一般按各品种播种面积比例分摊，不同作物作业量相差较大的，按作业时间比例分摊。

生产者使用自有机械设备（设施）或耕畜作业且已按照视同租赁作业进行核算的，该机械设备（设施）和耕畜不计提固定资产折旧，以免重复计算。

农业企业的固定资产折旧按照其会计报表数据核算分摊。

保险费

指生产者实际支付的农业保险费，按照保险种类分别或分摊计入有关品种。政府补贴的保费也要计入保险费，同时计入补贴收入。

管理费

指生产者为组织、管理生产活动而发生的支出，包括与生产相关的书籍、报刊费、差旅费、市场信息费、上网费、会计费（包括记帐用文具、帐册及请人记帐所支付的费用）以及上缴给上级单位的管理费等。

农业企业的管理费按照其会计报表数据核算分摊。

一些地区的村级集体或农场采用承包到户、统一管理的经营方式，收缴的管理费往往含有集体或农场统一负担的用于购买种子、施肥、排灌、施药等生产费用支出，这些支出应当计入相应的费用指标，并从管理费中予以扣除。

销售费

指为销售该种产品所发生的运输费、包装费、装卸费、差旅费和广告费等。生产者自己及其家庭成员在销售产品过程中发生的用工计入家庭用工，不得折价计入销售费；雇用他人销售产品的，支付的费用计入销售费，其用工不予核算。

人工成本

指生产过程中直接使用的劳动力的成本。包括家庭用工折价和雇工费用两部分。

用工数量

指生产过程中生产者（包括其家庭成员）和雇佣工人直接劳动的天数。

用工数量使用“标准劳动日”为计量单位。一个中等劳动力正常劳动8小时为一个标准劳动日。

中等劳动力按下述方法确定：（1）18～50周岁男性、18～45周岁女性，能够适应中等劳动强度的，为一个中等劳动力。（2）在前款规定的年龄段之外，能够经常参加劳动，劳动能力和劳动强度相当于中等劳动力的，可按一个中等劳动力计算；劳动能力和劳动强度不及中等劳动力的，按实际情况折算。（3）雇工视作中等劳动力。计算用工数量时，应先将每个劳动者的劳动小时数折算成中等劳动力的劳动小时数。用工数量按劳动性质划分为家庭用工天数和雇工天数，详见家庭用工天数和雇工天数的指标解释。

用工数量计算公式为：

用工数量（日）＝各类劳动用工折算成中等劳动力的总劳动小时数÷8小时

＝家庭用工天数＋雇工天数

雇工费用、雇工天数、雇工工价

雇工费用是指因雇佣他人（包括临时雇工和长期合同工）劳动（不包括租赁作业时由被租赁方提供的劳动）而实际支付的所有费用，包括支付给雇工的工资和合理的饮食费、住宿费、保险费和招待费等。短期雇工的雇工费用按照实际支付总额计算；长期雇请的合同工（一个月以上），先按照该雇工平均月工资总额（包括工资及福利费等）除以30天计算得出其日工资额，再根据其从事该产品生产的劳动天数计算得到其雇工费用。

雇工天数是指雇用工人劳动的总小时数按照标准劳动日折算的天数。其计算公式为：

雇工天数＝雇用工人劳动总小时数÷8小时

雇工工价是指平均每个雇工劳动一个标准劳动日（8小时）所得到的全部报酬（包括工资和合理的饮食费、住宿费、保险费和招待费等）。

雇工工价＝雇工费用÷雇工天数

家庭用工折价、劳动日工价

家庭用工是指生产者和家庭成员的劳动、与他人相互换工的劳动以及他人单方无偿提供的劳动用工。

家庭用工天数是指家庭劳动用工折算成中等劳动力的总劳动小时数按照标准劳动日折算的天数。其计算公式为：

家庭用工天数＝家庭劳动用工折算成中等劳动力的总劳动小时数÷8小时

家庭用工折价是指生产中耗费的家庭劳动用工按一定方法和标准折算的成本，反映了家庭劳动用工投入生产的机会成本。其计算公式为：

家庭用工折价＝劳动日工价×家庭用工天数

劳动日工价是指每个劳动力从事一个标准劳动日的农业生产劳动的理论报酬，用于核算家庭劳动用工的机会成本。其计算公式为：

（某地某年）理论劳动日工价=上年农村居民家庭平均每人纯收入×上年每个乡村从业人员负担人口数÷全年劳动天数（250 天）

每个乡村从业人员负担人口数=乡村人口数÷乡村从业人员数

土地成本（流转地租金，自营地折租）

土地成本，也可称为地租，指土地作为一种生产要素投入到生产中的成本，包括流转地租金和自营地折租。

流转地租金指生产者转包他人拥有经营权的耕地或承包集体经济组织的机动地（包括沟渠、机井等土地附着物）的使用权而实际支付的转包费、承包费（或称出让费、租金等）等土地租赁费用。

流转地租金按照生产者实际支付的转包费或承包费净额计算。转包费或承包费净额是指从转包费或承包费中扣除统一收取的机械和排灌作业、技术服务、病虫害防治等与生产相关的直接生产费用（收取的生产费用应计入相应指标项目）后的余额。

自营地折租指生产者自己拥有经营权的土地投入生产后所耗费的土地资源按一定方法和标准折算的成本，反映了自营地投入生产时的机会成本。

自营地折租应主要参照当地土地转包费或承包费净额计算。具体核算方法和核算参照值选取顺序如下：

（1）第一参照值：当地转包他人耕地或承包集体经济组织机动地用于种植所调查产品或者种植与该产品收益相当的其他产品的中等水平转包费或承包费净额；

（2）第二参照值：当地转包他人土地或承包集体经济组织机动地用于种植与所调查产品的收益水平相差较大的其他产品的中等水平转包费或承包费净额，按产值比例折算后得到的数值；

（3）第三参照值：如果当地很少发生农用地转包或集体机动地承包现象或者已发生的现象不具有代表性，由县或省级成本调查机构根据全县或全省的补贴、种植收益等情况规定统一的自营地折租水平。

土地流转率是指一个地区农地流转地占全部农地面积的比例。

生产成本

指直接生产过程中为生产该产品而投入的各项资金（包括实物和现金）和劳动力的成本，反映了为生产该产品而发生的除土地外各种资源的耗费。其计算公式为：

每亩生产成本=每亩物质与服务费用+每亩人工成本

每 50 公斤生产成本=每亩生产成本÷每亩产值合计×每 50 公斤主产品平均出售价格

总成本

指生产过程中耗费的现金、实物、劳动力和土地等所有资源的成本。其计算公式为：

每亩总成本=每亩生产成本+每亩土地成本

=每亩物质与服务费用+每亩人工成本+每亩土地成本

每 50 公斤总成本=每亩总成本÷每亩产值合计×每 50 公斤主产品平均出售价格

净利润

指产品产值减去生产过程中投入的现金、实物、劳动力和土地等全部生产要素成本后的余额，反映了生产中消耗的全部资源的净回报。其计算公式为：

净利润=产值合计-总成本

现金成本

指生产过程中为生产该产品而发生的全部现金和实物支出，包括直接现金支出和所消耗的实物折算为现金的支出（如自产种子可以按照市场价格折算为一定数额的现金）以及过去的现金支出应分摊到当期的部分（如折旧）。其计算公式为：

每亩现金成本=每亩物质与服务费用+每亩雇工费用+每亩流转地租金

每50公斤现金成本=每亩现金成本÷每亩产值合计×每50公斤主产品平均出售价格

现金收益

指产品产值减去为生产该产品而发生的全部现金和实物支出后的余额，反映了生产者实际得到的收入（包括现金收入和实物折算为现金的收入）。其计算公式为：

现金收益=产值合计-现金成本

成本利润率

反映生产中所消耗全部资源的净回报率。其计算公式为：

成本利润率=净利润÷总成本×100%

二、饲养业

平均饲养天数

指主产品的平均饲养周期。其中生猪、肉鸡、肉牛、肉羊、淡水鱼的饲养天数指仔畜（禽、鱼苗）购进到产品出售之间的天数，蛋鸡的饲养天数指从育成鸡起到淘汰鸡之间的天数。奶牛的饲养天数按365天计算。

饲养规模

指所调查产品的设计最大饲养数量，用于区分散养和小、中、大不同规模类型。饲养规模的核算单位同调查数量指标。

主产品产量

主产品产量按照调查期内主产品实际产量计算。其中：蛋鸡的主产品是鸡蛋，奶牛的主产品是牛奶，生猪的主产品产量按育肥猪出栏活重计算，肉鸡的主产品产量按肉鸡活重计算，肉牛的主产品产量按肉牛活重计算，肉羊的主产品产量按肉羊活重计算。

主产品产值

指生产者通过各种渠道出售主产品所得收入和留存的主产品（包括自食自用的、待售的、馈送他人的）可能得到的收入之和。其中出售的主产品按实际出售收入计算，留存的主产品按已出售产品的综合平均价格和留存数量计算。

仔畜费

指购买或自育的仔畜、仔禽、鱼苗等的费用。其中：

（1）生猪、肉鸡、肉牛、肉羊：购进的仔猪、鸡雏、牛犊、羊羔按实际购进价格加运杂费计算；

自繁自育的按照同类产品市场价格计算或实际饲养成本核算。仔畜与产品畜成本未分开核算的，在计算仔畜费后应当将仔畜饲养费用从产品成本中予以剔除，以免重复计算。

（2）蛋鸡：购进的育成鸡按照实际购进价格加运杂费计算；自繁自育的按照仔鸡转为育成鸡时的市场价格计算，同时应当将仔鸡饲养到育成鸡之前的费用从产品成本中予以剔除，以免重复计算。

（3）奶牛：奶牛不核算仔畜费。购进的奶牛犊和自繁自育的奶牛犊转为 18 个月的育成牛时，参照当时市场价格计算育成牛价值，并按产奶年限计提折旧。产奶牛与奶牛犊成本未分开核算的，应当将奶牛犊饲养到育成牛之前的所有费用从产品成本中予以剔除，以免重复计算。

精饲料费、精饲料数量、耗粮数量

精饲料费指调查期内实际耗用的精饲料的费用。精饲料包括：粮食、豆类、配合饲料、混合饲料、麸皮、豆饼、油籽饼、饲料添加剂和添加物等。

精饲料费用计算方法为：购进的饲料按照实际购进价格加运杂费计算，自产的按照正常购买期市场价格计算。

精饲料数量指实际耗用的各种精饲料的实物数量。

耗粮数量指耗用的各种精饲料折成粮食（贸易粮）的数量，精饲料折粮方法是：大米、小麦、玉米按实际耗粮数量计算；稻谷、面粉、米糠、豆粕、红薯等按统一规定的折粮率计算；混合饲料、配合饲料按含粮比例计算；非粮食类精饲料或含粮比例极小的精饲料，其数量不计入耗粮数量。

饲料加工费

指由他人加工饲料的费用。生产者自己加工饲料的，如加工饲料的数量较少，可视同由他人加工，并参照当地由他人加工饲料的平均费用计算；如加工饲料的数量较多，经营者自己及其雇工加工饲料时发生的支出分别计入相关费用和用工中，不计入饲料加工费。

水费

指在生产过程中畜禽饮用、加工饲料、清洗和排灌等用水而实际支付的水费。

燃料动力费

指生产过程中实际耗费的煤、油、电力、润滑油及其他动力的支出。包括电费、煤费及其他燃料动力费。其中，电费指在生产过程中使用机械、防寒保暖、生产照明、饲料加工保温等实际耗用的电费支出，煤费指在生产过程中防寒保暖、饲料加工保温等实际耗用的煤费支出。生产者自己加工饲料时发生的电力等燃料动力支出，如果已按视同由他人加工计算，则不再计入燃料动力费，以免重复计算。

死亡损失费

指在当地正常饲养条件下，饲养户（场）发生的死亡损失费用。

死亡损失费按不同情况分别核算：

1. 规模饲养户（场）按照实际死亡率计算。如果饲养户（场）当年因特殊原因发生大量死亡，不是本地普遍情况，死亡损失费按当地的平均死亡率计算。

死亡损失费 = 调查期内平均每头死亡畜禽发生的各项直接费用 × 实际死亡率

2. 散养户统一按照社会平均死亡率计算。

死亡损失费 = 调查期内平均每头死亡畜禽发生的各项直接费用 × 社会平均死亡率

当地饲养业品种的社会平均死亡率可以向有关部门咨询，或者由县级成本调查机构统一规定。

技术服务费

指生产者实际支付的与该产品饲养过程直接相关的技术培训、咨询、辅导、诊断等各项技术性服务及其配套技术资料的费用。不包括购买的饲养技术方面的书籍、报刊、杂志等费用及上网信息费等（这些费用应计入管理费中）。

固定资产折旧

固定资产是指单位价值在一百元以上，使用年限在1年以上的生产用房屋、建筑物、机器、机械、运输工具、产奶畜、养殖池以及其他与生产有关的设备、器具、工具等。购入的固定资产原值按购入价加运杂费及税金等计价；自行营建的固定资产原值按实际发生的全部费用计价。奶牛的固定资产原值按奶牛犊转为18个月以上育成牛时的市场价格计算。

固定资产按分类折旧率计提折旧。饲养业各类固定资产参考折旧率为：生产专用房和永久性栏棚8%，简易棚舍（牲畜棚、猪舍和鸡笼等）25%，机械设备、动力设备、电器设备、运输工具等设备类12.5%，奶牛按产奶年限确定（一般为6年），其他固定资产折旧率均按20%计算。

租赁承包经营的，承包费中已包括原有固定资产折旧的，不应再计提折旧，只计提经营者新购置的固定资产折旧。

农业企业固定资产折旧按照其会计报表数据填报。

土地成本

指生产者为获得饲养场地（包括土地及其附着物，如猪舍、养鱼池等）的经营使用权而实际支付的租金或承包费。以实物形式支付的按支付期市场价格折价计入，每年支付的按当年实际支付金额计算，承包期一年以上而一次性支付租金或承包费的按年限分摊后计入。承包后的场地用于多业或多品种经营的，租金或承包费应先按各业分摊，饲养业应分摊部分再按产值或饲养数量（养殖面积）在各品种之间分摊。

三、畜产品

期初、期末存栏数量

期初存栏数量指调查户上年4月1日登记的畜群数量，期末存栏数量指调查户当年3月31日登记的畜群数量。仔畜（出生三个月以内的羊和出生六个月以内的牛）、种畜（专购配种用的公畜和母畜）均不计入畜群数量。

产品畜数量

指每单位畜群（以100头或100只牲畜为1单位畜群，下同）调查期内出栏畜和净增畜的数量（出生三个月以上的羊和出生六个月以上的牛）。其中，出栏畜指调查期内出售和自食的牲畜，净增畜指调查期内净增加的牲畜。同期出售的仔畜、种畜不作为产品畜计算。产品畜小于等于零的畜群不列入调查范围。

每单位畜群出栏畜数量＝出栏畜总数量÷期初存栏数×100

出栏畜总数量=出售畜总数量+自食畜总数量

每单位畜群净增畜数量=（期末存栏数量−期初存栏数量）÷期初存栏数量×100

每单位畜群产品畜数量=（出栏畜总数量+期末存栏数量−期初存栏数量）÷期初存栏数量×100

=每单位畜群出栏畜数量+每单位畜群净增畜数量

每头（只）产品畜平均活重

指调查期内出栏畜（包括出售畜和自食畜）和净增畜的平均活体重量。

每头（只）产品畜平均活重=（出售畜总活重+自食畜总活重+净增畜总活重）÷产品畜数量

净增畜总活重=出栏畜总活重÷出栏畜数量×净增畜数量

出栏畜总活重=出售畜总活重+自食畜总活重

产品畜产值

指每单位畜群调查期内出栏畜和净增畜的产值之和。出售畜的产值按实际出售收入计算，自食畜和净增畜的产值均按出售畜的平均活重价格乘以自食畜和净增畜总活重计算。

每单位畜群产品畜产值=产品畜总产值÷期初存栏数量×100

产品畜总产值=出栏畜总产值+净增畜总产值

=出售畜总产值+自食畜总产值+净增畜总产值

自食（净增）畜总产值=出售畜的平均活重价格×自食（净增）畜总活重

毛（绒）产量和毛（绒）产值

指每单位畜群调查期内毛（绒）产量和毛（绒）产值。只计算实际出售的和自用的毛（绒）产量和产值，霉烂或丢弃的毛（绒）不计算。已出售的按实际出售收入计算，待出售的或自用的按已出售的平均价格计算。

每单位畜群毛（绒）产量=毛（绒）总产量÷期初存栏数量×100

每单位畜群毛（绒）产值=［已出售毛（绒）的总产值+待售和自用的毛（绒）总产值］÷期初存栏数量×100

待售和自用的毛（绒）总产值=已出售毛（绒）的平均出售价格×待售和自用毛（绒）总数量

副产品产值

指调查期内被出售或利用的畜群副产品的产值。畜群的副产品包括自然死亡牲畜、产奶、粪肥及出售（自食）的仔畜等。出售的副产品按实际出售收入计算。自己利用的副产品：（1）价值较大的，按照市场价格计算，市场没有交易的按照市县成本调查机构统一规定的价格核算；（2）价值较小的或处理费用与出售收入相差不大的，不予核算副产品产值。未被利用的副产品一律不计算其产值。

每单位畜群副产品产值=各种副产品产值之和÷期初存栏数量×100

精饲料、饲盐费

指自产和购买的精饲料和饲盐的费用。购买的按实际购买价格加运杂费计算，自产的参照市场价格计算。

饲料加工费

指由他人加工饲料的费用。生产者自己加工饲料的，如加工饲料的数量较少，可视同由他人加工，并参照当地由他人加工饲料的平均费用计算；如加工饲料的数量较多，可将加工饲料时发生的人工和支付的费用分别计入相关用工和费用中，不再计入饲料加工费。

饲草费

指牲畜生产过程中发生的饲草支出。购买的饲草按实际购进价格加运杂费计算。自产、自采饲草可参照市场价格计算。无市场价格的，可将其采割饲草所发生的人工成本（参照雇工工价计算）和费用支出计入饲草费。

配种费

指牲畜生产过程中发生的种畜配种支出。使用他人种畜配种的（包括配种站），按实际发生的费用计算；使用自养种畜配种的费用参照市场价格计算。

死亡损失费

指按照当地正常饲养条件下实际死亡牲畜数量计算的损失费。没有牲畜死亡的，死亡损失费可以为0。

死亡损失费＝畜群实际死亡牲畜发生的各项直接费用÷期初存栏数量×100

放牧用具费

指放牧用的防寒、防雨用具及鞭子、叉子、电筒、剪子、套马杆等用具的费用。

技术服务费

指生产者实际支付的与该畜群饲养过程直接相关的技术培训、咨询、辅导等各项技术性服务及其配套技术资料的费用。不包括购买畜牧技术方面的书籍、报刊、杂志等费用及上网信息费等（这些费用应计入管理费中）。

修理维护费

指调查期内修理或维护畜牧业机械、设备和生产用房等发生的材料支出和修理费。应由多业或多品种共同分摊的费用，按照产值或工作量分摊。大修理费按照预计下一次大修理之前的年限平均摊销。

生产者自己修理的用工计入家庭用工。

其他直接费用

指与牲畜生产过程有关的未包括在上述各项之中的费用，以及应计入成本的不用分摊的费用支出。如转场搬迁费、水费等。

固定资产折旧

固定资产是指单位价值在100元以上、使用年限在一年以上的生产专用房、畜棚、粉碎机、提灌机、放牧用畜、放牧用车、草场围栏及其他各种生产用具和设备。畜牧业产品生产各项固定资产参考折旧率为：生产专用房、畜棚8%，简易畜棚25%，机械设备、动力设备、电器设备、运输工具12.5%，其他固定资产折旧率一般按20%计算。实际使用年限较长的固定资产，应根据实际使用年限计提折旧。

草场建设费

指为改善草原生产条件所发生的费用支出（包括灭鼠、除虫等费用）。数额较大或多年受益的，按受益年限进行分摊。

土地成本

指牧户为获得某块草场的使用权向集体或他人支付的承包或租赁费用。以实物形式支付的按支付期市场价格折价计入，每年支付的按当年实际支付金额计算，承包期一年以上而一次性支付多年租金的按年限分摊后计入。承包后的草场用于放牧多品种牲畜的，租金或承包费应在各品种间分摊。没有使用承包草场的品种不要分摊承包费。

每 50 公斤和每头成本、价格计算公式

每 50 公斤产品畜（活重）平均出售价格=产品畜产值÷产品畜数量÷平均活重×50

每 50 公斤产品畜（活重）总成本=总成本÷产值合计×（产品畜产值÷产品畜数量÷平均活重×50）

=总成本÷产值合计×每 50 公斤产品畜平均出售价格

每 50 公斤毛（绒）平均出售价格=毛（绒）产值÷毛绒产量×50

每 50 公斤毛（绒）总成本=总成本÷产值合计×［毛（绒）产值÷毛（绒）产量×50］

=总成本÷产值合计×每 50 公斤毛（绒）平均出售价格

每头（只）产品畜（活重）平均出售价格=产品畜产值÷产品畜数量

每头（只）产品畜（活重）总成本=总成本÷产值合计×（产品畜产值÷产品畜数量）

=总成本÷产值合计×每头（只）产品畜平均出售价格

附录二

2019年各省（自治区、直辖市）及大中城市劳动日工价一览表

地 区	劳动日工价	地 区	劳动日工价
北 京	135.0	青 岛	109.0
天 津	113.0	河 南	97.4
河 北	83.0	郑 州	95.0
石家庄	80.0	湖 北	95.0
山 西	68.0	武 汉	100.0
太 原	98.0	湖 南	97.0
内蒙古	95.0	长 沙	190.0
呼和浩特	120.0	广 东	98.0
辽 宁	75.0	广 州	128.0
沈 阳	80.0	广 西	70.0
大 连	75.0	南 宁	110.0
吉 林	100.1	海 南	106.9
长 春	95.0	海 口	120.9
黑龙江	95.0	重 庆	94.8
哈尔滨	140.9	四 川	97.6
上 海	130.0	成 都	125.0
江 苏	79.0	贵 州	66.1
南 京	74.0	贵 阳	80.0
浙 江	95.0	云 南	75.8
杭 州	120.0	昆 明	98.9
宁 波	125.0	陕 西	75.0
安 徽	96.8	西 安	128.1
合 肥	95.0	甘 肃	70.0
福 建	131.2	兰 州	85.0
福 州	161.0	青 海	75.0
厦 门	103.7	西 宁	80.0
江 西	110.0	宁 夏	64.2
南 昌	125.0	银 川	75.0
山 东	89.0	新 疆	100.4
济 南	110.0	乌鲁木齐	146.8

附录三

饲养业品种规模分类标准

品种	单位	分类数量标准（Q）			
		散养	小规模	中规模	大规模
生猪	头	Q≤30	30<Q≤100	100<Q≤1000	Q>1000
肉鸡	只	Q≤300	300<Q≤1000	1000<Q≤10000	Q>10000
蛋鸡	只	Q≤300	300<Q≤1000	1000<Q≤10000	Q>10000
奶牛	头	Q≤10	10<Q≤50	50<Q≤500	Q>500
肉牛	头	Q≤50	Q>50		
肉羊	只	Q≤100	Q>100		

注：（1）各品种分类数量标准均按饲养规模确定，饲养规模的涵义请详见指标解释。

（2）肉牛和肉羊只分散养和规模饲养两类。

附录四

2014—2019 年美国主要农产品成本收益情况

品种：稻谷　　　　单位：元、公斤

项　目	2014 年	2015 年	2016 年	2017 年	2018 年	2019 年
每亩						
主产品产量	597.81	605.28	582.87	597.81	627.70	597.81
产值合计	1271.29	1088.24	944.54	1079.40	1206.05	1123.22
主产品产值	1271.29	1088.24	944.54	1079.40	1206.05	1123.22
副产品产值						
总成本	1030.08	996.76	1020.79	1049.50	1052.26	1093.54
运营成本	558.43	557.67	563.65	577.04	571.66	584.66
种子费	92.20	104.45	108.33	108.16	114.35	109.41
肥料费	107.01	127.97	115.57	105.82	98.98	105.14
农药费	81.12	99.37	109.99	110.19	105.65	105.68
作业费	86.67	66.38	72.65	74.20	71.82	77.64
燃料动力费	146.40	72.30	67.24	80.33	81.75	82.83
修理费	32.41	48.54	51.74	53.10	54.16	55.63
排灌费	12.44	13.51	23.21	29.04	29.90	30.88
利息	0.17	25.16	14.91	16.20	15.04	17.46
间接费用	471.66	439.09	457.14	472.46	480.61	508.88
雇工费用	22.32	28.61	31.77	32.92	34.33	36.70
家庭劳动机会成本	49.88	70.91	78.17	83.03	85.66	92.34
固定资产折旧	145.31	133.29	142.73	147.61	146.61	155.03
土地机会成本	204.30	160.36	156.72	159.69	164.66	173.17
税金与保险费	21.16	19.87	19.69	20.16	20.00	20.62
管理费	28.69	26.04	28.06	29.05	29.35	31.02
净利润	241.21	91.48	-76.25	29.90	153.78	29.68
现金成本	775.91	765.49	785.89	806.78	801.95	828.03
现金收益	495.39	322.75	158.65	272.62	404.10	295.19
每 50 公斤主产品						
平均出售价格	106.33	89.89	81.03	90.28	96.07	93.94
总成本	86.15	82.34	87.57	87.78	83.82	91.46
现金成本	64.90	63.23	67.42	67.48	63.88	69.26

注：美国农产品成本收益数据来源于美国农业部经济研究中心（ERS），各年美元与人民币汇率按当年全年平均汇率计算。

品种：小麦　　单位：元、公斤

项　目	2014 年	2015 年	2016 年	2017 年	2018 年	2019 年
每亩						
主产品产量	165.45	179.35	228.67	183.83	192.80	237.64
产值合计	250.38	219.54	228.04	226.17	250.47	278.96
主产品产值	240.38	210.20	218.39	216.30	240.40	272.84
副产品产值	10.00	9.34	9.65	9.87	10.07	6.13
总成本	318.71	317.61	328.11	336.54	335.86	357.67
运营成本	128.04	118.34	117.92	119.05	118.23	141.37
种子费	16.00	15.47	15.60	15.32	16.44	16.34
肥料费	44.20	41.16	37.39	34.38	32.40	48.20
农药费	15.05	14.75	16.29	16.37	15.98	18.44
作业费	10.95	11.39	12.12	12.62	12.22	15.31
燃料动力费	19.41	12.76	11.92	14.44	14.43	12.79
修理费	21.75	22.05	23.57	24.52	24.76	27.97
排灌费	0.63	0.67	0.75	0.78	0.77	0.84
利息	0.04	0.10	0.27	0.62	1.22	1.48
间接费用	190.67	199.27	210.18	217.49	217.63	216.30
雇工费用	2.23	2.34	2.61	2.78	2.87	4.44
家庭劳动机会成本	17.78	18.67	20.63	21.60	22.35	18.87
固定资产折旧	86.72	90.99	97.78	101.88	100.90	109.45
土地机会成本	65.81	67.73	68.80	70.15	70.33	65.93
税金与保险费	6.68	7.96	7.92	8.19	8.10	7.27
管理费	11.46	11.58	12.44	12.89	13.09	10.35
净利润	-68.33	-98.07	-100.07	-110.38	-85.39	-78.71
现金成本	235.12	231.21	238.68	244.79	243.19	272.88
现金收益	15.26	-11.67	-10.64	-18.62	7.28	6.08
每 50 公斤主产品						
平均出售价格	72.64	58.60	47.75	58.83	62.34	57.41
总成本	96.32	88.55	71.74	91.54	87.10	75.26
现金成本	71.06	64.46	52.19	66.58	63.07	57.42

品种：玉米　　单位：元、公斤

项　目	2014 年	2015 年	2016 年	2017 年	2018 年	2019 年
每亩						
主产品产量	711.37	698.81	786.69	795.06	769.95	728.11
产值合计	610.14	628.77	678.47	691.30	688.49	737.02
主产品产值	608.74	627.33	676.49	688.97	686.03	734.43
副产品产值	1.40	1.44	1.98	2.32	2.46	2.59
总成本	696.84	694.43	757.04	761.93	740.93	759.25
运营成本	361.04	343.51	378.38	374.93	364.03	368.39
种子费	102.21	104.30	109.50	109.94	104.88	103.02
肥料费	150.95	141.96	140.76	129.52	124.00	126.14
农药费	29.54	28.60	39.56	39.63	37.67	37.41
作业费	18.45	19.51	26.08	25.75	24.51	25.42
燃料动力费	33.18	21.91	26.01	31.27	31.98	33.49
修理费	26.47	26.82	35.33	36.58	36.96	38.72
排灌费	0.12	0.12	0.27	0.28	0.29	0.33
利息	0.12	0.29	0.86	1.96	3.76	3.85
间接费用	335.81	350.92	378.66	387.00	376.90	390.86
雇工费用	3.20	3.37	4.39	4.57	5.29	5.72
家庭劳动机会成本	25.04	26.33	23.66	24.66	30.68	32.71
固定资产折旧	100.39	105.70	130.03	135.12	132.59	142.10
土地机会成本	177.63	183.87	187.95	189.01	175.12	175.67
税金与保险费	9.45	11.34	12.84	13.20	12.85	13.43
管理费	20.11	20.31	19.78	20.43	20.38	21.23
净利润	-86.71	-65.67	-78.56	-70.63	-52.44	-22.22
现金成本	494.18	484.24	545.42	548.26	535.14	550.87
现金收益	115.95	144.53	133.05	143.03	153.36	186.16
每 50 公斤主产品						
平均出售价格	42.79	44.89	43.00	43.33	44.55	50.43
总成本	48.98	49.69	48.12	47.92	48.12	52.14
现金成本	34.73	34.65	34.67	34.48	34.75	37.83

品种：大豆　　单位：元、公斤

项　　目	2014 年	2015 年	2016 年	2017 年	2018 年	2019 年
每亩						
主产品产量	214.30	214.30	232.16	218.76	227.69	209.84
产值合计	503.50	418.75	538.11	505.80	484.27	431.47
主产品产值	503.50	418.75	538.11	505.80	484.27	431.47
副产品产值						
总成本	481.07	487.35	455.15	455.19	489.47	506.39
运营成本	182.18	175.56	164.54	162.25	172.30	175.25
种子费	60.75	62.35	60.34	59.60	62.58	61.55
肥料费	37.91	35.20	28.88	25.72	26.24	28.08
农药费	27.60	28.25	28.37	27.54	28.99	28.71
作业费	10.37	10.99	10.88	10.59	11.46	11.90
燃料动力费	21.83	14.50	12.20	13.93	14.92	16.07
修理费	23.60	24.05	23.42	23.96	26.26	27.03
排灌费	0.06	0.06	0.06	0.06	0.07	0.08
利息	0.05	0.15	0.38	0.85	1.79	1.83
间接费用	298.90	311.79	290.61	292.94	317.17	331.14
雇工费用	3.14	3.35	3.27	3.35	3.77	3.87
家庭劳动机会成本	18.28	19.29	19.40	19.91	22.43	23.82
固定资产折旧	88.41	93.42	91.18	93.39	100.17	106.25
土地机会成本	160.26	165.80	147.51	146.63	158.50	163.63
税金与保险费	10.29	11.09	10.80	10.94	11.71	12.14
管理费	18.53	18.84	18.45	18.73	20.59	21.42
净利润	22.43	-68.59	82.96	50.61	-5.20	-74.92
现金成本	302.54	302.26	288.24	288.65	308.54	318.94
现金收益	200.96	116.49	249.87	217.14	175.73	112.53
每 50 公斤主产品						
平均出售价格	117.48	97.70	115.89	115.60	106.34	102.81
总成本	112.24	113.71	98.03	104.04	107.48	120.66
现金成本	70.59	70.52	62.08	65.97	67.75	76.00

品种：花生　　　　单位：元、公斤

项　　目	2014 年	2015 年	2016 年	2017 年	2018 年	2019 年
每亩						
主产品产量	288.85	293.94	261.70	304.11	303.22	301.79
产值合计	847.93	702.13	704.21	967.77	903.42	863.51
主产品产值	820.37	685.71	688.96	949.77	883.92	844.89
副产品产值	27.55	16.42	15.25	18.00	19.50	18.62
总成本	1006.62	1334.57	1393.91	990.01	989.75	1022.35
运营成本	541.46	512.85	516.36	540.92	540.49	548.44
种子费	93.21	119.84	122.97	124.46	132.17	130.38
肥料费	108.63	90.39	82.24	75.69	69.78	74.66
农药费	134.84	135.88	140.81	144.90	143.30	141.02
作业费	76.69	62.76	20.54	20.23	18.66	19.75
燃料动力费	82.77	46.46	47.71	55.19	53.20	55.13
修理费	44.42	56.35	62.22	63.39	63.08	65.93
排灌费	0.76	0.74	38.69	54.17	54.69	55.84
利息	0.14	0.43	1.18	2.88	5.59	5.73
间接费用	465.15	821.72	877.55	449.09	449.26	473.91
雇工费用	19.75	17.91	21.83	21.87	21.77	23.33
家庭劳动机会成本	79.72	49.06	58.29	59.06	59.07	63.48
固定资产折旧	201.87	166.11	184.29	188.58	183.35	196.50
土地机会成本	100.57	131.70	124.88	100.28	105.48	108.18
税金与保险费	30.13	46.08	49.48	28.14	27.70	28.68
管理费	33.12	410.86	438.78	51.16	51.90	53.75
净利润	-158.69	-632.44	-689.70	-22.25	-86.33	-158.83
现金成本	826.33	1153.81	1210.73	830.67	825.21	850.69
现金收益	21.60	-451.68	-506.52	137.09	78.21	12.82
每 50 公斤主产品						
平均出售价格	142.00	116.64	131.63	156.15	145.76	139.98
总成本	174.24	227.01	266.31	162.77	163.21	169.38
现金成本	143.04	196.27	231.32	136.57	136.08	140.94

品种：棉花　　单位：元、公斤

项　目	2014 年	2015 年	2016 年	2017 年	2018 年	2019 年
每亩						
主产品产量	51.23	59.24	60.13	59.39	46.45	52.21
产值合计	572.04	653.63	717.25	709.45	591.14	568.77
主产品产值	471.17	495.85	589.26	609.40	514.52	469.23
副产品产值	100.87	157.77	127.99	100.05	76.62	99.54
总成本	720.41	629.34	657.73	677.84	667.74	708.57
运营成本	401.30	327.96	333.37	340.80	329.61	346.86
种子费	103.79	72.29	75.59	76.17	73.11	74.57
肥料费	94.30	77.35	67.89	62.57	57.80	64.90
农药费	72.14	64.51	71.95	72.45	68.69	71.17
作业费	24.77	17.56	19.72	19.74	19.31	21.02
燃料动力费	64.75	44.64	41.77	50.11	48.64	50.07
修理费	38.03	48.32	51.97	53.81	54.29	57.03
排灌费	3.35	3.03	3.41	3.48	3.28	3.23
利息	0.16	0.28	1.07	2.47	4.48	4.88
间接费用	319.12	301.38	324.36	337.03	338.13	361.71
雇工费用	15.80	15.89	17.94	18.81	19.31	20.83
家庭劳动机会成本	29.42	37.44	41.03	42.67	44.63	46.51
固定资产折旧	157.25	150.66	162.89	169.38	166.74	180.24
土地机会成本	90.55	72.88	76.07	78.13	79.61	84.98
税金与保险费	8.49	10.48	11.25	12.22	12.00	12.52
管理费	17.61	14.03	15.18	15.82	15.84	16.63
净利润	-148.37	24.28	59.52	31.61	-76.60	-139.80
现金成本	600.45	519.02	540.63	557.04	543.50	577.08
现金收益	-28.40	134.61	176.62	152.41	47.64	-8.31
每 50 公斤主产品						
平均出售价格	459.82	418.54	489.96	513.08	553.88	449.40
总成本	703.06	531.21	546.88	570.70	718.81	678.62
现金成本	585.98	438.09	449.52	469.00	585.07	552.69

附录五

世界主要国家农产品成本核算体系（一）

美国	加拿大	欧盟	巴西
一、运营成本	**一、运营成本**	**一、可变成本**	**一、直接成本**
种籽费	种籽	种籽及播种	种籽和种籽处理
肥料	化肥	肥料	肥料
	除草剂	作物保护	除草剂
农药	农药	农药	农药
机械作业	机械作业	机械作业	作业费用
燃料、润滑油和电力	燃料动力	动力	
修理	干燥费		
	税费		
作业资本利息	利息		
其他	其他	其他	
二、间接费用	**二、固定成本**	**二、间接费用**	**二、间接成本**
雇工	土地成本	折旧	税金
未付费劳动机会成本	设备折旧	工资	劳动成本
设备折旧	设备投资机会成本	管理费	管理费
土地机会成本（地租）	劳动力成本	利息	财务费
税金和保险		税金和保险	
管理费		地租	
三、总成本	**三、总成本**	**三、总成本**	**三、总成本**

世界主要国家农产品成本核算体系（二）

澳大利亚	日　本	韩　国	IFCN
一、物质和服务成本	一、物质费用	一、直接成本	一、直接成本
种籽及播种	种籽和播种	种籽及播种	种籽
肥料	化肥和农家肥	化肥	化肥
			植物保护（农药）
	灌溉和土壤改良	灌溉费用	其他
农药	农药	农药	二、作业成本
	租费	机械器具	烘干费
燃料和润滑油	燃料动力	燃料动力费	机械作业费
修理维护	混合材料	劳动成本	劳动
销售成本		作业成本	未付费劳动
	建造物折旧	建筑设施折旧	付费劳动
	机器设备折旧		三、间接成本
其他		其他	建造物成本
二、劳动成本	二、劳动成本	二、间接成本	税费
三、间接费用		土地成本	其他
利息	三、利息	资金成本	四、资金成本
税金与保险			支付的利息
折旧	四、地租		未支付的利息
			五、土地成本
			已支付的地租
			未支付的地租
四、总成本	五、总成本	三、总成本	六、总成本

注：IFCN为International Farm Comparison Network的缩写，是一个国际性农业专家、研究人员和农场主协会。